齐树洁，男，河北武安人，1954年8月生。1972年12月自福建泉州一中应征入伍，1978年4月从新疆军区某部退役。1982年7月毕业于北京大学法律系，获法学学士学位。1990年8月毕业于厦门大学民商法专业，获法学硕士学位。2003年11月毕业于西南政法大学诉讼法专业，获法学博士学位。曾在西南政法学院、中国人民大学、香港大学、澳门大学、台湾政治大学、菲律宾雅典耀大学、英国伦敦大学、德国弗莱堡大学、法国巴黎第二大学、美国佛罗里达大学研修和访问。现为中国民事诉讼法学研究会副会长，厦门大学法学院教授、博士生导师、司法改革研究中心主任，澳门科技大学法学院兼职博士生导师。

Access to Justice

东南司法评论
SOUTHEAST JUSTICE REVIEW
（2015年卷·总第8卷）

主　　编　　齐树洁

执行主编　　刘旺婢　周一颜

主　办　　厦门大学司法改革研究中心

　　　　　厦门市中级人民法院研究室

厦门大学出版社
XIAMEN UNIVERSITY PRESS
国家一级出版社
全国百佳图书出版单位

卷 首 语

依法履行审判职责　营造良好法治环境

▓ 陈国猛*

　　2014 年,厦门市中级人民法院(以下简称厦门中院)在市委领导、市人大及其常委会的监督和上级法院的指导下,认真执行市十四届人大三次会议决议,忠实履行宪法和法律赋予的职责,各项工作取得了新的进展。全市法院受理各类案件 78951 件,办结 68636 件;其中厦门中院受理 10393 件,办结 8300 件。①

一、依法履行审判职责,为美丽厦门建设营造良好的法治环境

　　依法惩治刑事犯罪,维护社会稳定。审结各类刑事案件 6013 件 7333 人,同比分别上升 12.14％和 17.18％。依法严惩杀人、抢劫、盗窃、毒品、危害食品药品安全等危害人民群众生命财产安全的犯罪,加大对走私、诈骗、非法经营等经济犯罪及环保、征地拆迁、食品监管等领域职务犯罪的打击力度,审结《反间谍法》实施后我省首件危害国家安全犯罪案、编造虚假恐怖信息犯罪案、提供非法控制计算机信息系统程序犯罪案、全能神邪教组织犯罪案等新类型案件和林小东等 27 人黑社会性质组织犯罪案、“联盟一号”涉众合同诈骗、集资诈骗犯罪案

---

　　* 作者系厦门市中级人民法院院长,二级高级法官。

　　① 2014 年全市法院共受理案件 78951 件、办结 68636 件,2013 年共受理 71997 件、办结 65652 件,同比上升 9.66％和 4.55％。其中,2014 年市中院受理案件首次突破万件(达 10393 件)、办结 8300 件,2013 年受理 9187 件、办结 8253 件,同比分别上升 13.13％和 0.57％。

等社会关注的案件。坚持宽严相济，判处 5 年以上有期徒刑直至死刑的 507 人，判处缓刑、管制等非监禁刑的 2099 人，宣告 3 名被告人无罪，对 1171 名积极改造的罪犯裁定减刑或假释。

依法调节经济关系，保障改革发展。注重维护市场主体的合法权益，促进社会信用体系和市场规则的完善，审结金融、买卖、担保、股权转让等商事案件21167 件，诉讼标的 44.56 亿元。注重规范和引导民间融资健康发展，审结民间借贷案件 7269 件。依法审结夏新电子有限公司破产清算案件，妥善审理厦门进雄公司破产重整案，促进产业转型升级。厦门中院被最高人民法院确定为企业破产案件审理方式改革试点法院。加强知识产权司法保护，审结相关案件 989件，举办知识产权庭成立 20 周年系列宣传活动，公布司法保护状况和典型案例，1 个案件入选 2013 年度中国法院知识产权司法保护 50 件典型案例。积极回应外贸企业的司法需求，帮助开展涉外商事法律培训，审结涉外、涉港澳案件 616件，促进了开放型经济的发展。

依法保障民权民生，增进社会和谐。审结婚姻家庭、劳动争议、交通事故、医疗纠纷、建设施工、房屋买卖等各类民事案件 24331 件。推广海沧区人民法院家事法庭①审判模式，加强对妇女及未成年人合法权益的司法保护，妥善处理"奇迹宝宝"交通事故案件，取得了良好的社会效果。注重维护农民权益，促进农业发展，妥善审理包括特大系列假种子案在内的涉农案件 1332 件。深化"法律维军网"和军地诉调对接机制建设，审结涉军案件 23 件。加强生态资源司法保护，审结资源开发、环境保护案件 78 件。

依法化解行政争议，促进依法行政。加强对行政行为的合法性审查，审结行政案件 372 件、国家赔偿案件 4 件，审查非诉行政执行案件 1558 件。深化司法与行政良性互动机制，56.69％的一审行政案件得到协调解决。厦门中院与市政府首次联合召开府院联席会议，全市行政首长出庭率同比上升 92％。通过情况反映、司法建议和发布年度行政审判白皮书等形式，积极为行政决策及涉轨道交通一号线等重点工程建设提供法律意见，受到市人大、市政府领导的批示肯定。

依法拓展审判职能，创新社会治理。认真落实平安综治各项措施，积极配合做好社区矫正、监外执行、回访帮教等工作，坚持寓教于审，对 241 名未成年犯实

---

① 2013 年 4 月，海沧区人民法院成立全省首个"家事法庭"，集中审理各类家事纠纷案件，为修复破裂家庭关系、维护妇女儿童老人的权益发挥了积极的作用，得到《中国妇女报》《人民法院报》《福建日报》等媒体的高度评价和最高人民法院院长周强、全国妇联党组书记、副主席宋秀岩的充分肯定。2014 年 8 月，厦门中院总结推广其经验做法，全市其他五个区法院全部成立家事审判专业团队。

行轻罪记录封存,翔安区人民法院通过"九化三延伸"①加大对未成年人的司法保护力度,集美区人民法院与区司法局联合成立审矫衔接工作站。加强对审判中发现的社会治理问题的分析研判,提出"规范未成年人刑事案件侦查程序""规范国有土地上房屋征收行为"等司法建议,有效促进了相关工作机制的完善。发挥司法裁判的教育、评价、指引和示范功能,举办消费者维权、醉驾、和谐用工等专题法院开放日共72场次,邀请1300余名各界群众旁听庭审,与媒体、工会合办"法院视点""映像法院""法庭大课堂"等法治宣传栏目和活动。同安区人民法院在大同法庭建设交通安全警示教育基地,通过以案释法服务"畅通工程"。司法宣传工作②继续保持全省法院第一和全国法院领先态势,受到最高人民法院的通报表扬。

二、深入推进司法改革,努力提升审判管理水平

不断深化刑事司法改革。坚持以审判为中心,贯彻证据裁判规则,创新隐蔽作证制度③,强化证人、鉴定人出庭作证工作,落实庭前会议、公开审判等诉讼制度,保证庭审功能的发挥,尊重和保障律师依法履职,加强人权司法保障,不断完善防范冤假错案工作机制。深入推进量刑规范化工作,制定危险驾驶量刑指导意见。开展暂予监外执行和审前未羁押、判实刑未能交付执行案件的专项清理,作出收监决定66人、启动追逃程序58人。在市委政法委的指导下,与市检察院、公安局、司法局联合发布轻微刑事案件快速办理细则,在各区法院启动刑事

---

① "九化"是指"谈心教育提前化、个体调查普及化、指定辩护常态化、案件陪审专业化、庭审教育全程化、裁判量刑宽缓化、帮教力量社会化、帮教内容书面化、前科封存规范化";"三延伸"是指"向前延伸做好审判调查,向后延伸做好矫正帮教,向外延伸做好犯罪预防"。

② 厦门法院司法宣传工作在连续多年保持全省法院第一和全国法院领先、受到最高人民法院通报表扬的基础上,2014年再创佳绩。厦门中院和思明、湖里、海沧、集美、同安五个区法院均因新闻宣传工作成绩突出,获得最高人民法院政治部和人民法院报社联合通报表扬。

③ 为消除证人的后顾之忧,提高证人出庭作证的积极性,修正后的《刑事诉讼法》区分不同情形确立了主动重点保护与依申请保护相结合的证人保护制度。为更好地贯彻新《刑事诉讼法》的相关规定,厦门中院在参考借鉴台湾地区证人保护制度和大陆一些地区证人司法保护做法的基础上,制定了全国第一个《刑事案件隐蔽作证规则》,专门设立证人隐蔽作证室,明确法院在审理各类刑事案件过程中,可根据相关人员的申请或检察院的建议,采取不暴露外貌、真实声音等隐蔽手段对出庭作证人员实施保护措施。

案件速裁试点工作①，推进刑事案件审判方式改革。

积极探索审判权运行机制改革。以湖里区人民法院为试点启动审判综合改革，探索构建"专业化审判、扁平化管理、精英化法官"的工作机制。完善审判委员会制度，加大院长、庭长直接办案力度，全市法院院长、庭长共办理案件 11113 件。开展减刑、假释案件专项检查，严格规范"三类案件"②审理，所有减假案件均通过厦门法院网进行裁前公示。健全案件质量评查机制，加大对信访、发改、抗诉及引发申诉信访案件的评查力度。完善民事案件小额速裁和行政案件简易审机制，全市法院一审案件适用简易程序的占 82.99%。强化对审判执行各环节的协调、监督、指导，不断提升审判质效。2014 年各类案件法定审限内结案率达 99.66%，一审后当事人服判息诉的占 89.9%，二审后达到 98.57%。

大力推进司法公开机制改革。厦门中院设立信息中心，大力推进审判流程、裁判文书、执行信息三大公开平台建设，在全省法院率先实现"八个看得见"③目标，通过网络开展庭审直播，对庭审活动进行全程录像存档，2014 年全年公布生效裁判文书 38544 份。思明区人民法院被确定为全国司法公开改革试点法院，发出全国法院首份附当事人诉讼意见的裁判文书。④ 通过法院网站和微博、微信积极拓宽人民群众参与司法、监督司法的渠道，湖里区人民法院征集微博粉丝作为"听庭达人"，开展"我要听庭"活动，"厦门法院网"在社科院公布的司法透明度测评中得分继续名列前茅，并荣获"2014 政府网站网上办事类精品栏目奖"。提前完成人民陪审员"倍增"计划，一年来 549 名陪审员参审案件 6547 件，占一审普通程序案件的 82.35%。

---

① 2014 年 6 月，全国人大常委会授权包括厦门市在内的全国 18 个地区开展刑事案件速裁改革试点工作。速裁程序的适用范围为案件事实清楚、证据充分，犯罪嫌疑人、被告人自愿认罪，当事人对适用法律没有争议的危险驾驶、交通肇事、盗窃、诈骗、抢夺、伤害、寻衅滋事等情节较轻，依法可能判处一年以下有期徒刑、拘役、管制的案件，或者依法单处罚金的案件；适用速裁程序审理案件，在送达期限、法庭调查、法庭辩论等刑事诉讼法所规定的必经程序及法律文书制作方面可以突破现行的法律。

② 指中央政法委规定的"职务犯罪、破坏金融管理秩序和金融诈骗罪、组织（领导、参加、包庇、纵容）黑社会性质组织罪"三类犯罪案件。对这三类案件，厦门中院裁前一律上网公示，一律开庭审理，一律邀请人大代表政协委员旁听庭审，裁判文书一律上网。

③ 指通过法院信息化系统，实现"每一个审判法庭、每一个人民法庭、每一个诉讼窗口、每一个审判流程、每一次执行过程、每一次信访接处、每一次安防处突、每一台警用车辆"都看得见的目标。

④ 为做好全国法院司法公开改革试点工作，思明区人民法院制定《关于裁判文书附当事人诉讼意见的改革方案》，率先开展裁判文书改革，制作了首份附当事人诉讼意见的判决书，既体现对当事人诉求的尊重，又倒逼法官提高文书释法说理水平，对当事人诉求作出合理的回应，也有利于防止当事人或律师无理缠诉。该案双方当事人均表示服判息诉。

持续推进涉台司法机制改革。完善涉台案件集中管辖和司法服务机制，深化与市台办及台商协会的沟通协作，增选 10 名台胞陪审员，鼓励台胞有序参与司法，增进台胞对大陆司法制度的了解和信任。2014 年共办结各类涉台案件 1498 件，办理司法互助案件 116 件。对台司法交流取得新突破，全国首次经两岸官方批准的院际交流活动——"厦金法院司法实务研讨会"①在厦门中院召开，会议取得的成果和达成的共识为此后在金门和我院举行的两岸高层司法互助交流活动奠定了基础。

有序开展司法体制改革试点的前期准备工作。积极选调精干力量参与市司改办工作，围绕司法责任制、司法人员分类管理、法官职业保障等专题，深入开展实地调研，做好摸底测算工作，认真制定我市法院司法体制改革试点方案，确定基层试点法院。举办司法改革专题研讨会，邀请最高人民法院及台湾地区法院法官、学者举办司法改革前沿讲座，引导广大干警正确认识改革，凝聚改革共识，为即将启动的试点工作打下基础。

三、积极践行司法为民，依法维护人民群众权益

健全完善便民利民措施。加强诉讼服务中心建设，完善立案工作机制，努力缩短上诉案件移送周期，统一财产保全标准。采取有力措施，基本解决了年底暂缓立案的老问题。推广思明区人民法院"法庭义工"②的做法，完善夜间法庭、周末法庭③制度，推行社区法官工作室、网上诉讼服务等便民举措。同安区人民法

---

① 在《海峡两岸共同打击犯罪及司法互助协议》框架下，由最高人民法院以协议联络人名义，邀请台湾地区金门地方法院、连江地方法院派员以两岸司法互助协议司法交流咨询委员的身份参会。会议达成两项初步共识：一是尝试在厦门法院和金门法院之间建立"院对院"直接协助机制，提高两岸司法互助的质量和效率；二是尝试在厦门法院和金门法院之间架设专线，由厦门法院辐射至大陆其他地区，金门法院辐射至台湾其他地区，通过个案请求试行"点对点"远程讯问证人模式。

② 这是思明区人民法院与思明区城市义工协会合作开展的全国首个法庭公益志愿服务项目。自 2013 年 9 月在思明区人民法院莲前法庭率先实施以来，该项目得到了最高人民法院周强院长、福建省高级人民法院马新岚院长的充分肯定。2014 年 8 月，厦门中院在全市法院推广这一做法，目前已有近 450 名法庭义工在市、区两级法院 13 个站点开展诉讼引导等便民服务，受到群众的欢迎和好评。

③ 为了方便当事人诉讼，促使法院完成繁重的审判工作任务，全市法院干警长期利用夜间、周末加班加点，努力多办案、快办案，取得了良好的效果。为了更好地为有特殊需求的当事人提供便利，中院在总结全市两级法院特别是海沧区人民法院做法的基础上，专门作出规定，对全市法院干警利用夜间、周末开展立案、开庭、调解等工作予以规范。

院开展"大巡回审判"①方便群众诉讼。加强司法救助工作,邀请律师进驻法院提供法律援助服务,协调司法评估机构为 1280 余名被拖欠工资的工人提供 980 万元涉讼资产评估法律援助,依法为 830 件案件的当事人缓减免交诉讼费 326.84万元,为 214 件执行案件特困当事人和刑事被害人发放救助金431.24万元。

努力实现案结、事了、人和。积极参与多元化纠纷解决机制促进条例的立法工作,推进诉调对接机制建设。聘请退休政法干警、教师和法律专业人士担任特邀调解员,探索对适宜调解的案件进行立案预登记,邀请心理咨询师参与调解,与市知识产权局、质监局建立诉调对接机制,深化与妇联、工会、交警、保险等部门的诉调对接,进一步完善劳动争议调裁审②、机动车交通事故一体化处理机制,全市机动车交通事故纠纷同比下降 28.39%。集美区人民法院杏林法庭与市第一医院杏林分院等单位共建"无讼"医疗区,通过"五调"③模式妥善化解医患纠纷。两级法院诉调对接中心成功调解案件 8211 件,占民商事案件结案数的18.05%,全市一审民商事案件调撤率达 61.97%。一名陕西当事人专门写信给市委王蒙徽书记,表扬厦门中院的法官和特邀调解员。厦门中院在最高人民法院对全国诉调对接试点法院的考核中获评 97 分的高分,被确定为全国多元化纠纷解决机制改革示范法院。

下大气力解决"执行难"问题。加强执行工作信息化建设,在成功实现对被执行人银行存款进行网络查控的基础上,去年又完成与公安、土房等部门的网络对接,进一步拓展网络查控被执行人财产的范围。加大信用惩戒力度,开展涉民生、金融债权及惩治失信行为三个专项执行活动,将 16861 名失信被执行人纳入全国法院失信被执行人名单库,在《厦门日报》、BRT 场站和主要公交线路 LED公开曝光其中的 723 人,对他们进行融资信贷、市场准入资格及高消费、出入境

---

① 同安区人民法院针对辖区地域广袤、民众出庭应诉难等实际情况,在大同、新民法庭组建巡回审判合议庭,在同安工业集中区管委会和建设局分别设立"外来员工纠纷援助中心""建设工程法律服务站"两个巡回审判点。去年共巡回审理道路交通事故案件 1035 件,调撤率91.22%;巡回化解涉拆迁安置、工业区纠纷 113 件;巡回审理劳动争议纠纷 38 件,涉外来员工 205 人,标的额 1716 万元。

② 为妥善化解劳动争议,营造和谐的用工环境,厦门中院与市人力资源和社会保障局、市总工会共建"一室两庭"对接机制,"一室"指总工会的劳动争议调解工作室,"两庭"指厦门中院和劳动争议仲裁院分别在市总工会设立的劳动争议巡回审判点和派驻仲裁庭。

③ 集美区人民法院杏林法庭联合杏林街道综治办、司法所、派出所、区法律援助中心、区医患纠纷人民调解委员会、市第一医院杏林分院、财产保险厦门分公司等单位,发挥"医患调解、法援调解、司法调解、保险调解、法庭调解"五种调解模式互补的优势,妥善化解医患纠纷,受到了群众的欢迎和好评。

等事项予以限制。加大制裁力度,对 60 名失信被执行人采取司法拘留措施,移送追究刑事责任 24 人。加强执行工作规范化建设,厦门中院成立执行指挥中心,开通 12368 短信互动平台①,试行财产查控与处置分配相分离的工作模式,启动淘宝网拍,拍卖标的上网率、成交率、溢价率均居全省法院第一。全年执结各类案件 13663 件,执行到位 10.91 亿元。

积极推动涉诉信访依法解决。建立两级法院领导与市区党政领导同步接访制度,完善院领导、中层干部、法官"三位一体"接访工作机制②,开通远程视频接访系统,畅通群众信访渠道,全年共处理群众来信来访 1718 件次。推行诉访分离,建立涉诉信访事项导入法律程序机制,加强与党委、人大、政府信访部门的衔接配合,加大信访积案清理力度,加强再审审查和信访案件听证工作。

四、大力加强自身建设,为严格公正司法提供组织保障

加强思想作风建设。坚持以党建带队建促审判,采取专题辅导、交流研讨等多种形式深入学习贯彻党的十八届三中、四中全会及习近平总书记系列重要讲话精神,加强社会主义法治理念和法官职业道德教育。认真落实群众路线教育实践活动整改方案,扎实开展"回头看"活动,组织对全市法院庭审作风、警务用车、"三公"经费等专项督查,持之以恒地贯彻落实"八项规定"。厦门中院被评为市直机关"十佳党建工作先进单位"。

加强素质能力建设。完善干部选任和业绩考评机制,加大干部双向挂职锻炼力度。开展全市基层法官业务轮训,举办裁判文书写作、司法警察业务等培训班 22 期。加强学术研讨和审判实务调研,116 件典型案例入选中国法院年度案例,被最高人民法院评为案例工作先进单位。第 26 届全国法院学术研讨会获奖论文数及调研、信息工作继续保持全省法院第一,1 名法官入选高等院校与人民法院"双千计划"③,思明区人民法院以全国基层法院总分第一名的成绩蝉联全

---

① 执行人员通过该平台,主动向当事人发送短信,告知执行立案和流程信息。当事人通过编辑短信便可进行案件咨询、财产举报或投诉。对当事人的咨询、举报财产线索等,执行人员未在限定时间内回复达到一定次数的,系统将自动向上报告,院、局领导可对执行人员的工作进行督促、纠错。

② 指每月、每周、每个工作日均有相关人员负责接访,做好答疑解惑工作。分别是每月15 日院长接访、每周一上午院领导轮流接访、每个工作日一位中层领导接访、承办法官随时备访并根据安排做好初信初访和判后答疑工作。

③ 厦门中院审委会委员、民一庭庭长刘友国入选教育部、中央政法委、最高人民法院等六部门关于实施高等学校与法律实务部门人员互聘"双千计划",全省仅有 4 名法官入选。

国法院学术讨论会组织工作先进奖,海沧区人民法院被确定为全省基层法院唯一的全国法院法官培训现场教学基地。

加强党风廉政建设。持续开展司法廉洁教育和廉政文化建设,增设法院举报网站,注重举报投诉调查和问题分析通报,强化廉政谈话提醒,促进干警加强自我约束。完善廉政风险防控机制,坚持重大事项报告、述职述廉、问责追责和向当事人随案发放办案监督卡等制度,开展执行款管理、出差办案"三同""六难三案"等专项监督活动,对 112 个当事人和律师进行廉政回访,发挥人民法院监督员、廉政监察员作用,加强对审判执行权的监督和制约。

加强基层基础建设。全面完成对六个区法院的驻点司法巡查,坚持对各区法院开展工作责任制年度考评和半年"拉练"式巡回督查、年终班子述职述廉。积极争取党委政府支持,帮助各区法院解决审判管理办公室设置问题。注重总结推广基层首创的工作机制,巩固提升具有厦门特色、获得群众好评的工作经验和先进典型,14 个项目入选全省法院司法品牌①,是全省司法品牌最多的法院。加强法院文化建设,连续 3 年开展"问计献策,共谋发展"党组为干警办实事活动,举办"头家请你来话仙"活动,努力建设"和谐机关、温馨家园"。

2014 年,全市法院工作取得了新的成效,共有 35 个集体、50 名个人受到省级以上表彰,涌现出"全国法院先进集体"、"全国青年文明号示范集体"湖里区人民法院禾山法庭、"全国法院文化建设示范单位"思明区人民法院和"全省先进基层党组织"同安区人民法院等先进典型,厦门中院获评"全国优秀法院"并被推荐为"全国文明单位"候选单位。最高人民法院周强院长两次来厦调研,对厦门两级法院围绕中心服务大局,以司法品牌建设为抓手推进各项工作所取得的成效给予了充分的肯定。

今后,全市法院要深入学习贯彻党的十八届三中、四中全会及习近平总书记来闽考察重要讲话精神,认真落实省委九届十二次全会和市委十一届九次全会精神,紧紧围绕让人民群众在每一个司法案件中感受到公平正义的目标,扎实做好法院各项工作。

一是坚定不移地走中国特色社会主义法治道路,为美丽厦门、法治厦门建设提供有力的司法保障。牢牢坚持党的领导和人大监督,认真贯彻实施新修订的刑事、民事、行政三大诉讼法。深入开展以学习贯彻十八届四中全会精神和习近

---

① 厦门法院入选的 14 个项目分别为"无讼"社区建设、诉调对接机制、"厦金"司法交流、减刑假释巡回法庭、知识产权审判"三合一"、涉军审判工作机制、中国法院"第一槌"、执行微博曝光台、公民司法体验基地和小法官夏令营、党建"四方联创"、道路交通事故"一站式"化解机制、审判权力运行机制改革、涉台法庭、家事法庭。厦门中院、思明区人民法院和海沧区人民法院获评全省法院司法品牌建设先进单位。

平总书记来闽考察重要讲话为主题的"大学习、大讨论"活动,认真落实美丽厦门战略规划和市委全面推进法治厦门建设的实施意见,密切跟进我市推进自贸园区及"海丝"重要枢纽城市建设的政策措施,加强和创新各项审判工作,充分发挥司法在推动产业、城市、社会转型和改革开放、两岸融合、民生改善、生态文明建设等方面的规范、引导、保障和促进作用。

二是积极稳妥地推进司法改革,切实保证严格司法、公正司法。根据中央和省委、市委的部署,以建立司法人员分类管理、完善司法权力运行机制、健全司法人员职业保障等为重点,积极稳妥地推进司法体制改革试点工作,着力解决制约司法能力、影响司法公正的深层次问题。大力推进以审判为中心的诉讼制度改革,认真贯彻证据裁判规则,保证庭审在查明事实、认定证据、保护诉权、公正裁判中发挥决定性的作用,建立健全冤假错案有效防范、及时纠正机制。加强对案件受理制度改革的研究应对,确保依法应受理的案件有案必立、有诉必理。完善诉访分离机制,保障当事人依法行使申诉权利。深入开展人民法庭办案责任制、审委会制度等改革和轻微刑事案件快速办理及速裁试点工作,努力提高司法质效。

三是认真回应人民群众关切,不断提升司法为民水平。大力加强信息化建设,完善司法公开三大平台建设,注重应用微博、微信等新媒体,及时公开审判信息和生效裁判文书,拓宽人民群众参与和监督司法的渠道,在海沧区人民法院开展人民陪审员制度改革试点,积极构建开放、动态、透明、便民的阳光审判机制。以《厦门经济特区多元化纠纷解决机制促进条例》的颁行为契机,认真制定法院完善多元化纠纷解决机制实施办法,努力把更多的纠纷化解在诉前。健全案件繁简分流机制,加强审限管理。探索专业化审判,完善全市家事审判工作机制,抓好思明区人民法院劳动法庭试点。积极构建"限高公示、失信曝光、违限追责""三位一体"的信用惩戒体系,加大对失信被执行人的信用监督、威慑和惩戒力度,努力破解"执行难"。

四是大力推进队伍正规化、专业化、职业化建设,努力提升司法公信力。认真落实从严治党"八条要求",坚持从严治院,大力加强履职能力建设,不断提高干警的思想政治素质、业务工作能力和职业道德水准。持续深入整治"四风"和"六难三案"问题,扎实开展"三严三实"教育,完善作风建设长效机制。进一步完善廉政风险防控机制,落实"两个责任"和"一案双查",建立符合司法规律的法官惩戒制度,加强法官职业保障,研究制定司法过错责任追究办法,维护司法的公正廉洁。

目　录

■ **审判实务**

■ **跨域·连锁·直通**

■ **域外司法**

司 法 改 革

泉州法院首创"跨域·连锁·直通"式
诉讼服务平台的探索

▓ 欧岩峰 *

摘要:诉讼服务是连接人民法院与人民群众的重要桥梁。当前,"诉讼难""诉讼累"特别是"异地诉讼难""异地诉讼累"长期困扰着人民法院的诉讼服务。泉州法院于 2015 年 1 月首创"跨域·连锁·直通"式诉讼服务平台,打破传统的思维定式,以重构诉讼流程新模式、再造诉讼服务新格局为先导,以司法亲历性为本,以信息化建设为辅,创建"家门口打官司"的诉讼新模式和"跨地域服务"的诉讼服务新格局,打造可复制、可推广的"泉州式诉讼"模式。

关键词:诉讼流程重构;家门口诉讼;跨地域服务;司法亲历性;信息化

党的十八届三中、四中全会以来,全面深化改革的大潮波澜壮阔,全面依法治国的脚步行稳致远,创新驱动的实践如火如荼。习近平总书记指出:"抓创新就是抓发展,谋创新就是谋未来。"创新,是对自我的自觉改造,是追求卓越的必经之路。当前,人民法院站在新的历史起点,面对群众的需求期待,面对形势的发展变化,面对工作中的难题困境,唯有勇于创新、勤于创新、善于创新,才能以创新打开新局面,以创新走向未来。

纵观人民法院各项工作,诉讼服务始终处于不可或缺的重要位置。诉讼服

---

* 作者系福建省泉州市中级人民法院院长,法学硕士。

务作为诉讼制度的题中之意，是寓服务于诉讼程序和诉讼管理的重要体现。① 无论是早期的"马锡五审判方式"，还是现在的"詹红荔三三九不工作法"，都是诉讼服务的生动体现。人民法院诉讼服务是在现行的法律框架内，由人民法院在整个诉讼活动中提供的，对外方便当事人和群众、对内服务法院工作人员的相关工作机制和措施。其中，对外为当事人和群众提供诉讼便利是诉讼服务的主要目的，也是本文分析立论的重点所在。从内涵上看，诉讼服务主要围绕司法事务性工作这一基本领域，以方便群众诉讼、树立司法权威、提升司法公信力为目的，是法院向群众提供的一种诉讼保障性举措。在大多数情况下，诉讼服务作为群众与法院的初步接触，其服务水平高低很大程度上决定了群众对法院工作的评价。然而，当前人民法院的诉讼服务工作仍存在一些薄弱环节，条块分割、各自为战、参差不齐的格局与经济社会发展的深度融合不相适应，与人民群众多元化的司法需求不相适应。有的法院诉讼服务看似"零距离""一站式"，却处处不是"终点站"；有的法院诉讼服务看似高科技、新潮流，却因不接地气而"曲高和寡""中看不中用"；有的法院诉讼服务只针对某一群体"特殊用力"，导致顾此失彼，产生差别对待的嫌疑；有的法院诉讼服务"雷声大雨点小"，对在自己法院没有案件的求助群众不理不睬……群众打官司仍需来回上下多趟跑、长途跑，费时、费力、费钱，诉讼体验不佳，厌讼、畏讼心理未能得到有效改观。②

2015年新年伊始，泉州市中级人民法院（以下简称泉州中院）秉承"爱拼才会赢、敢为天下先"的豪情与担当，以打破传统思维定式、重构诉讼流程新模式、再造诉讼服务新格局为先导，首创推出"跨域·连锁·直通"式诉讼服务新型平台，建立泉州中院及全市基层法院、人民法庭连锁联动、互联互通的一体运作机制，创建"家门口打官司"的诉讼新模式和"跨地域服务"的诉讼服务新格局，为群众提供家门口、全域通、一站式、全流程、标准化、无差别、最优质、最便捷的诉讼服务。平台借助信息化、标准化手段，对案件审理的主要流程、关键节点进行重设、重建，当事人打官司从诉前咨询到立案、审判、执行、申诉各环节的数十项诉讼事务，均可就近选择或自愿选择任何一家法院（包括人民法庭，下同）办理，而不用在家里与管辖法院之间来回跑、多次跑，从而彻底改变诉讼服务需限定地域、限定对象的思维定式，打破现有诉讼服务条块分割、各自为战、简单机械、参差不齐的现状，为破解"诉讼难""诉讼累"尤其是异地诉讼难、异地诉讼累打造具有开创性、革命性、全局性的"泉州式诉讼"模式。

---

① 李少平主编：《人民法院诉讼服务理论与实践研究》，法律出版社 2015 年版，第 1 页。
② 对于诉讼服务机制中存在不足的更加充分、系统的分析，可参看李少平：《对人民法院诉讼服务机制的理性思考》，载《人民司法》2009 年第 5 期；成都市锦江区人民法院课题组：《诉讼服务机制的实践反思与完善路径》，载《四川行政学院学报》2013 年第 5 期。

一、推出"跨域·连锁·直通"式诉讼服务平台的背景与动因

(一)现实考量:听取意见建议,正面回应社会呼声

诉讼难、诉讼累特别是异地诉讼难、异地诉讼累,作为法院诉讼服务工作长期以来存在的一大顽疾,社会各界对此高度关注。这是人民法院亟须以创新的思路、创新的方法对这一难题予以回应和解决的外部背景。

1.回应人民群众的批评。在开展党的群众路线教育实践活动中,部分群众反映法院一些窗口人员素质不高、态度不好,群众有时到法院办事进不了门、找不到人、跑断了腿。群众对法院诉讼服务的满意度不高,在一定程度上拖了司法审判的"后腿",影响群众对审判执行公信权威的认同,亟须法院完善建章立制、改进诉讼服务。

2.回应代表委员的意见。2014年以来,在走访人大代表以及泉州市政协听取泉州法院工作情况通报会上,多名代表委员就解决立案难、简化诉讼流程、提高办事效率、减轻群众讼累等提出了很多意见建议,为泉州法院顺应群众司法需求和利益诉求、加大便民利民力度、完善司法便民利民机制提供了有益的参考。

3.回应律师的建议。2014年年底,部分律师通过泉州市司法局向泉州中院发来建议函,反映一些法院、法庭存在立案标准不统一、人为限制立案等问题,建议法院系统统一立案标准,规范立案手续、材料,取消法定立案条件之外的限制,保障当事人及律师依法行使诉权。

4.回应经济社会发展深度融合的趋势。泉州作为改革开放的前沿阵地,城乡一体化水平较高,经济往来、人口流动十分频繁,产生了大量跨乡镇、跨县区、跨地市乃至跨省的异地诉讼案件,对诉讼服务的便捷化、标准化要求越来越高。面对这一新形势,法院传统的条块分割、各自为战的诉讼模式和"诉讼服务随案件属地管辖走"的服务格局,运转起来略显"步履蹒跚",使得当事人打官司不仅耗费高昂的诉讼成本,而且诉讼体验不佳,对法院诉讼服务的评价不高。因此,破解异地诉讼难、诉讼累问题,具有较强的现实需求和现实意义。

(二)政策考量:落实决策部署,探索治本之策

1.将中央关于实施立案登记制改革的决策部署真正落地。立案登记制改革牵一发而动全身,需要从各方面做好充分准备。通过平台建设,泉州法院率先实现了全市法院立案标准的统一化、精细化,各个法院、法庭对于符合法律规定条件的案件均做到有案必立、有诉必理,为立案登记制改革的正式、全面实施提前做好了衔接准备工作。

2.将最高人民法院、福建省高级人民法院（以下简称福建高院）关于破解"六难""四难"问题的决策部署真正落地。"六难"即"门难进、脸难看、事难办""立案难、诉讼难、执行难"，①"四难"即"门难进、脸难看、话难听、事难办"问题。这些问题在一定程度上都可以归结为"诉讼难""诉讼累"。平台以此为着眼点，着力为破解"诉讼难""诉讼累"提出一条治本之策。

3.将最高人民法院、福建高院关于加强诉讼服务中心和人民法庭建设的决策部署真正落地。比如，最高人民法院2014年多个文件，都要求各法院为当事人提供集成式、一站式、全方位的服务。② 但是，什么是集成式、一站式、全方位，如何做到集成式、一站式、全方位？这些都有待于实践中的探索。

4.将最高人民法院、福建高院关于运用"互联网＋"思维、加快法院信息化建设的决策部署真正落地。平台着力为信息化建设找到一个载体、一个用武之地，让信息化发挥成倍的效益。

总之，"跨域·连锁·直通"式诉讼服务平台紧密依托现实和政策，旨在通过源头性、根本性、全局性创新，把中央和上级法院的改革精神、重大决策落到实处，为破解"六难""四难"问题提供一个可复制的样本、可推广的经验。

二、"跨域·连锁·直通"式诉讼服务平台的构想与框架

"跨域·连锁·直通"式诉讼服务平台立足于源头性、根本性、全局性的创新举措，以打破传统思维定式为先导，以重构诉讼流程运行机制为基础，开创"家门口诉讼"的诉讼新模式、"跨地域服务"的服务新格局，努力让群众少跑腿、少辛苦、少受累，努力让打官司不再难。

(一)理念革新:打破传统思维定式,倡导"服务型司法"的司法新理念

首先，主动换位思考，平台按照"法院多服务、群众少辛苦""以法院的辛苦指数换取群众的幸福指数"这一民本理念，真正从当事人和人民群众的角度想问题、办事情，既为群众"做菜"，也为群众"端菜"，更让群众"点菜"，真正落实司法为民的根本宗旨。其次，革新司法理念，淡化法院职权主义的色彩，恢复诉讼服

---

① 最高人民法院2014年6月9日下发的《关于深入整治"六难三案"问题，加强司法为民公正司法的通知》（法〔2014〕140号）。

② 例如，2014年12月15日下发的《关于全面推进人民法院诉讼服务中心建设的指导意见》（法发〔2014〕23号）、2014年11月20日下发的《关于进一步做好司法便民利民工作的意见》（法〔2014〕293号）。

务的本旨、本貌,让当事人和人民群众对获取诉讼服务的途径和方式享有自主选择权,更能够保证他们获得最佳的诉讼服务体验。最后,走出路径依赖,打破"打官司到管辖法院是天经地义"这一传统思维定式,以全新思维引领创造诉讼新模式、开辟诉讼服务新境界。

(二)流程重构:创新诉讼流程运行机制,首创"家门口诉讼"的诉讼新模式

法院审判行为与当事人诉讼行为之间的关系模式,是民事诉讼模式中的核心问题。[①] "跨域·连锁·直通"式诉讼服务平台将案件从诉前到立案、庭审、调解、判决、执行、申诉、信访等各流程、各环节、各节点涉及当事人的所有事项,按照不同的性质进行剥离重组、区别处理,分解、分流到管辖法院与各协作法院之间,从而实现重设、重建,据此建立起泉州中院及全市基层法院、人民法庭连锁联动、互联互通的诉讼流程运行新机制,最终形成"家门口诉讼"的诉讼新模式,也使得跨法院、跨地域的诉讼服务成为可能。

(三)服务变革:再造诉讼服务模式,建立"跨地域服务"的诉讼服务新格局

"跨域·连锁·直通"式诉讼服务平台重新定位法院诉讼服务中心、人民法庭的角色,不仅是本法院的服务窗口,而且是全市法院的"分店"和"代言",均承担着互相代为对外提供诉讼服务的职责,从而建立起法院之间横向与纵向间系统化、常态化、制度化的协同联动机制。对于所诉案件不属于自身管辖范围但又上门求助的当事人,任何一个法院或法庭均需代为办理立案、材料收转等手续或提供相关便利,不得推诿拒绝。[②] 以前打官司特别是打异地官司需要当事人长途跑、来回跑、多次跑,现在很多事项可交由法院之间的内部协调流转来完成。

(四)平台框架:包括跨域服务、连锁服务、直通服务三大相辅相成、有机统一的新型诉讼服务体系

跨域,即跨地域、家门口服务。这是平台最大的创新、最核心的功能。平台打破诉讼服务需限定地域(仅限于某个法院自己的辖区)、限定对象(仅限于某个

---

① 齐树洁主编:《民事诉讼法》,中国人民大学出版社 2015 年第 4 版,第 10 页。

② 最高人民法院工作报告(2015 年 3 月)指出,要"完善司法便民利民信息平台,为当事人提供形式多样、方便快捷的诉讼服务,决不允许对当事人诉求相互推诿,决不允许让群众为立案来回奔波"。"跨域·连锁·直通"式诉讼服务平台通过构建法院之间系统化、常态化、制度化的协同联动机制,不仅落实了"两个决不允许"的要求,而且在便民利民上更进了一步。

法院所管辖案件的当事人)的传统模式,将诉讼服务跨地域、跨法院"配送"到当事人和人民群众家门口。在整个泉州地区,不论所诉案件应由哪个法院或法庭管辖,当事人均可就近选择或自愿选择任何一家法院快速办理相关诉讼事务,不必因案件属异地法院审理而长途奔波、来回折腾。

连锁,即标准化、无差别服务。这是平台保证诉讼服务质量、改善当事人诉讼体验并让跨域诉讼服务成为可能的基础措施。平台打破法院之间、法庭之间在诉讼服务中对待不同当事人存在的"红白脸""主客场"等不合理现象,统一法律适用标准和诉讼服务标准,同样的案件、同样的事务同样处理,做到"谁来办事都一样对待、哪里办事都一个标准",确保当事人进到任何一个法院,都能获得最佳的、相同的诉讼服务与办事体验。

直通,即全方位、无障碍服务。这是平台对诉讼服务体系进行系统创新、全面重构、升级改造的直观体现。首先是"面"上直通,"人直通到法院",打破诉讼服务的层级限制,当事人到泉州中院即可办理全市各基层法院乃至法庭管辖案件的手续,到任何一家法庭也能办理各基层法院甚至泉州中院管辖案件的手续。其次是"线"上直通,"案直通到办结",打破现有诉讼服务流程碎片化的局限,将诉前、立案到审判、执行、申诉、信访等各环节的数十项诉讼服务都一揽子、无保留地派送给当事人,让当事人在家门口的法院就能一站式、全流程地打完异地官司。

三、信息化在"跨域·连锁·直通"式诉讼服务平台中的角色定位

当前,信息通信技术飞速发展,互联网与社会生产生活深度融合,"互联网＋"思维引领时代潮流,对人民法院工作提出了新的更高要求。最高人民法院周强院长指出:"司法改革和信息化建设是人民司法事业发展的车之两轮、鸟之两翼。"①在此大背景下,进一步加强法院信息化建设,坚持"大数据、大格局、大服务",采取"互联网＋"模式,更好地服务人民群众、服务审判执行、服务司法管理,是当前和今后一个时期人民法院工作的一大重点。如何对"互联网＋"进行对接运用,也是"跨域·连锁·直通"式诉讼服务平台建设中绕不开的课题。

---

① 李想:《周强在全国高级法院院长座谈会上强调 以习近平总书记系列重要讲话指导司法改革司法实践》,载《人民法院报》2015年7月3日第1版。

（一）原有信息化建设的局限

2013年以来，最高人民法院从战略和全局的高度，作出了加快法院信息化建设的部署，各地法院在实践中也取得了不错的成绩。然而，传统模式下的信息化建设仍存在一些不足之处，主要原因在于：

1.创新性不够强、突破有限。原有信息化建设基本上是在传统模式上的建设，其所依托的载体是传统载体，遵循的观念也是传统观念，只是仿照一些企业和政府部门的做法来进行信息化建设。虽然技术上比较先进，对提升法院内部工作效率有所帮助，但是创新性并不强，尤其是对指导信息化建设的理念创新还不够，远未达到翻天覆地式的创新和令人震撼的冲击效果。

2.覆盖面较小、作用受限。互联网思维的一个重要方面就在于信息的共享和开放。现有的法院信息化建设成果大多仅限于某一法院的内部管理上，如无纸化办公、车辆管理、安全管理等，而对于法院之间的互联互通，一般只停留在一个地区上下级法院之间的纵向联络，同级法院横向间的互联互通存在短板，法院与法院系统之外其他单位或部门的互联互通更为薄弱，①信息化共享程度很低。至于将信息化运用于司法为民方面，虽然看似"遍地开花"，但是亮点并不多，没有大的突破。

3.理念不够清晰、针对性不强。个别法院对信息化建设所要实现的目的和将要达到的效果不甚了解，对信息化建设的必要性、可行性等问题缺乏研究，"为建而建""为创新而创新"，特别是信息化建设与审判业务、司法规律相脱节，技术攻关与司法实践成为两条"平行线"，无法聚焦执法办案中的实际问题，难以契合当事人的心理需求和习惯，最终往往导致信息化建设成为法院的"一厢情愿"。比如，大多数法院信息化系统的建设只注重案件的流程管理，满足于司法统计，最终的"产品"是统计报表，与一线办案法官的实际需求脱节，与普通群众的诉讼需求更是相距甚远，导致办案法官不爱用、当事人不会用。

4.实用性不强、效果不彰。有的信息化建设名头很大，但还停留在概念上，尚未投入实际运行，没有经过实践检验；有的建好后就束之高阁，偶遇视察参观才临时启动，实际意义不大；有的不接地气，用不上、不好用、不爱用，导致"既不叫好也不叫座"，实际利用率极低；有的信息化建设项目投入不菲，使得建设成本与实际效益严重失衡。

---

① 执行信息化建设中的法院与银行及住房、国土管理部门等协执部门之间的"点对点"执行网络查控机制是近年来法院信息化建设中比较大的亮点和突破，也发挥了重要作用。

(二)"跨域·连锁·直通"式诉讼服务平台对信息化建设及运用的创新之处

泉州法院信息化建设紧紧依托"跨域·连锁·直通"式诉讼服务平台,以平台为载体,既达成信息化建设的极大突破,又让信息化成果即时落地,真正实现信息化建设的创新价值和实用价值。泉州法院在推广运行平台的过程中,同步研发并于2015年5月上线试运行平台配套的智能辅助信息系统,在全国率先攻克了不同法院之间法律文书批量电子签章等技术难关,实现法律文书同步自动生成、电子卷宗同步扫描及智能运用、电子卷宗跨域流转,为平台运行装上"助推剂""加速器",也为平台在更大范围内的推广运用铺平了道路。依托平台这一革命性、首创性的司法为民实践载体,前述多项首创性、革命性的技术创新成果也应运而生,并转化运用于平台的便民服务和内部管理上。目前当事人申请跨域立案,只要等上几分钟,就可以领到管辖法院的案件受理通知书等法律文书,当事人跨域申请立案和管辖法院的跨域文书送达同步完成,既便利当事人诉讼,也便利法院的案件管理。

首先,思想是行动的先导,信息化建设必须有正确的指导思想。在开展信息化建设前,必须首先解决好思想问题、理念问题,清楚信息化建设的目的、意义、作用,认识到位则行动到位,否则就会随波逐流。为此,我们把法院信息化建设与诉讼服务的创新平台有机结合起来,从而让信息化建设做到有的放矢。平台意在解决实际问题,具有广阔的市场需求,决定了与之相配套的信息化建设也要以破解现实难题为出发点,做到有市场、有效益、有前途。

其次,技术创新要坚持"理念为体、技术为用",以理念创新引领技术创新,技术创新服务于实践需要。其中,对"互联网＋"的正确认识是关键点。"互联网＋"不是简单机械的技术叠加、技术堆积,更重要的是思维、理念、模式上的"＋",是一种整体观和方法论。特别是在诉讼服务领域,只有打破传统的思维定式,对"互联网＋"进行创造性运用,其效益才能被激活乃至成倍放大,而不是仅仅停留在技术层面。"跨域·连锁·直通"式诉讼服务平台的信息化运用,也将这一理念贯穿始终。具体来说,上面提到的所有泉州法院信息化建设的技术攻关成果,都是依托平台这一创新载体而取得的,而这些技术创新成果又反作用于平台运行,并为平台的大规模、大区域推广运用消除了技术障碍。

再次,要高度重视发挥信息化的作用,但又不能完全依赖于信息化。从根本上说,诉讼服务是理念问题,不是技术问题。诉讼服务能不能做好、做得好不好,关键和前提是为人民服务的思想树得牢不牢。即使没有信息化,只要站稳群众立场,下苦功、出实招,司法为民也大有可为。因此,"跨域·连锁·直通"式诉讼服务平台的创新,一是理念革新,率先从观念上打破诉讼服务的既定格局和传统模式,这样才能最终促成诉讼服务的"升级换代"。二是两轮驱动,坚持线下服务与线上服务"两条腿"走路,把司法活动的亲历性要求与信息技术的集成化优势完美结合、有机统一。一方面,着力做大做强法院诉讼服务中心和人民法庭的服务阵地,以最大限度地满足不同群体、不同地区尤其是山区、农村群众的多元司法需求;另一方面,高度重视发挥网络信息技术的作用,既提高诉讼服务效率,也为爱用、会用信息化手段的诉讼参与人提供更为便捷的办事通道。

总之,通过"跨域·连锁·直通"式诉讼服务平台建设,为泉州法院加快信息化建设和实践运用提供了需求、方向和载体,也为泉州法院在信息化建设上突出重围找到了突破口。因此,平台建设既是"互联网+"思维的创造性运用,更是切实把最高人民法院关于加快信息化建设的决策部署落到实处并开花结果的有益实践。

四、"跨域·连锁·直通"式诉讼服务平台有效解决司法活动的亲历性问题

司法活动的亲历性是整个诉讼活动的一个关键问题。[①] 诉讼活动归根到底是人的活动,很多事项需要当事人或代理人到法院才能有效完成。特别是对很多中国老百姓来说,"打官司"始终是一件大事,只有亲自进到法庭、见到法官"心里才踏实",有的人"打官司"甚至要带上几个人"才放心",而且越是打异地官司越是如此。同时,诉讼服务归根到底是人的服务,是法院开展群众工作的重要表现形式。无论是诉前调解、多元解纷、诉讼引导、答疑咨询,还是信访接待等工作,都需要法官或法院工作人员亲力亲为,很多时候还需要与当事人"面对面"做工作,而且工作要有"温度"、融入真情实感,这些都难以用机器或其他手段加以替代。总之,遵循亲历性要求是诉讼服务的应有之义,任何时候、任何情况下都不应忽视、不应偏废。"跨域·连锁·直通"式诉讼服务平台正是基于诉讼活动、诉讼服务这一亲历性特质,倡导"法院就在身边,法官就在身边",构建起线上线下同向发力、双轮驱动、多元立体的诉讼服务网络。主要体现在以下两个方面:

---

① 司法的亲历性,不仅仅是针对法官而言的,对于当事人也是如此。作为法官,固然需要强调对案件的亲历性,也就是"让审理者裁判,由裁判者负责"。而对于当事人来说,打官司不像网上购物那样可以"不见面""不出门"甚至不用真实姓名,当事人亲历其案件,既是诉讼活动得以有效进行之必须,也是其感知法律、接近正义或者服判息诉之必须。当事人委托代理人参加诉讼,只是其亲历性的延伸而已。

一是平台以法院各诉讼服务中心及人民法庭工作人员为依托,能够满足绝大多数中国老百姓打官司希望进到法庭、见到法官、当面说上话的心理需求,为当事人就近提供面对面、"有温度"、有质量、有针对性的诉讼服务,也能够统筹开展诉前调解、信访化解等工作,把诉讼服务过程同时变成做好群众工作、化解矛盾纠纷、拉近与群众之间的距离的过程。而单纯通过机器设备或网络平台难以达到这些效果。

二是平台能够达到既便利当事人又便利法院的"两便"效果。如跨域立案等环节,由接收材料的法院窗口工作人员当面亲自为当事人协调办理相应手续,并代为送达相关诉讼文书,当事人的跨域诉讼申请和管辖法院的文书送达同步完成,大大提高诉讼效率;在跨域远程开庭、调解等过程中,协作法院工作人员可以配合管辖法院完成当事人身份验证核对、当事人签字盖章的识别确认、证据等诉讼材料形式完整性的识别固定、远程开庭调解等秩序维护、技术维护和笔录回签等事务,从而有效解决当事人身份及诉讼行为真实性核实等单纯通过网上诉讼服务平台难以解决的问题。①

五、"跨域·连锁·直通"式诉讼服务平台的创新意义及价值

(一)平台的创意是开先河的

平台打破"打官司到管辖法院是天经地义"这一传统思维定式,构建起全流程、全覆盖、全方位的"家门口诉讼"诉讼新模式和跨法院、跨地域、跨层级的诉讼服务新格局,着力让"打官司"不再难,不仅是诉讼服务的创新,更是诉讼模式、司法理念的创新。平台不是就诉讼服务谈诉讼服务,也不是对诉讼服务细枝末节问题的小修小补,而是从根本、从源头出发,对诉讼流程进行重构与再造,从而为破解"六难""四难"问题特别是"异地诉讼难"问题提出新思路、新创意、新办法、新模式。总之,平台坚持理念革新为先,倡导"服务型司法"新理念,着力以法院

---

① 比如,在立案环节,虽然目前不少法院都开通了网上诉讼服务平台,并具有"网上立案"功能。但此"网上立案",实际上称为"网上预约立案"或"网上预立案"可能更为准确,因为当事人或代理律师在网上填写立案申请相关信息、提交相关材料后,并不意味着就能直接完成立案,还需要经过审核并到管辖法院去现场确认,才算完成了立案,并没有给当事人带来多少便利、节约多少成本。而通过"跨域·连锁·直通"式诉讼服务平台,当事人或其代理律师就近或自愿选择任何一家法院,就可以直接完成管辖法院的立案手续,而不用老远跑到管辖法院,这种便利性、经济性是实实在在的。而且,身份确认、材料核对、文书送达等工作也一次性完成,大大提高了诉讼效率。

的辛苦指数换取群众的幸福指数,恢复法院诉讼服务的本旨和初衷,以全新的思维引领创造诉讼新模式、开辟诉讼服务新境界。

(二)平台是实实在在落地运行的创新成果

平台没有停留在概念或口号层面,而是于2015年年初即推出并始终平稳运行,已取得显著成效、反响很好。平台全面推行以来,当事人和群众无一投诉举报,诉讼材料在法院间跨域流转无一差错发生,案件管辖等法律问题也无一实际争议发生,在实践中得到了检验,并不断完善、充实。

(三)平台有实实在在的现实基础和市场需求

随着经济社会发展的高度融合,跨域诉讼易发、多发,占法院案件总数的比例较大,跨域诉讼难、诉讼累的问题十分突出。各方当事人不论是企业主,还是普通老百姓,或是律师等法律从业人员,对破解"跨域诉讼难"都有现实的需求和呼声。自平台推出半年以来,仅通过平台完成的跨域立案就达7328件,绝对数量和占民事案件立案总数的比重总体均呈逐月上升态势,其他材料收转、答疑指引等工作实例更不胜枚举,反映出平台强劲的市场需求,具有很大的潜力和发展空间。通过进一步持续深入宣传、推广后,就近选择法院的跨域诉讼服务必将更加广泛,平台创新所带来的现实意义、实际效用将更加明显。

(四)平台是带有普惠性、普适性的改革创新成果

"虑在全局、面向大众"是创建平台的基本设想,因此,平台的功能是开放、动态、兼容的。在受益面上,平台不是专门针对某一群体的"私人订制",当事人不分群体、不分地区、不分偏好,都可以运用平台,并从平台中受益;在覆盖面上,平台的功能不局限于诉讼服务的某些环节,不论是简单事项还是复杂事项,都可以通过平台及时有效地提供给当事人;在适用面上,平台正常运行,本身并不需要多大的物质投入,只要理念转变过来,无论山区、内地、沿海,都能建好、用好。

(五)平台是对信息化的创造性运用

依托平台这一创新载体,泉州法院取得了全国领先的技术创新成果,并将这些技术创新成果转化运用到司法为民、公正司法的实践中去。平台智能化、集成化的优势得到了淋漓尽致的发挥,并非停留于"看家护院"的层面,而是发掘出一条与传统思维、传统模式下的信息化建设大异其趣的进路。同时,在服务平台配套信息系统的基础上,我们把信息化建设延伸到法官办案平台、大数据平台及综合事务平台,拓展到与检察院、公安局、司法局、律师协会等司法共同体的信息化战略共建中,逐步形成一个动态、开放、共享、实用的信息化体系。

（六）平台对法院工作具有提纲挈领的全局性意义

平台作为一项根本性、全局性的创新，就像一个枢纽，既是服务群众的窗口阵地，也是法院各项工作的"牵引线"、法院建设的"发动机"，对法院各部门、各方面、各环节的工作都有提纲挈领的带动作用。通过统一并公示诉讼各环节的操作流程、办事标准，有力规范了司法行为，最大限度地挤掉了各种可能存在的寻租谋利空间，成为司法公信建设及党风廉政建设的新抓手；通过外部公众监督评议、内部督促检查考评，形成效能作风建设的倒逼机制和激励机制；我们还拓展运用依托平台取得的技术创新成果，充分发挥信息化建设服务人民群众、服务审判执行、服务司法管理的综合效益，将极大地促进审判体系和审判能力的现代化。

六、"跨域·连锁·直通"式诉讼服务平台的主要成效、社会反响

（一）平台运行成效明显

2015 年 1 月 12 日，"跨域·连锁·直通"式诉讼服务平台开始在泉州法院系统的诉讼服务中心试运行。2 月 1 日，平台推广到全市 42 个人民法庭，实现了全覆盖。截至目前，全市法院已通过平台为当事人就近办理跨域立案 7328 件、法律咨询 4553 次、材料收转 4890 次、诉讼指引 1335 次、判后答疑 81 次、信访接待 82 人次，并有多个案件以远程视频开庭、调解的方式审结。平台创建以来，未接到一起投诉，收获了好效果、好口碑，赢得了社会各界的广泛赞誉，被誉为"开先河的创意、全局性的创新、革命性的创造"和诉讼服务的"泉州模式"，已成为泉州法院的一项民心工程和品牌项目。

（二）代表委员呼吁推广

在 2015 年 1 月召开的福建省"两会"上，吴端雅等 14 名省人大代表联名提出建议件，蔡建四等 5 名省政协委员也联名提出提案，建议进一步总结推广诉讼服务的"泉州经验"，不断提升司法便民实效。

全国人大代表戴仲川在十二届全国人大三次会议小组讨论时说，人民法院多年来推行诉讼服务平台建设，取得了很大成就，但当事人多次跑法院、办事被推诿、遇事踢皮球的问题没有根本解决。泉州法院系统的这一创新，如同"首问负责制"，解决了"门难进""脸难看""事难办"问题，如果在全国范围内复制推广，

跨地市甚至跨省份的诉讼也将变得更加轻松。"在当地就能打完一场原来需要远至千里之外才能打完的官司,省去多次往返两地的劳顿,该有多好。"

全国人大代表李振生也高度评价该平台的创新意义,认为"以前想都不敢想的事,现在泉州法院做到了",平台完全可以复制推广,适用范围越广,受益群众就越多,作用也就越大。

(三)各级领导充分肯定

平台甫一推出,泉州市四套班子主要领导及福建高院马新岚院长均第一时间批示予以充分肯定,并给予极大的鼓励和很高的期望。

2015 年 4 月 28 日,福建省委常委、政法委书记陈冬到泉州中院诉讼服务中心视察,对平台的便民意义、创新价值给予了充分的肯定,要求"推广泉州中院'跨域·连锁·直通'式诉讼服务平台做法,拓展便民服务,提升司法工作实效"。

2015 年 5 月 12 日至 13 日,最高人民法院立案庭姜启波庭长率队专程到泉州法院调研该平台的建设,对平台给予高度评价,认为"平台的机制、创意非常好,意义重大,不是简单的工作方法的改变,而是带有全局性而且是革命性的创新,将给法院带来巨大的变化,给群众带来非常大的实惠,其经验可以复制可以推广,后期的应用和推广空间非常大"。

2015 年 6 月 10 日至 11 日,福建高院马新岚院长专程到泉州法院调研平台建设工作,对平台给予了高度的肯定,指出:"平台创新运用'互联网＋'思维,集多年来司法为民各项举措之大成,搭起了司法与群众之间的连心桥,有影响、有成效、有口碑,不是一般的亮点,是新亮点、大亮点、非常可喜的亮点,是革命性的创造,已成为泉州法院乃至福建法院引以为傲的一个模式。希望进一步加强研究推进,实现群众满意度与司法公信度的双提升,把'泉州模式'提升为'福建模式'。"

2015 年 7 月 17 日上午,最高人民法院副院长景汉朝专程到泉州中院调研平台建设情况。景汉朝副院长认为,该平台是司法为民、方便群众诉讼的新举措、好举措,思路和创意好,实际运行以来的效果好,如果能够在更远距离、更大范围内推广运用,意义将更大,效果将更明显,"有利于解决偏远地区、不同区域间当事人诉讼不便问题。双方当事人之间的地域相距越远,给当事人节省的诉讼成本也越大"。①

---

① 倪寿明:《景汉朝在福建调研时强调:牢固树立司法为民理念,进一步加强诉讼服务中心建设》,载《人民法院报》2015 年 7 月 20 日第 1 版。

（四）媒体广泛报道

2015 年 6 月 1 日，《最高人民法院简报》以"福建省泉州市法院建立'跨域·连锁·直通'式诉讼服务平台"为题，对平台做了专门介绍。

2015 年 7 月上旬，《海峡西岸》杂志以"'泉州式'诉讼"为题，以封面文章形式对平台进行长篇专题报道，详细阐述了平台建设的背景、理念、特点、价值、展望等内容，介绍平台运行以来所取得的成效和经验。

2015 年 7 月 10 日，福建省委《八闽快讯》增刊以"法院多服务，群众少辛苦——泉州市法院首创'跨域·连锁·直通'式诉讼服务平台"为题，专门介绍了平台的特色、功能及成效。省委常委、政法委书记陈冬在该刊上批示："全省各地司法改革的好经验好做法要及时总结、提升、宣传，推动试点先行、典型示范、复制推广。"

此外，《人民日报》《人民日报（内参）》《工人日报》《法制日报》《人民法院报》《人民代表报》《福建日报》等全国数十家媒体陆续作了宣传报道。

（五）其他法院考察借鉴

平台推出后，省内、省外多家兄弟法院相继到泉州法院考察、学习，一些法院还借鉴、移植了泉州法院"跨域·连锁·直通"的部分理念和经验。

七、"跨域·连锁·直通"式诉讼服务平台的现实效益分析

（一）极大地便利了当事人和人民群众

平台真正打通了服务群众的"最后一公里"，通过该平台，以前打官司特别是打异地官司需要当事人长途跑、来回跑、多次跑的事项，转而由法院之间的内部协调流转来完成，大大节约了诉讼成本，减轻了讼累，让当事人和人民群众在家门口就可以打官司，实现了少跑腿、少花钱、少受累，享受到实实在在的便利。

（二）极大地满足了不同群体的多元司法需求

平台把司法活动的亲历性要求与信息技术的集成化优势有机结合起来，坚持线上服务与线下服务"两条腿"走路，构建起多元立体的诉讼服务网络，确保不同群体、不同地区、不同偏好的群众都能用、会用、爱用平台，并从平台中受益。

（三）极大地发挥了法院信息化建设的效用

随着平台配套的智能辅助信息系统的投用，特别是率先攻克不同法院之间

法律文书批量电子签章、电子卷宗跨域流转等技术难关,既为平台运行装上"助推剂""加速器",也为平台在更大范围内的推广运用扫清了技术障碍、铺平了道路。依托平台这一革命性、首创性的司法为民实践载体,多项首创性、革命性的技术创新成果也应运而生,并毫无阻碍地在第一时间就得到转化运用,在司法为民、公正司法的广阔天地里"发光发热"、大放异彩。

(四)极大地提升了法院公信力、影响力

通过平台建设这一大胆创新、造福于民的工作,向党委、群众和社会充分展示了人民法院能够直面难题、勇于担当、攻坚克难,具有为群众办实事、办好事、办大事的能力,能够为改革发展稳定大局提供有力的服务保障。平台推出不久,主要领导予以批示肯定,社会各界知名人士纷纷点赞并呼吁推广,《人民日报》等多家国家级主流媒体持续跟踪报道,既打出平台的声势和声誉,也极大地提升了法院的形象。

(五)极大地促进了法院队伍效能作风的转变

平台在建设过程中,坚持做到"内外兼修、同向发力",把平台建成认真践行"三严三实"要求、不断锤炼干警思想作风、提升效能形象的阵地。在外部,把所有办事标准、服务流程、投诉电话等均向社会公示并公开承诺,自觉接受各界监督,构建干警作风建设的公开机制、倒逼机制;在内部,把平台运行及落实情况纳入司法公信建设责任状及干警绩效量化考评范围,加大明察暗访、奖优罚劣力度,构建起干警作风建设的考评机制和激励机制。平台运行以来,透过司法巡查、审务督察、明察暗访活动及对当事人的回访反馈情况看,两级法院干警特别是窗口部门干警作风面貌持续向好。

(六)极大地推动了党风廉政建设和反腐败斗争

平台以公开承诺、公众监督的全域通、无差别、标准化服务模式,有力整治了"门难进、脸难看、事难办,关系案、人情案、金钱案"问题,最大限度地压缩乃至挤掉法院工作人员各种可能存在的寻租、"设租"谋利空间。同时,平台突出标准化管理及信息化运用,实现审判执行各主要流程和关键节点的规范有序、全程留痕,可追溯、可倒查,形成了从源头上预防和减少各种不作为、乱作为的防控机制,成为法院党风廉政建设及反腐败斗争的新抓手。

(七)极大地推动了执法办案的标准化、规范化、现代化建设

在 2015 年初平台建设的筹备阶段,泉州中院即对全市法院立案窗口人员进行了统一培训,并统一、细化了两级法院立案标准,为实施立案登记制改革提前

做好了衔接准备。同时，泉州中院进一步做好拓展、延伸：将行政案件纳入平台运行机制，拓展了平台便民功能；将规范化、标准化操作从立案环节拓展到其他环节，如规范、简化诉讼退费及执行款划拨手续和诉讼保全条件等等。

（八）极大地彰显了社会主义司法的文明与进步

诉权行使的广泛性、便捷性以及诉权的保障程度是现代社会司法文明的重要标志。平台在严守法律规定、遵循司法规律的基础上，以提高司法公信力为根本尺度，以人民满意为根本标准，首创建立"家门口诉讼"新模式，在此基础上首创推出跨法院、跨地域的家门口、一站式诉讼服务新格局，找准症结、对症下药，为破解"六难"问题找到了治本之策，把司法改革创新的红利充分释放出来，最大限度地派送给人民群众，实现了人民满意度与司法公信力的双提升。

结　语

实践发展永无止境，解放思想永无止境，改革创新永无止境。习近平总书记指出："人民对美好生活的向往就是我们的奋斗目标。"从长远来看，一切工作都应按照这一公共服务的理想图景不断努力、不断创新创造：群众到法院、政府办事不用找人，也不会被刁难，所有环节简洁明了，能办就办得又快又好，不能办托关系也办不成，有些服务在家门口甚至在家里就能办成，不必拐弯抹角，不用来回折腾。

"跨域·连锁·直通"式诉讼服务平台不是一句口号式的创新，也不是一个空泛的概念，而是已经实际运行并取得实际效果、得到实践检验的创新体系、创新成果。在国家实施创新驱动战略，倡导大众创新、万众创业的背景下，泉州法院秉承首创精神，创造出的这一新生事物，没有先例可循，也没有成熟的可供参考借鉴的样板，需要在实践中不断摸索、不断研究、不断完善。我们希望，通过今后持续不断的探索与努力，在社会各界的支持和帮助下，这一平台能够推广运用到更大范围、更高层次，最大限度地发挥平台效益，让更多的老百姓受益，为促进中国法治的文明进步作出积极的贡献。

民事检察案件复查制度的困境与重构

■ 许志鹏*

摘要：以当事人私益救济主义为理论基础建构的民事检察案件复查制度，导致大量复查案件及巨大的矛盾息访压力向上级检察机关特别是省级检察机关集中，冲击省级检察院正常的办案和对下指导职能。民事诉讼检察以监督法院公权力为宗旨，非以救济当事人私益为直接目的，复查制度必须回归这一理论基础，确立诸如案件抽样复查、重点案件复查、专项复查等复查方式。复查应依职权启动，与当事人是否申请无关。

关键词：民事检察；抗诉；复查；当事人私益救济主义

当前民事检察监督案件复查制度，既有实务运作中的紧迫问题，也暗含着民事诉讼检察监督的关键理论问题。梳理、探索复查制度，兼有实践与理论的重要意义。

一、当前复查制度运行的现实问题

2012 年 8 月修订的现行《民事诉讼法》及最高人民检察院 2013 年 11 月颁布的《人民检察院民事诉讼监督规则（试行）》，均未规定民事检察复查程序。2013 年 8 月最高人民检察院民事行政检察厅与控告检察厅联合下发的《办理民事行政检察案件第一次座谈会议纪要》（高检民[2013]12 号）（以下简称《第一次

---

* 作者系福建省人民检察院检察官，法学博士。

纪要》)首次提出复查制度,将民事检察案件分为"民事监督案件"和"民事复查案件"两种。① 2014 年 8 月"两厅"再次联合下发的《办理民事行政检察案件第二次座谈会议纪要》(高检民[2014]6 号)(以下简称《第二次纪要》),对复查的审查主体、复查的对象及复查程序等事项作了更加具体明确的规定。根据《第二次纪要》,当事人不服人民法院生效判决、裁定、调解书,申请检察机关监督,同级人民检察院受理审查后作出不支持监督申请决定,当事人认为该不支持监督申请决定存在错误的,可以向上一级人民检察院申请复查一次;提出复查申请时,应当提交申请书和证明存在错误的证据材料,并说明理由和依据;上一级人民检察院审查后,对于确实存在错误的,依法纠正,对于不存在错误的,制作维持下一级人民检察院《不支持监督申请决定书》的决定,发送申请人。概言之,复查对象限于同级人民检察院作出的《不支持监督申请决定书》,复查主体为上一级人民检察院,复查以一次为限。复查申请的形式要件包括:复查申请书、举证证明《不支持监督申请决定书》存在错误或说明存在错误的理由和依据。复查后,对确实错误的依法纠正,反之则向当事人发送复查决定书,维持下一级人民检察院作出的不支持监督申请决定。

当前,复查制度在运行中存在一些亟待解决的问题,主要表现为上级检察院特别是省级检察院案件数量剧增,息访压力上移,并集中到上级检察院特别是省级检察院。以福建省人民检察院(以下简称省院)为例,2014 年 9 月中旬省院开始受理复查申请案件,截至 2014 年 12 月 31 日,共受理复查申请案件 46 件(其中不服福州市人民检察院不支持监督申请决定的复查申请案件即有 19 件,凸显距离对当事人是否决定申请复查的影响,"距离产生案件")。2014 年全年省院受理下一级检察院提请类案件 68 件(包括提请抗诉类、请示类);直接受理类案件如下:生效判决裁定调解监督类 18 件,执行活动监督类 1 件,审判程序中审判人员违法行为监督类 1 件,即省院全年受理现行《民事诉讼法》规定的三类监督案件(以下简称法定三类监督案件)共 88 件(68＋18＋1＋1)。可见,复查类案件一个季度多的受理量(46 件)即超过了法定三类监督案件全年受理量(88 件)的一半有余。动态地看,这还只是复查制度运行初期的情况,目前复查制度并未见诸公开文件,当事人还并不清楚这一救济制度。随着这一制度渐渐为社会所了

---

① 《第一次纪要》第 2 条规定:"受理过程中区分民行监督案件和民行复查案件。民行监督案件包括当事人因不服生效裁判、调解书申请监督的案件,认为审判人员存在违法行为申请监督的案件,认为法院执行活动违法申请监督的案件。对于民行监督案件,控告部门依照《人民检察院民事检察监督规则》有关受理的规定办理。而对于不服下一级检察院和本院作出的监督决定的,控告检察部门接受材料后,可以移送本院民行检察部门复查,如果需要纠正错误的,民行检察部门应当妥善做好相关工作。"

解或向社会公开,可以预见,复查类案件将以更快的速度增长。届时,省院民事检察部门的办案类型结构将会明显改变,复查类案件将在数量上占据多数,法定三类监督案件则会在比例上日渐趋于减少。因此,复查制度虽然只是一项试运行的新生制度,且相比于法定的三类监督业务,复查类案件在重要性方面更像是一项边缘业务,但是,这类案件将消耗去省院民事检察部门的主要办案资源。在总体投入资源不变的情况下,复查类案件的增多将大大限制省院民事检察部门对法定三类民事检察监督案件办理的资源投入,并限制省院民事检察部门对下领导(指导)职能的资源投入。与此同时,复查结果绝大部分是维持下一级检察院的不支持监督申请决定,并以省院名义向申请人发送维持不支持监督申请决定书。原本分散于各市检察院与当事人的矛盾上升、集中到了省院,省院的释法说理、息访工作更加艰巨,这也将进一步影响省院民事检察处的工作格局和资源分配。

二、复查制度的设置初衷

对一项制度的理解,离不开对制度设置初衷的探索和把握。从有关方面了解的情况看,复查制度与民事检察案件同级受理制度相关联,是为了弥补后者的制度缺陷而设立的。根据《民事诉讼法》第 208 条、第 209 条的规定,作出发生法律效力的判决、裁定、调解书的人民法院的同级人民检察院拥有再审检察建议权或提请抗诉权,其上级人民检察院拥有抗诉权。对生效判决、裁定或者调解书,当事人可以向人民检察院申请再审检察建议或者抗诉。这意味着,当事人在寻求检察机关救济时享有选择权,其可以选择向同级检察院申请再审检察建议或申请提请抗诉,也可以向上级检察机关申请抗诉。当事人选择向同级人民检察院申请监督,结果可能是收到检察机关不支持监督申请决定,也可能是其申请获得检察机关的支持,检察机关发出再审检察建议或者提请抗诉。但即便是检察机关发出再审检察建议或者提请抗诉,依现行的民事诉讼法,法院也不必然启动再审程序。只有当上级检察机关审查下一级检察机关提请抗诉后向法院提出抗诉,当事人的监督申请才会启动法院的再审程序。

当事人向人民检察院申请监督的首要目标是启动法院再审程序。如果当事人向同级人民检察院申请监督,与向上级检察院申请监督,二者所支付的成本相差无几(特别是在省会城市,省检察院与下一级检察院同处一城),其显然会选择向上级人民检察院申请监督,直接申请抗诉监督。因此,如若任由当事人选择,则现行《民事诉讼法》规定的再审检察建议或提请抗诉制度就会落空、形同虚设,绝大多数案件会涌向上级检察院;在当事人同时向上、下两级检察院申请监督时，还会造成司法资源的浪费，并可能出现上、下级检察机关所作决定相互矛盾的现象。①

事实上，这一问题由来已久，地方实践开出的方子就是确立同级受理制度。以福建为例，早在 2002 年，省院就在全省检察机关确立了分级受理制度，亦即同级受理制度。② 最高人民检察院 1992 年公布施行的《关于民事审判监督程序抗诉工作暂行规定》和 2001 年公布施行的《人民检察院民事行政抗诉案件办案规则》，都原原本本地照搬了 1991 年通过的《民事诉讼法》的规定，即同级检察机关和上级检察机关均有受理权，均能受理当事人的民事案件检察监督申请。2013年《人民检察院民事诉讼监督规则（试行）》吸收了地方的实践经验，确立了同级受理制度。该规则第 34 条规定："当事人根据《中华人民共和国民事诉讼法》第二百零九条第一款的规定向人民检察院申请检察建议或者抗诉，由作出生效民事判决、裁定、调解书的人民法院所在地同级人民检察院控告检察部门受理。"

同级受理制度解决了上级检察院直接受理存在的问题，但同级受理制度本身又存在抑制现行《民事诉讼法》规定的当事人抗诉申请权的嫌疑。在当事人向同级人民检察院申请监督，同级检察院作出提请抗诉决定并提请上级检察院进一步审查时，固无问题；但是当其作出不支持监督申请决定时，当事人的提请抗诉申请被驳回，其向检察机关申请抗诉的大门也随之关闭。这有悖于现行《民事诉讼法》第 209 条赋予当事人的抗诉申请权，至少是申请提请抗诉或申请抗诉的选择权。复查制度正是由此酝酿产生的，在同级人民检察院作出不支持监督申请时，允许当事人再向上一级检察院申请复查、直接申请抗诉，以此弥补同级受理制度给当事人造成的权利贬损。此即复查制度的设置初衷。

三、复查制度的理论基础：检察监督的私益救济主义

复查制度并非空穴来风，其产生是有一定的实践和思想根据的。实践根据是民事诉讼法相关规定的修改与司法实践；思想依据是民事抗诉制度设计中的当事人私益救济主义倾向。无论是将检察机关定位于公共利益代表人、法律的

---

① 最高人民检察院民事行政检察厅编：《〈人民检察院民事诉讼监督规则（试行）〉条文释义及民事诉讼监督法律文书制作》，中国检察出版社 2014 年版，第 45～46 页。

② 2002 年颁布的《福建省人民检察院关于受理民事行政申诉案件的若干规定》第 5 条规定："人民检察院对民事行政申诉案件实行分级受理。省级人民检察院受理不服高级人民法院已经发生法律效力的判决、裁定的申诉案件。设区市人民检察院受理不服中级人民法院、海事法院已经发生法律效力的判决、裁定的申诉案件。基层人民检察院受理不服基层人民法院已经发生法律效力的判决、裁定的申诉案件。"

守护人还是法律监督机关，①在民事诉讼检察监督领域，检察机关都是公权力的监督机关，即监督人民法院审判权、执行权的行使。这是检察权的宪法定位和民事诉讼法的原则性规定所要求的，也是目前在理论界、实务界的多数共识。但是在 2007 年和 2012 年两次修改《民事诉讼法》的过程中，却出现了当事人私益救济主义倾向，将检察机关定位为当事人的私益救济机关，②从而使抗诉制度的部分条文偏离了检察机关是公权力监督机关的定位定性。

在 1991 年《民事诉讼法》中，当事人申请再审的情形与检察机关抗诉的情形是截然分开、相互独立表述的。当事人申请再审的情形包括如下五项：(1)有新的证据，足以推翻原判决、裁定的；(2)原判决、裁定认定事实的主要证据不足的；(3)原判决、裁定适用法律确有错误的；(4)人民法院违反法定程序，可能影响案件正确判决、裁定的；(5)审判人员在审理该案件时有贪污受贿、徇私舞弊、枉法裁判行为的。而对于检察院抗诉的情形，该法明确规定只有后面四项，明确排除第一项"有新的证据，足以推翻原判决、裁定的"情形。当事人再审申请制度的着眼点在于对当事人私益的救济，③因此，在有新的证据足以推翻原判决、裁定进而影响当事人之间的利益分配时，人民法院应当启动再审。但是对于检察机关的抗诉权而言，其着眼点在监督公权力的行使是否违法，实质是关注公共利益问题。当事人虽然有足以推翻原判决、裁定的新的证据，但因为新的证据是在法院整个裁判之外，法院当初的生效裁判行为本身并无违法之处，检察机关自然不应、也不能对其提起监督。从利益的维度看，新的证据虽然能推翻原判决、裁定，能影响当事人的利益，但是只要原生效裁判本身无违法问题，当事人的这一利益，也只是一种私人利益，与公共利益无关，检察机关不能依据这一情形，去为一具体当事人的个体利益投入司法资源。可以说，1991 年《民事诉讼法》在这一点上，立场是非常鲜明的，该法用第 179 条、第 185 条两个条文分别表述、明确对比宣示。

但是经 2007 年、2012 年两次修正后，检察机关的抗诉情形完全等同于当事人申请再审的情形。其中，在"有新的证据，足以推翻原判决、裁定的""原判决、裁定认定事实的主要证据是伪造的""据以作出原判决、裁定的法律文书被撤销或者变更的"这三项情形下，检察机关也必须对法院提起检察监督、提出抗诉。

---

① 洪浩、邓晓静：《公益诉讼中检察权的配置》，载《法学》2013 年第 7 期。

② "当事人私益救济主义"是笔者的权且称法，其强调"私益"，旨在更好地与检察机关作为"公益"代表的地位相比较。

③ 当事人再审申请制度是"作为当事人针对损害其权益的错误的生效裁判的一项救济权"。参见李浩：《论民事再审程序启动的诉权化改造——兼析〈关于修改民事诉讼法的决定〉》，载《法律科学》2012 年第 6 期。

然而，在这三项情形下，法院的原生效裁判并无违法之处。此时仍然要求检察机关予以监督、提起抗诉，其实是将检察机关完全等同于当事人私益的救济机关。只要当事人有权益遭受损害之情形，不管法院有无违法之处，检察机关都应当动用抗诉。

不可否认，在大多数情形下，检察机关监督法院公权力与救济当事人私益是重合的，相一致的，监督了公权力，同时也就间接地救济了当事人的私益，这在历次《民事诉讼法》的修订本中所列举的情形均有所体现；但是反过来并不总是成立的，救济当事人的私益，不一定总是因为公权力行使违法而需要监督。2007年、2012年的两次民事诉讼法修改，即犯了这一逻辑上的错误。

如果说2007年《民事诉讼法》将检察机关的抗诉情形完全等同于当事人申请再审的情形，是在实体方面将检察机关抗诉制度私益救济主义化，那么，2012年《民事诉讼法》的修改则更进一步，在检察抗诉的程序方面，也表现出私益救济主义倾向。现行的《民事诉讼法》第209条规定："有下列情形之一的，当事人可以向人民检察院申请检察建议或者抗诉：（一）人民法院驳回再审申请的；（二）人民法院逾期未对再审申请作出裁定的；（三）再审判决、裁定有明显错误的。人民检察院对当事人的申请应当在三个月内进行审查，作出提出或者不予提出检察建议或者抗诉的决定。当事人不得再次向人民检察院申请检察建议或者抗诉。"在2012年《民事诉讼法》修改之前，当事人的申诉本是检察机关抗诉的违法信息来源之一。2012年《民事诉讼法》修改后则相反，检察机关的抗诉成了当事人的私益救济途径之一，完全将抗诉作为当事人的私益救济制度来看待。[①]

再来看复查制度，其设置的初衷是弥补现行《民事诉讼法》第209条实施同级受理制度对当事人抗诉申请权剥夺之不足，是将检察机关抗诉制度私益救济主义化的逻辑结果。[②]

结　语

复查制度的推行是民事抗诉当事人私益救济主义从立法向司法实践扩张的结果，给检察机关特别是省级检察机关带来了不正常的办案和息访压力。笔者并非反对复查制度，或主张完全取消复查制度，而是主张正确回归复查制度的理

[①] 谢鹏程：《论涉及民事诉讼的信访终结机制——关于〈民事诉讼法〉第209条的立法精神和检察对策》，载《中国司法》2014年第4期。

[②] 有学者指出："抗诉主要不是一种监督审判权的方式，而是在当事人具有再审理由而不能启动再审的情况下，为当事人提供救济，并以成功地启动再审为已足。"参见赵信会、宋新龙：《民事抗诉基础的转换与补充性抗诉机制的建立》，载《河北法学》2010年第4期。

论基础,进而重构复查制度,并解决复查制度的现实困境。正确回归复查制度的理论基础,就是要将复查制度重新建立在检察机关监督法院公权力这一检察定位上来。在这一定位之下,当事人的申诉就只是检察机关发现违法线索的途径之一。对于线索的审查,究竟是由作出发生法律效力的判决、裁定、调解书的人民法院的同级人民检察院进行,还是由上一级人民检察院进行,则属于检察系统内部的职责调配问题。

这种调配做法在检察一体化原则允许的范围内,[①]将当事人的申诉统一交由同级人民检察院受理审查,并无不妥。该做法无涉当事人的私人权益,无论是当事人的申诉,还是检察院的审查,二者控诉的、关心的都是有关公权力行使和公共利益的问题。这样也就不存在当事人为私人利益申请抗诉的问题,不存在为保护这种抗诉申请权而赋予当事人复查申请权的问题。但是,如果将申诉线索完全交由同级人民检察院审查,那么因同级检察院的办案能力、廉政问题导致的不支持监督申请决定错误的问题,在这里也同样会存在。而这个问题属于检察系统自身监督、内部制约的事项,可以通过重构复查制度予以纠正、预防。例如,可以考虑采取案件抽样复查、重点案件复查(如上访频繁激烈的案件,当事人的申诉作用在此体现)、专项复查等方式。上级检察院完全依职权启动复查,与当事人是否申请无关。采取这样的复查制度后,上级检察院在预防、纠正下级检察院的执法错误时,更加主动、更有针对性、效率更高;同时也不会出现复查案件被动堆积、冲击上级检察院正常职能,以及矛盾、息访压力向上级检察院集中的现象。

---

① 姜伟、韩炳勋:《论检察活动的原则》,载《法律科学》2014 年第 2 期。

港籍陪审员:内地特定区域适用香港法律的实现路径

■卞 飞*

摘要:在审理涉港案件时,由于查明和理解香港法律的困难,内地法官往往回避香港法律的适用,由此导致案件的审理无法达到预期的效果。深圳市南山区人民法院开展的港籍陪审员试点是一项司法创新,实践表明涉港案件适用香港法律是必要且可行的。

关键词:内地特定区域;涉港案件;香港法律;港籍陪审员

蛇口是我国经济特区的发源地。深圳市蛇口自贸区于2015年4月成立,实行比经济特区更加特殊的先行先试政策。① 蛇口自贸区的开发建设是国家的重大战略决策,承担着探索改革开放科学发展新路、内地与香港紧密合作新途径、转变经济发展方式新经验的历史使命。例如,蛇口作为高端制造业和出口加工区,为高端制造业的改革开放提供试验的场地。②

透明高效的法律服务业是高端制造业发展的基础。蛇口自贸区要发展高端制造业等现代产业,亟须港资及技术的支撑,其中涉港案件的解决对香港法律要求很高。根据改革规划的部署,深圳市南山区人民法院(以下简称南山法院)在2015年5月设立蛇口自贸区审判团队,审理标的额50万元以上的商事纠纷案件,为蛇口的开发做好司法服务。结合蛇口的战略定位,涉港商事纠纷将是蛇口自贸区审判团队主要的受案类型,香港法律将是涉港案件当事人较多选择的法律。如果内地法院一味地、绝对地排斥香港法律的适用,必然影响"港企"的投资信心和蛇口自贸区的开发建设。因此,南山法院必须对适用香港法律持开放态

---

* 作者系深圳市南山区人民法院副院长,厦门大学法学硕士,英国剑桥大学法学硕士,香港城市大学法学院博士研究生。

① 《中国(广东)自由贸易试验区前海蛇口片区揭牌及启动仪式材料》,http://www.sz.gov.cn,下载日期:2015年7月1日。

② 何泳、曹崧:《全球视野中的前海蛇口自贸区——访深圳大学自贸区研究中心主任刘伟丽》,载《深圳特区报》2015年3月25日 T3版。

度并对现有审判机制做出必要的改革。那么,在成文法体系下培养起来的内地法官难以正确理解并适用香港法律的情况下,能否引入精通香港法律的专业人士,让他们以人民陪审员的身份参与涉港案件的审理(下文将这一机制简称为"港籍陪审")? 港籍陪审在法学理论上是否找得到支撑? 这些问题亟须学界与实务界进行深入的探讨。

一、问题的提出

通过检索相关文献,笔者未检索到关于港籍陪审的研究报告和论文。与本文主题相关的文献主要归集为两大方面:涉港案件法律适用和陪审制度。基于对涉港案件适用法律和陪审制度的文献梳理,笔者认为涉港案件法律适用和陪审制度是相互融合的,内地特定区域适用香港法律可以通过港籍陪审的导入来实现,即移植执法者。

对于涉港案件法律适用问题,有的学者认为香港回归后已不具有涉外因素,法院在审理涉港案件时原则上应适用国内法,但也有例外原则,并就合同、侵权、物权、婚姻家庭继承收养等案件中例外原则进行了论述;① 更多学者在区际法律冲突的框架内探讨内地与香港的法律冲突,有学者在比较研究了内地和香港的合同法和侵权法后,建议制定统一的冲突规范和制定内地香港互涉民事案件管辖权法;② 也有学者建议先制定统一的区际冲突法,最终制定统一实体法彻底消除区际冲突;③ 更有学者提出仿效美国《统一商法典》,由各法域的法律专家组成一个全国统一的法律委员会,在对各法域的法律比较研究的基础上制定"示范法"供各法域采用。④ 笔者认为,以上研究陷入了路径选择的误区。《香港特别行政区基本法》(下文简称《基本法》)第 8 条明确规定香港原有法律予以保留,制定统一实体法或示范法的目标显然无法实现。与其去研究虚无缥缈无法实现的目标,为何不以开放兼容的态度去看待香港法律,并将重点放在如何调整内地的审判机制以更好地导入香港法律呢? 这也正是本文努力的探索方向。

关于陪审制度的研究非常丰富,现有的文献大多首先分析我国现行陪审制度的缺陷,然后提出若干完善对策。例如:有认为陪审制度不具备法律论证的功能,人民陪审员的力量不强大、地位不独立、立场不客观,建议创设独立于人民法

① 卞昌久:《浅论涉港经济民事纠纷案件的法律适用》,载《现代法学》1998 年第 4 期。

② 王小能、刘德恒:《中国内地与香港两法域私法冲突与应对》,载《北大法律评论》(第 3 卷第 2 辑),法律出版社 2001 年版。

③ 张旭光:《内地与香港的区际法律冲突及解决》,载《当代法学》2002 年第 1 期。

④ 曾二秀:《论我国区际法律冲突问题及其解决》,载《中山大学学报》2005 年第 1 期。

院的陪审制度,赋予陪审员有效制约法官的权力;[1]有认为人民陪审制度作为司法活动中民意的有效拟制与倒入机制,面临代表性不足、权力配置机制缺失等问题,建议增加陪审员的代表性,强化陪审员与法官之间的制约机制;[2]也有的学者在比较了两大法系的陪审制度后,对我国陪审制度改革提出了设想,建议扩大陪审员的权力、赋予当事人选择是否适用陪审制的权利、规范人民陪审员的选任、建立陪审员的专门管理机构等。[3] 本文对于港籍陪审的研究,与以上研究侧重点不同。笔者并不试图为改变现有人民陪审员的权利义务配置献计献策,而是希望增添人民陪审员制度的多元化因素——港籍陪审员。这一司法创新既丰富了人民陪审员的外延,又实现了香港法律专业人士在内地服务的重大突破。

二、现阶段内地涉港案件适用香港法律的实证考察

本文拟以南山法院为样本,对现阶段内地涉港案件香港法律适用情况进行分析,以检验导入港籍陪审的必要性与可行性。

(一)南山法院涉港案件法律适用的数据分析

港籍陪审的制度功能在于帮助内地法官准确查明和适用香港法律。在涉港案件审理中,由于查明和理解香港法律的难度,内地法官多趋向于回避适用香港法律。为验证这一现象是否存在,笔者抽取了南山法院 2010 年至 2012 年审理的 100 件涉港民商事合同案件,分析这类合同纠纷的法律适用情况。详见表1。

表 1 南山法院 2010 年至 2012 年 100 件涉港民商事合同案件法律适用概况

适用法律类别	案件数量(件)	所占比例
适用内地法律	97	97%
适用香港法律	2	2%
适用内地法和香港法	1	1%
适用国际惯例	0	0%

---

① 魏胜强:《法律论证场的构建——关于我国陪审制度的思考》,载《法学》2013 年第 7 期。

② 李立丰:《民意的司法拟制——论我国刑事审判中人民陪审制度的改革与完善》,载《当代法学》2013 年第 5 期。

③ 王妍:《参考两大法系陪审制度论我国人民陪审员制度的改革》,载《法制与社会》2013 年第 15 期。

从上述统计数据可以看出,内地法院在涉港案件审理中适用香港法律的情形极少。通过实践观察,笔者认为,其原因主要在于法律文化的差异与法律查明的困难。在法律文化方面,内地法院与香港法院分属于大陆法系和普通法系。在长期的司法实践中,内地法官已在成文法的熏陶下培养形成了一整套包括逻辑思维在内的法律知识体系,对通过判例法发展形成的香港法律有畏难情绪。因此,内地法官在审理涉港案件时形成了保守的行动逻辑,即尽量使用内地法律解决纠纷,对于香港法律能规避则规避。在法律查明方面,双方当事人提供的香港法律意见往往相左,法官依职权查明又囿于多数法官缺乏普通法的基础而遭遇困难。法律查明的困难在很大程度上限制了香港法律的适用。

由此可见,在涉港案件中要扩大香港法律的适用,必须有精通香港法律的专业人士来帮助内地法官解决法律查明和法律适用的难题。结合现有的审判体制,笔者认为,香港专业人士介入涉港案件审理的最佳路径应当是借助于人民陪审员的制度载体导入港籍陪审机制。

(二)南山法院涉港案件适用香港法律的现实需求

《涉外民事关系法律适用法》规定涉外民事案件当事人可以在我国强制性规定之外的任意法范围内,选择可适用的法律。但该法未对什么是"涉外"民事关系作出界定。最高人民法院 2012 年 12 月制定的《〈涉外民事关系法律适用法〉若干问题的解释(一)》基本沿用了过去的实践做法,规定在民事关系主体、客体或法律事实方面有涉外因素的,可以认定为涉外民事关系。同时还规定了"可以认定为涉外民事关系的其他情形"的兜底式条款,以囊括实践中可能存在的其他应当被认定为涉外民事关系的情形。由于缺少明确的规定,在目前的司法及仲裁实践中,合同涉港的因素限于合同关系的主体、客体和法律事实三个要素方面,解释的范围较为狭窄。如港资企业、港商实际控制的合作区企业,它们之间或者它们与其他内地企业订立的合同不被看作具有涉港因素的合同,合同当事人不能选择适用香港法律。蛇口自贸区本身就是深、港两地紧密联系与合作的特殊区域,允许范围更广泛的具有涉港因素的合同当事人选择适用香港法律,成为改善蛇口投资法律环境需要完成的重要任务。但南山法院涉港案件适用香港法律较少的现状无法满足蛇口自贸区发展的现实需求。

(三)南山法院涉港案件适用香港法律的支撑条件

国务院要求将蛇口自贸区打造成高端制造业创新区、香港与内地紧密合作的先导区。为此,广东省委省政府积极支持借鉴香港法律营造适合自贸区开放建设的法律环境。深圳市委市政府更是将借鉴香港法律构建符合蛇口自贸区发展需要的民商事立法体系列入重点工作规划。由于实践中民事关系中的涉外因素纷繁复杂，《涉外民事关系法律适用法》未对什么是"涉外"作出具体的限定，这就为实施该项法律制定具体的实施细则留下了扩展空间。深圳特区完全可以根据《涉外民事关系法律适用法》的立法原则和精神，结合蛇口自贸区的实际，对涉港合同的范围作出具体的规定。无疑，南山法院涉港案件适用香港法律的外部条件日趋成熟。

（四）南山法院涉港案件适用香港法律的外环境渲染

合同当事人有权选择适用于合同的法律（指实体法，亦称准据法），这是契约自由原则（亦称合同当事人意思自治原则）的体现。当前世界许多国家不再严格区分涉外合同和国内合同，都允许当事人在任意法范围内选择合同准据法。目前国际上的发展趋势是赋予合同当事人更大的选择合同所适用法律的自由。允许蛇口自贸区更大范围的合同选择适用香港法律，与这一全球趋势相适应。尊重涉外民事关系当事人的意思自治，允许当事人自由选择民商事合同适用的法律，是我国《涉外民事关系法律适用法》规定的一项基本原则。在外环境的渲染下，南山法院涉港案件更多地适用香港法律是大势所趋。

三、港籍陪审机制导入的正当性

能否将港籍陪审机制导入内地涉港案件的审判，应当建基于对其正当性的充分论证，以避免制度创新的风险与改革目标的落空。笔者认为，港籍陪审机制正当性可以从理论正当、法律正当、比较正当三个方面进行论证。

（一）理论正当性

发源于古希腊和古罗马的陪审制度是国家司法机关吸纳普通公民参加审判活动体现司法民主和公民权利的一项政治制度。在英美法系，其表现形式为陪审团；在大陆法系，其表现形式为参审制；在我国，则衍生为人民陪审员制度。陪审制度设立的初衷蕴含着"同类人审判"观念：人们选择的裁决者首先必须是自己的同类人，这是裁决所必需的信赖以及裁决本身具有权威的基础。人人都有权接受自己同类人的审判。[①] 从这一点上看，港籍陪审的导入正契合了陪审制度的设立初衷：港籍陪审只适用于涉港案件；涉港案件的当事人为香港人，自然有权接受自己同类人的港籍陪审员的审判。

---

① 胡玉鸿：《"人民的法院"与陪审制度——经典作家眼中的司法民主》，载《政法论坛》2005 年第 5 期。

我国的人民陪审制度立足于推进司法民主,让民意有序地进入司法程序,促进司法公正,提升法院审判公信力。[1] 司法本身带有极强的地方性色彩,陪审制度将地方性知识引入裁判当中,是为了防止职业法官的正义观念与地方的正义观念的冲突,提高审判结果的可接受性。[2] 导入港籍陪审的重要目的就在于在涉港案件中让香港的地方性知识和民意有序、合法地进入蛇口自贸区的司法程序,使蛇口涉港案件的判决兼顾香港的道德理念和法律观念。笔者在此试举例说明:一件港方当事人起诉的合同纠纷案件,时效超过 2 年且当事人在合同中明确约定适用香港法律,内地法官一般会作出驳回港方当事人的诉讼请求的裁判。这样的判决就很难为港方当事人接受,因为法官忽视了香港合同纠纷的诉讼时效为 6 年,而大陆合同纠纷的诉讼时效为 2 年这一差异。如果导入港籍陪审,港籍陪审员就会提醒内地法官注意到两地诉讼时效的差异,从而使最终的判决更具有说服力和接受性。

(二)法律正当性

我国关于人民陪审员制度的法律规定少之又少。我国 1954 年《宪法》规定:"人民法院审判案件依照法律实行人民陪审员制度",但这一内容已在 1982 年《宪法》中予以删除。2005 年全国人大常委会《关于完善人民陪审员制度的决定》(下文简称《决定》)的颁行使人民陪审制度焕发了生机。讨论港籍陪审的法律正当性只能以此《决定》为依据。然而,《决定》并无关于港籍人士能否担任人民陪审员的明确规定,只是在第 4 条中规定:"公民担任人民陪审员,应当具备下列条件:(一)拥护中华人民共和国宪法……"由此可见,我国人民陪审员的基本条件应限定为中国公民。根据《基本法》第 21 条的规定:香港特别行政区居民中的中国公民依法参与国家事务的管理,港籍中国公民有当选全国人大代表参加最高国家权力机关工作的权利。全国人民代表大会是我国的立法机关,既然港籍中国公民可以作为全国人大代表参与国家法律制定的权利,又有何理由剥夺其作为法律执行者参与人民陪审工作的权利? 因此,根据上述法律的规定,港籍人士参与陪审工作具有充足的法律正当性,只不过需将参与的人士限定为香港籍的中国公民。

在福建,台胞陪审员的具体实践可供借鉴。在涉台案件多发的福建省,福建省高级人民法院专门制定了《关于为加快建设海峡西岸经济区提供强有力司法

---

① 许乐:《论人民陪审机制的构建——以 S 省 F 县人民法院创设人民陪审团的探索为基础》,载《中国刑事法杂志》2013 年第 4 期。

② 苏毅:《法律移植实践问题分析——以陪审制度为例》,载《金田》2013 年第 4 期。

保障和法律服务的意见》，先行尝试设立涉台案件审判庭，选任台籍人士担任涉台案件的调解员、陪审员。① 根据在互联网上检索的信息，福建省选任的台胞陪审员并非法律专业人士，②熟悉台湾风土人情但不一定熟悉台湾法律。虽然本文探讨的港籍陪审机制与台胞陪审机制有一些差别，但是福建的经验依然提供了一定程度的法律正当性。

（三）比较正当性——香港、迪拜和前海

邀请本国或本地区法域外的法律专业人士参与本国或本地区的审判活动并非以蛇口港籍陪审为唯一特例，我国香港和迪拜早有先例。《基本法》第 82 条第 2 款规定：终审法院可根据需要邀请其他普通法适用地区的法官参加审判。事实上，香港终审法院一直有任用其他普通法地区的法官。迪拜在最初设立时，由于是回教国家，执行的是伊斯兰法律，外商对于投资仍有顾虑。迪拜于是设立国际经济服务区（DIFC），容许外商在本区选择普通法解决纠纷，聘用外来法官和律师。自 2011 年开始，商事主体只要在合同中明确选择 DIFC 作为管辖法院，DIFC 法院就有管辖权。这一改变放宽了以往 DIFC 法院只对与 DIFC 有连接点的案件有管辖权的限制。③ 基于比较考察，国务院《关于支持深圳前海深港现代服务业合作区开发开放的有关政策的批复》中已有明确要求：在 CEPA（《关于建立更紧密经贸关系的安排》的英文简称）及其补充协议框架下，深化落实对香港的各项开放政策。允许取得香港执业资格的专业人士直接为前海企业和居民提供专业服务，服务范围限定在前海内，具体政策措施及管理办法由行业主管部门商有关方面制定。④ 国务院的这一规定为港籍法律专业人士在蛇口自贸区执业或从事法律专业服务提供了一定的政策依据。

结　语

蛇口自贸区的发展离不开透明高效的法律服务，为此必须逐步放开对香港法律的适用。在南山法院法官尚不能掌握香港法律的前提下，借助于人民陪审

---

① 齐树洁、康光熹：《"布衣法官"职能拓展探析——源于漳州台胞陪审员试点工作的启示与思考》，载《福建论坛》2013 年第 7 期。

② 王乾细：《龙海法院：台胞陪审员展风采》，http://fjfy. chinacourt. org，下载日期：2013 年 10 月 29 日。

③ 吕阳：《城中之城——迪拜国际金融中心》，载《走向世界》2015 年第 19 期。

④ 国务院《关于支持深圳前海深港现代服务业合作区开发开放的有关政策的批复》，http://www. gov. cn，下载日期：2013 年 10 月 29 日。

员制度提供的平台导入香港专业法律人士进行港籍陪审不失为一条捷径。港籍陪审制度的导入不但具有理论基础和法律正当性，也在实践中验证了其生命力。当前，南山法院正积极尝试在司法实践中选取一些在深圳工作、居住，且具备一定法律背景的香港籍中国公民担任人民陪审员，通过组成合议庭的形式参与案件审理。这种创新模式验证了一个重要命题：大陆法系与普通法系在特定区域的渐进和交互式的融合，有利于更好地解决双边或多边经济合作区内的法律适用难题。

非法证据排除的司法困境与技术设计

■杨陆平*

摘要：长期以来，刑事司法领域中的刑讯逼供等非法取证问题被认为是导致冤假错案发生的主要原因。在此大背景下，非法证据排除制度被新修订的《刑事诉讼法》所吸收。立法层面的问题虽已基本解决，但非法证据排除在司法实践中存在诸多问题，难以有效实施。从法律适用和制度完善层面来看，我国的非法证据排除规则仍有很大的改良空间。

关键词：非法证据排除；证据制度；司法改革；配套机制

一、嬗变：刑事司法证据合法性审查的制度变迁

非法证据排除规则起源于美国。在早期，美国完全承继了英国法传统，认为凡是有关联性的证据，即使非法取得同样具有证据能力。1914 年，美国通过司法裁判的形式首创了证据排除规则，规定使用非法方法取得的证据应予排除。起初，排除的对象主要是实物证据，其后扩展到言词证据等所有证据形式。可以说，美国的非法证据排除经历了一个从无到有、范围逐步拓展的过程。在深受实用主义传统影响的美国，创制非法证据排除规则并没有深奥的哲理，其最根本的目的是遏制公权力特别是警察权力对公民权利的侵犯。究其本质，这是美国"法官造法"机制下对人权保障、程序正义需求的一种回应。

非法证据排除制度在中国则以另一种模式出现。刑讯逼供可能但并不绝对导致错案的发生，该方式在一定程度上能够降低办案成本，提高破案效率。我国司法资源的使用长期处于紧张状态，有限度的刑讯逼供对于降低司法运行成本确有一定的积极意义；而且，"只要结果是正确的，或者说只要结果不被证明是错误的，那么刑讯逼供的行为就可以被社会容忍"①。但是，一味倚重于刑讯逼供

---

* 作者系厦门市中级人民法院法官，法学硕士。

① 金华：《两害相权取其轻》，载《云南大学学报（法学版）》2012 年第 3 期。

进行取证所付出的代价也是十分惨重的。佘祥林、杜培武、聂树斌等重大错案的连续发生,引发了公众对我国刑事司法证据制度的广泛质疑,甚至动摇了民众对国家司法制度的信心,以刑讯逼供①为典型的非法取证问题首当其冲。在此背景下发生的赵作海案直接催生了《关于办理死刑案件审查判断证据若干问题的规定》和《关于办理刑事案件排除非法证据若干问题的规定》(以下简称"两个规定")。在 2012 年修订的《刑事诉讼法》中,"两个规定"的内容被纳入法律文本,非法证据排除制度正式以法律形式走上中国的司法舞台。从某种角度来看,非法证据排除制度在中国的产生是立法者为防止冤假错案频发而作出的被动反应,其在实现"程序正义"方面无疑具有深远的历史意义。以往,当剧烈社会转型引发社会矛盾日益突出之时,打击犯罪、维护社会稳定成为首要任务,表现在刑事诉讼法中是重打击、轻保护的指导思想,诉讼程序沦为实现实体权利的工具;表现在诉讼构造上则是"被告人没有诉讼主体地位而被沦为诉讼客体,应有的权利得不到保障"②。程序的工具功能被过度放大,庭审功能如同虚设,导致冤假错案不断,涉诉信访案件剧增,司法公信力受到前所未有的挑战。在公众对权利保障、司法民主的要求日益强烈的背景下,程序本身所具有的内在独立价值被逐渐重视,因为无数事实证明,"一项刑事裁判的质量会因为产生它的程序本身不具有可靠性和合理性而受到损害"③。

目前我国的非法证据排除主要针对非法言辞证据,包括被告人供述、证人证言、被害人陈述等,一经查证绝对排除。对于书证、物证等证据,立法则考虑到证据的不可复制性,规定了瑕疵证据补救原则,也就是说,法律对实物证据排除遵循的是"自由裁量原则"。这一点与美国非法证据适用于所有证据类型明显不同,而且与后者最早出现在实物证据领域并慢慢拓展至言词证据的发展路径差异较大。我国的非法证据排除既遵循正当程序原则,又在充分考虑现实国情的基础上进行了一系列的"本土化"改造。

二、现状:摇摆于现实与理想之间的尴尬与无奈

辛普森案的审理过程及其结果让世人由衷感叹,也令非法证据排除制度享誉世界。美国司法制度设计中追求程序正义远比发现案件事实重要的基本原

---

① 有研究人员对 50 起刑事案件进行调研发现,存在或可能存在刑讯逼供的案件达到 47 起,占比高达 94%。参见何家弘:《证据的语言——法学新思维录》,中国人民公安大学出版社 2009 年版,第 197 页。

② 樊崇义:《刑事诉讼法再修改的理性思考》,载《法学杂志》2008 年第 1 期。

③ 陈瑞华:《程序正义理论》,中国法制出版社 2010 年版,第 114 页。

则,被世界各国司法制度所认可。在正全力追求法治文明的当代中国,将非法证据排除制度纳入法律并影响司法实践,是法律人的共同理想。然而,作为"舶来品"的非法证据排除制度能否适应中国的现实国情? 下文以笔者近几年参与审理的刑事案件为基础加以论述。(见表1)

表 1　刑事案件非法证据排除的审理情况

年份（年）	案件数（件）	非法证据排除申请数（件）		主要理由	线索来源	反证方式	处理结果
2011	58	一审	6	均系被告人及其辩护人提出申请,其中6起提出殴打,36起提出诱供、逼供等	1起当场展示伤情,其余均提供刑讯逼供的时间、地点等线索	对展示伤情的1起案件公诉机关出具人所记录予以否认,4起出具公安机关情况说明,其余案件根据在案材料予以反驳	没有非法证据排除案例。一审案件中13件经法庭简单调查后不予理会,5件采纳公诉机关反驳证据。二审案件中23件未予理会,1件采纳检察机关补充情况说明
		二审	10				
2012	63	一审	7				
		二审	9				
2013	67	一审	4				
		二审	3				
2014 年 1—5 月	32	一审	1				
		二审	2				

　　通过数据可以发现,在"两个规定"颁行前后,被告人及其辩护人提出非法证据排除情况相对较多;而在新刑事诉讼法正式吸收非法证据排除制度以后,非法证据排除申请反呈下降之势。其中可能存在两个方面的原因。首先,随着非法证据排除制度的逐步实施,侦查机关的程序意识逐渐增强,避免了非法取证。其次,在"两个规定"公布之初,被告人及其辩护人对于非法证据排除抱有较大的期待,特别是在"无罪辩护"的情况下更希冀于利用该规则达到被宣告无罪的结果。经过一段时间后,他们发现这种途径行不通,继而对该做法不再抱有厚望。① 暂不论何种缘由占优,事实是没有非法证据排除的情形出现,甚至少有非法证据排

---

　　① 通过对50名律师的调查发现,不到20%的律师表示用过非法证据排除规则。参见王超:《非法证据排除调查程序难以激活的原因与对策》,载《政治与法律》2013年第6期。

除申请进入正式的调查程序。① 非法证据排除制度看似美好,要落到实处却面临困境。

1. 启动困境

根据法律的规定,被告方如果提出非法证据排除申请,事先要"提供相关线索或者材料",然后由法庭决定是否启动非法证据排除的调查程序。然而,法律未对辩方提供初步证明责任的证明标准作出具体的规定,导致法官在是否受理辩方提出的排除非法证据申请的问题上拥有较大的自由裁量权,②容易造成是否启动完全由法院说了算的局面。出于各种原因,法院常常不愿意启动非法证据排除调查程序。③ 而且,"辩护方的非法证据排除申请在性质上仍然只是普通的诉讼权利,而尚未转化为程序性的诉权,无法对审判活动形成一种诉权制约机制"④。其最直接的体现是,辩护方提交的任何关于非法取证的线索、材料,如果法庭认为没有必要,完全可以不启动非法证据排除的调查程序。

2. 界定标准困境

首先,"非法"本身就是一个较难界定的概念。合法与非法之间总会有一段模糊地带。例如不让人睡觉、吃饭,或者以其他方式进行心理强制是否属于非法?其次,法律要求被告方提供相关线索、材料,如果法庭认为被告方未能提供充分的线索材料,就可以不对证据的合法性问题进行调查。最后,根据最高人民法院《关于适用刑事诉讼法的解释》第 100 条的规定,法庭启动非法证据调查程序的前提是其对证据收集的合法性存在疑问。如果法庭认为没有疑问,可以拒绝被告方的申请而不对此展开法庭调查。判断证据合法与非法"不仅仅是一种简单的法律技术问题,它还牵连到一些根本性理念"⑤。而这些根本性理念最终又取决于法官的价值取向,因此带有极强的主观性。

3. 线索来源困境

对被告人、证人等取证多是在封闭的环境中进行的,律师没有在场权,被告

---

① 从媒体公开报道的案例来看,因被告人无法提出令法庭满意的相关线索、材料而被法庭拒绝启动调查程序已成为屡见不鲜的现象。"两个规定"颁布一年多后,全国法院才出现首例适用该规定进行裁判的案件。详见吴宏耀:《非法证据排除的规则与实效》,载《现代法学》2014 年第 4 期。

② 王明明:《从中美比较法视角检视〈非法证据排除规定〉的程序性规定》,载《广西政法管理干部学院学报》2012 年第 4 期。

③ 在一些案件中,律师再三要求启动非法证据排除程序而被带离法庭。参见谢海涛:《湖州褚明剑案证据战》,载《新世纪》2011 年第 41 期。

④ 王超:《非法证据排除调查程序难以激活的原因与对策》,载《政治与法律》2013 年第 6 期。

⑤ 粟峥:《适用非法证据排除规则的困境与方式》,载《河南社会科学》2013 年第 9 期。

人及其辩护人很难提供详细的有关非法取证的时间、地点、人员等基本情况，能够直接证明刑讯逼供等非法取证的唯有被告人留下的伤痕或者就医材料。如果辩护律师在侦查阶段的权限和调查取证资格未有实质性的改变，则被告方很难找到能够证明取证违法的线索、材料。

4.证明困境

虽然法律没有要求被告方承担排除非法证据的证明责任，但实际情况是，如果被告方不能提供有力的证据证明取证非法，其主张往往会在控方的一纸情况说明、侦查人员出庭作证等情形下显得苍白无力。"很难想象，控方提供的讯问笔录会记载刑讯的有关内容；也很难想象，在看守所不能保持中立的前提下，有刑讯、威胁的录音、录像会提交法庭，讯问时的在场人员会证明公安机关非法取证；更难想象侦查人员到庭会承认自己实施了刑讯逼供的事实。"[①]

三、剖析：非法证据排除困境之深层解读

究竟是什么在消解旨在维护公平正义的善良程序，这个命题放在中国现实语境下考察具有特别的意义，恰如朱苏力先生所言："一个民族的生活创造她的法治。"

（一）法官"行动选择"的制约

非法证据排除是法官行动选择的结果。在法庭审理活动中，是否启动非法证据排除调查程序的决定权在法院，而法院通常不愿意启动非法证据排除调查程序，或者不愿意排除对定罪起关键作用的证据。

1.追求形式主义的证据运用理念

与域外高度盖然性的证明标准不同，我国在刑事审判领域奉行的是客观化、绝对确定性的证明标准，事实认定讲究"印证"的证明方式。法官希望通过证据的数量特别是直接证据的数量来表明认定的案件事实的客观性。这种证据运用方式使得证据需求与证据提供之间的矛盾变得极为突出。"在证据供给量基本确定的审判中，时刻处于这种矛盾之中的法官不会热衷于排除非法证据，尤其是排除具有很强证明力的证据。"[②]

2.实体法的主观主义偏好

我国刑法的犯罪构成虽然在理论上主张主客观相统一，"但无论是刑事立法

---

①　汪海燕：《评关于非法证据排除的两个规定》，载《政法论坛》2011 年第 1 期。

②　郭松：《非法占据为何难以排除》，载《法学论坛》2012 年第 4 期。

还是刑事司法实践,中国依旧保留着浓厚的主观主义色彩"①。主观要件作为一种内心活动,如果被告人拒不供认则很难把握。解决这个难题的最有效办法就是凭借客观证据进行推断,这是欧美法治国家判断主观要件的常用技术。我国由于缺乏立法规定,法官无法充分适用该推定技术。② 这无疑增加了事实认定的难度,使得"法官本能的反应是获取更多的证据信息,特别是能够直接指向犯罪主观心态的口供及其他直接证据"③。在这种强烈的证据需求影响之下,如果证据本身真实可靠,能够证明案件事实,只要取证没有明显违法,法官一般不会排除该证据的证明能力。

(二)诉讼参与方的利益考量

法律赋予侦查机关、检察机关非法证据排除的职能,但由于侦查、检察机关均履行控诉职能,排除证据不仅会浪费社会成本,而且有可能导致有罪者免受惩罚;加之权力的亲和性,检察机关排除侦查阶段非法证据的动力不足。被告方虽然提出非法证据排除的申请,但囿于取证能力的薄弱,往往很难提供有力的证据线索。正如前文所述,法院并不愿意启动非法证据排除程序。其中很重要的一个缘由是案件日益增长、程序烦琐与各种考核指标之间的矛盾。在新形势下,法官人均办案数居高不下,均衡结案率、存案率等多种考核指标成了审判一线法官不能承受之重,而新刑事诉讼法对诸多问题予以更为复杂的程序性规定,使得这种局面"雪上加霜"。特别是二审开庭的全面铺开,耗费了法官本已有限的时间精力。法官在多重压力之下,难免产生抵触非法证据排除程序的心理。在此背景下,法律又规定了诸如"证据收集合法性存有疑问"等启动条件,间接赋予法官在启动非法证据排除程序方面过大的自由裁量权。此外,如果某一案件因存在对被告人、证人、被害人非法取证的问题而排除了对案件事实起直接证明作用的证据,可能会对定罪产生颠覆性的影响。宣判无罪不仅将面临公、检等政法机关的施压,而且仅因为违法取证纵容了实质有罪之人④,还将招来民众的责难。

(三)司法潜规则的侵蚀

批判法学家昂格尔将法律视为"一种生长于社会政治、经济、文化、历史传统

---

① 陈兴良、周光权:《刑法学的现代展开》,中国人民大学出版社 2006 年版,第 50 页。
② 在诸如毒品案件、性侵未成年人案件中,司法解释采用了推定明知技术,但这种情况毕竟还是少数。
③ 郭松:《非法占据为何难以排除》,载《法学论坛》2012 年第 4 期。
④ 实际情况是,尽管很多案件有非法取证问题,但被告人也确实有罪。参见金华:《两害相权取其轻》,载《云南大学学报(法学版)》2012 年第 3 期。

等复杂环境中的非独立因素,尤其受制于政治意识形态与权力机制的复杂关系"①。法律的运作并不是纯粹由法律文本所决定的,它还依赖于其他各种社会因素。在司法程序领域,存在"有法不依"和"无法可依"的二律背反现象。前者表现为法律实施缺乏权威,程序违法缺乏制裁;后者表现为法律不够完备,程序不够完善,甚至导致程序异化。在我国的司法体制中,公安机关在案件的办理过程中仍然占据着主导地位,案件事实能否认定清楚,证据是否确实充分,在很大程度上取决于公安机关的侦查力度与结果。在传统的运作结构下,即便法院发现案件存在取证瑕疵、非法取证问题或当事人提出异议,多数会在公诉机关补充完善之后或者政法委的协调下本着"疑罪从轻"的原则结案。《人民检察院刑事诉讼规则(试行)》第 379 条规定,对于侦查机关以非法方式取得的言词证据,检察机关可以根据再次调查取证的方式"纠正"并将其合法化。②

四、路径:非法证据排除制度的模式设计

非法证据排除制度如何在我国的司法实践中实现其功能和价值,很多问题尚待解决,我们需要探索出适合中国国情的非法证据排除制度。

(一)基本原则

在美国,非法证据排除制度的规则体系全面而又繁杂,这与美国"遵循先例"的审判原则密切相关。随着判例的不断增加,非法证据排除规则也随之积累,从而形成了一套庞大的非法证据排除规则体系。在恐怖主义日益嚣张的背景下,证据排除规则可能成为恐怖分子开脱罪名的一种手段。打击恐怖犯罪的需要又会刺激法官创制各种"例外规定"规避非法证据排除,这些"例外规定"给非法证据排除的适用带来了不确定性。在美国刑事案件的审理中,事实认定交由陪审团进行,庭审过程遵循直接言词原则和对抗制。陪审团一旦确认犯罪事实,当事人一般不能提出上诉。这要求法官在开庭之前就解决证据的可采性问题,防止非法证据对陪审团产生误导。中国没有类似于美国非法证据排除制度运行的土壤,德国的经验更值得借鉴。德国的司法体制和司法程序较为完备,因此"没有形成诸如美国的庞大的规则体系,而是将裁量权交给法官"③。在此基础上,有关非法证据排除制度多是一些原则性的规定。德国模式的运转需要以下几个条

---

① [美]昂格尔:《现代社会中的法律》,吴玉章等译,译林出版社 2002 年版,第 144 页。

② 吴丹红:《力量博弈下的刑讯逼供》,载陈瑞华编:《社会学视角下的反酷刑问题》,北京现代出版社 2012 年版。

③ 粟峥:《适用非法证据排除规则的困境与方式》,载《河南社会科学》2013 年第 9 期。

件:(1)高素质的法官群体。在目前的"卷宗移送主义"模式之下,法官在开庭前就已经根据证据材料对案件事实形成预判,对于被告人是否有罪已经有了比较明确的结论。在庭审中确定排除某些对案件定罪量刑起关键作用的证据,需要法官相当强的应对能力。(2)充分的司法资源供给。中国正处于社会转型期,社会冲突日益增多,各类案件呈"爆炸式"增长,司法资源已经远远不能满足需求。

自 2012 年以来,我国法院系统实施办案均衡率、案件存案量等量化考核,法官办案压力陡增,身心俱疲,不堪重负。审限要求迫使法官不得不以最快捷的方式审结案件,以牺牲部分质量换取任务数量,"厌恶"非法证据排除等烦琐程序也就成了"理性经济人"的必然倾向。要解决这个问题,应该完善激励机制,使得有理论基础和审判实践经验的法官充实到审判一线,同时要给予刑事案件特别是可能判处无期徒刑以上的重大案件充分的审限。

(二)具体规则

1.关于非法证据排除的范围

目前非法证据排除主要集中于言词证据,对于实物证据则采允许补正原则,非法证据排除的范围较窄。法律对很多证据种类未有涉及,比如对于通过技侦手段收集的证据并没有建立相应的排除规则,没有规定通过技侦手段收集的证据在何种情况下不能作为证据使用。对于非法言词证据的衍生证据,目前无须排除。在这种情况下,非法言词证据即便被排除也不会对案件产生任何影响。对于上述法律没有涉及的证据种类,应该纳入法律规范的调整范围。

2.关于启动程序

建议赋予辩护方申请证据排除的确定性诉权。辩护方提出非法证据排除申请,提供的线索材料如果能够达到合法取证存疑的程度,原则上应当启动调查程序。该程序一旦启动,应该就非法证据问题召开庭前会议,庭前会议能够达成一致意见的,该证据即被排除而不得作为证据进入法庭审理;不能达成一致意见的,庭审中仍然要对该证据进行举证、质证,是否排除由法庭在庭后评议决定,并在裁判文书中说明理由。对于庭审中被告方提出的非法证据排除申请,出于诉讼效率与公平的平衡考虑,启动标准应该比庭前申请更严格。

3.关于证明责任及标准

证明责任应该由作为控方的公诉机关承担,并应采用较为严格的证明责任,证明的方式包括讯问录像、侦查人员出庭、被告人入所健康记录、证人证言等,杜绝以侦查机关的一纸情况说明来自证行为合法性的荒谬做法。对于被告方提出非法证据的指控及认定，"只需达到优势证据即可"①。如果被告方有证据证实存在"故意的、肆意的或者严重疏忽的错误行为"②，公诉方又不能提供有力的证据加以反驳，一般应认定由此取得证据为非法证据。

4.关于非法证据排除申请的上诉权

在美国，如果被告方在审前和审理过程中提出的非法证据排除动议被法官拒绝，可以通过上诉获得司法救济。如果被告方没有提出上诉，则对该问题丧失了上诉权，此即"中间上诉"制度。我国的刑事诉讼法没有确立"中间上诉"制度，③但规定二审中发现的非法证据仍然可以提出非法证据排除申请的救济措施。出于诉讼效率和防止滥用诉权的考虑，此处的"发现"应该限定为一审不可能发现的情形。

五、优化：非法证据排除制度配套机制的构建

当下中国正处于法律移植的高峰期，无论是 1996 年引入的对抗制还是 2012 年实施的二审开庭制度、非法证据排除制度，都是法律移植的直接体现。对于法律移植的实施效果，比较诉讼法学者达马斯卡在对比各国诉讼制度后发出感叹："在考虑移植某一外国规则的时候，当务之急是首先仔细考察本国的制度背景中是否存在使此项外国规则能够发挥实际效用的先决条件。"④"正当程序"固然是司法运行追求的目标，但在非法证据排除制度上的"拿来主义"是否就能根治中国刑事司法的弊端？达马斯卡认为："证据法是如此的根植于各个国家的历史和文化背景之中，因此，跨越国界去获取改革灵感的实践必须谨慎。"⑤如前文所述，我国引入非法证据排除制度是面对冤假错案频发的一种"回应性"的被动反应，从司法环境来看，并没有做好接纳该制度的准备。如果没有配套制度的跟进，再好的法律条文和法律精神也可能被束之高阁。从局部看，非法证据排除制度在追求"正当程序"的道路上无疑前进了一大步；但从整体看，在制度设计上仍然显现出系统匹配性和协调性不足的问题。如欲实现立法初衷，还应对一

---

① 杨宇冠：《非法证据排除规则及其在中国确立问题研究》，载《比较法研究》2010 年第 3 期。

② 张军等主编：《域外刑事诉讼法专题概览》，人民法院出版社 2012 年版，第 69 页。

③ 陈瑞华：《非法证据排除程序再讨论》，载《法学研究》2014 年第 2 期。

④ ［美］达马斯卡：《司法和国家权利的多种面孔》，郑戈译，中国政法大学出版社 2004 年版，引言。

⑤ ［美］达马斯卡：《比较法视野中的证据制度》，吴宏耀等译，中国人民公安大学出版社 2006 年版，第 232 页。

系列机制加以优化。

(一)审判中心主义的强化

目前,我国刑事司法理念仍然停留在"重打击、轻保护"的阶段,没有跳出公、检、法"分工负责、相互配合、相互制约"的窠臼,把法院列为与公安、检察机关并列的打击刑事犯罪的"政法队伍",庭审实质上是侦查、审查起诉程序的延续。首先,要改变公、检、法三家分工配合、相互协作的旧有框架,确定一切以庭审为中心的原则,加强控辩双方的对抗,改变公诉机关既作为指控方又作为法院审理工作监督方的"畸形"的双重职能,使法院真正成为是非的最后裁判之所。其次,要强化直接言词原则。当前,我国刑事审判中少见证人、被害人、鉴定人出庭的情形。虽然新刑事诉讼法对此进行了改良,但是能够付诸实施的极少,绝大多数案件仍然是通过阅读卷宗材料完成事实认定的。应该改变当下过于依靠被告人庭前供述或者其他庭前言词证据的现状,使证据通过庭审活动得到展现,审前违法取得言词证据的必要性也将不复存在。

(二)控审辩职能权责再定位

我国公安机关负责案件的侦查,检察院行使追诉权,同时对刑事司法各阶段均有监督权,法院独立行使审判权,律师独立行使辩护权。但实际上,公安机关占绝对主导,辩护律师处于明显劣势地位,法院很难保持中立,甚至还承担着"第二公诉人"的职能。表面上是控审分离,实质上在案件开庭审理之前,卷宗材料早已移送法院,案件在开庭之前就已确定被告人有罪。

1.法院的职能定位

一个完备的诉讼构造应该是控辩双方激烈对抗,法院不偏不倚,居中裁判,方能对是非曲直作出公正的判断。这有赖于两点:其一是赋予法院真正意义上的独立审判权。由于司法地方化等多重因素的影响,当前我国司法体制的顽疾之一是法院缺少权威,没有办法独立行使审判权,案件审理受到各方的影响。其二是改革检察院对法院审判的监督权。虽然我国刑事诉讼法历经数次修改,但是检察机关对法院审理的监督权从未变动。控方既是请求法院支持其诉求的一方,又是监督法院的一方,法院在庭审活动、案件处理中如何能够做到不偏不倚?

2.检察院的职能定位

第一,引入检警一体化制度。检警一体化是大陆法系国家较为普遍的制度设计,该制度赋予了检察院对刑事案件侦查活动的监督指导权。检察院监督指导刑事侦查活动,可以做到有的放矢,同时还可以制约侦查机关滥用权力非法取证。第二,废除检察机关侦查权。刑讯逼供问题不仅常见于公安机关办案过程中,检察机关在自侦案件中实施刑讯逼供也占相当大的比重。① 由于制度设计的缺陷,检察机关侦查权是一项不受任何制约的权力,成了防范非法取证的盲角。因此,应该适时取消检察机关自侦权,使检察院的职能回归侦查监督和控诉。

3.辩护权的扩展

一是辩护律师讯问在场权。从西方国家的经验看,"辩护律师讯问在场已经被证明是监督讯问程序和减少刑讯逼供的一种有效措施"②。这样可以从源头上杜绝非法取证,引导侦查机关将侦查活动纳入法制化轨道。二是独立的调查取证权。虽然我国法律赋予律师调查取证的权利,但是同时还设置了调查对象同意或者司法机关批准的前置条件,导致该项权利的行使"空洞化"。赋予律师调查取证权,能够提升其对非法证据线索材料的取证能力。三是被告人的沉默权。允许被告人享有沉默权,"口供至上"的地位将随之坍塌,非法取证的基础也将不复存在。

将非法取证纳入制度轨道,是中国法治文明迈出的一大步。非法证据排除毕竟是一个新生事物,在实施过程中势必会遇到各种各样的问题。通过不断总结与反思,情况或许会慢慢改善。

---

① 王进东:《检察机关自侦案件中的刑讯逼供问题》,载陈瑞华编:《社会学视角下的反酷刑问题》,北京现代出版社 2012 年版。

② 王超:《非法证据排除调查程序难以激活的原因与对策》,载《政治与法律》2013 年第 6 期。

我国环境民事公益诉讼主体多元化问题评析

吴应甲*

摘要：环境民事公益诉讼的主体具有多元化的特点。各主体均有其优势和不足。在学理上，环保组织是提起环境民事公益诉讼的最佳原告，应当赋予其优先起诉的资格。但由于检察机关具有相对优势，应当由检察机关承担起督促、支持起诉的职能，最终发展为由环保组织单独起诉。环境保护行政机关不宜作为环境民事公益诉讼的原告，只宜作为诉讼前置程序中的行政执法主体。合理设置环保行政执法和环境民事公益诉讼之间的缓冲期，才能最大限度地实现两者的良好衔接。

关键词：环境公益诉讼；主体资格；民事公诉；多元化主体

2015 年 1 月 7 日起施行的《最高人民法院关于审理环境民事公益诉讼案件适用法律若干问题的解释》（以下简称《公益诉讼解释》）重申"法律规定的机关和有关组织"可以提起环境民事公益诉讼，并着重对"有关组织"提起诉讼的资格作了规定，但仍未明确"法律规定的机关"的具体范围。针对学术界就公益诉讼多元化主体的探讨，本文撷取其中几个问题稍作评析，以期为完善我国环境民事公益诉讼制度尽绵薄之力。

一、可否确立检察机关为环境公益诉讼的适格原告

一些法学界人士认为，检察机关提起公益诉讼没有明确的法律依据。为此，应在全国人大常委会授权的基础上，在一定范围内开展试点，为未来改革全面铺开和立法完善打好基础。我们认为，赋予检察机关诉讼主体资格，可以在一定程度上克服单由环保组织提起诉讼而产生的局限性，从而更好地实现保护环境和维护公共利益的目的。

---

* 作者系四川省资阳市雁江区人民检察院检察官，厦门大学法学院诉讼法博士研究生。

(一)检察机关提起环境民事公益诉讼的相对优势

从学理上讲,环保组织是提起环境民事公益诉讼的最佳原告。但现实情况表明,我国环保组织普遍存在地域分布不均、规模小、资金短缺等制约瓶颈,专业化水平较低。而一部分实力相对较强的环保组织也基本上依托于官方机构或者国外组织,往往对环境侵害的发生难以作出及时的反应,灵活度和自主度较低。这决定了环保组织在短期内无法成为提起环境民事公益诉讼的主流力量。检察机关"不仅具有法律地位的保障,而且相较于社会团体和公民个人,更具有提起公益诉讼的人财物等方面的优势"[①]。所以,赋予检察机关以环境公益诉权,能够更好地发挥起诉主体的作用,从而实现维护环境公共利益和公民环境权益的最终目的。[②]

1.检察机关更加具有专业性

检察机关在设置之初就承担着对民事诉讼进行监督的职能。近年来,随着生态环境案件的频发,全国部分检察机关开始增设生态环境检察部门,加大对破坏环境案件的检察监督。检察机关在对该类案件进行调查取证、审查起诉以及监督法院审判活动方面具有独特的经验和优势。特别是在调查取证环节,检察机关拥有专业的人员,具备专业法律知识,能够甄别有效证据,避免了盲目取证。此外,检察机关通过行使公权力,能够有效地排除行政机关的干扰,促使调查对象予以配合,提高诉讼的质量和效率。

2.检察机关更加具有现实性

"在中国历史的长河中,儒学创始人倡导的克己为公的道德观念,被后人绝对化,进而抹杀人的正当性要求……将个人权利让渡给政府为理所当然的政治观念或政治文化……不存在以民间为基础的权力群体,人们对政府提出任何私人利益的要求都是自私、错误、危险的。任何基于私人利益的有组织的压力和要求,一旦公开表达出来,就会被认为是对公共利益与秩序的威胁。"[③]长期以来,我国的公权力处于主导地位,人们的公益意识正处于萌芽状态,加之环境公益诉讼的被告一般都是财力雄厚的企业,在这种背景下,环保组织提起公益诉讼必定面临诸多困难。由检察机关充当主体可以更好地解决环境诉讼中"民弱官强"、地方保护主义突出等现实问题。

[①] 齐树洁主编:《民事诉讼法》,厦门大学出版社 2015 年第 9 版,第 157 页。

[②] 张锋:《检察机关环境公益诉讼起诉资格的法律制度建构》,载《政法论丛》2015 年第 1 期。

[③] 刘泽华:《公私观念与中国社会》,中国人民大学出版社 2003 年版,第 267～268 页。

3. 检察机关更加具有经济性

一般来说,环境民事公益诉讼具有调查范围广、涉及人员多和调查取证难等特点。而我国环保组织尚处于起步阶段,即便顺利提起环境公益诉讼,可能也要花费巨大的人力、物力、财力成本。倘若胜诉,该成本将转移给被告;一旦败诉,则可能给环保组织造成巨大的经济压力甚至是致命的打击,不利于提高环保组织的积极性,也不符合诉讼经济原则和现实情况。检察机关有国家财力作支撑,本身也承担着维护公共利益的职责,由其提起环境公益诉讼可以节省诉讼成本、提高诉讼效率,同时也是完成其"分内之事",有利于提高其积极性。

(二)检察机关提起环境民事公益诉讼的可行性分析

1. 检察机关提起环境民事公益诉讼的理论基础

公共信托和诉讼信托理论是检察机关提起环境民事公益诉讼的理论基础。"公共信托"理论来源于罗马法,认为空气、水流、海岸、荒地等均是人类的共同财产,为了公共利益和公众利用之目的而通过信托方式由国王或政府持有。[①] 为了实现这些财产的可持续发展,全体国民可将财产委托给国家进行管理。此时,国民与政府之间的关系是委托人与受托人的关系。政府应当为全体国民管理好这些财产,未经委托人许可,不得自行处理这些财产。[②] 诉讼信托以公共信托理论为基础。当受托财产遭到不法侵害之时,作为受托方的国家自然拥有对受托财产的诉权,并负有保护受托财产不被损害的义务。由于国家作为一个抽象的集合体,无法像自然人或法人一样出庭起诉应诉,可以将该诉讼权利授权给作为维护公共利益代表的检察机关行使。

2. 检察机关提起环境民事公益诉讼的司法实践

自 20 世纪 90 年代以来,全国各地许多检察机关都在探索提起环境民事公益诉讼,保护了受损害的公共利益,取得了良好的社会效果和法律效果。例如2010 年 5 月 25 日,浙江省嘉兴市人民检察院与该市环保局联合发布了《关于环境保护公益诉讼的若干意见》。[③] 该意见对检察机关参与环境公益诉讼的原则、程序和条件作出了具体的规定。以前"没人管"或者个人"管不了"的环境污染事件,可以由检察机关代表公众利益进行起诉。成功的实践探索证明检察机关提起环境公益诉讼有着现实可行性。在实施新《民事诉讼法》的过程中,检察机关

[①] 齐树洁、郑贤宇:《环境诉讼的当事人适格问题》,载《南京师大学报》2009 年第 3 期。

[②] 齐树洁、郑贤宇:《我国公益诉讼的困境与出路》,载《中国司法》2005 年第 3 期。

[③] 嘉兴市环保局:《关于印发〈关于环境保护公益诉讼的若干意见〉的通知》,http://www.jepb.gov.cn,下载日期:2015 年 6 月 9 日。

应当进一步规范提起公益诉讼的范围和程序,从而更好地维护国家利益和公共利益。①

2015 年 7 月 1 日,全国人大常委会通过了《关于授权最高人民检察院在部分地区开展公益诉讼试点工作的决定》(以下简称《试点决定》),试点期限为两年。2015 年 7 月 2 日,在获得全国人大常委会的授权后,最高人民检察院发布《检察机关提起公益诉讼改革试点方案》。今后,检察机关将作为"公益诉讼人",参与环境污染、资源保护、食品药品安全、国有资产保护等领域案件的公益诉讼。个人或企业可向检察机关提供线索,公民和行政机构都可能成为公益诉讼的被告。试点期间,检察机关重点将对生态环境和资源保护领域的案件提起行政公益诉讼。在提起民事公益诉讼之前,检察机关应督促或者支持法律规定的机关或者有关组织向法院提起民事公益诉讼。在提起行政公益诉讼之前,检察机关应先行向相关行政机关提出检察建议,督促其纠正违法行政行为或者依法履行职责。经过诉前程序,法律规定的机关和有关组织没有提起民事公益诉讼,或者行政机关拒不纠正违法或不履行法定职责,社会公共利益仍处于受侵害状态的,检察机关可以提起民事公益诉讼、行政公益诉讼。②

(三)检察机关提起环境民事公益诉讼的域外考量

美国的环境民事公益诉讼制度是世界上最成熟和最发达的。首先,是私人检察总长制度的确立。它是指当侵害者危及公共利益时,除了利害关系人依法享有诉权外,国会可以通过某种程序授权特定公共官吏提起诉讼而享有诉权,得到授权的人被称为私人检察总长。③ 其次,1969 年美国联邦政府国会制定的《国家环境政策法》以及 1970 年至 1972 年修改通过的《清洁空气法》《清洁水法》《噪音管制法》《有毒物品控制法》《固体废弃物防治法》等法律都通过具体的条文规定,赋予检察长依授权提起公益诉讼的权利,甚至鼓励和支持相应的环境主管机关及受侵害的个人提起诉讼。

英国环境公益诉讼的主要特点是检察长拥有对公共利益受损时的绝对诉权,当公共利益受到损害时,检察长可以根据受侵害人的请求,以检察长的名义向法院提起诉讼,即在原告资格方面,检察长是唯一拥有诉权的人。但如果检察长对公益诉讼持消极态度,那么法院也就无从审理该案了。因此,为了弥补传统

---

① 段继涛:《检察机关担当环境公益诉讼原告的正当性分析》,载《环境经济》2013 年第 10 期。

② 《检察机关提起公益诉讼改革试点方案》,载《检察日报》2015 年 7 月 3 日第 2 版。

③ 齐树洁、郑贤宇:《构建我国公益诉讼制度的思考》,载《河南省政法管理干部学院学报》2005 年第 1 期。

法律在保护环境公益方面的不足,英国适时修改相关法律法规,同时赋予受侵害人和检察长以维护环境公益方面的诉权。

在法国,1976 年《民事诉讼法》第 13 编关于检察院职权的部分专门规定了检察院"代表社会",无论是作为"主当事人"还是"从当事人",都可以参加公益诉讼。该法还规定,"凡是在公共秩序受到危害的情况下,检察机关可以依职权提起诉讼"①。由此,法国确立了检察机关通过起诉或其他方式介入环境公共利益保护的基础法律依据。

二、如何安排环境民事公益诉讼适格主体的最佳顺位

选择适格的原告是进行环境民事公益诉讼的首要环节。在环境民事公益诉讼的个案中,往往会出现法律规定的机关和社会组织都有提起诉讼资格的情形。针对多元化的诉讼主体,各个主体都具有自身的优越性和不足之处。我国目前的公益诉讼起诉资格法采取二元模式,即排除了私人享有公益诉讼的起诉资格。② 针对该情况,下文仅对私人以外的诉讼主体顺位稍作探讨。

(一)环境民事公益诉讼适格主体的范围界定

目前学界探讨较多的是将"法律规定的机关"认定为检察机关和环境保护行政机关,将"有关组织"认定为符合条件的环境保护组织,即这三类主体有权提起环境民事公益诉讼。我国环境民事公益诉讼的实践也在某种程度上证明了其可行性。然而,考虑到我国的具体国情以及环境司法权、环境行政权和环保组织的设置运行情况,应当对三者有所区分。《试点决定》规定:"提起公益诉讼前,人民检察院应当依法督促行政机关纠正违法行政行为、履行法定职责,或者督促、支持法律规定的机关和有关组织提起公益诉讼。"从该规定可以看出,法律规定的机关和有关组织是提起公益诉讼的首选。由于检察机关在现实生活中具有相对优势,应当由检察机关承担起督促、支持起诉的职能;当督促、支持起诉无效时,应当由检察机关提起诉讼。我们认为,环境保护行政机关不宜作为环境民事公益诉讼的原告,只宜作为诉讼前置程序中的行政执法主体。

(二)检察机关应从督促、支持起诉、直接起诉到退出起诉

检察机关在现时条件下相对于环保组织的比较优势,前文已作说明,不再赘

---

① 张式军、谢伟:《检察机关提起环境公益诉讼问题初探》,载《社会科学家》2007 年第 5 期。

② 陈承堂:《公益诉讼起诉资格研究》,载《当代法学》2015 年第 2 期。

述。虽然检察机关对于破坏生态环境的损害行为不能袖手旁观,必须挺身而出维护公共利益和恢复生态环境,但是检察机关的主要职责仍然是履行法律监督职能,公诉权的内容也主要是对刑事案件提起诉讼。检察权的行使主要在于监督和制衡,以防止其他公权力的滥用。只是在现实情况下,检察机关拥有的自身优势更适合承担起督促、支持起诉和提起环境民事公益诉讼的职能,待环保组织发展成熟,达到了可以普遍针对环境侵权提起诉讼的条件时,检察机关应当转化为次位,并逐渐退出诉讼。也就是说,检察机关充当一个"师傅"的角色,在过渡期内由"师傅"带"徒弟"练就功夫,待"徒弟"技艺精湛,就由"徒弟"独掌门户,而"师傅"仍履行一个监督的职能。

在过渡期内,由于环保组织规模不一、能力不齐,容易为出资方及赞助者的意思所左右。我们认为,检察机关督促、支持起诉,既能够充分发挥检察机关在环境民事公益诉讼中的优势地位,更加有效地维护公益和恢复环境,也可使环保组织熟悉程序、发现诉讼中存在的问题,及时培养相关人才,使组织机构更加合理化、专业化。检察机关督促、支持起诉,还可以使被告方淡化对公权力机关的抵触情绪,更容易接受裁判结果,有利于恢复受损的公共利益。

随着社会的发展和环保组织专业化程度的不断提高,应逐渐凸显环保组织在环境民事公益诉讼中的优势地位。首先,环保组织的设立旨在维护环境公益,且属于民间自治组织,相对独立于公权力机关,能够在诉讼中保持最大限度的中立地位。其次,环保组织的民间自治性决定其具有较为夯实的群众基础,与所代表的群众进行沟通会更加顺畅。最后,发展成熟的环保组织具有较为完善的组织机构,分工更加明确,具备覆盖行业较为全面的专业人才,在诉讼中具有更为明显的优势。这些发展趋势与我们要求减少公权力对社会生活干预的夙愿也是相契合的。

(三)环保行政机关不宜成为环境民事公益诉讼的原告

根据我国《宪法》的规定,环境保护是国家的一项基本职责。而环保机关作为履行该项职责的主体,代表国家对生态环境进行保护,有改善、恢复环境的义务,并且有对破坏生态环境的行为进行处罚的权力。有学者主张,"政府成为环境民事公益诉讼的主体是必要的"①。该观点认为,引起环境破坏和环境污染的原因是纷繁而复杂的,这种多重性造成侵权行为与损害后果之间难以确定因果关系,造成的损失也难以衡量。特别是在环境侵权案件具有隐蔽性、多重性、滞

---

① 李挚萍:《中国环境公益诉讼原告主体的优劣分析和顺序选择》,载《河北法学》2010年第1期。

后性的情况下,如何判定因果关系、衡量危害程度、评估损害后果等问题,都需要专门的机关运用专业的技术手段来完成,而这些正是环境民事公益诉讼所需要的证据。另外,对环境纠纷所涉及的不确定问题的认识,更加需要专业的环境保护机构加以判断。环境民事公益诉讼的专业性决定了环保行政机关更适宜担任环境民事公诉的原告。① 我们认为该观点值得商榷:

首先,环保机关属于政府的组成部分,其行使环境保护的权力属于行政权的一部分,如果将诉权划分给环保机关则相当于赋予其司法属性,不符合司法规律。我国政府本身拥有较为强大的行政权力,如果再赋予其诉权,则会造成行政权力无限膨胀扩张,使立法、行政、司法之间的关系更不平衡,严重破坏社会运行秩序。

其次,环保机关本身具有行政执法权,可以对环境违法行为进行调查取证和行政处罚。如果再赋予其诉权,将会使原、被告双方的地位更加不平等,严重违反了民事诉讼中当事人诉讼权利平等的原则,违背了法治精神,产生了新的损害。

最后,环境民事公益诉讼从准备、起诉、庭审、判决再到执行,需要履行法定程序,往往经历一个较为漫长的过程,可能会造成生态环境继续破坏或恢复迟滞,进而产生次生损害。然而,并非所有的环境侵权案件都需要提起公益诉讼,环保机关的主要职责是对一般的行政违法行为进行处理,采取罚款、责令停产停业、吊销营业执照等行政处罚措施足以将大部分违法行为消灭在萌芽状态。即使发现了犯罪行为,环保机关也有相关的配套机制将犯罪线索移交公安机关或检察机关立案侦查,由检察机关来提起公诉。只有在穷尽行政救济手段后,才需要提起环境民事公益诉讼。如果赋予环保机关民事诉权,可能会造成行政处罚权搁置而诉权滥用的情况发生,甚至可能会侵害普通个体的诉权。例如,在2010年广东信宜市政府诉紫金矿业案中,信宜紫金所属的银岩锡矿因强降雨溃坝,造成下游钱排镇居民死伤共 28 人。② 该案受害者实际上是特定的多数人,广东省信宜市政府请求法院判令被告信宜紫金矿业和信宜市宝源矿业公司赔偿损失 1950 万元的行为显然是越俎代庖,这也不是真正意义上的环境民事公益诉讼。

综上所述,我们认为不应当赋予环保机关环境民事公益诉讼的原告资格,但可以在环境民事公益诉讼中设计前置程序,以最大限度地发挥环境保护机关的作用。前置审查程序一般是指原告在向法院提起诉讼之前,应首先向有关行政

---

① 吴勇:《环境民事公诉适格原告的实践考察与立法选择》,载《法治研究》2013 年第 3 期。

② 邓美玲:《紫金矿业被广东信宜政府起诉赔偿 1950 万元》,http://www.caijing.com.cn,下载日期:2015 年 6 月 9 日。

机关举报或投诉不法行为。如果有关部门未能在法定时限内作出答复或处理不符合相关法律规定,原告才能向法院起诉,主张自己的诉讼权利。[①] 在环境民事公益诉讼中设置前置程序,可以使环保机关及时审查违法犯罪类型,进而采取不同的处理措施。如果在前置程序可以有效解决的,比如侵权者在前置程序进行中已经停止损害、赔偿损失、恢复生态或者达成和解的,那么就没有必要进行环境民事诉讼;如果确已穷尽行政权力而无法救济的,环保机关应当针对专业性的问题出具说明或者作出鉴定意见,并及时将处理结果告知法律规定的机关或有关团体,以便该机关或团体向人民法院提起诉讼。

三、如何实现环境民事公益诉讼与环保行政执法的稳妥衔接

前文提到,环保行政机关不宜作为公益诉讼的原告,但可在前置程序中发挥其最大效用。如何划定环保行政执法和环境民事公益诉讼的合理界限,最大限度地实现两者良好的衔接,成为当前的一大问题。从国外的司法实践来看,滥用或者过度限制环境民事公益诉讼,都达不到维护公益和保护环境的目的,只有把握好"度"才能既使行政权充分发挥,又防止诉权滥用,不同主体各司其职、良好配合。

(一)域外处理两者关系的经验教训

印度是滥用环境民事公益诉讼的典型国家之一,因其将大量可以通过环保行政执法解决的问题都纳入诉讼。滥用环境民事公益诉讼呈现如下一系列的弊端:一是过度的积极司法严重挤占了环境行政执法的空间。比如在印度甘加河(Ganga River)污染案中,原告原本只就几家污染企业进行起诉,法院随后主动发出传票,通知甘加河沿岸所有流经城市的市政府参加诉讼,加上其他新增的大型污染工厂,诉讼主体多达上百个。在印度的司法实践中,此类案件比比皆是,过于随意地"主动司法"使得案件越审越复杂,使得更多当事人以及环境行政机关苦于讼累,还有可能要承担比预期更多的责任,环境行政执法效果大打折扣。[②] 二是印度对环境民事公益诉讼原告的资格规定过于宽泛,造成滥诉的情况时有发生。尽管法律规定了特定的诉讼时效,但在司法实践中,印度法官考虑到环境民事公益诉讼存在调查取证难等问题,通常不会直接驳回原告的起诉。

---

① 颜运秋、余彦:《公益诉讼司法解释的建议及理由——对我国〈民事诉讼法〉第 55 条的理解》,载《法学杂志》2013 年第 7 期。

② 颜运秋、余彦:《我们究竟需要什么样的环境民事公益诉讼——最高院环境民事公益诉讼解释〈征求意见稿〉评析》,载《法治研究》2015 年第 1 期。

这就使得诉讼程序拖延冗繁,即使环保行政机关对环境侵害者作出行政处罚,也会因司法迟滞常常处于不确定状态。

与印度相反,德国制定了严格的环境民事公益诉讼制度,对原告资格作了较多限制,这使得德国环保行政机关的执法权大大扩张,缺乏有效的制约,进而给环境保护带来诸多风险。一直以来,德国法院恪守"专有损害"原则,本国民间环保组织以侵害公共利益为由而提起的环境公益诉讼,常常被法院以起诉主体不适格为由驳回。2002 年,德国通过了《联邦自然保全法》,但环境公益诉讼的范围仍未超出自然保全以外的事项,因而其作用也非常有限。例如,在德国环境与自然保护联盟北莱茵—西法伦州联合会(BUND-NRW)以 Trianel 电厂有限公司为第三人诉 Arnsberg 地区政府案,当事人双方的争论焦点是《环境法律救济法》规定的环境保护团体起诉权的范围。根据该法规定,获得资格认证的环境保护团体,仅可针对违反保护个人权利之法律规范的行政行为提起诉讼。由于原告的部分诉讼请求涉及保护公共环境利益的法律规范,北莱茵—西法伦州高等行政法院将案件提交欧洲法院,澄清该法律问题。2011 年 5 月,欧洲法院对德国北莱茵—西法伦州高等行政法院提交的申请作出裁判,认定德国《环境法律救济法》违反欧盟相关环境保护指令,确认原告的诉讼请求合法,并明确指出欧盟各成员国的法律不应将环境保护团体诉讼的适用范围局限于侵害个人权利的行政行为。其实,在此案之前,绝大多数民间环保组织提起的环境公益诉讼案件甚至没有进入诉讼阶段;在此案之后,由于德国的大陆法系传统,判例尽管具有一定的指导作用,但远没有在英美法系国家中重要,很多环境公益诉讼案件仍然面临无法起诉的风险。[①] 在这种情况下,德国环境行政机关的环境行政执法缺乏有效监督,从而可能给生态环境保护带来重大隐患。

(二)我国协调两者关系的应然措施

通过以上两个国家的对比分析,我们可以看出,只有合理区分相关界限,才能实现环境民事公益诉讼与环保行政执法之间的协调有度、并行不悖,进而更好地实现维护公益和保护生态环境的目的。

1.明确环保行政机关的种类和职责

对于环境民事公益诉讼的研究文献较为丰富,基于其和环保行政执法之间的衔接关系,环保行政执法的研究也应当受到重视。实现环保行政机关合理执法的前提是明确其种类和职责。在我国,由于行政权过于强大和部门改革等因

---

① 张大海:《论我国环境保护团体诉讼的建构——以德国环境保护团体诉讼为参考》,载《法律适用》2012 年第 8 期。

素,除了国家环境保护部及其下属、附属机构之外,还有很多单位可以履行环境保护的职责。比如国家农业部门、林业部门、农垦区管理部门、风景区和灌溉区管委会等都在一定程度上履行着环境保护的职责并行使着环保执法权。明确细化相关机构和部门的环保职责和执法范围,才能防止交叉执法、重复执法等不良现象的发生,也为环境民事公益诉讼创造一个良好的前提。

2. 合理设置环保行政执法和环境民事公益诉讼之间的缓冲期

《公益诉讼解释》第 12 条规定:"人民法院受理环境民事公益诉讼后,应当在十日内告知对被告行为负有环境保护监督管理职责的部门。"从表面上看,设置该条的目的在于通告环保行政机关,尽到告知义务;但实质上是为环保行政机关设定一个处理的期限,如果处理妥当,法院就不必再将环境公益诉讼进行下去,反之则继续诉讼。遗憾的是,该规定蜻蜓点水、浅尝辄止,仅要求人民法院应当通知环保行政机关,而对环保行政机关收到通知后应履行何种处理程序、履行程序所需的时限等问题均未涉及。

实际上,对于缓冲期,美国有着比较详细的规定和成熟的经验。环境公益诉讼的目的在于监督环境执法,美国法律规定原告在诉讼提起前 60 日告知即将成为被告的污染者或主管机关。[①] 如果相关主体能够在正式提起诉讼前恰当地处理环境纠纷,则会大大节约成本和提高效率。对于环保行政机关来说,这 60 日的期限实际上是给赋予其自查和弥补行政执法不足的机会,以充分发挥其职能。该规定凸显了环保行政机关的前置地位,也彰显了法院在环境纠纷处理中的补充地位。

从我国实际来看,目前人民法院已对民事案件实行立案登记制,与过去相比,实质审查的工作量有所减轻。但法院在受理案件后,还须做好一定的审前准备工作且负有通知环保行政机关的义务。如果案件将来并没有进入庭审阶段,法院也应作出不予受理或者驳回起诉的裁定或者决定。对于法院来说,其工作量仍然较大,减轻讼累的目的并没有实现。此外,在法院受理案件之后的通告期内,案件将处于悬置状态,再次启动只能依据环保行政机关的处理结果,这也不符合审判规律。

综上所述,环保行政机关在收到法院通知后,启动相关的核查和处理程序毕竟需要一个过程。如果环保行政机关及时制止了侵害行为、消除了危害结果、妥善地处理好相关纠纷,那么环境民事公益诉讼就无须进行了。从这个角度来看,应当在履行通知义务所需的 10 日基础上,适当延长环保行政机关处理纠纷的期限。

[①] 曹明德、王凤远:《美国和印度 ENGO 环境公益诉讼制度及其借鉴意义》,载《河北法学》2009 年第 9 期。

以变应变:权变理论在审判管理模式改革中的运用

■ 王伟彦 *

摘要:我国正处于社会转型时期,法院审判管理的宏观环境与微观环境面临着巨大的变迁。各地法院纷纷根据院情,创立了种种审判管理模式,但至今还没有一种公认的普遍有效的管理模式。在新一轮司法改革的背景下,可以借鉴权变理论,在分权制衡的规范引导下,推行以人为本的"权变式"审判管理模式。通过分析审判管理工作模式的演进历程,促使法院管理者树立权变意识,掌握权变方法,寻求以变应变的灵活管理方式,从而取得更为有效的管理效果。

关键词:权变理论;审判管理模式;司法改革

审判管理作为一种专门管理,与其他部门管理相比具有其独特性。动态复杂的法院管理环境,必然要寻求以变应变的灵活管理方式。然而,传统的司法管理模式易陷入行政化僵局,与现代司法理念格格不入。笔者认为,西方管理理论中的权变理论与司法改革实践需要有着天然的契合点,在审判管理工作中不应简单僵化地坚持某一种固定的模式,而应对各种管理模式进行适度调和,将权变管理引入其中并加以规制,继而在分权制衡的规范引导下建立以人为本的"权变式"审判管理新模式。

一、实例分析:审判管理工作模式的演进转换

1999 年 10 月 20 日,《人民法院第一个五年改革纲要(1999—2003)》(以下简称《一五改革纲要》)第一次正式提出审判制度改革的基本任务,自此开启了审判管理改革的先河。十几年来,全国各地法院在审判管理制度的改革和创新方面进行了大量的探索与实践,为审判管理模式的科学化发展积累了宝贵经验。但由于各个时期各地法院对审判管理的含义、定位和工作范围等因素的认识均

---

* 作者系福建省厦门市同安区人民法院法官。

不同,衍生出各种不同的审判管理工作模式。笔者结合其中几种较为典型的模式,分析如下:[①]

(一)行政化管理模式

"在推行审判管理改革以前,受计划经济体制影响,我国各地法院长期以来实行由各审判业务庭自行负责案件诉讼程序管理的模式。"[②]在这种模式下,法院内部并无对审判执行程序进行管理的统一机构,而是由法官自主管理个案流程,法院难以准确把握某项审判工作的进展情况。这种传统审判管理模式的形成,主要是为了适应当时的司法环境。在那个时期,进入法院的诉讼案件较少,群众的司法诉求普遍不是很高。由于在这种传统模式下,法官拥有个案审判过程的绝对控制权,审判权运行尚未实行分工制约,审判管理工作一度处于放任自流状态,因此很难实现对审判工作的科学有效管理。

《一五改革纲要》提出"建立符合审判工作特点和规律的审判管理机制"之后,各地法院纷纷开展审判管理改革,推行审判长、独任审判员选任制,"还权于审判组织"等,结束了多年来实行的"院庭长批案制"模式。但这一时期的改革虽然在一定程度上加强了审判管理,但总体而言却有将"去行政化"等同于"去管理"[③]之虞,"重审判轻管理"现象比较突出。

(二)"大立案"管理模式

随着审判管理改革的帷幕逐步拉开,从 1996 年全国法院立案工作座谈会起,许多法院将"告诉申诉庭"细化为"立案庭"和"审判监督庭"。立案庭除了统一立案之外,还被赋予案件排期、审前准备、审限跟踪等审判管理职能,负责对审判活动的各个环节实施全方位组织协调、监督控制。法院审判管理开始呈现全新的"大立案模式"。

这种"大立案管理"模式,是指在立案、审判、执行分开的基础上,主要由立案庭负责、在其他庭参加的基础上对案件进行全程跟踪的管理制度。主要是为了案件在法律规定的期限内尽快完结。立案庭承担管理角色,利用信息化手段,依

---

① 全国各地法院的审判管理工作模式推陈出新,改革大有成效,但笔者搜集资料的能力有限,无法穷尽列举,仅就所能查阅到的几种典型模式进行粗略分析。若有偏颇之处,请各位专家海涵指正。

② 葛治华、邓兴广:《法院审判流程管理模式:反思与进路》,载《政治与法律》2006 年第4 期。

③ 邹碧华:《司改路上,注意把握"四个核心"》,载《人民法院报》2014 年 12 月 21 日第2 版。

据有关程序法或其他相关规定，对案件的各个流程节点实行监督、管理。这种模式是各级法院探索审判管理的重要尝试。但这种将审判流程管理工作完全划归立案庭的工作模式，容易导致立案庭的职能混淆，由于立案庭既要负责立案、分案、案件排期、审前准备、审限管理等职能，又要从事审判业务，同时负责对案件流程监督管理的职责，这种把业务职能和监督职能合二为一的模式，致使审判管理权难以有效行使。笔者认为，这种"大立案"模式已经不能适应审判的需要。应当淡化立案庭的管理职能，进一步强调立案庭的服务功能，使立案庭成为辅助审判业务庭抓好案件审判的服务型机构。

（三）审判事务管理模式

这种模式又称为"海淀模式"①。2005年6月，北京市海淀区人民法院率先启动审判管理体系改革，成立了全国法院首个审判管理办公室（以下简称审管办）。此后，北京市三级法院先后成立审判事务管理办公室，其职能定位主要在于审判辅助事务管理工作，如诉讼引导、案件查询、诉讼材料接转、上诉材料审查与办理、司法鉴定等。这种模式主要是管理与审判工作相关的辅助性、程序性事务，将审判权和相关审判事务管理权分离开来，成立相应的审判事务管理办公室，将大量的烦琐的事务分配给专门的部门集中处理、统一办理，将审判人员从繁重的事务性工作中分离出来。这种审判管理模式主要是为了对审判活动以及相关的当事人等提供服务，重视的是其对相关部门的服务性。同时相应的审判事务管理部门还可以减轻法官的负担，可以把法官从事务性工作中解放出来，使其重心放在案件的处理上。"……我们以方便群众诉讼为出发点，通过集中办理诉讼中的非审判的事务性工作，从根本上扭转了审判管理中的被动局面。"②

（四）层级负责管理模式

该模式又称"成都模式"。成都法院认为：解决院长、庭长等审判机构的审判管理权边缘化问题，实际上是新形势下按照中国特色司法制度中审判组织、审判机构并存的要求，对审判权和审判管理权重新配置的问题。③ 解决还权审判组织后的审判制约问题是该模式的出发点。这种以管理审判权为主的模式主要是对审判权的运用进行全面的监督。特别是对案件涉及新型、疑难或社会影响重

---

① 陈永平、付雄：《审判资源优化配置比较研究——以审判管理机构设置为切入点》，http://court.luogang.gov.cn，下载日期：2014年4月28日。

② 杜智娜、刘爽：《审判管理：解放法官的"试验田"》，载《法律与生活》2007年第7期。

③ 牛敏：《人民法院审判运行机制构建——成都法院的探索与实践》，人民法院出版社2012年版，第9页。

大的案件,对案件的处理权限进行严格的监督。审判权的监督主要由院长、庭长、审判长和专门的审判管理机构行使。确保审判权在可控的状态下公开、透明、有序运行。各个不同级别的管理人员有不同的管理权限。点上管理采取院长庭长列席合议庭评议、听取汇报、查阅案卷等方式对案件进行审核检查,着重审查事项有案件事实是否查清等;面上管理定期主持和召开二审改判、发回重审案件等通报分析会,定期主持典型案件评析会,统一同类型案件裁判的价值取向和法律适用,防止审判权滥用。这种模式立足于审判权与审判管理权的理论分野,区分审判组织与审判机构,将审判管理权赋予审判机构,但是笔者认为,这种模式过多干涉了审判组织对案件的实体审理,不利于法官发挥主观能动性和自由裁量,不利于独立审判权的实现。

(五)量化考核管理模式

该模式又称"江苏模式"。此类模式的特点是以案件审判流程管理、案件质量监督评查、法官审判业绩考评等管理手段为支撑,以审判质量效率评估体系指标为基础和导向,由审管办统一行使审判管理职能,建立比较完善的审判质量效率统一指标体系,更加客观、科学地评价人民法院的审判工作。围绕这套指标体系的落实,江苏省各级法院建立、健全了一系列与之相适应的工作机制,如建立经常性的指标数据真实性、准确性监督检查制度、指标数据定期通报制度、审判运行态势分析制度等,健全以专项审判管理手段为支撑的审判质效控制机制等。① 这种模式虽然有利于审判管理的精细化和规范化,但是也存在一系列问题,如指标体系设置不合理、考核标准难以完成、审判业务管理过于全面,难以突出重点等,过多的考核指标也给审判业务人员带来了不必要的压力,审判管理难以激发法官的自主管理活力。

(六)综合协调管理模式

目前,福建省法院系统正在探索完善包括案件信息处理、审判流程控制、法官行为激励等一系列内容的综合管理模式。它是由审判评估、案件流程管理、案件质量监督评查、法官业绩考评、院庭长指导办案、落实办案责任等方面共同构成的一体化审判管理运行机制的管理模式。这种模式有如下诸多好处:明确了审管办的七项基本职能,统一规范了审判管理权的职责范围,避免其与审判权相混淆;建立了服务型管理体系,明确了审判权的行使主体是各级审判组织的独立

---

① 江苏省高级人民法院审判管理办公室:《关于审判管理改革的认识与探索——以江苏法院审判管理改革实践为蓝本》,载《法律适用》2008 年第 10 期。

审判员、合议庭、审判委员会,审判权的行使主体是各级审判管理机构,严格区分行政管理与审判管理的运行边界。① 从司法效率的追求目标来看,综合协调管理型模式有利于实现司法公正与效率的内外环境整体提升、良性运转,但这种模式也存在着一定的问题,即容易陷入管理上的混乱失调:过于强调刚性管理易产生制度僵化、违背审判规律,依赖柔性管理又容易导致审判权失控和滥用,难以达到预期的成效。

二、概念引入:权变理论对审判管理模式改革的启示

通过上述分析,不难看出:在审判管理的改革历程中,一直带有强烈的行政化、集权化色彩,哪怕是努力"去行政化",也难免在一定程度上保留着行政式管理的影子。对审判管理的理念定位、制度设计、管理主体等因素存在着不同的认识,造成形式上的强管理、实质上的弱管理、结果上的欠管理。在当前的司法管理环境下,"权变理论"的引入,能够较好地对基层法院审判管理的各种管理模式进行理论调和,逐步引导形成司法转型时期更行之有效的审判管理模式。

(一)权变理论概述

"权变"(contingency)一词,从字面上理解是因情境的不同而变。其核心概念是指世界上没有一成不变的管理模式。它是 20 世纪 60 年代末 70 年代初在经验主义学派基础上发展起来的一种管理理论,是西方组织管理学中的一种重要管理理论。"权变"是指"随具体情境而变"或"依情况而定",即在管理实践中要根据组织所处的环境和内部条件的发展变化随机应变。

权变理论最早由美国的费德勒提出来,后经其与其他学者改进完善。该理论虽然来自西方,但其理论精髓与我国古代权变理论思想也是互通的,均强调行动与环境之间的相互影响。如孔子在《论语》中对于"权"的记录:"可与共学,未可与适道;可与适道,未可与立;可与立,未可与权。"可见孔子非常强调权宜生变、因势生变,这也反映了儒家思想的权变思维。"权变理论"中的"权"即权衡,"权变"即权衡是非轻重、因事制宜,随具体情境和不同条件因素而变。权变理论认为,没有什么一成不变、普遍适用、最好的管理理论和方法。"它以系统观点为理论依据,从系统观点来考虑问题,反对不顾具体的外部环境而一味追求最好的

---

① 比如,审管办更注重为各审判组织提供审判事务服务,而非下达行政命令要求审判业务庭服从,有利于审判管理工作的持续发展。审管办通过审判管理信息系统对审判工作进行程序性指导而不进行实体性干涉,通过绩效考核系统,以法官为中心进行管理,促使法官提升审判质效。

管理方法和寻求万能模式的教条主义，强调要根据不同的具体条件采取不同的组织结构领导模式及其他的管理技术。"[1]

卢桑斯提出了权变理论的观念性结构，这个结构有 3 个主要部分：环境、管理观念和技术、前两者之间的权变关系。"环境是自变数，管理的观念和技术是因变数"[2]；权变关系是权变管理的核心，也是权变理论最受争议的地方。他指出，"如果单从字面上理解，可能会把权变理论看成是一种紊乱的、非科学的、凭感官判断的学说"[3]。但在实际管理活动中，想要确定权变关系是很困难、很复杂的。这样一个多维、复杂的管理问题，决不能机械、一成不变地加以解决。

（二）审判管理三大维度与权变理论之契合

如果说管理是一门艺术的话，权变管理则是艺术中的艺术。作为一项综合性管理项目和系统工程，审判管理方式的优质、高效与否直接关系着人民法院司法审判的工作水平，审判管理的特殊维度也决定了其需要灵活多元的权变管理艺术。

1. 审判管理的法律维度。审判管理的法律专业性是其区别于其他管理的显著特征，审判管理的特殊目标和工作性质决定了其必须重视法律专业特质，紧紧围绕法院审判执行工作来检视其效率、功能、制度设计等，通过一整套精密的程序设计和节点控制切实提高办案的质量和效率。权变理论对组织的影响主要体现在：组织、系统的设计必须符合其所在的特殊环境；只有当组织形式设计适当、组织的管理风格既适应组织任务所需，又贴近组织属性时，组织各项所需才能得到较好的满足。以此来看，权变理论在一定程度上为复杂专业的审判管理提供了一种思考方法和前进的动力。

2. 审判管理的人文维度。以人为本是人民法院推进自身可持续发展的必由之路，强调人文维度是要求管理必须重视法官的主体性地位和自主独立性。在审判管理制度设计中应该充分体现法官的主导地位，而不能片面地追求审判质效的数字化考核，最终以物化的制度将法官的人格和行为扭曲。要通过适当的激励机制充分激发法官的热情，发挥其聪明才智，使其真正参与到人民法院的审判管理格局中来，形成正向引导。而权变理论从决策品质上考量下级对决策的接受度以及下级参与其中合作制定更好决策的可能性、与下级意见的分歧大小等，这些都有助于领导层更加重视法官作为审判管理主体的存在与积极性发挥。

---

① 何展萍：《权变理论及其对内部控制研究的意义》，载《中国证券期货》2012 年第 4 期。

② 孔建会：《弗雷德·卢桑斯——权变管理理论》，http://www.cssn.cn，下载日期：2014 年 5 月 8 日。

③ 何展萍：《权变理论及其对内部控制研究的意义》，载《中国证券期货》2012 年第 4 期。

3.审判管理的综合维度。审判管理是一项全局性、战略性和综合性的系统工程，要求在推进审判管理中具有全局性思维，需要开拓进取和与时俱进的精神，需要统筹好各类人财物的统一调配与集中使用。而权变管理强调根据不同的管理对象的个性，采取不同的管理技巧，协调不同的管理层次，形成不同的分权架构。这些观念都十分有助于审判管理实现综合管理目标。

（三）权变理论对我国审判管理改革的启示

1.审判管理改革是客观规律的必然选择

权变理论要求管理系统根据环境因素的变化而相应地变化。司法体制的改革从本质上来说，是对旧的司法体制利益关系格局的重建，注定会遇到各种因素的强大阻力或考验。面对这个局面，审判管理改革势在必行。在认清了改革的必然性后，就能正确看待审判管理改革征途上的各种风险，迎难而上，接受挑战。

2.审判管理改革必须建立在真实的环境因素之上

权变理论认为，管理变革的根本原因在于内外环境的变化，即权变变量。进行管理改革时，必须充分考虑权变变量，然后依据权变变量的变化采用不同的管理模式。因此，审判管理改革必须准确分析判断内外环境因素，使改革内容始终建立在真实的环境因素之上。必须高度重视信息收集工作，确保收集信息的真实性，并认真调研。必须及时开展新措施的评估工作，了解措施实际效果，并重视反馈。

3.审判管理改革要充分考虑体制与环境之间的对应关系

权变理论强调，管理模式依环境因素而定。一种管理模式在 A 环境中适用，但在 B 环境中未必就是好的，甚至可能是有害的。因此，在我国审判管理改革的过程中，必须充分研究采用的管理模式与我国国情的对应关系，特别要注意域外经验与我国社会环境的对应关系。在我国的司法改革中，曾经出现过法律移植的高潮，但其社会效果并不理想。主要原因也正是因为改革者没有充分考虑到体制与环境的对应关系。一方面，要警惕以"国情"为借口，进行"闭关锁国"式的改革；另一方面，也要因应我国法院设置的区域、等级、专门管辖等因素的不同，制定不同的改革措施，不能追求"大一统"。

综上所述，审判管理改革是一个动态、长效的过程，管理系统的价值指向与运行方式必须与客观环境保持一种协调、和谐、相得益彰的关系，这是权变理论的内在要求。采用何种管理模式应当根据具体环境因素而定，没有放之四海而皆准的管理模式。这就要求改革者时刻关注内外环境的不断变化，对环境因素作出正确的评估。审判管理受到许多权变因素的影响，必须根据各地的具体情形来设计和运行审判管理工作。只有不断改进法院审判管理模式，使之适应社会发展和时代的要求，才能真正使司法体制改革与法院所处的内外环境变量始终保持和谐统一的关系。

三、分权定位："权变式"审判管理模式之改革设想

在管理目的上,权变理论追求的不是最大,而是满意或适宜,而且是生产率与满意率并重,不存在先后问题。而司法工作的终极目标,则是为了实现公正与效率。作为实现司法目标的手段,审判管理也必然围绕这一目标进行改革。因此,从管理目标的理解上看,权变理论与审判管理工作有着某种天然的契合性。

（一）"权变式审判管理"之目标设定

在管理实践中,对管理者来说,最重要的是使用何种管理方法和管理手段来实现管理目标。而管理方式和手段的选择又受到管理环境和管理对象的影响,它们之间的关系可以用权变的基本模型来表示:

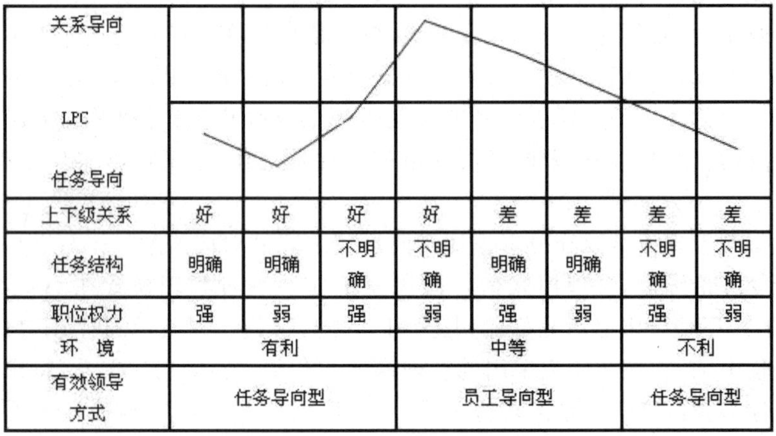

关系导向 LPC 任务导向								
上下级关系	好	好	好	好	差	差	差	差
任务结构	明确	明确	不明确	不明确	明确	明确	不明确	不明确
职位权力	强	弱	强	弱	强	弱	强	弱
环　境	有利			中等			不利	
有效领导方式	任务导向型			员工导向型			任务导向型	

图 1　权变的基本模型

由图 1 可知,管理方式要依据管理者自身、下属特性和管理环境的变化而变化。笔者认为,首先必须从以下几个方面设定一个明确的管理目标,在不同的管理环境之下采用不同的领导方式和权变之术,管理才能行之有效:

1.工作方式的权变。管理者首先要考虑集权和分权的问题。集权方式更有利于集中力量,提高效率,但同时也压抑了下属干警的积极性和热情。因此,必须适当分权以调动下属的工作积极性。要遵循分权架构,实现内部的权力制衡,不违背程序干预审判员的权力,充分相信下属,挖掘他们的聪明才智,才能实现管理目标。

2.管理幅度的权变。管理者必须结合自己的管理能力来确定管辖层次的多

少。由于法院的内部机构设置不能由管理者自行决定,那么就要考虑从现有机构中调整管理的权限,赋予审判管理机构适度的案件监督权力,调整审判管理机构的管理幅度和层次,纠正案件管理幅度普遍过宽的问题,大大提升审判质效。

3.人员管理的权变。管理者应当根据不同的人员特性,将适合的人安排在适合的岗位。特别是要对承受高压力的一线干警提供更多的支持。尽管管理者可以用高压手段迫使下属服从,但同时会激起下属的逆反心理从而消极怠工或暗中抵制,从而影响工作目标的实现。因此,要降低下属的压力感,使压力转化为动力,将下属的压力控制在适当的范围内。同时,对一些关键任务和不可信赖的下属要进行更严密的监管,注意工作技巧,提高监管效率。

4.激励方式的权变。激励的权变管理本质就是通过影响他人的能力,激发他人为组织提供有益贡献的工作热情,去实现管理者为组织制定的目标。美国社会心理学家亚伯拉罕·马洛斯的需求层次理论把众多需求归纳为五大层次:生理需求、安全需求、社交需求、尊重需求和自我实现需求。[①] 人的需求均有不同且是在不断变化中的,激励方式也应当是因人而异、因事而异、因时而异的,应该从不同角度权变运用激励方式。

5.沟通方式的权变。比如通过定期座谈或个别谈话的方式,确定未来工作的愿景,不断提高干警的期望值;比如树立法官职业认同感,激励其实现目标的潜力;比如加强对具体执行过程的沟通,将不利于目标实现的因素消灭在萌芽状态;比如通过绩效沟通反馈,对绩效优异者及时给予鼓励肯定,对绩效不佳者及时分析原因改进。这些沟通机制都可以提升管理潜力,充分调动各方的积极性。

(二)"定位管理"之介入规制

权变管理理论的引入,目的在于使审判管理者根据自身环境,采取相应的组织结构、领导方式和管理方法,灵活地处理各项审判管理具体事务,有助于审判管理者更科学地提出审判管理对策,使审判管理活动更加符合基层法院审判实际。但权变理论存在一个根本性缺陷,即"没有统一概念和标准,每个管理者都会根据自己的标准来确定自己的理想管理模式,未能形成普遍的管理职能,使实际从事管理的人员感到缺乏解决管理问题的能力"[②]。鉴于此,有必要在施行权变管理的同时引入定位管理,以弥补权变管理的缺陷,使审判管理模式不断优化。

---

① 李兴山、刘潮:《西方管理理论的产生与发展》,现代出版社 1999 年版,第 85 页。

② 王彦:《权变定位与规制:审判质量管理模式新探——以基层人民法院审判质量为源点》,http://dtsfy.chinacourt.org,下载日期:2014 年 5 月 15 日。

定位管理,是指在公司的发展过程中,从机制上建立管理体系,因内外环境变化而进行不同的解读,主动调整战略与措施,实现管理目标。定位管理的主要原则:一是以人为中心,减少寻找时间,搬动距离,达到效率化;二是以成本为依归,降低没有必要的消费,把握流线最佳化;三是以资源整合为手段,将组织内的人、设备等资源整合及平衡,适时调整,确定工作的标准,达致效益最大化。参照定位管理模式,审判管理模式应当是将审判管理组织内的管理者、被管理对象、管理方法等人力和物质资源进行整合、平衡,按照不同岗位制定管理职责,作为履行管理职能的标准,从而降低管理成本,使管理效能达到最大化。

(三)分权规制:建立以人为本的"权变式"审判管理模式

2014 年 7 月 9 日,《人民法院第四个五年改革纲要(2014—2018)》(以下简称《四五改革纲要》)正式发布,这标志着人民法院的司法改革翻开了新的一页。《四五改革纲要》提出:"深化法院人事管理改革、健全审判权力运行机制。"在"权变管理"与"定位管理"的双重背景下,今后的审判管理制度改革可遵循分权制衡、按类规制的方法,架构以人为本的"权变式"模式:

1.审管办综合管理模式。审管办作为审判管理的综合性工作机构,从全院的宏观管理和个案的微观管理两个方面明确职能分工,规制管理标准,落实具体职责。比如以案件为管理对象,如制定案件流程管理标准、审判质效综合评估标准、案件质量评查标准、差错案件评定标准、优秀法律文书评定标准、疑难复杂案件和重大敏感案件评定标准等。比如在对审判流程的控制上,在对案件从立案受理到立卷归档的规范上,对程序性司法加以规制,使各个管理层级在规范标准的指引下各司其职。这不仅符合权变管理与定位管理的原则,而且更是实现审判公平正义的需要。

2.庭室领导主导管理模式。庭级负责人对各项审判管理活动进行的全面检查、分析、论证和总结,以取得更好的审判管理效益。庭局长作为审判管理的当然核心主体,首先要明确庭局长管理事项的具体标准,明确管理事项的操作程序,明确每项管理所要达到的效果或目标,要对其履行管理职责情况向审委会汇报。在具体设计上,把握庭级案件质量是审判管理的大动脉,以此重点选择管理方式。在加强专业化合议庭的基础上,建立分案情况内部公示制度,建立庭长对重大疑难复杂案件的监督机制和监督全面留痕机制。如以庭室为单位,实现"一案一点评"、审判质效动态评判,建立庭级质效指标态势研判机制,针对弱项指标,变动异常指标及时调研,实施全庭整体的审判质量效率自评等。

3.法官自律管理模式。随着司法理念的不断更新,应逐步确立审判管理的最高境界是自我管理的新思想。在法官自律管理的标准模式下,主要从个案的程序性司法和实体性司法两个方面展开管理。今后应在实行法院员额制的基础上,完善主审法官、合议庭办案机制,改革裁判文书签发机制,规范法官的独立裁判形成机制。通过赋予法官既是审判者又是管理者的双重角色,从而实现审判独立的实体裁判权和独立的司法管理责任,为法官独立公正并自负其责地审判案件创造良好的审判环境。

4.审管联络员专职管理模式。审判管理联络员是在法院各业务庭局设立的协助庭局长从事本部门审判管理工作的人员。审管联络员具有承上启下的连接作用,需要赋予其与审判管理部门人员相同的专职管理权限。主要包括案件质评权、流程管理权、审限催结权、质效指标反馈权、裁判文书质量管理权、执行质量管理权等。同时,对每项管理权限规范管理职责,制定管理标准,使审管联络员对本部门各审判管理工作节点进行监控、协调、督促、检查和调研,有效推动全院审判管理工作的良性发展。

5.书记员直接责任管理模式。书记员的审判管理工作一直被忽略,但书记员实际上是承担审判管理工作任务最多的人员。书记员作为审判管理辅助人员,应当在审判长或主审法官的指挥下,辅助审判人员履行审判管理职责。主要是配合法官审理的个案进行程序性事务管理。书记员应当履行的审判管理职责包括:庭前管理、庭审管理、裁判文书管理、案件流程管理、卷宗管理。下一步,要在法院人员分类管理改革的基础上,针对书记员各项管理内容设定若干个管理标准和要求,以符合审判工作的客观需要。

结　语

管理的科学性决定了法院的审判管理工作必须接受管理理论的指导,管理的艺术性又决定了其没有固定的模式,强调管理的实践性、原则基础上的灵活性与应变性。正如文中道明的观点,并没有普遍适用于任何管理环境和条件的绝对最优模式。在司法改革的道路上,管理者应该充分发挥管理智慧与权变理论,权衡利弊,以变应变,因地制宜地选择适合自身实际的管理方式,才能推动法院的司法改革进入全新的境界。

我国刑事诉讼文化的现代转型

■翁京才 *

摘要:我国传统的刑事诉讼模式存在诸多弊端,新《刑事诉讼法》的实施为刑事诉讼模式的转型带来了契机。为使被告人及其近亲属服判,并减少申诉和涉案信访,司法机关工作人员应当树立程序意识,不能重实体而轻程序。司法制度应当保证当事人在诉讼过程中能够充分行使其法定的诉讼权利。此外,制度的设计还应保证以法院为中心的独立审判地位不被破坏,确保中立审判并维护刑事审判的等腰三角形架构。唯此才能实现我国刑事诉讼文化的现代转型。

关键词:刑事诉讼;诉讼模式;诉讼文化;程序正义

一、问题的提出

笔者在新《刑事诉讼法》实施后,曾接受一名刑事被告人的委托,担任其一审阶段的辩护人。当笔者拿着委托手续去法院阅卷时,承办该案的法官即告知第二天或者第三天就要开庭。满腹狐疑之际,笔者客气地问:"当事人家属告诉我,好像才收到起诉书不久,这么快开庭,法定辩护准备时间到了么?"法官当然也意识到了其中的潜台词"这么急于开庭是违反程序法的规定的,刑事诉讼法明确规定给当事人准备辩护的时间不能少于十日"。在接下来的沟通过程中,笔者暗示了法官"二审法院在审理中查明一审违反程序的话必然作出发回重审的裁定"。主办法官转而同意辩护人开庭时间延后的建议。这是笔者作为辩护人与法官博弈的第一回合,表面上看辩护人胜出了。

随着时间的推移,在准备辩护时间届满的第十天,主办法官还是急不可耐地通知笔者开庭时间。在开庭前三天,笔者向法院提交了申请鉴定人出庭作证的书面申请书。于是,戏剧化的对话出现了:"翁律师,我现在再次通知你开庭时

---

* 作者系澳门科技大学法学院诉讼法博士研究生,福建创元律师事务所律师。

间,后天开庭你得早点到!""没问题,我一定准时到法庭!""另外,你申请鉴定人出庭的理由是什么?凭什么我要通知鉴定人出庭?后天开庭我直接把申请书还给你或者当庭驳回你的申请!""申请鉴定人出庭的申请书上我已经写得很清楚要求鉴定人出庭的原因了,驳回是法院的权力,只要是有法律依据的你可以依法处理。""你不就是要表演给当事人看么?我可以在开庭前一天搞个庭前会议让你表演个够!你没有理由来辩护了才搞这个,我还不知道你们律师么?""某法官,我非常明确地告诉你,我不需要表演!我如果没有辩护理由,我不会接受委托出庭辩护!"第二回合就这样不欢而终。

开庭当日,在法庭调查阶段,笔者对公诉人当庭所举的所有证据进行了针锋相对的反驳。由于侦查机关无视取证规定,收集并形成卷宗的证据材料中存在许多违法之处。这些证据经过人民检察院的审查起诉程序后依然没有得到修正,因此,笔者据理力争,主张只有符合合法性、客观性与关联性的证据才能作为定案的依据。基层人民检察院的公诉人可能没碰到过笔者这种对程序细节问题都较真的辩护律师,对证据规则的规定这么不依不饶。于是,在公诉人顶不住笔者的反驳后,主审法官当庭转换角色,俨然以第二公诉人的角色直接与笔者扛上了。笔者以法官与当事人形成了仇隙关系不适宜继续审判为由向审判长当庭申请主办法官回避。后来审判长打了个圆场,于是庭审继续。第三回合笔者也貌似胜出。但是,判决书很快就出来了,笔者所有的有法律依据的辩护理由全部被法庭避开。法庭甚至还直接增加了一些事实来支持公诉人的起诉书,被告人被判以重刑。

该案令笔者在愕然之余,萌发对我国刑事诉讼模式的前世今生进行回顾,并对这一模式中出现的怪现象的产生土壤进行梳理的想法。

二、我国刑事诉讼模式的变迁

模式是作为一种理论上的抽象和比较法的工具,模式一词的意义十分宽泛,以社会科学研究为视角,"模式分析通常只关注那些足以代表事物本质属性的基本要素,而对该事物的一些具体特征或细枝末节往往忽略不计。模式分析经常具有比较考察的属性和功能,可以被研究者用来对两个处于同一层面的事物加以比较分析"①。在评价刑事程序运作问题上,以模式作为价值选择标准具有极

---

① 苏琳伟:《公诉裁量研究——从现象到制度的考察》,厦门大学 2012 年博士学位论文,第 244 页。

强的解释力并且符合实际。①

刑事司法制度是衡量社会文明程度的重要参照系或最基本的载体。与人类文明的发展相适应,刑事诉讼模式经历了奴隶制时期的弹劾式,封建制时期的纠问式,资本主义时期的当事人主义模式、职权主义模式以及社会主义时期的新型诉讼模式。② 我国的刑事诉讼模式的历史变迁遵循上述轨迹,但却一直保留着诸多的特有传统。例如,"凡讼之可疑者,与其屈兄,宁屈其弟;与其屈叔伯,宁屈其侄;与其屈贫民,宁屈富民;与其屈愚直,宁屈刁顽。事在争产业,与其屈小民,宁屈乡宦,以救弊也;事在争言貌,与其屈乡宦,宁屈小民,以存体也"③。这些传统的刑事诉讼文化一直影响着我国刑事司法的运作模式。

据考证,我国尧舜时期即已存在诉讼,当时的"士"是我国历史上最早的刑事诉讼机关。西周时期出现了官纠举,至秦代日趋法律化,唐宋两代走向完善,清代将更多更细的规定体现在法典、法律、条例之中。由此可知,西周前,我国刑事诉讼模式主要为弹劾式,而后就转向了纠问式。在古代,由于讼师的行为是与官府进行"分庭抗礼"的争辩,所以为统治者所不容。在刑事诉讼中,官方"以非为是,以是为非,是非无度,可与不可日变,所欲胜而胜,所欲罪而罪"④。在刑事诉讼过程中,案件承办人重结论而轻分析,重实体而轻程序,重表象而轻内涵,重感性而轻理性。这与我国长期以来没有刑事诉讼法这一状况息息相关。从公元前536 年郑国子产作刑书开始,至清末沈家本修律之前,中国有发达的刑事实体法,但却无独立的刑事诉讼法典。例如,"诉讼断狱,附见刑律",诉讼程序只是附属于刑律的一部分内容。

1840 年鸦片战争之后,我国刑事诉讼文化开始步入近现代阶段。1906 年,《大清刑事民事诉讼法（草案）》编成并奏请试行,标志着我国程序立法的开始。国民政府时期,我国刑事审判制度发生了巨大的变化,1928 年颁布了《刑事诉讼法》,刑事审判机构也作了相应的调整。

中华人民共和国成立后,废除了民国时期的六法全书,以陕甘宁边区刑事诉讼制度为基础,建立了新的刑事诉讼制度。改革开放前,我国的刑事诉讼制度具有以下特征:第一,诉讼职能不分,未实现控审分离。第二,未赋予被告人辩护权。第三,刑事审判遵循群众路线。1975 年 1 月,第四届全国人大一次会议通

---

① 梁欣:《权力集中型刑事诉讼模式评析》,载《中国刑事法杂志》2012 年第 7 期。

② 谢佑平:《刑事诉讼模式的历史演变和文化成因》,载《河南省政法管理干部学院学报》2003 年第 3 期。

③ 陈惊天:《事实真伪难明案件的审判指引》,中国审判理论研究会第一次会员代表大会暨 2011 年理论研讨会论文。

④ ［战国］吕不韦:《吕氏春秋》,上海古籍出版社 1989 年版,第 157 页。

过《宪法》,以根本大法的形式规定:"检察机关的职权由各级公安机关行使。"这等于从法律上正式确认检察机关的消亡。1979 年 7 月全国人大颁布了《中华人民共和国刑事诉讼法》。该法的颁布结束了我国刑事诉讼活动长期无法可依的状况,在我国民主与法制的建设历程中具有里程碑的意义。2012 年 3 月 14 日第十一届全国人大五次会议通过《关于修改〈中华人民共和国刑事诉讼法〉的决定》,全社会对程序正义的认识提高到了一个新的阶段。有学者指出,2012 年的修法是在建构本土化的刑事诉讼模式,一方面沿着"当事人主义化"的路线前行,另一方面体现出加强惩罚犯罪、为专门机关扩权的倾向。①

三、我国现行刑事诉讼模式的弊端

根据我国目前的刑事司法制度设计,刑事诉讼流程主要是由公安机关、人民检察院、人民法院来完成的。《宪法》对三机关在刑事诉讼中的分工的设计,可以概括为公安机关负责侦查,人民检察院负责审查起诉,人民法院负责审判;三机关互相分工,互相制约。

2013 年 1 月 1 日起施行的新《刑事诉讼法》强调保障诉讼程序的公平、公正、公开。新法将"尊重和保障人权"写入总则,规定了辩护律师提前介入、扩大简易程序的适用、禁止强迫自证其罪、未成年人的特殊保护、强化证人出庭义务、特殊案件证人可以使用化名等新制度,彰显了国家对程序法的新认识。在某种意义上,程序正义是实现实体正义的保障,已成为全社会的共识。但是,这只是制度层面的改变。事实证明,制度层面的调整并没有完全改变传统模式中的刑事诉讼观念。

鸦片战争后,国人的优越感垮塌,导致了西学东渐的兴起,西方法律文化的影响,尤其是大陆法系,慢慢烙印于我国近现代的刑事诉讼的制度设计之中。但是,正是由于大陆法系在其刑事诉讼中采取职权主义而非辩论主义与中国传统诉讼中的刑事诉讼制度文化的偶合,不仅在制度设计层面,而且在司法工作人员层面都接受了围绕纠问式诉讼模式而设计的各种制度。从理论上讲,即使控诉方不提出任何证据或者提不出充分的证据,也不一定承担不利的诉讼后果。因为法官会根据其所负担的客观真实义务去主动调查、收集相关证据来查明案件的事实真相。② 法官不是纯正的中立者,其不是仅仅依据公诉方提供的证据进

---

① [美]虞平、郭志媛编译:《争鸣与思辨:刑事诉讼模式经典论文选译》,北京大学出版社 2013 年版,导言。

② 卞建林、郭志媛:《诉讼模式视角下的证明责任》,载《甘肃政法学院学报》2008 年第6 期。

行判决，而是为公诉方找到依据来支持公诉后再下判决。事实上，法官的越俎代庖使公诉方的举证重要性与难度大为降低，进而导致检察机关的证明责任形同虚设。我国的刑事诉讼是在非法治环境下运行的诉讼模式——不仅刑事诉讼法规制之外的权力，如行政权、立法权等有时会渗透到刑事诉讼过程之中，而且诉讼权力机关本身有时也并非严格按照法定程序进行追诉、审判活动。① 例如，人民检察院在提起公诉时采取卷宗移送主义，没有预审法官制度，阅卷法官就是庭审法官。因此，审判与侦查、起诉具有直接关联性。刑事案卷对审判结果起着决定性的作用，高度依赖侦查案卷的书面审理主义盛行。② 实践表明，这种刑事诉讼模式的弊端十分明显，主要表现在以下几个方面：

（一）失控的侦查权

在很多国家，侦查机关的权力都受到严格的限制。但在我国，长期以来，由于受到苏联的影响，刑事诉讼被当作专政的"工具"。为了对犯罪分子予以严厉的惩罚，国家开展了各种各样运动式的"严打"活动，无形中放任了侦查机关的权力扩张。对于拘留这一刑事诉讼中的强制措施，公、检、法三机关都可以自行决定，公安机关可以在传唤当事人到案的同时就直接办理拘留手续。根据法律的规定，公安机关在采取逮捕这一强制措施时必须得经过人民检察院的批准，但是，在目前案多人少的情况下，侦查机关向人民检察院申请逮捕犯罪嫌疑人时，鲜有被人民检察院作出不予批准逮捕决定的情形，这种状况无疑加剧了侦查机关滥用权力的危险。当侦查终结，案件移送到人民检察院进行审查起诉，而后移送到人民法院进行审判时，难免出现古代那种宁让当事人有罪，不让公权力机关承担责任的情形。司法正义在此无法得到彰显，刑事司法制度预设的"公、检、法"三机关分工制约功能被虚置。

（二）受限的辩护权

我国刑事诉讼法明确规定公、检、法三机关分工负责、互相配合。在某些地方，司法机关担心辩护律师在庭审中表现得太出色而使公权力机关没有面子，往往相互配合，想方设法限制律师的权利，甚至变相剥夺律师的辩护权利。比如设置人为的障碍，不让或者推迟让律师阅卷，或者制造一些人为的矛盾，让辩护律师在出庭期间因"意外"而无法出庭。有的法院甚至直接以某种理由将辩护律师

---

① 汪海燕：《法文化共性、相异性与我国刑事诉讼模式转型》，载《政法论坛》2003 年第 5 期。

② 左卫民：《中国刑事诉讼模式的本土构建》，载《法学研究》2009 年第 2 期。

驱逐出庭。再如,在对犯罪嫌疑人采取保候审的强制措施时,办案机关往往要求犯罪嫌疑人必须认罪,做完认罪笔录后办案机关才给予办理取保候审手续,从而剥夺了犯罪嫌疑人的自辩权。然而,事实证明很多冤案正是由于不重视律师的辩护意见而最终铸成的。在震惊全国的赵作海杀人案、张高平叔侄强奸案等冤案中,律师的辩护意见被拒绝采纳,是铸成冤案的重要原因之一。

(三)摇摆的审判权

在任何一个法治国家,原告(控方)与被告(辩方)发生纠纷后,可向司法机关请求解决,司法机关依法审理,居中裁判。诉讼制度旨在以控、辩、裁组成"等腰三角形"以保证法院的中立,保证操控在法官手中的司法"天平"不倾斜。由于刑事诉讼中传统观念的影响,在某些案件中,如果侦查机关与公诉方的证据不足,在追求客观真实的名义下,法院会主动出击为有罪判决寻找相关事实与证据。这样做的结果必然导致诉讼的"等腰三角形"架构被破坏。这一格局的打破又助长了侦查机关与审查起诉机关在办案过程中的懈怠心态。程序公正往往在这一模式中消失殆尽。司法"天平"就这样倾斜了。法院独立是保证司法"天平"不倾斜的最后一道重要的防线。当司法"天平"倾斜时,其后果是极其可怕的。不少涉诉信访的起因就是当事人认为司法不公。再审程序一而再,再而三地启动,两审终审制受到前所未有的挑战,最终名存实亡。司法的运行陷入恶性循环之中。

四、我国刑事诉讼文化现代化转型的路径

刑事诉讼目的与刑事诉讼模式具有内在的一致性,受主流刑事诉讼价值观的影响。① 我国刑事诉讼模式的扭转亟须刑事诉讼文化的现代化转型。程序正义和实体正义同等重要,程序正义是实现实体正义的重要手段和保障,实体正义是程序正义的结果与最终目的,程序正义与实体正义都有其自身独立的价值。我国长期以来重视实体正义而忽视程序正义。因此,司法的公平就受到了广大群众的质疑。程序正义之所以能够保障实体正义的实现,是因为程序的公开公正让当事人看到并感悟到了司法的公正。由于程序正义能保障权利的行使,当事人穷尽其权利的结果就是对判决结果的接受。所以,程序正义能够吸纳当事人对判决的不满。当事人对判决的接受无疑提高了司法的公信力。现实生活中很多案件之所以导致无限再审、无休止上访,主要在于程序不透明或者是司法机关违反了程序法的规定。党的十四届三中全会要求实行判决书上网,说明全社

---

① 岳悍惟主编:《刑事诉讼法》,对外经济贸易大学出版社 2013 年版,第 21 页。

会对这一问题的认识大大提高了。政治文明与司法文明的发展要求公权力的运行要受社会公众的监督,只有做到程序透明,司法公信力才能进一步提高。因此,司法机关要加强程序公正意识,不能再像过去那样只重实体,轻视程序。

我国属于成文法国家,实体法的更新跟不上社会进步的步伐,因此,实体法的漏洞导致的司法过程中的个案不公就无法避免。在这种情况下,判决的权威将受到空前的挑战,世界各国都以"法无规定不为罪,法无规定不处罚"为刑事诉讼的基本原则。这一原则需要裁判者遵循正当程序的要求,保证当事人的程序权利得到充分的行使,按照正义的要求正确地解释并适用法律,弥补实体法的不足。程序是"源",破坏了这一"看得见的正义",司法的权威就丧失殆尽,以致最后的实体判决再公正也无济于事。

从价值论的角度来看,程序正义是指司法程序运行过程所要遵循的价值标准,实体正义是法律在确立人们权利义务时所要遵循的价值标准。程度正义要求的是法律程序在设计和运行过程中所要达到的价值目标,而实体正义是指司法机关在确认事实的基础上产生的符合实体法要求的诉讼结果。所以,程序正义是在不否认实体正义的价值的同时,强调程序优先而已。

传统的刑事诉讼文化是指由社会的经济基础和政治结构、生活环境及生活方式所决定,并对社会经济、政治、生活方式起巨大影响的,与特定民族及时代相联系的,在历史进程中积累下来的有关刑事诉讼法律及其实践的群体性认识、评价、行为、思维方式和制度承载的总汇。[①] 那么如何使我国的刑事诉讼文化适应社会的转型呢? 笔者以为应注意以下几点:

(一)树立程序正义观念

抛弃原来的只要实体公正,不管程序规范与否的错误观念。有学者指出:"制度性诉讼文化的成功运作,有赖于观念性诉讼文化的配合和协同。"[②]改革开放以来,我国虽然建立起了一套现代诉讼制度,法律规定了当事人一系列的诉讼权利,但受中国传统诉讼文化中的无讼观念、厌讼观念的影响,这些诉讼制度不能很好地运转,许多民众对其合法权利不会或不愿行使,打官司、上法庭对许多中国人来讲依然被认为是一件丢面子的事情。传统诉讼文化中的息讼观念,也在不少司法人员头脑中存在,司法人员凭借直觉与恣意解决争议,这种思想根深蒂固,加之在刑事诉讼传统中司法权与行政权不分,导致"有事找市长"而不是有事找律师。"官本位"思想的根深蒂固,使得有些刑事司法人员在办案工作中表

---

① 李麒:《中国传统刑事诉讼文化的双重性格》,载《比较法研究》2013 年第 2 期。
② 徐峙、席舜:《我国近代诉讼文化的转型及其影响》,载《法制与社会》2013 年第 7 期。

现出浓烈的隶属、服从等观念。

(二)严格执行刑事程序法

合理的诉讼程序是实现程序公正的基本前提,所以必须有合理的诉讼法规范。2013 年新实施的《刑事诉讼法》是一部经过广泛社会参与讨论、受到空前关注的立法。新法引入了新的刑事诉讼理念,确立了合理的刑事诉讼程序,当下的关键是如何做到使这部法律能够得以实施,不能让其中的某些法条被束之高阁。刑事司法机关应严格依法办事,违反新《刑事诉讼法》规定的行为应当受到制裁,从而确保法律的正确实施。

(三)真正保障当事人及诉讼参与人在刑事诉讼中的一切合法权利

只有让当事人充分行使其享有的程序权利,最后的判决才能具有权威。司法改革"不仅要改变法制的硬件,而且要改变其软件;换言之,不仅要输入先进的法典,而且要继受与之有关的伦理价值和思想观念,通过改造国民性使现代法律意识渗透到日常的社会生活之中"。[①]

(四)保障司法机关独立行使审判权

必须实现审判独立,让程序尽可能地透明,公开审判,控辩平等。如果还如过去一样,刑事司法机关直不起腰板,最后以司法判决的妥协为代价,司法机关听从各种干预,因需找法,因需释法,不惜曲解法律的话,司法只能成为其他部门的附庸。果真如此,谈何司法权威?

结 语

法文化具有开放性,它不仅继承了传统法文化的部分内容,而且随着社会的发展而更新和发展,扬弃部分僵化与腐朽的处分。[②] 每个国家都有与其国情相适应的刑事诉讼文化,但是基于法文化的共性,世界各国在刑事诉讼文化上应当互相学习、互相交融。因此,我国的刑事诉讼文化转型要以"接地气"为宜,通过吸收中国传统刑事诉讼文化的有益内容与借鉴世界先进刑事诉讼文化的成熟部分割除我国传统的刑事诉讼文化存在的弊端。当然,法治国家的诉讼文明也不

---

① [日]川岛武宜:《现代化与法》,申政武等译,中国政法大学出版社 2004 年版,代译序。

② 汪海燕:《刑事诉讼模式的演进》,中国人民公安大学出版社 2004 年版,第 480 页。

是一蹴而就的，问题是国人是否愿意面对以及如何面对外部的刑事诉讼文化，如果凡事都强调"中国特色"，那么中国刑事诉讼文明的发展可能陷入步履蹒跚、止步不前的境地。我们期待刑事司法工作人员、法律学人首先倡导程序正义，在中国的法治文明发展过程中身先士卒；媒体对此作进一步的宣传，进而带动社会大众向法治文明靠近。

法院绩效考核机制之反思与重构

■李福清*

摘要：当前法院的绩效考核在激励法官高效办案的同时,也带来了年底立案难、强制调解、架空审级制度等一系列问题,不但损害了当事人的合法权益,也使法官沦为追求指标的"办案机器"。在绩效主义的驱使下,审判管理逐渐变得非理性。为此,应当剖析审判管理在实践中异化的因素,反思法院绩效考核机制存在的弊端,转变司法理念,改革审判质效评估体系,对法官的管理应从适度放权到最终实现法官自治。

关键词：绩效考核;审判管理;法官自治

2014年4月4日,重庆市高级人民法院(以下简称重庆高院)发布《重庆市中基层人民法院工作评估办法》及评估指标体系,不再对中基层法院进行工作目标考核,对法院工作只评估不排名。① 一时间,民众将目光聚集到法院(法官)绩效考核机制②,学界和实务界也为此展开了广泛的讨论。

---

* 作者系厦门市湖里区人民法院助理审判员,法学硕士。

① 2005年,重庆高院开始对基层法院进行工作目标考核,2008年又将中级人民法院纳入考核范畴。此前,各中级、基层法院的工作目标考核结果,都是评比表彰"优秀基层人民法院"和"优秀中级人民法院"的直接依据。在目标考核机制下,全市法院审判质效水平逐年提升,但目标考核在实际运用中也出现了一些不如人意的地方。个别法院误把评估体系当作"成绩单",不加选择、不加区别地将一些考核指标简单"移植",直接作为审判业绩考核指标,导致工作出现偏差。参见陈小康、刘洋:《重庆中级、基层法院全面取消考核排名》,http://cqfy.chinacourt.org,下载日期:2014年5月4日。

② 对于法院绩效考核,全国各地法院有着大同小异的称谓,有的称为工作指标考核,有的称为绩效考核(评价)指标,有的称为审判执行工作管理指标等等。与地方各级法院纷纷致力于制定统一、科学、完善的业绩考评指标体系不同,最高院不仅没有在全国范围内统一法官业绩考评指标的动作或想法,而且在其内部也没有一套成文化的、针对最高院法官的业绩考评指标体系。参见艾佳慧:《中国法院绩效考评制度研究——"同构性"和"双轨制"的逻辑及其问题》,载《法制与社会发展》2008年第5期。

2015年2月26日,最高人民法院发布修订后的《人民法院第四个五年改革纲要(2014—2018)》明确提出:"废止违反司法规律的考评指标和措施,取消任何形式的排名排序做法。"

重庆高院的工作评估办法及最高院的考评机制改革,破除了司法功利主义的积弊,对多年来法院系统唯数据论英雄的绩效主义进行了修正,审判管理逐渐回归理性。借此反思法院工作目标考核机制之弊,避免今后改革再走弯路,有重要的现实意义。

一、唯数据论:审判管理功能在绩效考核中异化

(一)审判管理、案件质量评估体系与绩效主义之关系

审判管理即通过科学的管理手段提升审判的质量和效率,最大限度地克服案多人少的矛盾。人民法院案件质量评估体系,旨在通过评价法院的案件质量,加强审判管理,促进司法的公正、效率、效果。建立评估体系具有双重目的,对内在于对法院和法官进行评价,改进激励机制,规范司法管理,从而实现司法的目的和功能;对外在于促进司法公正,缩短审限,增强审判的法律效果和社会效果,提升法院和法官判决的权威性。[1]

在司法实践中,许多法院将审判质效评估体系与法官绩效考核挂钩,进行量化评比排名,并以此作为评比优秀法院、优秀法官的依据,最终成为各个法院互相攀比的工具。"唯数据、唯指标、唯排名"成了审判管理的重心,法官超负荷工作成为常态。绩效考核,成为法院(法官)不能承受之重。

(二)指标考核在实践中异化的表现

1. 将指标作为目的而不是手段,弄虚作假,违背司法规律。如为追求高调解率强行调解,以判压调。有的人大代表提出:"法院作为审判机关,为什么只重视调解不重视判决? 难道只有调解才能定分止争,判决就不能吗?"[2]为追求高结案率,年底只结案不收案,或者采取让当事人撤诉、强制预立案调解等方式制造

---

① 张军主编:《人民法院案件质量评估体系理解与适用》,人民法院出版社2011年版,第16~18页。

② 刘孙容:《审判工作科学发展要防止绩效考核功能异化》,http://dkxfy.chinacourt.org,下载日期:2014年8月10日。

出结案率百分之百的"神话"，①导致年底当事人告状无门，严重影响法院"司法为民"的形象。

2. 不断追求高结案率和压缩审理时间，一方面，导致法官经常加班，审判压力大，生存状态堪忧，人员流失严重；②另一方面，通过设定指标，人为压缩审限，催促结案，严重影响法官独立行使审判权。

3. 弄虚作假，求量不求质。为在考核中取得好名次，一些法院内设机构和个人通过弄虚作假③和花钱买成果来完成考核目标，往往求量不求质，严重影响了法院和法官的形象。

二、追根溯源：法院绩效考核功能异化的现实动因

（一）利益因素——考核机制激励下的行为选择

中立、无私地作出裁判是民众对法官行为最低限度的要求。但法官本身也是处在特定社会关系中的个体，是有思维、能思考，能够"趋利避害"，能够追求自身利益最大化的"理性人"。④ 这种显在或潜在的制度对人的心理、意识、观念及行为的塑造和由此形成的惯性，在经济学上被称为"路径依赖"⑤。在绩效考核机制下，理性经济人逐利的本性使得法官自觉或者不自觉地以"考核排名"作为工作价值指引，而不是以公平、正义作为价值指引，这是绩效考核功能异化的因素之一。

（二）制度因素——行政管理模式下的行为逻辑

法院管理行政化，各级法院院长为追求司法政绩，必然要求各项工作达到上

---

① 刘宏洲：《康县人民法院 2012 年实现 100%结案率》，http://news.163.com，下载日期：2014 年 1 月 8 日；于晓强：《山东省陵县人民法院清积结案率高达 100%》，http://www.sd.xinhuanet.com，下载日期：2014 年 5 月 4 日。

② 在 2013 年全国"两会"期间，江苏省高级人民法院院长许前飞透露，2008 年至 2012 年 6 月，江苏全省法院流出人员 2402 名，其中法官 1850 名。广东省高级人民法院院长郑鄂称，5 年来广东全省各级法院调离或辞职法官人数超过 1600 名。参见陈磊：《法官在流失》，载《法治周末》2013 年 9 月 26 日第 4 版。

③ 如 X 市某区法院通过"安排"其辖区内的金融机构对系列信用卡纠纷起诉后再撤诉，以提高"调撤率"指标进而提高排名，严重损害了法院的形象。

④ 李拥军、傅爱竹：《"规训"的司法与"被缚"的法官——对法官绩效考核制度困境与误区的深层解读》，载《法律科学》2014 年第 6 期。

⑤ "路径依赖"是指一旦人们作了某种选择，就好比走上了一条不归路，惯性的力量会使这一选择不断自我强化，不能轻易走出去。

级法院甚至是同级党政机关下达的指标,进而将指标层层分解到每个审判人员。而上级法院给下级法院下达指标,其合法性一直备受业内人士的诟病。从某种意义上说,一个案件如果没有二审就没有上级法院。① 现实中,上级法院往往通过一系列指标考核,对下级法院进行"管理",实质上俨然成了"领导"。这种畸形的上下级法院关系和功利的司法政绩观,也导致了法院绩效考核功能的异化。

(三)观念因素——工厂化管理思维下的行为偏差

将法官当成计件生产的工人,片面追求数字和效率,意图通过数字管理实现对"司法产品"的质量控制,这是当前法院工厂化管理思维的形象表述。案件审判与经济生产中"产品"的最大区别在于,前者主要体现为脑力劳动,个案之间存在着巨大的差异。忽略司法理性的机械化数字套用是对法官个人及其职业价值的不尊重。又如,法院仿效政府及企事业单位开展诸如办案标兵、调解能手等荣誉制度,事实上强化了司法及司法者的趋利性和数量追求。当法官都成为创收能手的时候,司法理性何在?②

(四)现实因素——公平和效率权衡下的行为期待

公平还是效率,在实践中应根据现实需求有所侧重。一方面是案多人少的压力,另一方面是人民群众对司法公正的期待。法院绩效考核的初衷在于,既想通过结案率、发回改判率等指标提高审判质量和效率,又希望消除其弊端,创设均衡结案度、存案工作量等工作指标,以达公平、公正之目的。一些改革措施尽管看似科学,但最终仍然使法院滑向对数字的崇拜和追求。管理者为了权衡公平和效率,严密而繁复地设置指标,并且达标程度与法官的切身利益密切相关,这些犹如悬在法官头上的达摩克利斯之剑,展现了一线办案法官无奈的生存状态。

三、存废之争:法院绩效考核机制存在合理性之检讨

法院(法官)绩效考核,使法官审理案件的质效与其职务晋升、评先评优、工资待遇直接挂钩。法官为了获得更好的政治或者经济待遇而努力工作。当前全国法院系统普遍存在绩效考核,此类考核机制大多与最高院制定的案件质量评估体系挂钩,即关于审判质量、效率和效果的 33 项指标,有些法院甚至与软件公

---

① 徐显明:《审判独立即法官无上级》,载《法制晚报》2013 年 6 月 25 日第 A3 版。
② 李太顺:《以法官职业改革完善法官考核标准》,载《人民司法》2003 年第 5 期。

司合作,将这些指标扩展至 111 项。① 国内外学界和实务界对于该制度存在的合理性存在争议。

(一)国内关于法院(法官)绩效考核机制存废之讨论

肯定论者主要持以下观点:首先,2011 年最高人民法院《关于加强人民法院审判管理工作的若干意见》明确将"审判绩效考核结果作为法官评优评先、晋职晋级的主要依据,充分发挥管人促管案、管案与管人相结合的综合效应",这是绩效考核的制度依据。其次,当前我国法官任职条件不高,法官队伍素质参差不齐,必须以考评的形式进行监督,加强对司法行为的规范。再次,我国现阶段审判资源与社会需求严重不匹配,法官声誉机制与荣誉机制的激励作用仍有限,因此必须对法官进行绩效考核以提高审判质量和效率。② 但是,法官考核必须尊重审判规律,以不影响司法独立为基本原则,决不能以牺牲法官的独立判断和裁判权的完整为代价,更不能借法官考核之名,来设置法官之上的法官或与法官分享审判权的机构,干预司法独立。③

否定论者则认为,首先,当前的法官绩效考核已经完全异化为数字竞赛,大量的造假和形式主义使得法官生存状态堪忧。其次,数字管理上的指标考核,可能扭曲诉讼行为,导致司法的功利化。④ 中、基层法院一线办案审判人员普遍认为,现行的审判管理机构设置及职责功能不过是徒增了一个行政层级审批的环节,让审判工作变得更加烦琐。上级法院对中、基层法院的审判管理同样也存在遵循司法规律与行政化层级管理之间的矛盾。基于上级法院二审改判、发回功能的发改率考核指标,以及过于苛刻的错案追究考评指标体系的设置,使法律规定的上下级法院之间审级监督业务指导关系也异化为上下级行政管理关系。⑤ 再次,案件质量评估体系存在通过增设一个指标来防止另一个指标异化的趋势,结果只能陷入"钱穆制度陷阱"⑥。"上有所好下必甚焉",最终考评者和被考评者都将迷失最初的方向。

---

① 刘炜:《法官绩效考核之忧》,载《民主与法制时报》2012 年 6 月 11 日第 A4 版。
② 王彬:《法官效用函数与法官行为》,载《中国社会科学报》2010 年 4 月 12 日第 9 版。
③ 王宏、王明华:《法官内部考核机制研究》,载《山东师范大学学报》2006 年第 1 期。
④ 龙宗智:《审判管理:功效、局限及界限把握》,载《法学研究》2011 年第 4 期。
⑤ 杨凯:《审判管理理论体系的法理构架与体制机制创新》,载《中国法学》2014 年第 3 期。
⑥ 中国著名历史学家钱穆在分析中国历史时指出,中国政治制度演绎的传统是,一个制度出了毛病,再定一个制度来防止它,相沿日久,一天天地繁密化,于是有些却变成了病上加病。转引自焦建国:《"钱穆制度陷阱"》,载《出版参考》2004 年第 14 期。

(二)域外法院(法官)绩效考核机制存废之观察

1.美国法官的绩效考核

尽管美国各州的一审法院也存在质量评估体系,如1987年由美国州司法中心和司法协助局开展的TCPS研究计划。该计划把司法质量问题分为5个方面,共22个指数、68项具体措施,包括诉讼程序的期限、平等、公平和正义、职责和独立性、公众的信任等。但TCPS最终版附加了如下说明:这些标准不是用来比较法院性能,认证法院机构,也不是用来考核或奖惩法官的。评价系统是帮助法院自我评估的工具,旨在为初审法院绩效评估的实施提供详细的指引,各个法院可以根据自己的需要有选择地利用。[①]

可见,以宪法为支撑的法官终身制、高薪制实现了美国对法官的特别保护,抵制了美国法官所受的外部压力和诱惑。众望、荣誉等要素构成了美国法官生存的司法环境,而政治升迁与金钱增长对法官的激励效果较小。因此,在美国,没必要通过量化式的目标下达与绩效考核评价来引导他们的司法行为。在美国法院系统,即使有法官行为准则和法院纪律机构负责法官惩戒与法官规范,但绝不存在"错案"的概念及法官考核体制。

2.日本法官的绩效考核[②]

日本于2004年1月7日颁布《法官人事评价规则》,目的是增进法官职业能力和国民对司法的信赖,以及将考核(评价)结果作为法官晋升和任免等的依据。评价项目和评价视角包括案件处理能力、合理运作所属组织的能力、法官履行职务所需具备的一般资质和能力等。值得注意的是,日本法官人事评价项目中没有审理案件数量,一个法官单位时间内审理案件数对其人事评价没有影响。日本法官也没有奖金制度,这使得审结案件数的考核失去意义。即使处理案件数多,审理、判决有失公允也不能受到好的评价。

(三)我国法官绩效考核存废之选择

无论是英美法系的美国还是大陆法系的日本,其法官审判的共同特点是,既没有大棒惩罚的压力,也没有胡萝卜奖励的诱惑——因为大棒和胡萝卜都不利于审判独立。绩效考核以不损害法官的独立性为底线,其只供法院管理者参考,只对法官起督促作用,而不与法官升迁和惩戒挂钩,更不得作为对法官进行定级

---

① 佟季、袁春湘:《美国和加拿大司法绩效评估的实践及启示》,载《人民法院报》2011年11月5日第2版。

② 翟志文:《日本〈法官人事评价规则〉解读及其启示》,载《重庆科技学院学报(社会科学版)》2012年第6期。

排名的依据。笔者认为,当前我国的法官绩效考核应该废止或者作根本性的修正。理由如下:

首先,虽然《中华人民共和国法官法》对法官的考核进行了规定,①但是并没有将审判工作实绩与案件质量评估指标直接挂钩。案件质效评估与司法绩效考核"联姻"后的指挥棒效应,既加剧了审级关系行政化,又将审级关系的行政化转嫁至法院内部,形成层级管理的高度行政化。② 多数法院将二者挂钩,显然违背了该制度设立的初衷。

其次,司法是严重依赖于法官内心判断的职业领域,仅仅依赖外部管理和控制是行不通的。法官不能因为害怕被改判就违背内心的真实想法,而作出符合上级法院法官想法的判决,也不能因为追求结案率就在事实未查清之前草率下判。

最后,法官审理案件有其专业性和独立性,简单的数据不能反映法官工作的质量和法官的能力水平。由于不同案件审理的难易程度有别,无法以一个具体、细致、全面的量化评估体系为基础,把各种工作要素量化。日本索尼公司前常务董事天外伺朗曾撰文《绩效主义毁了索尼》,引起了管理界对绩效主义的广泛反思。文章的核心观点是,部分工作无法简单量化,当索尼在绩效统计上花费大量的精力和时间后,员工为了趋利避害,很多工作都敷衍了事,并出现本末倒置的倾向,最终使公司失去了团队精神。③ 与此相似,笔者所在的基层法院审管办等管理部门也在案件控制、催办等事务上花费了大量的时间,他们一方面要求立案庭适度控制收案,一方面又要求业务庭法官制定结案计划,汇报未结案件情况,一线办案人员叫苦不迭。

综上所述,以案件质量评估体系为核心的法官绩效考核机制,既缺乏制度依据,亦没有理论根基,更无益于审判实践,理应加以反思和修正。笔者认为,有效的考核制度应是一个制度体系,其前提是符合司法理性和审判规律。

---

① 《中华人民共和国法官法》第 23 条规定,对法官的考核内容包括审判工作实绩、思想品德、审判业务和法学理论水平、工作态度和审判作风。重点考核审判工作实绩。第 24 条第 2 款规定,考核结果作为对法官奖惩、培训、免职、辞退以及调整等级和工资的依据。这是法官绩效考核及法院工作目标考核的法律基础。

② 重庆市高级人民法院课题组:《审判管理制度转型研究》,载《中国法学》2014 年第 4 期。

③ [日]天外伺朗:《绩效主义毁了索尼》,载《文艺春秋》2007 年 1 月刊。

四、理性回归：符合审判规律的管理机制——从适度放权到法官自治

从管理学的角度讲，审判管理的终极目标是营造自由、豁达、愉快的气氛，让每个认真工作的司法者最大限度地发挥技能。如欲达到这种境界，笔者认为必须做到三个转变。

(一)转变审判管理理念

1. 从追求绩效最大化到尊重审判规律的转变。经常见诸报端的某地法院完成 100% 结案率是对审判规律的极大讽刺。众所周知，无论从实体上或者程序上，案件的审理都需要一定的周期，长短因案、因人而异。人为设定收结案指标或者强调均衡结案，只会催生法官弄虚作假，最终损害了司法独立性和司法公信力。尊重审判规律，就是要接受案件的受理和审结不可能长期处于一个均衡的状态，其本身有内在的规律性这个事实。

2. 从泛司法化到集中精力于本职领域的转变。当前法院工作的泛司法化倾向使法院和法官承担了过多本应由社区居委会、乡镇街道等机构承担的职责。社区工作劳心、费力、伤财，因司法资源有限最终不得已流于形式，也损害了司法的权威。[①] "当法院主动请缨，为政府的一时中心工作保驾护航时，法院就已不再是法院而变成镖局了；当法院院长大谈特谈法制宣传工作时，法院院长就已不再是院长而变成司法局局长了；当法官在工作日内走出法院，扫街植树，指挥交通，给旅客送开水，帮农民搞麦收时，法官就是在亵渎自身的神圣。"[②]诚如苏力教授所言，法院应当向相关党政决策机关提交有充分证据和说服力的研究报告，逐步把自己目前承担的部分非司法的纠纷解决和管理工作转移给司法行政部门。这不是推卸责任，而是推动劳动分工，不仅有利于法院，也有利于司法行政部门，会促进和增强司法行政部门的发展。[③]

3. 从对指标的管理到对人和个案的管理的转变。一是使绩效管理中人的有利因素最大化。美国管理学大师托马斯·彼得斯认为，"管理的实质是激发人的

[①] 以笔者所在法院为例，每个办案法官平均要对接 2 个至 3 个甚至更多社区，定期进驻社区化解纠纷。有些社区挂的牌多达 7 个，包括社区法官联系点、社区检察官联系点、社区司法所联系点、社区调解委员会、社区劳动争议调解委员会等。社区与机关、社会团体的职责交叉不断扩大，导致职责不分，工作流于形式。

[②] 徐显明：《司法改革二十题》，载《法学》1999 年第 9 期。

[③] 苏力：《审判管理与社会管理——法院如何有效回应"案多人少"?》，载《中国法学》2010 年第 6 期。

积极性,人的因素第一,要面向人,以人为核心"①。而对人的管理,目标是实现人的高度自觉以发挥最大的创造力。一个高度自觉的法官本身就是一个很好的自我管理者,审判管理应该回归到仅提供数据参考,让法官时刻知晓自己审判中存在的倾向性问题,并纠正自己的行为。二是避免对个案的管理模式扩大到一般案件的管理。审判管理既要关注长期未结案件以及社会影响力大的案件,又要杜绝扩大化的倾向,如当前普遍存在的压缩审限的做法就存在过度管理的倾向。

(二)改革审判质效评估机制

当前审判管理强调业绩考核,实质上将法院视为行政系统的一部分。法院不是行政机关,法院独立审判,自然无须通过漂亮的指标数据取悦上级法院和地方党政机关。因此,必须对案件质量评估体系中不科学的评估指标进行修正。

1.严格错案追究制度。错案追究制不只影响法官的独立审判,最终损害的是当事人的合法权益。首先,由于错案直接影响法官的政治、经济利益,部分法官不得不开展各种各样的"公关"工作,为求得自己的裁判被维持而不得不迁就于上级法院法官的指示甚至暗示。其次,"错案"界定模糊和不确定,容易导致惩戒的随意性。美国最高法院大法官杰克逊曾经说过,我们说了算并不是因为我们正确,我们正确是因为我们说了算。因此,不能将发回重审和二审改判的案件就一律界定为"错案",并对相关法官处以考核上的减分评价。② "错案追究制"往往导致法官在审案时承受较大的心理压力而心存顾虑,损害了法官应有的独立性和积极性。最后,"错案追究"损害当事人的利益。"两审终审制"是法院在诉讼审判中理性反思和追求公平公正的表现。在上级法院的监督之下,一审法官为了避免当事人上诉影响到上诉率的考核,可能会通过各种途径向上级法官请示沟通,而使上级法院的监督指导变成实质上的一审终审。③

严格错案追究制,是为法官惩戒设置禁区,法官可以根据自己对于法律的理解和对案件事实的认定独立进行裁判,且不得因此裁判行为受到追究。法官只有出现不规范的行为如徇私枉法、滥用职权、玩忽职守、故意拖延办案而造成裁判错误或者当事人严重损失的,才会被认定为办了错案,进而受到相应的

---

① [美]托马斯·彼得斯:《乱中求胜——美国管理革命通鉴》,朱葆琛等译,科学普及出版社1988年版,第254页。

② 王彬:《法官效用函数与法官行为》,载《中国社会科学报》2010年4月12日第9版。

③ 冯海玲、徐鑫:《论分类管理视角下法官评价体系的重构——以法官塑造为着力点的分析》,载《山东审判》2014年第5期。

惩罚。①

2.改革法院(法官)绩效考核排名机制。消除数字崇拜,不是让数字消失,而是要尊重司法规律和审判独立,让法官真正以其职业精神办好案。其一,使法官的绩效考核与案件质量评估体系脱钩。虽然上诉案件的发回改判率能够在一定程度上反映法官的办案质量,结案率也能够在一定程度上体现法官的办案效率,但是不能绝对化。此外,如均衡结案率、存案工作量、调解率、当庭宣判率、陪审率也是如此,可以倡导但不能强化,因为任何一个方面的过度强化,都可能引导法官片面追求这一方面,进而违背审判规律。② 其二,慎用绩效考核结果,变"成绩单"为"体检表"。如美国州法院司法绩效测评最早用于调查律师协会成员对法官连任或留任,以及法官素质的意见。问卷和调查主要评价法官的公正性、正直性、法律能力、气质和处理案件的能力等因素,同时它也是法官的得力助手,指出了他们今后应该加强和提高的地方,对法官的持续培训也有帮助。③

(三)改革审判管理权限和目标

1.信任和适度放权。首先,做好针对院、庭长和法官的科学分权与权限委让。分权与权限委让是管理的基本规律。当前院长对庭长的考核集中体现于庭长所在业务庭审判业绩的考核和队伍管理。这就要求庭长管理好自己庭室的法官和法官手中的案件。庭长在对法官充分了解的前提下,应该放权让法官去管理控制案件审理程序的时间。当然,充分的信任和放权必须以有力的监督和制约为后盾。一方面相信法官不会偷懒而故意拖延诉讼,另一方面通过各种监督和制约手段,使下放出去的权力不至于失控。其次,院、庭长必须根据被管理的对象灵活地实施管理手段。如对于品德好、有能力、勤勉干活的法官,可以大胆信任和放权;而对于自制力较差、品德一般、能力较弱的法官则应该加强监督。这就要求院、庭长在授权之前对被授权对象进行细致的考察,包括被授权法官的特点、强项、弱势等都应该有所了解。院、庭长不需要去严格监督,更不需要催促被授权者。但是院、庭长要意识到,把权力授予法官后,并不意味着任务完成的成败已与己无关,院、庭长永远都是最终的管理责任承担者。

2.法官自治。法官自治有如下两个方面的内涵:一是从自我管理的角度看,法官作为一类社会精英,应该拥有高度的自我管理、自我控制能力并享有自我管

---

① 王利明:《司法改革研究》,法律出版社2000年版,第439页。

② 王宏、王明华:《法官内部考核机制研究》,载《山东师范大学学报(人文社会科学版)》2006年第1期。

③ 张军主编:《人民法院案件质量评估体系理解与适用》,人民法院出版社2011年版,第341页。

理的权力。法官是不接受任何指挥和命令的独立的社会主体,不必听命于任何人,仅遵从于法律,"法官之上无法官",这也是独立审判的应然要求。二是从组织管理的角度看,法官自治体现为对法官的管理脱离行政权及其他权力的掣肘。美国最高法院的法官由总统任命,但法官被任命后无须向总统负责并报告工作。法官只对法律负责,而不对任何人或任何机关负责,这应是司法独立、法官自治的真正含义。司法是法治的最后一道防波堤,在司法判决作出之前不允许其他权力指手画脚,在司法判决作出之后不允许其他权力再说三道四。① 对法官的评价应由法官或者法官团体作出,实现法官自治是审判管理最高的价值追求。

纵观当今世界各国的司法改革进程可知,科学的审判管理是实现法官自治的应然要求。要实现审判管理的现代化,就应当顺应审判规律,不断地反思和改进审判制度。我们相信,管理思想观念的转变和制度层面的改革将有助于实现法官的高度自治,促使审判管理发挥推动司法公正与司法效率相统一的作用。

---

① 徐显明:《司法改革二十题》,载《法学》1999 年第 9 期。

完善我国打拐 DNA 数据库管理的思考

■袁　蓉　朱秋安[*]

摘要：随着现代科技的发展，通过 DNA 数据鉴定身份的技术已为各国广泛地运用。面对拐卖儿童行为的日益猖獗，打拐 DNA 数据库应运而生，各地公安系统均建立了打拐 DNA 数据库。但目前新生儿 DNA 数据的采集存在很大的社会伦理道德风险，亟待通过立法途径解决上述难题。我国打拐 DNA 数据库的管理亟须在兼顾利益平衡的基础上，完善有关新生儿 DNA 数据的采集范围、采集方式以及保密程序等制度。

关键词：打拐；DNA 数据库；立法

一、打拐 DNA 数据库的概念以及发展现状

DNA 是 Deoxyribonucleic acid 的简称，又称脱氧核糖核酸。1984 年，英国遗传学家 Alec J. Jeffreys 教授在 *Nature* 杂志上首次报道 DNA 生物检验技术，并于当年使用此技术成功处理了一起英国移民亲子鉴定案件。[①] 在 1976 年至 1983 年阿根廷内战期间，许多儿童失去父母。随后，科学家采用 DNA 鉴定技术，通过血液中 DNA 相似度的比较，帮助 50 多名战争遗孤找到了亲人。[②] DNA 鉴定技术与 DNA 数据库系统是完全不同的概念。我国早期的 DNA 鉴定技术主要用于侦破刑事案件，真正意义上的 DNA 数据库系统是最近 10 年间才发展起来的。目前公安机关使用的 DNA 数据库系统，是由北京海鑫高科技有限公司和辽宁省公安厅刑事科学研究所共同研究的项目成果。针对近年来拐卖

---

* 袁蓉：江西省吉安县人民检察院助理检察员，法律硕士；朱秋安：河北省涿州市人民检察院检察员，法学硕士。

① 彭小珊、王传超：《DNA 鉴定技术及其在诉讼法视野下的审查判断》，载《法制与社会》2013 年第 5 期。

② 陈宏主编：《基因工程》，中国农业出版社 2011 年第 2 版，第 133 页。

儿童案件逐年上升的趋势,公安部建立了以全国 236 个 DNA 实验室为基础、32 个省级与 11 个地市级公安机关联网的全国范围内的打拐 DNA 数据库,其数据收集工作已向全国铺开,我国 DNA 打拐体系初步形成。① 作为 DNA 鉴定技术与打击拐卖儿童行为相结合的产物,打拐 DNA 数据库的建立和运用,使打拐工作建立在科学分析、研判的基础上,对确认被拐儿童的身份发挥了决定性作用。②

表 1　我国近年来通过打拐 DNA 数据库找到父母的被拐儿童人数表③

时间(年)	2009.4—2009.12	2010	2011	2012	2013	2014
人数(人)	511	647	741	454	3555	3508

由表 1 可知,通过 DNA 数据库资源找到父母的儿童数成逐年递增趋势,尤其是 2012 年以后,出现了大幅增长。在被拐儿童获得解救之后,传统的确认父母的方式是依据立案情况,通过照片对比,让符合条件的父母到儿童被解救地的公安部门进行现场确认。

2010 年 5 月 19 日,江西省瑞金市公安机关查获一个系列拐卖儿童团伙,抓获团伙成员龙昌富等 14 人,解救被拐卖儿童 12 名。该案件被公安部列为打拐行动十大经典案例之一,具体案情如下:江西省瑞金市公安机关接到举报,有数名外地人多次携带婴儿从广州搭乘客车到瑞金,之后空手返回广州,有拐卖儿童的重大嫌疑。获取线索后,瑞金市公安局立即成立专案组,迅速开展侦查工作,在瑞金云石山路段成功抓获龙昌富、蒋进花、马香美 3 名犯罪嫌疑人,当场解救 1 名被拐男婴。经审讯,犯罪嫌疑人龙昌富、蒋进花、马香美供述了当日在广州从上家购得该男婴,并打算卖至瑞金下家的经过,同时交代了其先后多次从广州的上家处购买 10 余名婴儿,然后分别通过江西省瑞金市、福建省长汀县的下家胡美英、曾何金等人,以每名婴儿 3 万～4 万元不等的价格进行贩卖的犯罪事实。专案组连续作战,先后在瑞金、长汀抓获同案犯罪嫌疑人胡美英、杨柏华、洪九连等 14 名犯罪嫌疑人,并成功解救被拐婴儿 12 名。④ 在该案中,被拐儿童均

① 李春雷等:《我国被拐卖儿童救助保护现状及完善对策研究——基于对近年 133 个公开报道案例的分析》,载《中国人民公安大学学报(社会科学版)》2013 年第 6 期。

② 胡洁人:《DNA 打拐,圆宝贝回家梦》,载《检察风云》2014 年第 11 期。

③ 张琰、王茜:《公安部〈利用 DNA 数据库找到父母人数公告〉》,http://www.haosou.com/,下载日期:2015 年 4 月 15 日。

④ 春林:《中国公安部"打拐行动十大经典案例"》,http://www.zgxxrqs.net/,下载日期:2015 年 5 月 3 日。

为出生不久的婴儿,体貌特征和声音尚未确定。若解救后继续拖延时间,父母辨识婴儿的难度将增大。

面对被拐儿童低龄化、流向复杂化、国际化的趋势,传统的找寻被拐儿童的方法已呈现出准确度不高、效率低等弱点。如何帮助获救儿童找到亲生父母亦是个难点。有的儿童被拐多年后体貌特征发生较大变化,导致其亲生父母也难以辨认。采集被拐儿童的父母和来历不明的儿童的血液,输入全国打拐 DNA 数据库中进行比对,是查找解救多年前被拐儿童的捷径。[①] 因此,完善 DNA 数据库具有重要的现实意义。

二、我国建立打拐 DNA 数据库的原因

中国打拐 DNA 数据库是目前世界上唯一由官方建设管理和维护运行的以打拐为主要目的的 DNA 数据库,其存在的必要性有以下两点:

(一)我国的特殊国情

美国每年约有 180 万件关于儿童失踪的报案,[②]但基本不存在儿童被拐卖的情形。在儿童失踪案件中,大部分系因家长和子女之间的沟通问题导致子女离家出走,且大多数失踪儿童最终都能回到父母的身边。中国自古以来就有多子多福、儿女双全的传统,还有"不孝有三,无后为大"的文化传统,导致很多农村和小城镇地区的百姓愿意买孩子。有买就会有卖,拐卖儿童犯罪因此屡屡发生。"还有一些地方百姓以生孩子、卖孩子为职业,以此寻求致富。"[③]特殊的国情造就了中国猖獗的拐卖市场,而在美国几乎不存在人口贩卖的市场。

(二)防止儿童被拐的整体协调机制系统不完善

在处理儿童失踪的社会问题方面,中、美两国的公共服务存在较大差别。美国为寻找失踪儿童投入了巨大的警力资源和社会力量。在政府方面,美国警方一旦接到儿童失踪的报案,就会立即采取紧急行动;在非政府方面,美国设有"全国失踪与受虐儿童服务中心"(National Center of Missing and Exploited Children),该中心提供 24 小时多种语言的服务热线。失踪儿童的家长可以借

---

① 刘子阳:《警方高压打拐,人贩子被迫收手》,载《法制日报》2015 年 2 月 16 日第 5 版。

② 中国国务院新闻办公室:《2008 年美国的人权纪录》(2009 年 2 月 26 日),http://news. xinhuanet. com,下载日期:2015 年 6 月 20 日。

③ 张洋:《公安部回应热点问题:打拐,也要打买方》,载《人民日报》2014 年 10 月 28 日第 10 版。

助该中心的网站制作标准化寻人布告,也可以请求该中心出动配有警犬的专业搜救小组。美国一些大型公共场所还设有儿童安全警报系统,即"考德-亚当"系统(Code Adam)。如果家长在该公共场所发现儿童丢失,可马上求助于该系统。场所将指派专人立即展开搜索,如果 10 分钟内搜寻无果,场所负责人即会报案寻求警力支援。[①] 由于美国几家大型电信运营商的加入,失踪儿童的家长还可以通过短信的方式向所有手机用户发出求救信息。[②] 政府与非政府之间的协作,实现了情报信息的整体性共存。我国在这一方面仍有待改进。

基于我国的具体国情,儿童拐卖市场不可能立刻消失。高效确定被拐儿童身份的信息技术显得尤为必要,这也是打拐 DNA 数据库存在的突出意义。DNA 检验技术能够实现个体识别和亲缘关系的认定,其基本原理在于如下遗传定律:人类的基因序列是遗传复制父母的,而且不会随着年龄的变化而变化。DNA 的稳定性,使该检验技术成为查找被拐儿童的父母的最有效技术手段之一。但由于我国目前 DNA 数据库信息不完整等原因,尚有许多被拐儿童无法得到有效救助。[③]

三、立法困境

DNA 数据涉及个人隐私,其采集可能触及潜在的社会伦理问题。因此,目前尚无有关新生儿 DNA 信息收集的明确法律规定,关于新生儿 DNA 数据采集的合法性仍然存在着较大的争议。虽然我国实行严格的户籍管理制度,但是由于 16 岁以下的未成年人成长变化较快,尚无法办理身份证,所以逐步完善儿童身份信息十分重要。现实中,DNA 信息通常是在儿童失踪后才对家人进行采集,无法及时解救被拐卖的婴幼儿。在新生儿登记户口时录入指纹、采集 DNA 信息并实行全国联网,目前并没有法律上的依据。笔者将从以下三点具体分析完善打拐 DNA 数据库面临的法律困境。

(一)采集范围

首先,采集范围广,成本高。除去人口信息系统的升级改造等相关费用,按照一般程序,采集并制作 1 例 DNA 样品的费用在 60～70 元左右,而且在初步核对后还需进行复核。一般情况下,父母双方加上新生儿,一个家庭至少需做 3

---

① 刘萌:《盘点各国的失踪儿童警报机制:孩子丢了怎么找》,http://news. xinhuanet. com/,下载日期:2015 年 5 月 10 日。

② 刘稚亚、李晗:《被拐卖儿童家庭之殇》,载《经济》2015 年第 4 期。

③ 廖小清等:《建立儿童 DNA 数据库》,载《浙江日报》2015 年 3 月 9 日第 6 版。

例 DNA 信息采集。因为根据孟德尔遗传定律,儿童的等位基因有一半与母亲相同,一半与父亲相同。按照我国目前的人口基数和新生儿出生率,全国统一录入 DNA 数据不太现实。主要原因如下:第一,全国统一录入 DNA 数据将直接导致 DNA 数据库的库容过大,成本过高,且数据库的维护费用太高。不管是由财政统一支出还是个体家庭负担,抑或由政府财政和新生儿监护人各承担一部分,都是一个值得商榷的问题。第二,DNA 实验室的经费保障问题亦是扩大 DNA 采集范围的"拦路虎"。以江西省为例,受单独二胎政策的影响,近年来江西人口出生率略微上升,2014 年净增 20 万人。仅 2014 年新增人口的 DNA 数据采集就得耗费 1400 万元。对于这笔费用,笔者建议由政府和个体家庭双方共同承担较为合理。个体家庭承担一部分,政府补贴一部分。

其次,采集工程量大,过程复杂,专业性强。DNA 采集是一项浩大的工程,过程复杂,专业性强。从采血处理、血样采集、血样送检、DNA 检验入库,到最后的符合确认整个程序,检索时间较长,且需要大量的专业技术人员。特别是在 DNA 数据库系统中比对信息时,受理的 DNA 实验室需要通过增加检验基因座数量来进行复核,工作量十分巨大。我国目前只有 52 家省级和地、市级公安司法鉴定中心,这些中心不仅要进行打拐 DNA 检验工作,而且要负责公安机关其他日常案件的检验工作。鉴定中心必须按照规范要求进行检验,并将检验结果录入 DNA 数据库系统。如遇疑难案件,为保证检验质量,鉴定中心还需要咨询公安部 12 名 DNA 专家组成员,或者将数据送往 8 个复核实验室之一进行复核检验。目前,我国的 DNA 实验室难以承受如此繁重的检验任务,所需的技术人员亦远远不够。人员装备不足,正是提高实验室检验水平亟须攻破的难关。

我国应当以立法的形式明确 DNA 采集人群的类型以及地域范围。在 DNA 采集人群的类型方面,按照公安部的要求,对下列 5 类人员必须采取血样,并将采集到的 DNA 样本数据录入数据库:已经确认被拐卖儿童的亲生父母;获得解救的被拐卖儿童;来历不明、疑似被拐卖的儿童;来历不明的流浪、乞讨儿童;主动要求采血的失踪儿童的亲生父母。[①] 但在有关地域范围方面,目前还没有相关的规定。如果按行政区划,由个别省、市先行试点,显然是不合理的,因为儿童被拐卖的分布规律与行政区划是不一致的。因此,笔者建议立法规定 DNA 数据采集应在儿童被拐和拐入的案件高发地区、社会儿童福利院等处试点,以便于切实实施,集中高效地解决问题。

---

① 夏修露:《被拐 26 年后四川娃儿昨天回家》,载《四川法制日报》2015 年 3 月 19 日第 2 版。

(二)采集方式

DNA 数据的采集应该坚持何种原则,这是立法首先应该解决的问题。笔者认为,最重要的是自愿原则。DNA 数据的采集属于对人体生物样本的采集。2012 年修订的《中华人民共和国刑事诉讼法》第 131 条规定:"为了确定被害人、犯罪嫌疑人的某些特征、伤害情况或者生理状态,可以对人身进行检查,可以提取指纹信息,采集血液、尿液等生物样本。"这是采验 DNA 的唯一法律依据。由于 DNA 的采集涉及个人隐私权的保护,如果没有新的立法规定,那么公民没有义务到户口所在地或者经常居住地进行 DNA 的采集。DNA 信息包含决定人体生理、病理甚至行为特征的全部遗传密码,被视为人的"终极身份证"。由于我国 DNA 数据库的建立和发展目前还处于摸索阶段,国家应尽快对 DNA 样本强制采集的对象、程序及样本保留、销毁等问题进行立法完善,以实现打击犯罪与保护公民权利之间的平衡。

但是自愿原则的落实又有一系列潜在的问题,并非所有被拐儿童的父母都愿意通过血样送检找回子女。首先,在一些贫困地区,儿童的买卖系经其亲生父母的同意,家长直接参与交易并从中获利。此类被拐儿童的父母根本不会主动寻找"失踪"的子女或积极配合 DNA 信息的采集,"被拐儿童回家难"的现象由此产生。[①] 例如,2014 年 10 月 21 日晚 9 时 46 分,被告人肖某的妻子喻某在吉安县中医院剖腹产下一名男婴。因生活困难,无力抚养,被告人肖某与喻某商量将刚出生的男婴送给家庭条件不错的黄某抚养,并索要 5 万元的"营养费"。黄某认为价钱不合理,经过讨价还价,最终确定由黄某支付"营养费"23500 元,肖某夫妇将男婴交由黄某抚养。[②] 被告人肖某以非法获利为目的,出卖亲生儿子,其行为触犯了《中华人民共和国刑法》第 240 条的规定。上述案件在基层屡见不鲜,要求该类案件的父母自愿将血样送检的概率几乎为零。其次,有些父母未婚先孕或者已经分别重组家庭,担心找回被拐儿童会给各自的生活带来负担。多数被拐儿童年龄分布于 2～7 岁,其父母大多年轻,子女失踪多年,父母可能已经再生育或者重新组建家庭。在此情况下,被拐儿童的父母基于各方面的考虑,不愿通过 DNA 数据库找回被拐卖的子女。因此,其主动将 DNA 信息入库的概率几乎为零。上述情形下亦容易出现瞒报个人信息的状况,造成个人信息的准确度不高,或者信息不完整,从而严重影响 DNA 检验技术发挥应有的作用。

---

① 冀文超:《云南 11 名被拐婴儿解救半年后无一人回家》,载《工人日报》2015 年 4 月 5 日第 1 版。

② 江西省吉安县人民检察院公诉刑诉[2014]245 号公诉书。

（三）保密程序

DNA 检测是一项基因检测技术。基因隐私的保护不仅涉及精神，而且间接涉及物质。DNA 信息是有关个人、家庭以及未来生活的核心信息。信息采集后，如因保密程序不规范，在未经当事人同意的情况下被擅作他用，将产生大量的伦理问题，甚至可能会侵犯个人的隐私权。因此，国家应制定相应的法律法规，解决隐私保护和遗传监管的问题，保证当事人基因隐私的安全。

国家相关部门应从立法入手，推动解决 DNA 数据采集的合法性难题。如果修改《中华人民共和国居民身份证法》，规定居民办理身份证时，需采集 DNA 信息，此时立法必须已经明确采集范围、采集方式、保密程序等内容，这样才能达到私权利和公共利益的平衡保护。目前有关我国 DNA 检验技术和 DNA 数据库应用于打拐专项行动的规范性文件是公安部颁布的《公安机关查找被拐卖儿童 DNA 检验技术规范》。该规范规定了公安机关在将 DNA 检验技术应用于打拐专项行动时的工作原则、任务职责和技术要求。我国还可以借鉴台湾地区 2000 年 2 月 3 日施行的"去氧核糖核酸采样条例"[①]，进一步对 DNA 采样、分析、建档、强制采样执行程序、发动之主体、接受采样之对象、样本的保留与销毁等内容进行明确的立法规定。

四、建立打拐 DNA 数据库的利益衡量

2014 年年初，有一条"支持政协常委高翔'倡议新生儿上户口一律采集 DNA 以防拐卖'"的信息在微博、微信上被用户大量转发。[②] 尽管公安部已经查实该信息有误，但事件本身反映了民众对打击拐卖儿童案件的关注，以及运用高科技手段打拐的期待心理，即将新生儿指纹和 DNA 信息录入户口数据库，以助力于拐卖儿童案件的快速侦破。但在目前情势下，有无必要在立法上规定新生儿须一律采集 DNA 数据，并将该数据作为登记户口的必要信息，还需要进行宏观的利益衡量。并非所有的利益都能够在立法中得到反映，何种利益能够在立法中反映，得到多大程度的反映，互相冲突的利益在立法过程中该如何取舍平衡，均是复杂的利益衡量问题。[③] 通常意义上的利益衡量为法官审理案件时衡

---

① "去氧核糖核酸采样条例"于 1999 年 2 月 3 日颁布，自 2002 年 2 月 3 日起施行。这是我国台湾地区为建立犯罪人数据库而制定的立法文件，目前仍然有效。

② 邓飞：《从内因外因入手，系统防治儿童失踪》，载《中国经济导报》2014 年 3 月 8 日第 B06 版。

③ 杨炼：《立法过程中的利益衡量研究》，法律出版社 2010 年版，第 34 页。

量各方利益,包括个人与个人、个人与社会整体之间的利益衡量。法律是不同利益调和折中的产物,立法过程中对利益的表达和整合,对各种利益进行评估和衡量,以及为利益的协调整合提供标准是法律调整的关键。法律的形成过程,就是一个在立法过程中各利益主体表达利益、沟通利益和整合利益的过程。对比全国各类刑事犯罪,拐卖儿童案件呈现"低发高破"的态势,加上新生儿的数量巨大,为防止拐卖儿童案件发生而登记每一个新生儿的 DNA 数据,其投入成本和产出是不成比例的。"而且,事先把孩子的 DNA 采集起来也没有必要,如果孩子被拐卖了,可以采集父母的 DNA,输入全国打拐 DNA 数据库去与来历不明儿童的 DNA 进行比对。"[①]

从某种意义上说,为打击拐卖儿童的犯罪行为而建立 DNA 数据库属于维护某部分人群的利益,即个人利益。将这部分个人利益放到公共利益中加以衡量发现,为弥补其遭受的损害而花费的成本与追求的利益之间显然是不均衡的。这不仅仅是个人的价值判断,而且是依据我国目前拐卖儿童的客观现状来判断的。虽然对全体新生儿采集 DNA 暂时没有可能,而且也缺乏立法依据,但是,对被拐儿童 DNA 的采集却是有必要的。2010 年 3 月 15 日,最高人民法院、最高人民检察院、公安部、司法部联合制定了《关于依法惩治拐卖妇女儿童犯罪的意见》。其中提出:"要特别重视收集、固定……被拐卖儿童的 DNA 鉴定结论、有关监控录像、电子信息等客观性证据。取证工作应当及时,防止时过境迁,难以弥补";"公安机关应当高度重视并进一步加强 DNA 数据库的建设和完善。对失踪儿童的父母,或者疑似被拐卖的儿童,应当及时采集血样进行检验,通过全国 DNA 数据库,为查获犯罪,帮助被拐卖的儿童及时回归家庭提供科学依据"。[②]

结　语

根据民政部的统计数据,全国有 150 万左右的流浪乞讨儿童,其中大部分是由犯罪分子拐卖而来。[③] 在我国部分地区,买卖儿童呈现市场化、链条化的畸形发展态势,加大打拐力度刻不容缓。国家应当对 DNA 数据库的完善提供政策性支持,但应把握好尺度,既要顾及社会舆论,又要客观地考虑具体的国情,以保

---

① 李刚:《新生儿上户口时暂无必要一律采集 DNA》,载《人民公安报》2014 年 3 月 10 日第 5 版。

② 陈国庆:《〈关于依法惩治拐卖妇女儿童犯罪的意见〉的解读》,载《人民检察》2010 年第 9 期。

③ 林杰镇:《刑事视野下的拐卖儿童犯罪分析》,载《法制博览》2015 年第 1 期。

证各方面利益的平衡。对于全部新生儿的 DNA 数据入库,目前尚无相应的条件与必要。因此,除非法律有明确的规定,否则只能向特定的人群采集 DNA 数据并入库。

论我国未成年人监护干预制度之建构

■ 葛明瑜 *

摘要：近年来全国各地频频出现的"父母监护人虐童案"，折射出当前监护制度的两大弊病：过分倚重家庭监护和缺乏必要的干预机制。基于"儿童利益最大化"原则和"国家亲权"理念，有必要提出未成年人监护干预的概念，即未成年人因家庭监护失当陷入困境时，由国家作为终极监护人介入、干预家庭监护。

关键词：未成年人保护；儿童利益最大化；国家亲权；监护干预

引　言

未成年人监护制度起源于罗马法的保佐制度①。从现状来看，我国过分倚重于家庭监护，国家的监护职能几乎消失殆尽；有关未成年人监护的法律规定较为粗糙，缺乏可操作性。随着家庭结构和社会的发展，我国未成年人监护制度的局限性愈发明显。

为满足"未成年人利益最大化"，逐步恢复国家应尽的监护职责，有必要提出监护干预的概念。监护干预是指国家公权力机关或者被授权的第三方机构，按照有关法律法规或政策的规定，处理有关监护的事务。笔者对未成年人监护干预制度作如下界定：其是国家公权力机关或者被授权的第三方机构或其他有权机关，在符合法定条件的情形下，按照相关法律法规和政策的要求，对未成年人的监护事务进行监督管理，即实现国家监护职责，管理和保护未成年人合法的人身和财产权益的法律制度。

---

* 作者系上海交通大学凯原法学院法律硕士研究生。

① 保佐是指辅导、帮助或监督限制行为能力人及无行为能力人实施民事行为，保护其合法财产权益的制度。保佐制度与监护制度相似，但有所区别。监护要求监护人对被监护人的财产、人身负全面保护的责任。而保佐人则主要是帮助被保佐人进行财产管理，一般不对被保佐人的人身负保护责任。

具体而言,未成年人监护干预制度应包括如下两项核心命题:一是建立健全监护权撤销、中止制度;二是完善处于困境的未成年人的社会福利体系和家庭监护替代机制。其中,对于建立健全监护撤销、中止制度,应注意其延展部分的制度建设,包括事前监督、临时处置和事后的安置等。

一、构建未成年人监护干预制度的必要性与可行性

近年来,未成年人监护失当的案例多次出现在公众的视野中,例如,2013年南京江宁"饿死女童案"[①]、2014年广东汕头"亲生父亲虐童案"[②]、2015年南京"4·4虐童案"[③]。面对被侵害的未成年人,一边是舆论的哗然和谴责,另一边却是现实的无力。虽然我国《未成年人保护法》《民法通则》等相关法律法规规定了监护权撤销制度,但是此类制度长期无法发挥作用,因此被称为"沉睡的制度"。

(一)现实必要性——我国监护机制的不足

1.现行监护制度的核心缺陷——国家监护的缺位

我国目前的家庭监护结构以家庭为基础,以其他亲属为补充,以村居委和民政部门为兜底。这种制度设计的潜在逻辑在于,家庭必定会善待自己的孩子。这就使得国家既采取放任态度对待未成年人父母的管教权,又对国家本身应尽的未成年人监护职责持消极态度。[④]

国家监护的缺位是我国现行家庭监护制度的核心缺陷。我国长期奉行"家庭监护主义",国家亲权理念在未成年人监护中未能彰显,国家对未成年人的监护实际上处于隐身状态。由此产生的问题是,国家民政部门几乎从不主动履行其监护职责,只有当儿童成为孤儿时,民政部门才担负起救助的职责,导致家庭监护制度缺乏必要的救济措施。

---

① 魏晓昕、陈婧:《南京"饿死女童案"今开庭,女童母亲被控故意杀人》,载《扬子晚报》2013年9月18日A3版。

② 朱烁然、郑光隆:《不满老婆出走 男子虐儿报复?》,载《广东新快报》2014年9月23日A14版。

③ 申琳:《南京虐童案中的法治温度》,载《人民日报》2015年4月20日第5版。

④ 余雅风:《亲权和监护的功能差异与我国未成年人监护制度的完善》,载《中国教育法制评论》2006年第4期。

2.家庭结构的变化——家庭的核心化与原子化

家庭结构核心化和原子化是中国社会快速转型和变迁的必然趋势。[1] 家庭的核心化和原子化有如下两层内涵:一是家庭的范畴逐渐缩小为"父母—子女";二是子女逐渐独生化,使得家庭成员主要由三人组成。

家庭结构的核心化隐藏着两个弊端。第一,原有的家族监护系统逐渐瓦解,丧失了父母监护的替代性机制。以南京"饿死女童案"为例,当父母监护缺失时,家庭中的其他监护系统全部失灵,几乎不存在隔代的垂直监护和横向监护。第二,原子化的家庭结构,在提高子女生活质量的同时,却降低了他们的生存能力。"饿死女童案"中的乐某即独生子女缺乏自我生存能力和社会适应能力的极端个案。

3.立法环境的变化——社会结构的改变

1986年《民法通则》大体形成了我国现行家庭监护制度的框架。随着社会结构的改变,基于当时立法环境的部分制度设计,已失去了赖以存在的社会基础。[2] 以"兜底监护体系"为例,伴随着基层社会的变迁,原有的村委会、居委会组织如今主要承担行政职能,以往村委会的监护功能逐渐减弱,甚至消失殆尽。伴随着乡村社会的人口流动、城市社会中的单位制解体,建立在熟人社会基础之上的农村社区和城市社区逐渐呈现陌生化趋势,村里、邻里之间的互助也不断减少。

(二)理论可行性——监护干预的理论渊源

1.国家亲权理论

衡平法理论提出,"国家是少年儿童的最高监护人,而非惩办官吏";"国家居于无法律能力者(如未成年人、精神病人)的君主和监护人的地位"。[3]

国家亲权理论将未成年人视为国家的未来和人类的资源,主张国家应积极主动地促进未成年人的健康成长。同时,"国家亲权"与"父母亲权"相对,显示了父母权利与子女权利间的博弈。[4] 这就意味着当未成年人的父母或监护人不能保护未成年人利益时,国家有义务也有责任去保护其合法权益,承担起相应的保

---

① 王跃生:《当代中国家庭结构变动分析》,载《中国社会科学》2006年第1期。

② 高敏:《社会变迁中的儿童监护缺失与救济——以南京饿死女童事件为例》,载《青少年犯罪问题》2013年第5期。

③ 肖建国:《中国少年法概论》,中国矿业大学出版社1993年版,第112页。

④ 张鸿巍:《"国家亲权"法则的衍变及其发展》,载《青少年犯罪问题》2013年第5期。

护与教育的职责。[①]

国家亲权理论包括以下几个方面的内涵：第一，强调国家对未成年人的保护责任，承认国家是未成年人的最终监护人。第二，强调国家亲权应当高于父母亲权，当未成年人父母或监护人对未成年人的保护失当时，国家可以超越父母亲权，给予未成年人强制保护。第三，强调必须从"未成年人利益最大化"的角度出发，以未成年人的利益为本位。[②]

国家亲权理论为国家介入家庭监护奠定了基础，确立了国家高于父母的监护人地位，强调国家对未成年人的监护责任，对促进未成年人监护制度的发展具有重要意义。

2."儿童利益最大化"原则

"儿童利益最大化"原则可作如下表述："关于儿童的一切行动，不论是由于公私社会福利机构、法院、行政当局或立法机构执行，均应以儿童的最大利益为首要考虑。"[③]"儿童最大利益原则"可谓未成年人权利保护的"帝王条款"，为未成年人权利保护的相关立法工作和实际应用问题指明了价值取向，也为国家权力干预家庭监护提供了理论依据。

在未成年人监护领域，"儿童利益最大化"强调未成年人应该在良好的家庭环境和社会环境中成长。具体要求如下：未成年人能够得到监护人的关爱与照顾；当监护人滥用监护权或者其他公民滥用自身权利侵害未成年人利益时，其加害行为能够被及时地发现、制止和纠正；当监护人被认为不再适合履行监护职责时，未成年人能够得到类似于良好家庭监护的替代监护，使其能够在新的环境中享受类似于家庭的关爱和保护。

3.禁止权利滥用原则

禁止权利滥用原则，是指禁止权利主体以不正当的方式行使权利，致使他人受到损害的原则。在监护法律关系中，监护权滥用可以分为两种情形：一种是积极的滥用，即过分惩戒、主动侵害未成年子女，如广东汕头"亲生父亲虐童案"；另一种是消极的滥用，即不积极履行监护职责，从而造成未成年被监护人受到伤害，如南京江宁"饿死女童案"。

不论是监护权的积极滥用还是消极滥用，都会侵害未成年人的合法权益。因此，当监护权被滥用时，国家公权力必须施以援手，依职权或申请予以干涉，这

[①] 孙艳艳：《儿童与权利：理论建构与反思》，山东大学 2014 年博士学位论文，第238 页。

[②] 姚建龙：《国家亲权理论与少年司法——以美国少年司法为中心的研究》，载《法学杂志》2008 年第 3 期。

[③] 联合国《儿童权利公约》第 3 条第 1 款的规定。

样方能产生实际震慑效果。事实上,如果一项权利没有法律、规则的规制,很难想象道德与人性会驶向何方。①

二、我国未成年人监护干预制度的现状

我国未有"监护干预"的正式提法,但现实中存在监护权撤销制度。2014 年 9 月和 12 月,分别由福建省仙游县人民法院(以下简称仙游法院)和上海市长宁区人民法院(以下简称长宁法院)作出判决的两起强制撤销监护权案件,实现了我国未成年人监护权强制撤销案件"零"的突破。2014 年 12 月,最高人民法院、最高人民检察院、公安部和民政部联合发布了《关于依法处理监护人侵害未成年人权益行为若干问题的意见》(以下简称《意见》),更是激活了沉睡已久的"撤销监护权"的法律条款。

(一)监护权撤销制度的相关规定

根据有关的法律、法规和司法解释的规定,父母或者其他监护人不履行监护职责或者侵害被监护的未成年人的合法权益,依申请可撤销监护资格。但在实践中,鲜有司法机关援引使用此类规定。针对实践操作难的问题,《意见》规定了具体的操作流程,以期从技术层面解决实践中的难题。

《意见》共分为 5 个部分,包括一般规定、报告和处置、临时安置和人身安全保护裁定、申请撤销监护人资格的诉讼、撤销监护人资格案件审理及判后安置工作,共 44 条,建立了处理监护人侵害未成年人权益行为的跨部门协作"一条龙"体系。②

《意见》规定了各个部门的具体责任和分工,完善了临时安置措施、监护权撤销和恢复的操作流程以及判后安置工作,弥补了以往法律条文过于抽象的不足,设置了社会观护、心理测评等配套机制。各部门的职责分工如下:第一,公安机关在处置监护侵害行为中负有"跑第一棒"的职责,对监护侵害行为予以快速反应和及时干预,在紧急情况下及时将未成年人护送、交付给安全人员和机构,并进行及时的救治和心理疏导。第二,民政部门在监护侵害行为处置中负有托底职责,包括承担临时监护、申请撤销监护权和撤销监护权后的安置责任等。第三,检察机关对监护侵害行为的处置负有监督职责,包括针对构成犯罪的监护侵害行为(如虐待、遗弃)提起公诉;依法书面告知未成年人及临时照料人有权依法

---

① 潘学敏:《我国亲权制度研究》,首都经贸大学 2014 年硕士学位论文。

② 姚建龙:《解读"李梦雪・李彤法案"》,载《上海法治报》2015 年 1 月 14 日 B6 版。

申请撤销、变更监护权等。第四,法院负有对处理监护侵害行为的司法保障职责,包括依法受理人身安全保护申请;依法撤销、变更监护权以及恢复监护资格等。

(二)撤销未成年人监护权的相关判例

在《意见》颁布前,我国共有2件撤销未成年人监护权的案件,为我国撤销监护权制度的运作提供了宝贵的实践素材。其共同特点在于,多部门联动操作,且对于最终撤销监护权的决定都采取"慎之又慎"的态度。但由于法院在此类案件中的能动性色彩过于强烈,法院(司法机关)还作为牵头单位处理判后安置工作(行政事务),案件的处理方式仍然具有较大的局限性。

1.福建省首例依法撤销监护人资格案。[①] 该案系亲生母亲虐待子女。经当地政府部门劝诫教育、拘留罚款等处罚仍无效后,2014年6月13日,当地村委会以林某长期虐待被监护人,严重影响被监护人身心健康为由,向法院申请撤销林某的监护人资格。经征求被监护人本人的意见,仙游法院依法撤销被告林某的监护人资格。

2.上海市首例撤销未成年人母亲的监护权案。[②] 该案监护人周某长期不履行监护职责,而且被监护人系非婚生子女,生父不详,造成被监护人处于"三无"(无户籍、无医保、无身份证)的状况,学习、生活方面有诸多不便。长宁法院委托上海市阳光社区青少年事务中心长宁工作站派员进行社会观护,最终判决撤销周某的监护权,改由其父母(被监护人的外祖父、外祖母)承担监护职责。

(三)现行未成年人监护干预制度的不足

基于上文的分析可以发现,目前我国的监护干预制度实际上是监护权撤销制度"一家独大"。然而,撤销监护权是一把"双刃剑",让孩子离开父母,是一种不得已的选择。只有在符合儿童最大利益原则的前提下,这一做法才具有合理性与合法性。[③]

1.事前监督、预防机制尚未建立

建立未成年人监护干预制度的终极目标在于实现儿童利益的最大化。基于

---

① 杨贤明:《仙游一单身母亲被撤销监护人资格》,载《人民法院报》2014年7月22日第3版。

② 徐慧玲、丁秀伟:《唤醒沉睡的监护权撤销制度——上海首例撤销未成年人母亲监护权案开审》,载《中国妇女报》2014年10月15日第A3版。

③ 姚建龙:《未成年人监护:没有保障,就没有干预》,载《中国社会报》2014年6月16日第3版。

这一原则,应当考虑何种措施将更有利于未成年人的权益保护。最好的保护是不受到侵害。即便撤销了监护权,客观上也已经造成了伤害。因此,通过事前预防和监督,从源头上防止、及时制止侵害行为显得尤为必要,也更符合"儿童利益最大化"原则的要求。

遗憾的是,长期以来对子女的管护被视为"家务事",传统的观念认为不宜让旁人介入和干预。加上由于立法者过于信任父母监护人,我国并未设立专门的监督机构和办事人员,从而无法履行事前的预防监督职责。

2.未成年人监护权撤销制度仍不完善

(1)对监护权撤销制度的认识尚不全面

一项制度的建立健全有待于客观、全面地认识该项制度。《意见》的颁行对"如何撤销监护权"具有积极的指导意义。但就"监护权撤销制度"本身而言,我们应当理性地看待其"两面性"。

撤销监护失当监护人的监护权,有助于未成年被监护人尽快、彻底地"脱离苦海"。然而,父母与子女之间基于血缘关系的亲情难以割舍,且父母与孩子一起生活已是常识,理性地看,将孩子从父母身边带走是一种"两害相权取其轻"的不得已选择。因此,需要进一步考虑的问题是,在剥夺父母监护人的监护权后,能否给予未成年被监护人更好的成长条件。如果答案是否定的,那么即使剥夺了父母监护人的监护权,对未成年被监护人的成长也没有实质性的影响,更遑论"儿童利益最大化"。

(2)配套机制有待完善

《意见》对"报告处置"、"临时安置和人身安全保护裁定"、"申请撤销监护人资格诉讼"以及"撤销监护人资格案件审理和判后安置"的相关程序和具体操作予以明晰,但对于撤销监护权的配套机制仍有遗漏和疏忽。例如,《意见》第34条规定:"人民法院审理撤销监护人资格案件可以引入社会观护、心理疏导和测评机制。"但对于如何引入、由谁引入,以及经费问题则没有涉及。再如,《意见》第35条规定了人民法院可以撤销监护人资格的7种情形,但对于应达到何种程度才可以撤销,又由哪一个机关基于何种标准予以评估也未作规定。因此,现有的制度仍存在失灵或"滥用监护权撤销制度"的风险。

3.兜底机制仍有待健全

我国强制撤销未成年人监护权的案件数量寥寥可数。究其原因,除难以操作外,判后如何安置也令法院束手无策。长宁法院少年庭钱晓峰副庭长曾表示:"我们法院并非没有遇到可以撤销监护权的案件,而是我们不敢判决撤销。若撤销父母的监护权，孩子送到哪里呢?"①

根据《意见》的思路，当父母监护人被剥夺监护权后，未成年人的其他监护人承担监护职责;没有其他监护人的，先由法院指定合适的人员或单位担任监护人;若没有合适的个人或单位，则由民政部门担任监护人，由儿童福利机构收留并抚养。民政部门应将有关未成年人纳入社会救助和保障范围。

这一思路的缺陷在于，将民政部门作为"兜底责任机构"，而未考虑民政部门是否有监护的"权力"和"能力"。在权力层面，《未成年人保护法》规定民政部门设立的儿童福利机构收留抚养的对象是孤儿等生活无着落的未成年人，②《意见》的规定显然扩大了适用主体的范围。在能力层面，我国尚未建立起完整的儿童福利体系，且各地的儿童福利水平参差不齐。因此，以儿童福利机构的收留抚养作为兜底机制，其效果仍有待于实践的检验。

三、健全我国未成年人监护干预机制的构想

结合当下我国的基本国情，健全未成年人监护干预机制有两条渠道:其一，完善未成年人监护权撤销、转移制度，包括健全其配套机制和延伸机制;其二，建立健全儿童福利服务体系作为兜底机制。需要明确的是，我们虽然强调国家对未成年人负有监护职责，但是这一监护责任应是"第二顺位的""适度的"，否则基于保护未成年人合法权益目的的监护干预机制，将因不恰当的干预演变为干扰、甚至是侵害未成年人健康成长的制度。

(一)树立"国家适度干预"的理念

从《意见》的颁布可以看出，国家层面已经意识到其对未成年人保护负有监护职责。但正如前文所述，建立未成年人监护干预机制的理论基础是"国家亲权"理念和"儿童利益最大化"原则。③ 因此，在国家介入未成年人监护时，应提倡"国家适度干预"的理念。既要明确国家具有监护职责，又要强调国家干预的适度性。

国家适度干预要求其将撤销监护权作为最后的手段。具体而言，当父母监护人侵害未成年被监护人时，国家首先要尽力教育、疏导和修复被破坏的监护关

---

① 周至美:《没人敢用的法律，尘封 27 年重见天日》，载《南方周末》2014 年 9 月 4 日新闻版。

② 《未成年人保护法》第 43 条第 2 款规定:"对孤儿、无法查明其父母或者其他监护人的以及其他生活无着的未成年人，由民政部门设立的儿童福利机构收留抚养。"

③ 田相夏、江崎:《对我国未成年人监护制度的思考》，载《检察风云》2014 年 11 期。

系;唯有父母子女间的监护关系无法"修补"时,才考虑撤销父母监护权。法院在判决剥夺父母监护权的同时,应当考虑未成年人的妥善安置问题。

(二)完善未成年人监护权撤销制度

1.建立事前监督机制

建立事前监督机制有助于及时发现监护失当问题,并及时给予未成年人保护。建立事前监督机制可以从以下三个方面展开:

第一,明确监督的主体和职责。我国可以借鉴德国、法国的做法,设立专门管理监护事务的行政机构,并专门负责监护事务的调研规划、提供咨询、受理有关举报、临时安置未成年人、为未成年人临时指定代理人提起诉讼程序以及协助司法判决等。

第二,明确监督的对象。具体而言,对以下家庭情况予以重点监督:(1)已经受到侵害的未成年人家庭;(2)父母有犯罪行为或者严重不良行为的家庭;(3)父母对子女放任不管的家庭(包括父母离异家庭);(4)未成年人拥有较大数额独立财产的家庭;(5)未成年人曾离家出走的家庭;(6)收养家庭;(7)生活贫穷的家庭;(8)未成年人及近亲属提出需要监督的家庭等。[1]

第三,完善具体的监督措施。首先,可以建立家庭调查走访制度。由行政监督机构派专人定期走访调查,为辖区内的未成年人建立监护档案,对监护人的职业状况、监护状况、未成年人的成长情况进行跟踪调查。其次,建立举报机制。设立专门的未成年人监护问题举报通道,并派设专人处理。同时,可以考虑将现有的"义务机制"转变为"奖励机制"。医生、教师、邻居等主体发现未成年人被殴打、虐待或遗弃,及时向监督行政机构报告,避免未成年人进一步受到侵害的,可以予以奖励。

2.设置科学可行的评估机制

科学可行的评估机制是建立和完善监护权撤销制度的重要环节,其关乎撤销监护权的正确性,也是防止撤销监护权制度滥用的关键。目前,我国尚难以适用硬性的统一化标准。

为此,建议采用社会观护制度,即通过引入社会力量予以评估。目前该制度已在"涉少"民事案件的审判中推广。社会观护制度的优点如下:第一,可以充分表达未成年人的意愿,有效体现未成年人利益最大化的目标;第二,通过引入中立第三方的意见,最大限度地确保法庭查明事实,并作出适当的判决;第三,通过社会观护员将一般的道德原则、普遍的是非标准、善良风俗以及人情关系等融入

---

① 刘淑波、孟珍:《论监护监督制度》,载《长春理工大学学报》2005 年第 2 期。

工作,使过程更和谐化、柔性化。①

当然,在监护权撤销制度中引入社会观护,观护内容应"因地制宜"。结合家庭监护的特点,可重点就"未成年人生活情况"、"父母照料情况"、"父母工作收入情况"、"未成年人个人意愿"以及"收集邻里反映的情况"等内容予以记录和分析,必要时再引入"心理测试"等专业手段,综合各方面情况出具评估报告供法院及有关部门参考。

3.增设监护权中止制度

《意见》颁行后,我国对监护失当监护人的处理模式为"劝诫、教育、行政处罚(软性措施)——撤销监护权(强制措施)——恢复监护权(原监护人悔改)"。这一模式缺少从"软性措施"过渡到"强制措施"的中间环节,即监护权的中止制度。监护权中止制度的建立可围绕以下四个方面进行:

第一,明确中止监护人资格的情形。对比《意见》有关撤销监护权的规定,中止制度主要适用于暂时失去监护能力或不能履行监护职责的情形,具体包括如下:(1)被宣告为无民事行为能力人或者限制民事行为能力人;(2)被宣告失踪;(3)被判处有期徒刑以上刑罚;(4)有严重不良行为影响未成年人健康成长的;(5)其他侵害未成年人合法权利的行为。②

第二,中止监护资格期间未成年人的临时安置措施,可参考借鉴《意见》有关"临时安置"部分的规定。

第三,中止监护资格期间对原监护人的考察和评估。首先,法院可以根据中止监护的不同原因设置不同的考察期限。例如,监护人因限制人身自由等客观情况无法尽监护职责,可以将客观情况消除后 1 年作为考察期。其次,可考虑设立专门的行政监督机构部门,由该机构承担考察责任;倘若暂时无法设立独立的机构,可以由作出中止决定的机关请第三方评估机构予以考察。最后,应当明确中止监护权的目的是对不适格监护人进行教育和指导,使其能够适当履行监护职责。因此,在考察期内,原监护人可以会见未成年人,行政监督机构根据中止监护的具体原因给予原监护人不同的辅助,帮助其消除未能依法履行监护职责的消极因素,并结合悔改情况、品德等多方面因素对其进行综合评定。

第四,中止监护权的处理。在作出中止监护权决定后,应根据考察结果加以进一步处理。如果监护人的综合评定无法满足重新获得监护权的条件,则由法院判决剥夺其监护权;如果监护人有重新抚养监护人的意愿,且监督机构经过考察后同意未成年人回归原家庭,原监护人可以申请恢复监护权。

---

① 钱晓峰、乐宇歆:《未成年人民事审判社会观护制度的探索》,载齐树洁主编:《东南司法评论》(2014 年卷),厦门大学出版社 2014 年版。

② 佟丽华主编:《未成年人法学:家庭保护卷》,法律出版社 2007 年版,第 28 页。

(三) 探索儿童福利服务模式

作为"兜底机制"的儿童福利制度,本质上要求国家摒弃传统的、补救式的儿童福利政策,建立普惠的、积极的福利政策,具体可从以下三个方面展开:

第一,建立具有激励性、普惠性的家庭津贴制度。例如,设置助养金,对贫困、单亲、残疾、失业、下岗、父或母有疾病的特殊家庭给予特殊的补助。通过对经济困难家庭实施经济救助,有助于降低家庭养育子女的成本,为经济贫困的父母履行监护责任提供有力的支持。助养金的标准可根据各地经济与社会发展的实际水平、父母的收入水平和被监护人的年龄而定。发放形式可以多样,既可以物资的形式,也可以金钱的形式。

第二,完善与未成年人相关的家庭福利服务。例如,设立未成年人家庭福利服务站,其主要职责包括如下几个方面:提供婚姻、家庭、感情和亲子适应问题的咨询与解答;提供儿童教育、家务劳动、法制教育、人际关系技巧、家庭亲子关系处理等家庭教育指导;提供邻里互助、兴办便民服务网点等社区服务。

第三,密切联系基层组织,强化儿童福利的执行能力。制度的设计只有通过执行才能充分发其优越性。在现阶段,村委会、社区居委会仍是与家庭联系最为密切的基层管理组织,由村委会、社区居委会参与福利服务的分配具有针对性,能够最大限度地发挥福利资源的利用率。

结 语

未成年人监护干预制度是未成年人保护事业中的重要环节,关系到国家的未来。本文从我国现行的家庭监护模式入手,通过对当下监护制度的缺陷进行分析,从而论证得出监护干预制度的必要性。基于"国家亲权"、"儿童利益最大化"和"禁止权利滥用"三大理论基础分析认为监护干预制度具有可行性。

事实上,在我国的监护制度设计之初,有关部门就考虑到了监护权撤销的问题,但碍于规定的抽象性和兜底机制的缺位,这一制度实际难以发挥作用。随着《意见》的颁布,撤销监护权的技术性问题逐步解决。但撤销监护权并不是纯粹意义上的惩罚措施,而是基于未成年人利益最大化的保护机制。因此,我们应理性地认识到,撤销监护权仅仅是监护干预制度中的一部分。在既有的撤销监护权制度的基础上,进一步构建"设置事前监督、预防机制"——"完善撤销监护权配套机制"——"建立健全兜底机制"的监护干预系统,方能为未成年人提供全面的、多层次的保护机制。

司 法 调 研

关于规范基层法院使用方言情况的调研报告

■福建省高级人民法院研究室课题组[*]

　　摘要：由于福建省独特的语言历史环境，在基层司法实践中使用方言依然具有现实需求和生存空间。这种做法在一定程度上具有便利民众进行诉讼的优势，但由于一些原因，基层法院在使用方言的过程中存在使用较为随意、方言辅助人员适用较为模糊等问题，从而直接影响司法公信力的建立。为了更好地掌握基层法院的方言使用情况并规范之，课题组对辖区内部分法院开展了调研，发现、分析存在的问题并提出了相应的建议。

　　关键词：基层法院；方言使用；司法为民

　　至少在中国的相当一部分地区（不仅是农村，而且包括相当部分的城市人口），方言问题就对法官提出了一个重要的要求。如果法官不熟悉方言，就很难或无法同当事人或律师沟通，或者很难同当事人有效沟通；审判的效果，特别是审判本身所具有的"普法"效果就会大打折扣。[①]

——苏力

---

　　[*]　课题指导：段思明（福建省高级人民法院党组成员、审判委员会专职委员）。课题负责人：石志藩（福建省高级人民法院研究室主任）。课题组成员：江振民（福建省高级人民法院研究室副主任）、林坤（福建省高级人民法院研究室书记员）。报告执笔人：林坤。

　　[①]　苏力：《道路通向城市：转型中国的法治》，法律出版社 2004 年版，第 274 页。

引　言

　　我国是一个多民族国家,多民系、多语种、多方言是社会的语言特征和突显现象。就全国范围而言,与少数民族语言相区别且本质上为汉语言的地方变形的方言共有七大类,其中的五类,即闽方言(又可分为福州、闽南、莆仙方言三个语系)、客方言、赣方言、吴方言和官话方言在我省被不同区域的民众所使用。近年来,虽然普通话在国家语言政策和大众传媒的双重推动下得到了大范围的普及,但由于我省独特的语言历史,基层司法实践中使用方言依然具有生长的环境土壤和现实需求。方言被不同程度地适用于立案、庭审、调解、释法析理、送达、执行等环节,发挥了一定的积极作用。诚如苏力所言:"至少在一部分当事人那里,根据社会学的一般原理和经验研究,方言不仅便利了同当事人打交道,有效传达相关法律信息,更重要的是,至少在目前的许多社区中,甚至具有'合法性'或强化司法'合法性'的意义。"①为了更好地掌握全省各级人民法院,尤其是基层法院对于方言的使用情况,我室组成课题组,选取辖区内部分法院发放"规范基层法院使用方言情况"的调查问卷,对其中 800 余份问卷进行回收统计分析,并赴多地基层法院就其中的几个重要问题进行多种形式的调研,最终形成以下调研报告。

一、我省基层法院使用方言的基本情况

(一)案件的总体情况

　　1.案件数量

　　从调研情况看,由于基层法院人员组成结构②以及我省各地区内部的语言

---

　　①　苏力:《道路通向城市:转型中国的法治》,法律出版社 2004 年版,第 274 页。

　　②　有学者通过调查发现,"中国绝大多数法官都是在自己的家乡所在地法院中工作,甚至担任院长、副院长这样的关键职务。调查显示,本地法官的数量与法院的审级呈反比,即审级层次越低,法院中本地人的比例就越高……到了基层法院,则几乎是清一色的本地人了"。参见夏勇主编:《走向权利的时代:中国公民权利发展研究》,中国法制出版社 2000 年版,第232 页。当然,这一现象随着近些年基层法院大量招录外地籍工作人员而有所改变。

差异①，目前我省各级法院使用方言审理的案件数量并不多。如厦门、龙岩和三明地区的多数受访者都认为使用方言进行审理的案件总数仅占所有案件总数的一成左右，在市辖区的基层法院和靠近城区的派出法庭，这一比例还更低。当然，在部分地区，由于普通话教育还不够普及，方言依然具有较强的生命力，当地受访者认为方言依然是社会的通行证。作为当地方言使用者之一的基层法院，其能否熟练地运用当地方言与当事人进行沟通，常常关系到纠纷能否解决。毕竟在当地民众看来，方言"不仅代表着一种文化，更是一种认同"②。如安溪、惠安、东山等地法院的受访者认为，所在法院至少有一半以上的案件会使用方言进行审理，莆田地区的这一比例甚至高达 90％（如图 1 所示）。

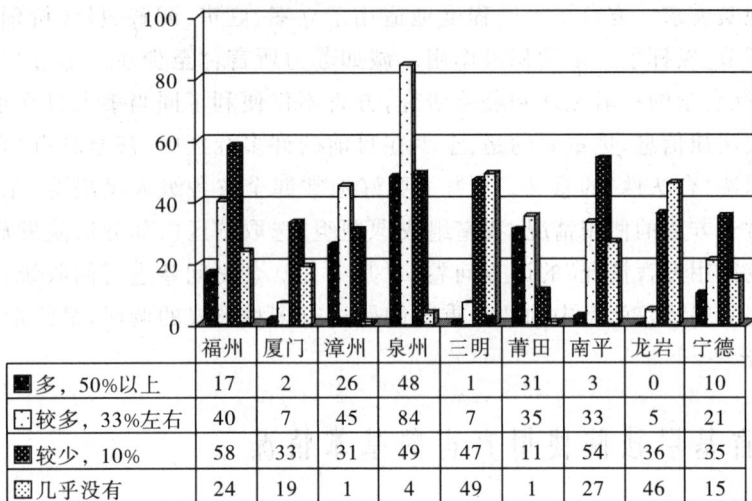

	福州	厦门	漳州	泉州	三明	莆田	南平	龙岩	宁德
多，50%以上	17	2	26	48	1	31	3	0	10
较多，33%左右	40	7	45	84	7	35	33	5	21
较少，10%	58	33	31	49	47	11	54	36	35
几乎没有	24	19	1	4	49	1	27	46	15

图 1　福建省部分基层法院使用方言审理案件情况的统计

2. 案件类型

据绝大多数受访者反馈，在基层法院使用方言审理的案件中，民事案件所占比例约为 80％，刑事案件、行政案件等所占比例仅为 20％左右。其中，民事案件多为发生在市郊或农村的婚姻家庭、继承、小额借贷、相邻关系、宅基地使用权纠纷等。双方当事人大多未受过正规教育、文化水平较低，尤以当地年老者和妇女居多。案件所涉及的一些问题用方言和俚语进行表述更能反映案件的真实情

---

①　三明地区、南平地区自身内部方言之间差异比较明显，日常交流使用普通话较多，而厦门地区由于外来人口较多，普通话普及程度也较高。其他地区由于自身内部方言差异不大，日常生活较多使用方言。

②　刘志刚：《需求与应和：对基层法官使用方言的研究——以乡土社会为背景》，载《法律适用》2008 年第 7 期。

况。刑事案件包括偏远山区的失火、盗伐等涉林案件,被告人多为年龄较大的本地居民,不习惯或不会说普通话又未聘请辩护人,法院为了充分保障其合法诉讼权利而需使用方言对案件进行审理。

(二)适用的相关规范

1.使用方言的前提

根据《国家通用语言文字法》第16条的规定,①法官在案件审理的过程中可以根据实际情况的需要自行安排灵活使用方言。首先,在超过六成的受访者看来,"当事人都是本地人且一方或双方无法自如地使用普通话"是法院使用方言审理案件,尤其在庭审中使用方言的首要前提条件。在这些当事人中,年老者和农村妇女占较大比例,而法律观念以及经济能力的限制导致他们基本不会聘请律师或委托公民代理参与诉讼。其次,约三成的受访者认为,法院也会"依当事人申请"使用方言审理案件。在这些当事人中,部分当事人尤其是闽南、闽东地区的当事人并非不会说普通话,更多的是基于语言习惯而倾向于用方言与法官沟通,要求法院使用方言审理案件,以避免因使用普通话而可能引发的意思表达不准确。最后,在部分交通肇事、农村宅基地纠纷案件中,法官为了能够拉近其与当事人的距离,提高调解效率,化解矛盾纠纷,实现案结事了,主动使用方言进行审理。

2.使用方言的内容

现行法律制度的表述方式是建立在普通话的基础之上的,而方言与普通话之间的转换或多或少会产生语意上的偏差,有相当一部分的法律语言或法律术语无法用方言进行准确的表达。有鉴于此,绝大多数的受访者认为,在使用方言审理案件时,尤其在庭审过程中,还需要"依实际情况而变化"。多数受访者认为,可以全部使用方言宣布法庭纪律,但进入庭审程序之后,便无法一味地使用方言。这一点从调研结果中便可得到印证,即更多受访者选择"关键问题或法律知识使用普通话"而非"关键问题或法律知识使用方言"或"全部使用方言交流"。需要说明的是,闽北地区的情况较为特殊,如建瓯、浦城法院的受访者认为,当地"农村案件,特别是涉农、涉林案件的地名、俗语较多",存在普通话难以表达的情况,审理案件时法官倾向于在"关键问题或法律知识使用方言";又如,针对农民打官司或进行法律咨询时对专业性较强的法律术语一知半解的情况,尤溪法院

---

① 《国家通用语言文字法》第16条规定:"有下列情形的,可以使用方言:(一)国家机关的工作人员执行公务时确需使用的;(二)经国务院广播电视部门或省级广播电视部门批准的播音用语;(三)戏曲、影视等艺术形式中需要使用的;(四)出版、教学、研究中确需使用的。"

要求法官将法律术语"翻译"成通俗易懂的方言，向农民耐心细致地讲解有关法律规定，释法析理，成效显著。

（三）方言的辅助人员

1. 方言辅助人员①的聘用

关于方言辅助人员，只有不到 5％的受访者认为有必要聘请；超过 90％的受访者反映，所在单位并没有专门聘请此类人员。基层法院如依个案具体情况认为确需使用方言辅助人员，则往往会基于"熟悉本地方言""具有一定法律基础"等原因选择本院干警或人民陪审员，甚至是公诉人作为方言辅助人员，而"通晓方言的律师或法律工作者"、"普通群众"和"当事人的亲友"所占比例相对较小。部分基层法院，如浦城法院和南安法院等，在司法实践中聘请和使用方言辅助人员较为频繁。其中，南安法院正准备筹建方言辅助人员库，将一些人民陪审员或政府工作人员纳入数据库，以备审判之需。

2. 方言辅助人员的适用

大多数受访者认为，相对于立案、调解、释法析理、判后答疑、送达、执行等环节，方言辅助人员在庭审环节的作用更加明显。在庭审中，若出现"需要使用本地方言交流，但法官或书记员不懂本地方言""双方当事人以及聘请的诉讼代理人无法用普通话或方言交流"等情况，一般由审判长临时决定，其他懂本地方言的法院工作人员（包括合议庭成员）、获得双方认同的当事人亲友或旁听群众充当方言辅助人员，有时通晓本地方言的公诉人也会临时充当方言辅助人员。为了避免法官和当事人对方言中的某些俚语和专用词汇产生理解上的差异，部分基层法院不仅在巡回法庭开庭时邀请当地乡村干部作为方言辅助人员参与庭审，还充分发挥"片区法官"②的作用，加强派出法庭责任法官对具体负责片区案件审理和接待来信来访、法律咨询工作的联系力度，提高法官对该片区方言和风

---

① 根据我国现行法律法规的规定，翻译人员特指在诉讼中为少数民族、外国人和聋哑人提供语言转译的人员。虽然七大方言之间以及各方言内部彼此存在较大的差异性，但是这种差异性并没有改变其作为汉语言的本质，方言也因此没有被法律法规列为可以翻译的对象。于是，立法缺失导致在司法实践中大量存在的方言翻译辅助人员得不到法律的认可，不能被冠以翻译人员的称谓，在本报告中也只能暂以方言辅助人员指代。

② 仙游法院推行片区法官制度，根据本辖区的地理情况和特殊环境，划为二片区，每片确定一名审判人员，具体负责本片的案件审理和接待来信来访、法律咨询。在审理案件时，由各片的定点人担任审判长或主审人，庭长根据情况指定其他人员组成合议庭。法庭印发片区法官联系卡，发挥片区法官熟悉片区的方言、风俗及社情民意的优势，促进案件的调解和法律文书的送达。

俗的理解水平,并在审理案件时由片区具体负责法官担任审判长或主审人,以提升基层法院使用方言的效率,减少误会。当然,方言辅助人员在庭审外的作用也是显而易见的,如有些基层法院为避免外地籍干警因不通方言而在送达时与当事人产生误会,通常会派出通晓本地方言的干警一同参与送达。

二、我省基层法院使用方言的突出问题[①]

(一)方言使用较为随意

1.程序规定不够完善

随着社会的发展,跨地区纠纷日益增多。一方为外地当事人、另一方为不懂普通话的本地当事人的案件大量产生。对于这些案件,法院能否使用方言进行审理,如何使用方言进行审理,无论是有关法律法规还是法院内部均没有统一的规定和明确的意见。相关法律法规的缺失,导致何种情况下使用方言、方言的使用范围等问题主要由法官根据案件需要来决定。尤其在庭审过程中,这一问题主要依赖于审判长的个人判断,由此出现庭审用语较为随意,甚至是普通话、方言交叉使用的情况。不仅容易使不通晓本地方言的外地当事人和律师,乃至于某些能够理解本地方言的外地当事人产生未得到应有尊重的印象,不利于矛盾的化解,而且会给听不懂或不太熟悉本地方言的法官、检察官和书记员造成理解和记录上的困难,不利于庭审效率的提高。此外,个别法官在庭审结束后没有严格按照相关要求,与当事人认真核对庭审记录中涉及方言转译的内容是否与当事人的表述一致,容易导致败诉一方对庭审记录的准确性产生误解,从而引发不必要的纠纷。

2.意思表述不够准确

由于特殊的风俗习惯,在部分案件中,尤其是涉及农村婚姻家庭纠纷、相邻关系纠纷、宅基地使用权纠纷等案,一些方言、俚语和习惯表达较难用普通话进行转译,如福清方言中"妈担""奶担"(音译)等有关彩礼的俗语。为了解决这一问题,部分基层法院对方言进行模糊化和概括化处理,或直接在裁判文书上用音译汉字加以表述。这种做法虽然在一定程度上实现了方言和普通话之间的转译,实现意思表达的拾遗补阙,但是也存在表述不够严谨等问题。此外,法律用

---

① 需要注意的是,绝大多数受访者都认为没有或很少出现"因方言使用而导致案件事实不清的案件",这在一定程度上反映出一个事实,即虽然部分基层法院在使用方言审理案件的过程中存在一些问题,但是这些问题并没有对司法公正带来明显的负面影响。

语比生动形象的方言更为严谨,如莆田方言中的"亲"可以指代双方之间是同一宗族的关系,而法律上"近亲属"的范围显然狭窄许多。两者之间的较大差异造成了许多法官,甚至是本地户籍的法官不习惯或无法实现方言和部分法言法语之间的准确转换,从而导致庭审出现沟通不畅、效果不好等困难。值得注意的是,由于方言口音、生活习俗的差异,即便同属一个方言语系的人也可能对同一方言的内涵作出不完全相同的理解,导致各方在使用方言时出现表述不一致的问题,这一点在泉州、漳州、龙岩等地均有所反映。

(二)方言辅助人员适用规范模糊

1.人员定性不够明确

与翻译人员相比,参与诉讼活动、进行方言转译的方言辅助人员不仅缺乏法律规定,而且没有法院内部文件予以界定;既无明晰的权利归属,也无相应的责任承担,在诉讼活动中处于一个相当尴尬的位置。更为甚者,定位不明直接导致部分法院对方言辅助人员的选择较为随意、资质要求不严,对其工作性质的界定、是否给予相应报酬及报酬的标准等均无一定之规,做法各异。如果案件审理过程需聘请方言辅助人员予以协助,而当事人又未委托诉讼代理人进行方言转译,法官通常会从诉讼效率和高效便民的角度出发,倾向于选择法院工作人员(包括合议庭成员、书记员、法警等)、人民陪审员等充当方言辅助人员,有时甚至会邀请公诉人临时担任。这种无奈之举可能会诱发审判人员违反中立原则的隐患。有些基层法院为了避嫌,有意选择当事人的亲友、旁听群众等担任临时的方言辅助人员。但由于事先缺乏对临时方言辅助人员基本情况的了解,特别是对其是否具备基本法律知识进行了解,采取这种做法可能会影响庭审的质量与效果。

2.庭审适用不够严谨

部分基层法院在使用方言进行庭审的过程中,时常忽视方言辅助工作的特殊性和重要性,而简单地将方言辅助人员视为"传声筒"。如果当事人或证人只能使用本地方言且未委托方言辅助人员,合议庭成员或书记员中又听不懂本地方言,法院通常会请其他合议庭成员、书记员代为翻译,或者宣布休庭并更换合议庭成员、书记员。在第一种情况下,为了保证庭审的连贯性,负责转译的人员通常不会逐字逐句进行转译,更多的是采取汇总式的方法将需要翻译的内容进行归纳概括后加以转译,导致转译内容被曲解或个别细节被忽略。就第二种情况而言,当庭更换法官或书记员,时常由于事发突然而未能制作相关的书面材料(如申请书、经审核的文书等),从而影响庭审的严肃性和高效性,导致部分当事人对司法的公正性产生怀疑。令人不解的是,一些基层法院在审理行政案件时,允许被告律师为无法使用普通话交流的原告进行转译。此番荒谬景象与相关法律规定严重背离。

三、我省法院使用方言的规范路径

(一)进一步完善方言的使用规范

1. 规范设定使用范围

在多方言地区,面对人民群众在日常工作和生活中普遍使用方言的客观现象,基层法院应当根据《国家通用语言文字法》第9条①、第16条的规定,既要坚持使用普通话作为首要的工作语言工具,也要从实际出发,兼顾基层司法的特殊需求和司法便民的指导思想,在一定的范围内规范使用方言。首先,在一方当事人或其诉讼参与人无法使用普通话进行交流时,法院可以根据审判长的判断,或依当事人申请并征求另一方同意,使用方言进行司法活动,同时必须为不懂方言的一方提供方言辅助人员。其次,如果双方当事人以及诉讼代理人均不能使用普通话进行交流,则法院依当事人申请或审判长根据案件具体需要决定使用方言进行司法活动,并视情况提供方言辅助人员。法院在使用方言进行司法活动时,应充分注意方言和法律用语之间的规范转换,保证方言内容表达的精确性,避免随意使用方言,减少因方言理解上的误会导致矛盾升级加剧。

2. 规范设定使用程序

首先,将方言使用程序前移。在立案时,推行"方言审理"申请制度,增设温馨提示环节以主动询问当事人是否有使用方言的特殊需求,并在分案时对特殊要求进行备注,以便尽量安排或及时更换熟悉方言的法官参与案件审理。其次,在送达开庭通知书时,若发现当事人不懂普通话,主动释明"方言审理"申请制度,指导当事人填写《方言审理申请表》,经审核及征得对方当事人同意后,可及时变更承办法官或书记员,并完善因方言障碍原因变更经办法官的形式要件。再次,在庭审过程中,若当事人一方或双方不会使用普通话,审判长在征得对方当事人同意后可临时启动方言审理程序,并根据相关规定替换不懂本地方言的法官和书记员,确保诉讼活动顺利有序进行。最后,在方言庭审结束后,书记员应当将庭审记录交由当事人核对,核对无误后由当事人签字确认,同时可通过录音、录像等手段同步固定庭审情况,以便日后查看。

---

① 《国家通用语言文字法》第9条规定:"国家机关以普通话为公务用语。"

(二)进一步规范方言辅助人员的适用

1. 明确规定适用规范

首先,明确方言辅助人员的选任标准。福建省法院可适度参照上海、天津等地检察机关对于翻译人员的选任条件,将"具有中国国籍"、"拥护中国宪法和法律"、"具备一定的法律知识,能够传译特定的法律术语"、具有较好的语言表达能力以及"身心健康,有参加翻译活动的条件"等作为正向条件,将"受过刑事处罚"、"受过开除公职处分"、"无民事行为能力或者限制行为能力"以及"法律规定的其他情形"作为反向条件,择优选择方言辅助人员。其次,明确方言辅助人员的启用条件。在立案阶段,法院应当告知当事人具有申请使用方言辅助人员的权利,以及对对方的方言辅助人员拥有申请回避的权利,同时建议无法使用普通话进行交流的当事人自行委托能够使用普通话交流的诉讼代理人参与诉讼。若当事人无法使用普通话交流且无力聘请诉讼代理人,法院可建议当事人从自愿担任方言辅助人员的人民陪审员中寻找一位合适者充当方言辅助人员,并办理相关委托手续。在庭审阶段,若出现当事人或证人不会说普通话的情况,合议庭可在双方自愿诚信的前提下当庭要求当事人自行委托方言辅助人,或在亲友、旁听群众中指定方言辅助人员;如在乡村开展巡回审判,也可尝试从已经相关法律培训的村综治协管员或者调解员中寻找方言翻译人员;在审理涉少案件时,基层法院可适当借鉴合适成年人参与诉讼的模式,允许合适成年人作为未成年人的方言辅助人员参与诉讼。需要注意的是,基层法院还应加强对方言辅助人员,尤其是庭审过程中临时充当方言辅助人员的身份信息进行留档,以便管理。

2. 探索建立方言辅助人员库

相关法律法规对方言辅助人员的定位不清,导致基层法院在方言辅助人员的选择标准和庭审行为管理方面较为随意和粗放。虽然目前尚未产生严重后果,但是也必须引起重视。首先,基层法院应重视方言辅助人员在诉讼过程中的独特地位,将方言辅助人员视为重要的诉讼辅助人员,明确方言辅助人员的权利义务。其次,在依法切实保障方言辅助人员相关权利的前提下,督促方言辅助人员依法履行相应的义务。根据各基层法院的实际情况,探索建立方言辅助人员数据库,将一些热心方言翻译工作,并具有相应学历、专业经历的陪审员、公务员、教师、律师等纳入库中,邀请他们在必要时予以相应的协助。当然,在探索建立方言辅助人员数据库的同时,也应参照人民陪审员的相关规定,进一步加强对方言辅助人员报酬问题的研究。

诚如苏力教授所言,"法官应懂得一点方言,我们的法官不能只精通英语却听不懂农民说的话,这样不利于和农民沟通"①。我们认为,在条件允许的情况下,今后基层法院在人才培养上,要注意外地籍年轻法官在本地暂时存在的语言障碍问题,尽量避免新录用人员产生缺乏归属感的心理感受。在日常工作中,法院可安排本地籍法官与外地籍年轻法官共同组成合议庭,在保证沟通顺畅的前提下,帮助外地籍年轻法官逐渐克服语言理解上的障碍,尽快融入当地社会,掌握司法为民、便民的真实本领。

---

① 转引自晨迪:《去农村审案法官要懂方言》,载《成都日报》2006 年 5 月 31 日第 31 版。

我国环境民事公益诉讼规则的完善

——以福建省为调研样本

■永春县人民法院、厦门大学法学院"环厦一心"课题组 *

摘要：2015年1月1日起施行的新《环境保护法》第58条及最高人民法院的有关司法解释确立了环境民事公益诉讼规则。我国环境公益诉讼面临转机，但仍存在一些障碍。为此，有必要进一步拓宽公益诉讼的主体范围，完善环境公益诉讼规则。

关键词：环境保护；公益诉讼；新环保法；适格主体

一、研究的背景

环境公益诉讼的产生和发展有其深刻的社会历史背景。环境权作为一种新型的权利，是环境公益诉讼的法理基石，正在被人们逐渐认识。目前，我国正处于大力发展经济的社会主义初级阶段，环境问题成为全社会关注的热点，环境公益诉讼这一新制度也渐渐地进入人们的视野。

2012年新《民事诉讼法》第55条首次对"公益诉讼"作出规定："对污染环境、侵害众多消费者合法权益等损害社会公共利益的行为，法律规定的机关和有关组织可以向人民法院提起诉讼。"该条法律虽然规定了公益诉讼主体，但是如何解释"法律规定的机关和有关组织"，其涵盖范围仍未有定论。《海洋环境保护法》第90条第2款明确赋予行使海洋环境监督管理权的部门提起环境公益诉讼的权力。除此之外，无其他法律对保护环境公益的相关机关和组织进行规定。

---

* 课题指导：朱晓勤（厦门大学法学院教授），陈水深（福建省永春县人民法院院长）。课题负责人：洪涛（厦门大学法学院学生）。课题组成员：黄建国（永春县人民法院审判委员会专职委员），何俊蓉、张泉、余凡、刘鑫、桂小雨、高靖、袁海（以上成员均为厦门大学法学院学生），周波（厦门大学人文学院学生），李晨岚（厦门大学环境与生态学院学生）。报告执笔人：洪涛、何俊蓉、黄建国、张泉、余凡。

2014 年 4 月通过的新《环境保护法》第 58 条规定："依法在设区的市级以上人民政府民政部门登记""专门从事环境保护公益活动连续 5 年以上且无违法记录"的社会组织可以成为公益诉讼主体。符合条件的社会组织因此可以提起环境公益诉讼。2015 年 5 月 15 日，福建省南平市中级人民法院公开开庭审理原告北京市朝阳区自然之友环境研究所和福建省绿家园环境友好中心诉被告谢某、倪某、郑某、李某林地植被破坏一案。南平市人民检察院、中国政法大学环境资源法研究和服务中心支持起诉。该案是新《环境保护法》实施后出现的全国首例环境民事公益诉讼。① 此外，新《环境保护法》首次将"破坏生态"行为纳入环境公益诉讼的范围，所以该案也是依据新《环境保护法》立案的第一起生态破坏类环境公益诉讼案件。2015 年 6 月 7 日，在世界环境日来临之际，福建省长汀县人民法院审理了新《环境保护法》施行后全国首例畜禽养殖水污染环境民事公益诉讼案。该案的原告为福建省绿家园环境友好中心，被告为兰文福；中国政法大学环境资源法研究和服务中心、长汀县环境保护局支持起诉。②

2015 年 1 月 6 日，最高人民法院为正确审理环境民事公益诉讼案件，推动环境民事公益诉讼的有序开展，发布了《关于审理环境民事公益诉讼案件适用法律若干问题的解释》（以下简称《环境民事公益诉讼解释》）。《环境民事公益诉讼解释》中的许多规定有利于环境公益诉讼的开展，但在司法实务操作方面仍有不少空白之处。

2015 年 2 月 4 日，最高人民法院发布了《关于适用〈中华人民共和国民事诉讼法〉的解释》（以下简称《民诉法解释》）。该文件第十三部分对公益诉讼的受理条件及法院管辖、审理等方面均作出了具有可操作性的规定。

课题组基于 2014 年 7 月至 8 月展开的社会实践调查，结合立法与司法的最新动态，探求新《环境保护法》以及上述两项司法解释的颁布能否改善我国环境公益诉讼的困境，进而提出完善环境民事公益诉讼规则的建议。

二、福建省环境公益诉讼现状

课题组从法院、检察院、环保组织、环保局等行政机关和个人等五大主体来分析福建省环境公益诉讼的运行现状。

---

① 闵凌欣：《为无告的大自然代言！》，载《福建日报》2015 年 5 月 18 日第 5 版。
② 陈立烽、曾昭辉：《环境公益诉讼：困境与突破》，载《人民法院报》2015 年 6 月 15 日第 6 版。

（一）法院

福建省是我国森林覆盖率最高的省份，一直走在环境资源保护的前列。2008 年，福建省永春县人民法院（以下简称永春法院）与永春县林业局在全省率先建立涉林纠纷诉前与诉讼调解衔接机制，构建涉林纠纷大调解格局。2011 年 11 月 10 日，泉州市基层法院首个生态资源审判庭在永春法院成立。2013 年 4 月，永春法院受理了福建省首例环境污染公益诉讼案。东平镇经济社会事务服务中心请求判令李某佑立即将位于东平镇太平村港头的养殖场迁离，并排除对周边环境的污染侵害。该案最终达成调解协议，以被告同意关闭污染严重的养殖场而结案。这场公益诉讼中的"原告资格"等相关问题在当时引发了不少争议，永春法院对该案的成功处理起到了探索和宣传公益诉讼的作用，并产生了积极的影响。

《环境民事公益诉讼解释》第 9 条规定了"法院释明"原则，即"人民法院认为原告提出的诉讼请求不足以保护社会公共利益的，可以向其释明变更或者增加停止侵害、恢复原状等诉讼请求"。第 16 条规定了"对原告自认的限制"，即"原告在诉讼过程中承认的对己方不利的事实和认可的证据，人民法院认为损害社会公共利益的，可以不予确认"。从上述两条规定可以看出，法院在面对环境公益诉讼时已经由传统的被动角色转变为积极能动的角色。法院在环境民事公益诉讼发展初期理应发挥更多的积极作用。

（二）检察院

自 1997 年首例"环境民事公诉"案发生后，全国各地检察机关以该案为范例，提起类似的民事诉讼近 200 起。检察机关全部胜诉。[①] 2000 年制定的《检察改革三年实施意见》提出了"积极拓宽人民检察院在民事、行政诉讼中维护国家、社会公共利益的职能和方式"。但在 2004 年，最高人民法院和最高人民检察院先后发布内部文件对民事公诉形式予以否定。但自 2008 年以后，又出现了地方检察院以原告身份提起环境公益诉讼的案例，并获得了社会舆论的好评。2009 年初，最高人民检察院《关于贯彻落实〈中央政法委员会关于深化司法体制和工作机制改革若干问题的意见〉的实施意见》提出："探索人民检察院提起公益诉讼制度，适时提出立法建议。"检察机关提起环境公益诉讼的探索在 2012 年达到巅

---

① 别涛主编：《环境公益诉讼》，法律出版社 2007 年版，第 5 页。

峰。[①] 从课题组调研的情况来看,各地检察院在近期的环境公益诉讼中所扮演的角色大多由"起诉者"转变为"支持起诉者"。《环境民事公益诉讼解释》第11条也规定,检察院可以支持社会组织提起环境民事公益诉讼。

例如,2014年12月29日,江苏省高级人民法院作出如下终审判决:被告常隆农化等6家企业因违法处置废酸污染水体,应当赔偿环境修复费用1.6亿余元。在该案中,泰州市和江苏省两级检察院作为支持起诉人,先后在一审、二审中出庭,旗帜鲜明地发表意见,明确支持环保组织——泰州市环保联合会提起环境公益诉讼、维护生态环境。[②]

从上述司法实践和规范文件中可见,检察机关对提起环境公益诉讼的态度尚处于变化之中。一方面,人民检察院是国家的法律监督机关,环境污染属于社会公害。根据《人民检察院组织法》,检察院有权代表国家和公众利益运用公力救济的方式提起环境公益诉讼。公益说与监督说使得检察院提起环境公益诉讼有了法律和法理上的依据。但另一方面,检察机关自身的性质和任务决定了环境公诉不适宜纳入其工作内容。在我国,检察权的赋予是基于国家权力的分工制衡,旨在防止其他国家机关滥用权力。鉴于目前我国检察机关的主要职能所限,由其作为"适格原告"提起环境公益诉讼尚存在争议。

2014年10月《中共中央关于全面推进依法治国若干重大问题的决定》明确指出:"探索建立检察机关提起公益诉讼制度。"我们认为,在当前环境污染和生态破坏范围广、损失大、鉴定难等困境面前,检察机关应当发挥自身优势,更加积极作为,大力推进环境公益诉讼的进展,从而更好地保护生态环境。

(三)环保组织

如前所述,在永春法院审理的全省首例环境污染公益诉讼案件中,如按新《环境保护法》第58条对"社会组织"的严格界定,类似于该案中的"东平镇经济社会事务服务中心"等非营利性公益事业组织不得作为"适格原告"提起诉讼。但是,就现实情况而言,在县级以下地区,尤其是偏远落后地区,几乎没有依法在设区的市级以上人民政府民政部门登记的符合环境公益诉讼起诉资格的社会组织存在。因此,该法条的规定并不利于基层环保组织通过环境公益诉讼维护环境公益。事实上,包括新《民事诉讼法》、《环境保护法》和最高人民法院颁布的相关司法解释等在内的法律规范均对环境民事公益诉讼的原告主体资格作出了近乎苛刻的限定。此种重维稳、轻维权的立法思维并不利于环境公益诉讼制度的

[①] 孙洪坤:《检察机关参与环境公益诉讼的程序研究》,法律出版社2012年版,第284~285页。

[②] 别涛:《天价公益诉讼有多少价外之价?》,载《环境经济》2015年第Z1期。

长足发展。

福建省环保志愿者协会是经省人民政府民政部门正式批准登记，于 2006 年 12 月 9 日成立的公益性环保社团组织。随着新《环境保护法》的颁行，该协会作为福建省为数不多的适格环保组织，将有权通过提起环境公益诉讼发挥其作用。然而，作为原告方，其提起环境公益诉讼需要缴纳诉讼费用，标的额越大，诉讼费用就越高；并且，在环境公益诉讼过程中，证据的采集与鉴定也需要充足的资金，而该协会的资金储备根本负担不起如此高昂的费用。换言之，虽然新《环境保护法》赋予社会组织在环境公益诉讼中的起诉资格，但是在实践中，各地环保法庭均不同程度地陷入了"无案可审"的窘境。究其原因，我国大多数社会组织缺乏资金来源，而提起环境公益诉讼需要大量的人力物力。①

为此，福建省环保志愿者协会提出以下几点建议：法院受理环境公益诉讼案件时允许原告缓交或者减免缴纳诉讼费用；建立专门的环境公益诉讼基金，为环保组织提起公益诉讼提供必要的开支和费用；胜诉后，给予环保组织一定的奖励与支持。

（四）环保局等行政机关

行政机关能否作为环境公益诉讼的主体？有学者认为，认可行政机关具备起诉资格，无异于肯定其可以行政不作为；同时也使行政机关将自己的责任转嫁于司法机关身上，使司法机关承担不应承担的义务，加重司法负担，消耗司法资源。②

课题组认为，无论从必要性角度还是从可行性角度出发，行政机关都不应成为提起环境公益诉讼的主体。在采访永春县环保局时，该局也表示其发起环境公益诉讼的可能性不大。不难理解，环保局提起环境公益诉讼即间接说明其在职能管辖范围内未做好环保管理工作。当然，这也不意味着行政权力应该"万能化"，环保局的职能管辖范围是有限的，而环境行政管理权力的范围和环境公益受到损害的情况并不是完全对等的，并非所有的环境公益损害情况都可通过行使环境管理权力来进行救济或者预防。

在环境公益诉讼中，环保机关可以发挥"支持起诉"的功能。《环境民事公益诉讼解释》第 11 条将"负有环境保护监督管理职责的部门及其他机关"列为支持起诉人。除此之外，环保机关也可发挥宣传环保的作用。

---

① 李义松、陈昱晗：《论环境民事公益诉讼之原告胜诉奖励机制》，载《西部法学评论》2015 年第 1 期。

② 余贵忠等：《环境公害诉讼研究》，西南交通大学出版社 2013 年版，第 163 页。

(五)个人

从《民事诉讼法》第 55 条、《环境保护法》第 58 条的规定推知,在我国,公民个人不能作为环境公益诉讼的起诉主体。而国外不少法律规定允许个人提起公益诉讼。例如,根据美国联邦《清洁水法》《清洁空气法》等法律,个人是提起"公民诉讼"的重要主体。

就我国立法者的初衷而言,相关法律法规之所以不赋予个人提起公益诉讼的权利,其原因在于避免滥诉和减少法院负担。据课题组于 2014 年 8 月在厦门市思明区白城社区和马垅工业园区发放的调查问卷统计结果来看,对于环境问题的救济,大多数公众更倾向于诉诸媒体而非采取诉讼手段。课题组认为我国目前尚不具备个人提起环境公益诉讼的土壤,但完全限制公民个人的环境公益诉权的诉讼制度设计也并非长久之策。

三、关于完善我国环境公益诉讼制度的思考

自最高人民法院发布《环境民事公益诉讼解释》以来,截至 2015 年 3 月,全国具有环境公益诉讼起诉主体资格的环保组织有 700 余家,仅有中华环保联合会、自然之友和福建绿家园 3 家提起了 3 起公益诉讼。[①] 在环境矛盾日益尖锐的大背景下,环境公益诉讼的案件却如此稀少,主要原因在于环境公益诉讼制度不够完善,而"原告主体"资格受限是一个重要的因素。课题组结合《环境民事公益诉讼解释》的相关规定,对完善我国环境公益诉讼规则提出如下建议:

(一)实体方面

1.完善社会组织的起诉主体资格

目前,学界普遍认为应当拓宽、完善环境公益诉讼的主体资格。例如王灿发教授从诉讼能力的角度出发,认为符合条件、有意愿、有能力提起环境公益诉讼的组织很少,需要政府提供支持,增强环保社会组织提起公益诉讼的能力。[②] 徐平等学者从环境权等法理视角出发,认为应授予公民提起非纯正环境公益诉讼的原告资格,授予环保组织、自然资源监管机关和检察机关提起纯正环境公益诉

---

① 李阳:《700 余家环保组织仅提起 3 起公益诉讼》,载《人民法院报》2015 年 3 月 14 日第 6 版。

② 王灿发、程多威:《新〈环境保护法〉下环境公益诉讼面临的困境及其破解》,载《法律适用》2014 年第 8 期。

讼的原告资格。①

根据《环境民事公益诉讼解释》第 3 条的规定,设区的市级以上人民政府民政部门的范围包括:设区的市、自治州、盟、地区,不设区的地级市,直辖市的区、县以上人民政府民政部门。但是,既满足在市级以上民政部门登记,又符合 5 年以上无违法记录的环保公益组织仅有 300 家左右。②《环境民事公益诉讼解释》第 3 条规定了提起环境公益诉讼的社会组织的主体范围,适当拓宽了新《环境保护法》第 58 条所规定的起诉资格,但符合条件的社会组织数量有限,其诉讼能力也不容乐观,因此有必要进一步完善社会组织的起诉主体资格。

第一,改善社会组织的登记管理体制,增强其诉讼能力。我国对环保组织实行双重管理体制且准入门槛过高。根据《社会团体登记管理条例》和《民办非企业单位登记管理暂行条例》的规定,一个民间环保组织在注册登记时,既需要业务主管单位的审批,也需要行政主管单位的审批,即所谓的双重审批制度。这种严格的审批制度直接导致很多民间环保组织不能依法进行注册,导致其长期处于一种非法状态。因此,从法律层面取消不合理的准入条件,对于社会组织而言十分必要。当然,社会组织也需要加强自身的专业能力,吸收和培养专业人员,设置合理的内部组织体系。在内、外部障碍得以克服的前提下,社会组织提起环境公益诉讼才能彰显其活力。例如,深圳从 2004 年起对社会组织的登记管理体制进行改革,对于社会服务类和公益慈善类的社会组织,从原先的双重管理体制改为到民政部门直接登记注册。

第二,建立一定的激励机制。根据学界的探讨以及地方司法实践,激励机制可以分为四种思路。首先,政府可以通过财政转移支付手段、政府采购等政策倾斜,加大对环保社会组织的财政支持力度。③ 其次,减免一定的诉讼费用。原告败诉案件的诉讼费用由环境公益诉讼基金支付,但原告因故意(如恶意诉讼)或重大过失(如滥诉)导致败诉者除外;对胜诉的环保组织给予适当的奖励等。再次,建立环境公益诉讼专项基金制度。我国环保组织普遍面临的一个难题就是资金短缺。环境公益诉讼具有专业性、技术性,而环境公益诉讼专项基金的建立,有助于减轻起诉主体在调取证据、损害鉴定、生态恢复费用评估等方面的费用负担。如在贵州省清镇市环保法庭受理的环境公益诉讼案件中,鉴定费和损失评估费得到了贵阳市"两湖一库"基金会款项的资助。最后,引入赔偿机制解决诉讼成本问题。如美国的《反欺骗政府法》规定:败诉的被告将被处以一定数

---

① 徐平等:《论我国环境法庭的困境与出路》,载《吉首大学学报》2014 年第 4 期。

② 段明:《环境公益诉讼原告资格再思考》,载《重庆科技学院学报》2014 年第 11 期。

③ 张峰:《环保社会组织环境公益诉讼起诉资格的"扬"与"抑"》,载《中国人口·资源与环境》2015 年第 3 期。

额的罚金,而原告有权从被告的罚金中提取 15％～30％ 的金额作为奖励。① 这不仅有利于解决诉讼成本问题,亦能发挥其惩罚功能,最终起到保护生态环境的目的。

第三,明确环保组织提起环境公益诉讼的模式。造成环境公共利益损害的原因可能是某些企业、组织或者个人的排污行为,也可能是环保行政机关的作为或者不作为。而环境公益诉讼的首要目的在于保护环境,为了避免社会组织滥用诉权,采取前置诉讼模式是非常必要的。具体来讲,作为环保组织应将了解环境公共利益是否受到损害作为其日常工作,及时掌握相关信息,一旦发现公民、法人或者其他组织实施了污染环境行为,造成环境公共利益的损害时,应当及时通知行政机关并要求后者采取行政手段加以制止。如果行政机关不作为或者虽已采取行政手段但仍然不能有效制止环境污染行为时,可借鉴美国等国家的做法,由环保组织于起诉前一定期限内告知即将成为被告的污染者,并可同时告知相关环境执法部门,如果在规定期限内仍然不能制止环境违法行为,则向人民法院提起环境公益诉讼。这样既可督促环保行政机关积极履行职责,有利于维护环境行政管理秩序,也可节约司法资源,实现环境公益诉讼的目的。

2.举证责任

《环境民事公益诉讼解释》并未规定环境民事公益诉讼的举证责任,仅规定了被告拒不提供证据所应承担的不利后果。② 2009 年《侵权责任法》第 66 条、2001 年最高人民法院《关于民事诉讼证据的若干规定》第 4 条均确立了举证责任倒置规则,2015 年《民诉法解释》第 93 条则规定了当事人无须举证证明的事实。在环境侵权领域,我国明确引入举证责任倒置,适用无过错责任原则。2015年 6 月 1 日,最高人民法院公布《关于审理环境侵权责任纠纷案件适用法律若干问题的解释》。该解释第 1 条第 1 款规定:"因污染环境造成损害,不论污染者自身有无过错,污染者应当承担侵权责任。污染者以排污符合国家或者地方污染物排放标准为由主张不承担责任的,人民法院不予支持。"该解释既适用于环境民事私益诉讼,又适用于环境民事公益诉讼,因此,其与《民诉法解释》的精神相一致,即我国环境侵权者应承担无过错责任,亦即我国环境公益诉讼的原告无须对被告的主观过错负举证责任。同时,环境公益诉讼案件中的因果关系要件应适用举证责任倒置。

---

① 郭珺:《我国环境公益诉讼进路探析》,载《环境保护》2015 年第 2 期。

② 2015 年《环境民事公益诉讼解释》第 13 条规定:"原告请求被告提供其排放的主要污染物名称、排放方式、排放浓度和总量、超标排放情况以及防治污染设施的建设和运行情况等环境信息,法律、法规、规章规定被告应当持有或者有证据证明被告持有而拒不提供,如果原告主张相关事实不利于被告的,人民法院可以推定该主张成立。"

在近年来的司法实践中,大多数环保法庭也采用了举证责任倒置规则。但困难在于:首先,目前适用举证责任倒置的基础并未发生变化,双方当事人的诉讼地位仍处于不均衡的状态。大多数社会组织的内部组织体系不健全、缺乏资金来源、人员的法律与环境技能缺失,导致其举证能力十分薄弱。《环境民事公益诉讼解释》第 11 条虽然赋予检察机关、负有环境保护监督管理职责的部门及其他机关、社会组织、企事业单位以支持起诉人的身份参与环境公益诉讼案件,但这仍然是一个需要在实践中不断探索创新的课题。其次,设立环境公益诉讼制度的目的在于排除不法行为对环境造成的危害或危害的可能性,对污染者施加惩罚。环境侵权本身具有的复杂性、专业性、技术性等特点依旧存在,举证责任倒置规则有利于实现环境公益诉讼的目的。最后,举证责任倒置并不意味着原告完全不需要承担举证责任,如根据《民诉法解释》第 91 条第 1 项关于证据分配规则的规定,环境公益诉讼原告至少应承担对环境侵权的基本事实构成要件的举证证明责任,如侵权行为对象、时间地点、损害结果等事实构成要素。鉴于环境污染损害案件的专业性、技术性非常强,损害事实的存在以及损害额度的计算同样非常复杂,尚需进一步探索。[①]

3.责任方式

《环境民事公益诉讼解释》第 18 条规定,对污染环境、破坏生态,已经损害社会公共利益或者具有损害社会公共利益重大风险的行为,原告可以请求被告承担停止侵害、排除妨碍、消除危险、恢复原状、赔偿损失、赔礼道歉等民事责任。《关于审理环境侵权责任纠纷案件适用法律若干问题的解释》第 13 条也作了相似的规定。可见,我国将环境公益诉讼的责任方式分为预防性责任和补救性责任两大类。

《环境民事公益诉讼解释》明文列举了环境公益诉讼的责任承担方式,但可操作性差,实践中仍依赖于法官的自由裁量。首先,从预防性责任方面来看,法院在判决"停止侵害"责任时如何确定环境侵害标准,即环境侵害所需达到的程度,成为要求承担排除妨碍这一责任的关键问题。有学者从经济学的角度考虑社会对环境侵害的可容忍度,如果环境侵害者的生产、经营的价值产出或预期价值产出明显高于环境侵害造成的经济价值损失与人身损害损失之和(即公益与私益的损失之和),那么视为该环境侵害者的污染行为没有超出社会的容忍程度,没有达到环境侵害标准。[②] 此种经济学方法虽然消除了主观因素,但其能否

---

① 齐树洁、林建文主编:《环境纠纷解决机制研究》,厦门大学出版社 2005 年版,第 278 页。

② 张辉:《论环境民事公益诉讼的责任承担方式》,载《法学论坛》2014 年第 6 期。

准确估算利弊得失却值得商榷。其次,从补救性责任方面来看,环境的不可逆性和不可再生性,对于恢复原状这一责任方式的执行提出了一系列挑战。与此同时,如何确定"原状"标准对于恢复的可能性和成本问题将产生重大的影响,也将影响赔偿损失责任的适用。《环境民事公益诉讼解释》第20条第3款规定,生态环境修复费用包括制定、实施修复方案的费用和监测、监管等费用,而未规定费用的具体评估方式。对于环境修复费用的计算,应采取经济学的评估方法,估算出将被侵害的环境修复到原状所需要的费用。常用的评估方法包括市场评估法、解释偏好价值评估法、陈述偏好法等。[①] 最后,对于赔偿损失责任而言,《环境民事公益诉讼解释》并未明文规定其性质。在污染者主观恶性较大的情况下,可考虑引入惩罚性赔偿责任。

总体而言,《环境民事公益诉讼解释》虽然界定了环境公益诉讼责任方式的范围,但是在具体操作方面仍然依赖于司法实践的不断尝试和经验的积累。

(二)程序方面

1.关于调解的适用

环境公益诉讼是否适用调解?在《环境民事公益诉讼解释》施行之前,课题组就此问题专门进行了走访调查。学界和实务界比较认同的意见是,在不影响社会公共环境利益的前提下是可以进行调解的,但争议仍然存在。《环境民事公益诉讼解释》采用了间接肯定说,或者说是有条件地承认调解书(包括和解协议,下同)的效力。该解释第25条规定,调解协议内容须经法院公告并审查后,认为协议内容不违反社会公共利益的应当出具调解书。但法院应如何引导操作、审查把握却没有具体的规范标准。

永春法院在《环境民事公益诉讼解释》颁布之前提出如下见解:其一,原告不得随意起诉、撤诉或与被告调解和解,私自任意处分其诉权,其既判力直接制约和影响着没有起诉的社会潜在共益者。其二,公益诉讼属于民事诉讼中的一类特殊诉讼案件,法院诉讼调解首先必须遵循的原则是分清是非,自愿合法。合法性原则在公益诉讼中尤其重要。其三,公益诉讼追求的目的是公共环境利益的恢复与维持。其四,调解内容应当能够实现原告诉讼请求的最基本目的。例如,在前述永春法院审理的环境公益诉讼案中,原告提出停止侵权、排除污染损害请求。调解必须以不损害社会公共利益为最高原则。[②]

---

① 李丹:《论环境损害赔偿立法中的环境公益保护——从环境民事公益诉讼的角度》,载《法学论坛》2005年第5期。

② 黄建国:《案例分析——永春东平社会事务服务中心诉李金佑环境污染公益诉讼案》,载《刺桐法榼》2013年第3期。

课题组经调研认为，对于环境公益诉讼的调解，首先要在遵循《民事诉讼法》和《环境民事公益诉讼解释》所规定的调解程序要求的基础上，重点规范和把握以下两条认定处理标准：其一，损益基本相当标准。即有调解必有互相谅解退让，但须以原告获得的赔偿恢复费用（也包括其他责任方式）大致相当于被告损害公益环境所造成的损失（一般按直接损失）为底线；其二，违法损害行为公开警戒标准。即法院公告的调解协议内容必须有查明认定被告违法侵权事实、所触犯的法律及其后果责任，以此达到预防和制裁侵犯环境公益权的行为的目的。

2. 鉴定程序

环境公益诉讼经常面临一些技术性问题，各国环境公益诉讼的实施一般不是由法院对这些证据加以确认的，而是委托专业机构加以鉴定的。这些鉴定机构应当是中立的，但我国目前从事环境鉴定的法定机构大多是隶属于各级环保管理部门的环境监测站。在环境公益诉讼中，特别是在环境行政公益诉讼中，鉴定结论往往难以令人信服。因此，应当对我国目前的环境监测管理体制进行改革，把鉴定机构从行政隶属关系中剥离出来，使其成为中立的第三方组织，为环境公益诉讼活动中必要的调查证明活动提供公正、客观的环境鉴定。①

过度依赖于鉴定程序是环境公益诉讼的瓶颈之一。环境公益诉讼应当避免拖延，推动诉讼程序快速发展，否则对环境公共利益将造成无法弥补的损失。例如，若诉讼请求仅仅是"停止侵害、排除妨碍、消除危险、恢复原状、消除影响"，无须启动鉴定程序，采取盖然性的判断标准即可；又如，对于一些请求污染损害赔偿金额较小的，也可采用调解、和解的方式由双方确认计算标准，或由承办法官遵循相应的行业标准，最终认定实际赔偿损失金额；如果诉讼请求为损害赔偿，则需要依赖鉴定程序，这样更有利于及时有效地保护生态环境。

3. 执行保障程序

众所周知，执行难是我国诉讼制度的一个老大难问题。如何确保我国公益诉讼的判决得到有效执行，课题组认为，印度的相关做法可供参考。

为了保障环境公益诉讼判决的有效执行，印度主要采取了如下两种方法：一是由提起公益诉讼的个人或者团体持续关注并为法院命令的执行不断向执行机构施加压力。一旦发现命令没有被执行，立刻通知法院，法院会要求有关机关给予相应的解释。如果故意不执行，法院就会判处责任人员藐视法庭罪。二是法院设立执行监督机构。通常是任命法院行政人员或者社会积极分子定期检查法

---

① 徐祥民等：《环境公益诉讼研究——以制度建设为中心》，中国法制出版社2009年版，第72页。

院命令的执行情况,并向法院作出报告。[①]

对于环境公益诉讼案件,我国应当借鉴国外的有益经验做法,保障环境公益诉讼案件裁判文书的执行到位率。例如,对有履行能力而抗拒执行者,人民法院或及时果断地以拒不执行人民法院判决、裁定罪追究被执行人的刑事责任,或通过权威媒体、有关社会组织公开宣扬报道,使其产生信用危机,寸步难行。如此方能保障环境公益诉讼权利的顺利实现,有利于增强社会公众对司法机关保护生态环境能力的信任。

后 记

厦门大学法学院"环厦一心"课题获得 2014 年度大学生创新创业训练计划校级立项的资助。在指导教师朱晓勤教授的带领下,课题组于 2014 年 7 月至 8 月在福州、厦门、永春等地进行了集中调研,此后进行了补充调查。在调研中,我们得到了福建省高级人民法院生态环境审判庭祝昌霖庭长、永春县人民法院陈水深院长、福建省环保志愿者协会方垂弘秘书长等诸位领导的热情接待和细心指导。永春县人民法院审判委员会黄建国专职委员参加了调研报告的撰写工作,厦门大学法学院齐树洁教授多次指导修改调研报告。课题组在此一并致以衷心的感谢!

---

① 王轩:《印度公益诉讼制度评鉴》,中国政法大学 2007 年硕士学位论文。

关于福建法院民事诉讼鉴定司法实务的调研报告

■周一颜*

摘要：我国民事诉讼法及其司法解释的全面重大修订使鉴定制度在证据效力、启动程序和质证程序等方面的完善取得了实质性的进展。但福建法院的司法实践表明，新规则仍然无力克服法院在运用鉴定意见过程中所暴露的诸多现实问题。现阶段，诉讼程序已逐步具备检验鉴定意见的可靠性功能，法院应从搭建对外委托鉴定的统一化信息平台、健全鉴定意见的证据采信机制和辅助审查机制等方面入手，积极探索、总结经验，从而推动民事诉讼鉴定制度的长足发展。

关键词：福建法院；民事诉讼；鉴定意见；司法改革

近年来，伴随着民事纠纷案件的复杂化和专业化的演进趋势，大量上诉、再审甚至涉诉上访的案件频频围绕着法官对鉴定意见的采信问题而展开。由于司法鉴定体制的混乱和疏于有效的监督管理，鉴定人及其鉴定意见的客观中立性难以完全保障。与此同时，鉴定意见司法控制机制的孱弱失能使法官对鉴定意见的审查备感力不从心。这些问题已逐渐成为危及司法权威、损害社会诚信度和认同感的一大杀手。令人欣喜的是，2012 年 8 月修订后的《中华人民共和国民事诉讼法》（以下简称新《民诉法》）和 2015 年最高人民法院《关于适用〈中华人民共和国民事诉讼法〉的解释》（以下简称《民诉法解释》）的崭新亮相使得在法律文本中沉寂已久的鉴定制度重获生机。这些新规则在厘清鉴定意见证据属性、修正鉴定启动程序和鉴定意见质证程序等方面取得了实质性的进展。

制度的进步能否撼动实践的顽石，任何停留于纸面上的评价都容易滑向盲目乐观或无病呻吟两个极端。2015 年 1 月至 2 月，在新《民诉法》实施两周年之

* 作者系温州大学法政学院讲师，法学博士。本文系福建省社会科学规划青年博士论文项目"民事专家证据司法控制机制研究"（项目批准号：2014C143）的阶段性成果。在调研中，作者得到了厦门大学法学院、厦门市司法局、厦门市思明区人民法院、泉州市中级人民法院、泉州市丰泽区人民法院、宁德市中级人民法院、南平市建阳区人民法院领导和工作人员的支持和帮助，在此一并表示衷心的感谢。

际,笔者先后到福建省 X 市 S 区人民法院(以下简称 S 区法院)、Q 市中级人民法院(以下简称 Q 中院)和 F 区人民法院(以下简称 F 区法院)、N 市 J 区人民法院(以下简称 J 区法院)、D 市中级人民法院(以下简称 D 中院)等地进行调研,走访法院内设的司法鉴定技术处(或司法鉴定室),并就民事诉讼中的司法鉴定问题和一线法官进行深入的访谈,以期客观绘制新时期鉴定制度实施的大体图景,及时总结和巩固既有的实践经验成果,在司法改革的大背景下纵深推进民事诉讼鉴定制度在各级法院的运行和发展。

一、我国民事诉讼鉴定制度的变迁回溯

以 1982 年《民事诉讼法(试行)》的颁行为起点,到 1991 年《民事诉讼法》和 2007 年《民事诉讼法》的修订,我国的民事诉讼法典伴随着经济社会的发展节奏和司法改革的推进步伐不断完善。25 年间,很多具体制度实现了从无到有、从稚嫩到成熟的转变,但有关鉴定意见的相关规定除了措辞规范方面的调整之外,几乎保持着原初的样貌,屈指可数的法律条文仅涉及鉴定程序的启动、鉴定人的权利、鉴定人负责制、鉴定结论的法庭调查等原则性事项。尽管 2001 年最高人民法院发布的《关于民事诉讼证据的若干规定》(以下简称《民事证据规定》)从申请鉴定的期限、鉴定机构和鉴定人的选任、重新鉴定的情形、鉴定书的具体内容、鉴定意见的质证以及鉴定意见证明力的认定等诸多方面对鉴定制度的司法运作规程加以细化和补充,但由于司法解释的效力位阶以及《民事证据规定》整体上过于超前而缺乏可行性,很多在当时的社会条件下堪称先进的规定却未能逃脱纸上谈兵的命运。加之司法体制的掣肘、诉讼理念的相对滞后以及不堪重负的现实压力,鉴定制度的发展在相当长的一段时期内处于动力不足、空间受限的消极状态。这与鉴定意见在民事诉讼中与日俱增的适用频率和重要性相比,显得格格不入。

在我国传统的司法鉴定模式中,法官垄断鉴定程序启动权和鉴定人选任权,鉴定人被赋予中立的地位,针对法官在查明事实真相过程中遭遇的专门性问题提供意见。权力的集中行使固然有利于法官控制诉讼的进度和步调,却在实际运行中折射出众多棘手的问题。一方面,在缺乏制约机制的前提下由法官独揽鉴定程序的启动权,为司法腐败的滋生提供了土壤。法官与部分鉴定人之间委任关系的固定化容易使鉴定人产生迎合法官预断来制作鉴定意见的心理倾向,也容易导致法官为这些"熟人"的鉴定意见开"绿灯"而产生误判。① 此番制度设计亦严重限制或违反了当事人的意思自治,使其无法顺畅地就诉讼中的专门性问题行使举证权利。另一方面,当事人因丧失参与程序性交涉的机会而无法自由地表达利益诉求和主观愿望,由此严重减损其对鉴定过程和结果的信任度,最终导致重复鉴定、久鉴不决。而在鉴定意见回到程序接受审查与检验的后续阶段,也不乏鉴定人责任机制缺失、出庭作证率偏低、当事人质证能力薄弱等弊端。孱弱的鉴定制度激发了社会各界的持续关注和反思。②

2005年全国人大常委会颁布《关于司法鉴定管理问题的决定》(以下简称《决定》)之后,2012年新《民诉法》首次对上述问题作了全面的回应。2015年2月4日,《民诉法解释》终于在万众期盼之中正式发布。这些规定对于鉴定制度的修改与完善主要体现在以下几个方面:(1)明确鉴定结果的证据效力,在术语称谓上将"鉴定结论"改为"鉴定意见"。(2)赋予当事人在举证期限届满前向法院申请启动鉴定程序和协商确定鉴定人的权利。(3)强化鉴定人个人责任制,明确鉴定人的出庭作证义务,鉴定人拒不出庭作证的,鉴定意见不得作为认定事实的根据,当事人可要求返还鉴定费用。(4)增设专家辅助人制度,弥补当事人质证能力的不足,专家在法庭上就专业问题提出的意见视为当事人的陈述。

与旧规则相比,这些改革措施摒弃了陈陈相因的司法理念,带着对权力的防范和质疑,通过扩充当事人参与和控制程序的机会和权利,为司法权与技术权的行使创设了更为严密的制衡机制。新的鉴定制度承载着破解诸多历史难题的重任和期盼,为我国民事诉讼程序和证据规则的渐进式发展开辟了新路。

二、福建法院在民事诉讼中对外委托鉴定的司法现状

随着科学等领域的专门性问题不断涌入法庭裁判的视野,由"白衣人"开发和驾驭的知识越来越多地为"黑衣人"所使用。在目前的司法环境和制度条件下,法官如何以某种正当有效的方式运用鉴定意见发现真实、化解纠纷,已成为各地法院民事司法普遍面临的重大难题。

(一)法院对外委托司法鉴定的概况

自2013年起,福建省司法鉴定机构全年受理案件量突破10万件。分工细

---

① 樊崇义、陈永生:《我国刑事鉴定制度改革与完善》,载《中国刑事法杂志》2000年第4期。

② 周一颜:《专家证据司法控制的路径选择——以香港民事专家证据制度的改革为中心》,载《大连理工大学学报(社会科学版)》2013年第4期。

化、纠纷频仍,涉及专门性问题的诉讼案件量亦水涨船高。无论对单个样本法院还是全省各级法院整体而言,这都已成为不可逆转的趋势。以 S 区法院为例,2013—2014 年法院对外委托司法鉴定的案件数总体上稳中有升,涉鉴案件总量从 2013 年的 535 件增长为 2014 年的 647 件。除工程类鉴定略有减少外,涉及法医、物证等主要鉴定类型的案件数均有所增加;其中法医类鉴定始终占据司法鉴定的半壁江山,分别为鉴定案件总量的 48.2％和 47.6％。①

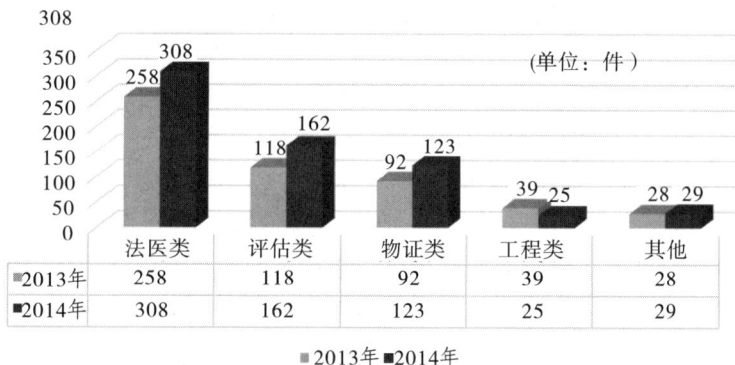

（单位：件）	法医类	评估类	物证类	工程类	其他
2013年	258	118	92	39	28
2014年	308	162	123	25	29

■2013年 ■2014年

图 1　2013—2014 年 S 区法院对外委托司法鉴定、评估案件量统计

在法院对外委托的各类司法鉴定中,工程类鉴定工作的开展难度最大。S 区法院 2013 年新收的 39 件工程类鉴定案件中,当年结案的仅有 26 件,其中 15 件以鉴定机构退鉴或当事人撤回鉴定的方式结案,实际出具鉴定意见的仅占委托案件的 28.2％。与此同时,工程类鉴定案件的办案时长亦远超其他案件,前述 26 件新收已结案件的平均办案时长达 105 天。司法鉴定室通过调阅卷宗、走访鉴定机构以及向审判人员、当事人了解情况,认为引致这种现象的原因主要归结如下:(1)鉴定收费较高,当事人无力承担或拖延交纳鉴定费,延误了鉴定的开展;(2)鉴定依据不足,鉴定过程中反复调查补充材料,增加了鉴定的工作量;(3)当事人配合度低,缺乏强制力,加大了现场勘验的难度;(4)鉴定条件要求过高,普通家庭装修一般未见规范的制作设计图、施工图等资料,鉴定机构往往以鉴定条件不足为由不予受理。

---

① 由于该法院司法鉴定室的统计口径不区分刑事、民事、行政、执行等案件类别,此处只能对法院对外委托司法鉴定的整体情况加以描述。但据该院司法鉴定室工作人员的粗略估计,对外委托司法鉴定的民事诉讼案件占据其中的绝大多数。从一定程度上看,这些数据对于大致了解民事诉讼对外委托司法鉴定的情况仍然是有意义的。

（二）法院对外委托司法鉴定程序

2002年最高人民法院颁布《人民法院对外委托司法鉴定管理规定》之后，各高级人民法院结合本地实际情况纷纷制定相应的实施细则。2009年8月，《福建省高级人民法院对外委托司法鉴定工作规定》颁布实施。2014年9月，福建省人大常委会颁布《福建省司法鉴定管理条例》，并于2014年12月1日起正式施行。就民事诉讼案件而言，法院对外委托司法鉴定大体遵循如下流程：

（1）业务庭移送鉴定。审判部门决定启动鉴定程序，将司法鉴定材料移送司法鉴定处（室）。（2）司法鉴定处（室）审查受理。司法鉴定处（室）接到前述材料后进行审查并于3个工作日内决定是否受理，对符合条件者录入电脑进行统一收案登记，对不符合条件的则向审判部门说明原因并及时予以退回或要求限期补充相关材料。（3）确定鉴定机构。在案件受理后的3个工作日内，司法鉴定处（室）应通知当事人于指定时间到场选定鉴定机构并对协商或抽选结果加以签名确认；制作《司法鉴定委托书》，连同相关鉴定材料及时移送鉴定机构。（4）鉴定机构受理鉴定委托。鉴定机构在收到材料后于3个工作日内决定是否接受委托，如接受委托，则须提交包括具体工作计划在内的书面《鉴定受托函》。（5）当事人交纳鉴定费。当事人逾期未交纳鉴定费，视为自动放弃鉴定。

1. 机构设置与人员配备

自2005年《决定》颁行以来，法院内设的鉴定机构在立法的强攻之下迅速瓦解，全国各级法院纷纷响应最高人民法院发布的《关于地方各级人民法院设立司法技术辅助工作机构的通知》成立司法鉴定处（室）。司法鉴定处（室）一般附设于立案庭，由1至2名鉴定督办人员组成。但令人稍许不解的是，这些工作人员大多缺乏与司法鉴定相关的专业背景。由于各种原因，原先供职于法院鉴定机构并作为司法技术人员继续留任的专业人士已较为鲜见。在司法鉴定需求最为旺盛的基层法院，无论是机构的完整性还是人员配备的科学性，均逊色于中级法院。在多数人看来，司法鉴定处（室）充其量只是业务庭和司法鉴定机构之间的交互平台，鉴定督办人员仅仅承担着组织当事人抽签摇号、在业务庭和鉴定机构之间传递材料等机械、形式的职责。尽管对外委托鉴定工作常常需要面临专业问题的审查判断，但一些法官认为对外委托不是一项富有技术含量的工作，"渐入佳境、熟能生巧"便可把握套路、克服障碍。

不难觉察，现阶段法院对于委托鉴定工作的重视程度与司法鉴定在民事诉讼中的需求度和使用率并不相称。调查结果显示，仍有一些地方法院尚未设立或不具备条件设立司法技术辅助工作部门，对于需要委托鉴定的案件，则由承办法官亲自完成对外委托手续并加盖立案庭的印章。在此种运作模式之下，部分法官尤其是年轻法官由于不熟悉司法鉴定业务，向鉴定机构移交的送检材料时常因不规范、不齐全等问题而须反复地补充材料,严重影响了诉讼和鉴定的效率。

2.鉴定机构的选定机制

在新《民诉法》颁布实施以前,绝大多数法院就已根据《民事证据规定》第26条的规定,在鉴定机构的选择上采取当事人协商为主、法院指定为补充的原则,以尊重和保障当事人在民事诉讼程序中的主体地位。因此,新《民诉法》在鉴定程序的启动方面吸收《民事证据规定》第26条的规定,并未引致实践操作方式的重大转变。然而,理想与现实之间始终存在着差距。在实践中,彼此对立的两造当事人往往由于矛盾激化而引发无端猜忌、情绪失控,将不分青红皂白地反对对方当事人的提议作为诉讼之良策,加之信息匮乏、知识欠缺,致使法院指定鉴定机构的比例仍然稳居高位。法院一方面无辜承受鉴定不公之重,另一方面又时常陷入"熟人鉴定"、司法腐败的质疑。为提高司法程序的公开性和透明度,绝大多数法院尝试在鉴定机构的选择问题上退避三舍,对于不属于法院依职权指定鉴定机构的案件,在当事人协商不成的情况下改由计算机随机选择、摇珠、抓阄等方法确定鉴定机构,从而屏蔽人为因素的不当介入和干扰。

但是,这种备受实践青睐的做法却被一些精益求精的学者定性为"朴素的原始民主""机械的程序正义",甚至是法院被迫采取的"鸵鸟政策"。诚然,一本名册、一套软件,外加几分运气就基本决定了鉴定机构的生存状态,丝毫不利于司法鉴定行业在优胜劣汰的市场规律作用下进入良性竞争的发展模式。笔者以为,从兼顾实体与程序正义、妥善平息纠纷的角度来看,在当事人协商不成的情况下,将鉴定机构的确定交由当事人全程参与的随机选择平台,比起法院恣意独揽鉴定机构的指定权往往更能产生积极的社会效果。尤其是在司法权威尚未全面树立的情况下,此项举措将有助于消解当事人对于法院职权行为的过度解读和无端猜疑,更能接近现阶段民众对于自主权利和司法公正的合理期待。

三、福建法院在民事诉讼中审查鉴定意见的法律机制

未经质证认证的鉴定意见充其量只是个含有专业知识技术的半成品。鉴定人员历经检验、鉴别、判断、推理等过程加工形成的产品,须接受司法程序的验收才能最终为事实认定、纠纷解决所用。在此过程中,如果诉讼各方对鉴定意见持有异议,则鉴定人出庭作证、专家辅助人协助质证、重新启动鉴定程序等均是揭露鉴定意见瑕疵、吸收当事人不满的重要渠道。

（一）鉴定意见的异议处理机制

1. 鉴定人出庭作证

如果说鉴定人普遍不出庭系因违法成本过低或司法权的羸弱所致，那么新《民诉法》第78条的规定无疑给予消极冷淡的现实以重磅一击。这项破冰之举不仅为当事人指引了行使质证权的方向，而且震慑了长期藏于幕后、"坐收渔利"的司法鉴定人。与全国其他地方法院的情况类似，在新《民诉法》正式实施以后，福建省同样高调地涌现出了不少有关鉴定人出庭作证的案例报道。例如，2014年4月，宁德市福安市法院在审理一起机动车交通事故责任纠纷案时，因被告对原告自行委托鉴定机构所作的鉴定意见有异议，法院准许被告的申请并通知两名鉴定人按时出庭作证。[①] 同年11月，南平市建瓯市法院在审理一起医疗损害责任纠纷案件时增设鉴定人席位，通知鉴定人出庭接受当事人的询问，并对鉴定人的合理说明予以采信。[②]

但出人意料的是，在笔者调研的几家样本法院中，除F区法院的民事法官反映，律师代为申请鉴定人出庭作证的权利意识随着新《民诉法》的颁行有所觉醒，申请率较新《民诉法》实施之前略有上升之外，其余法院的民事法官均表示，申请鉴定人出庭作证的情况在《民诉法》修改前后并未发生显著的变化。尽管新《民诉法》第78条明确将"人民法院认为鉴定人有必要出庭"作为法院依职权启动鉴定人出庭质证程序的依据，但在司法实践中，法官极少主动通知鉴定人出庭。一方面，囿于诉讼成本和审限要求的束缚，法官倾向于优先采用书面答复的方式回应当事人提出的异议；另一方面，多数法官具有转嫁风险的潜在意识，尤其是在当事人并未申请鉴定人出庭作证的情况下，法官不愿主动要求鉴定人出庭，由当事人揭发鉴定意见的不当或错误之处，推动矛盾冲突的升级，进而作为一个外行者去承担否定鉴定结论的压力和责任。

此外，作为新《民诉法》的亮点之一，鉴定人拒不出庭作证的法律后果的实现程度一直深受关注，但新闻媒体的相关报道始终较为稀少，在数量和频率方面远未及鉴定人出庭作证。笔者在调研中获悉，2014年S区法院共有2起因鉴定人拒不出庭作证导致鉴定意见丧失证据资格的案件，分别涉及法医类鉴定和文检类鉴定。更为普遍的情况是，绝大多数一线法官对于此项规定的实施感到为难。Q中院一位民事法官在向笔者描述其办案心得时坦言，新《民诉法》第78条的操

[①] 王梓安：《福安法院：审理新民诉法实施后的第一起司法鉴定人出庭案件》，http://fjfy. chinacourt. org，下载日期：2015年3月20日。

[②] 陈明耀、赵世超：《福建建瓯法院首次通知鉴定人出庭作证》，http://www. chinapeace. gov. cn，下载日期：2015年2月27日。

作逻辑如下:当事人申请鉴定人出庭→法院通知鉴定人出庭→鉴定人拒不出庭→不采信鉴定意见,最终导致法官对专门性事实的认定缺乏依据。为此,法官或采取非常规性的工作方式,即再次通知鉴定人出庭;或采用曲线弥补策略进行灵活操作,将鉴定人不出庭作证解释为合法的例外情况,进而在不与现行法相抵触的前提下采信鉴定意见。由此可见,如果新《民诉法》和《民诉法解释》未能及时明确鉴定人不出庭作证的法定例外情形,则该法律漏洞有可能在实践中被无限放大利用,从而严重削弱规则的实施力度。

2.专家辅助人介入庭审

《民事证据规定》初步确立的专家辅助人制度在过去的 13 年中受到多方面的掣肘,几乎处于休眠状态。令人遗憾的是,这一情况在新《民诉法》正式实施之后并未得到根本性的改善。除了一些经常出庭并掌握特定资源的当事人抱着尝鲜的心态试水该制度外,专家辅助人在大多数地方法院依然难觅踪影。① 整体而言,实务界仍然对该制度的实施保持冷淡、观望的态度。笔者从访谈中获悉,导致专家辅助人制度陷入运行困局的原因大体可归结为以下两个方面:

一方面,法官群体普遍认为,新《民诉法》第 79 条的致命之处在于过度粗疏,对专家辅助人的准入资格、介入庭审的时间、权利义务、专家意见的法律地位(作为证据还是认定事实的参考)等方面均无明确具体的规定,严重缺乏可操作性。在此背景下,法官索性退回幕后,就诉讼中遇到的专门性问题自行咨询专家。从克服专业知识障碍、保障审判活动顺利进行的实用主义角度来看,其最终效果并无二致。另外,亦有一些法官对专家辅助人的介入抱以复杂的心情,他们或担心程序的周延影响诉讼效率、专业意见的碰撞提升事实认定的难度,但有时也希望借专家辅助人的意见迎合心证,为重新启动鉴定程序找到合适的理由。事实上,对于本土语境中的法官而言,在法无明文规定的情况下采纳专家辅助人的意见俨然是一种冒险的司法行为,认定专家意见优于鉴定意见则无异于将自身卷入专业纷争的漩涡。受法官趋利避害的行为动机所影响,专家辅助人制度在民事司法实践中被长期虚置。

另一方面,鉴定意见背后有一套庞大的、相对成型且运行良久的司法鉴定制度和硬件设施在支撑,因此鉴定意见的初步证明力一般要高于专家辅助人的意见。在实践中,法官给予专家辅助人意见的采信度的确不高。尽管《民诉法解释》已将专家就专业问题提出的意见界定为当事人的陈述,但此项证据也会因包含不同程度的偏向性而导致其证明力大打折扣。有鉴于此,不少当事人及其律

---

① 据不完全统计,在经济相对欠发达的 D 市、N 市等地法院未曾出现专家辅助人介入民事案件庭审的情况,部分法官甚至对专家辅助人制度缺乏必要的了解。

师转变诉讼策略，或聘请专家作为诉讼代理人之一，或将专家意见直接转化为律师的代理意见，反而使当事人向法官传递专家意见的路径更为顺畅。不少当事人倚重鉴定意见的优势证明力，直接向法院申请重新鉴定。

3. 重新鉴定的启动

社会分工日益精细、鉴定市场乱象不堪，致使法官在面对不断袭来的专门性问题时备感无力。一方面，鉴定意见的质量下滑要求法院在条件允许的范围内不断充实质证程序、加大证据的审查力度；另一方面，鉴定人和专家辅助人的出庭动力严重不足，尚需外力的刺激与助推，而对于专家之间切实发生的知识对抗，法官自身又难以招架。此番事与愿违的尴尬困局正如学者所分析的那样，法官与原有"血统"鉴定人之间恋情的斥力必然对"外来"鉴定机构提供的鉴定意见保有极端的警惕和在选择适用上的过度疑虑，"自判能力"的缺位亦必然促使其寻求多次重复的鉴定来填补自信的不足，造成了我国原有"多头鉴定""重复鉴定"等问题的锐势不减。① 换言之，法官身处进退两难之间，更希望直接获得权威、公正且当事人无异议的鉴定意见，由此可直接采纳作为认定事实的依据，而不情愿或没有足够的底气借助于复杂冗长的程序交锋，以裁判者的姿态对不同意见进行实质性审查并作出结论。从某种角度来看，重新鉴定已成为法官跨越尴尬的质证认证程序的一块跳板，且丝毫不占据案件的审理期限。

除了上述原因之外，相关立法阙如同样促成了重新鉴定的泛滥。新《民诉法》和《民诉法解释》只字未提重新鉴定的问题，既有规定仅见于《司法鉴定程序通则》第 29 条至第 31 条和《民事证据规定》第 27 条、第 28 条。在实践中，除涉及资质、回避等清晰无疑的事由以外，法官在是否准许重新鉴定的问题上享有较大的自由裁量权，其决定结果几乎倚仗未完全公开的心证来形成。由此可能分化为两种不同的极端，一是在当事人滥用重新鉴定申请权的情况下，法官常常没有充足的理由予以阻断，于是对鉴定意见异议的处理采取过于简单的方式，轻易启动重新鉴定程序；二是为避免随意启动重新鉴定导致多个不同的鉴定意见而增加审查负担，法官倾向于驳回当事人的申请，对重新鉴定加以严格的管控，或将否定现有的鉴定意见作为启动重新鉴定的前提。重新鉴定是鉴定意见的重要纠错途径之一，过度放纵或武断阻止均无法从根本上促进鉴定质量的提升，并助力事实真相的探知。那种试图跳过鉴定意见的检验过程而采取推倒重来的方式极可能是拿一个新的错误来掩盖另一个旧的错误。

---

① 霍宪丹、郭华：《中国司法鉴定制度改革与发展范式研究》，法律出版社 2011 年版，第 20 页。

(二)鉴定意见的司法审查

1.单方诉前委托鉴定的性质和效力

一方当事人于起诉前自行委托司法鉴定机构进行鉴定是受法律尊重和保障的固有权利。然而,从鉴定机构的单方选择到未经质证的送检材料的提交,司法鉴定的委托全程无不充斥着片面和有失公允之嫌。在鉴定监管体系不甚健全的大环境下生产的司法鉴定产品,其质量瑕疵几乎难以遮蔽。与德国、日本等大陆法系国家将此种鉴定意见界定为书证或当事人陈述不同,单方诉前委托鉴定的结果(以下简称诉前鉴定意见)仍然被我国的民事诉讼制度列为法定证据类型之鉴定意见。但基于司法公正的警觉意识,法官在审判实践中赋予诉前鉴定意见的证明力往往是极度脆弱的。一般而言,只要另一方当事人对诉前鉴定意见提出反证并申请重新鉴定的,法官均会予以准许,并倾向于采纳法院对外委托的鉴定意见。诉前鉴定意见的采信度低下促使法院更频繁地启动对外委托鉴定,而此时的司法鉴定在我国民事司法语境中已然属于重复鉴定。

重新鉴定姑且作为裁判者矫正诉前鉴定意见的重要途径和参考依据,但问题在于,如果另一方当事人不愿承担重新鉴定的费用风险又无力就诉前鉴定意见提出反驳证据,在缺乏其他鉴定意见与之相抗衡的情况下,有瑕疵的诉前鉴定意见便有了可乘之机。由于不少法官受鉴定意见的科学外观所迷惑,在当事人无异议的情况下怠于审查鉴定意见,导致诉前鉴定意见常常在事实认定过程中被作为傲视群雄的"证据之王"。近年来,在司法鉴定较为活跃的机动车交通事故损害赔偿纠纷领域,单方诉前委托鉴定甚至异化为"黄牛"开展地下交易的制胜筹码。"鉴定黄牛"在当事人发生道路交通事故后直接出价"买断纠纷"或与当事人约定胜诉酬劳,继而通过伪造证据、恶意勾结鉴定机构等方式获得有利的诉前鉴定意见并代理当事人提起诉讼、主张损害赔偿。

2.鉴定意见的审查内容与方式

事实表明,司法裁判者在认定民事诉讼中的专门性问题时,对于鉴定意见的倚赖程度依然深重。司法鉴定格局的重塑以及随之产生的鉴定市场失范失序、鉴定质量整体滑坡等严峻问题,并未引起法官群体的警惕和戒备。这种几近定型化的操作样态也从侧面反映出鉴定意见的司法审查仍然止于表面、流于形式。

一般而言,法官对于鉴定意见证据能力的审查主要应围绕以下几个方面展开:(1)鉴定机构和鉴定人是否具有法定资质实施该项鉴定;(2)鉴定人是否存在法定回避的情形;(3)鉴定事项是否与本案待证事实存在关联性;(4)检材的来源、使用、保存是否合法;(5)鉴定程序是否合法;(6)鉴定使用的技术方法和依据的标准是否符合相关专业的规范要求;(7)鉴定结论是否明确;(8)鉴定日期、鉴定机构和鉴定人的签名盖章。在法院审查对外委托鉴定意见的实践语境中,前述审查事项依据其自身特性可大致分为如下几类：一些审查任务在对外委托阶段就已基本完成（第 1 项、第 3 项）；一些内容在鉴定报告呈现的有限信息中无法找到答案（第 4 项、第 5 项）；有的事项因专业性过强而无力审查（第 6 项）；一些事项是否符合要求，鉴定报告上一目了然（第 7 项、第 8 项）；个别事项一般由当事人主动提出或在委托阶段就已解决（第 2 项）。

由此可见，在庭审阶段需要法官集中精力审查的事项（第 4 项、第 5 项、第 6 项）却因主、客观条件所限而无法审查，这种挫败感使法官逐渐养成了忽视甚至放弃审查证据能力的通病。即使是一方当事人和鉴定机构自行操办的诉前鉴定意见，除非对方当事人明确提出实质性异议，否则部分法官的审查态度亦复如是。而对于鉴定意见证明力大小的判断则几乎完全依赖于高度抽象、隐蔽的自由心证，并未见证据规则的实质性引导和约束。所谓逻辑推理、日常工作生活经验法则等在富含科技元素的鉴定意见面前能否作为评价依据是值得质疑的。

因此，法官的审查策略并不在于凭借自有知识同鉴定人进行正面交锋，继而推翻唯一的鉴定意见；而是利用重新鉴定转嫁责任，向别的鉴定意见借依据，最终在并存的若干鉴定意见中挑选其一。换言之，在绝大多数情况下，鉴定意见的实际审查过程往往不外乎单个鉴定意见的采信或多个鉴定意见的选择。而选择的标准大多停留于鉴定机构和鉴定资质的高低、鉴定机构所属单位的行政级别、持某种意见的鉴定报告的数量、鉴定机构和鉴定人的信誉和声望、鉴定机构的性质、司法鉴定的委托方等外观要件。这些难登大雅之堂的采信理由自然无法作为心证内容公开写入判决。

近年来，为尽可能地减少法官凭直觉、武断评价鉴定意见的情况，及时疏通专业知识和技术的补给渠道，一些法院积极探索优化外力辅助机制。2011 年 4 月，福建省高级人民法院选聘 42 位来自机械、计算机、电子通信、化工、医药、材料等 10 个专业领域的知识产权技术咨询专家，组建专家库。根据福建省高级人民法院《关于知识产权审判技术咨询专家管理办法（试行）》的规定，技术咨询专家同意就咨询意见出庭接受当事人询问并经当事人质证的，法院才可将其作为定案依据；否则，专家咨询意见仅作为审判人员了解相关技术问题的辅助性依据。[①] 2014 年上半年，福建省司法鉴定协会着手在行业内争议较多、信访投诉相对集中的领域建成法医临床、法医病理和医疗纠纷鉴定专业委员会、法医物证鉴定专业委员会、文书鉴定专业委员会和林业物证鉴定专业委员会。作为应对鉴定意见审查困境的实用方法，专业委员会的建立得以使司法鉴定在反复的实

---

① 严锋强：《省法院民三庭创新完善知识产权案件技术事实查明认定机制》，http://fjfy. chinacourt. org，下载日期：2015 年 3 月 21 日。

施过程中理性终止,彰显其高效、便捷的价值优势。然而,由于专业委员会的意见未能进入程序并接受检验,其正当性仍有待进一步的论证和充实。

四、司法鉴定的社会化效应及其规制策略

2005 年正式颁行的《决定》向民间释放了司法鉴定机构社会化运作为主的松绑信号,瞬间打破了法院自审自鉴的尴尬格局。一时之间,林林总总的鉴定机构如野草般恣意疯长,并应当事人和法院的委托,源源不断地向审判实践输送各式各样的鉴定报告。作为司法鉴定服务的终端消费者之一,法院在经历整整十年的细致体验之后并未给予较高的满意度评价,取而代之的却是深深的遗憾和忧虑。例如,福州市马尾区法院在审理民商事案件时,先后出现多起司法鉴定意见不一致的情形,具体表现为:法院委托的不同鉴定机构所出具的鉴定意见各不相同;同一鉴定机构前后出具的鉴定意见不尽一致;法院委托的鉴定机构和当事人自行委托的鉴定机构所出具的鉴定意见相左等。正因为如此,当事人纷纷将矛头指向法院,严重影响了法院的审判工作。①

不少法官注意到,活跃在鉴定市场中的为数不少的鉴定机构本身资质不高、设备简陋,鉴定人员准入门槛过低导致整体素质良莠不齐,在一些鉴定机构中还存在着严重的挂名现象。现阶段,司法鉴定俨然进入了商业化的运作模式,市场主体固有的逐利动机将鉴定机构的中立性摧毁殆尽,最终殃及民事审判的公正性。一位资深法官在接受访谈时向笔者透露,过去法院内设鉴定机构配有先进的鉴定仪器设备,鉴定人员虽然也曾受到外界的种种质疑,但其毕竟受法院系统的纪律约束和内部监督。现如今,由于法律制度不健全、行政监管不到位等问题,导致完成社会化蜕变后的鉴定机构所受制约甚少,法官又难以根据现有的证据规则推翻鉴定意见,因此无法实现对司法鉴定的事后监督和违法惩戒。在实践中,不少当事人使出浑身解数私下"公关"鉴定机构,甚至出高价定制鉴定报告,法官对此却感到力不从心。

除鉴定机构收受不正当利益出具带有偏向性的鉴定意见外,鉴定拖延问题已成为干扰审判效率的一大顽症。各地法院的统计数据表明,超期鉴定、久鉴不决几乎已成为民事司法的运行常态。如图 2 所示,2013—2014 年 S 区法院分别完成对外委托鉴定案件 470 件和 531 件,各类鉴定平均用时分别为 46 天和 47天。从表面上看,很多案件的鉴定周期未超过最长的法定期限,但大部分案件实

---

① 李苏泉:《马尾法院反映鉴定机构鉴定结论频繁不一致现象应引起重视》,http://fjfy.chinacourt.org,下载日期:2015 年 3 月 20 日。

际上并不涉及疑难、复杂、特殊的技术问题。在这其中,工程类鉴定周期最长、波动幅度最大,尤其是涉及建筑工程造价和工程质量检测的案件,由于涉及利害关系人众多、证据材料繁杂、有关方面拒不配合等原因,鉴定进程常常停滞不前。除此之外,隐藏在法医类鉴定中的医疗鉴定亦存在类似的问题。2014年,S区法院新收医疗鉴定案件39件,当年仅结案17件,且平均用时长达107天;截至2015年3月6日,仍有12件鉴定案件遗留未结。

（结案数:件;平均用时:日）

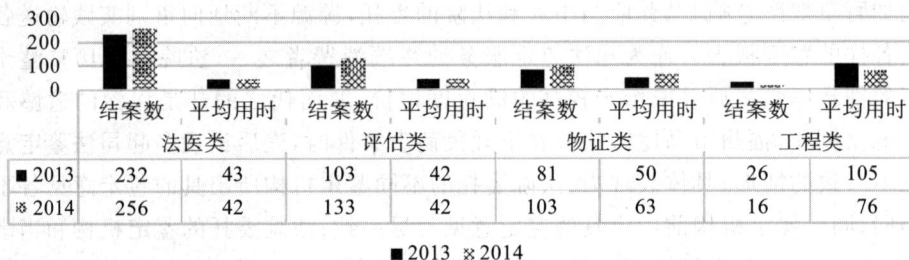

	法医类		评估类		物证类		工程类	
	结案数	平均用时	结案数	平均用时	结案数	平均用时	结案数	平均用时
2013	232	43	103	42	81	50	26	105
2014	256	42	133	42	103	63	16	76

■2013 ※2014

图2 2013—2014年S区法院对外委托主要鉴定类型结案数与平均用时统计

司法鉴定拖延成习,主要源于以下几个方面的因素:(1)法院方面。承办法官和负责对外委托鉴定的督办人缺乏专业知识储备,对鉴定工作了解不足,常常导致委托鉴定要求不明、材料缺失。而补充鉴定材料不仅需要当事人积极配合,还须组织诉讼各方就新的材料进行质证,如此反复,势必拉长司法鉴定的战线。与此同时,鉴定期间不计入审限的规定以及法院审限管理的漏洞致使一些法官放低要求、淡化时间观念,甚至通过"以鉴止审"的方式将委托鉴定作为延长审限的利器屡试不爽。(2)当事人方面。在实践中,一些当事人基于恶意拖延诉讼、逃避履行义务之目的,随意申请鉴定或分段、分项提出鉴定申请;在鉴定程序的启动阶段故意推诿、妨碍鉴定机构的选择,隐匿、伪造须补充提交的鉴定资料;在鉴定过程中拒不配合鉴定人的工作,导致鉴定工作无法正常开展。(3)鉴定机构方面。不少鉴定人受经济利益的驱使,根据获利多少区别对待不同案件,鉴定费较低的案件往往不受重视而未能及时结案。部分鉴定人则因缺乏经验或责任心,分阶段、反复要求法院补充鉴定资料,导致当事人和法院疲于应对、陷入僵局。除此之外,司法鉴定质量整体不高,鉴定意见过于简要、瑕疵频现,加上部分法官对重复鉴定的放任态度,迫使一些诉讼案件长时间处于"被鉴定"的等待状态。

为大力整治积习甚深的司法鉴定拖延症,厦门市司法鉴定人协会于2012年在全省范围内率先制定《司法鉴定机构和司法鉴定人诚信管理办法》,将司法鉴定机构和从业人员日常管理中所涉及的12项良好行为和33项不良行为直接转化为诚信分值,依据诚信积分确定诚信等级。① 在此基础上,厦门市司法局积极研发集行政机关监督系统、司法鉴定机构内部管理系统和公众开放监督系统于一体的司法鉴定管理平台。该平台以厦门司法鉴定公众信息网为载体,对所有鉴定案件实行统一文书编号,实时监管鉴定案件受理到鉴定意见书出具的全过程,并建立鉴定机构、鉴定人信息和诚信档案。社会公众可随时查询、了解鉴定机构和鉴定人的执业资质、业务范围、诚信积分和等级等相关信息。除应对超期鉴定的弊病以外,上述管理策略对于惩治鉴定机构和鉴定人在执业过程中出现的违法违规行为同样有效。在司法鉴定责任追究机制尚未完全确立、鉴定侵权事实举证认定困难的背景下,这些措施对于以案源求生存的鉴定机构而言无疑具有强大的威慑力。

2012 年新《民诉法》和 2015 年《民诉法解释》颁布之后,推陈出新的改革举措不断带动、惠及司法鉴定制度的进一步完善。但应清醒地看到,日趋周延化的诉讼程序与快餐式的解纷风格之间已然出现了异常尴尬的错位。深埋于现实压力之下的基层法官怀着“干活”的消极心态,以迅速平息纠纷为指向从简审判,致使制度的魅力在堆积如山的待结案件中难以绽放。这些问题绝非修订诉讼制度或证据制度所能通盘克服的,全局性的司法改革依然任重而道远。

五、民事诉讼鉴定意见司法控制机制的完善

近三年来,我国不断加快民事司法制度的改革步伐,深刻地触动了位于证据法和程序法交叉视野中的鉴定意见。然而,如果法官审查证据的能力无法与民事诉讼程序的完善保持同步,即法律的修改仅仅停留于对当事人诉讼权利的形式化保障,则无异于纯粹充实诉讼各方在法庭舞台上的表演阵容或增加其角色戏份。因此,当诉讼程序逐步具备检验鉴定意见的可靠性功能时,改革的步伐依然不能停息。当前,福建法院既要以司法改革为契机,在现有的法律框架下努力探索鉴定意见的理性控制机制,又要积极总结实践经验,推动我国民事诉讼鉴定立法的进一步完善。

(一)搭建法院对外委托鉴定的统一化信息平台

新《民诉法》和《民诉法解释》的颁行仅仅为鉴定人的选择提供了原则性的指引,这就难免导致各地法院的实践做法五花八门,一些不合理的操作方式甚至为鉴定程序和司法程序的公正埋下了隐患。近两年,江苏、浙江等法院系统自行开

---

① 黄廷彩:《厦门司法鉴定机构将有诚信分》,载《福建日报》2012 年 6 月 27 日第 11 版。

发并投入运行的对外委托机构信息平台在统一规范鉴定机构的遴选、确定、管理和责任追究等方面取得了显著成效,并在一定程度上实现了全省范围内鉴定资源的共享。作为对相关法律规则加以具体化的科技智慧成果,信息平台不仅为鉴定服务的享用者提供了诸多便利,而且增强了信息的公开化和程序的可视化,从而对包括法官、当事人、鉴定人等在内的有关各方形成多边约束。相比之下,厦门市司法局建立的司法鉴定管理平台的功能仍有一定的拓展空间,且在鉴定机构的监督管理问题上呈现出司法行政部门和法院各自为营的尴尬现象。笔者认为,福建省高级人民法院可积极利用业已为实践所检验的优秀改革成果,与司法行政部门联手打造全省统一的对外委托机构信息平台,以此为契机推动司法鉴定机构的协作管理,推动鉴定服务行业的良性竞争,充分实现各地专家和鉴定资源的优势互补。

在此基础上,信息平台的创建模式可进一步推广至专家辅助人,由具备相关资质的高校学者、协会专家、技术人员等自愿报名,经所在地中级人民法院对专家的资质、诚信、成果等信息进行审核,并经省高级人民法院核准后统一上报纳入平台。信息平台将公开专家的教育背景、资格证书、执业经历等内容,以便于法院和当事人了解、查询和监督。当事人可通过该平台寻找合适的专家辅助人出庭协助质证,由此排除了法官难以把握专家辅助人出庭资格的困扰。①

(二)健全鉴定意见的证据采信机制

1.构建系统的证据审查标准

现阶段,我国法院对鉴定意见的拦截和检验主要依靠稀疏的证据采信规则的运用和以逻辑推理、日常生活经验法则为标准的法官自由心证。关于鉴定意见证据能力的少数规定,隐晦地散落在《民事证据规定》中,不够全面亦未成体系。因此,有必要结合鉴定意见的自身属性,对《民诉法解释》第 104 条确立的有关证据能力的一般性规定加以扩充性解释(如表 1 所示),从而提高实务界对于鉴定意见质量的警觉度。

---

① 2015 年 3 月,重庆市高级人民法院颁布《关于知识产权审判专家辅助人参与诉讼活动的意见》,明确了专家辅助人的来源为重庆法院知识产权审判技术咨询专家库。

表 1 关于鉴定意见证据能力的审查内容

证据能力属性	审查考虑因素	
真实性	鉴定对象与法院组织质证并移交相关鉴定机构的送检材料是否一致;	
	送检材料是否受到污染或破坏而丧失鉴定条件;	
	负责实施鉴定者与在鉴定书上签名的鉴定人是否一致。	
合法性	鉴定主体资格	鉴定事项是否超出鉴定机构登记的业务范围; 鉴定人是否具备从事该项鉴定活动的执业资格和专业技能。
	鉴定书的内容	鉴定书是否已载明委托人姓名、鉴定内容、鉴定材料、鉴定依据和方法、鉴定过程、明确的鉴定结论、鉴定人资格,并由鉴定机构和鉴定人签名盖章; 鉴定人是否已签署保证书。
	鉴定程序	鉴定人是否违反回避的规定; 鉴定过程是否遵守该专业领域的技术标准和技术规范; 鉴定人是否存在经法院通知而拒不出庭作证的情况。
关联性	鉴定意见是否与本案待证事实相关; 鉴定意见是否有助于证明本案的待证事实; 鉴定内容是否超越裁判者的知识和经验范畴; 鉴定意见指向事实问题还是法律问题。	
可靠性	鉴定所采用的技术或方法是否为该领域所普遍接受; 鉴定所使用的仪器设备或实验室是否达到国家相关标准; 鉴定结论是否有充足的依据。	

在上表所列的鉴定意见证据能力的四大审查标准中,大部分因素是从《民事证据规定》第 27 条和第 29 条、《司法鉴定程序通则》第 29 条等有关重新鉴定的规定中反向推导而来的;鉴定人拒不出庭作证源于新《民诉法》第 78 条的规定;另有几项因素则须通过下文单独作出说明。

一是鉴定人签署保证书。《民诉法解释》为全面落实民事诉讼诚实信用原则,向接受询问的当事人、出庭作证的证人施加签署保证书的义务。在鉴定诚信监管体系尚未健全的情况下,由鉴定人在鉴定书后附上其签署的保证书,用以确认其已严格按照法律规定的程序实施鉴定,鉴定结论代表其客观、独立、完整的专业意见,其将根据法院通知按时出庭作证等,不仅能够发挥一定的警示作用,而且可以为追究鉴定人的相关责任提供依据。此项举措符合国际通行的做法,将其纳入我国新《民诉法》并不存在理论和实践操作方面的障碍。

二是鉴定所采用的方法或技术符合普遍接受标准。这项带有美式弗洛伊标准①意蕴的考虑因素虽然远未及达伯特标准②那么复杂、精细,其审查结果的准确度可能也无法企及后者,但对于我国目前的制度环境和条件而言无疑是更为合适的。理由在于:(1)鉴定意见在诉讼中的适用频率与地区的经济发展状况和纠纷的疑难复杂密切相关。而在司法鉴定异常活跃的沿海发达地区,法院受案数常年稳居高位,绝大多数基层法官普遍承受着结案的重压,难有充足的时间和条件对鉴定意见作如此细致的审查。(2)我国目前的法学教育体制和法官遴选机制决定了法官教育背景的单一化;而美国高等院校不设置法学本科专业,这意味着所有法官都曾接受过其他学科领域的教育或培训,这种知识优势是我国在短期内难以培育的,导致法官事实上也无力适用达伯特标准进行操作。(3)在引进普遍接受标准之后,可通过司法鉴定主管机关建立专门知识准入司法鉴定制度。③现阶段,福建省司法厅可依托其技术和资源优势,对业已为特定科学领域所普遍认同和接受,且在实践中成熟运用并能获得稳定、可靠结果的司法鉴定技术加以评定、归纳,进而按法定程序公之于众。

2.规范单方鉴定意见的效力

一方当事人在诉讼前或诉讼过程中自行委托鉴定机构进行鉴定,构成了民事诉讼领域多头鉴定、重复鉴定的主要原因。由于缺乏必要的程序管理和制度约束,这些鉴定意见往往存在诸多质量和程序方面的瑕疵,如送检材料未接受质证、鉴定人的中立性无从保证等,给法官认定事实带来无尽的困扰。如果一味给予单方鉴定意见以天然强势的证明力,则容易使法官忽略对案件其他证据的全面审查,最终将影响事实认定结果的准确性。

---

① 弗洛伊标准是美国哥伦比亚特区上诉法院在 1923 年审理 Frye v. United States,293 F.1013,1014 (D.C.Cir.1923)案时创设的专家证据可采性规则,其大致内容为,专家证据所赖以形成的理论或技术应在其所属的特定领域内已经获得普遍接受。

② 达伯特标准是美国联邦最高法院在 1993 年审理 Daubert v. Merrell Dow Pharm.,Inc., 509 U.S. 579 (1993)案时创设的科学证据可采性规则。简而言之,证词所包含的科学知识必须建立在科学方法和程序的基础之上,包括形成证词的推理或方法是否科学有效及证词能否被正当地运用于争议事实。法官在对科学证据的可靠性进行审查时,可考虑如下因素:(1)可检验性;(2)同行审查与相关出版物,即基本理论或技术是否接受过同行审查并发表于专业文献;(3)已知或潜在的错误率;(4)控制方法运作的存在和维持标准;(5)在相关领域内获得普遍接受。

③ 郭华:《司法鉴定制度改革的基本思路》,载《法学研究》2011 年第 1 期。

在此背景下,一些学者对于单方鉴定意见的证据效力进行反思,并形成了两种具有代表性的观点。陈刚教授认为,私鉴定属于当事人的诉讼攻击防御方法,不具付诸法官判断能力的制度设计目的,提供私鉴定的专家的诉讼地位属于证人,其就鉴定事项发表的意见属于当事人陈述。[①] 王亚新教授则以对方当事人对单方鉴定意见的评价为标准,赋予其灵活的证据效力。如果对方当事人对单方鉴定意见无异议,该证据应当作为鉴定意见被对待;反之则视为书证。[②] 笔者认为,否定单方鉴定意见作为鉴定意见的证据效力,其根本原因在于此种鉴定意见所包含的内在偏向性。从当事人获取证据的渠道来看,单方鉴定意见与英美国家的专家证据近乎相同,二者均属于当事人自由取证的表现。就此角度而言,将单方鉴定意见作为当事人陈述更加契合我国目前的证据和程序规则体系。并且,这种定性方式同时兼顾了未来制度改良的空间。即使新《民诉法》再度修改后赋予当事人申请单方鉴定人出庭作证的权利,亦不背离当事人陈述的特征。在证据效力方面对单方鉴定意见和法院对外委托鉴定意见采取两种不同的规定,有助于当事人更加理性、谨慎地决定是否寻求诉讼外的鉴定资源。

3. 推进裁判文书的公开说理

在裁判文书中回顾、展示事实和法律判断形成的过程和依据,是法官心证外化的直观表达方式。近年来,增强判决书的释法说理作为深化司法改革的重要内容,在制度和政策层面不断地被提出和强调。新《民诉法》第152条增设了公开判决结果和理由的规定。《民诉法解释》第105条要求法官对证据的证据能力和证明力作出审查以后,公开判断的理由和结果。2014年《中共中央关于全面推进依法治国若干重大问题的决定》(以下简称《依法治国决定》)提出"加强法律文书释法说理,建立生效法律文书统一上网和公开查询制度"的改革举措。2015年2月,最高人民法院发布修订后的《人民法院第四个五年改革纲要(2014—2018)》(以下简称《四五纲要》),致力于推动裁判文书说理改革,根据不同审级和案件类型,实现裁判文书的繁简分流;尤其强调对当事人争议较大、社会关注度较高的一审案件和所有的二审、再审案件等强化判决文书的说理性;律师代理意见未予采纳者也应在裁判文书中说明理由。

实践中,涉及司法鉴定的案件往往也是当事人争议较大的案件,在强化判决说理的刚性约束机制下,对鉴定意见采信理由的说明已成为摆在法官面前的一道无法回避的难题。具体而言,因鉴定衍生的说理问题主要包括以下方面:

---

① 陈刚:《我国民事诉讼领域有关鉴定的问题与对策》,载《中国司法鉴定》2012年第5期。

② 王亚新:《新〈民事诉讼法〉中的鉴定:理论定位与解释适用》,载《法律适用》2013年第10期。

(1)是否采信单个鉴定意见;(2)是否启动重新鉴定程序;(3)存在多个鉴定意见的情况下采信何者;(4)是否采信鉴定人的当庭陈述;(5)是否采信当事人及其律师针对鉴定意见所发表的意见;(6)是否采信当事人聘请具有专门知识的人对鉴定意见所发表的质证意见等等。负有说理义务的法官事实上已经卷入了对专门性问题和鉴定意见的实质判断之中,迫使法官不得不对鉴定意见的审查规则加以认真细致的运用。

从理论上看,法官对当事人诉求的回应义务和限制自身恣意裁判的审慎义务构成了判决说理的正当性来源。这种机制的助推顺应了民众对司法活动提出的更高层次的需求,促使获得裁判结果的当事人更加理性地决定其程序救济权的进一步行使。然而,说理毕竟不是对客观真实加以重新求证的过程,即使在繁简分流的理性机制下,也不应对法官说理的充分透彻程度提出过高的要求。现阶段,福建省各地法院的法官队伍素质和业务水平并不均衡,尤其在审判条件和认识能力都相当有限的情况下,法官审查鉴定意见的真诚努力将成为通往正义征途中不可或缺的要素。

(三)充实鉴定意见的辅助审查机制

1. 专家陪审员的适时引入

由于形形色色的纠纷所涉及的知识领域范畴和理论技术深度各不相同,对外行的法官而言,辨明专家之间的孰是孰非几乎是一项不可能完成的任务,而武断的裁判又势必导致诉讼程序的进行前功尽弃。在此背景下,法官亟须寻找正当合法的外部资源对知识断层加以填补,从而协助其妥善履行判断职责。

审判实践表明,技术咨询或技术审核因深藏于诉讼程序的幕后而常常遭遇当事人的质疑和批判;承载着司法民主化理念的普通陪审员参审制至多只能使专业问题的裁判结果具备正当性的外观,而无法为法官提供实质性的帮助。同样是司法鉴定的门外汉,但确保裁判质量的问责机制和作为"重复玩家"的经验优势意味着法官在专业问题的判断方面比普通陪审员更具理性。传统参审制的失能促使法官对外部力量的需求转向了具有专门知识的陪审员。专家陪审员亮相司法场域,亦体现了技术审核迈向司法化、程式化的一次转型升级。

2007 年最高人民法院《关于全面加强知识产权审判工作为建设创新型国家提供司法保障的意见》提出"把具有专业技术特长和一定法律知识、普遍公认的专家,通过所在城市的基层法院推荐、提请任命为人民陪审员";2010 年最高人民法院《关于人民陪审员参加审判活动若干问题的规定》第 5 条规定:"特殊案件需要具有特定专业知识的人民陪审员参加审判的,人民法院可以在具有相应专业知识的人民陪审员范围内随机抽取。"在此基础上,《依法治国决定》和《四五纲要》相继提出"逐步实行人民陪审员不再审理法律适用问题,只参与审理事实认定问题"的改革思路。尽管我国业已在政策和规则层面认可专家陪审员参与审理专门性事实问题的司法权运作模式,但因理念、功能、价值等方面的独特性,专家陪审员可能无法完全纳入现存的人民陪审员制度体系中一并实施。①

二者之间最为显著的差异在于,专家担任陪审员是对职业化、精英化审判的一种强化,只不过这种精英不是来自于司法共同体内部,而是借助于外部的科学技术或专门知识精英,这与陪审团与法官之间制衡的理念不尽相同。② 除此之外,如果将人民陪审机制通盘套用于专家陪审员,将面临实际操作的种种障碍,这点仅从我国人民陪审员制度的改革动向上分析便可窥见一斑。2015 年 4 月 1日,中央全面深化改革领导小组审议通过《人民陪审员制度改革试点方案》,对人民陪审员的选任条件、选任程序、参审范围、参审机制、参审职权、退出和惩戒机制、履职保障和制度等进行改革,诸如提高人民陪审员的年龄要求、降低其学历门槛,扩大人民陪审员参审的案件范围,增加选任的随机性和广泛性,提前阅卷、强化评议、深度参审等新举措将着力助推司法民主性和公信力的提升。4 月 24日,全国人大常委会授权在部分地区开展人民陪审员改革试点工作,福建省作为十个试点省(区、市)之一入选。

近几年,福建省部分法院纷纷试水专家陪审员制度。例如,龙岩市永定县人民法院对涉及专业知识领域的案件,采取"属人"陪审模式,在医学、环境、土地、水利、矿产、农业、机械、审计等法院审判涉及专业技术问题较多且较为复杂的领域,共选任 35 名人民陪审员,借助"专人"的专业知识,弥补法官对专业知识掌握不足的缺陷。2014 年,来自泉州工商局、知识产权局、华侨大学、相关行业协会、高新技术企业的 13 名资深技术专家、行业领军人物在泉州市中级人民法院走马上任,正式成为该院知识产权案件专家陪审员。与之相似,漳州市中级人民法院选任了来自林业、环保、农业、海洋渔业、国土资源、水利等领域的 21 名生态专家陪审员参与审理生态纠纷案件。纵然如此,随着学科分支的不断细化,一定地域范围内从事同一领域的专家陪审员人数毕竟有限,客观上不允许法院通过传统参审制的随机抽选法来选定专家陪审员。笔者建议,可考虑对近年来一些地方法院创建的用于提供技术咨询和审核的司法技术专家库进行功能性改造,通过法定程序转型为独立于人民陪审员的专家陪审员队伍,并确立以当事人协商为主、法院指定为辅的专家陪审员选择机制。

---

① 有鉴于此,重庆市两江新区知识产权法庭已实行陪审员双轨制,即引入专家陪审员提高技术类知识产权案件和疑难复杂案件审判的质量和效率,聘请普通陪审员对审判工作进行民主监督,后者主要参与一般知识产权案件的审理。参见陈小康:《用创新的方式保护创新——重庆法院知识产权司法保护工作调查》,载《人民法院报》2015 年 4 月 23 日第 5 版。

② 郭华:《鉴定意见争议解决机制研究》,经济科学出版社 2013 年版,第 260 页。

专家参审制的确立,使得构建专家陪审员、鉴定人、专家辅助人三维构造的庭审质证模式成为可能。① 在这个通过自身理性判断能力来实现彼此抗衡的对话平台上,各方专家有机会围绕诉讼中的专门性问题展开自主化商谈,使鉴定意见或专家意见在学科领域内部获得实质性的辩论和检验,并在可能的条件下就专门性问题的认定达成共识。② 而这一过程又恰恰为法官履行裁判说理义务提供了必要的场景。

2.鉴定争议化解重心的回归

充分发挥专家对话机制吸收不满的功能,有利于促进诉讼各方在程序框架内化解鉴定意见争议,帮助法官实现对重新鉴定的理性控制。现阶段,我国法院在面对当事人肆意、盲目的重新鉴定申请时,常常陷入难以抉择的矛盾纠结中。法官一方面对重新鉴定所引发的程序拖延、效率低下、成本负担加重等负面效应产生抵触心理,另一方面又寄望于通过再次鉴定来稳固其摇摆不定的内心确信,于是在各地司法实践中出现了不当压制或自由放任的极端处置方式。

2010 年,为回应重复鉴定、久鉴不决的陈年积弊,中央政法委员会召开司法鉴定改革工作会议,从全国几千家鉴定机构中遴选出 10 家作为国家级鉴定机构,以发挥其在重大疑难、特殊复杂、多头重复鉴定案件中的积极作用。③ 不可否认,鉴定救济穷尽化的治理思路或许可以在短期内迅速平息久拖未决的鉴定争议,增强纠纷主体对鉴定结果的接受性,并解救法官于多重鉴定意见的夹击之中。但笔者以为,对鉴定机构加以行政化的等级界分并由最顶端的鉴定机构实施强制性的终局鉴定,从表面上看似乎抑制了鉴定程序的反复启动,但本质上无异于用一种"软暴力"的方式强行阻断了当事人的救济渠道,或可能"诱发制度内的重新鉴定向非制度化的重复鉴定蔓延,致使重复鉴定在更高层次的国家级鉴定机构之间循环进行"④。除此之外,对司法鉴定加以行政化、等级化的区分或对鉴定次数进行机械控制的做法,不仅严重背离了科学发展的基本规律,而且容

---

① 刘建伟:《论我国司法鉴定人出庭作证制度的完善》,载《中国司法鉴定》2010 年第 5 期。

② 值得一提的是,随着知识产权法院探索建立技术调查官制度的步伐不断加快,2015 年 4 月 22 日,在广州知识产权法院和最高人民法院各自审理的知识产权案件中,技术调查官分别首次亮相庭审,协助法官向双方当事人或专家辅助人就技术问题进行充分的调查。参见董柳等:《"技术调查官"首现法庭》,载《羊城晚报》2015 年 4 月 23 日第 A8 版;许聪:《最高人民法院公开审理一起涉外知识产权案件》,载《人民法院报》2015 年 4 月 23 日第1 版。

③ 周斌、卢杰:《10 家国家级司法鉴定机构公布》,载《法制日报》2010 年 10 月 22 日第 1 版。

④ 郭华:《对我国国家级鉴定机构功能及意义的追问与反省——评我国国家级司法鉴定机构的遴选》,载《法学》2011 年第 4 期。

易在司法裁判过程中形成一种错误的导向,致使法官一概适用鉴定机构级别、鉴定时间先后、鉴定委托主体等形式标准来审查鉴定意见的不当做法进一步加固。

理性的重新鉴定是发现案件真实的合理需求,尤其在司法鉴定管理体制尚未健全的情况下,鉴定意见的整体质量确实与司法公正的目标之间存在差距,这是我们必须承认的事实。但退一步讲,即使是权威鉴定机构作出的鉴定意见,亦无法摆脱其作为证据的本质属性,这意味着国家级鉴定机构所作的鉴定意见仍然要回到程序接受诉讼各方的评价和质疑。因此,化解鉴定意见争议的重心应回归程序,尤其应借助于专家之间的协同商议就专门性问题达成共识。必要时,法官可通知就同一事项分别提供不同鉴定意见的多名鉴定人出庭接受质证或召开鉴定人会议,亦可邀请法院的司法技术人员对当事人之间的分歧进行调解。

关于执行程序规范化的调研报告

——以东莞市两级法院为例

■东莞市第一人民法院课题组 *

摘要:执行程序规范化建设不仅需要掌握法院执行程序的实际状况,而且需要统一执行权的运行规则。东莞市两级法院对辖区内法院执行程序的运行情况展开调研,发现、分析并就存在的问题提出了相应的建议。执行程序规范化具有三个方面的深层意义:其一,统一执行权运行规则,增强司法公信力;其二,提升强制执行的威慑力,确保权利人的权益;其三,进一步优化资源配置,实现效能最大化。执行程序规范化改革的有效推进需要继续细化改革内容,改进执行程序,完善推进方法。

关键词:执行程序;规范化;执行改革

2012 年 8 月以来,修改后的《中华人民共和国民事诉讼法》(以下简称《民诉法》)、《最高人民法院关于适用〈中华人民共和国民事诉讼法〉的解释》(以下简称《民诉法解释》)等一系列法律、司法解释相继颁行。与此同时,广东省高级人民法院开发的法院综合业务系统(以下简称省院系统)在全省正处于试运行、推广阶段。在新形势下,广东省辖区内中级人民法院、基层人民法院执行程序的具体运作遇到了不少新的问题和挑战。为此,东莞市中级人民法院(以下简称东莞中院)联合辖区内 3 个基层人民法院,成立"东莞法院执行工作公开公正及规范化改革"课题组,通过实地调研、圆桌座谈等多种方式探讨执行程序规范化建设的有关问题,并寻求解决现实困难的良方。

* 课题组成员:侯晓波(东莞市第一人民法院执行局局长)、吴晓婷(东莞市第一人民法院执行局法官)、赵景顺(厦门大学法学院博士研究生、东莞市第一人民法院执行局书记员)。本文系东莞市中级人民法院"东莞法院执行工作公开公正及规范化改革"课题的阶段性成果。

一、执行程序规范化存在的问题与对策

(一)存在的问题

1.业务操作系统存有一定技术缺陷。自 2014 年起,东莞市两级法院逐步普及省院系统,以加快推进案件的信息化管理,并实现裁判文书的公开透明。省院系统的普及和推广给法官办案带来了诸多的便利,同时却也给承办法官带来了一定的困扰和无奈,即难以实现立、审、执(包括保全)案件信息的无缝对接。比如,最高人民法院《关于执行案件立案、结案若干问题的意见》(法发[2014]26号)(以下简称《执行意见》)已于 2015 年 1 月 1 日起施行,而省院系统中尚不能进行“执保”字案件的立案,给“执保”字案件的有序规范推进增添了阻力;相应的法律文书模板尚未更新,造成系统生成的部分法律文书模板不能直接使用。再如,需要追加第三人的执行案件应当到立案庭重新立案,并予以登记,这一流程通常较为缓慢。案件承办人与立案庭工作人员沟通、协调后尚未形成统一、有效的规则,难以尽快将立案后的案件重新交回原案件承办人,在一定程度上延缓了所涉案件的诉讼进程等等。

2.财产管控规则尚未成熟完善。具体表现如下:(1)部分基层法院尚未完全实现本院财产查控系统与广东省高级人民法院执行指挥中心系统和最高人民法院身份信息查询系统的无缝对接,致使财产查控范围相对有限。例如,当前东莞市基层人民法院尚未有自己独立的财产查控系统,其仍然仰赖于东莞市中级人民法院和广东省高级人民法院的财产查控系统,中转环节需要一定的时间,较难应对财产线索众多的金融案件的财产查控。(2)不动产处置规则(即《执行莞事通》)尚处于研讨阶段,部分条文争议较大。(3)全市法院财产查控规则存在较大的差异,尚未统一。

3.利息计算缺乏必要的技术支持。关于利息的计算标准,《民诉法解释》已经作了规定。但由于东莞市各法院尚未开发、应用相对应的技术软件,协助办案人员计算相应的案涉利息,致使办案人员疲于应对涉案人数众多的执行案件。

4.多部门联动机制尚未完全有效建立。虽然 2010 年最高人民法院已经印发《关于建立和完善执行联动机制若干问题的意见》,但是此规定仅依据各个部门的职责原则性地要求其应当向法院提供必要的协助,而未对具体操作规则予以细化,给联动机制的具体实施带来了诸多困难。主要表现如下:(1)需要查封国土、房产的案件,在广州市可以直接到广州市国土与房屋管理局统一办理查封手续,而在东莞市,执行人员必须分别到东莞市国土资源局、各镇街房管所等不同部门分别予以查封,并且大部分涉案房屋不能直接在东莞市房屋管理局统一查封,需要到有关镇街房管所办理查封。(2)由于人民法院和工商机关的信息系统尚未有效对接,绝大部分地方法院的执行人员还需要到工商机关进行现场查询和冻结,人力、物力成本较高,执行效率低下。[①] (3)涉及车辆查封的案件多为档案查封,较难获得交警部门的协助,无法实际控制车辆。(4)由于法院尚未与水电等部门建立起有效的协调机制,致使法院不能采取断水、断电等威慑力较强的强制执行措施。

5.案件管理有待进一步优化。主要表现如下:(1)对全院执行工作统筹不足,特别是对各基层人民法庭的执行动态掌握、分析不够及时、全面;(2)执行节点时限意识、流程管理等均有待进一步加强;(3)执行人员的执行理念和执行现场处置能力尚需进一步培养和提升;(4)极个别案件执行质量不高,流于走程序;(5)以终结本次执行程序方式结案的标准掌控不够严格。

6.人案矛盾依旧较为突出。目前,一名执行法官配备一名书记员,两名执行法官共用一名内勤。这种状况很难应对突发事件,不利于进行大规模的现场财产保全。需要引起高度关注的是,现有的司法辅助人员多为聘员、实习生,司法经验相对有限,且存有较大的不稳定性,人员断层现象时有发生。

(二)解决对策

1.协调“执保”立案,上报系统缺陷。首先,优先协调“执保”字案件和需要追加第三人的执行案件的立案事宜,统一规则,登记造册,明确责任;其次,逐级向上级法院汇报省院系统存在的不足和缺陷,上下联动,及时优化省院系统,进而有效提升中级法院、基层法院的信息化办案水平,确保办案品质;最后,如果技术条件允许,建议尝试省院系统与旧系统的数据互转,实现新旧系统功能上的互补。

2.统一财保举措,分批、联动规划。当务之急,需要从以下几个方面着手开展工作:第一,东莞市两级法院相互协作,尽快实现基层人民法院财产查控系统与广东省高级人民法院执行指挥中心和最高人民法院身份信息查询系统的信息化无缝对接。第二,东莞中院牵头制定不动产处置规则,成熟一批,施行一批,不可寄希望于“毕其功于一役”。第三,东莞市两级法院在研讨、制定《执行莞事通》的基础上逐步建立起高效的规则联动机制,逐步统一全市财产查控规则,并形成小册子,印发一线执行人员以及参与实习的学生,避免不必要的询问,增进法官、司法辅助人员相互间协作的融洽。

---

① 刘贵祥、黄文艺:《〈关于加强信息合作规范执行与协助执行的通知〉的理解与适用》,载《人民司法》2015 年第 3 期。

3.统筹技术支持,研发算息软件。系列金融案件是东莞市两级法院办案的重中之重,每年都有成千上万的金融案件等候办理,尤其是执行程序中的金融案件。由于涉案人数众多,利息计算工作量巨大,单纯依靠短少的人力支持,难以破解算息难题。建议经东莞市两级法院协调沟通,由东莞中院牵头,统一研发或购买功能便捷、成本合理的算息软件,从而有效减轻办案人员的算息工作量,腾出更多宝贵时间,用于提升办案品质。

4.部门灵活联动,会签协作规程。多部门联动机制的高效运作,仰赖于法院的锐意开拓、多方争取,因此,法院应当承担起多部门联动合作的重任,积极实践探索。具言之,其一,东莞市两级法院应当在力所能及的范围内积极与东莞市范围内的银行、国土、车管、房管、工商、水电等市一级部门协调,会签统一的协作规则;其二,积极学习深圳法院的先进经验,加强与水电部门的协调,逐步实施威慑力较强的断水、断电措施。此外,鉴于房屋等不动产查封时多为档案查封,我们建议东莞中院与东莞市房屋管理局等有关部门商议,在市一级有关部门统一实施查封措施,避免执行人员在基层房管所等基层单位间疲于奔跑。

5.高标准、严要求,优化内部规程。打铁还得自身硬。工欲善其事,必先利其器。首先,加强法院内部执行局与基层人民法庭执行业务部门的业务统筹;其次,运用信息化的技术手段,提高对执行案件时限节点的有效监管;再次,加强对执行人员的业务培训,尤其是对新进执行人员的现场处置能力的培养;最后,严控终结本次执行程序的适用标准,切实履行案件合议制度,确保案件质量。

6.上下内外商议,充实后勤资源。案多人少是珠三角地区大多数中级法院、基层法院普遍面临的头等难题。为了破解该难题,东莞市两级法院积极与上级法院、当地政府商议,请求从人力、财力、物力等方面给予充足的后勤保障,重点加强对司法辅助人员的培训,不断提升其办案协作能力。

二、执行程序规范化的深层意义

(一)统一执行权运行规则,增强司法公信力

无休止的争讼不仅使当事人权益难以确定、社会秩序难以维系,而且会使人们失去对司法的信任和尊重。[①] 执行程序作为维护司法正义的最后一道防线的最后一个堡垒,如若忽视其基础建设——统一执行权运行规则,必将损害权利人

---

① 湖北省高级人民法院课题组:《法院司法公信力问题研究》,载《法律适用》2014年第12期。

的合法权益,进而有损司法权威,致使司法公信力荡然无存。因此,执行程序规范化建设具有对内、对外两个方面的法律意义。其一,对内统一执行权运行规则。执行权的统一、规范运行,不仅能够有效解决"执行乱"的弊病,而且可以在一定程度上推进"执行难"等问题的解决。实践证明,一个执行案件久久不能执结,除了人员变动、案件交接、暂无财产可供执行等外部原因外,最主要的原因在于执行权内部运行规则是否规范、严密以及现有的规则是否能够得到切实的遵守。其二,对外增强司法公信力。司法公信力的有效提升,不仅有赖于审判权的规范运行,而且更依赖于执行权的合理配置。相较而言,审判权将当事人间的权利义务关系定分止争于裁判文书之上,具有了强制性,但处于静止状态,仰赖于当事人的自觉履行;而执行权则赋予裁判文书以动态的强制因子,使得当事人的权利义务关系处于法院的有效监管之下。如果一方当事人拒绝履行义务,那么法院就可以依法依职权采取强制执行措施,迫使其履行裁判文书确定的法定义务,切实维护权利人的合法权益,增强人民群众对司法的信心,提升司法公信力。

(二)提升强制执行威慑力,确保权利人权益

近年来,执行案件实际执行到位债权金额普遍不高。这不仅与强制执行措施的使用频率不高密切相关,而且与强制执行措施的惩处力度不足存有莫大关联。自 2009 年以来,东莞市两级法院通过报刊、电台、微博、微信等现代传媒手段着力宣传具有良好社会效果、法治效果的典型案例,不断提高法院执行干警的理论视野和实践技能,理论与实践相结合,共同缔造合格的一线执行队伍,重视强制执行措施的灵活运用,提升法院强制执行措施的威慑力,营造良好的社会氛围和与之相符的政治、经济效果,努力提高债权人的受偿比例,用实际行动温暖处于纠葛中的当事人,尤其是权益受损一方。

执行程序规范化建设,对内规范法院执行人员的具体操作流程,明确办案责任,对外威慑拒绝履行义务的被执行人,维护权利人的合法权益。强制执行措施的规范有序不仅有利于维护权利人的合法权益,而且还关系到拒绝履行义务的被执行人应当享有的程序利益,两者是既对立又统一的关系。因此,在具体实施强制执行措施时,法院还应当酌情考虑被执行人的生产生活,综合各方的利益,权衡利弊,妥当采取强制执行措施。

(三)进一步优化资源配置,实现效能最大化

案件逐年递增,执行人员配置相对固定,没有注入足够的新鲜血液,使得人案矛盾进一步突出。为了有效化解该问题,法院执行部门只能尽力整合现有资源,争取技术支持,新旧组合,优化资源配置,实现现有人、财、物的效能最大化。需要特别予以注意的是,上述资源的优化重组,不仅包括法院内部的资源整合,

而且还应当包括法院与同级法院、上级法院以及当地政府等不同单位间的资源整合。我们认为,同级法院、上级法院、当地政府等单位的资源整合应当受到格外的重视。原因主要有如下几点:其一,同级法院是法院委托办理"外委"案件的重要助手;其二,上级法院是下级法院获得智力支持和技术指导的重要支撑;其三,当地政府可以为法院司法辅助人员的招录、培训提供充足的物质保障。一言以蔽之,执行程序规范化建设并不仅仅是一家法院的事情,而应当是建立整个法院系统与相关协作部门洽谈协作、协同共处的信息共享平台。

三、执行程序规范化建设的突破重点

执行程序规范化建设的着力、有效推进,无疑对规范法院执行程序,维护权利人的合法权益,树立司法公信力和司法权威,确保国家法律统一实施等具有促进作用。我们认为,执行程序规范化改革的有效推进需要继续细化、明晰改革内容、执行程序模式、推进方法、合法性转化等重要问题。

(一)改革内容需要细化补充

执行程序规范化改革的核心要旨之一是改变"执行难""执行乱"的传统诟病,使得执行程序在规程中良性、有序、稳健运行,其最终目的在于优化、提升执行品质,最大限度地维护权利人的合法权益。在执行程序规范化改革过程中,执行程序的内容设定尤为关键。2015年1月1日起施行的《执行意见》对执行案件的类型、立案标准、结案方式(包括执行和解、终结本次执行程序、终结执行、销案、执行财产保全裁定案件、恢复执行案件、执行异议案件、执行复议案件、执行监督案件、执行请示案件、执行协调案件等)进行了细化、规范,搭建起执行程序中立案、结案的基本框架,对于执行程序的规范化具有一定的指导意义。但应当看到,这样一个指导性框架远远不能满足执行案件实践的需求。根据域外诉讼程序中有关执行程序的立法经验与我国地方相关司法实践的探索,一套完整的执行程序规则应当详尽涵盖执行程序的立案、启动、运行、终结等各个阶段。反观《执行意见》,其仅对执行案件的立案、结案给出了较为详尽的判断标准,而未涉及执行案件的启动、运行等其他方面的具体操作规则,因此还有待进一步的完善。

基于上述考虑,我们认为,在全面推进执行程序规范化改革的过程中,应当在参照域外立法经验与总结本土经验教训的基础上对于执行程序所涉及的立、审、执案件信息共享机制、财产权属确认、财产管控跟进、多部门联动协调机制及与之相配套的信息化软、硬件建设等诸方面作出统一、详尽、细致、可操作性强的规范,以解决目前执行实践中"难"与"乱"等现象,使得执行程序规范化改革在程序规范方面能够充分满足实践需要,增强改革的实效性。

(二)执行程序选择应重视实践经验

执行程序的规范化运行虽然有赖于理论的前期引导和制度的顶层设计,但是实践的司法检验和多部门的联动合作也是必不可少的。根据课题组在司法实务部门的观察,执行案件得不到有效解决的原因主要有以下五点:一是查询到财产后实际处理财产有困难;二是部分案件比较敏感,矛盾较为尖锐,法院不敢执行;三是执行成本过高,利益权衡后选择不予执行;四是部分执行人员认为做多错多,工作积极性受挫;五是执行人员工作疏忽、责任心不强。上述情形的出现,不仅与制度规则的粗疏有关,而且与执行人员的责任意识淡薄存有一定的关联。为此,重视执行程序中实践经验的及时总结,并逐步形成贴身的指导手册,应当成为解决上述问题的初步方案。《人民法院第四个五年改革纲要(2014—2018)》已提出明确的要求:"人民法院深化司法改革,应当加强顶层设计,做好重大改革项目的统筹规划,注重改革措施的系统性、整体性和协同性,同时要尊重地方首创精神,鼓励下级法院在中央统一安排部署下先行先试,及时总结试点经验,推动制度创新。"在此过程中,实践经验的全面、有效提取不仅需要基层一线法官的辛勤付出和锐意进取,而且还需要上级法院的有效指导和技术支持,尤其是信息技术支持。

细化执行程序的操作规则,使各类执行案件都有章可循,方能确保执行程序规范化改革有效推进。截至目前,已有不少地方法院针对执行程序规范化进行了卓有成效的探索。以执行程序中的司法拍卖为例,较为成熟的地方做法共有三种,分别属于上海、浙江、重庆三地法院,俗称司法拍卖的"上海模式""浙江模式""重庆模式"。在全面推进执行程序规范化改革的过程中,可以对这些地方的经验进行总结、推广,以补充法律、司法解释的相关内容,确保执行程序规范化改革顺利取得实质性的进展。

(三)推进方法上需要加强多部门联动

规范化改革最初是由最高人民法院通过制定颁布指导性文件、设置试点法院等方法推进的。[①] 然而,执行程序规范化改革问题不仅涉及法院系统,还涉及工商、银行、国土、房管、车管、水电等其他部门,因此执行程序规范化改革在实践中遇到了诸多障碍,需要加强对话与协调。

在调研中我们发现,与执行程序规范化改革有关的多个部门共同参与制定

---

① 朱立恒:《量刑规范化改革如何有效推进》,载《检察日报》2012 年 2 月 22 日第 3 版。

改革的指导性文件,只是多方合力推进执行程序规范化改革的起点。在改革实施过程中,难免还会产生新的分歧或摩擦。其原因一方面,是由于与执行程序相关的法律、司法解释不够具体,可操作性不强,一些规则尚处于探索阶段;另一方面,还因为有关执行程序的司法解释多由最高人民法院单独制定,相关部门,尤其是银行、工商、国土等与财产保全密切相关的部门较少参与,所以其法律约束力较为有限。概言之,在司法实践中,执行程序规范化改革尚需多部门在理念与行动上互相配合,互相支持,不断认真总结实践经验教训,同心协力探索具有共识性的新机制,才能逐步稳健推进。

(四)立法机关积极参与以促进改革成果的法制化

截至目前,执行程序规范化改革在各地法院已经得到普遍重视,不少法院也已经在此方面进行了积极而富有成效的探索和实践,并积累了一定的经验。比如,2014年,东莞市第一人民法院执行局积极促成东莞市相关银行定期、定点将其办事窗口前移至法院,通过网络平台协助办理银行存款的冻结、扣划等业务,减少了执行人员的外出次数,缩短了办案周期。然而,上述经验的总结和提炼大多只是某法院某部门的内部操作规则,难以从宏观上为国家的整体修法提供建设性的意见,更难以为与执行程序密切相关的行政机关、企事业单位等所知悉。由此所造成的不良后果是显而易见的。比如,法院依据裁判文书向工商部门发出协助变更股权的协助执行通知书,工商部门是否有权进行实体审查,各地做法不一。这种情形在异地执行案件中的弊端更为明显,往往造成不必要的资源浪费。有鉴于此,执行程序规范化改革的有效推进不仅有赖于法院系统自身的辛勤探索和锐意总结,而且还需要立法机关的积极引导、参与和协调。需要注意的是,立法机关的这种引导、参与和协调应当落实到具体的立法实践中,并在实践中逐步形成统一、规范、协同、有序的大规则,让法院、行政单位、企事业单位等在该大规则中都能够感受到协作的融洽。我们认为,上述大规则的制定和实施在现阶段应当以省(自治区、直辖市)为单位。这种做法不仅可以与当前的司法改革步伐保持高度的协同,而且可以适应复杂多变的具体情况。

关于重整时机及重整前置工作的调研报告

■厦门市集美区人民法院课题组 *

摘要:重整时机关系到重整的命运。为选择一个好的重整时机或促成一个好的重整时机的出现,重整的前置工作十分重要。为此,有必要对重整案件审理过程中的利弊条件与在其他时机启动重整的利弊条件进行对比,分析法院在该重整案件启动前所做的工作对重整时机的影响,促进重整时机的选择、转换与利用,从而更好地利用破产重整机制挽救危困企业。

关键词:重整时机;前置工作;重整价值;重整预立案

随着市场经济的深入发展和产业转型升级的不断推进,企业出现困境甚至破产倒闭已成为常态化现象。重整是在预防企业破产方面最为积极有效的法律制度,但重整工作往往艰难而复杂。企业出现财务困境后,利益关系人的态度、资产及生产经营状况等条件都处在不断变化之中,对重整工作都会产生重要的影响。重整在何时启动,以及如何促使影响重整工作的相关要素向有利于重整的方向发展等事项,涉及重整时机的选择与转换问题。重整时机即重整的时点与机会,以及在该时点与机会上重整的条件。重整时机关系到重整的命运。为选择一个好的重整时机或促成一个好的重整时机的出现,重整的前置工作十分重要。

一、厦门进雄破产重整案概况

(一)案件背景及概况

厦门进雄企业有限公司(以下简称厦门进雄)成立于 1988 年 11 月 3 日,主

---

* 课题指导:孙晓岚(厦门市集美区人民法院副院长)。课题负责人:王峰(厦门市集美区人民法院民二庭庭长)。课题组成员:王峰、黄湧、牛守启、杨芳芳、李乐、林达(以上成员均为厦门市集美区人民法院法官)、杨超岚(厦门市集美区人民法院书记员)。报告执笔人:李乐。

要生产经营帐篷等户外用品,曾是全球最大的户外用品制造企业。该公司注册资本 1110 万美元,员工约 1400 人,股东为在香港注册的 North Pole Limited(以下简称 NP)和 NP 在香港的全资子公司进雄香港有限公司(以下简称进雄香港)。NP 的控股股东为美国华平投资集团(Warburg Pincus,以下简称华平),华平为厦门进雄的实际投资人和控制人。

2006 年以来,由于 NP、华平之间的安排,厦门进雄产品出口境外的应收款被大量截留在 NP 及其他关联企业,最终导致厦门进雄资金链断裂而无法支付供应商货款。2012 年 3 月 7 日,厦门进雄债务危机爆发,陷入停产。停产之初,厦门进雄的董事会及华平向厦门市集美区人民法院(以下简称集美法院)表达了对厦门进雄进行破产重整的意愿,并尝试引进战略投资人。在集美法院的协调下,华平分两次提供了约 3000 万元人民币作为清理债务的资金。但由于启动资金不足、境外巨额应收账款难以收回等原因,以及华平在重整的前期工作中积极性不高、力度不够,债权人存在意见分歧和不满情绪,厦门进雄的破产重整一直未能启动。华平提供两笔资金后,未再就重整问题与法院沟通。此后,集美区政府多次召集债权人及相关政府部门进行协调,使债权人就破产重整问题逐渐达成共识。

2014 年 1 月 16 日,厦门进雄的债权人厦门湖明工贸有限公司正式向集美法院提出重整申请,申请对厦门进雄进行重整。经厦门市中级人民法院指定管辖,集美法院于 2014 年 1 月 21 日正式裁定受理厦门进雄破产重整案。2014 年 5 月 9 日,厦门进雄第一次债权人会议依法召开。该会议进行了债权核查,共有 141 家债权人的债权得到确认,债权总金额约 3.8 亿元。而厦门进雄确定可变现用于偿还债务的资产非常有限,评估价值仅为 5323 万元。2014 年 7 月 20 日,管理人正式向集美法院提交重整计划草案。2014 年 8 月 15 日,厦门进雄第二次债权人会议召开。该会议分担保债权组、税收债权组、普通债权组、出资人组对厦门进雄重整计划草案进行了表决。除出资人经通知未到会表决外,担保债权组、税收债权组、普通债权组皆表决通过重整计划草案。2014 年 9 月 28 日,集美法院根据管理人的申请强制裁定批准重整计划草案,目前重整计划已进入执行阶段。

(二)问题的提出

厦门进雄从停产倒闭到启动破产重整,历时约两年,期间启动重整的条件发生了很大的变化。如果厦门进雄停产之时即启动重整,会面临何种利弊条件?与实际启动重整时面临的利弊条件有何不同?前后两个不同的重整时机会对重整工作产生哪些影响?下文将围绕上述问题对厦门进雄在两种不同重整时机下的重整条件进行对比分析。

二、两种时机下厦门进雄破产重整的利弊条件分析

(一)实际启动破产重整时的利弊条件

1. 有利条件

(1)多数债权人对破产重整达成共识。随着时间的推移,厦门进雄的债权人对债务清偿的预期逐渐降低,心理上基本接受了厦门进雄资不抵债的严峻现实,不满情绪逐渐平复。多数债权人认识到通过法院执行程序或破产清算程序实现债权的可能性已很小,只有通过重整,盘活厦门进雄的土地、厂房、设备等资产,才可能在一定程度上实现债权。

(2)工人安置问题先行解决。厦门进雄停产后,公司员工陆续与厦门进雄解除劳动合同。通过政府垫付工资,并利用冻结的厦门进雄账户中的现金、华平支付的资金,厦门进雄拖欠的工人工资、经济补偿金等陆续全部支付,大部分员工已经实现再就业。因此,在重整案件受理前,厦门进雄的职工安置问题已解决,为重整程序的推进减轻了负担。

2. 不利条件

(1)人员解散使恢复生产经营难度加大。厦门进雄停产之后,管理人员和工人全部解散。至启动重整时,经营管理团队解散达两年之久,原有的采购及销售渠道不复存在,若要重建经营管理团队,重新建立生产链条和销售渠道,难度较大。

(2)停产时间长导致市场份额丧失。厦门进雄停产近两年,市场格局发生了很大的变化,厦门进雄原有的市场份额已经被其他竞争对手取代,重新占领市场困难较大。

(3)时间推移导致债务孳息增加。截至破产重整案件受理时,厦门进雄所负债务的孳息已高达 5570 万元,占全部债务的 14.5%,即使存货等资产不贬值,债务的清偿率也相应降低。

(二)债务危机发生后即启动重整的利弊条件

1. 有利条件

(1)市场份额及品牌价值能得到有效利用。厦门进雄在停产前仍占有全球户外用品最大的市场份额,如果厦门进雄债务危机发生后尽快进入重整程序并能恢复生产,则其市场份额能得到较大程度的保留,以其为核心的户外用品产业链能得以维持,品牌价值能得到有效利用,重整价值较高。

(2)恢复生产经营相对容易。厦门进雄停产之前已建立完整的生产链条和

销售渠道,并拥有一个强大的经营管理团队。如果停产之后能短时间内启动重整程序,则召回原有员工较为容易,生产链条和销售渠道恢复利用难度较小,恢复生产经营的障碍较少。

2.不利条件

(1)谈判难度大。厦门进雄刚停产时,债权人不满情绪较大,对债务清偿的期望值较高,厦门进雄难以与债权人就破产重整事宜开展有效谈判。即使厦门进雄能够与债权人开展谈判,由于信息披露不够充分,利益诉求差距较大,谈判亦很难成功。

(2)工人问题未解决。厦门进雄停产之际,拖欠大量工人工资及经济补偿金等费用,约1400名工人面临失业,厦门进雄除解除与全部工人的劳动合同外,对于解决工人问题没有任何方案。如果彼时启动重整,则面临需要大量资金解决职工债权的问题,职工安置问题亦会进一步增加重整谈判的难度,且存在影响社会稳定的风险。

(3)融资难度大。如上所述,厦门进雄刚停产时,债权人对债务清偿期望较高,工人问题尚未解决,此时如果引进战略投资人,则其介入厦门进雄生产经营要支付的对价会比较高,基于资本的逐利性,厦门进雄投资价值上附带的包袱可能使战略投资人望而却步。

(三)两种不同重整时机的对比分析

1.不同重整时机下重整价值与重整难度发生变化

通过上述对比可以发现,在不同的重整时机下,重整条件的差异主要体现为重整价值和重整难度的变化。厦门进雄刚停产时,市场份额仍在,品牌价值较高,生产经营易恢复,因此重整价值较高。但由于债权人预期高、不满情绪大,工人问题未解决,谈判和融资难度都很大,因此重整难度很大,成功的可能性较小。厦门进雄实际重整时,市场份额丧失,品牌价值降低,生产经营恢复难,因此重整价值减少。但由于债权人预期降低,工人问题已先行解决,一些程序性问题已解决,重整难度降低,重整程序推进比较顺利。

2.重整价值、重整难度构成重整时机的重要考量标准

通过上述实例分析可以看出,重整价值和重整难度构成重整时机的两个重要实质内容,是判断重整时机是否恰当的重要考量标准。对于非上市公司而言,影响重整价值的主要因素包括债务人的资产规模、市场规模、品牌价值、供应链条、管理团队等;影响重整难度的主要因素包括利益冲突、重整预期、谈判难度、融资难度、管理人工作的有效性等。无重整价值或重整价值很低的企业,即使重整难度小,也没有重整的必要。重整价值高但是重整难度很大的企业,亦不能盲目启动成本高却难以取得成效的重整。

3.法院应对重整时机的选择发挥积极作用

理想的重整时机应是重整价值高且重整难度小的情形，但实践中很难遇到这样的时机。作为参与重整的利益关系人，在重整时机的选择上，理论上可以从两个方面着力：一是在重整价值与重整难度的动态变化过程中找准合适的结合点，即被动选择恰当的重整时机。二是通过努力对重整价值、重整难度进行调整，促进合适的结合点出现，即主动促成恰当重整时机的出现。然而，参与重整的利益关系方通常存在利益冲突，在利益博弈过程中难以做到行动一致，不仅可能坐等恰当重整时机的流失，也难以有效促进重整时机的转换。在此种情况下，法院作为主导重整程序的利益超脱方，可以通过对重整程序的控制以及相关的组织、协调、指导、监督等工作，平衡利益关系方的利益，调整各方的预期，协调、规范各方的行动，从而直接或间接维护重整价值，降低重整难度，促进利益关系方选择恰当的重整时机实现重整。法院具体可以运用哪些手段促进重整时机的转换和选择，通过开展或参与哪些工作来实现对重整价值和重整难度的影响？下文将考察在厦门进雄破产重整案中法院所做或所参与的对重整时机产生影响的工作，分析这些工作的积极作用及存在的风险与不足，进而对建立和完善相关的工作机制提出建议。

三、厦门进雄重整案①中影响重整时机的主要工作

（一）对重整时机产生影响的工作

1.对资产进行查封、保管及处置

厦门进雄债务危机发生后，集美法院迅速对其所有厂房、设备、产品、车辆、银行存款等资产进行保护性查封，并封存了厦门进雄的财务账簿和印章。直至破产重整案受理前，集美法院一直委托保安公司对厦门进雄的厂房严加看管，并陆续对部分易贬值且保管成本高的资产进行了处置。

2.依法对债务人法定代表人限制出境

厦门进雄债务危机发生后，集美法院依法对该公司的美国籍法定代表人采取了限制出境措施。该措施在一定程度上促使厦门进雄的幕后出资人华平为厦门进雄重整采取了一些实际行动，包括提供约 3000 万元人民币的偿债资金。该

---

① 严格地说，本文对厦门进雄重整案的考察并不局限于正式的重整程序，还包括正式重整前的阶段。这些被考察事项与重整程序存在密切的关系，对整个重整活动具有重要的作用。为行文方便，本文将这些事项一并纳入"厦门进雄重整案"予以表述。

笔资金为解决工人工资问题发挥了重要作用。

3.单个执行案件的暂缓处理

厦门进雄停产后,大部分债权都通过诉讼程序得到了确认。为确保公平,同时考虑到相关方面对破产重整的需求,除职工债权外,集美法院对单个的一般债权及担保债权执行案件进行了暂缓处理。

4.协调解决工人工资问题

厦门进雄停产后,拖欠上千工人大量工资及解除劳动合同的经济补偿金。为妥善解决职工问题,集美法院积极寻求政府支持,利用政府提供的专项基金支付了部分工人的工资,并促使华平提供资金以优先解决工人工资问题。

5.参与协调债权人对破产重整形成共识

由于厦门进雄重整工作涉及多个部门,集美区政府牵头相关部门与债权人进行了多次沟通,集美法院积极参与协调工作并提供法律意见。经过多次协调,债权人对破产重整逐渐达成共识,并形成了初步的重整思路。

(二)积极作用

对厦门进雄的资产进行全面的保护性查封、保管和处置,单个执行案件的暂缓处理,有助于防止厦门进雄资产贬损、流失并使其在执行程序中全部处置完毕,在一定程度上维护了重整价值,为破产重整保存了基础条件。对厦门进雄财务资料、印章的封存,为破产重整的清产核资工作提供了条件,降低了破产重整的难度。法院促使投资人华平集团提供偿债资金,协调解决工人工资问题,参与协调债权人对破产重整形成共识,在一定程度上降低了融资、工人安置、谈判等重整事项的难度。

(三)存在的不足与风险

1.部分工作缺乏制度保障

法院在重整程序启动之前的部分工作,并不是法律既定的破产重整前置工作,而是出于维稳和将来的重整需求所采取的应对性措施,比如资产的全面查封、个案执行的暂缓、利用政府提供的专项基金支付工人工资等措施,破产重整制度并未将此类工作延伸到重整程序前,导致这些工作在企业破产法上缺乏明确的法律依据。

2.资产保管工作风险较大

法院并无专门及专业的资产保管机构,对资产的保管仅能做到一般的看管,对资产的处置手段也比较单一,对资产的保值增值难以发挥作用。并且,在债务人资不抵债的情况下,对其资产的保管和处置如稍有不当,则会使法院自身陷入风险之中。

3.重整时机的选择比较被动

假设在重整启动前没有对债权人的协调工作或者经过协调债权人一直无法对破产重整达成共识，则可能出现无法定主体提出破产重整申请的情况，资产保管、执行暂缓工作将不可能长期持续，从而会使法院陷入尴尬局面。

4.缺乏有效的风险预警机制

厦门进雄最好的重整时机应是在债务危机爆发之前、生产经营尚在运行之时。但是在厦门进雄债务危机爆发之前，除非已经有系列债务纠纷进入法院，否则法院难以实现对其债务危机的预警。厦门进雄作为一家外向型非上市外资企业，资不抵债并非一日之寒，但是相关管理部门未能做到有效的风险预警，错过了最佳的挽救时机。

四、重整时机语境下破产重整前置工作机制的完善

破产重整是一项涉及面很广的复杂工程，法院如果仅仅是在重整程序正式启动之后才发挥作用，难以实现对重整时机的影响。因此，应当将法院的影响延伸到重整的风险出现时起至重整的目的实现时止。在厦门进雄重整案中，法院在重整启动之前所做的很多工作对重整时机的转换与选择产生了积极的影响，但这些工作并没有形成相对完善的工作机制，也缺乏系统性的法律依据。今后应注意将个案中的工作思路和工作举措进行延伸与拓展，形成系统完善的破产重整前置工作机制，从而更好地利用重整手段挽救危困企业。

(一)建立危困企业风险预警及应急处置机制

如果在企业危困初现之时能够及时发现风险并采取措施进行"治疗"，维持企业的健康发展，则无须费时费力的破产重整，这是最好的结果。即使企业患上"疑难杂症"，需要动用破产重整这一"大手术"，完善的风险预警机制亦有助于早发现、早"治疗"，以免错过最佳"治疗"时机。因此，建立一个完善的风险预警机制，有助于及时发现可能导致企业出现困境的情况，及时采取对策消除风险，防患于未然。

当风险预警机制对企业危困信息作出反应后，应对企业危困可能引发的企业停产倒闭、资产转移、高级管理人员出逃、债权人采取过激行为、工人发生群体性事件等一系列问题进行应急处置。要处理这些问题，涉及维稳、劳动仲裁、财产保全、企业监管、限制出境等多方面工作，需要协调法院及多个政府部门。为此，建议在地方党委领导下，协调法院、公安、工商、外经、劳动、税务、海关、国土、外汇、金融办、银监局等单位，设立濒危企业事务管理办公室，建立濒危企业风险预警、应急处置工作机制。风险预警机制主要针对企业危困的风险预警和危困

企业经营的干预等事项,通过汇总分析相关单位掌握的企业信息,实现对企业濒危的风险预警,协调相关企业监管部门对危困企业的经营施加影响。应急处置主要针对濒危企业的突发事件处置、群体劳动纠纷处置、资产查封保护、系列债务纠纷处理、利益冲突协调等应急处置工作,并在重整预备阶段对企业经营进行干预和监督。在必要时,对濒危企业提出重整预立案(关于重整预立案,下文中将详细探讨),为危困企业聘请临时托管人。通过风险预警和应急处置工作,维护社会稳定和企业的发展,从而维护危困企业的重整价值,降低重整工作的难度。

(二)设置重整预备机制

这里的重整预备是指对有重整需求和重整价值但尚未具备正式启动重整程序条件的企业,在破产重整受理之前开展的一系列准备工作,目的是维护、提升重整价值,降低重整难度,节约重整成本。在正式的重整程序之前开展与重整相关的工作,在国外的破产重整司法实践中已有较为成熟的做法。在英国,预重整(Pre-packaged Administration)作为破产重整程序中的一项重要制度融合了庭外重组和司法重整各自的特点。程序上表现为公司的管理者在公司陷入财务困境时及时聘请破产执业者(Insolvency Practitioner)设计资产处置以及重整的方案,并与公司的主要债权人(银行)进行协商,最终形成预重整方案(Pre-packaged Proposal),该方案主要表现为将公司的资产转让给公司的管理者或公司之外的第三人,公司的雇员也一并随之转移。在方案形成后,该公司迅速启动破产法上的重整程序,破产执业者被任命为管理人主导重整,在债权人会议召开前根据预重整方案对公司资产和营业事务进行处置,无须取得债权人会议和法院的批准。[1] 美国破产法上的预重整,是指在正式申请重整之前,债务人就已经协商制订了重整计划,并就重整计划完成了主要债权人的意见征集,向法院提交重整申请只是为了取得法院对重整计划的批准,从而使其对异议债权人具有约束力。[2] 但是,从我国当前的市场发展环境和社会发展水平来看,如果在重整程序之前的工作仅限于制订重整计划或进行谈判,将难以化解企业在危困状态下所面临的风险以及由此给社会带来的风险,不利于维护重整价值及降低重整难度。因此,重整预备机制除了可借鉴英、美破产重整制度中的预重整制度外,还应结合我国的国情进行拓展和延伸,应包括重整预立案、对债务人资产的保护和

---

[1] 张海征、金晓文:《浅析英国破产法上的预重整制度》,载《全国商情(理论研究)》2012年第7期。

[2] 张亚楠:《完善我国破产保护制度的若干思考》,载《政治与法律》2015年第2期。

营业的限制、预重整谈判等内容。

1. 重整预立案

当企业出现一时难以解决的财务困境时，为避免因债权人"挤兑式"追债诉讼或其他非理性行为使企业仍有营运价值的资产被处置或侵害，从长远角度维护债权人和债务企业的共同利益，建议在企业破产法中设置破产重整预立案程序。破产重整预立案的条件可设置为：一是企业出现暂时无法扭转的财务困境，二是企业可能具有重整价值但又尚不具备启动正式的破产重整程序的条件。可能具有重整价值是指企业具有优质的有形或无形资产，或者有较好的市场规模、品牌价值等。尚不具备启动正式的破产重整程序的条件是指利益关系方对于破产重整意见分歧很大或对破产重整尚无初步思路，涉及破产重整的一些关键问题如职工安置、破产重整启动资金等尚未解决且该问题不解决则重整程序无法顺利进行。重整预立案的申请可由债务人或利益关系人如债权人、股东等向法院提出，必要时，政府相关部门如前文所述的濒危企业事务管理办公室亦可对重要企业提出重整预立案申请。重整预立案的目的在于：一是正式表达重整的需求，并将重整需求置于司法的关注之下，受司法的保护与约束；二是让破产重整的预备工作在制度规范下有序开展，减少重整前置工作的风险，为重整时机的选择提供制度保障。

2. 资产保护

（1）设置"保全归集"机制。重整预立案之后，法院可视情况对企业的资产采取保护措施。在正式的重整程序中，对重整企业资产的保全应予以解除并中止其诉讼和执行程序。但在重整预备阶段，重整预立案之后对预重整企业资产的保全不必全部解除，相反，应进行必要的保全。在重整预备阶段，对企业的保全应以既能预防企业转移资产又能保证企业开展必要的生产经营为原则，即"放水养鱼"式的保全。但在实践中，企业在陷入财务困境后可能会出现资产被多家法院查封的情况，不排除个别法院特别是外地法院会采取"杀鸡取卵"式的保全措施。在当前的破产案件审理实践中，协调不同法院解除对破产企业资产的保全常成为破产程序顺利推进的掣肘。例如，在五谷道场重整案中，中旺集团在五谷道场持有的36.67%的股权被六家外地法院冻结，为了解决股权冻结问题，调动了最高人民法院以及北京、广东、山东等六省市高级人民法院和基层法院，历时达7个月之久。①

为了解决重整预备阶段不同法院采取保全措施带来的问题，协调破产程序

---

① 刘玉民、谭黎明：《破产重整完美结局，"五谷道场"维新再生》，http://www.chinacourt.org，下载日期：2014年9月22日。

中解除保全的难题,以及解除保全与反保全措施的衔接问题,建议对《最高人民法院关于适用〈中华人民共和国民事诉讼法〉的解释》第 165 条的规定设置例外情形,即在被采取保全措施的企业存在重整预立案或进入破产程序等特殊情形下,应允许特定的法院如受理重整预立案或破产案件的法院按程序解除其他法院对该企业财产采取的保全措施。如此可避免大量法院系统内部协调造成的资源浪费和时间拖延问题。按照这一方式,如果企业的某项资产被其他法院采取保全措施,特定法院可直接向对企业的资产有协助保全义务的单位送达裁定书和协助执行通知书,由协助单位协助轮候保全后直接解除保全顺位在先的保全措施。特定法院应对其他法院的保全内容和保全顺位进行登记,并向相关的法院发函告知。如此,特定法院即可实现对企业资产保全的"归集"。保全归集之后,受理重整预立案的法院即可视情况对某些资产解除保全或变更保全方式,以实现"放水养鱼"的资产保护目的。

(2)诉讼案件继续审理。重整预立案阶段,如果能按照上述方式实现保全归集,则针对重整预立案企业的诉讼无须中止,相关的债务纠纷可在预立案阶段通过诉讼方式进行确定,从而减轻正式破产重整程序中债权确认的难度。

(3)对一般执行案件予以中止。重整预立案阶段,为保护企业的资产、维护企业的继续发展,应公平地对待债权人,除必须支付的工人工资外,对其他债权的执行程序应予中止。在预立案阶段,支付工人工资有利于维持企业的生产经营,维护社会的稳定。

(4)引入监督人或托管人。为了有效保护陷入财务困境企业的资产,维护和限制债务企业的经营行为,债权人、出资人、政府或法院可向企业委派专业的监督人(在企业自身管理团队仍能有效运作的情况下)或托管人(在企业自身管理机构陷入瘫痪、管理人员解散或其他不适合由企业自身管理的情况下),对企业资产的保管和处置、营业的开展予以监督或直接介入管理。

3. 预重整谈判

(1)预重整谈判的目的。重整预立案阶段最核心的工作应是预重整谈判。通过预重整谈判,促使利益关系人对重整达成共识,提出重整思路,对重整的关键性问题提出解决办法,并形成初步的重整计划草案。

(2)预重整谈判的要求。预重整谈判的主体是利益关系人,包括债务人、债权人、出资人和职工。预重整谈判的要求可借鉴美国破产法上的预重整制度,其主要规则有:一是预重整谈判必须依法进行信息披露,在对于信息披露没有法律标准时,应做到充分披露;二是在信息披露符合条件且达成预重整计划的基础上,权益持有人在预重整阶段接受或反对该计划的,该接受或反对在提起破产申请后仍然有效。① 因此，预重整谈判必须严格进行信息披露，保障利益关系人对债务企业预重整相关事宜的知情权。同时，在预立案规定的期限内，预重整谈判形成预重整计划草案的，可向利益关系人征集投票。如果利益关系人全部投票接受预重整计划草案，则债务企业可直接通过庭外重组的方式解决财务困境，利益关系人应撤回重整预立案。如果利益关系人未全部接受预重整计划草案，则利益关系人在申请破产重整正式立案时，应一并提交预重整计划草案和投票登记表，法院在审查预重整谈判未违反信息披露等相关要求的，可确认前期的投票意见在破产重整程序中有效。在预立案规定的期限内，如果预重整谈判未能形成预重整计划草案，但利益关系人已就破产重整达成共识并提出初步思路的，则亦可以申请破产重整正式立案，在正式的重整程序中继续谈判形成重整计划草案。在规定或延长的期限内，预重整谈判无法就破产重整达成基本共识的，则法院应根据利益关系人的申请或依职权启动正式的破产清算程序。

（3）政府与法院可适度介入预重整谈判。政府可就重整过程中涉及政策、行政审批、税收、劳动仲裁等事项发表意见并进行协调，法院可就重整预立案期间资产保护、营业限制等事项进行披露并对破产重整的程序性问题发表意见。同时，政府和法院介入预重整谈判，还可对谈判过程中涉及职工权益的事项进行指导和监督，维护职工的合法权益。通过适度介入，对谈判各方的预期施加影响，从而降低谈判难度，促进预重整的成功。

（三）完善破产重整受理审查机制

1.重视对重整能力的审查

重整能力，指依法可以适用重整程序的资格。② 判断缺乏偿债能力的企业是否适合重整，应对企业的重整原因、重整能力进行审慎考察，调查债务人有无重建再生希望，以避免重整制度过宽可能产生的负面效果。由于重整的成本较高，在实践中重整多适用于资产规模较大的企业，中小微企业适用重整的较为少见。根据美国重整实践的统计结果，收入超过 1 亿美元的大公司有 69％能够在进行第 11 章破产申报之后生存下来，而对于收入少于 2500 万美元的小公司，这一数字仅为 30％。③ 对于陷入困境的中小微企业，应以破产清算程序为主，为中小微企业创造一个规范的市场退出环境，促进企业优胜劣汰和产业的转型升级。但是，考虑到就业问题，对于有较好发展前景的中小微企业，通过重整预立案机

---

① 王佐发：《预重整制度的法律经济分析》，载《政法论坛》2009 年第 2 期。

② 王欣新主编：《破产法学》，中国人民大学出版社 2008 年版，第 221 页。

③ ［美］帕特里克·A.高根：《兼并、收购与公司重组》，朱宝宪、吴亚军译，机械工业出版社 2007 年版，第 284 页。

制后符合重整条件且具备一定重整能力的,应允许重整。

2.严把重整启动关口

法院在判断是否受理重整时,要十分慎重,不仅要对重整申请进行形式审查,更应注重实质审查。首先,应建立重整受理听证制度。利益关系人申请重整的,法院可召集一个由债务人、主要债权人等利益关系人以及行业专家、相关政府部门和专业人士参加的听证会,以决定是否启动耗时费力的重整程序。申请重整的企业未经历重整预备机制的,原则上应组织听证。其次,应限定申请重整的债权人人数。如债权人申请重整,债务人企业的债权人人数在十人以上的,则应要求由三名债权人联合作为重整程序申请的发起人,以减少滥用重整程序的可能性。

结　语

重整制度的价值在于挽救困境企业,但挽救困境企业的工作绝不囿于重整程序。相反,重整程序的生命力有赖于全部重整工作的衔接以及重整程序自身出现的节点,亦即重整的时机。企业出现困境后,无论是坐等企业人去楼空,还是坐等企业起死回生,都不可能等来一个好的挽救时机。因此,建立一个包括多方配合的企业困境风险预警及应急处置机制、多维的重整预备机制、审慎的重整审查机制在内的重整前置工作机制,有效维护困境企业的重整价值,降低重整工作的难度,才能留住最好的重整时机,促进重整的成功,从而真正发挥重整制度的价值。

批量代位权诉讼的实体与程序规则重构

——以 48 件相关诉讼为研究样本

■黄 威 赵 丽 崔 剑*

摘要：传统理论认为，代位权制度作为债的保全制度之一，其行使效果应当适用"入库规则"，所取得的财产首先归入债务人的一般责任财产，由债务人的所有债权人平等受偿。我国《合同法》及其司法解释却一改对代位权功能的传统定位，直接赋予代位权行使以"优先受偿"效力，从而将其原本的债权保全功能转化为债权实现功能。这种"优先受偿"规则在处理批量代位权纠纷时，面临着理论上的缺陷和实践上的困境。

关键词：批量代位权诉讼；同位优先受偿规则；类似必要共同诉讼

引　言

传统理论认为，作为债务人责任财产的保全制度之一，代位权的实行效果仅在于准备债权的实现，而非满足债权的实现。[①] 因此，行使代位权取得的财产应首先归入债务人的一般责任财产之库，而后再由债务人的所有债权人平等受偿，"即使在债权人受领交付场合，也须作为对债务人的清偿，而不能将它直接作为对债权人自己债权的清偿"[②]，此即代位权行使的"入库规则"。而《最高人民法院关于适用〈中华人民共和国合同法〉若干问题的解释（一）》[以下简称《合同法

---

* 黄威：广州市南沙区人民法院民二庭助理审判员，法学硕士；赵丽：广州市南沙区人民法院调研科科员，法学博士；崔剑：广州市南沙区人民法院民二庭审判员，法学硕士。本文曾获全国法院第二十六届学术讨论会三等奖。

① 王家福：《中国民法学·民法债权》，法律出版社 1991 年版，第 181 页。

② 王泽鉴：《民法概要》，中国政法大学出版社 2003 年版，第 269 页。

解释(一)》]第 20 条却完全背离了上述传统理论,在借鉴日本判例"代为受领、抵销清偿"①的基础上,直接赋予代位权人通过诉讼受偿于次债务人,并使债权人与债务人之间、债务人与次债务人之间的债权债务关系归于消灭的效力,从而将代位权原本的"保全"功能一举转化为"实现"功能。诚如有学者所述,我国代位权制度在确立之初即在功能上产生了质的飞跃。② 早期研究的学者在"惊愕"之余,将其归纳为一种"优先受偿"效力——代位权人因提起代位权诉讼而使自身债权得以优先于其他债权获得直接清偿。③ 自此,围绕着"入库规则"与"优先受偿"孰优孰劣的问题,理论界掀起了代位权研究的热潮。由于现有程序法规范并未周密跟进实体法的此种飞跃,法官在代位权诉讼中面临的困惑远比学者们预想的更为复杂,而这恰为我们在该制度运行十多年后重提这一命题提供了实证依据。

　　本文选择的切入点是一类特殊的代位权诉讼——批量代位权诉讼,即在合理期间内④,债务人的两个或两个以上的债权人针对同一次债务人提起的、次债务数额小于各代位债权总额的代位权诉讼。而落脚点则是在尽量尊重现有规则的基础上,从实体和程序两个方面为这种必须兼顾结果平等的特殊代位权诉讼提供可行的解决路径。

一、样本选择:48 件批量代位权诉讼引发的裁判争议

(一)一批典型的批量代位权诉讼

　　2013 年 2 月 22 日至 4 月 11 日,G 市 N 区法院陆续受理了 48 件债权人代位权纠纷案件。该批案件的原告均持有确认其对债务人 J 公司债权的生效法律文书,且在提起代位权诉讼前即已对 J 公司申请强制执行,但未发现可供执行的

---

　　① 日本曾在判例中确认,对于债务人之金钱债权行使代位权时,债权人可向次债务人请求其向自己给付,为刺激代位债权人将所受领次债务人的金钱回归债务人,对此债务,债权人得径自主张与其对债务人之债权相抵销,而不与其他债权人平等分配,事实上形同优先受偿。参见段匡:《日本债权人代位权的运用》,载梁慧星主编:《民商法论丛》(第 6 卷),香港金桥文化出版公司 2000 年版。

　　② 张驰:《代位权制度比较研究》,载《法学》2002 年第 10 期。

　　③ 张玉敏、周清林:《"入库规则":传统的悖离与超越》,载《现代法学》2002 年第 5 期。需要指出的是,代位权的"优先受偿"效力与物权之债权的"绝对优先"效力不同,前者仅仅是对未提起代位权诉讼的其他债权人而言的一种相对或有限的"优先受偿"。

　　④ 按照本文的观点,"合理期间"是指自第一件代位权诉讼立案之日起至法庭辩论终结的这段较短的期间,界定理由将在本文第三部分具体程序规则中详述。

财产;被告均为次债务人 M 公司。48 件案件所主张的代位债权总额为 910 万元,大于其主张的 J 公司对 M 公司的债权总额 170 万元,但其中任何一名代位权人的单笔债权额均小于 J 公司对 M 公司的债权额。

(二)两种迥异的裁判路径

针对该批案件的审理及裁判,经办法官之间产生了极大的分歧,形成了两种截然不同的解决思路:

1. 起诉在先者优先受偿

在次债务总额范围内判决先立案的前 5 个代位权诉讼的原告获得全部清偿,驳回后续案件的诉讼请求。理由在于:前 5 个代位债权被判决获得清偿后,次债务人与债务人之间的债权债务关系已归于消灭,后续代位权诉讼即丧失请求依据。这一思路完全忠于《合同法解释(一)》有关代位权优先受偿效力的立法本意,但却在案件讨论过程中备受诟病,其理论困境及现实尴尬将在本文第二部分重点论述。

2. 各债权人按比例平等受偿

程序上由法院自行决定合并审理,统一裁判;实体上则秉持"平等受偿"原则,判决各代位权人以次债务人债务数额为限,按比例平等受偿。这一思路摒弃了"优先受偿"规则的机械适用,忽略起诉(或裁判)时间的短暂差异对裁判结果的实质影响,将一定合理期间内提起诉讼的代位权人看作地位平等的整体,使批量代位权纠纷获得一揽子解决。然而,由于现行法律规定的欠缺,此种判决面临着因依据不足而被上诉改判的风险,对此,本文亦将在后文中详细论述。

二、现实尴尬:被规避适用的优先受偿规则

(一)优先受偿规则在解决批量代位权诉讼中的理论困境

不可否认,优先受偿规则的支持者所列举的"机会平等"理论、诉讼经济原理和帕累托最优原则,[①]的确在相应的层面为中国代位权制度提供了理论依据。《合同法解释(一)》实施后几年内,企业间"三角债""连环债"等问题得到了明显

---

① 史文才、宋迎春:《债权人代位权制度比较研究》,载《南京大学法律评论》2005 年春季号。

的缓解,这也从侧面论证了此种创新的现实价值。然而,抛开反对者明确指出的各种缺陷①不论,上述理论在适用于批量代位权诉讼这一特殊类型时,均不可避免地遭遇了逻辑困境。

1.批量代位权诉讼打破了优先受偿理论的论证基点

虽未明述,但上述理论在论证优先受偿规则的合理性时,均将逻辑起点构建于对代位权人与其他未行使代位权的债权人之比较的基础上,即所谓"在权利保护问题上,应受保护的向来是积极行使权利的人,而不是懒惰者,代位债权人最先'火中取栗',纵没有与他人分享,亦不悖于公道"②。然而,与之完全不同的是,批量代位权诉讼的多个债权人均已积极行使代位权,此时仅以短暂的时间先后来决定优先受偿的次序,其正当性何在? 上述理论无法给予圆满的解释。

2.批量代位权诉讼削弱了优先受偿理论的论证效力

按照罗尔斯"机会平等"理论,仅有个人无须为之负责的因素所造成的结果差距才应当是均等化的目标,至于个人努力程度差异所导致的结果差距,则无须均等化。③ 债权人因积极行使代位权而创造了优于其他债权人的情势,从而得以优先受偿。而批量诉讼中的各代位权人在诉讼机会、维权情势乃至诉讼努力等均基本相同的情形下,仅因起诉或裁判时间的细微差别产生迥异的诉讼结果(在先者全部受偿,在后者分毫未得),其不合理之处不言而喻。

从诉讼经济理论看,优先受偿规则直接赋予代位权以债权实现效力,避免了"入库规则"体系下代位权人追回财产后还须另行起诉债务人方能实现债权的讼累,提高了司法效率。然而,批量代位权诉讼并不否认此种"两诉减为一诉"的程序设计,如何保障多个代位债权的公平实现才是问题的关键,而这一点恰是诉讼经济理论无法论及的。

从法经济学视阈看,"入库规则"固然可能引起未起诉债权人"搭便车"现象,无法对代位权人形成有效激励。但批量代位权诉讼的各代位权人均选择了积极诉讼策略,相互间并无"搭便车"之嫌。此时,优先受偿绝非最优解决路径,相反,各债权人平等弥补扩充债务人责任财产的成本并从中平等获益,才符合帕累托最优标准要求。

---

① 在《合同法解释(一)》草案的研讨会上,许多专家学者认为,在债权人代位权制度中赋予债权人优先受偿权存在弊端,归纳起来主要有如下两个方面:一是违反债权平等原则;二是违反共同担保原则。参见崔建远:《债权人代位权的新解说》,载《法学》2011 年第 7 期。

② 崔建远、韩世远:《合同法上的债权人代位权制度》,载《中国法学》1999 年第 3 期。

③ 林坚、杨奇明:《基于机会均等思想的收入分配研究述评》,载《西北农林科技大学学报(社会科学版)》2014 年第 1 期。

（二）优先受偿规则在解决批量代位权诉讼中的现实尴尬

1. 法官基于公平理念对优先受偿规则的普遍质疑

实践是检验制度优劣的唯一标准，法官是法律公平与否的最先感知者。优先受偿规则在批量代位权诉讼中的理论阙如在司法实践中的最直观表现，莫过于法官对其适用的普遍犹豫，甚至排斥。笔者对广东、江西、湖北三省专司经济案件审判的 60 名法官（基层法院、中级人民法院、高级人民法院各 20 名）的问卷调查显示：近一半法官（特别是基层法院法官）明确反对在批量代位权诉讼中适用优先受偿规则，认为其违反了债权平等原则，易导致裁判结果的明显不公；另有超过 30% 的法官对此持保留态度，认为其公平性存疑，值得研究；仅有极少数法官基于机会平等理论，完全承认其公平性。

2. 法院基于维稳压力对优先受偿规则的现实排斥

公平性质疑仅仅是阻碍法官适用优先受偿规则的理论困惑。现实问题在于，那些被驳回起诉、未获任何清偿的众多代位权人可能因裁判结果的明显"不平等"而产生种种过激反应，引发"维稳"隐患。这才是迫使法院摒弃优先受偿规则的直接原因所在。虽然这种颇具国情的顾虑并非优先受偿规则本身之误，但是其至少从侧面说明：背负着"公平性"质疑的优先受偿规则在解决批量代位权诉讼时，社会效果的确不甚理想。

3. 当事人基于朴素平等思想对比例分配的自觉认可

有趣的是，在司法实践中，由于批量代位权诉讼中的各代位权人往往在起诉前即已有所联络，甚至在事实上形成了一个互相关注、共同进退的整体，即使是那些起诉在先的当事人，也往往基于朴素的平等观念，对违背"结果平等"的优先受偿规则表现出迟疑和否定，相反，却对按比例平等受偿并不排斥。对该 48 件案件原告的问卷调查结果显示，95.83% 的代位权人（包括在先起诉的 5 位代位权人中的 3 位）愿意接受比例受偿。

（三）法官在"依据不足"窘境下的规避之策

问卷调查结果显示，66.74% 的法官愿意选择前述第二种解决路径，由法院依职权合并审理并使各代位权人在次债务人债务范围内按比例受偿。然而，这些法官也表示，此种做法恐有法律依据不足之嫌：在实体法上，《合同法》及其司法解释缺乏允许批量代位权人按比例受偿的例外规定；在程序法上，批量代位权诉讼显然不完全符合《民事诉讼法》第 56 条对必要共同诉讼的规定，《合同法解释（一）》第 16 条第 2 款虽规定法院对"两个或者两个以上债权人以同一次债务人为被告"提起的代位权诉讼"可以合并审理"，但并未明确此种"合并审理"的性质及适用条件。诸此种种，此类判决被二审改判或发回重审的风险极大。

在此进退维谷的尴尬局面下,法官不得已作出无奈的选择,规避代位权规则,以迂回方式解决本案。在说服 J 公司起诉次债务人 M 公司追回欠款后,通过启动强制执行参与分配程序将追回的款项在各债权人间按比例分配,而后驳回各代位权人诉讼请求,或由各代位权人自行撤诉。2013 年,上海市徐汇区人民法院审理的上海建华实业有限公司诉上海陶氏包装制品有限公司债权人代位权纠纷案中①,一审法院即采取了类似的做法。其认为,即使债务人与次债务人之间的债权数额得以确定,鉴于次债务人同时还是多个法院所涉案件的协助执行人,在执行案件审理中,次债务人有义务将本应向债务人支付的款项首先支付给法院执行部门,再由法院执行部门按照债权比例在多个债权人之间进行分配,并据此驳回了单个代位权人的诉讼请求。虽然该案经上诉后被二审法院改判,但是上海市第一中级人民法院在二审判决中亦指出,次债务人若认为其所欠货款应由债务人的所有债权人经法院执行部门统一分配,可以主动向法院执行部门交付款项。

抛开此种做法赖以实施的各种偶然因素以及各环节可能衍生的潜在问题不论,②这种规避代位权规则适用的做法,必将导致代位权制度适用空间的实质萎缩和适用效力的极大削弱,对代位权制度的长远发展实为不利。

三、解决路径:批量代位权诉讼的实体及程序规则重构

(一)批量代位权法律规制的基本价值取向

立法的价值选择或价值取向是立法者在一定社会物质生活条件下所追求的根本价值目标和遵循的基本准则。③ 相对于"入库规则"而言,优先受偿规则体现出两个方面的立法倾向:其一,有限牺牲债务人(及次债务人)受领、归属及处分债权的自由,凸显保护债权人(特别是代位权人)利益的倾向;其二,以诉讼经济原则和债权直接实现效果为载体,体现了浓厚的"效率"偏重。

然而,这两种立法倾向明显值得商榷。首先,过分强调对债权人的利益保

---

① 上海市第一中级人民法院(2014)沪一中民四(商)终字第 2258 号民事判决书,http://www.court.gov.cn,下载日期:2015 年 3 月 28 日。

② 偶然因素如能否找到债务人 J 公司,J 公司是否愿意配合起诉 M 公司追回债权,各代位权人是否接受这种做法等;操作过程中可能产生的问题如 J 公司起诉 M 公司并获得清偿后,可能转移或擅自处分该笔财产,导致后续执行分配程序无法展开等。

③ 郭道晖:《中国立法的价值取向》,载公丕祥主编:《法制现代化研究》(第 2 卷),南京师范大学出版社 1996 年版。

护,易使代位权制度脱离民商法对"平等"和"利益均衡"的要求,对债务人及次债务人合法权利造成过度侵害,丧失制度创设的正当性基础;①而过分强调"效率"价值,一味追求制度操作的低成本和高实效,则会牺牲制度设计中的公平因素,虽在短期内可能取得一定的效果,却会在长期的司法实践中引发诸多问题。

故此,笔者认为,批量代位权诉讼实体及程序规则设计应回归"均衡协调"的基本要求,实现三个"平衡":(1)债权人与债务人利益的平衡。在赋予代位权实现债权效力的基础上,兼顾债务人及次债务人的合法权利。(2)效率与公平的平衡。在承认"优先受偿规则"形成有效激励、节约司法成本的基础上,兼顾诉讼程序和实体结果的公平。(3)同等地位代位权之间的平衡。在承认代位权人与未提起代位权诉讼的债权人区别对待的基础上,兼顾同等条件下均已提起诉讼的批量代位权人之间的实质公平。

(二)批量代位权诉讼的实体规则重构

按照上述价值导向,批量代位权诉讼的实体规则应包含两个层次的内容:一是承认代位权人应当优先于其他未提起代位权诉讼的债权人获得受偿;二是针对批量代位权诉讼这一特殊情形,规定当合理期间内起诉的多个代位权人的债权总额大于次债务数额时,各代位权人平等受偿。为与《合同法解释(一)》所规定的"优先受偿规则"相区别,本文谓之为"同位优先受偿"规则。

1. 代位权人相对优先受偿

不可否认,仅从代位权人与未提起代位权诉讼的其他债权人比较的角度论,代位权优先受偿规则相较于传统的"入库规则"而言,的确更具合理性和可行性:首先,它符合机会平等的一般原理,尊重代位权人因行使代位权所付出的努力,避免了其他债权人"搭便车"的现象,更易对代位权人形成有效的激励;同时,它符合诉讼经济原则,将代位权诉讼与实现债权的诉讼"合二为一",保证诉讼结果得以直接实现,避免了诉讼程序的累置及债务人受领后还必须采取的强制提存或诉前保全等烦琐程序②。

因此,在这一层面上,批量代位权诉讼规则应保留现行立法关于代位权优先受偿的一般性规定,将在一定合理期间内提起诉讼的代位权人视为一个整体,相对于未提起代位权诉讼的其他债权人获得优先受偿。

---

① 王超、姜瑞云:《代位权诉讼中债务人权益保护浅析》,载《河北法学》2012年第6期。
② 有学者认为,可对传统"入库规则"进行技术补正,以保证代位权人通过两次诉讼实现债权。如将代位权人从次债务人手中追回的财产进行强制提存,或在起诉债务人时申请诉前保全,待胜诉后,再从提存或保全的财产中获得受偿。参见张敏:《代位权实现后果的归属探讨——关于〈合同法〉中代位权制度规定的漏洞补充》,载《政法论丛》2000年第5期。

2.批量代位权人内部平等受偿

同时,《合同法》及其司法解释也应当打破优先受偿规则对机会平等的机械适用,在批量代位权经诉讼认定成立后,设定一定的规范规则以维护债权人平等原则。[①] 即在合理期间内均提起诉讼的多个代位权人获得同等受偿地位,不因起诉或裁判时间的先后而在法律后果上有所差异,当次债务数额小于各代位权人债权总额时,由各代位债权人在次债务数额范围内按比例受偿。

3.《合同法解释(一)》第 20 条的修改建议

根据上述规则,在保留《合同法解释(一)》第 20 条现有规定的基础上,增设第 2 款作为补充,即"在一定合理期间内,两个或两个以上债权人以同一次债务人为被告提起代位诉讼,且债务人对次债务人的债权额小于各代位权人的债权总额的,各代位权人在次债务数额范围内,按其债权比例平等受偿"。

(三)批量代位权诉讼的程序规则重构

"审判程序是审判结果的保证。"[②]批量代位权诉讼的实体法规则,应当也必须通过与之配套的程序规范来实现。由于实体法上的"同位优先受偿"规则在诉讼标的间产生的必然牵连,诉讼程序上的同一确定、同一裁判既是确保批量代位权诉讼结果公平的必然要求,也是维护裁判结果统一的关键所在。

1.借鉴"类似必要共同诉讼"规则体系

按照《民事诉讼法》第 53 条的规定,我国的共同诉讼分为必要共同诉讼和普通共同诉讼两类。前者诉讼标的完全同一,后者则仅为同一种类。此外,二者在立法意图、合并条件、裁判结果等方面亦存在差异。

然而,随着共同诉讼理论及实践的不断丰富,这种简单划一、非此即彼的分类方式开始遭遇挑战。一些居于两者之间,兼具二者部分特征的共同诉讼类型开始跃入研究视野。批量代位权诉讼即是如此。严格说来,批量代位权诉讼是两个或两个以上、针对同一次债务人的代位权诉讼的集合性称谓,各代位权诉讼之间相互独,因而显然不属于《民事诉讼法》第 56 条规定的必要共同诉讼;然而,由于其对结果平等的实体要求造成各个代位权诉讼标的之间存在着必然的联系,其与普通共同诉讼亦存在着明显的差别:

[①] 徐澜波:《合同债权人代位权行使的效力归属及相关规则辨析——兼论我国合同代位债权司法解释的完善》,载《法学》2011 年第 7 期。

[②] 王健:《冲突平息与权力实现——程序价值的一种理论视角》,载《社科纵横》2014 年第 2 期。

表1　批量共同诉讼与必要共同诉讼、普通共同诉讼之比较

区分标准	必要共同诉讼	普通共同诉讼	批量代位权诉讼
核心立法意图	实现公平保护,避免矛盾判决	提高诉讼效率	实现公平保护,避免矛盾判决
诉讼标的	完全同一	不同一,仅同类型	通说认为不完全相同
合并审理条件	必须合并审理	当事人同意,可以合并审理	应当合并审理
共同诉讼人的追加	法院应当追加	法院不能主动追加,经当事人申请可以追加	法院不应主动追加,经当事人申请可以追加
合并后是否可分	不可分	可分	可分
共同诉讼人的地位	权利、地位同一	各自独立,互不影响	权利、地位同一,且相互影响
裁判结果	一并判决	可以分别判决	必须同一确定
上诉对判决的影响	一人上诉,全部判决不生效	一人上诉,其他判决仍生效	一人上诉,全部判决不生效

有鉴于此,学者们普遍认为,应借鉴大陆法系的必要共同诉讼理论[①],增设"类似必要共同诉讼"类型以完善我国现有的共同诉讼体系。类似必要共同诉讼,滥觞于德国1931年《民事诉讼法修改草案》,指"虽然众多参与人之一能单独为自己起诉或被诉,但若众多参与人一同起诉或被诉,则整个权利争议的裁判必须出于诉讼法的理由统一,即针对所有人都一致和同时作出,又称为特别的共同诉讼"[②]。其有三个特征:第一,诉讼标的客观牵连性。即诉讼标的不完全相同,但因某种法律关系或事实而存在客观的牵连关系。第二,合一确定性。指对涉及的共同事实和共同法律关系作统一不悖的认定,即"无论数人是否一同起诉或

---

① 大陆法系的必要共同诉讼分为固有必要共同诉讼和类似必要共同诉讼,固有必要共同诉讼与我国的必要共同诉讼大体一致。

② [德]奥特马·尧厄尼希:《德国民事诉讼法》,周翠译,法律出版社2003年版,第423页。

应诉,但诉讼标的之法律关系最后在共同诉讼人间需作出是否存在的同一认定"①。第三,共同诉讼人的相对任意性。即不以共同诉讼人全体一致参加诉讼为当事人适格要求,共同权利或义务的部分主体提出诉讼请求或被诉承担责任,仍属主体适格。②

两相对照不难发现,批量代位权诉讼完全符合"类似必要共同诉讼"特征:首先,从诉讼标的看,批量代位权诉讼均以债务人对同一次债务人的债权为直接诉讼标的,虽因各代位权人的主债权不同而无法当然视为同一,但其中的高度牵连性却是显见的;其次,从裁判的同一性看,为了在已起诉的多个代位权人之间实现"同位优先受偿",批量代位权诉讼必须合并审理、同一确定,否则便会削弱实体规则的公平价值,并造成既判力冲突;最后,从共同诉讼人的任意性看,根据"代位权相对优先规则",批量代位权诉讼只在已起诉的代位权人之间进行合并审理,其他债权人是否参与诉讼并不会对已参与诉讼的代位权人的主体适格性产生影响。

2.批量代位权诉讼的具体程序规则

(1)强制合并审理

笔者认为,应当将《合同法解释(一)》第16条第2款"可以合并审理"修改为"应当合并审理",赋予法院对"一定合理期间内,两个或两个以上债权人对债务人的同一次债务人提起的代位权诉讼"依职权合并审理的权力,排除当事人意志对合并审理程序的影响。

至于此处"一定合理期间"的限定标准,可以参照2015年发布实施的《最高人民法院关于适用〈中华人民共和国民事诉讼法〉的解释》(以下简称《民诉法解释》)第232条关于合并审理的规定,将其确定为"首个代位权诉讼受理后,法庭辩论结束前"。一方面,法庭辩论结束前,各当事人对于案件事实争点的主张、举证和质证尚未结束,法官对案件事实尚未形成最终判断,新诉的加入并不影响庭审程序的正常进展;另一方面,以法庭辩论结束前为截止时点,在固定合并审理案件范围的同时,也使次债务人能够对新加入的代位权人的诉讼主张获得新的合理答辩、举证期限,保证了次债务人的程序利益。

(2)允许其他债权人在确定时点前申请加入

关于其他债权人的加入问题,笔者认为,"同位优先受偿"规则只允许积极起诉的代位权人获得相对优先受偿。因此,法院不必按照《民诉法解释》第73条第1款关于必要共同诉讼的规定,依职权查找并通知其他债权人参与诉讼。但其他知情的债权人却有权在确定时点截止前,按照《民诉法解释》第73条第2款的

---

① 吕太郎:《民事诉讼之基本理论(一)》,台湾元照出版公司2009年版,第67页。

② 张永泉:《必要共同诉讼类型化及其理论基础》,载《中国法学》2014年第1期。

规定，书面申请加入合并审理。此时，已提起诉讼的代位权人的主体资格不会因其他债权人未加入诉讼而产生影响；而未申请加入诉讼的债权人亦可在此次诉讼结束后，通过直接向债务人主张债权，或向其他次债务人主张代位权的方式来实现自己的债权。

（3）以最后加入共同诉讼的案件为准计算审限

允许同位代位权人申请加入共同诉讼合并审理，就可能出现审理时间的相对延长，以及被合并审理的多个案件之间的审限冲突。然而，权衡审限制度与类似共同诉讼制度的价值目标可知，前者的首要目的在于防止案件审理程序的无故拖延，侧重于司法的"效率"价值；而后者的核心意图在于避免矛盾判决，实现各代位权人的平等保护，侧重于司法的"公平"价值。按照前文确立的"效率与公平均衡协调原则"，单纯追求效率的审限价值，理应让位于实现公平结果的共同诉讼价值。况且，单从程序上看，合并审理本身亦能节约司法成本，实现效率价值，而审限问题则完全可以以其他方式变通解决。综上所述，批量代位权诉讼应在保障效率的同时，兼顾新案加入对公平的要求，因而以最后加入共同诉讼的案件为准计算审限较为适宜。

（4）部分当事人上诉对判决效力的影响

按照类似必要共同诉讼理论，批量代位权诉讼中各诉之间虽相互独立，但裁判依据的事实和适用的法律均是合一确定的，各债权人依照判决所获得的实体权利之间亦相互牵连。当部分债权人不服一审判决提出上诉时，如允许其他判决到期生效，则必然导致已生效判决与上诉判决确定的未生效权利产生矛盾。因此，程序上的合一确定应当然延伸至判决层面，即：明确规定当部分当事人上诉时，其他批量代位权案件判决一律不生效，二审法院仍应对批量代位权案件进行一并审理，并作出合一确定的裁判。

结　语

通过对我国代位权诉讼规则的梳理与分析，笔者发现，我国代位权制度创新的立法初衷甚佳，但在现实适用中却问题频频。究其原因，虽有微观制度设计上的缺陷，但更主要的，是其与上位债权法律制度的价值龃龉，以及与相关程序规范的失调。批量代位权诉讼仅仅是中国代位权制度创新在司法实践检验过程中所遭遇的一个最微小的挑战，该制度在漫长的适用中还可能面临更多的问题。

中国的民商事法律制度在努力借鉴优秀经验的同时，也立足自身进行着不懈的探索。然而，值得思考的是，推动单项制度创新的根本动力是什么？某种特定的非常态化需求或许在社会发展的某一阶段表现异常尖锐，此时，具有相当稳定性和科学性的法律是否仍需简单呼应？更进一步而言，单项制度的构建和创新能否脱离其所属的上位法律体系,能否以对法律体系伸展度和完整性的突破,来实现自身功能的实质提升? 也许,法律在与时俱进、大胆创新的同时,还需要更多谨慎的论证,以及对传统规则的充分理解和坚持。

多元化纠纷解决机制

我国多元化纠纷解决机制的制度创新

龙　飞[*]

摘要:多元化纠纷解决机制改革是中央部署的重要司法改革任务之一。从2004 年到 2014 年,最高人民法院牵头这项改革任务,带动了各种纠纷解决机制的发展,使多元纠纷解决机制成为国家治理体系和治理能力现代化的重要方式之一。今后应从顶层设计、推广经验、统筹协调、创新方式、培育人才、推动立法、加强保障、更新理念等方面进行制度创新,最终建立系统完备、科学规范、运行有效的纠纷解决制度体系。

关键词:多元化纠纷解决机制;司法改革;制度创新;纠纷解决体系

按照中央的部署,最高人民法院在 2004 年公布的《人民法院第二个五年改革纲要(2004—2008)》(以下简称《二五改革纲要》)中,正式将"多元化纠纷解决机制改革"列为一个重要的改革项目。在过去的十年里,这一项目经历了初期试点、方案制定、扩大试点、全面落实等阶段,在全国法院范围内推行"诉调对接"工作,带动了各种纠纷解决机制的发展。2015 年 4 月 9 日在四川眉山召开的"全国法院多元化纠纷解决机制改革工作推进会",在国家治理体系和治理能力现代化建设的整体战略部署中描绘了多元化纠纷解决机制改革的发展蓝图,成为这一改革进程中的一个新的里程碑。自此,多元化纠纷解决机制改革步入了一个崭新的全面升级阶段。

---

*　作者系最高人民法院司法改革办公室指导处副处长。

一、我国多元化纠纷解决机制改革的历程

2004 年之前，中央已经高度重视矛盾纠纷化解工作，并发布了一系列文件。[①] 但是，多元化纠纷解决机制改革一直没有被列为一项单独的改革项目。直到 2004 年，中央下发司法体制改革的意见，最高人民法院制定《二五改革纲要》，才真正拉开了多元化纠纷解决机制改革的序幕。

(一)地方探索和初期试点阶段(2004—2007 年)

根据 2004 年《中共中央转发〈中央司法体制和工作机制改革领导小组关于司法体制和工作机制改革的初步意见〉的通知》，最高人民法院《二五改革纲要》首次提出"建立多元化的纠纷解决机制"。最高人民法院 2004 年发布的《关于人民法院民事调解工作若干问题的规定》和 2007 年发布的《关于进一步发挥诉讼调解在构建社会主义和谐社会中积极作用的若干意见》，进一步强调了诉讼调解的作用。

2007 年下半年，最高人民法院在全国法院确定了第一批多元化纠纷解决机制改革试点，包括吉林省高级人民法院、河北省廊坊市中级人民法院、甘肃省定西市中级人民法院、云南省曲靖市中级人民法院、福建省莆田市中级人民法院、上海市浦东新区人民法院、重庆市渝中区人民法院、福建省厦门市同安区人民法院、广东省东莞市第二人民法院等 9 家法院。这些试点法院在实践中不断探索并积累了许多经验，如甘肃省定西市的"司法确认"、河北省廊坊市的"廊坊经验"、福建省莆田市的"莆田模式"等，为后来的多元化纠纷解决机制改革奠定了坚实的基础。

(二)步骤安排和方案制定阶段(2008—2009 年)

2008 年，中央政法委员会下发《关于深化司法体制和工作机制改革若干问题的意见》，对新一轮司法改革任务作出了部署。"建立诉讼与非诉讼相衔接的矛盾纠纷解决机制"是其中一项重要的任务。该改革项目在全国人大法工委、中央政法委、中央综治办的指导下，由最高人民法院牵头实施。中央批准了最高人民法院提出的多元化纠纷解决机制"三步走"改革步骤，即"法院做好诉调对接、中央出台相关政策、改革成果转化为立法"。

---

① 2000 年，中央社会治安综合管理委员会下发《关于进一步加强矛盾纠纷排查调处工作的意见》。2002 年，中共中央办公厅、国务院办公厅转发了《最高人民法院、司法部关于进一步加强新时期人民调解工作的意见》。

最高人民法院 2009 年发布的《人民法院第三个五年改革纲要(2009—2013)》提出:"建立健全多元纠纷解决机制。按照'党委领导、政府支持、多方参与、司法推动'的多元纠纷解决机制的要求,配合有关部门大力发展替代性纠纷解决机制。"2009 年 7 月,最高人民法院发布《关于建立诉讼与非诉讼相衔接的矛盾纠纷解决机制的若干意见》(以下简称《若干意见》)。这一具有里程碑意义的文件要求人民法院完善诉讼与仲裁、行政调处、人民调解、商事调解、行业调解以及其他非诉讼纠纷解决方式之间的衔接机制,扩大了赋予合同效力的调解协议的范围,允许当事人申请确认和执行调解协议,为人民群众提供了多元的可供选择的纠纷解决渠道。这些规定有利于鼓励行政调处、人民调解、商事调解、行业调解及各类仲裁的发展,有利于缓解有限的司法资源与日益增长的解决纠纷需求之间的矛盾,有利于满足各种不同的纠纷解决需求,有利于拓宽人民群众参与社会管理和公共服务的途径。

(三)扩大试点和全面落实阶段(2010—2013 年)

全国各地法院认真落实《若干意见》,通过诉前调解、委托调解以及诉讼各阶段的调解,已经初步实现了诉讼与非诉讼调解的多种形式的衔接,并取得了有效的成果。2010 年,最高人民法院发布《关于进一步贯彻"调解优先、调判结合"工作原则的若干意见》,要求人民法院在收到当事人起诉状或者口头起诉之后、正式立案之前,对于未经人民调解、行政调解、行业调解等非诉讼纠纷解决方式调处的案件,要积极引导当事人先行就近、就地选择非诉讼调解组织解决纠纷,力争将矛盾纠纷化解在诉前。全国人大常委会 2010 年 8 月 28 日通过的《人民调解法》,吸收了法院探索司法确认改革取得的成果,首次以立法的形式确定了调解协议司法确认制度。2011 年 4 月 22 日,中央综治办、最高人民法院等会签的《关于深化推进矛盾纠纷大调解工作的指导意见》,为进一步深化推进矛盾纠纷大调解工作指明了方向。2012 年 8 月修订的《民事诉讼法》在总结、吸收改革成果的基础上,规定了先行调解、司法确认等制度,为多元化纠纷解决机制提供了法律保障。

最高人民法院在中央的领导下,用 4 年时间完成了三步走的战略。为进一步扩大改革成果,2012 年 4 月 10 日经中央批准的《最高人民法院关于扩大诉讼与非诉讼相衔接的矛盾纠纷解决机制改革试点总体方案》(以下简称《扩大试点方案》),进一步拓宽了试点内容,探索建立纠纷解决新方式;扩大了试点范围,在全国确立了第二批 42 家试点法院。试点法院积极探索,形成了各自鲜明的特点。如四川省眉山市中级人民法院的"喊得应、接得起、划得来"的"眉山方法";东莞市第二人民法院的特邀香港律师调解纠纷;长沙市岳麓区人民法院的"专利纠纷行政调解司法确认"等。2012 年 12 月最高人民法院和中国保险监督管理委员会联合下发《关于在全国部分地区开展建立保险纠纷诉讼与调解对接机制试点工作的通知》，在保险纠纷等专门领域建立畅通、便捷的诉调对接机制。2013年年底至2014年年初，最高人民法院对42家试点法院进行了评估总结。

(四)深化改革和升级换代阶段(2014年之后)

党的十八届四中全会通过的《中共中央关于全面推进依法治国若干重大问题的决定》对完善多元化纠纷解决机制改革提出了新的战略部署，要求"健全社会矛盾纠纷预防化解机制，完善调解、仲裁、行政裁决、行政复议、诉讼等有机衔接、相互协调的多元化纠纷解决机制"。这为深化多元化纠纷解决机制改革指明了方向和目标。最高人民法院在总结试点的成功经验的基础上，研究论证可复制、可推广的改革经验，并向中央汇报多元化纠纷解决机制改革试点总体报告，得到了中央的高度肯定。中央决定以最高人民法院推进改革的方法研究建立全社会纠纷解决体系的规则和路径，继续深化多元化纠纷解决机制改革。在试点基础上，2014年12月，最高人民法院在全国确定了50家示范法院，并发布了《关于确定多元化纠纷解决机制改革示范法院的决定》。

为贯彻党的十八大和十八届三中、四中全会精神，进一步深化人民法院各项改革，最高人民法院于2015年2月4日发布了《关于全面深化人民法院改革的意见——人民法院第四个五年改革纲要(2014—2018)》，进一步明确了人民法院下一步全面深化多元化纠纷解决机制改革的任务。该《纲要》指出："继续推进调解、仲裁、行政裁决、行政复议等纠纷解决机制与诉讼的有机衔接、相互协调，引导当事人选择适当的纠纷解决方式。推动在征地拆迁、环境保护、劳动保障、医疗卫生、交通事故、物业管理、保险纠纷等领域加强行业性、专业性纠纷解决组织建设，推动仲裁制度和行政裁决制度的完善。建立人民调解、行政调解、行业调解、商事调解、司法调解联动工作体系。推动多元化纠纷解决机制立法进程，构建系统、科学的多元化纠纷解决体系。"2015年4月9日，最高人民法院在四川眉山召开全国法院多元化纠纷解决机制改革工作推进会，提出了"国家制定发展战略、司法发挥保障作用、推动国家立法进程"新"三步走"战略，在国家治理体系和治理能力现代化建设的整体战略部署中描绘了多元化纠纷解决机制改革的发展蓝图，成为这一改革进程中一个新的里程碑。

二、我国多元化纠纷解决机制改革的具体措施

十年来，最高人民法院按照中央的部署牵头多元化纠纷解决机制改革，从试点中总结可推广、可复制经验，从探索中寻找纠纷解决的一般规律，从实践中更新理念和方法，从理论上丰富社会治理体系的基本问题。司法确认制度的确立、

先行调解原则的明确,眉山会议"新三步"战略的提出,厦门地方立法的制定……一步步改革措施的落实,一个个改革成果的展示,标志着中国多元化纠纷解决机制从初创走向成熟,从单一走向复合,从后台走向前台,走出了一条尊重规律、循序渐进、务实稳妥的多元化纠纷解决机制改革之路。可以说,十年多元化纠纷解决机制改革完成了两个重要跨越:一是从部分法院与调解等非诉机制对接的探索,升级为全国范围内受到各界普遍认可的制度体系;二是从法院缓解办案压力的"权宜之计",升级为国家治理体系和能力现代化的战略行动。①

(一)搭建诉调对接平台

目前,我国基层法院基本建立了诉讼服务中心,并有一半以上的诉讼服务中心建立了诉调对接中心。诉调对接中心作为诉讼外调解机制,依托法院的工作平台,配备专门的工作人员,建立完备的工作制度,明确相应的工作职责。相关调解组织可以在法院诉调对接中心设立调解室,办理法院委派或委托调解的案件。诉调对接中心是法院主导下的纠纷处理工作平台、集散地和调度站。这个平台负责与社会各种纠纷解决机制的衔接,形成了人民法院与社会调解组织在职能上良性互动、在作用上优势互补;形成了法院诉前调解机制、民商事案件速裁机制与传统审判机制的纵向流程;也形成了非诉调解协议司法确认与各类社会解纷资源的横向结合,整合了各种纠纷解决资源,实现了资源共享,建立了立体化纠纷多元解决机制体系,丰富了我国司法制度的内涵。

(二)赋予调解协议合同效力

调解是多元化纠纷解决机制中的重要一元。2002年最高人民法院发布《关于审理人民调解协议的民事案件的若干规定》,确认"经人民调解委员会调解达成的、有民事权利义务内容,并由双方当事人签字或者盖章的调解协议,具有民事合同性质"。2009年《若干意见》解决了非诉讼调解协议的合同效力问题。此后,我国又通过《人民调解法》与《民事诉讼法》等法律的规定,赋予调解协议以民事合同效力,有力地支持和推动社会调解力量开展工作。这项制度的确立解决了以往民间调解协议缺乏法律保障的问题。

(三)创设司法确认制度

司法确认制度是2012年修订的《民事诉讼法》确立的一项新制度,也是我国

---

① 蒋惠岭:《十年改革创新路,扬帆逐浪再起航》,载《人民法院报》2015年4月13日第2版。

法院多元化纠纷解决机制改革的巨大成果。2004年《最高人民法院关于人民法院民事调解工作若干问题的规定》首次提出司法确认程序。2007年一些地方法院如甘肃定西法院、福建莆田法院率先开始探索。2009年《若干意见》进一步完善了司法确认制度的案件范围、管辖、确认程序、确认的法律效力等内容。《人民调解法》和新《民事诉讼法》明确规定,双方当事人通过调解组织解决纠纷,达成调解协议后,可以向法院申请确认调解协议的效力。法院经审查认为合法有效的,可以作出确认裁定书,从而赋予调解协议以强制执行力。这项新制度的建立,吸收了司法改革的成果,是对司法实践与改革活动的立法回应,从法律层面肯定了司法确认的独立程序价值。

(四)创新委派调解和委托调解形式

委派调解和委托调解是近年来人民法院与其他非诉讼纠纷解决方式相衔接的一项比较成熟的制度。该项制度最早见于2004年最高人民法院颁布的司法解释,而后在2009年《若干意见》和2012年《扩大试点方案》中得以全面发展。委派调解是指人民法院在立案登记前,经双方当事人的申请,将纠纷委派给特邀调解组织或特邀调解员进行调解的活动。委托调解是指人民法院在立案登记后,经双方当事人同意,委托特邀调解组织或特邀调解员进行调解的活动。委派调解与委托调解的最大区别是委派调解达成协议的,可以申请法院司法确认,而委托调解的案件是法院已经登记立案的案件,委托调解成功的,由法院出具调解书。各试点法院通过委派调解和委托调解,为当事人提供了多种纠纷解决渠道,有助于分流一部分适宜调解的案件,减少进入审理程序的案件数量,使法院行使司法职能的方式更加灵活丰富。①

(五)构建法院附设 ADR 制度和专职调解员队伍

西方许多国家 ADR 机制中有法院附设 ADR 的做法。20世纪70年代,美国某些州在法院内设立了调解和仲裁等第三方解决纠纷的制度。1990年以后,美国联邦法院大规模地推广应用法院附设 ADR。日本民事、家事调停制度要求法院建立专门的调停委员会,作为法院的附设机构,聘任有资质和见识的专家为调停委员,迅速、简易、低廉地化解纠纷,减少了社会负担和资源耗费。2015年3

---

① 2012年至2014年,长沙市岳麓区人民法院诉前委派调解纠纷2103件,诉中委托调解案件306件,调解成功1848件,当事人自动履行率87.87%。参见舒秋膂:《树立新理,用活新机制》,载《人民法院报》2015年4月10日第5版。

月5日,新加坡新设国家法院纠纷解决中心,取代之前运行20年的初步纠纷解决中心,①前者是一个典型的法院附设调解机构。近年来,我国法院附设由法院主导或受法院指导的调解机构,当事人双方在特邀调解组织或特邀调解员的主持下,通过委派调解或委托调解化解大量纠纷。与此同时,各地法院还探索建立了法院专职调解员制度,主要是在立案登记后,由具有调解能力的法官或者法官助理担任专职调解员,专门从事调解工作。这一做法既能分流大量的案件,保证审判法官集中精力审理重大、疑难和复杂案件,合理配置司法资源,又能防止出现"调判不分"、"以判压调"、强迫调解等问题。

(六)建立特邀调解组织和特邀调解员名册

特邀调解组织和特邀调解员名册制度,是指法院按照一定标准通过筛选、选拔等方式,确定一些调解组织和调解员承担法院委派或委托调解工作,或者协助法院进行调解的制度。将符合条件的调解组织或调解人员纳入名册管理并不属于许可、审批活动,而是法院利用"外力"化解纠纷的一种工作机制。通过特邀调解组织和特邀调解员名册制度,可以建立并培育一批业务素质精良、具备一定职业调解水准的"编外解纷队伍"。然而,我国目前并没有认定调解组织资质的专门程序和机构,调解组织也存在良莠不齐的情况,因此,调解组织进入法院特邀调解组织名册必须接受法院的审核。进入特邀调解组织名册的,可以是行政机关、人民调解组织、商事调解组织、行业调解组织以及其他具有调解职能的组织,其必须满足一定的入册条件,遵守相应的管理规范。特邀调解员不依附于某个调解组织,凭借个人的能力和声望以及参与调解工作的积极性,接受邀请或主动申请加入法院的特邀调解员队伍。进入特邀调解员名册的,可以是人大代表、政协委员、专家学者、律师及法律工作者、退休法官、退休检察官或者其他具备调解员资格和能力的公民,必须满足一定的入册条件,遵守相关的管理规范。②建立特邀调解组织和调解员名册可以方便当事人根据名册选择适当的调解组织或调解员化解纠纷,同时人民法院可以根据一定标准选择适合调解本法院案件的调解组织和调解员,并开展针对性的培训、指导和监督,确保其能够高质量地开展调解工作。

---

① 梅达顺(新加坡首席大法官):《新加坡法院"一站式"多元化纠纷解决服务框架》,江和平译,载《人民法院报》2015年4月10日第8版。

② 杭州市西湖区人民法院目前已有200多名特邀调解员,成立了婚姻家庭调解团队、知识产权调解团队、商事纠纷调解团队等多个专业类型化特邀调解员团队。参见时恩霞:《网上网下诉调对接,院内院外人才战略》,载《人民法院报》2015年4月10日第5版。

（七）引进早期中立评估制度

早期的中立评估制度最早起源于美国,适用于多种复杂及专业性强的案件类型,在司法 ADR 机制中产生了很大的影响,为许多国家所借鉴,甚至已经成为一些国家 ADR 中的一种重要形式。中立评估程序适用于解决涉及医疗、建筑等专业性问题的纠纷。法院在处理一些医疗纠纷、建筑纠纷时,可建议当事人选择评估员协助解决纠纷。评估员应当是经验丰富的法律工作者或者相关专业领域的专家。评估员可以根据各方当事人的陈述及相关证据,出具中立评估报告,向当事人分析优势劣势、指明未来走向,以帮助当事人认清案件本质、纠正自己的认知、辨清自己的局势。中立评估意见虽然不具有法律效力,但是它能减少当事人之间的对抗情绪,进而引导或促使当事人选择和解、调解等纠纷解决方式。东莞市第二人民法院等试点法院从 2011 年开始在一些复杂、专业性强的案件中引入早期中立评估机制,效果显著。[①]

（八）探索无异议调解方案认可机制

无异议调解方案认可机制在国外是一种比较成熟的纠纷调解机制。在调解实践中,时常出现当事人对主要权利义务已达成一致,仅对调解金额存有细微争议,却因积怨或碍于面子,均不愿继续磋商的情况。无异议调解方案认可机制就是针对这一情形所设立的。《试点方案》规定,在给付之诉中,当事人未能达成调解协议但分歧不大的,经当事人各方书面同意后,可由调解人员提出书面调解方案并送达当事人,同时告知提出异议的方式、期限及法律后果。当事人在规定期限内对该调解方案提出异议的,视为调解不成立;未提出异议的,该调解方案即视为双方自愿达成的调解协议。无异议调解方案认可机制为在调解过程中出现情绪对立的当事人提供了一个缓和的机会;由调解人员中立地提出折中方案,既基本解决了双方的争执,又避免了直接协商有可能带来的新的冲突;异议期间的设置,既充分尊重了当事人的意愿,又给予其充分的时间来考虑调解方案。这一"缓冲式"的调解机制,有利于使实际分歧小、对立情绪大的纠纷得到有效调处。[②]

---

① 江和平:《东莞二院:纠纷解决的专业化之路》,载《中国审判》2015 年第 8 期。
② 自 2012 年 1 月至 2015 年 3 月,福建省莆田市两级法院通过出具无异议调解方案,促进当事人达成协议 1212 件,对 1312 件案件进行无争议事实记载。参见余文唐:《莆田法院:ADR 的"莆田模式"》,载《中国审判》2015 年第 8 期。

（九）探索无争议事实记载机制

该机制是《试点方案》规定的新内容，主要是指当事人未达成调解协议的，调解员在征得各方当事人同意后，以书面形式记载调解过程中双方没有争议的事实，并告知当事人所记载的内容。经双方签字后，当事人无须在诉讼过程中就已记载的事实举证。建立无争议事实记载机制的创立初衷在于，当事人虽然调解不成，但在调解员的主持下已对纠纷的一些事实达成合意，如果不把这些无争议事实记载下来，当事人在随后的诉讼过程中还要重复举证、质证，既耗费司法资源，又浪费当事人的时间。试点法院在实行这项新机制时发现，法院专职调解员运用无争议事实记载机制的效果比其他调解员更好。因为与特邀调解员相比，当事人更加信任法院的专职调解员。当事人之间未达成调解协议的，法院专职调解员或特邀调解员宣布调解程序终结，在征得双方当事人同意后，可以书面形式记载无争议的事实，并告知其法律后果，由当事人签字盖章并记录在卷。在审判过程中，当事人可将经双方签字认可的无争议事实记录作为证据使用，但有关确认身份关系、涉及案外第三方利益的除外。如此安排，既不影响法院公平公正地审理案件，也能够节省审判时间，对当事人和法院而言是双赢的。

三、我国多元化纠纷解决机制改革的成效

多元化纠纷解决机制的改革对于化解社会纠纷、节约司法资源、发挥各种解纷方式的功能发挥着重要的作用。除人民调解组织的蓬勃发展之外，各种行业协会、商事调解组织等非诉讼纠纷解决机制在全国各地茁壮成长，在整个社会纠纷解决领域起到了"通经活络""四两拨千斤"的效果，对推进我国法治建设有着深远的历史意义和现实意义。各试点法院在最高人民法院的指导下，积极推进改革任务的落实，从理念更新到组织健全，从机制建设到制度完善，从"单打独斗"到资源整合，从"散兵游勇"到建立解纷队伍，从制定政策到推动立法，取得了显著的成效。

（一）为民众提供更多的纠纷解决渠道，满足当事人多元的司法需求和价值选择

在现代社会中，当事人在利益诉求、价值选择方面的要求越来越高，多元化的纠纷解决方式可以说是应"需求"而生。诉讼作为一种以国家强制力为保障的纠纷解决方式不应是"唯一"或"首选"，而应是"最后的选择"。民众遇到纠纷时的选择不应是"单一"的，而应是"多元"的。通过多元化纠纷解决机制的改革，各种社会性、民间性的社会组织及其纠纷解决机制有了很大的发展空间。人民调

解、商事调解、行业调解、仲裁等各类非诉调解组织开始登上舞台,以各自擅长的方式,在化解各领域各类型的矛盾纠纷时为当事人提供了更多的选择,满足了群众多样化的需求。

(二)整合社会解纷力量,优化司法资源的合理配置

各种各样的社会纠纷,应当有各自不同、"各得其所"的解决渠道。但是,如果各纠纷解决方式"单兵作战",就是"一盘散沙"。通过建立特邀调解组织名册和特邀调解员名册,与行政机关、有调解职能的组织建立相对固定的诉调对接关系;通过完善诉前委派调解机制、立案后委托调解机制、民商事纠纷中立评估机制等,最大限度地动员非诉解纷资源;通过多元化纠纷解决机制的建设,将各种纠纷解决力量整合起来,优化司法资源配置,分流案件,在一定程度上缓解了案多人少的矛盾。眉山市两级法院 2014 年通过诉调对接机制化解了 8627 件纠纷,占传统民商事案件的72.53%。全市万人起诉率低于全省平均水平,信访量也排在全省末位。[1]

(三)缓解社会矛盾的冲突程度,形成和谐稳定、安宁平和的社会秩序

多元化纠纷解决机制的改革为民众提供了越来越多的、适合的纠纷解决方式的自由选择空间,促进纠纷当事人从对抗对决走向对话协商,从单一价值走向多元价值,从胜负决斗走向争取双赢。人们比任何时候都更加重视以交流和合作促进社会发展,更加重视相互尊重与宽容的价值,更加注重安宁平和、和谐稳定的社会秩序。在法治下平衡利益,在秩序中求得发展,已经成为现代人的共识。[2]

(四)丰富和发展法院功能理论,为完善社会纠纷解决体系提供法理基础

多元化纠纷解决机制的改革丰富和发展了法院功能理论。法院的基本功能有如下两种:一是法律功能,二是社会功能。法律功能的主要表现是法律规则的发现、解释与适用,而社会功能的主要表现是纠纷的化解和社会关系的恢复。在价值多元、利益多极、镜像多棱、关系多面的社会中,一个公共机构应当发挥的功

---

[1]　钟成:《筑强平台,整合资源,创新模式》,载《人民法院报》2015 年 4 月 10 日第 5 版。

[2]　范愉:《非诉讼纠纷解决机制(ADR)与法治的可持续发展——纠纷解决与 ADR 的研究方法和理念》,载公丕祥主编:《法制现代化研究》(第 9 卷),南京师范大学出版社 2004 年版。

能已经无法单一存在。法院也是如此。① 法院发挥着"纠纷中转站"的职能,对适宜调解的案件引向社会纠纷解决机构,或送往法院附设 ADR 机制,或通过法院专职调解员进行调解,甚至通过速裁方式快速解决纠纷。法院的这些改革措施促进了法院社会功能的实现。由此,法治并不必然是以单一的国家权力及其价值观为基准的法律规则之治。许多纠纷并不能简单地归结为权利义务关系,而更多的是利益之间的平衡问题。利益的平衡不一定要适用法律规则,只要当事人遵循共同认可的规范或习惯,达到"双赢"的结果即可。所以,现代法治社会应当允许法律规则与其他社会规范共同存在、互动发展,应该具有多元化的价值理念、多元化的行为模式以及多元化的纠纷解决方式。

四、眉山会议对多元化纠纷解决机制改革提出的新要求

2015 年 4 月 9 日举行的眉山会议是最高人民法院深入贯彻党的十八大、十八届三中、四中全会精神和习近平总书记系列重要讲话精神的一次重要会议,也是近年来最高人民法院召开的关于全面深化多元化纠纷解决机制改革的第一个全国性会议。中共中央政治局委员、中央政法委书记孟建柱同志对会议作出重要批示,最高人民法院院长周强同志在会上作了《全面深化多元化纠纷解决机制改革,促进提升社会治理法治化水平》的重要讲话。眉山会议从国家治理、社会治理的高度来探讨新时期全面深化多元化纠纷解决机制改革的重要作用,体现了全面推进多元化纠纷解决机制改革的深远意义。

(一)深谋远虑的"三步走"战略

周强院长在眉山会议上指出,各级人民法院要按照"国家制定发展战略、司法发挥保障作用、推动国家立法进程"的新"三步走"战略,加快推进中国多元化纠纷解决机制改革的进程。

第一步,"国家制定发展战略"。党的十八届四中全会对推进多元化纠纷解决机制改革作出了重要部署,明确要求"健全社会矛盾纠纷预防化解机制,完善调解、仲裁、行政裁决、行政复议、诉讼等有机衔接、相互协调的多元化纠纷解决机制"。多元化纠纷解决机制的发展,将按照社会治理的基本规律,把纠纷解决从普通的社会管理中分离出来,突显其自身的客观规律,发挥其在"社会治理体系"中的不可替代的作用,与治理体系中的其他要素共同形成一个功能齐全、优势互补、疏而不漏的国家治理体系。按照中央落实四中全会精神的分工方案,下半年中央将出台有关完善多元化纠纷解决机制建设的具体改革方案,作为当前

---

① 蒋惠岭:《法院两种功能的重构》,载《人民法院报》2011 年 3 月 4 日第 5 版。

和今后一段时间指导全国建立完善的多元化纠纷解决机制的纲领性文件。

第二步,"司法发挥保障作用"。近年来,全国各级人民法院认真贯彻落实党的十八大和十八届三中、四中全会精神,积极推动多元化纠纷解决机制改革,为畅通群众诉求渠道、满足群众多元司法需求、及时化解矛盾纠纷、推进国家治理体系和治理能力现代化作出了重要贡献,在多元化纠纷解决机制建设中的组织、引领、培育、规范、推动、保障等环节中起到了"定海神针"的作用。孟建柱书记指出:"各级人民法院要紧紧围绕'四个全面'的战略部署,主动适应经济发展新常态,善于把握矛盾纠纷的趋势特点,创新工作思路、方法,继续发挥好在多元化纠纷解决机制改革中的推动、保障作用,要与有关部门密切配合,形成整体合力。"人民法院应当从战略部署、法治思维、社会视角和历史高度来理解多元化纠纷解决机制在法治体系中的重要地位,重新审视法院在社会多层次多领域依法治理中的功能和作用。

准确定位人民法院在多元化纠纷解决机制改革中的功能和地位,充分发挥"推动"和"保障"作用。"推动"作用主要体现在法院与其他非诉纠纷解决机制的关系方面。法院在发挥解决纠纷作用的同时,应当通过诉调对接、效力赋予、人才培养、参与立法等途径,让更多的矛盾纠纷通过规范、中立、胜任的非诉解纷渠道予以解决。而法院自己逐步从台前转入幕后,以其特有的优势促进多元化纠纷解决机制的发展,并推动相关的立法进程。"保障"作用主要体现在对非诉纠纷解决方式的全方位、立体式的保障,包括认可调解协议的法律效力,完善调解组织的机构建设,规范调解员的行为,培训调解员的技能,提高调解员的能力等。只有在社会纠纷解决机制体系健全、制度完备、队伍精良、氛围良好的前提下,人民法院为多元化纠纷解决机制建设提供司法保障才能成为一种主流和常规的状态。

在上一轮多元化纠纷解决机制改革中,人民法院起着重要的"引领"作用。法院每年处理数以千万计的司法案件,成为纠纷解决的"龙头老大"。在激活其他解纷资源、构建解纷体系方面,法院以司法强制力、司法经验、司法能力等优势引领其他纠纷解决机制的发展。在全面深化司法体制改革初见成效后,作为社会公平正义最后一道防线的人民法院"前台引领"作用,将逐步向"后台推动"、"法治保障"方面转化。[①]

第三步,"推动国家立法进程"。周强院长在眉山会议上的重要讲话从依法治国新要求、社会治理新高度、人民群众新需求、司法资源新配置、国际接轨新视

---

① 蒋惠岭:《引领·推动·保障:司法作用的发展进阶》,载《人民法院报》2015 年 4 月 10 日第 5 版。

野等五个方面,指明了新时期推进多元化纠纷解决机制改革的基本目标和方向。多元化纠纷解决机制改革实施十年来,已经在改革成果立法转化方面取得了显著的成效。这不仅体现在《人民调解法》赋予调解协议以"法律效力"和修订后的《民事诉讼法》特别程序新增调解协议司法确认程序,而且体现在当前推进多元化纠纷解决机制的单项立法或综合性立法的改革进程中。2015 年 4 月 1 日厦门市人大常委会通过的《厦门经济特区多元化纠纷解决机制促进条例》就是很好的例证。下一步,最高人民法院要继续鼓励和支持有立法权的地方积极借鉴厦门人大的立法经验,努力争取更多地方将多元化纠纷解决机制建设纳入立法规划。有关法院要全力投入,积极配合,早日实现改革成果的法律化。最高人民法院在条件成熟的情况下,将积极向全国人大常委会提出立法建议,推动国家多元化纠纷解决机制的立法进程。

(二)制度创新的"升级换代"

最高人民法院院长周强在会上指出,各级人民法院要按照新"三步走"战略安排,优化法院内外资源配置,实现多元化纠纷解决机制升级换代的"六个转变",打造多元化纠纷解决机制的升级版。[①]

一是将诉调对接平台从单一平面的衔接功能向多元立体的服务功能转变。诉调对接平台从原先只负责非诉讼纠纷解决渠道与法院的对接和调解协议的司法确认等工作,转变为建设集诉讼服务、诉讼辅导、立案登记、诉调对接、涉诉信访等多项职责于一体的综合服务平台,实现诉调对接工作的规模化、系统化和常态化。扩大利用特邀调解员协助法院化解纠纷的范围和规模,设立专门的调解室并提供业务指导和工作保障,探索调解组织参与法院工作的新方式。推动网络信息技术在多元化纠纷解决机制中的运用,打造纵向贯通、横向集成、共享共用、高效便捷的在线纠纷解决平台,有效整合各类解纷资源、提高解纷效率,通过网络为人民群众提供多元、及时、便捷的纠纷解决服务。

二是将诉调对接机制从单向输出向双向互动转变。从一开始法院单方设立对接机制,邀请调解组织进驻法院帮助法院调解案件,到现在人民调解、行政调解、行业调解、商事调解、商会调解、专家调解和律师调解等组织主动申请加入法院特邀调解组织名册,要求法院将适宜调解的案件委派给他们进行调解,从而形成法院和诉讼外调解组织之间双向互动的良好局面。在立案登记制改革实施以后,案多人少的矛盾日益突出,诉前调解分流工作受到一定程度的影响和制约。

---

① 龙飞:《打造多元化纠纷解决机制的"升级版"》,载《人民法院报》2015 年 4 月 24 日第 5 版。

各级人民法院要抓紧分析立案登记制改革的态势,加强对各类解纷资源的深度整合应用,加强对诉前分流、引导调解、处理反馈等全过程的信息收集、数据分析,提升纠纷化解的风险预估和研判解决能力。

三是将诉调衔接对象从重点突破向全面启动转变。以往的诉调衔接只是针对纠纷多发的重点领域,例如婚姻家庭、邻里关系、交通事故、医疗事故和消费者权益保护等。目前,诉调衔接的对象已经逐步拓展到建筑行业、物业管理、环境保护、知识产权、国际贸易、期货证券、民商事交易和电子商务等各个领域。衔接对象不仅要与组织衔接,还要动员人民群众和社会各方面参与。广泛发动基层调解人员、平安志愿者、社会工作者等开展矛盾的预防和化解工作。不仅要支持工会、共青团、妇联等人民团体通过集体协商、对话协商等方式协商各方利益,还要拓展人大代表、政协委员、法学专家、律师、社会贤达人士等有威望的个人参与纠纷化解。

四是将诉调对接操作规范从零散差异向系统整合转变。以往的诉调对接操作规范是各个领域各自的操作规范,各自为政、各自发展。法院和不同领域调解机制的衔接规范也各不相同,差异较大,缺乏统一规划、统一标准、统一配置。通过这些年的改革,最高人民法院和各级人民法院开始逐步健全特邀调解组织和特邀调解员名册管理制度,规范特邀调解工作规则,明确各自的工作职责,充分发挥法院编外解纷队伍的积极作用。各级人民法院也帮助和支持各类调解组织规范其组织建设和制度建设,推动建立符合各自特点的规范系统的纠纷解决模式。

五是将解纷人才的培养从经验型向职业型转变。以往的解纷人员大多数是人民调解员以及基层司法人员,主要依靠工作中积累的经验化解纠纷。目前,解纷人员正在向职业化、专业化方向发展。一些专业性的调解资格培训机构也应运而生。很多法院、商事调解组织、行业调解组织、仲裁组织等与域外机构合作开展调解专业人才的培训工作,纠纷解决逐渐成为一种职业。

六是将法院内部调解机制从粗放型向精细化转变。以往,法院内部的调解机制呈现粗放型、松散型,没有形成一套系统、科学的调解制度体系;如今,法院内部的调解机制将作出重大转变。首先,更加注重调解人员分类的专门化,法院专职调解员队伍正在逐步壮大;其次,在调解技能方面,更加注重专业化、职业化的培训;再次,在纠纷解决方式上,建立更加科学合理的分层递进模式;最后,在调解程序方面,强调调解与审判的适当分离,合理调配司法资源,让擅长调解的法官和辅助人员专职调解,使审判法官从诉前调解、审前准备工作中解脱出来。

(三)纠纷解决的"分层递进"

随着立案登记制改革的推进,大量的矛盾纠纷涌入法院。周强院长在眉山会议上指出，"在立案登记制改革的大背景下，多元化纠纷解决机制建设只能加强，不能削弱"。因此，全面推进多元化纠纷解决机制改革迫在眉睫。各级法院要严格落实修订后的《民事诉讼法》规定的先行调解原则，建立"纠纷解决的分层递进"机制，实现案件的有效分流。[①]

一是纠纷类型分层。纠纷有小、大、难、易各种类型，并不是所有的纠纷都必须走诉讼的渠道。只有通过一个纠纷解决体系，让各种纠纷解决机制积极参与、多元共治、各取所长、各尽其能，形成常态化的长效工作机制，才能将各类纠纷按照各自的类别进行分层，过滤出真正需要动用国家司法资源作出裁判的纠纷。

二是解纷机制分层。除了诉讼这个"龙头老大"之外，近些年其他解纷机制也迅猛发展。从日渐兴旺的人民调解、行业调解，到日渐觉醒的行政调解、商事调解，日渐规范的劳动人事争议调解仲裁、商事仲裁，再到初露锋芒的民商事纠纷中立评估、无异议方案认可、无争议事实记载等等，这些解纷机制为当事人提供了更加多元的选择。

三是解纷人员分层。我们虽然有着悠久的被誉为"东方经验"的人民调解，但是随着经济社会的快速发展、商业贸易的繁荣、互联网时代的到来，商事调解、商事仲裁、专业调解、网络调解等新型解纷机制闪亮登场。因此，我们需要根据不同地域、不同案件的类型，以及人民群众的多元需求，对解纷人员加以分类，构建各具特色、各取所长、各尽其能的解纷队伍。

四是解决纠纷流程分层。实施立案登记制改革以后，当事人诉至法院的纠纷可分为如下四个层次：第一层，登记立案前，对适合调解的案件，在征得当事人同意的基础上引导当事人选择诉前调解，此时可暂缓立案。由法院委派特邀调解组织或者特邀调解员先行调解，达成调解协议的可以申请司法确认。在这个阶段，法院应当做好辅导、释明工作，向当事人说明诉前调解的优势，为当事人提供可选择的特邀调解组织或特邀调解员名册，绝不能借委派调解之名拒绝立案。当事人拒绝调解或不同意调解的，立即转入登记立案阶段。第二层，登记立案后，所有的案件经过诉调对接中心进行过滤分流，进行诉讼引导和辅导。对适宜调解的案件，在征得当事人同意的基础上，通过委托特邀调解组织或者特邀调解员进行调解，或者交由法院诉调对接中心的专职调解员进行调解。在此阶段达成调解协议的，可直接由担任专职调解员的调解法官审查后出具调解书，无须再走司法确认程序。第三层，对不适宜调解而进入诉讼程序的案件，可以通过繁简分流、小额速裁、督促程序等方式快速化解。第四层，经上述三个层次仍未解决

---

① 龙飞：《打造多元化纠纷解决机制的"升级版"》，载《人民法院报》2015 年 4 月 24 日第 5 版。

的纠纷,再进入审判程序。

五是配套机制分层。多元化纠纷解决机制建设是一个系统工程,它需要与诉讼服务中心建设相结合,需要与社会各类纠纷解决机制相衔接,需要重新审视法院在社会多层次多领域依法治理中的功能和作用,也需要创新、高效、便捷的网络调解及其他新型对接方式。同时,经费保障机制的配套对多元化纠纷解决机制建设至关重要。需要从立法或政策层面整体规划,建立以财政支持为主、社会投入为辅、职业调解市场化运营为补充的,适应不同解纷组织、不同解纷方式特点的多层次、多样化的经费保障体系。

五、构建我国现代多元化纠纷解决体系的建议

多元化纠纷解决机制改革是党的十八届四中全会确定的重点改革任务,涉及社会多层次多领域的主体,影响到国家治理体系和治理能力现代化建设的成败。如何从中央层面进行顶层设计,鼓励和支持社会各方面参与,让多元纠纷解决方式共同发挥作用,实现政府治理和社会自我调节、居民自治的良性互动,由司法机关提供法治保障,争取到 2020 年基本建成我国系统完备、科学规范、运行有效的纠纷解决制度体系?下文从顶层设计、推广经验、统筹协调、创新方式、培育人才、推动立法、加强保障、更新理念等八个方面提出建议。

(一)顶层设计,抓紧出台中央层面的改革整体方案

纠纷解决体系必须通过国家顶层设计,统筹规划,按照"国家制定发展战略、司法发挥保障作用、推动国家立法进程"的新"三步走"战略,加快推进中国多元化纠纷解决机制改革的进程。为确保此项工作快速、有序开展,人民法院和其他各有关部门需根据中央确定的改革战略和改革框架,根据本部门的具体情况,落实中央部署的具体改革任务。因此,建议中央按照新"三步走"战略,尽快出台多元化纠纷解决机制改革的整体方案,作为当前和今后一段时间指导全国建立完善的多元化纠纷解决机制的纲领性文件。多元化纠纷解决机制将发挥其在"社会治理体系"中的不可替代的作用,与治理体系中的其他要素共同形成一个功能齐全、优势互补、疏而不漏的国家治理体系。

(二)推广经验,树立现代多元化纠纷解决理念

"眉山经验"是当前推动多元化纠纷解决机制改革中的一个典范,即"党政主导各方推进、解纷网络全面覆盖、司法推动科技助力、辅分调审有序化解"。"眉山经验"在多元化纠纷解决机制建设中具有代表性、示范性、普适性,建议在中央层面向全国推广"眉山经验",树立"国家主导、司法推动、社会参与、多元并举、法

治保障"的现代纠纷解决理念,实现多元化纠纷解决机制理念的"升级换代",形成党政强力主导、社会积极参与、司法依法保障的新局面,掀起多元化纠纷解决机制改革的新高潮。

(三)统筹协调,建立综治统管各方发力的纠纷解决体系

多元化纠纷解决机制建设是一个宏大的系统工程,涉及各个行政部门和各类解纷组织,解纷形式和程序也多种多样。因此,迫切需要有一个部门统筹协调、统一规划、统一标准、整合资源,形成常态化的长效工作机制,构建科学、系统的多元化纠纷解决体系。建议此项工作由中央综治部门和地方各级综治部门具体负责,行政机关和各类解纷组织各就其位、各得其所、各取所长、各尽其能,从而发挥社会治理的整体合力。政府要积极参与纠纷的预防和化解,充分发挥其权威性、正当性、效应性、规范性等优势,运用行政调解、行政仲裁、行政裁决、行政和解等机制及时化解纠纷。完善行业性、专业性调解组织的发展,激发社会调解组织的活力,在社会自治能力较弱且纠纷积聚较多的环境纠纷、医疗纠纷、交通事故纠纷、劳资纠纷、产品质量纠纷、知识产权纠纷、保险证券纠纷、物业纠纷等领域发挥行业调解组织的作用。探索建立市场化运作的独立第三方的商事调解组织、商事仲裁机构,打造国际化的纠纷解决机构。建立社会参与机制,保障民众平等参与社会治理和纠纷化解的权利,实现多元合作共治。

(四)创新方式,建设互通共享的在线纠纷解决平台

随着经济全球化和信息化的发展趋势,互联网已经进入社会生活的方方面面。在"互联网＋"、大数据时代,人民群众对纠纷解决的多元、便捷、实时等方面都提出了新的要求。一种新型的在线纠纷解决机制(ODR)正以其超地域、超国家、虚拟性、灵活性、高效性等优势,被广泛运用于电子商务纠纷解决。2014 年淘宝网通过在线争议解决模式,解决了 73 万起矛盾纠纷。2015 年 2 月,浙江省高级人民法院研究开发"网上法院"建设,由阿里巴巴集团提供互联网软件和硬件技术支持,在确定的四个试点法院开展在线调解案件。我们必须准确把握时代特征,始终坚持问题导向,增强深化改革的前瞻性和主动性,推动纠纷解决向善于运用信息化手段转变,向善于运用互联网思维转变,积极探索利用互联网、大数据、云计算等现代科技手段,创新高效便捷、灵活开放的网络调解及其他对接方式。建议推动网络信息技术在矛盾纠纷多元化解中的运用,努力建设纵向贯通、横向集成、共享共用、安全可靠的矛盾纠纷在线化解平台,提高各矛盾纠纷化解部门、机构、组织间的系统互连、信息互通和资源共享程度,积极稳妥地推动在线调解、在线仲裁、在线协商谈判、网上咨询、网上鉴定评估、网上诉讼案件立案、债权文书公证程序、电子督促程序等工作,有效整合各类资源,切实提高化解

效率,通过网络为人民群众提供多元、及时、便捷的矛盾纠纷化解服务。

(五)培育人才,为职业化纠纷解决队伍夯实基础

一支高水平、专业化的职业解纷队伍是纠纷解决事业发展的人才基础。解纷主体的专业性是一种立体交叉式的综合能力,需要具备各种专业能力、社会经验、生活阅历、智力水平、个人素质、行为模式等综合素质。随着各类解纷或调解培训机制的逐步建立,解纷行业自律机制的逐步完善,解纷服务市场的迅速扩展,我国应着力于促进各种非诉解纷主体快速发展,为建立一个新型的专业化、正规化的纠纷解决队伍奠定基础。为此,提出如下建议:(1)法院系统培养专职调解员,为调审适当分离做好人才准备。(2)有关行业建立各自的调解员名册制度,建立统一的调解员资质认证和职业培训机制,提高准入门槛,健全调解员职业道德标准和职业行为准则,保证纠纷解决人员的素质和职业水准。(3)鼓励社会各界人士参与公益调解,大力发展义务调解员队伍,通过他们的公益调解促进社会对 ADR 的认知,鼓励公众使用 ADR。(4)高等法律教育管理部门鼓励有条件的大学开设"纠纷解决"教学课程,为各类纠纷解决机制培养基础人才。

(六)推动立法,尽快启动综合立法和单项立法等调研工作

虽然《人民调解法》《民事诉讼法》对多元化纠纷解决机制的改革成果有所体现,但是现有的法律制度仍难以适应此项工作的深层次推进。目前,多个省市的地方立法程序已经启动,厦门市已经颁布全国第一个地方性法规。这些都将为中央层面的立法提供坚实的实践基础。为此,提出如下建议:(1)尽快开展综合立法调研。中央综治部门向全国人大常委会提出立法建议,尽早启动多元化纠纷解决机制综合立法的调研工作,并将其纳入立法规划。(2)尽快开展强制调解前置程序的研究。立案登记制改革的实施对多元化纠纷解决机制,尤其是诉前调解造成了很大的冲击。许多当事人不愿意选择非诉讼纠纷解决方式,加剧了法院案多人少的矛盾。德国、日本、英国、美国等国家均规定了"诉前强制调解"制度,规定若干类案件未经调解诉至法院,不予受理。这一制度值得借鉴。我国应考虑建立强制调解前置程序,规定部分纠纷必须经过强制调解的流程。(3)修改诉讼费用收费办法。国务院颁布的《诉讼费用交纳办法》在施行过程中备受诟病。在当前司法资源有限、诉讼快速增长与司法资源供给不足的矛盾日益凸显的背景下,诉讼成本低、惩罚性收费的缺失导致"滥讼""缠讼"成为一种常态。修改诉讼费用收费办法,有利于发挥诉讼费用作为引导当事人选择替代性纠纷解决机制的杠杆性工具,防止当事人不正当地使用司法资源,利用程序权利延滞纠纷的解决。

(七)加强保障,建立中央层面的经费保障体系

为了促进我国多元化纠纷解决机制的长远、健康的发展,我国必须从国家层面通盘考虑、整体规划纠纷化解的经费保障问题,建立以政府支持为主、纠纷解决行业收费为辅、公益性和市场化运作相结合的经费保障机制,逐步形成适应不同解纷组织、不同解纷方式特点的多层次、多样化的经费保障体系。具体内容如下:(1)继续加大国家财政对人民调解、劳动争议调解仲裁、农村土地承包纠纷调解仲裁工作的投入,不收取任何费用,由各级人民政府将所需经费纳入财政预算予以保障。(2)对行政调解组织及其他由行政主管部门设立的调解组织,由相应的行政主管部门将其工作经费纳入本部门预算,提供必要的工作条件。(3)对其他公益性调解组织按照规定给予补贴,提供补贴或者通过政府购买服务的方式,应当进行绩效评价,并向社会公布;对交通事故纠纷、医疗纠纷等领域引入保险方式促进调解,推动社会风险分担机制。(4)针对复杂的商事、金融证券、知识产权等专业领域的纠纷,国家从立法或政策上鼓励专业调解组织按照市场化方向发展,提供有偿服务,确保调解行业的长远发展。

(八)更新理念,广泛宣扬和传播"和谐共赢"

《论语》中有句名言:子贡问曰:"有一言而可以终身行之者乎?"子曰:"其恕乎!己所不欲,勿施于人。"国际调解中心名誉主席迈克尔·利斯曾在2012年新加坡最高法院举办的"ADR机制发展大会"的演讲中引用了这段话。[①]他认为这是当前人们广泛认同的儒家思想的核心,也是ADR的核心思想。20世纪70年代美国总统尼克松访华,对中国的人民调解制度大加赞赏。2011年,非洲岛国毛里求斯最高法院首席大法官提出学习"中国经验",在其最高法院设立"调解处"。域外一些国家和地区在借鉴中国调解制度之后,迅速将其发扬光大,形成科学系统、规范专业的ADR机制,并且从"替代性纠纷解决机制"发展为"适当的纠纷解决机制"或者"友好的纠纷解决方式"。在中央提出建立完善多元化纠纷解决机制的新形势下,我国亟须改变和更新传统的纠纷解决理念;充分运用现代传媒手段,加强多元化纠纷解决理念的宣传和普及,增进社会公众对非诉纠纷解决方式的了解,营造"和谐共赢"的解纷文化氛围;推动法官、检察官、律师等法律职业共同体更新观念,满足当事人的不同需求,引导当事人理性选择成本较低、对抗性较弱、有利于恢复关系的非诉讼方式解决纠纷。

---

① [美]迈克尔·利斯:《ADR:2020年的全球发展趋势》,龙飞译,载《人民法院报》2013年3月22日第6版。

结　语

　　任何一种解纷机制都生成于特定的时代背景，并随着客观条件的变化而不断变迁演进。我国的诉讼外解纷机制曾经辉煌过，但真正步入正轨、全力发展也只有十年时间。十年，在历史长河中不算一个较长的时期，却使中国的多元化纠纷解决机制改革有了丰厚的积累。如今，我们深刻地认识到，只有推进多元化纠纷解决机制的改革，才能应对转型社会的各种需求和危机；只有通过传统和现代的融合，才能实现和谐文化与程序公正的兼容；只有将中国特色与世界趋势相结合，才能在世界 ADR 发展潮流中占据一席之地。

关于多元化纠纷解决机制地方立法设计的调研报告

■姚新民　黄鸣鹤*

摘要：《厦门经济特区多元化纠纷解决机制促进条例》是全国第一部关于多元化纠纷解决机制的地方性法规。在推动多元化纠纷解决机制完善的过程中，地方立法既是样本，也是一块试验田。地方立法权具有一定的局限性，应当明确地方立法的功能定位与现实意义。厦门法院在推动多元化纠纷解决机制的地方立法工作中发挥了重要作用。

关键词：多元化纠纷解决机制；厦门特区；地方立法；功能定位

2012年年初，最高人民法院制定了《关于扩大诉讼与非诉讼相衔接的矛盾纠纷解决机制改革试点总体方案》，并报中央政法委批准，在全国确定42家法院作为试点。厦门市两级法院被纳入试点范围。两年来，厦门市两级法院的诉调对接试点工作得到了最高人民法院司法改革办公室的肯定。在顺利通过试点工作的中期评估和终期验收工作之后，即2014年年初，最高人民法院司法改革办公室希望厦门能妥善运用特区授权立法的优势，先行推动多元化纠纷解决机制的地方立法，为全国性立法探索并积累经验。

接到这项任务后，厦门市中级人民法院（以下简称厦门中院）院长陈国猛即以市人大代表的身份提出多元化地方立法的建议案。厦门市人大常委会对立法建议十分重视，经可行性论证后决定将多元化地方立法纳入厦门市人大地方立法2014年规划之中。考虑到多元化纠纷解决机制涉及党委、政府、法院、检察院、人民团体、社会组织等众多国家机构、群团组织，市人大常委会主任会议决定由市人大内务司法委员会牵头负责立法草案的起草，厦门中院、市司法局、市法制局派员组成立法草案起草小组。

---

* 姚新民：厦门市委政法委副书记；黄鸣鹤：厦门市中级人民法院研究室副主任。

一、立法背景

(一)域外 ADR:理念变革与制度设计

域外 ADR(Alternative Dispute Resolution,非诉讼纠纷解决机制)运动起源于 20 世纪六七十年代。经济发展、社会转型,诉讼案件的急剧增多使得诉权行使与有限的司法资源之间的矛盾越来越尖锐。域外大部分国家的司法系统并未设立严格的审限管理制度,使得诉讼迟延非常严重。在此背景下,ADR 的兴起成为一场"对诉讼功能的反思、对纠纷解决体系的理论及制度重构"的运动。与此同时,接近正义(Access to Justice)运动掀起了第三波浪潮,其主流观点是"要从理论上将法院视为纠纷解决者转变为把它作为一种能够间接控制纠纷(及非纠纷)的全部线索的复杂体。与此相适应,争取正义的问题就将从纠纷当事人诉诸法院的问题变为另一个问题,即在纠纷当事人所处的场合中如何给予正义。这是法院的功能在间接而小范围内的发挥"①。

正是在这种思潮的影响下,各国的 ADR 运动风起云涌。在英国,沃尔夫勋爵所领导的民事司法改革,就是通过 ADR 减少诉讼的数量,降低纠纷解决的对抗性,优化诉讼程序并保障公平与效益的共同实现。2001 年,在英国民事司法改革后的两年内,诉讼案件总量下降了 37%。② 美国是世界 ADR 运动的执牛耳者,立法者、社会、行政系统、司法系统都在积极地推动 ADR 的发展。美国ADR 运动的背景在于社会对司法的过度依赖,由此引起了民事诉讼制度的危机,法院面临崩溃或解体的危险。

在欧洲,欧盟议会及欧盟理事会于 2008 年发布《关于民商事调解若干问题的指令》,其目的在于鼓励欧盟各国推广 ADR,促进纠纷的非诉讼解决,平衡调解与司法间的关系。③

(二)中国多元化纠纷解决机制兴起的现实背景

随着中国大陆改革开放的深入,社会主义市场经济体系逐渐建立,经济总量增长,城市化进程加快,人口结构从熟人乡土社会向城市陌生人社会转变。社会

---

① [意]莫诺·卡佩莱蒂:《福利国家与接近正义》,刘俊祥等译,法律出版社 2000 年版,第 140 页。

② 徐昕:《英国民事诉讼与民事司法改革》,中国政法大学出版社 2002 年版,第 477 页。

③ 蒋惠岭主编:《域外 ADR:制度·规则·技能》,中国法制出版社 2012 年版,第432 页。

变革转型的同时意味着纠纷的增多。纠纷能否解决、矛盾能否得到及时化解成为中国社会发展进程中的一道难题。简而言之，纠纷能否解决，决定了中国社会能否维持稳定。稳定是经济发展的基石，没有稳定，所有的繁华将被幻化为泡沫。

诉讼是一种程序烦冗、成本昂贵的纠纷解决模式，具有被动性、过于强调程序制约、功能局限性等特征，再加上执行难的困局始终无法得到有效破解，这些现实问题意味着诉讼作为纠纷解决的首选显然是不合适的。然而，长期的计划经济思维和中央一统的治理模式，束缚了决策者的思维，无论是国家还是公民，都将纠纷解决视为一种理应由国家提供的公共产品。在普法宣传中，国家提倡"有纠纷找法院""上法庭讨说法"，使得许多纠纷当事人在法律的迷宫中左突右冲，经过一审、二审、再审程序的次第运行，仍然解不开矛盾的根源症结。由此导致司法机器超负荷运转，当事人得不偿失，最终对司法失去了信心。

人民调解是具有中国特色的非诉纠纷解决机制。但在 20 世纪 90 年代，人民调解进入一个衰微的时代。其原因主要包括如下几个方面：一是人民调解主要建立在社区自治组织的基础上，对于相邻纠纷、家事纠纷有其及时就地化解矛盾的优势，但在社会分工细化、人口流动提速的时代，许多纠纷已然超越社区；二是调解必须依当事人申请，在许多纠纷发生时，当事人更愿意直接向派出所、法院这些更具威权的部门寻求纠纷解决；三是在解决一些法律关系复杂、专业性强的纠纷方面，主要由社区工作者担任的调解员无法胜任。

值得肯定的是，正如中国的改革一样，大部分解决问题的办法并不是来自于理论或源于他国成功的经验，而是来源于实践。纵观厦门地区纠纷解决多元化的成功经验，无论是交通事故纠纷一站式调处平台、医患纠纷调解机制、立案预登记制度，还是优秀调解员的发掘及其队伍的壮大，都如地下的自涌泉水，其出现的时机，取决于足够的压力和突然出现的空隙。水源，一直在那里，只是没被发现而已。当然，市场的牵引力也是一种巨大的营建力，利之所在，无坚不摧，商事纠纷调解的发展就体现了这种生成路径。

（三）"三步走"战略：地方立法在其中的阶段性功能

对多元化纠纷解决体系的推动工作，最高人民法院司法改革办公室拟定了一个三步走的战略设想。

1. 2007 年年底，最高人民法院司法改革办公室牵头成立"多元化纠纷解决机制课题组"，这是由国务院法制局、司法部、人力资源和社会保障部等十几个部委参加的课题组。课题研究的目标如下：在对多元化纠纷解决机制的中国实践作系统理论研究的同时，通过发布一个最高人民法院司法政策性文件，解决一些迫切问题。2009 年 7 月，最高人民法院在课题组研究报告的基础上发布了《关于诉讼与非诉讼相衔接的矛盾纠纷解决机制的若干意见》。这一步已经完成。

2.由中央政法委以党的文件的形式发布一个指导性文件,将"建立健全多元化纠纷解决"作为社会综合治理工作的指导性政策。中央社会管理综合治理委员会已牵头16家单位发布《关于深入推进矛盾纠纷大调解工作的指导意见》。

3.推动全国人大立法通过《多元化纠纷解决促进法》,目前正在积极推动中。

在这三步走的规划中,地方立法可以说是"二步半"。毕竟,全国性立法周期较长,地方立法既是样本,也是试对、试错的实验室;既可以结合土壤样本培育原创品种,也可以通过制度移植或改造性借鉴,检测外来制度的排异反应,并探索出破解之道。

二、需要通过立法解决的问题

在当今中国,多元化纠纷解决的发展面临着诸多瓶颈难题,主要有如下几点:

(一)诉前强制调解机制的立法缺位

对于建立健全纠纷解决机制,最高人民法院景汉朝副院长曾经打过一个比方:"多元化纠纷解决机制的建立好比修路,人们不仅需要高速公路,也需要国道、省道、村道甚至羊肠小道,每一种道路的存在都有它的合理性,我们要做的,就是要建立起各种纠纷解决的渠道,并保证它的运行。至于应该走哪一条道,应交给当事人去选择。"[1]

当然,尊重当事人的选择并不是绝对的。德国[2]、日本[3]、英国、美国[4]和我

---

[1]　景汉朝:《在多元化纠纷解决机制国际研讨会上的讲话》。多元化纠纷解决机制国际研讨会于2008年11月13日至14日在北京举行,由最高人民法院司法改革办公室主办,是亚洲开发银行合作项目。

[2]　2000年1月1日生效的《德国民事诉讼法实施法》第15条A款规定:"小额诉讼、邻地纠纷、未经媒体广播报道的个人名誉损害纠纷,未经调解起诉到法院的,法院不予受理。"

[3]　日本《家事调停法》规定,除禁治产宣告案件外,所有的人事诉讼或事家纠纷,未经调解不予立案受理。

[4]　与大陆法系国家如德国、日本"法定强制主义"不同的是,英美法系国家如英国、美国的许多州立法将是否适用诉前强制调解的判决权交给法官(裁量型强制),当事人将纠纷起诉到法院时,法官会针对纠纷的复杂性、诉讼成本、诉讼周期进行评估,对适合调解或以其他替代性方式解决纠纷的,法官以"令状""命令""指示"等方式要求当事人在起诉前必须先行经过调解或仲裁,这种命令是强制性的。

国的台湾地区①均规定了"诉前强制调解"制度,规定若干类案件未经调解而诉至法院,法院不予受理。我国学术界多次建议在《民事诉讼法》中引入"诉前调解强制"制度。2012 年修订后的《民事诉讼法》第 122 条规定:"当事人起诉到人民法院的民事纠纷,适宜调解的,先行调解,但当事人拒绝调解的除外。"从字义上理解,这一条款属于倡导性规范,而非强行性规范。

问题的解决需要一个过程,这个过程有时很漫长。一个很好的例证是"司法确认"制度的确立过程。在 2009 年以前,人民调解制度的发展一直遭遇瓶颈障碍。调解协议达成后未能自动获得或依申请赋予司法的强制执行力,若一方当事人反悔,仍只能通过诉讼解决纠纷,造成讼累。2002 年 9 月,最高人民法院发布《关于审理涉及人民调解协议的民事案件的若干规定》,明确当事人在基层人民调解组织主持下所达成的调解协议具有民事合同的性质。法律及当事人都应当本着尊重契约的精神,在无可撤销的情形下,判决应予以充分的尊重和认可。"司法确认"制度首先由最高人民法院 2009 年颁布的《关于建立健全诉讼与非诉讼相衔接的矛盾纠纷解决机制的若干意见》所规定,进而为 2010 年《人民调解法》所吸收。在 2012 年修订《民事诉讼法》时,"司法确认制度"作为"特别程序"之一终于成型。制约人民调解制度发展的这一难题才得以最终破解。②

(二)诉讼收费杠杆功能的失调

国务院于 2006 年 12 月颁布的《诉讼费用交纳办法》在施行过程中颇受诟病。争议的焦点,一是程序问题,部分学者认为诉讼费用缴交属于程序法问题,应上升到法律层级,在《民事诉讼法》中专章或专节规定。另一个问题在于,比起旧版的《人民法院诉讼费管理办法》(2003 年 12 月 26 日由财政部和最高人民法院联合制定),为了实现让"穷人打得起官司,让公平正义比太阳还光辉"的目标,诉讼收费整体下降,特别是在一些涉及民生、劳工权利的领域,实行"象征性收费"的政策。③ 但新收费办法"好心却办了坏事",撒下龙种却产出跳蚤。

图 1 为厦门市两级法院在诉讼费收费办法改革前后劳动争议案件的受理情况。从趋势图可见,诉讼费制度改革后,劳动争议案件受理数量急剧增多。与此同时,该类案件的上诉率持续攀升,其调解撤诉率与其他类型的案件相比更低,

---

① 中国台湾地区"民事诉讼法"明确规定,家事纠纷、相邻权纠纷、共有物分割、雇佣诉讼、小额债权诉讼等九种纠纷适用诉前强制调解。

② 在此之前,甘肃定西、福建莆田的法院就开展了"司法确认"的试点工作,实践效果极佳,由于无法可依,有"越法改革"之嫌。

③ 《诉讼费用交纳办法》第 13 条第 4 款规定:"劳动争议案件每件交纳 10 元。"第 15 条、第 16 条分别规定,调解、撤诉、适用简易程序的减半交纳案件受理费。

（单位：件）

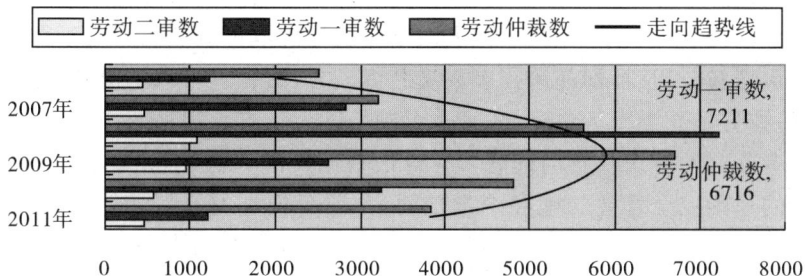

图1　2006—2011年厦门法院劳动案件分类增势变化图

说明一审服判息诉的比例较低，无论判决结果如何，劳动者或用人单位都会不服一审判决，提出上诉。①

由此可以得出如下判断：劳动争议案件受理的低收费，刺激争议双方无节制地滥用诉权。尤其是用人单位，即使其内心明白自己理亏、在诉讼中不占优势，也会选择穷尽诉讼程序。一是因为诉讼成本极低，二是希望通过增加劳动者维权的成本，以成本消耗和拖延所产生的精神折磨，变相惩罚勇于维权的劳动者，并告诫在岗雇员。

原本为降低劳动者诉讼门槛所作的制度设计，反而增加了劳动者的讼累。若以劳动者的全部诉求得到支持的比例计算胜诉率，2008年以来，劳动者的胜诉率总体呈现下降趋势，从原来的80%降至目前的50%左右。这一变化说明随着诉讼成本的降低，诉权也一定程度上被劳动者滥用。

低收费导致劳动争议案件调解难度增加。改革前，劳动争议案件收费与诉讼标的额挂钩，调解案件受理费减半收取，对于选择调解结案的当事人如同奖励。而低收费直接导致案件受理费金额被当事人忽略，当事人对于纠纷的解决，态度趋于坚决，特别是败诉一方，自然将二审作为可能改变或至少拖延的对抗策略。②

相比之下，域外将诉讼费用作为引导当事人选择替代性纠纷解决机制的杠

---

① 从发回重审及二审改判率来看，劳动争议案件低于同期平均值，说明大部分案件经二审维持原判，也说明上诉只是当事人一种拖延诉讼的策略而不是对裁判结果真正不满。

② 事实上，如果既要照顾劳动争议中较为弱势的劳动者一方又不至于产生上述负面效应，制度设计并不麻烦。目前我们采用的是诉讼费预收制度，提出诉讼的原告应预交诉讼费，只需在缴费制度中设计"免预交案件受理费"一节即可，规定由劳动者提出诉讼的案件，免予预交案件受理费；法院判决后，由法官根据诉讼情况裁定由败诉方或提出虚高诉求一方实际承担，对劳动者与用人单位可能滥用诉权的行为，均有制约作用。

杆性工具。英国法律赋予法官分配诉讼费承担的裁量权。具体而言,如果一方当事人拒绝另一方的调解方案而坚持诉讼,法官的判决结果又与调解方案接近,则法官可以认定,由于拒绝调解一方的坚持而导致本可避免的诉讼不得不进行。在裁定诉讼费分担时,即使该当事人属胜诉一方,法官仍可裁定由其负担该案的受理费;如另一方当事人主张,法官也可判令胜诉一方承担另一方在诉讼中的律师委托费。这种诉讼收费的理念,与《诉讼费用交纳办法》规定的由败诉方负担诉讼费的原则完全背离。就经济理性而言,前者更加符合"司法资源属公共资源,滥用诉权不必要地消费公共资源,则应当承担付费的义务"这一价值逻辑。实践证明,这一设计有利于将纠纷引导至非诉讼纠纷解决领域,有着导流闸的功能。我国台湾地区的诉讼费用制度也考虑到了收费对当事人选择诉讼的意愿导向作用。①

我国《诉讼费用交纳办法》所倡导的"让老百姓打起得官司"的理念导致诉讼费大幅下调。根据设计者的理解,正义就是降低法院诉讼的门槛,最大限度地保障公民的裁判请求权。实际上,在司法资源有限的背景下,诉讼快速增长与司法资源供给不足的矛盾日益凸显,当诉讼成本未被真实地表现在诉讼费用的收取上时,"滥讼""缠讼"成为一种合理选项。当事人特别是诉讼能力较弱的一方当事人陷入诉讼的泥淖,权利的司法救济成为一场漫长的司法对抗赛。在当事人的成本方面,时间、精力、金钱、心境的列支项目不断增加,司法所提供的"正义运送""权利修复"却迟迟无法到位,所谓"让老百姓打起得官司"变成对当事人心灵的二次伤害,同时出现赤字的还有司法公信力。

(三)公权的高度垄断妨碍了非诉讼纠纷解决产品市场的发育

ADR 能否有效起到缓解诉讼压力的作用,关键在于 ADR 市场的产品供给程度,ADR 产品应该包括但不限于如下要素:有相当数量的有经验、有工作热情且值得尊重信赖的调解员被列入名册,以供当事人自由选择;调解产品种类丰富、多元,可以满足当事人不同的需求;法院尊重和认可 ADR 的功效并将之视为共同解决纠纷的战略性盟友,积极向当事人推荐 ADR,在 ADR 与诉讼之间建立快捷连结方式,赋予调解协议以强制执行力;诉讼程序主动吸收 ADR 的营养成分,并将之整合融入司法制度(如法院附设 ADR 制度);一些施行有效的程序

---

① 我国台湾地区"民事诉讼法"第 82 条规定:"当事人不于适当时期提出攻击或防御方法,或迟误日期或期间,或因其他应归责于己之事由导致诉讼延滞者,虽该当事人胜诉,其因延滞而生之费用,法院得命其负担全部或一部。"这一规定可以有效地防止当事人不正当地利用程序权利延滞诉讼。

性规则(如第三方中立评估制度①)或调解组织架构(如一站式纠纷调处平台②)被创设,其经验被推广。

调解产品的供给是多方位的,在英国,ADR 体系主要由市场化运营、制度化设计、公益化供给、政府采购服务几个方面组成。(1)市场化的调解产品主要由经过调解员职业培训的专业人士提供。我们曾赴伦敦的一家律师事务所参观。该事务所由拥有调解员资格的律师组成,调解员提供服务以小时计费。③ (2)制度化设计。制度化设计最好的例证就是申诉专员制度。我们访问了伦敦房屋申诉专员服务处。英国的房屋租赁法律规定,房东在出租房屋时,必须同时缴纳一项约占房屋租金 1%的费用,这笔费用转入房屋纠纷解决专项基金并由董事局④负责营运,主要用于聘用专业人员担任申诉专员⑤,解决因房屋租赁而产生的纠纷。(3)公益性调解。对于一些涉及残障人士权益保护、劳资纠纷、妇女儿童权益保护领域的纠纷,许多维权组织下设的调解机构也提供免费的调解服务,其调解员的薪资主要由公益性基金会承担。(4)政府采购服务。在英国司法部的年度预算中,ADR 产品的采购被列为政府采购服务的固定项目,主要用于填补ADR 体系中的不足部分。采购公开进行,符合资质的 ADR 机构均可参与招投标,中标后与政府签订服务合同,年终时由政府委托评估机构对服务绩效进行第

---

① 第三方中立评估,是指在调解过程中,由中立的第三方(一般是具有专业知识或相关经验的专业人士)对纠纷中涉及的专业知识、诉讼可能的结果作出客观的评估,供当事人决策参考。

② 一站式纠纷解决平台是通过整合各类资源,为促使当事人达成纠纷解决提供各种便利性服务的平台。比如厦门法院的道路交通事故一站式调处平台,可以提供诉讼保全申请、行政调解、人民调解、法律援助、司法确认、保险定损公估、司法确认等各项纠纷解决的配套性服务,使得当事人在同一平台即可完成纠纷解决的流程性作业,免受辗转奔波之苦。

③ 在我们的观念中,调解一直以免费为特征吸引当事人,当事人也习惯于接受"免费的午餐"。然而,英国司法部官员介绍的数据表明,2009 年,英国依法成立的与 ADR 有关的机构就有 200 多家,其中 160 多家是商业性机构。这些机构创造了大约 2000 个就业机会,并且均为纳税主体。对于当事人是否乐意付费这一问题,一位调解员这样回答:"我们的服务物超所值。"这位调解员曾经拥有律师资格,他调解的收费是每小时 250 英镑,超过先前他从事诉讼服务时的收入。

④ 董事局人员由政府官员、社会贤达、房东房客代表组成,负责申诉专员招募、基金管理、机构运行绩效评估等管理性事务,不介入个案调解。

⑤ 申诉专员不是公务员,也不是社区工作者,其设计职能融纠纷调查员、调解员和仲裁员于一体。纠纷发生时,申诉专员可以到实地调查、主持调解;在双方无法达成调解协议时,申诉专员可以作出一个类似于仲裁的裁决,除当事人在规定的期间内向法院提起诉讼,否则该裁决自动具有强制执行力。当被问及申诉专员的裁决权从何而来时,英国司法部接待官员的回答是"立法赋权"。

三方中立评估,作为是否续约的依据。

(四)调解员培训的不足导致调解市场无法持续提供优质服务

好的制度要靠人来实现。ADR 制度的关键,在于调解市场的培育和调解人才的培养。在英美国家,ADR 市场形成了"市场化供给、政府采购公共服务、公益性调解"等多层次的产品供应体系,供当事人在"调解超市"中自由选定服务。在美国,司法部门制定调解员的准入门槛(对学历和专业并无太高要求,但要求调解员在取得资格前必须经过一定学时的岗前培训)。在德国,许多大学的法学院将调解课程列入法学院学生的必修课。这样做的目的有二:一是在法学院教育阶段增进学生对 ADR 的了解,二是多一门职业训练使毕业生的就业多一份机会。许多国家成立了调解员协会,制定调解员执业伦理和行业自律机制。

三、多元化地方立法能解决些什么问题

(一)多元化纠纷解决体系的厦门实践

在多元纠纷体系的理论研究和地方立法推进方面,厦门一直走在全国前列。在理论研究方面,厦门大学的齐树洁教授在 ADR 理论研究方面一直走在前列。[①] 2005 年,他所主持的 ADR 研究被列入福建省社会科学研究"十五规划"项目(批准号:2003B198),并成为厦门大学人文社会科学横向课题"多元化纠纷解决机制立法研究"(项目编号:K82031)。课题组根据厦门市的实际情况形成了报告,这些研究成果成为 2005 年 10 月厦门市人大常委会制定《关于完善多元化纠纷解决机制的决定》的理论基础。

正是在这部地方性立法的推动之下,厦门市的多元化纠纷解决机制在实践中逐步建立健全,并涌现出如"无讼社区创建""交通事故一站式调解平台""医患纠纷中的专家调解及中立第三方评估"等具有地方特色的 ADR 产品。

(二)地方立法权的局限性

如何通过政策的制定促进多元化纠纷解决机制的建立健全,这是《厦门经济特区多元化纠纷解决机制促进条例》(以下简称《促进条例》)的宗旨所在。结合上述分析,我们发现,诉前强制调解属于民事程序法的范畴。而《中华人民共和

[①] 由于齐树洁教授与中国人民大学范愉教授在中国 ADR 研究领域发挥着学科带头人的作用,法学界一直有"北范南齐"的美誉。

国立法法》第 7 条规定:"全国人民代表大会和全国人民代表大会常务委员会行使国家立法权。全国人民代表大会制定和修改刑事、民事、国家机构的和其他的基本法律。全国人民代表大会常务委员会制定和修改除应当由全国人民代表大会制定的法律以外的其他法律;在全国人民代表大会闭会期间,对全国人民代表大会制定的法律进行部分补充和修改,但是不得同该法律的基本原则相抵触。"民事程序法属于国家的基本法律,不是地方立法权所能涉及的。正是基于这个原因,厦门市两级法院在 2013 年探索"立案预登记制度"(事实上就是诉前纠纷非诉解决引导机制),将当事人到法院起诉,法官经审查后认为适合调解的案件引导至诉调对接中心,由特邀调解员先行调解。其前提条件是向起诉当事人推荐非诉讼纠纷解决机制,并说明不会因此影响当事人的诉讼时效,征得当事人同意后方可转为立案预登记。因此,诉前强制调解不可能在《促进条例》或未来的《中华人民共和国多元化纠纷解决促进法》①中出现,只能在《民事诉讼法》再次修订时增补。

另一障碍在于诉讼费杠杆的合理利用。目前施行的《诉讼费用交纳办法》在 2006 年以国务院令的形式发布,此举颇受学界诟病。理论界认为,诉讼费用的收取,属于司法制度的一部分,应在诉讼法中予以规定。我国《民事诉讼法》第 11 章虽规定了"诉讼费用",但只有第 118 条单一条款,②事实上将交纳办法交由行政机关拟定。如何巧妙地运用诉讼收费的杠杆,引导、促使当事人选择 ADR 体系解决纠纷,也不是厦门地方立法权所能设计的。

(三)地方立法的功能定位与现实意义

多元化纠纷解决促进立法的宗旨是建立健全多元化纠纷解决机制,应当遵循"政府负责、社会协同、公众参与、法治保障"的原则,实现"纠纷非诉解决、矛盾源头化解、基层自治能力提升"的社会管理综合治理的目标。因此,《促进条例》应当有"推动、培育、整合、规范、引导"五大功能。

一为"推动",即形成合力。推动者,在于施以向前或向上的力,使物体运动。ADR 促进领域,则体现为执政党的施政理念、政府的行政作为、非政府组织的介

---

① 前已述及,诉前调解强制属于民事程序法的组成内容,而民事程序法属于国家的基本法律,只能由全国人民代表大会通过,全国人大常委会无此权限。而设计中的《多元化纠纷解决促进法》作为非基本法律,一般由全国人大常委会表决通过即可。

② 台湾地区"民事诉讼法"关于诉讼费用的规定多达 57 条(第 77 条之一至第 115 条),具体规定了诉讼费承担的原则、裁定、计算、费用担保、费用救助(暂免、免除)等方方面面的原则。德、日等国均在诉讼法中规定诉讼费的收取原则,计算的基准比率则交由行政权根据社会经济发展水平核定。

入、公众的积极参与、司法机关的专业保障等，各种力道形成"合力"，推动事物向前发展。

二为"培育"，即环境培育。小小种子何以成参天大树？生命基因是内在因素，土壤、温度、水是外部决定性因素。ADR 体系已经被世界各国的实践证明是成功的，ADR 运动所形成的思潮促进法律人重新思考"正义"的概念和实现的方式，承认司法功能的局限性，认同 ADR 也是实现正义的很好的方式。ADR 便捷、成本低，仅就其结果而言，许多时候，甚至比诉讼还更接近正义。ADR 有其自身的生命力，环境培育在于"减少管制，加大扶持"，在于行业规范的建立、调解员的职业培训、各种平台的建立等。

三为"整合"，即资源重整。ADR 资源散落在各个行业，通过平台创建和机制建设，将各类资源整合成一个高效协作的纠纷解决团队。例如，厦门的道路交通事故一站式纠纷调处平台，设在交警大队的交通事故处理中心；人民调解、行政调解、法律援助、保险公估定损、巡回法庭，来自不同单位、行业的力量在一个平台中各司其职，有序对接，形成一个松散但高效协同的作业团队，为当事人提供优质的纠纷解决服务。

四为"规范"，即建章立制。无规矩不成方圆，ADR 调解人员来自不同单位、不同领域，如同一支作战部队，有"职业军人""退役军人""民间义勇军"，聚集在一起为"纠纷解决"的目标作战。在人员管理上，需要"特邀调解组织名册""特邀调解员名册"供当事人自由选择，同时防止无资质人员自行揽案。在行业自律上，需要成立调解员协会作为自我管理和自律的组织。在工作能力的培养上，调解员需要交流的平台和定时培训的机制。

五为"引导"，即理念传送。世界各国的 ADR 运动最终形成一股思潮，即重新审视诉讼在纠纷解决体系中的功能。越来越多的法学家接受这样一种价值判断：没有司法万万不能，但司法并不是万能的。无论从资源配置还是从制度设计本身来看，仅靠法院单打独斗是无法有效快捷解决纠纷的，必须建立一个多元的纠纷解决体系，大力推动诉讼外纠纷解决模式的发展。

ADR 的理念进入中国后，迅速为理论界和实务界所接受，几乎不存在排异反应。原因有三：一是中国有着"和为贵""无讼是求"的传统和合文化，人民调解被称为"东方经验"并有着数十年的基层基础。二是与中国经济同步增长的诉讼量，造成法院极大的工作负荷，人民法院有着借助 ADR 缓解压力的积极诉求。三是社会转型时期各种社会矛盾激化，ADR 的理念与工作模式，与各级党委政法委开展社会管理和综合治理的传统模式相契合，加上执政党力量整合的政治动员力，在许多区域，党委成为多元化纠纷解决机制的主要推动力量。

需要普及和引导的是公众对于多元化纠纷解决机制的知晓率和认同度。进入 ADR 制度场域的是普通民众，因此，理念传播、绩效评估并保障项目的社会参与性，也是《促进条例》的一项重要功能。

四、《促进条例》的体例设计

在《促进条例》草拟的过程中，我们对篇章结构设计如下：第一章"总则"；第二章"纠纷解决途径"；第三章"纠纷解决程序"；第四章"纠纷解决程序衔接"；第五章"纠纷解决组织建设"；第六章"保障措施"；第七章"考核监督"；第八章"附则"。

"总则"主要解决"法源""立法目的和目标""纠纷解决的原则""责任主体"等几个纲要性问题。该部分争议较大的条款在于多元化纠纷解决机制的促进需要一个总协调部门。就现实而言，最好的"带头大哥"当属综治委，但综治委毕竟不是一个行政部门，其带有党委机构的色彩，将职能归属于党委议事协调机构并写入地方立法，是否妥当？ 在征求意见及第一次审议中，反对或质疑的声音群起。即便是在起草小组向全国人大内司委和福建省人大请示并得到"可以写进去"的肯定答复后，质疑的声音仍未消失。

第二章"纠纷解决程序"专章罗列 ADR 的种类及当事人解决纠纷的路径，简洁定义每一种纠纷解决模式。

第三章"纠纷解决程序"规定协商、调解的启动、期限、终止、调解协议的制作、调解协议的司法确认等程序性事项，及调解员的中立地位、利害关系披露义务、保密义务等调解员履职所必须遵守的伦理；并规定早期中立评估、中立性事实调查，无争议事实记载、无异议调解方案认可等创新性工作机制。在这一章节中，行政解决纠纷（包括行政调解、行政指导、行政斡旋、行政裁决）如何规范占了较大篇幅。这并不是起草小组对行政解决纠纷的偏爱，而是有关人民调解、仲裁等诉讼外纠纷解决机制的法律、司法解释已较为详细，地方立法自然无须赘述；而行政机关纠纷解决机制，目前散见于部门规章和地方政府规章，本着"哪块不足补哪块"的原则，地方立法在这一模块下了重墨。

第四章"纠纷解决程序衔接"，重点在于如何建立各种纠纷解决机制间的"无缝对接"，形如建立快速轨道，联结多元化纠纷解决体系的各个点或不同模式，使纠纷在不同的解决模式间能有序流转，快速找到最适宜的解决模式；或各个节点形成接力协作[①]；或根据纠纷的特性设计复合式纠纷解决平台（如道路交通事故

---

① 如调解成功后，当事人就调解协议申请司法确认，调解是一种非讼产品，而司法确认却是一种司法产品，司法确认程序解决了调解协议在当事人不自动履行时直接申请强制执行的问题，同时也赋予司法机关对调解协议内容是否存在法律禁止性规定的内容进行审查的权力，既是司法保障又是合法性审查。

一站式调处平台），在这个平台中，调解、保险公估理赔、法律援助，司法权中的诉讼保全申请、调解协议司法确认、审判，都被组合设计在一个平台中，纠纷当事人可以通过纠纷解决流程图的指引、平台工作人员的辅导自主完成纠纷的解决。在此之前，当事人必须奔波于不同的机构，不同程序之间松散、信息阻隔导致效率低下。而一站式纠纷解决平台是一种"以纠纷当事人的体验为中心，以纠纷解决的效率为目标"的设计，不仅节约了当事人解决纠纷所必须承受的时间、金钱成本，也降低了纠纷解决的公共成本，促进纠纷的快速解决，同时降低了社会痛苦指数。

第五章"纠纷解决的组织建设"。首先对调解组织进行分类。长期以来，理论界对调解组织的分类存在争议，但经过实践的沉淀与检验，基本上形成了社会调解（也有人称民间调解）、行政调解、司法调解几大板块，主要依其主管部门或调解主体的属性加以区分。在社会调解中，人民调解属于基层群众自治性组织调解，以《人民调解法》作为其规范。目前，人民调解基本覆盖村（居）民自治组织，许多大型厂矿、国企、行业协会也相继建立了人民调解组织。人民调解组织被界定为公益性质的组织，不得收取调解费用，人民调解组织及人民调解员开展工作所需经费，主要源自政府拨款。但人民调解毕竟不能涵盖全部的社会调解，将全部的社会调解"人民调解化"是一种容易导致格式化的简单想法，其直接的结果将是使得原本可以"百花齐放"的社会调解单一化。在《促进条例》中，我们给行业调解组织、收费性商业调解组织预留了发展的空间。

第六章"保障措施"主要规范经费保障、非诉讼法律援助、调解员管理与培训、纠纷解决理论研究、鼓励社区自治、绩效评估、表彰奖励等制度，提出"政府购买调解服务产品"等新概念。

第七章"考核监督"涉及责任落实、调解员名册管理、调解员职业伦理等。

第八章"附则"规定政府、法院、检察院必须制定实施办法及条例施行时间。

结　语

厦门是中国大陆第一个对多元化纠纷解决机制进行地方立法的城市。2005年10月公布的《厦门市人大常委会关于完善多元化纠纷解决机制的决定》虽然只有16个条款（2204字），但是在此后的几年中，它成为厦门地区推进多元化纠纷解决机制建立健全的指导性文件。2015年4月1日，厦门市第十四届人民代表大会常务委员会第25次会议通过了《厦门经济特区多元化纠纷解决机制促进条例》。该条例已于2015年5月1日起施行。目前，上海、山东、浙江等省市都在积极调研地方立法的可能性。

我国法院附设调解制度的新发展

吴文琦[*]

摘要：伴随着我国多元化纠纷解决机制的重大变革，法院附设调解制度也获得了长足的进步和现代化的发展。这些进步和发展主要表现在重视立法完善、促进调解机构的立体化建构、推动调解的职业化发展、探索调解的商业化模式和实现调解的电子化运作等方面。

关键词：多元化纠纷解决机制；法院附设调解；司法改革

法院附设调解是一种虽有法院公权力介入却又区别于传统法院调解的制度，是将诉讼外调解与诉讼程序充分融合的产物。21世纪初，"人民调解工作室"或"人民调解窗口"在部分法院崭露头角，法院附设调解的实践在我国开始启动。十年间，伴随着我国多元化纠纷解决机制的重大变革，法院附设调解也实现了"升级换代"。与十年前相比，法院附设调解的制度安排不再是法院为了应付"案多人少"的现实矛盾而采取的"权宜之计"。制度设计者和实践者的社会责任感日益增强，其影响力持续发酵并在社会上产生了强烈共鸣。如今，法院附设调解已经升级为国家治理体系和能力现代化的战略行动。法院附设调解的实践不再需要力排众议，其正当性已基本获得了社会各界的普遍认同；法院附设调解不再是部分法院的"小打小闹"或"小心翼翼摸着石头过河"。各地法院根据地域特点，探索出许多各具特色的新路径。总体而言，我国法院附设调解在立法和实践方面均获得了长足的进步和现代化的发展。

一、重视立法完善

完备立法是ADR发展的战略保障。纵观世界各国ADR的发展历程，许多

---

* 作者系厦门大学马克思主义学院暨福建省中国特色社会主义研究中心讲师，法学硕士。本文系厦门大学哲学社会科学繁荣计划项目"中国发展道路的理论与实践研究"（2013—2017）的阶段性成果。

国家都是从国家层面进行整体部署,从立法层面进行长远规划的。在美国、日本等法院附设调解制度健全的国家,为了维护制度的良好运作,这些国家均制定了相应的法律规范,如美国的《统一调解法》(*Uniform Mediation Act*)、日本的《民事调停法》、韩国的《民事调解法》。我国目前还没有一部有关法院附设调解的专门法律,但相关的条文在新近颁布的法律中均有所显现,例如,2010 年《人民调解法》中关于调解协议司法确认的规定、2012 年《民事诉讼法》中关于先行调解和司法确认的规定等。这些法律条文的确立,为我国法院附设调解的统一立法奠定了基础。

除了法律规定,我国针对法院附设调解的地方立法也迈出了可喜的一步。地方性立法可在统一的法律立法的框架下,根据地区自身的特点加以进一步特殊化、细致化的规定,同时也能够在该地区的实践中发挥更加明确清晰的指引和推动作用。在这方面,厦门一直走在全国前列。2005 年,为了促进多元化纠纷解决机制的建立和完善,厦门市人大常委会颁布了《关于完善多元化纠纷解决机制的决定》,厦门成为全国首个对多元纠纷解决机制进行地方立法的城市。该决定对于促进厦门市多元化纠纷解决机制的建立和完善具有举足轻重的作用。此后,厦门始终保持对该机制的立法关注。2015 年 4 月 1 日,在充分总结厦门法院长期司法实践经验的基础上,厦门市人大常委会通过《厦门经济特区多元化纠纷解决机制促进条例》。该条例分 7 章,共 76 条,内容涵盖"纠纷解决途径""程序衔接""组织建设""保障措施""考核监督"等方面,创设了"无争议事实记载""无异议调解方案认可"等调解工作新机制;在保障措施上,规定了"政府购买调解服务""非诉讼法律援助""运行环境建设"等多项具体的促进举措。该条例是一部促进类型的法规,支持组织创新、机制创新、程序创新,关注道路交通、医疗卫生、劳动争议、物业管理、消费者权益保护、环境保护以及其他纠纷集中的领域,推进行业性和综合性一站式纠纷解决服务平台的建立。厦门市此次制定多元化纠纷解决机制促进条例,在国内具有开创意义,"在全国树立起多元化纠纷解决立法的标杆,为推进中国多元化纠纷解决机制建设开启新的一页"①。

二、促进调解机构的立体化建构

经过多年的探索,我国调解机构的设立呈现出多元化的趋势。传统的人民调解组织,行业性、专业性调解组织和民办非企业调解组织都获得了良好的

---

① 黄怀:《中央、省主要媒体点赞我市多元化纠纷解决机制》,载《厦门日报》2015 年 6 月 12 日 A2 版。

发展。

(一)行业性、专业性调解组织的创立和发展

在当下社会,一些涉及现代类型的合同、医疗、知识产权等纠纷的化解无法单纯仰仗于传统的基层人民调解员的资历、名望,而要求这些调解员具备一定的专业能力。2014 年 10 月,中共十八届四中全会通过的《中共中央关于全面推进依法治国若干重大问题的决定》明确指出:"要加强行业性、专业性人民调解组织建设。"2015 年 2 月,最高人民法院发布《人民法院第四个五年改革纲要》(以下简称《四五改革纲要》),提出要"推动在征地拆迁、环境保护、劳动保障、医疗卫生、交通事故、物业管理、保险纠纷等领域加强行业性、专业性纠纷解决组织建设"。目前,医疗纠纷调解委员会、消费纠纷调解委员会、知识产权纠纷调解委员会等行业性、专业性纠纷解决组织在各地纷纷设立。这些行业性、专业性较强的调解组织参与纠纷调解,可以发挥其专业优势,使调解更易获得双方的认可或成为法院司法确认的对象。

(二)民办非企业调解组织的创立和发展

根据国务院 1998 年 10 月颁布的《民办非企业单位登记管理暂行条例》的规定,所谓民办非企业单位是指企业事业单位、社会团体和其他社会力量以及公民个人利用非国有资产举办的,从事非营利性社会服务活动的社会组织。2004 年"李琴人民调解工作室"的注册成立,代表我国开始探索设立民办非企业性质的调解组织。

近两年,上海经贸商事调解中心引起了人们的广泛关注。该调解中心是经上海市商务委员会、上海市社团管理局批准,于 2011 年 1 月 8 日正式成立的独立的第三方商事调解机构。作为全国第一家民办非企业性质且专门从事商事纠纷调解的机构,它与"李琴人民调解工作室"主要解决街道社区的民事纠纷不同,前者定位为"介入高端商事调解,接轨国际水准",主要帮助中外当事人解决在贸易、投资、金融、证券、知识产权、技术转让、房地产、工程承包、运输、保险等领域的纠纷。调解中心现有 32 名调解员,均为沪上知名的律师、法官和教授专家,他们熟悉国际、国内商事法律事务,能够为国内外企业和机构的商事纠纷提供快捷、高效、专业的服务。目前调解中心的主要案件来源为法院的诉前委托调解。2014 年,调解中心共受理案件 112 件,调解成功 89 件,平均调解成功率为 80%,涉案标的达 7.5 亿余元。2015 年 1 月至 3 月,调解中心共受理案件 20 件,比去

年同期的受理数量有了明显的上升。① 2015年4月，上海经贸商事调解中心作为最高人民法院司改办多元纠纷解决机制课题项目单位，受邀参加在四川眉山召开的全国法院多元化纠纷解决机制改革工作推进会，并在会上作专题汇报，获得了良好的反响。最高人民法院院长周强表示，这是值得推广的"中国经验"。

三、推动调解的职业化发展

调解的职业化和调解员的专业化是ADR发展的队伍保障，社会纠纷解决机制的发展和壮大取决于纠纷解决人员的素质。如今，在诸多西方国家，调解的职业化进程正在快速推进，调解从培训到执业形成了一个完整的运行链条，由专业的法学院开设调解课程、培养专业学生。调解员能够像法官、律师一样具有独立的身份和地位。② 在这方面，我国一直面临着较大的困境，主要表现为"调解主体能力和资质不足，调解质量偏低。我国社会志愿者文化和公益调解人相对匮乏，既有的调解主体整体上缺少对调解的价值认同和热情；现有的激励机制和分配机制难以吸引高水准人士并保证调解主体的稳定；调解培训水准较低，尤其缺少调解原理、技能、调解人的伦理和行为规范以及专门调解技能、心理等方面的训练"③。为了解决这个难题，我国对调解员队伍的建设给予了越来越多的关注并取得了较大进展。

（一）建立专业的调解队伍

目前比较常见的做法是吸纳政法部门退休工作人员参与行业性、专业性纠纷的调解，聘任具有司法实践经验的退休法官、司法干部、警官、律师等参与行业性、专业性纠纷的调解，在医患纠纷等领域由行业主管部门选派具有行业专业背景的人员参与行业性、专业性纠纷的调解。例如，杭州市西湖区人民法院（以下简称西湖法院）积极拓宽律师调解领域，推进律师作为中立第三方调解员在多元纠纷解决机制建设中的作用。如今，律师在各类调解团队中占比70%左右。厦门市两级法院通过精挑细选，选拔出一批经验丰富的调解员直接进驻法院开展调解工作。除外聘调解员外，厦门市中级人民法院还建立了专职调解员队伍，采取多种形式提高调解员的调解水平。④

---

① 张春波：《现代解纷多元路径掠影》，载《中国审判》2015年第8期。
② 廖永安：《我国调解制度的未来走向》，载《中国审判》2015年第8期。
③ 范愉：《委托调解比较研究——兼论先行调解》，载《清华法学》2013年第3期。
④ 吴丽雪：《完善诉调对接机制 化解社会矛盾纠纷》，载《厦门日报》2015年6月10日A2版。

（二）实行调解员准入制度

许多国家都十分重视调解的职业化建设和调解员的专业化培养,建立了规范的调解员资质认证和培训制度。在我国,调解员资质统一认证制度虽尚未建立,但各地已积极地进行自我创设。如江苏昆山于 2008 年开始人民调解员职业化的探索,已经形成了一套完整的人民调解员职业化体系。经人事部门认可,将人民调解员确立为社会公益性岗位,在矛盾纠纷多发地人民调解委员会(人民调解工作室)向社会全面公开招聘职业人民调解员,同时建立薪酬保障、职业准入、培训考核、名册备案、职称管理等各项职业化管理机制,使人民调解发展成为一个社会行业。[①] 2014 年,山东省司法厅颁布《山东省人民调解员管理办法(试行)》《山东省人民调解员证管理办法》,对人民调解员的准入条件、产生程序、日常管理、业务培训、考核奖惩以及人民调解员证的申领、发放、使用和管理等作出了明确的规定,进一步推动了全省人民调解员准入制度的建立。类似的规定在其他地区亦随处可见,调解员的准入制度已基本成为常态。

（三）加强对调解员的业务培训

为了不断提高调解员的专业水平和调解技能,各地普遍注重调解员的专业培训,通过组织调解员参加法院庭审、聘请专业人员授课、学习考察等方式,确保调解员能够基本达到专业调解的要求。令人欣喜的是,为顺应调解员的职业化需要,培养高素质的人民调解员,已经有高校开设专业以培养调解人才。上海政法学院自 2012 年起,开始在法学本科专业设立人民调解专业方向,[②]该专业旨在培养具有非诉讼纠纷解决尤其是具有调解能力的专门人才。与此同时,越来越多的法院或调解机构开始重视调解员的培训工作,以提升调解员的调解技能和职业素养。例如,西湖法院定期对调解员进行培训,通过举办培训班、组织交流、经验介绍、以会代训、例会学习等多种方式,对调解员进行岗前培训和在岗培训。自 2013 年以来,西湖法院已经组织各种形式的调解员培训十余次。培训课程既有理论高度,又结合调解实务,大大提升了调解员的职业素养和专业技能。又如,为了保障调解的品质,提高调解员的调解技能,东莞市第二人民法院投入

---

① 宋爱明:《职业化的"人民调解员"》,载《人民调解》2011 年第 5 期。

② 人民调解专业的教学内容融合法学、社会学、社会工作、社会心理学、伦理学等专业知识,要求学生既掌握法学专业基础知识,熟知人民调解法原理与实务,了解非诉讼解决机制内容与制度,又具有良好的实务操作能力、沟通能力、较强的心理素质和各类纠纷解决的技巧,以适应社会实务部门的需求。参见陈静:《上海政法学院在中国首设人民调解专业,秋季招生》,http://www.chinanews.com,下载日期:2013 年 5 月 6 日。

60 多万元经费,在 2010 年至 2012 年期间先后与汕头大学、香港和解中心合作,首次邀请香港资深的调解员授课,开办了 6 期调解技能培训班,对 170 名法官、书记员、人民调解员、人民陪审员进行了专项培训。这些培训课程体系完整、内容丰富,采用小班授课和案例教学方式,让学员在短期内掌握基本的调解技巧,为日后在实践中提高调解能力奠定了较好的基础。再如,为了培养更多从事商事调解的专业人才,经上海市教委批准,上海经贸商事调解中心与上海交通大学合作成立了上海凯声商事专业调解资格培训中心,成为全国首家专业从事调解员技能培训的机构。在最高人民法院司改办的牵头下,季卫东教授、迈克·帕莫教授等专家精心编制了全国首创的、既符合国际通行标准又具有中国特色的调解员技能培训教材。迄今为止,该培训中心已成功举办了四期调解技能培训班。来自全国各地的 100 余名学员接受了培训,包括从事诉调对接工作的各级法院法官、律师和公司法务人员以及从事进出口贸易的工作人员。培训中心会为每位顺利结业的学员颁发中国商事调解员资格证书。

四、探索调解的商业化模式

调解商业化,其实质就是调解收费的问题。在当事人是否需要为法院附设调解支付费用的问题上,范愉教授认为:"我国的调解依靠公共财政保障运行,这种公益性模式,显示出国家将其作为一种公共福利或服务资源的政策指向。应该说,这种制度安排比较符合中国社会特点和民众的需要。一方面,我国基层民众的诉讼行为历来十分活跃,在纠纷发生时,理性协商能力不强,对诉讼风险缺少准确认知,尤其是大陆的民事诉讼成本相对较低,收费的民间调解对当事人而言几乎很难具有吸引力。因此,为了鼓励吸引民众利用调解,公益性机制无疑是较为合理的选择。另一方面,由于调解组织与公权力关系密切,采用市场化机制容易导致纠纷解决机构和人员的寻租动机,鉴于曾经的教训,不收费模式显然更有利于保持其廉洁、公正的形象和道德正当性。"[①]该观点具有一定的合理性,但也无法完全排除当事人付费调解的可能性。虽然我国目前仍旧以免费调解为主,但是一些专业化的调解机构已经开始提供付费调解服务。譬如,如果当事人选择上海经贸商事调解中心进行调解,各方当事人均须缴纳案件登记费和调解

---

① 范愉:《人民调解与我国台湾地区乡镇市调解的比较研究》,载《清华法学》2011 年第 1 期。

费,从金额上来看,该费用也不算低廉,①可是仍然获得了当事人的接受和欢迎。由此可见,越来越多的当事人关心的核心点并不在于调解是否收费,而在于收费的调解机构能否提供专业公正的调解服务。在市场经济的引导下,社会主体会自发地朝着有利于自身利益的方向作出行为选择。当与其他社会主体发生纠纷时,纠纷主体对于纠纷的化解同样受到市场的驱动和影响,在寻求利益回归时也会尽可能地寻找最低廉、最高效的解纷途径。虽然费用高低可能依旧是当事人选择解纷方式的一项重要指标,但是可以肯定的是,它不再是唯一的或决定性的因素。如果不能提供有效的调解服务,即便是免费供应,仍然无法获得纠纷当事人的青睐。在市场化影响不断扩大的今天,以市场为导向的商业调解能够契合社会的某些实际需要,其生存空间正在持续拓展。事实上,我国的政策制定者也看到了调解商业化和社会化的必然趋势,开始鼓励开展商业化调解的试点探索。例如,最高人民法院于2012年印发的《关于扩大诉讼与非诉讼相衔接的矛盾纠纷解决机制改革试点总体方案》就对商业调解的发展给予了政策支持,提出"试点法院支持商事调解组织、行业调解组织或者其他具有调解职能的组织开展工作","试点法院应当积极与政府有关部门沟通、协调,或者通过其他适当的方式,探索实行调解员有偿服务。除法院专职调解员、入册的行政调解员和人民调解员不收取调解费用外,其他入册的特邀调解组织或者特邀调解员可以提供有偿服务"。这一方案可以视为促进调解商业化的尝试性举措,具有开创性和前瞻性的深远意义。随着调解商业化的不断探索和推进,调解服务将作为一种盈利产业推向市场,依靠市场竞争和优胜劣汰,逐渐形成一批优秀的调解机构,吸引当事人自愿付费前来调解。倘若各类调解机构能够以其调解质量开展一定范围内的竞争,将有助于促进整个调解事业的健康发展。

五、实现调解的电子化运作

(一)搭建网上平台

伴随电脑普及后的互联网时代的到来,运用信息化成果推进司法为民也成

---

① 上海经贸商事调解中心的调解费用包括案件登记费和调解费。其中登记费为各方300元,共计600元,若争议涉及三方当事人,则登记费共计900元。调解费有两种计算方式,争议双方当事人可选择按标的金额的一定比例支付调解费,也可选择根据调解时间按每小时费率支付调解费。以争议金额在50万元以下的情况为例,若按标的收费为争议金额的4%,最低不少于3000元;若按小时收费则为3000元/小时。参见《上海经贸商事调解中心收费办法(试行)》,http://www.scmc.org.cn,下载日期:2015年5月16日。

为法院司法改革和创新的重要方面之一。互联网虚拟空间的利用无形地拓展了物理空间限制下法院的司法功能。在保障司法公开、公平、公正的前提下，法院的司法活动可以更多地利用互联网等新技术手段，最大限度地方便群众。对此，最高人民法院《四五改革纲要》提出，要"推动全国法院政务网站建设"，"完善诉讼服务中心制度。加强诉讼服务中心规范化建设，完善诉讼服务大厅、网上诉讼服务平台、12368司法服务热线。建立网上预约立案、送达、公告、申诉等工作机制。推动远程调解、信访等视频应用，进一步拓展司法为民的广度和深度"。沿着这样的思路，许多法院先后建立了各自的网站并设立了官方公众微信号，用以推送全院工作信息、案例报道、人物报道等内容，并在第一时间宣传新颁布、修改的法律法规和司法解释。虽然上述举措更主要的目的在于推进"阳光司法"，但是法院附设调解完全可以借助于这些平台，只需将功能作适当扩展即可。例如打开西湖法院的网站（http://www.xhcourt.cn/），"在线服务中心"位于首页正中的显眼位置，里面包括"在线调解""12368服务热线"等链接，点击接入该链接十分方便快捷。

法院外调解机构的网上平台建设，有的直接依托法院的在线平台，有的则自行创建以纠纷解决为主要功能的网上信息平台。当事人可以通过该平台轻松获取与法院附设调解相关的信息，包括法院附设调解的制度优势、制度流程、调解组织、调解员名录。该平台还可嵌入调解论坛、网上咨询、网络互动等功能，甚至可以直接为当事人提供网上调解等。一旦有纠纷发生，当事人可以通过网站选择对其最为有利的解决方法，得到及时的帮助和支援。随着智能手机的普及及其功能的增强，许多调解机构还设立了相应的微信公众号或设计了相关的手机APP应用，使法院附设调解的适用可以打破时间、地域的限制，最大限度地满足当事人的多元需求。例如，"调解在线"（http://www.adr101.com/）是北京调解联盟的官方合作网站，旨在为调解组织和调解机构提供宣传推广服务、为调解员提供职业成长路径、为纠纷当事人提供方便低廉的调解服务。2014年，江苏省在全国首创"全省劳动人事争议调解服务平台"，帮助劳动者和用人单位更加便捷高效地解决劳动人事争议。在当事人调解信息通过调解服务外网、手机移动终端或12333专席电话统一进入全省调解平台后，由当事人自主选择的调解专家根据实际情况采用电话或约见方式，开展专业有效的调解服务。该调解平台运行的第一个月，12333调解服务专席电话接通数量共计2510个，调解服务案件登记数量为75件，通过12333专席登记的案件为51件，调解平台门户网站登记的案件为24件。其中不予受理案件11件，案件办结53件，调解成功33件，调解成功金额共计4万余元，调解成功率为62%。12333对已调解结束的53件案件进行了电话回访，对案件调解满意的45件，比较满意的8件，不满意的 0 件,满意度 100％。①

(二)发展在线调解

20 世纪末,电子商务的飞速发展引起了大量跨国界、跨地区的民商事纠纷,对传统的纠纷解决方式提出了挑战。例如,诉讼解决面临管辖权、法律适用、判决承认和执行等方面的尴尬;传统的 ADR 所具有的高度灵活性虽然在这些方面有着独特的优势,但仍然难以满足互联网时代人们对便捷高效和节约成本的要求。于是,在全球范围内,尤其是电子商务发达的欧美,ODR(Online Dispute Resolution)应运而生。ODR 发展至今,已不限于电子商务领域,而是泛指互联网纠纷在线解决,是一种能独立于当事人的物理场所、大部分或主要过程利用因特网技术进行的争议解决机制,是传统争议解决机制与网络技术"联姻"的结果。② 其中,在线调解(Online Mediation)是在线纠纷解决的一种重要表现形式。

法院附设调解对于在线调解的运用也逐渐引发关注,我国已经开始尝试将网络技术融入诉前调解、委托调解等程序中。通常是虚拟一个调解环境,利用电子邮件、聊天室、网络会议、视频会议等网络技术手段进行沟通以促成纠纷的解决。该模式常具有案件管理程序,可以为当事人提交争议、追踪案件进展、与调解员及其他当事人沟通等活动提供方便。③ 与传统手段相比,在线调解有如下优点:(1)不受时间、地域限制。由于互联网全天候开放,只要纠纷当事人和调解人愿意,每天 24 小时都可以进行在线调解。而且,无论调解参与者身处何方,只需所在地有网络接入,调解程序便可顺利开展。(2)经济性。正因为在线调解可以随时随地进行,调解参与各方即便身处异地,也不需要为了参加调解而千里迢迢赶往调解地,极大地节约了时间成本和交通成本。(3)避免"面对面"产生的直接对抗。在线调解时,纠纷当事人经常是天各一方,仅依靠网络相互联系,这能够在一定程度上避免当事人情绪化的表达与对抗,有利于保持彼此间的合作关系。

在线调解在便捷性方面的优势固然十分明显,但也应当承认,这种方式仍然存在一些制约性因素。就目前来说,在线调解只是调解的另一种备选项,虽然在某些时候可能是最佳选项,但并不具有普适性。具体而言,在线调解的制约性因

---

① 江苏省人社厅调解仲裁处:《江苏省创建劳动人事争议调解服务平台》,http://www.mohrss.gov.cn,下载日期:2015 年 6 月 9 日。

② 高兰英:《ADR 与 ODR 之明辨》,载《求索》2012 年第 6 期。

③ 张绍忠:《网络环境中在线调解机制介评》,载《人民法院报》2011 年 12 月 16 日第 6 版。

素主要包括如下几点：(1)对现代技术的绝对依赖。作为一项利用现代在线技术的活动，在线调解对于互联网的高度依赖是毋庸置疑的。然而，当这种依赖成为绝对依赖，则意味着在线调解丧失了独立性。在线调解的开展，网络环境以及能够上网的电脑或手机是两项最为基本的条件。另外，要想调解成功，让调解参与人获得良好的在线体验是至关重要的，这就取决于网络的稳定性与传送速度、应用软件的设计与兼容性等等。因此，有人将软件技术视为调解的"第四方"①，可见其在在线调解中的不可或缺性。在自动型在线协商②模式中，这个"第四方"甚至能够替代作为调解第三方的调解人的作用。不过信息技术的使用，"很大程度上取决于人对信息技术的接受、重视程度和具体实施。即便技术先进，法律许可，如果人们不运用的话，一切皆不可能实现"③。因此，对于对现代技术不了解或不熟悉的中老年人，在线调解几乎没有用武之地。(2)在线调解的调解效果与传统调解存在差异。调解追求的是一种温暖且富有人性的纠纷解决，需要感情的流露，也需要表情、声音及身体语言的互动。可是，早期的在线调解主要以文字为基础进行信息交换，这是其最主要的缺陷。一方面，书面文字并不一定能完全表达个人的沟通意图，已提交的看法或意见还会被反复查看，更有可能加深彼此间的敌意。另一方面，生硬且略带冰冷的环境使其失去了调解的大部分制度优势，而且调解人在现实空间所具有的调解技巧和经验也不太可能应用于网络空间。通过文字很难捕捉到当事人的情绪变化，当然也就无法很恰当地抓住双方可能让步的关键节点来促成调解的达成。(3)安全性和保密性受到挑战。由于在线调解是利用虚拟空间及在线软件达到争议的解决，对于服务器或主机上储放的电子信息，包括当事人提交的争议请求、答辩意见以及证据等都可能被无数次的拷贝并可以迅速在全世界范围内散发。与此同时，网络黑客或木马程序等病毒也时刻威胁着网络的信息安全。(4)身份认证存在困难。在线调解中，通过文字或屏幕对屏幕交换信息进行纷争的解决，很难甚至无法确定当事人的真实身份。

不过，随着网络技术的迅猛发展，上述困局正以较快的速度得以化解。视频会议软件的研发运用，为在线调解创造了一个"准面对面"的环境，使得参与调解的各方虽然不在同一个物理空间，却不仅能够听到彼此的声音，而且还能看到对

---

① Pablo Cortes，Can I Afford Not to Mediate? Mandatory Online Mediation for European Consumers：Legal Constraints and Policy Issues，*Rutgers University Computer & Technology Law Journal*，2008，Vol. 35，No. 1.

② 简而言之，自动型在线协商是指由 ODR 系统软件直接给出纠纷解决协议的一种在线协商形式。

③ 齐树洁主编：《英国民事司法改革》，北京大学出版社 2004 年版，第 497 页。

方的表情和肢体动作,据此更好地把握当事人的意见观点和内心变化。随着网络速度的提升以及应用软件的更优设计,在线调解环境的创设和当事人的调解感受会更加贴近线下调解。与此同时,这样一种能够看到参与调解各方"庐山真面目"的方式,对于身份的识别显然是大有裨益的。下一步,人脸识别技术的运用和完善可以进一步提高身份识别的准确度。在安全性方面,面对层出不穷的病毒、黑客,除了已经开发使用的免费加密的电子邮件软件以及设置密码保护的聊天室和讨论板之外,网络安全技术正在持续不断地作出应对和突破,努力加强信息安全保障。

与此同时,为了应对网络环境下逐年激增的侵权纠纷、消费纠纷、合同纠纷等民商事纠纷,中国互联网协会调解中心在中国工业和信息化部以及中国互联网协会等机构的支持引导下,于 2008 年 9 月成立。该调解中心依托各省分会,初步建立了覆盖全国的互联网纠纷调解工作协作机制,与北京市、天津市、江苏省等 12 个省市互联网协会签署了合作备忘录,共建纠纷解决平台;与中国移动、电信、联通以及新浪网、百度等数百家网络企业、会员单位签署了"网络纠纷快速调解意向书";与包括最高人民法院民三庭(知识产权庭)在内的全国 10 余家省(市)高级法院以及中级、基层法院签署了合作框架或委托调解协议书。该调解中心还与北京市人民检察院第一、第三分院以及北京市朝阳区人民检察院、海淀区人民检察院签署了合作框架协议书,全面接收来自法院、检察院委派、委托调解的案件。从 2008 年成立至今,中国互联网协会调解中心共受理各类纠纷 1.7 万余件,其中调解完结的有 1.5 万余件,争议金额 10 余亿元,调解成功率超过 60%。①

时间轴点进入 21 世纪后,人类社会驶上了信息技术发展的高速路,"互联网+"时代已经到来。对纠纷解决领域而言,信息技术已经成为一种不可忽略的革命性力量,这既向纠纷解决提出了新要求,也为纠纷解决方式的现代化提供了新机遇。为了顺应信息化潮流的发展,许多国家在世纪之交就制定了电子法院的发展规划,如英国、美国、澳大利亚等。当今,"构建现代服务型法院已成为各国面临的共同任务,其目标已经从保障人权延伸到服务于经济社会发展和服务于民众的需求"②。目前,对于某些纠纷类型的当事人来说,ODR 已然是一种便宜、便捷、高效的纠纷解决机制。可以预见的是,随着信息技术的进步和社会民众对于高科技产品的无障碍使用,ODR 应该能够获得更加蓬勃的发展。面对当

---

① 张春波:《现代解纷多元路径掠影》,载《中国审判》2015 年第 8 期。

② 黄斌、王静:《现代服务型法院的功能定位》,载《人民法院报》2013 年 5 月 29 日第 8 版。

今日新月异的信息化、国际化、全球化时代,我国必将积极地采取对策,培育在线调解等在线纠纷解决机制,实现该领域的现代化改造。

结　语

2015 年 4 月,在四川眉山召开的全国法院多元化纠纷解决机制改革工作推进会上,最高人民法院院长周强提出,要加快推进中国多元化纠纷解决机制改革的进程,在全社会树立"国家主导、司法推动、社会参与、多元并举、法治保障"的现代纠纷解决理念,同时要积极推动六大转变,即诉调对接平台从单一平面的衔接功能向多元立体的服务功能转变;推动诉调对接机制从单向输出向双向互动转变;推动诉调衔接对象从重点突破向全面启动转变;推动诉调对接操作规范从零散差异向系统整合转变;推动解纷人才的培养从经验型向职业型转变;推动法院内部调解机制从粗放型向精细型转变。这既是对我国多元化纠纷解决机制十年探索之路的总结,亦是为我国未来法院附设调解的发展提出的明确目标。期待在不久的将来,多元化纠纷解决的"中国经验"能够再次走向世界,再现辉煌。

律师参与和解的困境与出路
——以慈溪法院的实践为样本

■ 浙江省慈溪市人民法院课题组*

摘要：律师参与和解制度作为多元纠纷解决机制的一种尝试,其制度设计应遵循多元纠纷解决机制的自身发展规律。多元纠纷解决机制属社会自治的范畴,民间化、市场化、专业化、服务化是其未来发展的方向。推进律师参与和解,离不开行政意志和政府力量的主导,但该制度应与程式化的诉讼适当分离。

关键词：律师参与和解；ADR；社会自治

为缓解法院办案压力,及时有效地化解纠纷,减轻民众的讼累,促进法官、律师职业共同体建设,宁波市中级人民法院(以下简称宁波中院)与宁波市司法局逐步探索纠纷化解的联动司法机制。2014 年 5 月 12 日,宁波中院与宁波市司法局联合制定了《关于建立律师主持和解制度及沟通机制的实施意见》(以下简称《意见》),[①]并指定慈溪市人民法院(以下简称慈溪法院)为试点单位。一年间,慈溪法院适用律师参与和解的案件仅有寥寥 19 件,试点效果不尽如人意。律师参与和解作为替代性纠纷解决机制(Alternative Dispute Resolution,ADR)的一种,其制度设计应遵守 ADR 本身的属性和规律。否则,方案的设计可能十分符合工具理性,却可能因为"不识时务"而在实践与操作的层面上窒碍难行。

---

* 课题负责人：黄文琼(慈溪市人民法院审判委员会委员、民一庭庭长)。课题组成员：干盛盛(慈溪市人民法院助理审判员)、王文艳(慈溪市人民法院助理审判员)、任才峰(慈溪市人民法院书记员)。报告执笔人：任才峰。

① 《意见》原文的表述为"律师主持和解"。我们认为,在此有必要分清和解与调解的区别。所谓和解,是指纠纷各方互谅互让,自行解决纠纷；所谓调解,是指纠纷当事人以外的第三人,以法律法规、行业习惯、公序良俗等为依据,对纠纷当事人进行疏导和劝说,促使他们相互谅解,消除纠纷。由此可见,二者的显著区别在于,和解的主体是纠纷当事人,不含第三方,而调解是在第三人(法院、人民调解委员会、行政机关等)的斡旋之下进行的；二者的联系在于,和解是调解成功后的一种状态,即当事人达成谅解协议,彼此和解。故将"律师主持和解"表述为"律师主持调解"或"律师参与和解"更为准确,本文采用后一种表述方式。

一、律师参与和解制度的前世今生

(一)诉讼制度的危机和 ADR 的兴起

20 世纪 60 年代以来,ADR 在全球获得快速发展,其直接原因和推动力源于诉讼制度面临空前的压力。在现代社会中,诉讼制度所面临的压力和所存在的弊端主要体现在以下几个方面:(1)诉讼量激增,积案严重,一些国家的法院出现了超负荷运转态势,甚至出现了所谓的"诉讼爆炸";(2)诉讼迟延,案件从起诉到判决往往经年累月,严重的诉讼迟延无疑削弱了诉讼机制在纠纷解决方面的功能,降低了司法制度在民众心目中的威信;(3)诉讼费用高昂,当事人负担增加,从而凸显当事人在利用司法资源方面的不平等;(4)程序复杂,当事人往往无法亲自参与诉讼,而必须借助于律师等法律职业者;(5)在许多情况下,判决结果不符合情理,严格依据法律所作出的判决"非黑即白",常常与当事人的期望相距甚远;(6)诉讼的对抗性使得当事人之间的关系难以修复,许多当事人实际上并不愿意通过诉讼途径解决那些基于长期性、综合性的社会关系所发生的纠纷(如家事纠纷);(7)虽然公开审判制度可以保障程序进行的公正性,但是当事人的隐私和商业秘密也由此暴露于众,而这是许多当事人所不愿意看到的等等。① 鉴于 ADR 方式能够与诉讼制度实现功能互补,并且在纠纷解决中已经表现出了独特的价值,许多国家和地区都将 ADR 纳入司法改革乃至社会改革的总体计划。调解更是受到青睐,并且已经成为最重要的 ADR 方式。

虽然调解制度一度被冠以"东方经验"的美誉,但是随着熟人社会的碎片化和陌生人社会的逐步形成,传统的"马锡五式"的调解方式因社会转型而遭遇发展的瓶颈。我们不自觉地将惊羡的目光投注于美国、日本等西方法治先发国家,这些国家的 ADR 在理论和实践层面发展相对成熟,希望 ADR 的引进能使得古老的调解制度焕发新生。近几年,各种形式的 ADR 在全国各地不断推陈出新,地方新闻媒体的报道对此则是好评如潮,鲜见批判之词。最高人民法院对各地法院的创新机制亦予以肯定。2015 年 1 月,最高人民法院发布《关于确定多元化纠纷解决机制改革示范法院的决定》,北京市西城区人民法院等 50 家法院被确定为全国"多元化纠纷解决机制改革示范法院",最高人民法院号召全国各级法院向多元化纠纷解决机制改革示范法院学习。

---

① 齐树洁:《我国近年法院调解制度改革述评》,载《河南省政法管理干部学院学报》2011 年第 4 期。

（二）慈溪法院 ADR 的发展及律师参与和解制度的诞生

慈溪市常年稳居全国百强县前十名，近年来诉讼案件剧增。2008 年的收、结案数分别为 16539 件、16239 件，至 2014 年分别达到 25348 件、25440 件，增长比例分别为 53.26％和 56.66％。为回应民众诉求，减轻诉讼压力，修弥诉讼制度固有的弊端，慈溪法院早在 2007 年就开始在物业纠纷领域探索"诉调对接"，在慈溪市建设局设立工作室，邀请街道办事处工作人员、社区人民调解员对物业管理纠纷进行联合快速调处。① 2010 年，以最高人民法院、浙江省高级人民法院关于诉调衔接相关文件的制定为契机，慈溪法院对诉调衔接工作进行了规范和深化，与慈溪市司法局联合制定《关于进一步加强诉调衔接机制的实施意见》，对委托人民调解的范围、诉调衔接机制的运行作出了详细的规定，推进诉讼与人民调解相衔接的矛盾纠纷解决机制建设。② 宁波中院与宁波市司法局联合制定意见时，选定诉调对接基础较好的慈溪法院作为试点单位，希望律师参与和解制度在及时有效化解各类矛盾纠纷、降低司法运行成本、减轻群众诉累和促进社会和谐稳定等方面发挥积极作用。③

二、律师参与和解制度的实践评介

慈溪法院的律师参与和解，是指诉讼中的律师调解，属于诉调对接中的一种类型，也属于更广意义上的 ADR 的一种创新。法律的生命在于运用，《意见》制定得好不好，还有待司法实践的检验。从近一年的试点情况看，《意见》未能发挥预期的作用，可谓经营惨淡。以下，笔者从实践考察层面对《意见》加以评析。

细究律师参与和解的实践层面，可以发现有如下显著特征。

（一）适用比例极低

自 2014 年 5 月至 2015 年 5 月，慈溪法院受理民商事案件 13610 件，调解结

---

① 王蓓：《物管纠纷快速处理的"慈溪模式"》，载《人民法院报》2010 年 9 月 13 日第 5 版。

② 在 2011 年浙江省全省法院院长读书会上，慈溪法院就该项工作进行了经验交流；同年，慈溪法院被浙江省高级人民法院、浙江省司法厅评为全省诉调衔接工作先进集体。

③ 律师参与和解并非慈溪法院首创。早在 2005 年，北京市朝阳区人民法院在全国率先施行律师和解制度。2009 年 2 月 25 日，北京市第一中级人民法院制定《关于律师在民事诉讼中协助调解、主持和解工作的规定》。2010 年，杭州市西湖区人民法院与杭州市西湖区司法局联合制定《西湖区人民法院关于律师主持和解制度的实施意见》；同年 4 月 2 日，律师主持和解制度正式实施。

案 3310 件。尽管难以准确统计原、被告双方均有代理律师的案件数,但与同期收案数、调解结案数相比,仅有 19 件案件适用律师主持和解的现实,比同时期的新闻报道更为真实地反映了该制度在司法实践中并未发挥预想的作用。①

(二)适用的案件类型范围较窄

《意见》全面贯彻了修订后的《民事诉讼法》第 9 条关于调解优先的规定,除适用特别程序、督促程序、公示催告程序、破产还债程序审理的案件,涉及身份关系、权属关系、合同效力等必须由人民法院裁判确认的案件,当事人一方人数众多、在起诉时人数不确定的代表人诉讼案件,公益诉讼案件,以及其他依案件性质及特定情形不适宜由律师参与和解的案件之外,一般民商事案件均可由律师参与和解。但反观司法实践,律师参与和解的 19 件案件仅涵盖侵权纠纷、机动车交通事故责任纠纷、民间借贷纠纷等有限的几种案件类型。

(三)启动方式单一

启动律师参与和解程序有当事人及律师申请和法官建议两种方式。原告或上诉人在起诉阶段可申请启动,被告或被上诉人在答辩期间可申请启动,各方当事人在案件审理期间可申请启动。法官应对当事人的申请进行审查,除特别情形(如利用和解拖延审理、争议较大明显不能达成和解、依案件性质不宜和解)外,一般应予准许。和解还可以由法官在判决前的任何阶段建议启动,但需征得各方当事人的同意。

从审判实践看,在适用律师参与和解的 19 件案件中,没有一件是由当事人及其律师在起诉阶段申请启动,或答辩人、被上诉人及其律师在答辩、上诉期间申请启动的,所有案件均是由业务庭法官在实体审理过程中建议启动的。可见,当事人对律师参与和解这一新生的纠纷解决方式完全没有概念,而律师建议当事人申请律师主持和解的积极性也无从提及。在和解成功的案例中,不乏已经实际达成调解协议后补签相关手续,人为"制造"案例的情况。

(四)律师的主导性未予体现

律师主持和解,遵从文义解释的一般规则,律师应在和解中发挥主导作用。《意见》规定,律师应对案件事实进行必要调查;根据己方当事人的意愿提出和解

---

① 2015 年 3 月 5 日,宁波司法行政网刊登一篇题为《慈溪市推进"律师主持和解制度"试点工作初显成效》的文章,称该制度"为及时有效化解各类矛盾纠纷、降低司法运行成本、减轻群众讼累和促进社会和谐稳定发挥了积极作用,取得了明显实效"。

方案;化解当事人对立情绪,帮助各方当事人寻找共同的利益基础,引导当事人作出理性选择,促成和解。此外,《意见》还规定律师对当事人负有忠实义务和勤勉义务。从司法实践看,19件案件当事人争议均较小,和解点无从体现,法官均实质参与调解过程,律师均未对案件事实进行深入调查。

从慈溪法院的司法实践分析,《意见》本身的制度设计是相对科学的,但没有得到有效的贯彻和落实,在法院领导的行政性命令的推动下总算不至于颗粒无收。笔者认为,律师参与和解作为新生事物,对其一厢情愿地推崇或盲目且不假思索地否定,都是不科学的。对律师参与和解制度进行合理定位,找准问题的症结所在,并予以修正,才是正解。

三、律师参与和解制度的困境剖析

律师参与和解制度系由法院和司法局联合制定,既是法院能动司法的一部分,也是建立律师主导型的多元纠纷解决机制的一种尝试。司法权与ADR能否有效糅合,能否吸引并激励广大律师有效参与,能否获得民众的普遍信赖,能否实质减轻法院的诉讼压力,能否真正节约司法资源,决定了该制度能否生根发芽并茁壮成长。从慈溪法院的试点工作分析,这一新生事物显然并非制定者的一厢情愿或实施者的强力推行即可奏效的。下文将对此稍作分析。

(一)司法与ADR的关系

司法与ADR在许多方面存在区别,试简单归纳如下:司法具有中立性,而ADR并非完全如此,在慈溪法院试点的律师参与和解中,居于主导地位的律师并非中立的第三方,而是各为其主;司法具有程式化的特征,强调程序主义,而ADR注重结果的实质性,程序简便、灵活;两者的价值追求不同,司法强调公正优先,兼顾效率,而ADR与司法相比更强调效率;司法遵循公开主义,而ADR具有隐秘性;司法强调对抗性,而ADR重视协作;司法具有终极权威性,裁判结果可强制执行,而通过ADR达成的协议不具有强制执行性(经公证机关公证或司法确认后才可强制执行)等等。可见,司法与ADR各有所长,二者本可并行不悖,各自大放异彩,但是将两者糅合到一块儿,并不当然具有互补性。律师参与诉讼中的和解,亦是司法与ADR的杂糅,如果没有结合的土壤,那么作为参与方的法官和律师、当事人可能"同床异梦","各怀鬼胎",也难以结出丰硕的果实。

(二)律师参与和解制度的现实困境

慈溪法院试点的律师参与和解制度,至少存在以下几个悖论:并非所有的民商事案件均适合调解;在宜调的案件中,并非所有的律师都热心于调解;在前述热心调解的律师中,并非所有的律师都胜任调解;法官对律师的调解能力和勤勉尽责持怀疑态度;律师参与和解难以实质性地减轻法官的办案压力;当事人可能为拖延审理而滥用该程序;当事人更信任法官调解而非律师参与的和解;律师的权力与义务不对等。现分述之。

1.并非所有的民商事案件均适合调解(或律师主持下的和解)。尽管《民事诉讼法》第9条规定调解优先。但不可否认的是,司法是社会正义的最后一道防线,纠纷在进入司法程序之前,可能已经经历了村委会调解、行政机关调解、人民调解委员会调解等其他化解途径。换言之,某些类型的案件进入司法程序后,其调解的必要性已经大大降低,成功的概率也不高。且无有力证据或实证数据表明,律师的调解技能比行政调解、人民调解委员会等其他调解机构更高一筹。

2.在宜调的案件中,并非所有的律师都热心于调解。首先,与以往代理的案件相比,律师参与和解制度额外增加了律师的工作量,但律师并没有获得额外的对价。其次,参与和解的律师首先要将惯性的斗争思维转换为和谐思维,理性认识其在纠纷解决中的角色,从"赢得诉讼"向"解决纠纷"转变。然而,并非所有律师都有这样的觉悟,且"拿人手软、吃人嘴短",律师理应维护向其支付代理费的当事人的权益。最后,在某些情况下,受利益驱动的影响,律师自身可能成为当事人和解的绊脚石,因为参与和解只是"一锤子买卖"。部分律师代理完一审还想代理二审乃至再审,或者明知当事人的诉讼请求难以得到支持,仍鼓励当事人诉诸法院解决或上诉,而调解结案则"断了财路"。

3.在前述热心调解的律师中,并非所有的律师都胜任调解。调解技能依赖于实战经验、技术、专业知识等多种因素。既要在纷繁复杂的证据中理出头绪,又需将似是而非的法律条款适用于当下的案情;既要考虑法律的形式理性,又要顾及当事人的合理预期,没有扎实的专业背景和对社会的深刻认识,显然难以胜任调解之责。① 此外,调解并非完全取决于经验、技术、专业知识,还取决于调解者的身份、地位、权威、职业道德等因素。同样的调解方案出自不同的律师之手,效果可能大不一样。一般而言,年长的律师比年轻的律师更值得当事人信赖,具有政协委员等官方身份的律师比"平民"律师说话更有分量。

4.法官对律师的调解能力和勤勉尽责持怀疑态度。首先,法官并不信任律师的调解能力,简单的案件,法官能调下来,没有必要交给律师;对于某些疑难案件,法官调解不成,律师也难以胜任。其次,律师缺乏积极性,以纠纷本来就应该由法院处理等理由消极对待。最后,"根据己方当事人的意愿,制定符合当事人

---

① 如2006年青岛市在全国首设"青岛市涉外纠纷律师调解服务中心",并将该试点工作交由山东德恒律师事务所负责实施,该律所18名资深律师担任调解中心常任调解员。

合法权益的和解方案",这种 ADR 更像是谈判而非主持和解,很难说代理律师具有中立性和全局意识。不具有中立性的律师能否像法官那样勤勉尽责,的确令人生疑。

5. 律师参与和解难以实质减轻法官的办案压力。在律师参与和解的过程中,法官并不能置身度外,而应该"对律师主持和解工作的进展保持关注",必要时还要"到场旁听"或"帮助协调"。如果成功和解,便是律师的功劳,可谓是"吃力不讨好",形神俱疲。对法官仅有的"好处"在于律师参与和解的期限可以从审理天数中扣除,办案效率在数据考核上更好看一些。从慈溪法院的审判实践来看,在律师参与和解的案例中,法官均实质性地参与其中,实际上与法官调解无异。有学者在江苏省某市的实证调查中发现,委托调解、协助调解情况不理想,影响了纠纷分流效果。调查显示,对诉前分流的效果评价,34.4%的被调查法官认为"效果一般",27.7%认为"效果不太好",7.9%认为"效果很不好"。①

6. 当事人可能为拖延审理而滥用该程序。律师参与和解的本意在于避免司法烦琐、拖延的固有缺陷。《意见》规定,当事人利用和解期间拖延案件审理的,法官不予准许。该规定较为原则,难以适用,导致效率降低,正义迟到。

7. 当事人更信任法官调解而非律师参与的和解。和解协议并不能作为强制执行的依据。当事人撤诉后,因履行和解协议而发生纠纷的,只能另行起诉。和解协议仅作为案件裁判的重要依据,导致当事人对律师参与的和解认可度不高。

8. 律师的权利与义务不对等。基于当今职权主义审判模式的司法现状,当事人诉诸法院,案件的主导权在于法官而非律师,律师的角色是附属性的,《意见》赋予了律师主导型的义务,但并未赋予其相应的权力。如《意见》规定律师应对案件事实进行必要的调查。但《意见》并不能保障律师的调查取证权。

综上所述,司法与 ADR 的糅合并未呈现 1+1>2 的效果,恰恰相反,而是"门前冷落鞍马稀",律师不喜欢,法官也不重视,以至于寥寥收场。律师参与和解作为 ADR 的一种,尽管现实适用不佳,但能否对其加以改造,以观后效呢?我们对此持肯定态度。

四、律师参与和解制度的破解之路

在对律师参与和解制度进行修正之前,笔者认为,有必要重新认识 ADR。近几年,在大调解的格局下,各种形式的 ADR 在中国大地上发展迅速,各地法院不断推陈出新,呈现出白花齐放、百家争鸣的局面。调解是最为常见和最重要

---

① 吴英姿:《"调解优先":改革范式与法律解读》,载《中外法学》2013 年第 3 期。

的 ADR，也是所有其他 ADR 方式的基础。

（一）我国 ADR 发展的特征

20 世纪末至 21 世纪初，长期累积的社会纠纷在短时间内涌至法院。在案多人少的局面下，法院难当最后的防线，不得已而决定构建"大调解"，推动设立多元化纠纷解决机制。从多元化纠纷解决机制的规范性文件的制定过程可以看出，所有形式的 ADR 都是在国家公权力机关的推动下实施的，ADR 快速发展的原初动力并非基于社会的自发需求和民众的自愿选择，而是为了缓解法院的办案压力，提高办案效率，维护社会稳定。① 但值得注意的是，先进法院一旦被树立为典型，学习推广往往演变成声势浩大的运动，如最高人民法院确定了 50 家法院为多元纠纷解决机制改革示范法院，并号召全国法院向这些法院学习。而其他法院往往为了落实中共中央和最高人民法院的规范精神而刻意为之，制度设计的初衷并不是立足于当事人的需要，所以改革方案中始终欠缺保障当事人诉权与程序权利的制度安排。至于 ADR 是否真正实现案结事了，是否便利当事人解决纠纷，是否走形以至于可能侵犯当事人的诉权等问题，法院并未给予特别的关注。

通过以上分析，我们大致可将当下 ADR 的发展概括为如下特征：作为一种替代性纠纷解决机制，在推出之始即带有浓厚的行政主导的色彩（非自发形成的）；重社会控制，轻解纷功能，属政策实施型而非纠纷解决型；制度设计是封闭性的，而非开放性的（开门纳谏，听取民众意见）；制度施行主要来自于官方的推动，而非民众的自愿选择；是依附性的（主要依附于法院），而非自主性的。事实上，这些特征并不契合 ADR 本身的品质。

（二）我们需要什么样的 ADR

现行的规则和原则可以为我们指明自己所处的位置、方向和坐标。暗夜中投宿的客栈并非是旅程的终点和目的地，法律如同远行者，要为明天做准备，它

---

① 如北京市朝阳区人民法院民一庭庭长马勇进在接受记者采访时称，这一制度是在朝阳法院收案爆棚的背景之下开始实施的。最近几年，朝阳法院受案率以 15.5% 的速度增长，仅去年（2004 年）一年就受案 4.7 万余件。与高速增长的受案数量相比，有限的审判资源明显不足，审判员长期超负荷运转。2009 年杭州市西湖区人民法院施行律师主持和解制度的背景与之相似，该法院全年共收民商事案件 7102 件，结案 7102 件，收案数和结案数较 2008 年各增长 5.51% 和 25.23%。2009 年浙江法官人均办案 112.1 件，已是全国平均数的 2.2 倍，而西湖区人民法院的民商事法官人均办案数高达 355 件。在案多人少的困境下，法院希望律师主持和解能够在节约司法资源、减轻法官负担方面发挥重要作用。

必须拥有成长的原则。① 在对既存的制度进行渐进式的改良时,多元纠纷解决机制的构建应遵循何种理念。笔者认为,ADR 的发展变迁绝非公权力机关的某项政策所能"安排"的,其必须顺应社会的变迁而有所调整。

回顾慈溪法院试行的律师参与和解制度,冷清收场亦是情理之中。法律制定者如果对那些会促成非正式合作的社会条件缺乏眼力,他们就可能造就一个法律更多但秩序更少的世界。② 那么,我们需要什么样的 ADR,今后 ADR 的发展将剑指何方? 我们认为,中国过去的社会治理有浓重的国家主义色彩,国家主义的本质就是依靠国家强力控制社会,社会隐没于国家之中。而 ADR 本质上是社会自治的范畴,民间化、市场化、专业化、服务化的发展方向才是 ADR 发展的真正出路,也是市民精神觉醒后 ADR 发展的必然方向。社会学家韦伯认为,以符合法律规范方式行动的人,不是出于履行守法的义务,而是取决于社会环境对这种行为认同与否。③ 对于社会中的失范现象,仅仅依靠国家强力的控制是远远不够的,还需要强化社会控制,增强社会自治能力及自我修复能力。在当下的中国,社会治理的渠道基本上控制在国家公权手中,社会本身缺乏自我治理、修复的能力。而转型时期的中国,纠纷数量剧增,已超出国家机关的解纷能力,故转而求助于 ADR,试图通过 ADR 的"柔性之治"实现社会的和谐。但反观现实中施行的 ADR,无论是人民调解、行业调解,还是律师调解、法院附设调解,都是在公权力机关的强力推动下实施的,均是在诉讼爆炸时代司法不堪重负的局面下被动而为的。包括律师参与和解在内的多元纠纷解决机制的构建,亦是以维护社会稳定为最高目标的。这种权力单边治理模式具有内生性缺陷,且不符合社会秩序运行的内在要求。诚如学者所言:历史有渐无顿,无骤变之迹,更无骤变之理……人为设计的突变,历史的力量会把它拖回应处的位置。④ 虽然外在的力量能够在短时间内满足社会对秩序的需求,但是从长远来看,"人造秩序"只有最终归结到"内部秩序",才是国家治理的成功之道。⑤ 过去,我们过于偏重国家公权主导下的法律制度的建构(尽管这是十分必要的),而忽略了法治的运

---

① [美]本杰明·卡多佐:《法律的成长》,李红勃、李璐怡译,北京大学出版社 2014 年版,第 30 页。

② Robert C. Ellickson, *Order Without Law*, *How Neighbors Settle Disputes*, Harvard University Press, 1991, p. 286.

③ [德]马克思·韦伯:《论经济与社会中的法律》,张乃根译,中国大百科全书出版社 1998 年版,第 14 页。

④ 陈江:《明代中后期的江南社会与社会生活》,上海社会科学院出版社 2006 年版,第 9 页。

⑤ 郑英豪:《我国调解制度变迁中国家权力的角色承担与未来向度》,载《法学评论》 2015 年第 1 期。

行机制及其得以生成、运行和发展变化的社会根基——市民精神的培育和市民社会的构建。如欲实现社会治理方式的彻底革新,国家应当放权给社会。社会规范是从社会群体的博弈互动中产生的,最好的法律说到底不过是对这种社会群体长期反复博弈中产生的规范之承认和演化。① 而社会群体的反复博弈则与市民精神的培育相伴相生。在成熟的市民社会中,"以理性相安代替武力统治","即社会以为国家,二者浑融莫分","社会秩序不假强制而自尔维持"。②

(三)构建与诉讼适当分离的律师主导型调解制度

理顺司法与 ADR 的关系,就要让司法的归司法,ADR 的归 ADR。一个不能彰显专业性和职业自律品格的司法权不但不能得到政治权威的尊重,亦无法获取普通民众的肯认。③ 化解诉讼制度的危机应主要依靠完善诉讼制度,而非求助于 ADR。因此,提升司法公信力的根本路径是做我自己,而非去发展壮大ADR。法官的职责应该是对案件的是非曲直进行甄别,对案件进行理性裁判,而不是一味地劝说当事人进行和解,或主持调解,并以此树立审判的权威。ADR 的发展则需要相对宽松的政治环境,建立在社会自治基础上的 ADR 可将中国从"一统就死、一放就乱"的恶性循环中解放出来。

从理念到制度推进律师参与和解这一解纷方式,固然离不开行政意志和政府力量的主导,但这并不等于其发挥作用的基础也根植于公权力要素的注入。要实实在在地发挥"定分止争"的作用,律师主导型的调解制度应与程式化的诉讼适当分离。在此,对律师参与和解制度提出如下改进建议:(1)将律师参与和解(或律师主持调解)从审判程序中剥离出来,成立专门的律师调解中心。(2)严格遴选律师调解员。设立准入门槛,选定资深的、有高尚职业道德的律师作为中立的调解员居中调解(而非各方当事人律师主持调解)。(3)在法律中将 ADR的使用规定为律师的一项义务——规定律师在合适的案件中应该建议当事人使用 ADR 或提醒当事人考虑使用 ADR,实现从自由选择到法定义务的转变。(4)律师主持调解应收取合理的费用,律师服务是一种商品,享受优质的服务,要遵循市场规律。合理的收费机制也可以吸引理论功底扎实、实战经验丰富、职业道德高尚的律师参与,从而调动他们主持调解的积极性。

---

① 苏力:《无需法律的秩序》,载《环球法律评论》2004 年第 1 期。

② 梁漱溟:《中国文化要义》,上海世纪出版集团、上海人民出版社 2005 年版,第196 页。

③ 张榕:《对地方法院司法创新之初步反思——以"能动司法"为叙事背景》,载《法学评论》2014 年第 4 期。

我国离婚纠纷强制调解模式的重构

▌詹雪霞*

摘要：我国离婚纠纷实行强制调解制度，但传统的调解方式难以奏效，传统的调解组织功能萎缩。各地法院在现行的司法体制内，积极探索以寻求破解困境之道，虽取得了一些成效但是法官不堪重负。为此，有必要借鉴域外离婚调解的经验做法，重构我国离婚纠纷强制调解模式，设置婚姻调停中心，实行先行调解制度，从立法、调解员配备、程序保障、经费支持等各方面予以完善，并构建与离婚诉讼有效衔接的机制。

关键词：离婚纠纷；强制调解；纠纷解决

引　言

1989 年最高人民法院颁布的《关于人民法院审理离婚案件如何认定夫妻感情确已破裂的若干具体意见》（以下简称《意见》）列举了夫妻感情破裂的 13 种情形，并以第 14 条"因其他原因导致夫妻感情确已破裂的"为兜底条款，赋予法官很大的自由裁量权。该规定受到了各种指责，不少人批评这一规定带来很多问题，比如家庭关系不稳定和婚姻草率等。① 2001 年修订的《中华人民共和国婚姻法》（以下简称《婚姻法》）第 32 条是我国离婚纠纷案件判决的必引法条。该条规定："人民法院审理离婚案件，应当进行调解；如感情确已破裂，调解无效，应准予离婚。有下列情形之一，调解无效的，应准予离婚：（一）重婚或有配偶者与他人同居的；（二）实施家庭暴力或虐待、遗弃家庭成员的；（三）有赌博、吸毒等恶习屡教不改的；（四）因感情不和分居满二年的；（五）其他导致夫妻感情破裂的情形。"修订后的《婚姻法》对感情确已破裂的情形进行了缩减，但由于有第 5 项"其

---

* 作者系厦门市集美区人民法院法官，法学硕士。

① 贺欣：《离婚法实践的常规化——体制制约对司法行为的影响》，载《北大法律评论》（2008 年第 2 辑），北京大学出版社 2008 年版。

他情形"的规定，现行有效的《意见》就成为法官进行自由裁量时用以对照的条款。《婚姻法》第 32 条最重要的特色是规定了离婚纠纷中的司法强制调解。

强制调解制度确立的深层次原因在于婚姻法对离婚的否定价值判断，及对"挽救"婚姻的目标取向。[①] 此规定是以挽救婚姻、反对轻率离婚为出发点的，目的是避免当事人因一时冲动而致未破裂的婚姻走向灭亡。立法同时坚持离婚自由，对于感情确已破裂、调解无法和好的婚姻，准予离婚。"坚持离婚自由，反对轻率离婚"体现了立法十分重视家庭这一社会最小单位的稳定。但令人遗憾的是，实践中离婚纠纷的司法强制调解难以尽如人意，调解方向有所偏离，在调解结案的案件中调解离婚率居高不下，和好的案件越来越少。法官对于调解和好的积极性不高，面对尚未破裂的婚姻，当事人在博弈后选择调解离婚以获取一定的利益，法官也只能无奈确认。在现行的审判质效考评体制下，毫不夸张地说，部分法官是乐于促进调解离婚的。离婚强制调解所呈现的局面与立法本意相去甚远，重构离婚纠纷强制调解模式已刻不容缓。

一、现行离婚纠纷强制调解的局限性

(一)从"熟人社会"走向"陌生人社会"，传统调解方式难以奏效

目前，我国正处于传统社会向现代社会过渡、乡村社会向城市社会跃迁的时期，所有这些变迁都意味着以"熟人社会"为本质特点的传统与乡村社会正在向"陌生人社会"过渡。在熟人社会中，婚姻受亲缘与地缘关系的束缚。而现代城市社会的婚姻则面临着另外一种局面，即随着工业化和城市化步伐的加快，熟人社会向陌生人社会过渡，人口流动性大大增强，人际关系网呈几何级数增大，社会规范的约束力减弱，已婚人士可以从容地选择和面对离婚。[②] 与此相应，原本熟知当事人生活工作情况的村委会、居委会以及工作单位，对当事人的家事已经了解甚少。这些原本作为调解家事纠纷主力的机构已经不愿意掺和别人的家事。如今的离婚案件已经很难通过传统的方式调解解决。

(二)离婚纠纷经调解后离婚率居高不下

受传统"家丑不可外扬"的观念所影响，当事人不愿向外人诉说家庭纠纷。

---

① 高玮玮：《强制离婚调解制度的评析与走向》，载《律师世界》2000 年第 8 期。
② 汪国华：《从熟人社会到陌生人社会：城市离婚率趋高的社会学透视》，载《新疆社会科学》2006 年第 5 期。

但随着社会对离婚宽容度的加大，"无爱的婚姻是不道德的"等说法的渗透，一些并未"病入膏肓"的婚姻当事人即选择"放弃治疗"。尽管《婚姻法》第32条规定，男女一方要求离婚的，可由有关部门进行调解。但事实是，"有关部门"职能缺失，我国尚缺乏离婚纠纷诉前调解机制，曾经作为诉前调解主力的人民调解等非诉纠纷解决机制已处于半瘫痪状态。于是，本来可以通过非诉解决的大量纠纷演化为诉讼。[①] 进入诉讼程序后，当事人往往认为"到法院了，就回不了头了"，致使调解和好变得困难。这些因素导致法官在调解时常常"吃力不讨好"。调解和好太难太累，调解离婚则相对省时省力，法官自然倾向于选择后者。在法院调解结案的离婚案件中，以离婚为结果的案件占绝大多数。下文以笔者所在法院近三年的统计数据为例加以分析。

表1　厦门市集美区人民法院2011—2013年度离婚案件结案情况统计

（单位：件）

年度	收/结案数	判决离婚	判决驳回	调解离婚	调解和好	撤诉	其他
2011年	163/163	20	33	60	6	38	5
2012年	179/178	21	25	83	13	32	3
2013年	175/161	13	28	90	5	24	—

表1数据呈现如下特点：(1)调解离婚的案件是判决离婚案件的数倍，且倍数逐年增加。2011年调解离婚数是判决离婚数的3倍，2012年接近4倍，2013年则升至近7倍。(2)调解离婚的案件是调解和好案件的数倍。在调解结案的案件中，调解离婚率高达90％左右。2011年前者是后者的10倍，2012年是6倍多，2013年则高达16倍。(3)撤诉结案的案件数占据不小的比例，2011年占结案数的23.31％，2012年占17.98％，2013年占14.91％。原告撤诉结案的不乏调解和好的，但其中仍有不少是一方坚决不离，一方坚决要离，未达离婚条件，法院出于审判质效的考虑，建议当事人选择撤诉。还有一小部分是因法律文书无法送达被告，或者有一些棘手的问题未解决，法院建议先撤诉，处理好后再起诉。在司法实践中，对于判决不离或者撤诉的案件，由于没有后续的调解，大部分案件进入二次诉讼。

(三)法院的质效考评体制制约司法行为

法院缺乏足够的道德权威和物质资源来说服离婚双方接受调解。曾经行之

---

① 陈勇：《人民调解员进法院的社会学思考——对法院附设调解机构的分析与展望》，载《西南大学学报》2009年第7期。

有效的意识形态和道德说教,如今已经失去了效力。法院案件量连年攀升,法官充当离婚案件的"和事佬",并被赋予了不该有的期望值。有文章指出,法院在审理离婚案件时已经有了固定模式——首次调解不成将判不离,再次起诉调解不成则判离婚,并认为法院内部的激励机制是导致这一变化最直接和重要的原因。① 结案率、上诉率、改判与发回重审率、投诉率等为考核标准的法官评价体系,使法官在处理案件时更注重结果。如果能促成调解,即便是调解离婚也比判决不离更有质效。而对于争议大、无法达成调解方案的离婚案件,在不符合法定离婚条件的情况下,法官一般会建议当事人选择撤诉,自行协商解决。虽然《婚姻法》和《民事诉讼法》均规定,离婚纠纷应当进行调解,但是"如果没有更切实有效的程序制度保障,在实际诉讼过程中,调解往往演变成为法官的一句例行公事地征求是否接受调解的发问"②。事实即是如此,我国现行有关强制调解的规定太过原则,缺乏相应的程序保障。

挽救未破裂的婚姻是立法的应有之义。法院在处理离婚案件时,已经进行很多积极的探索。但挽救婚姻是一个系统工程,希望司法用强制调解来达到挽救婚姻的目的,是对法院的苛求,客观上也无法实现。

二、司法实践中对调解机制的探索

(一)"冬眠式调解法"

据河南濮阳法院网 2009 年 7 月 31 日报道,河南省濮阳市两级法院对于首次判决不准离婚的案件,推出了如下新做法:在判决不准离婚的 6 个月"冷静期"内,法官会为离婚诉讼双方主持调解,这种做法被称为"冬眠式调解法"。从 2009 年 3 月至报道之日,濮阳市两级法院使用这种方法,挽救了 102 起濒临破裂的婚姻。③

(二)"试离婚"

社会上曾流行过"试婚",即以夫妻名义共同生活,但是未办理结婚登记手

---

① 贺欣:《离婚法实践的常规化——体制制约对司法行为的影响》,载《北大法律评论》(2008 年第 2 辑),北京大学出版社 2008 年版。

② 邵俊武:《建立婚姻家庭民事诉讼专门程序之我见》,载《兰州商学院学报》2003 年第 2 期。

③ 邓红阳:《台前法院调解 4 个月挽回百余起濒危婚姻》,http://pyzy.chinacourt.org,下载日期:2014 年 3 月 15 日。

续。有的法院让一些前来起诉离婚的当事人"试离婚"。法院经审查,认为离婚当事人夫妻感情尚存,但一时无法调解和好,以调解书的方式约定双方在6个月的"冷静期"内体验离婚,相互不尽夫妻义务,让当事人冷静下来,认真考虑真正离婚的后果及当事人对离婚后果的接受程度。河北省阳原县人民法院推行"试离婚"制度后,"试离婚"的7对夫妇有6对重归于好。①

(三)成立家事合议庭或者家事审判庭

广东省高级人民法院和广东省妇联启动家事审判合议庭试点。② 全省15个试点法院逐步建立了家事审判操作规则体系,试点成效明显。广东省家事案件呈现高调撤率、高服判率、低上诉率、低改判率的"两高两低"的良好态势。在试点工作中,家事审判合议庭严格贯彻调解优先原则,不断创新调解方法,"劝、批、谈、教"相结合,解开当事人的心结,彻底消除矛盾。试点法院委托妇联组织送达有关诉讼文书或开展家事案件审前事实调查工作,将妇联提供的事实调查材料作为处理家事案件的重要参考,改变妇联仅参与家事案件调解工作的单一协作方式。试点法院还开展与综治维稳中心、社区调解办公室、村调解中心等机构的诉调对接工作,扩大家事审判社会参与的广度和深度。

多省市基层法院都在试点推行家事审判专门化或者成立专门的家事审判庭,③有的成立了独立编制的"家事法庭",④有的积极探索在诉讼中引入心理疏导,解开离婚当事人的心结,并为离异家庭的子女提供心理辅导。⑤

"冬眠式调解法"曾在社会上引起广泛争议。有人认为,这种调解程序干涉了当事人的离婚自由,也影响了离婚诉讼的效率,浪费了司法成本。"依据婚姻法的规定,目前离婚的程序比较简单,法官如果就事论事,单纯考虑判决的公正性而忽略现实影响,离婚率必然会迅速攀升。"濮阳市中级人民法院院长赵红光在接受记者采访时说,判不判决离婚是个法律问题,但婚姻本身却是感情问题。法官超出本职工作范围在判决不离或者撤诉后跟踪调解,参与调解的法官表示

① 刘玲:《关于建立别居制度的探讨——从河北阳原法院推出"试验离婚"制度谈起》,载《青岛师范学院学报》2005年第3期。

② 李强等:《粤全面推行家事审判改革》,载《南方日报》2013年3月27日第A8期。

③ 林笑笑、吴军华:《"家事法庭":"三部曲"善断家务事》,http://acwf.people.com.cn,下载日期:2014年3月15日。

④ 王牧、仇慎齐:《关于家事审判的调研报告——以贾汪法院的"家事法庭"为视角》,http://jwfy.xzjw.gov.cn,下载日期:2014年3月15日。

⑤ 阎晓军:《离婚案件的心理调解研究》,载《河北法学》2008年第8期。

社会效果不错但法官很累。① "试离婚"为当事人提供"冷静期"，可避免当事人因一时冲动而离婚。但因感情是否破裂的标准难以把握，法官判断何种情况感情尚存，偏于主观。在符合《婚姻法》第 32 条规定的离婚条件时，当事人可能不愿意采取"试离婚"的方式，这一方式难以在离婚诉讼中广泛推行。成立家事合议庭或者家事审判庭是在目前的法律框架内，立足于现行的审判质效管理的有效举措。在离婚纠纷中适用心理辅导是一大创举，在离婚纠纷调解过程中也取得了一定的效果。② 但家事审判庭或者家事合议庭仍停留在司法强制调解的框架内，难逃司法强制调解之窠臼。

三、域外离婚调解的经验

（一）英国

在英国，1971 年颁行的《实务指示（离婚：调解）》将调解程序引入离婚诉讼。如果法院有理由认为当事人有和好的可能，或者调解有利于解决附带问题时，可将案件或案件中的某个或某几个问题交由法院福利官。法院福利官在与当事人讨论后判断是否有任何和好的希望，或者调解是否可以帮助当事人协商解决全部或部分纠纷。如果有希望和好，法官福利官可继续处理此纠纷，还可将案件提交观护官，或者提交有关婚姻指导和福利组织推荐的合格的婚姻劝导员，或者根据案件特殊情况提交其他适当的个人或者组织。英国 1973 年的《离婚诉讼法》规定，在作出任何准许离婚裁判之前，必须进行调解，以促进双方和解，防止轻率离婚。③ 英国法院认为，和解能帮助当事人挽救婚姻，修复当事人之间应有的良好关系，现实地理解和客观地对待因离婚而生的法律后果。在离婚诉讼初期，应当尽可能地利用各种方法激励当事人和解，特别在当事人有未成年子女时，和解对当事人和其子女都很有益。④

（二）澳大利亚

在澳大利亚，家庭法规定了首要争议解决制度。这一制度适用于任何受《澳

---

① 邓红阳：《台前法院调解 4 个月挽回百余起濒危婚姻》，http://pyzy.chinacourt.org，下载日期：2014 年 3 月 15 日。

② 黄鸣鹤：《心理干预在离婚调解过程中的运用》，载《人民司法》2011 年第 13 期。

③ 胡志超：《中国破裂主义离婚法律制度》，法律出版社 2010 年版，第 251 页。

④ 蒋月：《家事审判制：家事诉讼程序与家事法庭》，载《甘肃政法学院学报》2008 年第 1 期。

大利亚家庭法》调整的家事纠纷。调解是在调解员的帮助下,各参与方分析争议的问题,找出解决问题的方法,尝试在一个或几个解决方案中达成协议。如果争议涉及未成年人,必须作出对其最有利的决定。调解员不作决定,也不给建议,只是提供一个循序渐进的程序,使当事人意识到争端,想出解决的办法并作出决定。①

(三)美国

20 世纪 60 年代以来,美国掀起了建立家事法院的运动。在这一运动的影响下,有 1/3 的州建立专门法院审理与婚姻家庭有关的案件。这些法院由对此类问题感兴趣的或有特殊才能的法官、社会工作者等组成。美国的家事调解和仲裁促使当事人通过私下和平的方式解决他们之间有关子女抚养、财产分割以及子女监护的争议。近年来,调解日趋成为解决离婚纠纷的重要手段,并渗透到离婚程序的各个阶段。一些州规定,案件若涉及子女监护和探视问题必须进行调解。在没有法律规定的情况下,法院也可以决定适用调解。但大多数情况下,法院应根据当事人的要求进行调解。调解员作为中间人,协助当事人找出解决问题的方法并进行协商。调解人员必须具备相应的资格。在美国,半数以上的州法院设置调解程序,其努力为婚姻触礁的双方当事人提供一个非对抗性的解决矛盾的场所。有些法院还采用委托调解,尤其是涉及子女监护的纠纷,至少半数以上的州对离婚中的子女抚养问题进行调解。②

(四)加拿大

加拿大《离婚法》(1984 年修订)第 8 条规定,法院应进行必要的调查以确定是否有和解的可能,"除非根据具体案情,这样做是不适当的"。在诉讼的任何阶段,法院只要认为存在和解的可能性就应当下令中止诉讼程序,并任命合适人选为调解人。在中止诉讼之日起满 14 日后,如果当事人申请恢复诉讼,则法院应当恢复。

(五)日本

日本的离婚诉讼调解程序在大陆法系国家中有一定的代表性。《日本家事审判法》第 18 条规定:"提起诉讼的当事人,在诉讼开始前,必须经过家庭裁判所的调停。""如果当事人在提起诉讼时没有申请调停,地方裁判所可以依职权将该

---

① 胡志超:《中国破裂主义离婚法律制度》,法律出版社 2010 年版,第 252 页。
② 王留彦:《我国离婚诉讼中的调解制度研究》,载《黑河学刊》2012 年第 9 期。

诉讼转交家庭裁判所先行调停。"此即日本家事审判法的"调停前置立法"，采先行调停主义。当事人双方无法达成离婚协议时，起诉要求离婚之前，必须先向家事法院申请调停。调停由家事调解委员会及夫妻双方参加，不公开举行。如调停离婚成立，即制作调解书，它与判决书有同等的效力，称为调停离婚。调停不成的，方可提起诉讼。①

综观各国立法，其无一例外地重视对家事纠纷，尤其是离婚纠纷的调解。不论是采取诉前调停还是中止程序转向调解，均是各国为防止轻率离婚、挽救婚姻而作出的重要努力。法院对离婚纠纷的处理体现了区别于一般的民事诉讼的超职权主义。各国纷纷设立调解员或者调解组织专为离婚纠纷服务，尊重离婚当事人的隐私，并对当事人的未成年子女予以特别保护。

四、出路：重构我国离婚纠纷强制调解模式

（一）完善立法

1. 借鉴日本离婚诉讼调解程序，将离婚调解前置，设置婚姻调停中心，实行先行调解制度。为此，建议修改《婚姻法》及《民事诉讼法》。在《民事诉讼法》中增设一条："离婚纠纷当事人在提起诉讼前，必须先行向婚姻调停中心申请调解。未经调解，不予受理。调解期限为3个月。调解和好的，制作调解笔录；调解离婚的，出具调解证明书；经调解无效的，由婚姻调停中心出具经调解无效证明，方可提起离婚诉讼。"在《婚姻法》中规定："男女一方提出离婚的，应先行向婚姻调停中心申请调解。"之所以设定3个月的调解期限，主要考虑到调解员深入调查并辅导当事人需要有一定的时间，同时使当事人的情绪得到缓和，减少因一时冲动而离婚的非理性做法。

2. 为确保登记离婚与诉讼离婚同步，增设"双方当事人达成离婚协议向离婚登记机关申请离婚的，须经登记机关审查，审查期限为3个月"的规定。3个月的审查期限既与调解期限保持一致，又以立法的方式增设冷静期（或称离婚考虑期）。对于以离婚来谋取各种法外利益的当事人而言，这个审查期限也是一种牵制。

3. 立法规定婚后1年内禁止离婚。在"闪婚闪离"现象盛行的今天，"婚后一年内禁止离婚"的规定，将使一些人更加谨慎地对待婚姻。婚姻不仅影响夫妻自

---

① 蒋月：《家事审判制：家事诉讼程序与家事法庭》，载《甘肃政法学院学报》2008年第1期。

身,还会影响到两个家庭甚至更多的人。婚后 1 至 3 年是婚姻的磨合期,在此期间,婚姻当事人将要经历婚前婚后双方的变化带来的影响,需要学习相处之道,融入彼此的家庭,建立共同的家庭观念,树立家庭责任感,学习解决家庭矛盾的艺术与方法。之所以未要求在婚后 3 年内禁止离婚,是因为我国婚姻法已经有女方在怀孕期间、分娩后 1 年内或中止妊娠后 6 个月内男方不得提出离婚之规定,在一定程度上可以实现与婚后 1 年内禁止离婚之规定的衔接。为适应社会生活的复杂性,可同时增设弹性条款,为当事人提供特殊情形下的司法救济。

4.法院诉讼阶段,不再强制调解。删除《婚姻法》第 32 条第 2 款:"人民法院审理离婚案件,应当进行调解。"由于调停已经前置,所以到诉讼阶段,不再强制调解,是否调解与一般民事案件相同。对于不符合法定离婚条件的,不得调解离婚。对于判决不准离婚的案件,经当事人申请或者由人民法院委托,可由婚姻调停中心提供婚姻挽救与重建辅导服务;对于判决离婚的案件,由上述机构对离婚当事人及其子女进行心理疏导,引导他们正确处理离婚、抚养与探望子女问题;对于因离婚而生活无着的当事人或其子女,由社会救助机构提供救助。

(二)构建婚姻调停中心

为解决法院案多人少的问题,充分发挥人民调解的作用,各地法院纷纷建立了"诉调对接人民调解工作室""人民调解员工作室",开放"人民调解员窗口"。[①]实践证明,人民调解员、特邀调解员可以发挥其优势,为法院分流一部分案件,发挥人民调解机制的功能。笔者认为,将离婚诉讼的调停中心设在法院内部,难以克服上文所述的弊病,不利于实现挽救未破裂婚姻的目的。因此,建议设置独立的婚姻调停中心,加强对婚姻家庭纠纷当事人的辅导与救助,并与离婚诉讼有效衔接。

1.婚姻调停中心的设置。婚姻调停中心是公益性的婚姻救助部门。在城市以街道为单位设置婚姻调停中心,在农村以村为单位设置婚姻调停中心。如此设置既便民,也方便婚姻调停中心深入调查离婚的原因、婚姻现状、子女抚养情况等。

2.婚姻调解员的人员配备。婚姻调停中心的构想能否实现,关键在于调解员的配备。笔者建议,婚姻调解员的配备采公务员与聘任制调解员二元制。公务员的配备是为确保调解员队伍的稳定性,而聘任制调解员的配备则是为了吸纳更多有专长的人士参与其中,更有利于调解工作的开展。可从基层有工作经

---

① 毋爱斌:《法院附设型人民调解及其运作——以"人民调解工作室"为中心的考察》,载《当代法学》2012 年第 2 期。

验的公务员中选拔有志于做婚姻调解工作的人员担任公务员编制的调解员，全职工作，享受公务员待遇。这类调解员须在法院、司法局、民政局、仲裁委、妇联等机构工作 5 年以上，已婚。聘任制的调解员由有心理学、社会学、法学、宗教伦理学、经济学等方面特长的，具备"德望良识"的人员担任，如退休法官、退休教师、律师、心理咨询师、高校教师、人民调解员等。选任聘任制调解员时要特别审查其婚姻状况及沟通、倾听的能力。聘任制调解员可兼职工作，收入与调解数量挂钩，既不影响其现有本职工作，又可发挥其特长。聘任制调解员的人数应远多于全职公务员，可建立调解员库，供当事人选择。另外，应定期对婚姻调解员进行培训，提高其素质和调解工作能力。为确保工作质量，应构建能进能出的考核机制，优胜劣汰，使调解员能更好地服务婚姻调解工作。

3. 申请婚姻调停的程序。一方提出离婚，或者双方均有离婚意向，但无法达成离婚协议的，均可向婚姻调停中心申请调解。一份婚姻调解申请由一名专职调解员承办，并可由当事人在调解员库中任意选取 1～2 名调解员配合完成。调解期限为 3 个月。在此期限内，专职调解员及选任调解员应对当事人的婚姻状况、家庭成长背景、提出离婚的原因、矛盾程度、未成年子女的抚养状况等进行调查，以帮助当事人找到矛盾的焦点和解决矛盾的办法。调解员应秉持中立的立场，以调解和好为主要目标。为着重保护未成年子女的利益，调解员在调解离婚时，应以未成年子女的利益最大化为原则。召集双方进行调解时，应努力营造和谐氛围，减少双方的对抗性，实行绝对保密，以消除双方顾虑。调解和好的，制作调解笔录；调解离婚的，出具调解证明书，申请法院进行司法确认或者依调解证明书向民政局申领离婚证，不受 3 个月审查期的限制；调解不成的，由调停中心出具经调解无效证明，当事人可提起离婚诉讼。（见图 1）在调审分离的模式之下，既可以使当事人充分自由地表达意愿，也可以避免审判人员为追求高调撤率、低上诉率而久调不决、以判压调。与法院调解相比，调停中心的调解气氛更和缓，可以使当事人更加心平气和地专注于解决矛盾，更容易促成双方和好。

4. 经费保障。婚姻调停中心是公益性、非营利的机构，其经费由各级财政拨付。

（三）离婚诉讼与婚姻调停中心调解的有效衔接

为更好地实现与婚姻调停中心的有效衔接，建议法院成立家事审判庭。家事审判庭法官的配置与婚姻调解员相类似，宜选已婚并具备婚姻关系调解能力的法官。在实行先行调解的情况下，之所以对法官人选作出特别的要求，仍然是基于挽救婚姻的考虑。在诉讼阶段的调解过程中，法官仍以调解和好为出发点，未达到离婚的法定条件的，不得调解离婚；已经达到离婚条件的，可以调解离婚。双方均同意调解的离婚案件，法官可将纠纷转交婚姻调停中心继续调解，调解期

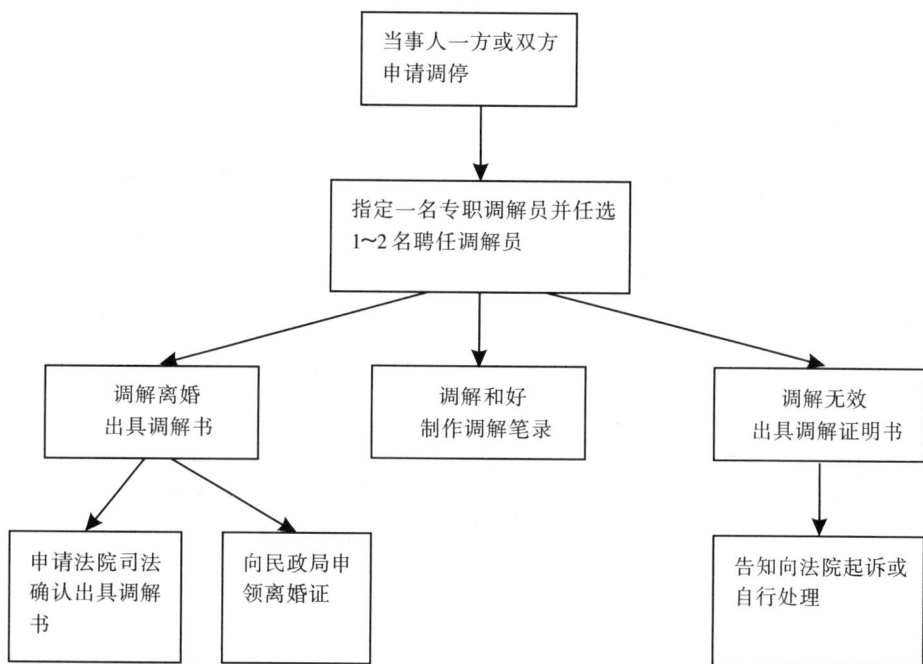

图 1　婚姻调停中心工作流程图

限为 14 日,案件中止审理。调解成功的,由婚姻调停中心出具调解证明书,法院据此确认结案;调解不成的,恢复审理并作出判决。判决不准离婚的或者原告申请撤诉的案件,由法院转交婚姻调停中心,后者将在 6 个月内继续跟踪调解。(见图 2)为避免出现一方当事人愿意接受调解,另一方当事人不愿意接受调解的情况,可以借鉴台湾地区的做法,即"当事人无正当理由未于调解期日到场者,法院得以裁定处新台币 3000 元以下之罚款"①。对于法院判决不准离婚的或者原告申请撤诉的案件,当事人应当接受调解,否则可处以一定数额的罚款。如果当事人在接受罚款后仍拒绝调解,则视为调解不成功。

(四)改革离婚纠纷案件的审判质效考评标准

处理离婚案件的首要任务不是准予离婚,也不是不准离婚,而是挽救婚姻、拯救感情、保护家庭。② 为了确保法官在诉讼中不受干扰,独立审判,建议对离婚诉讼参照刑事诉讼的考评标准,不将调撤率等作为法官审判质效的考评标准,

---

①　齐树洁主编:《台港澳民事诉讼制度》,厦门大学出版社 2010 年版,第 100 页。
②　胡志超:《中国破裂主义离婚法律制度》,法律出版社 2010 年版,第 228 页。

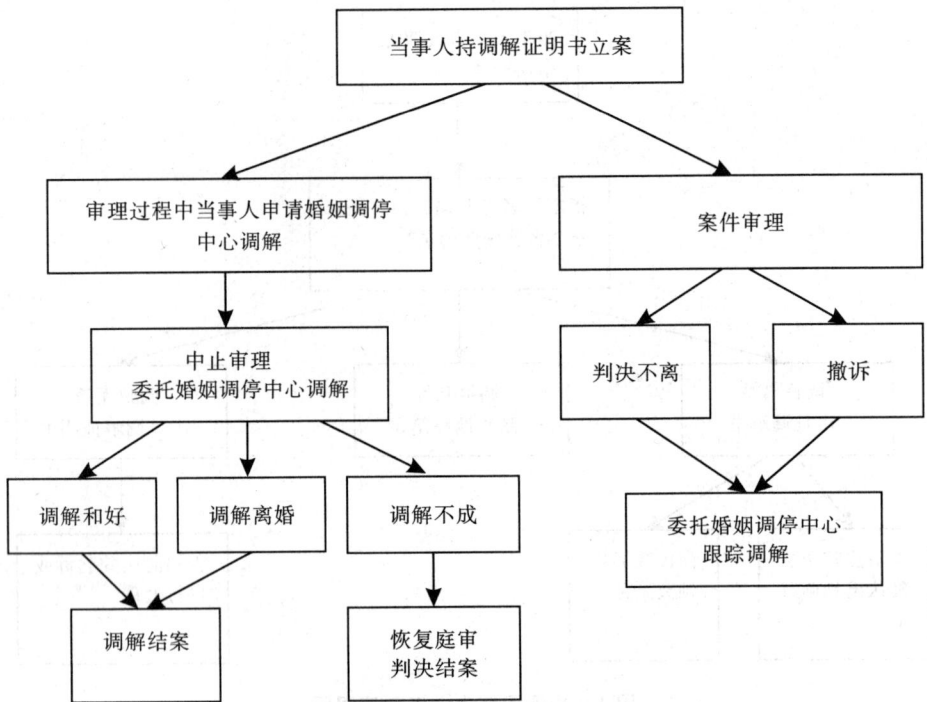

图 2　法院与婚姻调停中心诉调衔接工作流程图

使法官能真正秉持"挽救婚姻"的立法宗旨，能调则调，应慢则慢，当判则判，毕竟挽救一个家庭远比计算调撤率重要得多。

基层司法

关于涉农金融借款合同纠纷的调研报告
——以同安法院为样本

■厦门市同安区人民法院课题组*

摘要：近年来，涉农金融借款合同纠纷案件频发，呈现出标的额增大、"人合性"突出等特点，使法院在审理该类案件时面临送达难度加大、调解空间狭窄、审理时限加长等困境。造成这种现象的原因涉及社会、政策、立法等各方面。因此，需从审查监管、风险防控等方面入手，加强对涉农金融借款的司法保护。

关键词：涉农金融；司法困境；监管；司法保护

中国高速的经济发展及多样的现代化城市理念，不但使农村生活及农村文化发生了变化，也带来了各种涉农诉讼。当前农村金融需求日益增长所催生的涉农金融借款，在满足农村居民生产和生活的需求的同时，也暴露出农村非正规化的金融市场的弱点。近年来，涉农金融借款合同纠纷案件①频发，法院面临新的司法困境。

---

* 课题指导：廖惠敏（厦门市同安区人民法院院长）。课题负责人：方建筑（厦门市同安区人民法院审判委员会专职委员）。课题组成员：李金森、叶采惠（以上成员均为厦门市同安区人民法院法官）、梁碧仪（厦门市同安区人民法院书记员）。报告执笔人：梁碧仪。
① 本文所称"涉农金融借款合同纠纷"，指一切包含"三农"因素的金融借款合同纠纷。

一、同安区涉农金融借款合同纠纷案件之概况

同安区现为厦门市面积最大的行政区,区域内辖 2 个街道、6 个镇、7 个农林场,农村村落文化气息浓厚,故以该地区的案件作为统计样本,具有一定的典型性和代表性。课题组通过对 2010—2013 年厦门市同安区人民法院(以下简称同安法院)受理的涉农金融借款合同纠纷案件进行分类统计,发现该类案件总体上具有以下特点。

(一)受理案件数量总体下降,涉案标的金额大幅上升

2010—2013 年,同安法院受理涉农金融借款合同纠纷案件共 684 件。从各年度的受理情况来看,每年度的受理案件数呈现出递减的发展趋势,尤以 2010—2012 年为甚,2011 年受理案件数同比下降达 56.50%,2012 年同比下降 54.27%。(见图 1)形成这一趋势的最重要原因,是相关金融政策调整的影响。在农村信用合作社(以下简称农信社)改制为农村商业银行(以下简称农商银行①)的过程中,为清理逾期贷款,大量涉农金融借款合同纠纷案件涌入法院。然而,值得注意的是,从 2012 年开始,同安区的涉农金融借款合同纠纷案件受理数基本持平,表明该区的农村金融借贷体系正朝平稳的方向发展。

与受理案件数量发展趋势相反的是,同安区涉农金融借款合同纠纷案件的涉案金额大幅上升,主要体现为两大方面:一是年度案件标的总额大幅增长。2011 年涉农金融借款合同纠纷案件年度总标的额为 1353.302 万元,2012 年该类案件总标的额为 5357.703 万元,同比增长高达 295.90%,而 2013 年总标的额大致维持在 2012 年的水平。(见图 2)二是个体案件标的额逐年增长。一般来说,"小额"是涉农金融借款的一个特征,然而,事实上,随着经济的快速发展及农村城镇化进程的加快,涉农金融借款的额度已逐渐增大,远远突破了"小额"的概念。如 2012 年和 2013 年涉农金融借款合同纠纷案件受理数较少但总标的额较大,充分说明了这一点。

(二)农商银行为涉农金融借款合同纠纷案件的"主力军"

尽管众多金融机构对涉农领域均有特别的政策,但主要针对服务"三农"领域的农商银行,因其在同安区广泛遍布的网点及村民对其手续简单、放贷时间短

---

① 自 2012 年起,厦门地区的农村信用合作社全部更名为农村商业银行,为行文方便,本文暂不作区分,统一将此类机构称为"农商银行"。

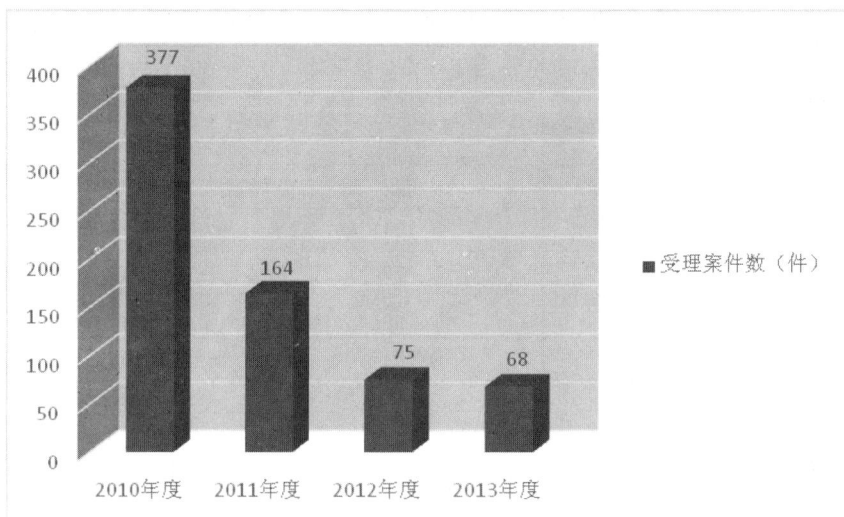

图1　2010—2013 年涉农金融借款合同纠纷案件受理情况

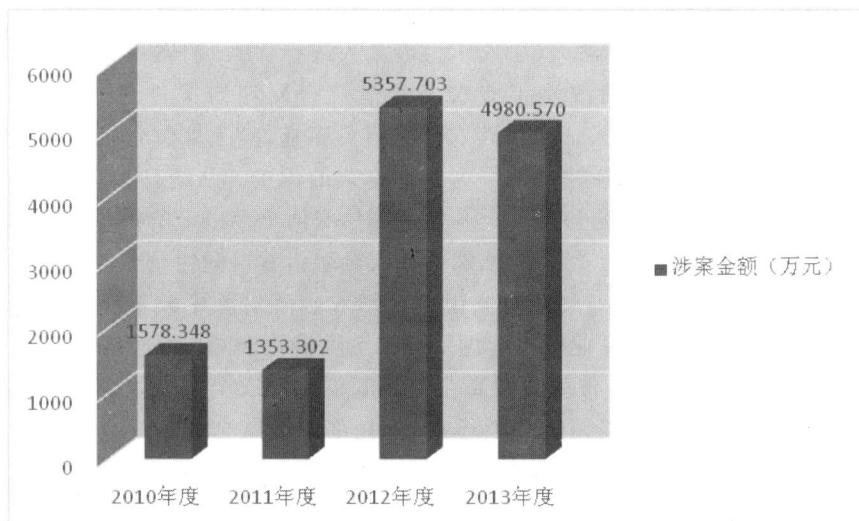

图2　2010—2013 年涉农金融借款合同纠纷案件标的额情况

等优势的认同,成了涉农金融借款的"主力军"。2010—2013 年,在同安法院审理的涉农金融借款合同纠纷案件中,以农商银行作为原告的案件达 633 件,占全部涉农金融借款合同纠纷案件的 92.54%(见表1)。

值得一提的是,尽管银监会积极培育发展村镇银行、小额贷款公司等涉农借贷机构,然而,直到 2013 年为止,并无相关机构提起涉农金融借款合同纠纷案件。

表 1　2010—2013 年以农商银行为原告的案件情况

年份	农商银行为原告的案件数（件）	当年涉农金融借款合同纠纷案件数（件）	占当年涉农金融借款合同纠纷案件比例（%）
2010 年度	366	377	97.08
2011 年度	158	164	96.34
2012 年度	47	75	62.67
2013 年度	62	68	91.18
总计	633	684	92.54

(三)涉农金融借款合同纠纷案件"人合性"现象突出

在涉农金融借款合同纠纷案件中,"人合性"现象十分突出,主要体现为:一是涉农金融借款多为满足村民生活或生产需要提供借款,因此被告一般为自然人,以法人为被告的案件偏少。据统计,在 2010—2013 年的涉农金融借款合同纠纷案件中,被告一方有法人(法人作为借款人或担保人)的案件分别为 5 件、4件、23 件、11 件,只分别占该年涉农金融借款合同纠纷案件总数的 1.33%、2.44%、30.67%、16.18%。二是涉农金融借款多选择"人保"(包括自然人与法人)为主要担保方式,选择"物保"作为担保方式的偏少。从统计数据看,尽管以"物保"作为担保方式的趋势有所上升,但同时,有两个及以上的担保人案件所占的比重也有所增加,因此,"人保"依然是涉农金融借款合同纠纷案件的主流担保形式。另外,从数据上看,大型商业银行在涉农金融借款中放贷更为严谨。如2013 年,在 6 件由大型商业银行起诉的涉农金融借款合同纠纷案件中,5 件均采"物保"形式;2012 年,28 件由大型商业银行起诉的涉农金融借款合同纠纷案件中,18 件均采"物保"形式。统计中还发现,在部分借款金额超过人民币 100 万元的案件中,农商银行依然采取"人保"而不是更有保障的"物保"形式进行放贷(见表 2)。

表 2　2010—2013 年涉农金融借款合同纠纷案件担保情况

	2010 年度		2011 年度		2012 年度		2013 年度	
	案件数（件）	占调判案件比例（%）	案件数（件）	占调判案件比例（%）	案件数（件）	占调判案件比例（%）	案件数（件）	占调判案件比例（%）
1 个担保人	220	81.48	87	69.60	23	39.66	15	28.85
2 个担保人	16	5.93	13	10.40	6	10.34	10	19.23

续表

	2010 年度		2011 年度		2012 年度		2013 年度	
	案件数（件）	占调判案件比例（%）	案件数（件）	占调判案件比例（%）	案件数（件）	占调判案件比例（%）	案件数（件）	占调判案件比例（%）
3 个及以上担保人	4	1.48	9	7.20	7	12.07	6	11.54
抵押物（或同时存在抵押物及担保人）	11	4.07	9	7.20	21	36.21	20	38.46
其他情况	19	7.04	7	5.60	1	1.72	1	1.92

二、涉农金融借款合同纠纷案件之司法困境

相较于其他类型的借款合同,金融借款合同案件约定了明确的借款、保证或抵押合同以及有相对规范的系列贷款手续,因此,法院在借款事实的认定及法律适用方面的难度并不会很大,涉农金融借款合同纠纷案件也具有此类特性。故此处所提及的司法困境,主要是涉农特性所引起的纷繁复杂的实践问题及程序性问题。

(一)送达难度加大

在司法实践中,"送达难"是法院民事审判工作的一大难题,涉农金融借款合同纠纷案件也遇到相同的司法困境。在实践中,被告为了逃避债务而拒收司法专邮、谎称人在外地无法接收等导致无法顺利送达的现象比比皆是。除此之外,由于涉农金融借款合同纠纷案件所具有的特殊性,还出现了有别于其他类型民事案件的"送达难"问题。

1.同一主体涉案现象增多

在涉农金融借款中,尽管同一主体大规模向金融机构借款的现象并不多,但几个农户间互为借款人及担保人以求获取银行更多的放款却是常有的事情。一旦该类型借款案件进入诉讼领域,容易引发同一主体同类案件增多的现象。以2013 年和 2012 年为例:2013 年,42 个被告(自然人 39 个、法人 3 个)有重复涉案现象,其中涉案 2 件的 39 个,涉案 3 件的 2 个,涉案 4 件的 1 个。2012 年,28

个被告(自然人21个、法人7个)有重复涉案现象,其中涉案2件的23个,涉案3件的5个。当重复涉案的被告无法成功送达时,相关的系列案件均无法正常进入审理程序。

2.同案被告数量居高不下

"人合性"是涉农金融借款合同纠纷案件的一个特征,故同案被告数量较多是该类型案件不可避免的问题。(见表3)而当被告增多时,送达难度也会增大。当被告超过3个时,涉农金融借款合同纠纷案件就往往难以实现一次性全部送达成功。有时在耗费大量司法资源找到之前无法送达的被告时,新的法律文书却又无法送达到曾经能够送达的其余被告。反复的送达工作导致法院压力增加。

表3 2010—2013年涉农金融借款合同纠纷案件被告情况

	2010 年度		2011 年度		2012 年度		2013 年度	
	案件数(件)	占全部案件比例(%)	案件数(件)	占全部案件比例(%)	案件数(件)	占全部案件比例(%)	案件数(件)	占全部案件比例(%)
1 个被告	32	8.49	12	7.32	7	9.33	10	14.71
2 个被告	305	80.90	118	71.95	41	54.67	26	38.23
3 个被告	27	7.16	24	14.63	17	22.67	23	33.82
4 个及以上被告	13	3.45	10	6.10	10	13.33	9	13.24

(二)调解空间狭窄

调解一直是法院较为青睐的解决纠纷的方式。在乡土秩序意识浓厚的同安区,调解机制在一定程度上扩展了法律的张力,有助于消弭当事人之间的纠纷。然而,在涉农金融借款合同纠纷案件中,调解却并不能有效地发挥出其固有的作用,相反,该类案件面临调解空间狭窄、调解难度增大的困境。

如图3所示,2012年以后,涉农金融借款合同纠纷案件的调解比重(调解数/调判总数)逐年下降,2012年同比下降33.69%,2013年同比下降21.93%。该类案件调解难度增大,一是因为被告缺席或部分缺席情况突出。涉农金融借款大都采用"人保"的方式,故涉案被告数量较多。尽管参与庭审的被告表示有调解的意向,但由于被告未能全部到庭,故很难实际开展调解工作。二是因为存在合同借款人与实际使用人不一致的情况。在部分涉农金融借款合同纠纷案件中,合同借款人往往辩称其不是借款的实际使用人,认为不应由其偿还欠款,对调解十分抵触,导致调解难以开展。三是因为银行提供的调解方案可接受程度不高。一般而言,民事案件的调解方案是灵活多变的,而基本的调解则可从延期偿还、减免本金、减免利息等方面入手。然而,银行因受困于其内部规定等各种因素,基本无法在减免本金方面作出让步,甚至欠款的利息、罚息及复利仍需一并计算。同时,一般的涉农金融借款合同纠纷案件对于银行而言,金额并不算巨大,因此,可作出的延期方案一般是只能延长3个月。这些限制对于被告而言缺乏可进一步回旋及谈判的空间,故涉农金融借款合同纠纷案件往往难以达成调解合意。

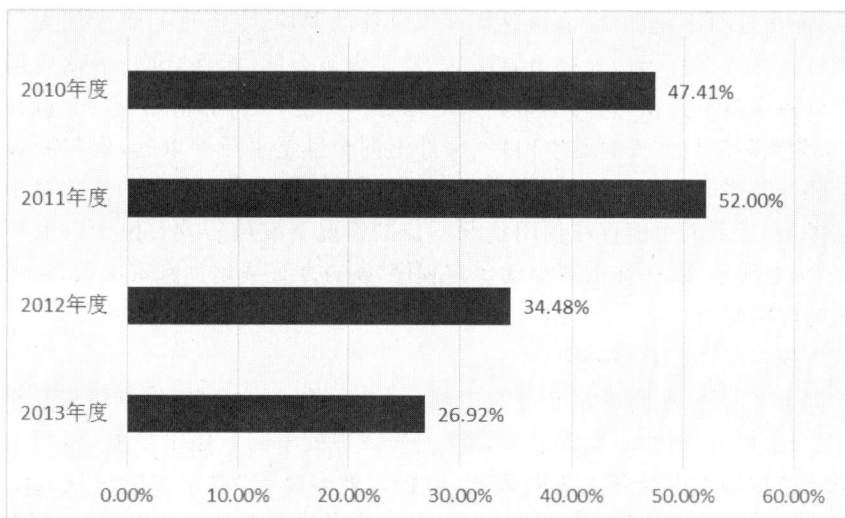

图3　2010—2013年涉农金融借款合同纠纷案件的调解比重

据分析,近两年能够达成调解合意的涉农金融借款合同纠纷案件,大致属于以下两种类型:一是争议标的额较小。由于诉争金额不大,被告通常都具有一定的还款能力,故较容易达成调解合意。如2012年的20个调解案件中,属于该类型案件(结案标的额在人民币10万元以下)的有9件。二是存在抵押物。如2012年的20个达成调解合意的案件中,有10个存在抵押情况;2013年达成调解合意的14个案件中,有5个存在抵押情况。一些被告基于惧怕抵押物被拍卖、变卖的心理,通过调解方式分期还款的意愿较为强烈。另一些被告虽不一定具备还款能力,但因存在抵押物且对事实无争议,故较愿意通过调解的方式缩短还款期限,让案件尽快进入执行阶段以达到还款目的。无论基于何种心态,存在抵押物的涉农金融借款合同纠纷案件进行调解的可能性更大。

(三)审理时限加长

1.普通程序适用比重增加

在涉农金融借款合同纠纷案件中,简易程序适用的比重仍然较大,但是普通程序适用的比重也有所增加,其中,无法送达而启动公告程序是引起普通程序适用比重增加的最重要原因。普通程序的启用导致审理时限延长。

2.法律关系日趋复杂

虽然涉农金融借款合同纠纷案件大多案情简单,双方当事人对事实争议也不大,但是近两年,也出现了少数具有争议性的案件,令审理的难度加大。这部分案件大多是案件担保人提出异议:一是对借款合同、担保合同、借款借据等文件上的签名具有异议,认为不是其亲笔签名。二是对合同、借据上的金额存有异议,认为当时签订文件时是空白栏,文件上的金额是事后补填的,现在原告起诉的金额与其当时告知的金额不一致。三是认为原告在审查借款人资格时未尽审慎义务,在借款人可能存在信用状况不佳的情况下发放贷款。由于以上异议的提出,为查明事实,往往需要启动鉴定程序,调查取证或增加庭审次数,从而导致审理时限的延长。

3.原告被动的起诉心态

如上文所述,银行在借贷过程中都具有较为完备的合同、借款借据及相关手续,故一般而言,对涉农金融借款合同纠纷案件的事实认定不会复杂,判决结果也以支持原告诉求居多。久而久之,原告方就容易有"追不回的借款法院能够追""只要起诉肯定能赢"的心理。故相较于其他民事案件的原告而言,涉农金融借款合同纠纷案件中的原告方容易出现较被动的态度,而这种态度或多或少会对案件的审理造成影响。例如,在原告厦门农商银行某支行诉被告林某某金融借款合同纠纷案件中,原告以被告出现了危及其债权实现的情况为由请求提前收回借款。这起案件案情较为简单,本来一次庭审即可查明事实,但因原告在第一次庭审时没有准备能够证明被告危及其债权实现情况的关键证据,不得不重新安排第二次庭审,导致审理时限不必要的延长。

三、涉农金融借款合同纠纷案件司法困境之原因分析

(一)农村社会的弱质性问题

目前,农村居民主要还是依靠小规模农业经营维持生活,低盈利的生产模式使得农户只能满足自身基本的生活需要。而当农村居民需要贷款时,一方面,基于农业生产抗风险能力差、农户收入缺乏可期待的持续性以及农村社会征信体

系的缺失等原因,农村居民难以单纯凭借个人信用获得借款。另一方面,由于农村房产受到严格的限制保护,且除此之外,农村居民根本不可能提供足额的其他抵押标的物作为偿还借款的保证,故其也难以仅凭个人之力获得银行贷款。因此,农村社会自身的弱质性,在一定程度上导致了涉农金融借款"人保"方式的蔓延。

另外,因为农村社会自身的弱质性而导致的农村居民信用等级较低等问题,农村居民能从银行获得的借款额度有限,这与其因经济发展、农村城镇化进程加快而日益增长的需求是不相适应的。为了解决这一矛盾,农村居民往往采取"抱团"的方式,即以互为借款人及担保人的形式向银行借款,以期获得更多的可用资金。农村居民因此卷入多起涉农金融诉讼,或出现多个贷款人将所贷款项交由一人使用,导致合同借款人与实际使用人不一致的情况。这类型的涉农金融借款进入诉讼领域,将增加法院送达及审理工作的难度。

(二)涉农金融政策调整的影响

相较于城市社会而言,农村社会自身的弱质性问题容易出现金融排斥现象,这就需要国家通过金融政策的调控以确保农村金融的健康发展,因此,涉农金融借款也或多或少地显现出随金融政策的调整而凸显的特征。如在农信社改制为农商银行的过程中,出现法院受理的涉农金融借款合同纠纷案件数量骤然增长的现象。又如农信社的建立本就是为了支持农业生产和农村发展,农信社贷款突出"信用"二字,以解决农村居民难以获得银行贷款的问题。受此影响,目前为止,"人保"还是农商银行的主要放贷依据,故涉农金融借款合同纠纷案件"人合性"现象十分突出。再如受鼓励性政策的影响,涉农金融贷款的主体呈现出多元化的趋势。除常规性的商业银行外,小额贷款公司等也逐渐成为涉农金融贷款的主体。贷款主体的增多,不仅会导致法律关系的复杂化,同时也会增加法院在认定事实、适用法律等方面的难度。

(三)立法的滞后与缺失

1. 对农村抵押品的桎梏

与城市的自有商品房不同,建于农村宅基地之上的农村房屋作为农村居民最有价值的所有物,却因法律严格限制流转而不能成为有效的抵押品。虽然只是以农村房屋进行抵押融资,但是农村房屋事实上是附着于宅基地之上的,根据"地随房走"的原则,该宅基地实际上也处于被抵押的情况,而这是与《担保法》等法律中关于宅基地不得抵押的规定相矛盾的。因此,农村居民若想获得更充足的资金,只能不断增加提供担保的人数,以赢取银行的信任。这在一定程度上造成"人保"的滥用。

2.对金融机构规制的缺失

目前，从法律层面上说，与银行贷款监管相关的法律文件为《商业银行法》《贷款通则》等。这些法律文件中都有对贷款流程各环节银行义务的规定。例如，《商业银行法》第35条规定银行应对借款人的偿还能力、还款方式等进行审查；第36条规定银行应对保证人的偿还能力、抵押物等的价值及实现可行性进行审查；第37条规定借、贷双方必须订立书面合同。《贷款通则》也对贷款人应进行贷前审查、办理贷款手续以及实施贷后监管作了规定。目前的问题是条文中只有原则性的义务罗列，而没有关于未尽义务如何处理的明确意见。银行未尽义务也是造成涉农金融借款合同纠纷的原因之一，但司法实践中较难确定银行应对何种不履行义务行为承担责任，承担怎样的责任以及应承担的责任比例。直至目前，虽然曾出现查明银行未尽义务的情形，但是由于该情形并没有对借款事实或担保事实造成明显的影响，故最后还是全部支持银行的诉求。司法虽然不是默许银行的非规范操作行为，但囿于现行立法，并不能对此种行为起到调整、纠正的作用。

（四）农商银行高风险放贷行为

由于大型商业银行逐渐向城市倾斜，故在广大农村地区，农商银行才是主要的放贷金融机构。对于涉农金融贷款，"低门槛"是基本，即在符合政策及法律的情况下尽可能降低农村居民贷款难度；但"严监管"也是银行必须遵守的义务，即应在贷前、贷中、贷后尽审慎监管义务。银行以放贷为基本业务，在借贷关系中处于优势地位，应有能力也有义务做好审查及监管工作。然而，涉农金融借款合同纠纷有不少是因为农商银行未尽职责进行了高风险放贷行为所导致的。

1.贷前审查不严

在放贷前对借款人及担保人的审查，关系到贷款安全。在部分涉农金融借款合同纠纷案件中，银行对借款人及担保人的财产状况审查不明，对其偿还贷款的能力及诚信度的调查也不细。在某些案件中，银行在明知借款人与担保人另有其他借款的情况下，仍然放松审批贷款的尺度。如已知借款人将名下所有不动产作为抵押物为他人借款担保，仍然允许借款人在无抵押物的情况下以增加担保人的形式再次获得借款。对借款人及担保人资格审查的放松，首先是因为部分工作人员片面追求贷款业绩，忽视了款项无法收回的风险；其次是因为"人情贷""熟人贷"，碍于情面"睁一只眼、闭一只眼"；最后是因为对贷款风险了解不深，无法作出优先保障贷款收回的最佳选择。对借款人及担保人贷款资格审查的过度放松，无形中增加了贷款无法收回的风险。

2.贷中管理不善

（1）贷款手续办理不规范

部分银行贷款手续办理不规范，如没有按照约定将借款合同、担保合同交给借款人或担保人收存；合同签订、借款发放均在同一天内完成，并没有对借款人、担保人的资格及合同签订的完整性进行充分的审查；在公司及其法定代表人均为同一案件的借款人或担保人的情况下，合同上却仅有法定代表人的签名，没有公司的公章。贷款手续办理的不规范，一方面侵犯了借款人及担保人在贷款过程中拥有的权利，另一方面也增加了日后收回贷款的风险。

（2）贷款条款释明不到位

银行提供的借款合同是经过其法务部门细心审核的格式合同。农村居民在借款时并没有修改其中条款的权利，在借款关系中处于相对劣势。这就需要银行在双方签订合同时对其中的条款进行充分的释明。然而，部分银行工作人员在签订合同过程中并没有对此予以重视，只是让借款人及担保人在合同空白处签名，却没有对条款作出解释，致使很多农村居民在不明就里或半知半解的情况下签订合同。一旦因借款无法收回而进入诉讼，则易因农村居民的不理解导致后续工作难以进行。

3.贷后监管不力

目前，虽然《贷款通则》等相关文件有关于金融机构应对贷后资金进行监管的规定，但是在审理过程中发现，该项规定事实上形同虚设。在多数情况下，金融机构对借款人贷后的资金使用状况或实际使用人的情况并不知情，被告也多以其非实际使用人或使用款项并非用于合同约定用途为由进行抗辩。在此种情况下，被告人的抵触情绪会较大，调解工作难以展开。

（五）农户法律意识淡薄

1.农村居民金融借款意识偏离

相较于其他大型商业银行，农商银行的"亲农"性质比较明显。在放贷的资格审核及要求上，农商银行始终贯彻"低门槛"的原则，使农村居民从农商银行获得贷款的机会大大增加。然而，部分农村居民对涉农金融借款的性质有所误解，认为涉农金融借款是国家专门针对农村发放的政策性优惠扶持资金，希望贷得的款项越多越好。便捷的贷款渠道，虽然一方面有效地解决了农村居民贷款难的问题，但是在错误观念的指引下，部分农村居民通过拉拢不同的担保人，获取了超过自己还款能力的贷款。

2.农村居民金融法律意识淡薄

虽然普法宣传的力度日益加强，但是农村居民的金融法律意识还是十分淡薄。农村居民对金融借款的认识，普遍只停留在从国家获得可用资金的层面上，而对签订的金融借款合同的条文缺乏充分的认识。在实践中,当农村居民决定作为金融借款的担保人、抵押人或者合同名义借款人时,更多的是出于对农村社会熟人关系网络的信任,而非对其中的法律意义有真正的了解。一旦该类案件涉诉,被告常以生活常理,如"不是我使用的钱不由我偿还"等理由代替法律思维进行抗辩。如果结果对被告不利,其就会表现出十分严重的抵抗情绪,致使该类案件审理的社会效果不尽如人意。

四、规范涉农金融借款之对策

(一)强化银行审查监管的法律责任

银行对贷款的全过程进行监控,有助于明确借款人的信用程度,最大限度地确保贷款回收的可能性,防范不正当的借款行为,保障贷款的安全性。对于在金融借款关系中处于优势一方的银行而言,这种审查监管是必要的,也是可行的。从长远来说,从司法的角度对不当的放贷行为进行适当的规制,将有利于涉农金融借款的健康运作。虽然现行的法律法规对银行的审查监管责任有所规定,但是这种缺乏责任规定的立法模式充其量只具有指引性,并没有起到预期的规范性作用。因此,有必要在相关法律中细化完善银行的审查监管责任,即规定银行应在贷前、贷中、贷后承担审慎的审查及监管义务,并明确相应的责任承担方式。如查明是由于银行审查或监管缺失等原因导致贷款无法收回,银行应减免利息或按比例承担相应的责任。

(二)发展新型涉农金融抵押方式

解决涉农金融借款过度"人保"的问题,放开对农村抵押品的严格限制是较有效的方法。对于农村房屋作为涉农金融借款抵押品的问题,虽然在法律层面上并没有全面放开,但是也逐渐显现出放松的态度。国务院办公厅发布的《关于金融服务"三农"发展的若干意见》明确提出:"慎重稳妥地开展农民住房财产权抵押试点,更好地满足农村多元化、多层次的服务要求。"厦门市 2013 年制定了《厦门市农村房屋抵押融资试点工作总体方案》及《厦门市农村房屋抵押融资管理暂行办法》,并选取包括同安区大同街道在内的四个岛外街镇作为试点,允许农村房屋在规定的条件下作为涉农金融借款的抵押品。这一举措,无疑为农村房屋作为金融借款抵押品提供了法律依据。然而,直到 2014 年 4 月,同安区大同街道试点尚无一例农村房屋抵押的个案。① 好的政策仍需一系列的措施予以保障。例如,农村房屋抵押需要提供农村集体土地使用证与农村房屋所有权证,但是目前对农村房屋的确权工作并没有全面铺开,很多农村房屋因未经登记而缺乏"两证"。因此,加快对农村房屋的确权登记工作,将有助于农村房屋抵押融资的进一步发展。再者,当债权无法实现时,抵押房屋应采取灵活变现的方式。根据《土地管理法》的规定,农村村民一户只能拥有一处宅基地,故当抵押的农村房屋需要变现时,会受到一户一宅及只能在本集体经济组织成员间流转的限制。即使有风险补偿专项资金,二次收款的困难也会在一定程度上打击银行放贷的积极性。因此,在实现抵押的农村房屋价值时,可以考虑灵活的变现方式。除了拍卖、变卖等传统方式外,也可以在不涉及房屋所有权的前提下实现使用权的有效转移,如以出租收益的方式执行。在此种方式下,"房屋使用人的受让范围不受限制,有利于发挥房屋价值,也有助于防止被执行人在收取房屋租金后立即转移"②,在一定程度上能够缓解农村抵押房屋执行不能的困境,打消银行贷款的疑虑。

(三)加强农村金融机构的风险防控

1.提升农村金融机构法律风险意识

农村金融机构应组织人员学习金融业务、金融法律知识,增强法律风险意识,充分利用自身优势条件规避法律风险,从机构内部提升法律保障。一是增强贷款资格审查意识,尤其是提高对特殊客户的职业敏感性,即对申请大额贷款或已有贷款历史的借款人,要严格审核其借款资格,并尽可能使用抵押物担保形式,提高贷款顺利回收的可能性。二是针对涉农金融借款合同纠纷案件中多是担保人提出异议的状况,建议农村金融机构完善担保合同格式。首先是解决借款与保证条款混同的情况,做到合同中借款部分与保证部分的有限分离,使保证条款更加清晰明了。其次是对合同条款中的担保责任条款、担保金额等关键词句,通过加粗字体等形式明示以提醒担保人注意。最后是在签订合同前对条款尤其是贷款担保风险予以充分的释明,由保证人在紧接担保条款的部分签字确认。

---

① 赵锦飞、王贺生:《厦门农房抵押融资,为何叫好不叫座?》,载《福建日报》2014 年 6 月 1 日第 2 版。

② 厦门市海沧区人民法院课题组:《关于涉农案件执行情况的调研报告——基于农村城镇化进程的实证分析》,载齐树洁主编:《东南司法评论》(2014 年卷),厦门大学出版社 2014 年版。

2.形成正确的诉讼理念

虽然涉农金融借款合同纠纷案件的案情通常都较为简单,但是当进入诉讼后,一系列繁杂的程序仍然会让非专业人士无所适从。而当案情更为复杂一点时,农村金融机构的诉讼代理人有时也会显得准备不足。为了提高涉农金融借款合同纠纷案件的审理质量,农村金融机构首先应端正诉讼理念,摒除"法院一定能够追回贷款"的依赖心理。同时建议农村金融机构在条件许可的情况下,聘请律师参与诉讼,或在机构内部增设法务部门以加强对诉讼代理人的诉讼业务指导,规范其诉讼行为,最终达到提升诉讼效率、提高贷款回收质量的目的。

(四)完善涉农金融借款的司法保护

1.善用协助送达

送达事实上是一种各方相互协作的行为。尽管进入诉讼程序后,法院是送达的责任主体,然而囿于司法资源的有限性,法院难以将大量的时间与人力放在送达工作上。为了尽可能缩短送达的周期,原告方的配合尤为重要。农村金融机构既对其区域内的借款人状况有所了解,又有较充足的时间与人力资源,故在涉农金融借款合同纠纷案件中,农村金融机构也能发挥协助送达的作用。在进行送达时,一方面,可咨询原告的意见,对涉诉的涉农金融借款合同纠纷案件进行初步区分,对涉案被告较少并有可能一次顺利送达的案件先行排庭。对重复涉案或被告较多的案件,则尽可能往后排期,以防无法一次送达的状况发生。另一方面,对经过法院司法专邮无法送达的案件,鉴于原告较熟知被告的现状,可由原告协助寻找被告行踪,通过原告带路或将被告直接带到法院的方式直接送达,以尽可能充分利用原告资源。

2.运用司法建议

法院在审理涉农金融借款合同纠纷案件的过程中,常会发现农村金融机构,特别是农商银行在贷款操作过程中存在的不足之处。对此,2013年10月,同安法院向厦门农商银行大同支行发出司法建议书,总结出其在贷款审查、告知义务、后续监管等三个方面存在的问题,并提出包括加强信贷流程管理、规范告知义务履行制度、提高贷款风险防范意识、立足本土特色加大宣传力度等四个方面的建议。该举措得到了厦门农商银行大同支行的重视,并就该司法建议回函,提出反馈意见,增进了法院与银行间的良性互动。

3.做好司法应对

随着涉农金融政策的不断调整,以及受农村城镇化进程的推进以及社会经济因素的影响,进入司法领域的涉农金融借款合同纠纷案件将会逐渐增多,该类案件的诉讼主体类型也会不断增加,①这将给法院的工作带来新的挑战。例如,对于小额贷款公司涉农借贷的性质,目前有三种不同的认定:一是认定为民间借款,二是认定为金融借款,三是以借款合同进行笼统概括认定。不同的定性会影响审理工作及法律适用。必须针对各类型贷款主体的特点,区分各主体的法律性质,做好相应的司法应对工作。仍以小额贷款公司为例。尽管在相关金融政策的影响下,小额贷款公司在"三农"领域的服务力度不断增大,然而,从小额贷款公司的设立目的与其不吸收公众存款的性质来看,小额贷款公司应属于非金融机构。因此,将小额贷款公司的涉农借贷定性为民间借款更为合适。此外,法院还应加强对涉农金融借款合同纠纷案件的司法调研工作,对涉农金融借款合同纠纷案件的审执问题进行汇总,总结审判过程中的有益经验,以更好地应对新矛盾、新纠纷。

---

① 目前,银监会正积极培育发展村镇银行、小额贷款公司及农村资金互助社等涉农借贷机构。2012 年,厦门市首家村镇银行——厦门同安农银村镇银行有限责任公司在厦门市同安区成立。

关于农村土地承包经营权流转情况的调研报告

——以翔安法院为样本

■厦门市翔安区人民法院课题组[*]

摘要：现行土地承包经营权流转存在着法律性、社会性、制度性等问题，制约了流转功能的充分发挥。英国、日本、法国和美国等发达国家基本实现了从传统农业向现代农业的转变，土地制度臻于完善，其经验对我国完善土地流转制度提供了很好的借鉴。基于域外经验以及我国的国情，有必要完善立法，明晰产权，引导当事人签订规范的流转合同，建立土地流转登记与公示制度，培育土地流转中介组织，建立合理的价格形成机制，健全农村社会保障体系。

关键词：农村；土地承包；经营权；流转

农村土地问题既是一个古老的话题，又是一个永恒的热点。在我国，农民和土地的关系密不可分，土地是农民安身立命的根本。土地制度是农村的基础制度。"三农"问题的解决，始终和农村土地制度的变革相联系。党的十七届三中全会要求："加强土地承包经营权流转管理和服务，建立健全土地承包经营权流转市场。"党的十八届三中全会对农地使用权流转与农村产权流转交易作出了继续深化改革的部署。农村土地承包经营权流转制度的改革已成为大势所趋。

厦门市翔安区作为成立仅 11 年的新区，大部分区域还是农村，因农村土地流转而产生的纠纷比较常见。在处理这些纠纷的过程中，我们发现目前存在因法律规定不完善而造成的法律适用问题，农村土地流转难、流转乱，以及法律对农村土地合理流转的制约。本课题通过分析厦门市翔安区人民法院（以下简称翔安法院）2010 年以来受理的农村土地承包经营权流转纠纷案件，对翔安区农村土地承包经营权流转情况进行调研，了解问题所在，提出合理对策。

---

[*] 课题指导：李子青（厦门市翔安区人民法院院长）。课题负责人：柯坤荣（厦门市翔安区人民法院副院长）。课题组成员：郑锋、张春雷、张薇、刘秀丽（以上成员均为厦门市翔安区人民法院法官）。报告执笔人：郑锋。

一、农村土地承包经营权流转的基本方式

农村土地承包经营权,简称土地承包经营权,这一概念产生于推行家庭联产承包责任制的实践,后经法律文件认可成为通用的法律术语。① 对于其概念,学者从不同的角度有着不同的理解。在立法上,《中华人民共和国物权法》(以下简称《物权法》)第125条规定:"土地承包经营权人依法对其承包经营的耕地、林地、草地等享有占有、使用和收益的权利,有权从事种植业、林业、畜牧业等农业生产。"关于土地承包经营权的性质,亦是众说纷纭,主要存在着物权说和债权说两种观点,物权说较为合理,也为《物权法》所采纳。但是由于在《物权法》、《中华人民共和国农村土地承包法》(以下简称《农村土地承包法》)、《中华人民共和国民法通则》(以下简称《民法通则》)中,土地承包经营权都是以订立合同方式取得的,这样会"使物权性质的土地承包经营权的内容中包含了法定内容和约定内容两方面,从而与物权内容法定相悖"②。

土地承包经营权流转,是指在不改变农村土地所有权的情况下,农户与农户之间、农户与其他农业生产者之间相互发生的土地承包经营权转包、出租、互换、转让、入股、抵押等。由此可见,土地承包经营权的流转包括六种方式:一是转包,即承包方将部分或者全部土地承包经营权以一定期限转给同一集体经济组织的其他农户从事农业生产经营。二是出租,即承包方将部分或者全部土地承包经营权以一定期限租赁给他人从事农业生产经营。三是互换,即承包方之间为方便耕作或者各自的需要,对属于同一集体经济组织的承包地块进行交换,同时交换相应的土地承包经营权。四是转让,即土地承包经营权人将其拥有的未到期的土地承包经营权转移给他人。③ 五是入股,即实行家庭承包方式的承包方之间为发展农业经济,将土地承包经营权作为股权,自愿联合以从事农业生产合作经营;其他承包方式的承包方将土地经营权量化为股权,入股组成股份公司或者合作社等,从事农业生产经营。六是抵押,即农村土地承包经营权人在法律许可的范围内,在不转移土地占有的情况下,将土地承包经营权作为债权的担保。当债务人不能履行债务时,债权人依法可以将该土地承包经营权进行处分

---

① 陈苏:《土地承包经营权的物权化与农业使用权制度的确立》,载《中国法学》1996年第3期。

② 丁关良:《土地承包经营权基本问题研究》,浙江大学出版社2007年版,第214页。

③ 袁震:《农村土地承包经营权流转形式之法理分析》,载《河北法学》2011年第8期。

并从处分的价款中优先受偿。① 值得注意的是抵押这种流转方式仅限于通过招标、拍卖、公开协商等方式,而非家庭承包方式取得的土地承包经营权。

根据我国现行法律的规定,土地承包经营权可以自由流转。但是这种自由并非毫无限制。从现有的法律来看,主要有以下限制:(1)不得改变土地所有权的性质。不论实行土地承包经营权制度的土地属于国家所有还是农民集体所有,其流转均不得改变土地所有权的性质。(2)不得改变土地的农业用途。《农村土地承包法》第8条、《物权法》第128条均规定,未经依法批准不得将承包地用于非农建设。《农村土地承包法》第33条规定,不得改变土地所有权的性质和土地的农业用途。(3)土地承包经营权流转的期限性。在特定的承包期范围内,流转的期限不得超过承包期的剩余期限。因为,据以流转的原权利已经消灭,流转后的权利无法保障。(4)受让方的限制。由于我国人多地少,国家为保证农用地确实用于农业生产,而非转为其他用途,在土地承包经营权的流转中,对受让方作出了须具有农业经营能力的要求。

二、翔安区土地承包经营权流转纠纷案件的基本情况

2010年至2014年5年间,翔安法院共受理农村土地承包经营权流转纠纷案件53件,其中2010年22件,2011年6件,2012年6件,2013年15件,2014年4件。

(一)土地承包经营权流转的几个特点

分析这五年的相关数据,可以发现翔安区农村土地承包经营权流转呈现以下几个特点:

1.流转市场尚不发达。五年间,全区涉及土地承包经营权的纠纷仅53件,占全院民商事案件收案数的0.4%。此类纠纷案件少,意味着现实中流转情况不多,流转市场不发达。

2.流转类型不均衡。在六种流转类型中,转包所占比例最高,共有42件,占79.24%;转让6件,占11.32%;出租2件,占3.77%;互换3件,占5.66%;入股、抵押均为零。可见,流转类型集中在转包上,其他类型的流转所占比例偏低,也印证了流转市场的不发达。

3.流转去向呈现集中化趋势。土地承包经营权流转向个人的仅19件,而流向金田野生态农业有限公司、漳州乌石旅游开发有限公司等专业化公司的则达

---

① 张钧:《农村土地流转法律问题研究——以云南文山县为例》,法律出版社2012年版,第101页。

34件,几乎是流转向个人案件数的两倍。可见,随着农业经济的发展,土地使用集中化的趋势越来越明显。

4.流转用途出现非农化现象。在新形势下,除了传统的农业生产之外,土地承包经营权的流转用途已扩展到旅游观光、资源开发等方面,用途越来越广泛,但有些用途并不符合法律的规定。

5.流转价格偏低。从当事人签订的流转合同看,流转价格普遍不高,其中出租一般每亩每年200~500元,转让一般每亩2500~3000元,转包一般每亩每年400~600元。

(二)农村土地承包经营权流转纠纷产生的原因

在翔安法院受理的农村土地承包经营权流转纠纷案件中,产生纠纷的原因主要有以下几种:

1.因讼争土地被征用导致流转合同无法履行。在以金田野生态农业有限公司为原告的土地承包经营权转包系列案件中,因建设翔安赛车场的需要,讼争土地被依法征用,导致原告与转包人的合同履行不能,从而产生原告要求归还转包费、双倍返还定金等纠纷。

2.因讼争土地被征用产生征用补偿款分配异议。在流转合同的约定期限内,因流转的土地被依法征用,就征用补偿款的分配,原承包人及流转受让方均主张应当归其所有,纠纷难以避免。

3.原承包人去世,受让人与继承人之间产生纠纷。由于土地承包经营权流转合同期限都较长,会出现在合同期内原承包人死亡的情况,继承人与受让人之间因是否继续履行合同以及租金收取等问题产生纠纷。

4.受让人擅自将土地再次流转。在部分案件中,受让人未经原承包人同意,再次将土地承包经营权进行流转,有的甚至改变了土地的用途,导致原承包人起诉要求解除合同。

三、土地承包经营权流转存在的主要问题

通过分析翔安法院近五年来受理的土地承包经营权流转纠纷案件以及相关案件背景,可以发现现行的土地承包经营权流转存在着法律性、社会性、制度性等问题,制约了流转功能的充分发挥。

(一)法律性问题

从法律层面上看,立法的不完善和法律、法规规定的不一致在我国农村土地流转问题上反映比较突出。

1. 土地产权界定不清。从具体法律规定来看,《中华人民共和国宪法》和《土地管理法》将农村集体土地所有权主体规定为乡(镇)、村和村小组三级;《民法通则》规定为乡(镇)、村两级。有学者认为正是由于上述的法律矛盾,造成了我国现有的农村土地所有权制度比较混乱的结果。[1]

2. 法律体系自相矛盾。比如《土地管理法》第 37 条规定:"承包经营耕地的单位或者个人连续二年弃耕抛荒的,原发包单位应当终止承包合同,收回发包的耕地。"但是《农村土地承包法》及相关的解释、通知中又规定,任何组织和个人不能以欠缴税费和土地抛荒为由收回农户的承包地,已收回的要立即纠正,予以退还。这种规定导致实践中无所适从,也引发了种种社会矛盾。《农村土地承包法》规定通过招标、拍卖、公开协商等方式承包农村土地,其承包经营权可以采取抵押方式流转。而《最高人民法院关于审理涉及农村土地承包纠纷案件适用法律问题的解释》第 15 条又规定承包方以其土地进行抵押或抵偿债务的,应当认定无效。立法、司法中存在矛盾,条文规定有瑕疵。

3. 流转限制不合理。现行法律关于农村土地承包经营权的一些规定存在不尽合理之处,比如流转方式、流转程序、流转条件等,主要是站在国家层面规定的,过分重视土地的保障性功能,在一定程度上影响了农村土地承包经营权的流转。比如《农村土地承包法》关于"林地承包的承包经营人死亡,其继承人可以在承包期内继续承包"的规定,实际上限制了耕地或草地承包经营权继承,保护范围过窄,不利于提高承包方经营承包地的积极性;关于"采取转让方式流转的,应当经发包方同意"的规定,限制了承包方的经营权利,与土地承包权的物权性质不符,在现实中也经常被当事人所忽略,从而给发包方解除合同提供了便利。

4. 规定模糊难以操作。比如,在土地承包经营权转让中,法律规定受让方须具有农业经营能力。从法律适用的角度分析,对于"农业经营能力"的标准并没有相关配套法规来明确,是必须本人亲自耕作才视为具有农业经营能力,还是提供资金技术支持,利用其他劳动力来耕作也可以视为具备农业经营能力?不同的理解,对合同效力的认定就会产生影响,导致实践中纠纷多发。

(二)制度性问题

除了现有的法律制约了土地流转,各种制度性的问题也会给土地流转制造障碍。有时候,这种障碍甚至成为引发纠纷的主因。

1. 流转行为不规范。从翔安法院受理的案件看,大部分的土地流转均签订

---

[1] 中国社会科学院农村发展研究所宏观经济研究室编:《农村土地制度改革:国际比较研究》,社会科学文献出版社 2009 年版,第 95 页。

了流转合同,对流转标的、合同期限、付款方式等均有规定,但是合同并不规范,容易引发纠纷,主要表现在:(1)并未按照法律规定的格式条款书写,也没有经过土地管理机构的审查和批准;(2)无相应的违约责任和保障性条款;(3)对流转土地被征用,补偿款如何发放没有约定或者约定不明;(4)对原承包人死亡后合同如何履行没有约定。

2.流转市场不健全。有关土地流转信息的传播不畅,导致出租方难找到承租方,种植大户、企业又难以找到有流转土地意向的农户。土地流转信息传播主要还是依靠农民之间口口相传,或者有开发需要的企业自己找上门。信息传播不畅使得土地流转供需双方难以见面,加剧了流转难问题。

3.流转平台不成熟。在市场经济快速发展的环境下,市场得以形成的一个必要条件就是要有市场中介服务机构。相较于城市而言,农村土地的流转中介服务机构相当缺乏。农村土地流转的价格评价机构、公证机构、仲裁机构不健全,致使大多数时候土地的流转只能在很小的范围内进行,交易成本大幅度提高,加重了农民的负担,降低了交易的效率,也影响了土地流转的规模和速度。

4.流转监督不到位。因为目前农村土地流转大多还是以农户之间自发流转为主要模式的,缺乏相应的监管机制,农村土地在流转的过程中产生了大量的纠纷,给土地有序流转带来了阻碍。比如,农村土地在流转后,第三方经营者常常会改变土地用途。一些企业在耕地上大兴土木,发展休闲旅游或农家乐,甚至修水泥路,建厂房、宾馆饭店等。这不仅破坏了土地的耕作层,减少了耕地数量,还对农村土地造成了严重的、难以短时恢复的土地污染,危害了子孙后代的切身利益。

(三)社会性问题

由于传统以及历史等因素,中国农业经济由分散的农户经营,农业产业化和现代化的速度非常缓慢。封闭式的农耕模式使得农村和农民自成循环体系,脱离或者很大程度上脱离了工业市场和服务业市场,对市场运作规律知之甚少。

1.流转主体能力不对等。由于农村土地的用途被拓展到了商业领域,加之政策的导向作用,因而越来越多的公司、企业或者经济实力雄厚的自然人会参与到流转交易中,极少农户能够与这些法人、自然人竞争成为流转的受让方。这样,农村土地流转主要在作为土地承包人或者使用人的农民与前述优势法人或者自然人之间发生,导致流转双方的缔约能力失衡,容易损害农民的利益。

2.农民的法治意识不够强。在农民的法治意识总体不强的现实下,首先,农民选择受让方时有些盲目,不考虑对方的资信、交易历史、履约诚意和能力。其次,农民对受让方使用土地的动机和目的难以了解,因此在土地用途选择上就显得盲目,盲目接受对方改变土地用途的请求,或者睁一只眼闭一只眼,盲目扩大或者缩小土地面积,侵害相邻使用权人的利益。[①]

3.流转供需机制不均衡。从目前看,土地流转价格很低,偏低的市场交易价格降低了出让农村土地的收益,挫伤了农户的土地供给积极性。另外,因农业生产的比较利益下降,农村土地流转的有效需求不足,影响了社会资本流入农业和农村。[②]

4.价格形成机制不完善。一方面,对于农户间自发进行的土地流转而言,流出方是分散的农户,在定价权上处于不利的地位,而多数承租户仅象征性地缴纳地租,无法体现土地作为市场稀缺资源的经济价值。另一方面,对于有组织的规模流转,由于农村土地流转价格形成复杂、农村土地流转交易涉及利益相关者众多,且市场交易信息不对称等,土地流转无法形成有效的价格机制。

四、域外土地流转制度的有关情况

发达国家基本上实现了从传统农业向现代农业的转变,土地制度臻于完善,土地流转方面具有相当丰富的经验。通过对这些制度进行考察,可以从中发现可供我们借鉴的东西,对完善我国土地流转制度有着很大的帮助。基于此,课题组选取了英国、日本、法国和美国的土地流转制度作为研究对象。这些国家的制度虽然各有特色,但是都有其成功之处,对我国农地流转制度的完善提供了很好的借鉴和启发。

(一)土地流转并非完全自由

虽然各个国家土地流转的程度和方式不尽相同,但是在一点上是相同的,那就是土地的流转都不同程度地受到国家的管理和制约,国家享有对土地的管理权和规划权。任何一宗土地的流转都要受到法律的约束,并不是可以随心所欲的。比如,英国1947年制定了《城乡规划法》,规定一切土地的发展权即变更土地用途的权利归国家所有,这就是英国所谓的"土地发展权国有化"[③]。日本先后颁布了《农地法》《农用地利用增进法》《农业促进法》等法律对土地流转进行了仔细的规定,除了国家可以对土地进行征收和征用外,对土地的交易也有着严格的规定。[④] 美国对土地流转的管理主要是通过其发达的市场和权责明确的交易

---

① 班克庆:《论农民在土地流转中面临的问题及解决办法》,载《广西政法管理干部学院学报》2014年第1期。

② 王小莹:《我国农村土地流转法律制度研究》,法律出版社2012年版,第22页。

③ 陈勇:《英国土地制度及其实践》,载《山东国土资源》2007年第2期。

④ 王小莹:《我国农村土地流转法律制度研究》,法律出版社2012年版,第30页。

秩序和原则来进行的,无论是政府还是个人,要使用不属于自己的土地都需要通过购买和租赁获得。[①] 我国是一个农业大国,土地是农业的根本,土地的流转涉及整个农村和国家的稳定,关系 8 亿多农民的切身利益,如果缺少国家强有力的宏观管理,其后果是十分严重的。

(二)应建立完善的土地流转法律体系

从世界范围来看,各国都对本国的土地流转作出了明确的规定,形成了一定的制度规范。一般来讲,土地流转行为是在国家制定的制度规范的框架内进行的。一方面,制度的存在有利于实现土地流转的程序化和规范化;另一方面,制度的存在一定程度也会制约土地流转行为的灵活性和有效性。我国现在关于土地流转制度的法律还很不完善,大多是对土地流转的原则性规定,对流转的具体程序和步骤还没有详细的规定。因此,我们应该加强土地流转的立法工作,使我国土地流转真正有法可依。

(三)应重视发展土地交易市场

我国当前的土地流转还处于初级阶段,土地流转的各种配套制度还没有建立或者还很不完善,严重影响着我国土地流转的进行和发展。而反观发达国家,土地交易市场已经比较成熟了。比如,日本允许土地租借转让,于是就有了农地租借转让的中介组织。日本最著名的土地流转中介组织就是农地保有合理化法人。农地保有合理化法人是沟通农地租借转让的一座桥梁,它先接收欲租出的农地,再将这部分农地租给欲租者。[②] 在法国,政府建立了土地整治与农村安置公司、土地事务所以及土地银行,促进土地合理和有序的交易。值得一提的是,法国的土地银行出钱购买土地,然后租赁给农民并订立长期租约。对于我国而言,当前最重要的是建立土地流转市场,为我国土地流转搭建一个自由的平台。同时,还要根据实际情况,适时建立一些不以营利为目的的土地流转中介组织,结束分散的、小规模的、民间的土地流转,实现土地流转的正规化、制度化。要通过这些中介组织对土地流转的农民进行政策性辅助,确保他们不因土地流转而降低生活水平和生活质量。

五、完善土地承包经营权流转制度的思考

2014 年 11 月,中共中央发布了《关于引导农村土地经营权有序流转发展农

---

① 华彦玲等:《国外农地流转理论与实践研究综述》,载《世界农业》2006 年第 9 期。
② 孙雅辉:《日本的农地流转制度及其对我国的启示》,载《北方经贸》2007 年第 11 期。

业适度规模经营的意见》（以下简称《意见》），对农村土地承包经营权流转改革作了深入、细致的部署。新政策对于完善我国农村土地承包经营权流转制度具有重大的意义。具体而言，可以从以下几个方面进行完善。

（一）完善立法以明晰产权

目前，我国相关法律制度中关于农村集体土地所有权主体的规定存在"虚化"现象。为此，有必要对现有的相关法律进行修改。首先，应该明确土地承包经营权流转的主体是农户。农户有权自主地决定流转的受让方、流转的方式，以及和受让方平等协商流转的土地面积、流转期限、流转费用的支付等问题。其次，对于发包方的地位与主要职能应该有一个明确的认识，发包方作为农村集体土地所有者的代表，主要职能应该是监督与服务，监督流转土地是否用于农业用途，监督受让方的主体资格，监督流转是否符合法律、法规的规定。

当前，首先需要解决的问题就是农村土地承包经营权的确权，明确农民在土地流转中的主体地位。地权稳定性是土地所有者进行长期投资的关键。在农村土地流转中，确权是基础，清晰明确且稳定的产权可以降低农村土地流转的交易费用。对此，《意见》明确要求推进农村土地承包经营权确权登记颁证工作，用5年左右时间基本完成该项工作，妥善解决农户承包地块面积不准、四至不清等问题。

（二）引导当事人签订规范的流转合同

农村都是熟人社会，大部分都是口头约定，不重视书面合同的签订，而且农民本身法律意识和维权意识很淡薄，即便签订合同，也比较简单、随意，缺乏规范性。所以应该在立法上将农村土地承包经营权流转合同定位为有名合同，明确规定合同文本所应包括的条款，明确出让方和受让方的权利义务，以尽可能减少纠纷的发生。对此，《意见》提出要引导承包农户与流入方签订书面流转合同，并使用统一的省级合同示范文本。同时，要建立、健全农村土地流转信息服务网络，建立专门的土地承包经营权流转交易场所，统计农村土地流转的供求信息，建立土地承包经营权流转信息采集系统和共享平台，提供最有效、最及时的流转信息。①

（三）建立土地流转登记与公示制度

建立土地流转登记与公示制度，可以有效降低交易成本与风险。登记是土

---

① 高娜：《家庭土地承包经营权流转法律问题分析》，载《法学研究》2013年第10期。

地承包经营权生效、取得、行使、保护的前提要件。当前,我国土地登记制度存在很多问题。登记部门不统一,法律规定集体土地所有权和集体建设用地使用权应由土地行政部门登记,而土地承包经营权则由我国各级农业部门登记,不利于登记制度作用的发挥。因此,应将土地登记作为确保农户产权安全的正式制度进行安排。一是构建城乡统一的土地权利登记发证管理体制,规定土地承包经营权由不动产登记机关统一登记。二是对登记的效力确认。对于因继承等原因而取得的承包经营权,应采取登记对抗主义,因为继承属于法律事实,只要继承这一法律事实发生,主体就取得承包经营权,未经登记不得对抗善意第三人;对于因转让、抵押、出租、入股等方式流转的,应采取登记生效主义,非经登记,以上民事法律行为不产生物权变动的效力,否则易产生农地使用权的享有与物的现实支配脱节,不利于维护交易安全和稳定现实的财产占有关系。

(四)培育土地流转中介组织

中介机构提供供求和价格信息,提供居间介绍、担保融资等服务,达到规范流转、降低成本、促进公平的目的。同时可以将城市的资金、技术、人才、项目等市场要素和资源与农村的农业土地使用权迅速、有效地连接起来,实现各种资源要素在城乡之间的优化配置与整合。随着经济的不断发展和市场的不断完善,近几年在我国经济发达地区已经逐渐出现了几种土地流转中介组织,法律应对其性质、主体地位、经营范围作出相应的规定,使其蓬勃发展。一是土地信托事务所。[①] 该组织接受土地承包经营权人委托,将土地集中起来租赁给农业经营者,或以国家资金作为支撑,接收计划租出的土地,签订长期合同并一次性支付租金,再租借给有需求的农业经营者,分期收取租金,促进土地流转。二是土地交易所。重庆市政府制定了《重庆农村土地交易所管理暂行办法》,设立了重庆农村土地交易所,建立农村土地交易信息库,发布交易信息,提供交易场所,办理交易事务。三是农业合作社,把分散的农户结合起来,进行技术、资源、信息、物资的组合,充分发挥土地规模经营的优势。农业合作社为农民提供生产经营中的各类社会化服务,包括技术服务、生产作业服务、供销服务、信贷服务、保险服务等。

(五)建立合理的价格形成机制

流转价格是土地供求变化的晴雨表,其合理与否,直接关系到土地交易市场

---

① 邵康:《我国土地流转信托的若干法律问题研究》,载《广西政法管理干部学院学报》2014 年第 9 期。

是否正常运行。目前,农村还没有规范的价格形成机制。虽然商品价值以市场为主导,但是由于土地具有一般商品不具有的大宗、不可移转、基本生存属性等特殊性,而农民在市场中处于个体分散和信息渠道封闭的弱势地位,因此,在价格形成上政府应充当主导。政府部门应运用有关地价理论,依据土地肥力、位置、供求状况等指标对流转的土地价格进行合理评估,逐步形成土地流转价格参考体系并发布。在价格参考体系的指引下,建立农民在土地流转中的主体地位,引导农民与经营者之间形成有效的供求机制,通过供求来调控土地流转价格。

(六)健全农村社会保障体系

农村土地的流转造成农民与土地分离,最终可能会使农民的集体成员权和土地使用权彻底分离。农村社会保障体系的建立与完善为农村土地流转制度搭建一道防护网。[①] 其内容包括扩大农村最低生活保障的覆盖面,努力做到全覆盖;建立广泛的农民养老保险制度,为农民免去后顾之忧等等。

结　语

伴随着中国对外开放力度的加大,我国农业生产发展不得不面临国内市场与国际市场的双重挑战。而我国现行农业以家庭联产承包责任制为主导,分散经营的小农经济对机械作业和技术推广均造成了严重的阻碍。土地流转既是生产力发展到一定阶段的必然要求,也是基于我国国情的现实选择。任何一项制度的完善都需要一个逐步发展的过程,我国土地制度的完善更是一项长期而艰巨的任务。

---

① 李长健、张红展:《社会管理创新与农村土地流转——以〈土地管理法〉修订为中心》,载《华中农业大学学报(社会科学版)》2013 年第 5 期。

关于创新家事审判工作的调研报告

——以海沧法院为样本

■厦门市海沧区人民法院课题组*

摘要：厦门市海沧区人民法院顺应时代发展潮流，创设福建省首个综合性家事法庭。各地家事法庭在创新家事审判工作的实践中取得了一定的成效，但也面临着一些障碍和难题。为此，应当尽快制定《家事程序法》，科学界定家事法庭的受案范围，确立家事审判的新规则。

关键词：家事纠纷；家事审判；家事法庭；家事程序

一、创新家事审判工作之理论依据

改革开放以来，我国经济生活发生了巨大的变化。在此背景下，家事纠纷不仅数量增多，种类也越来越多样化。如何面对婚姻家庭领域的新问题、新情况，是家事审判所要面对的新课题。

家事纠纷作为具有高度人身性和较强伦理性的特殊纠纷类型，不同于一般的民事纠纷，应适用特有的家事审判模式和机制。家庭是社会的基础，家庭的和谐影响社会的和谐与健康发展。因此，应将家庭建设作为现阶段基层工作的重点。在此意义上，创新专业化的家事审判，符合党和国家注重家庭建设、弘扬家庭美德、践行社会主义核心价值观的政策导向，也契合维护妇女儿童合法权益、创新社会治理、以家庭和谐来促进社会和谐的目标要求。

---

* 课题负责人：李加胜（原为厦门市海沧区人民法院副院长，现为厦门市海沧区人民检察院副检察长）。课题组成员：郭静（厦门市海沧区人民法院家事法庭庭长）、刘亚帆、郭碧娥（以上二人为厦门市海沧区人民法院法官）、王思思（厦门市中级人民法院法官）、李馨（厦门市海沧区人民法院书记员）。报告执笔人：刘亚帆。

近年来，厦门市两级法院审理的家事案件的数量不断攀升。① 面对逐年增多、日益复杂、解决难度加大的家事纠纷和日益多元化、多样化的家事司法需要，创新专业化的家事审判模式可以实现对家事案件的分流，提高审判的专业化水平和审判效率，整合有限的审判资源集中解决家事纠纷，同时也要求进一步研究分析适合家事审判的独特规律和制度规范。此外，家事审判特殊的审理宗旨也对家事法官提出了更高的要求，家事审判工作的探索与创新更符合家事审判队伍专业化、职业化的发展路径。

正是基于上述各方面的考量，作为最高人民法院司法改革联系点和"全国司法公开示范法院"，厦门市海沧区人民法院（以下简称海沧法院）创新家事审判工作，将"家事法庭"确定为 2013—2015 年司法改革联系点工作项目。

二、海沧法院创新家事审判工作之实践

（一）设立家事法庭

海沧法院在总结借鉴涉台审判机制改革成功经验的基础上，创新家事审判机制，自 2013 年 4 月 10 日起，在原民三庭的基础上开始试运行家事法庭。2014 年 3 月 28 日，家事法庭正式挂牌成立。

试运行之初，家事法庭受理最高人民法院 2011 年修订的《民事案件案由规定》中案由为婚姻家庭、继承纠纷项下的所有类型案件，后又将全市集中管辖的涉台家事纠纷纳入收案范围。考虑到未成年人犯罪的起因和后果与家庭息息相关，在很大程度上影响家庭和谐与社会稳定，自 2013 年 6 月 21 日起，家事法庭的受案范围扩大到包含被告人犯罪时不满 18 周岁的刑事案件（包括公诉和自诉案件）。截至 2014 年 11 月，家事法庭共受理各类案件 340 件，其中婚姻家庭、继承类民事案件 309 件，未成年人犯罪案件 31 件。

（二）配套建立家事审判的多重保障

家事法庭设立后，海沧法院从人员、制度、设施上建立多重保障，以充分实现家事案件的专业化审判。首先，注重人才优势，选任具有丰富家事审判经验的女性法官担任家事法庭的法官，充分发挥女性在案件审理中细致、亲和、易于沟通的优势。其次，制定了《家事调查员工作规范（试行）》《外地户籍未成年罪犯监管

---

① 根据 2014 年 9 月 23 日召开的"厦门市法院家事审判工作推进会"公布的数据，厦门市两级法院 2011 年共审理 2149 件家事类案件，2012 年共审理 2343 件，2013 年共审理 2530 件，2014 年前 8 个月的家事案件已经突破 2000 件。

帮教工作规范(试行)》《反家暴庇护所工作规范(试行)》等一系列文件,为独具特色的家事纠纷处理机制的建立提供有力的制度支持。最后,在硬件设置上,家事法庭围绕中国传统和合文化的主题,在调解、咨询室布置上注意营造没有隔阂的调解氛围。在亲子陪护室为随父母而来的未成年人提供一个安全、有趣的临时休憩场所。审判法庭在基本保留原有法庭设置的基础上,通过软装设计突出体现家事审判的"柔性"。

(三)探索建立家事审判新机制

家事法庭将案件审判与区域特点、乡情民俗等有机融合,充分调动社会各界力量形成良性互动,探索创新工作机制,推动维权体系的建立与完善。

1.建立家事调查员机制,调动社会力量形成合力

为强化法院依职权调查职责、减少对抗式诉讼模式对弱势当事人诉讼能力的过多苛责,家事法庭借鉴台湾地区家事法院中家事调查官的做法,专门聘请了10名具有社工、教育、心理学等专业背景的基层工作人员担任家事调查员,负责在涉及未成年人抚养权的民事纠纷及未成年人犯罪案件中,根据法院的委托和指派对需要调查事项进行事前、事中、事后的详尽调查,并将调查结果或意见报告法院。虽然这些调查结果只是为法院提供参考,但是家事调查员的意见具有重要的影响力。[①]

2.建立心理干预疏导机制,持续关注家庭关系修复

家事法庭与专业心理咨询机构达成合作协议,由后者指定专人负责家事案件当事人的心理疏导。在征得当事人同意的情况下,心理咨询师可在离婚纠纷及未成年人犯罪案件的审前、判前、判后介入进行心理干预,为法院的审理工作提供良好的辅助。截至2014年11月,家事法庭已为24名未成年被告人进行了心理修复,为26对离婚纠纷当事人提供婚姻质量评估,促成7对夫妇重归于好。

3.建立反家暴人身安全保护机制,保护家庭弱势群体

家庭暴力严重危害着家庭弱势群体的人身权利,影响家庭和谐与社会稳定,更是当事人诉求离婚的重要依据之一。探索如何采用司法手段阻断家庭暴力施暴者的侵害行为是家事审判的重要任务,为此,海沧法院联合区公安分局、区检察院共同建立了反家暴人身保护综合协调机制,一方面通过签发人身安全保护令为家暴受害人提供人身安全保护,使其免受家庭暴力威胁或侵害;另一方面为

---

① 在启用家事调查员制度的案件中,家事法庭基本采纳了家事调查员的意见。如在(2014)海民初字第2152号温某诉颜某离婚纠纷案中,根据家事调查员的意见,海沧法院有针对性地对案件展开了调解,双方最终达成了协议。

家暴受害人在特定场所内提供包括生活帮助、医疗救治、法律援助、司法救助、心理疏导等在内的临时救助服务。同时，家事法庭还指导社区成立"海沧沐阳反家暴联盟"，制作发送《反家暴宣传手册》，针对家庭暴力维权问题，为当事人提供法律咨询、家庭调解等服务。2014 年 9 月，家事法庭根据当事人的申请，签发了厦门市第一份人身安全保护令并得到了有效执行，有力地保护了家暴受害者。①

4.建立外地未成年被告人监管机制，解决外地未成年人监管难问题

为切实解决司法实践中遇到的居住在海沧的外地户籍未成年犯因监管帮教难而导致的缓刑适用率低的问题，海沧法院家事法庭与海沧区司法局会签了《外地户籍未成年罪犯监管帮教工作规范（试行）》，把外地户籍的未成年缓刑人员纳入社区矫正范围，建立判后探视抚养档案，对外地户籍未成年犯进行监管帮教。如家事法庭成功帮助被判缓刑的外地户籍未成年犯张某联系到接受单位，最终使张某成为首个外地户籍在本地接受监管帮教的未成年犯。②

（四）探索家事审判特色做法

1.树立家事审判四大原则

一是调解贯穿原则，将调解工作置于审判的全过程，重点引导当事人克服心理障碍、梳理情绪、疏通感情、消除误会、化解恩仇、恢复亲情，重建和谐家庭关系。二是不公开审理原则，保护当事人尤其是未成年人的个人隐私和身心健康。三是维护家庭成员关系原则，应尽可能地引导和帮助当事人修补、改善原有的家庭、婚姻关系，维护家庭及婚姻关系的稳定。四是保护弱势家庭成员利益原则，注重保护妇女、儿童、老人等弱势家庭成员的利益。

2.从细微处手，处处用心改善婚姻家庭关系

审前发放劝和歌、致夫妻书、致父母书，庭前通过调查问卷的方式从感情基础、婚后生活、经济状况、家庭关系、子女抚养等各方面了解当事人情况及诉讼预期，庭审时播放婚姻家庭的暖心小故事，庭后组织家庭式调解等。家事法庭的这

---

① （2014）海民初字第 2900 号宋某诉钟某离婚纠纷案民事裁定书。媒体也进行了相应的报道，如陈捷：《厦法院发出首份"家暴禁止令"》，载《海峡导报》2014 年 9 月 25 日第 12 版；陈捷：《老公不再家暴，夫妻和平分手》，载《海峡导报》2014 年 10 月 23 日第 18 版。

② 被告人张某因受雇为他人看管"老虎机"而入罪，考虑到张某犯罪时未满 18 周岁，主观恶性较小，归案后自愿认罪，承办法官认为应对张某适用缓刑。但张某老家的司法局不同意对其进行监管，张某尚未在厦门市海沧区办理暂住证，也不符合在海沧接受社区矫正的监管帮教条件。审理该案的法官根据海沧法院与海沧区司法局会签的对外地户籍未成年罪犯监管帮教的工作规范，多次与区司法局和用人单位协商，最终使张某在本地接受监管帮教。参见（2014）海刑初字第 196 号刑事判决书。

些用心做法,处处打动着当事人,方便家事法官迅速找到调解突破口,理清家庭矛盾脉络,改善家庭成员关系,消解家庭矛盾。

3.关注社会热点事件,树立正确的司法舆论导向

通过对社会热点事件的特别处置,体现家事法庭的人文关怀,同时树立正确的司法舆论导向。如轰动一时的"奇迹宝宝"赵平安案,[①]从组织双方协商赔偿事宜到开庭审理肇事司机交通肇事案,家事法庭的法官一直通过各种渠道积极号召社会爱心人士为小平安奉献温暖和爱心,并把化解双方的仇怨作为工作的重点,两个家庭在家事法庭法官们的努力下终于搭建起了一座爱心桥梁。

4.延伸家事审判新服务

家事法庭注重将法律权威的"刚性"与法官情怀的"柔性"相结合,以法官的"亲和桥梁"来消弭当事人之间的隔阂,将服务触角延伸到庭前判后。独创"三全"调解法,将调解贯穿于家事纠纷审理始终,且全员(法官、书记员、特邀调解员、陪审员、妇联干部、家事调查员)、全程(庭前、庭中、庭后)、全方位参与。创新采用灵活的诉讼程序,电子法庭、夜间法庭、周末法庭、上门庭审,全面为当事人提供诉讼便利服务。[②] 开展爱心志愿服务,为经济困难的妇女及未成年人提供法律援助。建立家事审判工作 QQ 群,进行多种形式的判后回访。积极关注社会热点事件,引导健康向上的司法导向,充分延伸诉讼服务触角。

(五)创新家事审判的成效

海沧法院家事法庭的专业化审判及特色工作机制给当事人带来了实实在在的好处,赢得了当事人及其代理人的赞许。家事法庭从试运行到 2014 年 11 月,民事案件总调撤率为 68%,无一改判,无一信访投诉,真正做到了案结、事了、人和。在家事法庭审理的未成年人犯罪案件中,一些未成年犯判后与法官保持着持续的通信往来,在法官的教育和帮助下积极改造。

---

① 2014 年 3 月 18 日,厦门市海沧区马青路角嵩路路口发生了一起两死一伤的重大交通事故。"奇迹宝宝"赵平安在事故发生瞬间被挤压出母体并摔落到路边,却奇迹般地存活下来,但其父母在事故中不幸双双遇难。赵平安父母的民事赔偿案件及肇事司机犯交通肇事罪的刑事案件均在海沧法院审理。参见(2014)海刑初字第 294 号郭某交通肇事案刑事判决书。

② 例如,林先生和吴女士离婚案。原告与被告结婚 7 年,婚后林先生被公司派到外地工作,夫妻聚少离多。后来吴女士脑膜瘤病发,脑瘤扩大,手术后出现偏瘫,一直卧床在家,无法正常上班。家事法庭法官考虑到女方的身体状况,决定上门庭审,餐桌变成了审判席。在审理过程中,法官不仅多方调查了解事实,还深入细致地了解当事人的内心世界及实际生活状况,同时启动婚姻心理辅导机制,"拉来"了民政部门和残联共同参与,为切实解决当事人的困难作了许多努力,最终促使案件成功调解结案。参见郭桂花:《妻子偏瘫卧床,丈夫要求离婚》,载《厦门日报》2014 年 3 月 31 日第 A11 版。

2014 年 7 月 23 日，最高人民法院院长周强在视察家事法庭时作出重要指示：海沧法院家事法庭"很有特点，促进亲情"，"对家庭稳定、社会和谐发挥了很好的作用"。海沧法院家事法庭"做得很好，要总结工作经验及时呈报推广"。此外，全国妇联党组书记宋秀岩、最高人民法院政治部主任徐家新、省高院院长马新岚、省妇联主席吴洪芹、省高院副院长谢开红、海沧区委书记郑云峰、市中院院长陈国猛等均莅临海沧法院家事法庭调研和指导工作，充分肯定了海沧法院在创新家事审判机制、维护当事人权益方面的积极贡献。《中国妇女报》《人民法院报》《福建日报》等多家媒体对海沧法院创新家事审判机制的先进做法和良好效果进行专题报道，社会反响良好。①

三、家事法庭审判实践中的难点与障碍

海沧法院家事法庭运行一年多来，虽然取得了较好的法律效果和社会效果，在家事审判实践领域探索出了一些新经验，但是也遇到了一些难题和障碍。

（一）立法层面

1. 家事诉讼程序立法的不健全造成司法实践操作的障碍

我国家事诉讼程序的立法一直停滞不前，在民事诉讼程序中，有关家事的条款少且分散于各个章节。最常见的家事诉讼的一些基本程序制度，还只是规定在婚姻法、继承法、收养法等实体亲属法中。在立法层面上，这种在实体法中规定相关程序的制度设计不仅不适应我国实体法、程序法两分的状况，而且会导致程序规定的不完备、不系统及整体逻辑性欠缺，给司法实践带来诸多困惑。

此外，普通民事案件所采用的证据规则适用于家事审判，也会导致实践中经常出现两种情况：一是家暴的举证、认定难。受害方往往处于弱势，举证能力非常有限。受害方举证的照片、病历等也往往因为欠缺关联性而不被采纳，导致很难认定家暴。二是夫妻共同财产举证难。民事纠纷一般适用"谁主张、谁举证"，但婚姻中处于弱势的一方当事人往往对夫妻共同财产缺乏了解或掌控，在离婚时一般很难举证对方的财产，在分割夫妻共同财产时处于被动的地位。

---

① 相关报道可参见安海涛：《厦门海沧规范家事调查员制度》，载《人民法院报》2014 年 3 月 21 日第 4 版；吴军华：《让家事审判充满人情味》，载《中国妇女报》2014 年 4 月 30 日第 A3 版；谢婷：《法官善断家务事，真情服务促和谐》，载《福建日报》2014 年 5 月 16 日第 9 版；谢桂花：《全省首个综合性家事法庭落户海沧，四名女法官专管家务事》，载《厦门日报》2014 年 3 月 29 日第 A6 版；黄秋云：《厦门海沧法院成立全省首个综合性家事法庭》，载《法制今报》2014 年 4 月 1 日第 2 版。

2.家事非讼程序的缺失造成非诉案件的法律适用缺乏依据

我国尚未制定专门的家事程序法,宣告死亡、宣告失踪、失踪人财产管理、认定无主财产等这类案件在民事诉讼中以特别程序的形式进行规定,既不全面,在适用上也与婚姻家事法体系缺乏逻辑统一性。如《最高人民法院关于适用〈中华人民共和国婚姻法〉若干问题的解释(三)》第8条规定:"无民事行为能力人的配偶有虐待、遗弃等严重损害无民事行为能力一方的人身权利或者财产权益行为,其他有监护资格的人可以依照特别程序要求变更监护关系……"这里的特别程序是何种程序? 现行《民事诉讼法》的特别程序条款并未涉及该种程序。如家事法庭受理的几起精神病人的离婚案件,就涉及依照特别程序变更监护人及如何指定监护人的问题,因无法可依,法官处理起来困惑不少。再如婚姻效力的问题,《最高人民法院关于适用〈中华人民共和国婚姻法〉若干问题的解释(一)》第9条第1款规定:"……有关婚姻效力的判决一经作出即发生法律效力……"该款规定的是一审终审还是特别程序,缺乏明确的界定。

(二)实践层面

1.家事案件的内涵和外延缺乏科学合理的界定

家事法庭应受理何种类型的家事案件才能更好地承载家事诉讼的核心价值和精神,这是需要考量的问题。目前各试点法院的实践也存在差异。如有的法院将民事案由为婚姻家庭及继承项下某些类案由的民事纠纷列入审理范围,有的则明确规定包括以亲属身份或身份关系为诉讼对象的身份关系案件及亲属身份为媒介或基于身份关系而发生的财产案件。家事法庭受理婚姻家庭及继承项下全部案由的民事纠纷及未成年人犯罪案件,这种做法虽有利于立案部门处理分案,归口管理也相对明确,但是否更适应家事案件的特殊性及并行解决的必要性和可行性需要,还有待实践验证。另外,既然将犯罪的未成年人列为家事法庭的保护对象,是否还应将涉及未成年人的其他民事纠纷(非婚姻家庭、继承纠纷的案由)纳入收案范围,这种情形下如何对家事法庭与少年法庭的职能定位作科学合理的区分等,都尚待商榷。

2.法院依职权调查取证的力度尚难以准确把握

家事裁判一般要增强法院调查取证的力度,不再单纯依赖当事人的举证。突破传统民事纠纷中的"谁主张、谁举证"原则,对弱势或者诉讼能力较差一方的利益保护显然更有利。但法院应在哪些方面依职权调查取证,在何种程度上突破一般民事案件由当事人提供证据的规则,确实是一大难题。

3.家事案件的执行难影响裁判权威引发缠诉缠访

家事案件的执行主要包括离婚财产分割、赡养费、扶养费、抚育费、探视权、交出子女、遗产继承等几类情形。家事案件的执行,并不仅仅简单强调某项财产或利益,它还需要顾及相关当事人的情感和将来良好关系的维持等,它与家庭的和睦幸福、社会的和谐稳定紧密相连。如果这类案件经常性地得不到尊重和有效执行,不仅影响裁判权威,还易引发恶性的治安事件或刑事事件。如有的当事人因对夫妻共同财产分割、子女探视问题不服,屡次上访、信访,使法官不得不浪费大量的时间和精力应付无理取闹的当事人。

4.家庭矛盾预防机制缺失导致家事纠纷化解难度大

从家事法官的视角看,某些家庭矛盾其实可以通过其产生初期的家庭教育、心理疏导或家庭调解等工作予以化解,家庭矛盾的预防机制在家事审判中应该占据重要的位置。但家事法官的时间、精力有限,难以全面掌握辖区内风险家庭的具体情况,因此需要基层单位的协助和配合。从实践来看,将矛盾预防工作延伸到家庭,即使在最小的社区、村居都未能全面铺开。

5.家事审判的长效协作机制尚不畅通导致法院工作举步维艰

家事纠纷的化解是一项社会性很强的工作,家事审判除承担司法职能外,还承担一定的社会职能。在目前的体制下,法院社会职能的具体实现,必须借助于包括社区、妇联、检察、公安、民政等在内的相关组织和行政机关的力量,建立统一的长效协作机制。但事实是,行政机关和政府职能部门之间职能分配呈条块分割,家事审判的长效协作机制无法可依,一是缺乏行之有效的统一操作规范;二是缺乏更高级别的机构进行统筹,也缺乏经费保障,导致这一机制远未建立或即使建立也不畅通。如针对家庭暴力案件中"人身安全保护令"的执行,虽然公、检、法三家曾联合发文,但是基层民警因为案件多、压力大,参与的热情并不高,导致人身安全保护裁定的执行存在一定的障碍。

6.家事法官综合素质与家事纠纷解决的目标要求尚有差距

家事审判的主旨并非仅限于是非判断和定分止争,还应着力于家庭关系的修复和家庭成员之间感情的弥合,更重要的是调整人际关系,使当事人回到生活常态。这就要求家事法官不仅要具备较强的专业素质,在生活阅历、日常经验等方面有较为丰富的经验,而且还要心理素质好、承受能力强并具备一定的心理咨询、疏导、治疗等能力。但从家事法庭的现状看,家事法官离上述要求尚有一定的差距。

7.普通的业绩考核标准体系不适用于家事法官

基层法院对于一线办案法官有一套考核体系,其中结案数、结案周期等都是重要的衡量指标。对家事法庭的法官而言,虽然家事案件在数量上比其他类民事案件要少,但审判外的工作远非其他类民事案件可比。① 由此可见,原来的考核体系显然不适用于家事法官,应如何考评家事法官的业绩,能否从审判管理的角度来提升法官的工作质效,是整个法院系统必须解决的问题。

四、家事审判完善和改进的建议及对策

(一)制定《家事程序法》破解家事程序无据可依的难题

以身份关系为核心的家事纠纷不仅涉及当事人之私益,更涉及社会公益,影响第三人之利害关系。一旦发生身份关系之纠纷,民事诉讼法不能不顾及诉讼影响之全面问题,从而对于身份关系之诉讼,遂采实体真实主义、职权主义、职权探知主义、裁判绝对效力原则为诉讼原理。② 即便是将婚姻关系看作契约的英美法系国家,其同样注重婚姻家庭关系的特殊性和公益性。正是家事程序的特殊性,决定了我国应制定符合家事审判司法实践的《家事程序法》。在制定《家事程序法》时,应根据家事纠纷所包含的利益诉求的多元化来进行多元化的程序设计。对此,可参考日本的做法和台湾地区的"家事事件法"。日本就家事案件的解决先后制定了人事诉讼程序法③、家事审判法、非讼案件程序法。台湾地区"家事事件法"将原先"民事诉讼法"中的人事诉讼程序部分、家事非讼程序及家事调解程序合并立法,并将现行之撤销死亡宣告、监护或辅助宣告事件从诉讼改为非讼事件,同时增设了履行确保及执行编。台湾地区"家事事件法"第3条依各事件类型的讼争强弱程度、当事人或利害关系人对程序标的所享有的处分权限范围及迅速裁判需求程度等的不同,将性质相近的事件类型分为五类的做法,无疑对我国家事诉讼程序和非讼程序的划分,以及各类程序处理的标准提供了有益的参考和借鉴。

(二)科学界定家事法庭的受案范围

对选择何种家事事件作为家事案件,大致包括如下三种方式:一是包罗式,即将以婚姻关系事件和亲子关系事件为核心的所有家事事项都囊括于内;二是将婚姻关系事件、亲子关系事件和监护关系事件三种事件作为家事事件,其他纳

---

① 如离婚案件的感情修复,可能要深入交谈多次才能帮当事人找到并明白婚姻的问题所在,有时甚至要借助于心理咨询师才能发现问题并着手改善夫妻关系。

② 陈宗荣、林庆苗:《民事诉讼法》,台湾三民书局1996年版,第936页。

③ 一般认为,人事诉讼程序是指为处理关于婚姻事件、亲子关系事件、禁治产事件及死亡宣告事件等有关基本身份关系及能力关系的民事诉讼程序。

入普通民事诉讼程序范畴;三是仅仅将婚姻事件作为家事事件来处理。对于未成年人犯罪纳入家事法庭的情况,在日本家事裁判中可见,但日本不仅将犯罪的未成年人列为保护对象,还将那些未满 14 周岁但已经触犯刑法的和将来有犯罪可能的未成年人作为保护的对象。[①] 为此,建议将家事法庭的受案范围作扩大化的解释,并将家事案件的概念开放化,以适应时代发展导致的家事事件的范围扩展和类型多样的现实。

(三)总结符合家事审判特点的新规律、新方法并形成新制度

1. 对家事纠纷的举证责任重新分配

家事案件的证据主张以及证据的收集有明显的特点,完全套用一般的"谁主张谁举证"原则显然不能完全适应大多数家事纠纷案件的审理。如何合理划分双方的举证责任,在家事纠纷案件处理中具有重要的意义,这不仅涉及纠纷的有效处理,还涉及弱势群体利益的保护。针对某些类型的案件,家事纠纷的举证责任应重新分配。如针对家庭暴力连续性、隐蔽性的特点,应采取合理的举证责任分配原则,减轻受害人的举证责任,加大施暴者的举证责任。[②]

2. 建立家庭暴力的认定及证据固定规则

课题组建议,针对家暴举证难、认定难的问题,应当确立固定家暴证据的规则,规定公安机关、妇联、人民法院是家暴证据固定的主体,在接到报警或投诉后,应及时到场处置并建立家庭暴力档案,及时做好相关证据的固定工作。此外,还应明确可以认定为家暴的证据类型,包括伤情照片、诊疗材料、报警证明、证人证言、社会机构的相关记录或证明、加害人保证书,以及带有恐吓、威胁、骚扰等内容的电话录音、信件、手机短信、网络聊天记录等。

3. 在当事人举证的基础上,加强法院依职权调查取证的力度

法院应根据具体情况,把握依职权调取证据的范围和程度。凡是裁判涉及的事实真相,法院都可依职权调取。应明确当事人与相关人员有协助提供基础材料或线索的义务,以方便法院进一步的调查。如果当事人实际上能够提供而拒不提供资料或线索来协助法院调查核实相关事实,则该当事人应承担相应的不利后果。

4. 建立夫妻共同财产申报制度

针对婚姻中处于弱势的一方当事人对夫妻共同财产缺乏了解或掌控、在离婚时一般很难举证对方财产的情况,在审判实践中应建立夫妻共同财产申报制

---

① 冷罗生:《日本现代审判制度》,中国政法大学出版社 2003 年版,第 85、89 页。

② 陈敏:《涉家庭暴力案件审理技能》,人民法院出版社 2013 年版,第 79 页。

度。在分割夫妻共同财产时,要求双方对共同财产进行申报,告知其隐匿或转移财产的后果,并在审理中对弱势当事人的举证期限予以适当宽延。在审判过程中,一旦发现一方存在隐匿、转移、恶意处分夫妻共同财产的情形,则其无权要求分割该部分共同财产。

5.处分原则的限制使用

一般情况下,当事人或利害关系人对讼争的标的有处分权限,但鉴于家事案件以身份关系为核心的特殊性,当事人的处分可能会涉及社会公益,因此某些类型的案件应限制当事人的处分权,如确认婚姻效力、确认亲子关系、确认收养关系的案件。

(四)联合基层村居建立家庭矛盾的预防机制

一是在对辖区内家庭进行摸底调查的基础上,对可能存在较大矛盾的家庭进行针对性的跟踪指导。法院可提供婚姻家庭方面的正面宣传、引导和教育或者委托专门的心理机构对潜在的当事人进行心理咨询或疏导。二是通过重点关注未成年人的成长来预防和化解家庭矛盾。强化未成年人与家庭矛盾纠纷解决的疏通机制,通过关注未成年人的成长使家庭稳定和谐,顺畅家庭关系。如建立未成年人抚养探视档案,对夫妻进行"未成年人利益最大化"的强制家庭教育,加大对未成年罪犯的回访并关注其心理修复等。三是借助无讼社区,强化基层村居的调解功能,可依托基层村居,组建由婚姻家庭调解员、心理咨询师、律师、法官等专业人员组成的集婚姻调解、心理疏导、法律帮助为一体的调解队伍,尽量将家庭矛盾化解在基层。

(五)加强家事审判的长效协作机制

课题组建议,由政法委牵头协调各相关部门通过联席会议的方式加强家事审判的长效协作机制,集聚合力共同承担社会职责。法院应加强与妇联、社区、人民调解组织的密切联系和配合,强化沟通协调,建立诉调对接的工作机制;加强与妇联、学校、民政等组织机构的联动,维护妇女、儿童和老人的人身权、财产权,建立健全家暴预防惩治、司法救助、社会帮扶等配套措施;加强与公安、检察等机关的协调配合,反对家庭暴力,共建和谐婚姻家庭关系。

(六)多管齐下破解家事纠纷执行难

家事案件的执行难主要体现在离婚财产分割、"三费"(赡养费、扶养费、抚育费)的支付、探视权的执行等情形。针对涉及金钱交付的执行内容,可借鉴日本的"履行确保制度",在对当事人进行履行劝告后,责令其限期履行;如双方见面履行可能产生冲突,则将金钱付至他处并转交对方当事人。针对"三费"等家庭生活费债权的实现,可借鉴法国的"特殊程序"制度,建立生活费直接支付程序、公法途径收取生活费的程序、家庭维持补助费、先行给付后通过代位权再向生活费给付人求偿的程序。针对探视权的执行可采取特别的举措,包括扩大协助执行义务人的范围至被执行人本人、与未成年子女实际共同生活的近亲属以及未成年子女就读的幼儿园、学校等;规定恶意阻碍探视可成为变更抚养关系的法定事由;规定因抚养人故意设置探视障碍,使得探视权人见不到子女而遭受精神痛苦,探视权人可以主张精神损害赔偿。

(七)着力提升家事法官的家事纠纷综合解决能力

一是注意提高家事审判能力,掌握沟通、心理疏导、调解等各方面的技能,帮助当事人理清矛盾脉络,对家庭关系进行反思并通过修正自己的行为模式改善家庭成员之间的关系。二是注意对同类案件及时梳理并总结审判规律,有利于及时发现问题并寻求可普适的纠纷解决办法。三是重点关注当事人心理及心理状态的变化,尤其是对当事人的反社会、反家庭等极端心理,要注意及时介入和疏导,避免当事人滋生不正常情绪导致不良事件的发生。

(八)建立适合家事法官的科学考评体系

课题组建议,改变单纯以收、结案数评判法官业绩的做法,从审判管理的角度建立适合家事法官的科学考评体系。一方面要考虑收结案等基础数据,另一方面可以考虑将家事纠纷的调撤率、审理案件的上诉服判情况、判后的随机回访调查情况、当事人的满意度等作为评测的标准。

结　语

家事无小事。海沧法院家事审判试运行至今已经一年有余。家事法庭努力创新工作思路,持续重点关注家庭矛盾的预防和化解、家庭成员之间的关系修复和弱势群体利益的保护,在创新机制、延伸服务、特色做法等方面积极探索新路,取得了一定的成绩,也积累了一些经验。家事法庭将以此为契机,继续推进创新工作的纵深开展,继续深入实践和总结如何进一步推进家事审判良性运作和长效发展的方法,为家事审判的专业化进程提供借鉴和参考。

关于利辛法院民事案件审理周期的调研报告
——以近三年的数据为分析样本

■冉献军　陈　辉*

摘要:民事案件审理周期是民事司法制度中的重要环节。由于基层法院各方面条件的制约,法官对民事案件审理周期的重视不够,不仅导致诉讼成本增加,也造成司法公信力的降低。近年来,针对这一情况,利辛法院采取了一系列旨在提高司法效率和审理办案周期的举措并已取得一定的效果,但仍有亟待改进之处。

关键词:民事案件;审理周期;诉讼效率;基层法院

公正与效率始终是法院审判工作的主题,二者不可偏废,都是司法正义的重要组成部分。"诉讼周期的过分延长会带来明显的两个弊端,一是直接造成当事人的成本增加,二是法律秩序的长期不稳定。"[①]缩短民事案件的审理周期,既需要以诚实信用原则约束法官的自由裁量权,也需要以诉讼促进义务推动当事人去积极配合。结合利辛法院近三年民事案件审理周期数据所反映的情况,我们对这一问题的症结进行了深入的分析,在介绍和总结利辛法院的有益实践之外,寻找进一步的解决途径。

一、利辛法院民事案件审理周期的基本情况

(一)利辛法院民事审判庭的基本情况

利辛县位于安徽省西北部,隶属于亳州市,全县面积约 2005 平方公里,人口

---

* 冉献军:安徽省利辛县人民法院民二庭庭长;陈辉:广东亚太时代律师事务所实习律师,法学硕士。

① 张振华:《裁判者视角下当事人诉讼成本的控制路径》,载《九江学院学报》2014 年第3 期。

约 164.8 万，共下辖 23 个乡镇、361 个村（居）委会。① 利辛县经济发展较为落后，外出务工收入成为很多家庭的主要经济来源。利辛法院共有 4 个民事审判庭和 7 个派出法庭，其中民三庭主要负责审理合同类民事案件，其他 3 个民庭则共同负责审理除合同之外的民事案件。利辛法院各派出法庭的基本情况如下：胡集人民法庭现有干警 5 人，管辖行政村 33 个，总人口约 12.9 万；马店人民法庭现有干警 8 人，管辖行政村 28 个，总人口约 12.4 万；阚疃人民法庭现有干警 4 人，总人口约 22 万；江集人民法庭现有干警 5 人，管辖行政村 54 个，总人口约 30 万；王人人民法庭现有干警 5 人，管辖行政村 62 个，总人口约 25 万；张村人民法庭现有干警 6 人，管辖行政村 57 个，总人口约 25.8 万；望疃人民法庭现有干警 5 人，管辖行政村 38 个，总人口约 17 万。② 各派出法庭负责所辖乡镇内发生的民事案件，跨辖区乡镇和城关镇的民事案件则由 4 个民事审判庭负责。在法官配置方面，根据 2014 年的数据，各民事审判庭均配置 6～8 名审案法官（包括庭长和副庭长在内），各派出法庭均配置 2～5 名审案法官（包括庭长和副庭长在内）。

（二）利辛法院民事案件审理数据分析——以审理周期数据分析为中心

根据《民事诉讼法》及相关司法解释的规定，民事案件普通程序审理期限为 6 个月，简易程序审理期限为 3 个月。从总体上看，影响民事案件审理周期的因素主要有如下 3 个：一是案件受理数量及变动情况，这涉及法官人均审案情况；二是民事案件类型，这涉及案件的集中性和专业性情况；三是民事案件调撤率，调撤案件的审理周期可能会相对偏长。在此基础上，结合民事案件审理周期数据，能更清楚和准确地查找原因，寻找对策。从 2012—2014 年利辛法院民事案件审理的相关数据情况来看，利辛法院民事案件审理主要有以下特点：

1. 民事案件受理与审结数量变动不大，法官人均办案压力适中

表 1　2012—2014 年利辛法院审理民事案件数量情况

年份	收案数（件）	结案数（件）	结案率（%）
2012 年	3963	3765	95%
2013 年	4271	3892	91.13%
2014 年	4265	4097	96.06%

① 《利辛县县情简介》，http://www.lixin.gov.cn，下载日期：2015 年 5 月 20 日。
② 数据来源：《安徽省人民法庭名录》（2014 年 9 月）。

正如表 1 所示,在民事案件收案数量方面,利辛法院并没有出现持续性的较大增长,基本维持在每年 4000 件左右。近几年,利辛法院的法官数量略有增加,较大程度地减轻了法官的人均办案压力。以 2014 年数据为例,民事审判庭和派出法庭共有审案法官 51 人,人均审案约 84 件。虽然利辛法院法官的人均审案数量并不算多,但审案法官仍旧承担着一定的压力。具体而言,利辛法院虽然有足够多的法官应对民事案件,但却缺乏相匹配的书记员,法官几乎要承担案件的全部工作,包括送达、开庭和记录等。由于大部分民事案件都属于事实清楚或者争议不大的简易案件,法官人均办案数量较少仍是分析民事案件审理周期的不可缺少的一个因素。

2. 民事案件调撤率出现较大波动,总体上仍旧较高

表 2　2012—2014 年利辛法院民事案件以调撤方式结案情况

年份	调撤数(件)	调撤率(%)
2012 年	2947	78.27
2013 年	3157	81.15
2014 年	2523	61.58

根据表 2 的数据,利辛法院经调解和撤诉渠道审结的民事案件数量较多,在结案总体中所占比例较高。2013 年之前,调撤率总体上能够维持在 80% 左右,但是在 2014 年出现较大程度的降低。2013 年以来,利辛法院突出强调要缩短民事案件的审理周期,法官们为了能够在审限内尽快审结案件,对于双方当事人从一开始就表明不愿调解的案件或者当事人难以达成一致意见的案件,不再开展调解工作,而是直接通过裁判审结案件。这可能是造成 2014 年调撤率明显下降的主要原因。另外,调撤率明显下降也与利辛法院对于调解率的重视相对淡化有关。一般来说,能够调解和撤诉的案件,一般都需要法官反复大量地做双方当事人的工作,以寻找一个双方当事人都能接受的处理方案,因此,该类案件的审理周期一般都较长。而且,法官即使付出较多心思开展调解工作,耗费了很多时间,最后可能还是得回到裁判结案的原点。此外,调解案件中“当判不判”的情况较为严重,一方面,当事人法律意识和权利意识较弱,没有及时提出要求判决的主张以向法官施加压力;另一方面,法官希望通过调解结案来一次性地化解纠纷,以取得较好的结案效果。

3.民事案件类型单一情况突出,案件复杂程度总体不高

表3　2012—2014年利辛法院审理民事案件主要类型表

	2012年(件/%)	2013年(件/%)	2014年(件/%)
婚姻家庭继承纠纷	1967/49.63	2153/50.41	2078/50.72
借款合同纠纷	790/19.93	747/17.49	194/4.74
权属、侵权纠纷	720/18.17	813/19.04	729/17.8
民间借贷纠纷	292/7.37	345/8.08	397/9.7

　　民事案件类型是影响民事案件审理周期的一个不可小视的因素,专业性越强或案情越复杂的案件,对于法官审判水平的要求也就越高,法官处理的时间往往也就越长。从表3中可以看出,利辛法院受理的大部分民事案件是由传统农村民事纠纷引起的,其中以婚姻家庭继承纠纷、借款合同纠纷、权属及侵权纠纷和民间借贷纠纷这四大类纠纷居多。尤其是离婚纠纷,在婚姻家庭继承纠纷中始终占据绝大多数,是利辛法院所受理的民事案件的第一大来源。根据我们对离婚案件的分析,这一情况与农村地区传统的婚姻习俗以及近年来社会观念的改变有关。第一,夫妻双方缺乏足够的婚前了解,经人介绍后很快结婚,而婚后又由于性格等原因难以培养感情,因各种生活矛盾而引起离婚纠纷。第二,由于大量青年男女外出务工,造成夫妻长期分居,导致感情淡薄,甚至有外遇,破除了传统的"将就观念"。第三,也有一大部分案件是因为家庭暴力,往往是女方难以忍受男方的不务正业和长期打骂,又难以和男方协商离婚,最终决定通过诉讼途径达到离婚的目的。① 在权属、侵权纠纷中,有一大部分是机动车交通事故责任纠纷和医疗损害责任纠纷,这类纠纷的特点是基本都涉及财产保全和伤情鉴定,在提供担保以解除查封时双方对于担保金额经常存在很大的争议,最终只能通过鉴定程序这一渠道来解决。在损害赔偿的数额方面,这类纠纷也基本都必然会经过鉴定程序,否则可能难以确定损害赔偿的具体数字。② 鉴定所耗费的时间是比较长的,但是这一程序又很难避免。

---

　　① 例如,在[2014]利民一初字第02918号离婚案中,原告以婚前对被告缺乏了解,婚后未建立真正的夫妻感情,且被告经常对原告实施家庭暴力为由诉请离婚。

　　② 例如,在[2014]利民一初字第02050号机动车交通事故责任纠纷案中,为确定损害赔偿数额,经原告申请,利辛法院委托某司法鉴定所对原告的伤残等情况进行了鉴定并出具鉴定意见书。法院依据该鉴定意见书,确定了具体的赔偿数额。

4. 民事案件审理周期总体偏长,隐性周期更长

表4　2012—2014 年利辛法院民事案件审判周期总体情况表

	2012 年	2013 年	2014 年
审理时间(日)	89.36	87.74	73.11

表5　2012—2014 年利辛法院民事案件审判周期具体情况表

	2012 年(日)	2013 年(日)	2014 年(日)
民一庭	91.64	100.97	88.85
民二庭	98.9	84.95	77.96
民三庭	78.57	94.72	81.47
民四庭	93.48	107.17	84.7
胡集法庭	117.16	118.37	108.99
马店法庭	64.55	100.7	81.11
阚疃法庭	79.1	72.54	42.09
江集法庭	106.93	86.27	50.11
王人法庭	96.93	77.72	68.61
张村法庭	91.15	79.21	75.16
望疃法庭	64.55	42.54	45.11

　　如表4,利辛法院的民事案件审理周期呈现缩短的趋势,尤其是在 2014 年,其相对于 2013 年有较明显的变化。然而,从 2012 年到 2014 年的民事案件来看,审理周期基本保持在 2 个月到 3 个月。结合之前的数据,这一期间仍明显偏长。如表5,具体细化到各审判庭和派出法庭来看,利辛法院民事案件审理周期数据并没有体现出一种典型的规律特征,但是可以看出,最短的是望疃人民法庭 2013 年的平均数据,最长的是胡集人民法庭 2013 年的平均数据。相对而言,4 个民事审判庭的民事案件审理周期变动幅度较小,基本维持在 2 个月以上。以 2013 年为分界点,除望疃人民法庭外,各审判庭和派出法庭的民事案件审理周期都出现缩短的趋势,有的从 2012 年开始就逐渐缩短。首先,这种变化是利辛法院努力提高案件审判质效的成果。其次,它也与 2014 年案件受理数量的小幅减少及法官数量的增加有关,说明法官人均审案压力相对减轻。最后,从利辛法院的审案情况来看,图表中反映的数字并未计入一些隐性的审理时间。最为突出的一个情况是,有些案件(以离婚案件为代表)的立案时间较晚,也就是所谓的

"先审后立"。① 因此,真实的民事案件审理周期可能比表 5 所呈现的更长,这与目前基层法院制度的规范化程度普遍不高有关。

二、利辛法院民事案件审理周期问题分析

受制于当地的经济发展水平和文化普及程度,利辛法院审理的民事案件大多并不算复杂,且多数案件的事实查明都比较容易。但是民事案件审理周期在很长一段时间内并没有出现明显的缩短,而是在一定区间处于一种波动的状态,居高不下。由于缺乏必要的经济支持和足够的重视,利辛法院在审判管理的硬件和软件建设方面存在不足,过去甚至连民事审判电子统计数据都没有实现规范化的管理,法官在民事案件审理周期的决定权行使上呈现出一种随意性。

(一)主体方面的原因

1. 当事人

民事诉讼是法官主持下双方当事人对抗的纠纷解决方式,当事人对于法官审理活动的制约是不可或缺的,也是最有效果的,而当事人的配合也是诉讼得以尽快结束的重要推动力。一方面,当事人存在故意拖延诉讼的主观意图,一些当事人故意逃避诉讼,对法官送达的诉讼文书采取视而不见等方式不应诉,甚至采取激进的方式对抗诉讼,拖慢了案件的审理进程。法官为了让当事人能够接受裁判的结果,一般都会尽力去做当事人的思想工作。另一方面,多数案件都是农村纠纷,当事人的法律意识不高,既缺乏对于民事案件审理周期重要性的认识,也没有形成对法官及时审结案件的监督观念。在诉讼中,当事人不懂得行使甚至不知道法律赋予的正当权利。而且,多数案件的一方或双方当事人外出打工,长期不在户籍所在地,给法官审理案件造成了很大的困难。此外,一些当事人因为文化水平低而不了解诉讼程序,法官要耗费较多的时间向其说明诉讼流程以及应提交的诉讼文书,导致诉讼的进行变得缓慢。

2. 法官

其一,法官在审理民事案件时,很多时候是以自己的工作量为中心,而不是为当事人着想。一些法官对于民事案件审理周期问题的认识不足,很多民事案件的审理周期原本可以更短,诉讼成本可以更低。其二,利辛法院处于经济发展

---

① 这类情况一般是由于当事人缺乏法律知识,例如,有些当事人认为只要案件交到法官手上就可以等着结果,而不关心立案的时间问题。过去,一些法官对于当事人难找、当事人之间难以达成一致意见和案情复杂的棘手案件,往往进行审案预估,待大致明了案件的审理进程或有了初步审理结果之后,才正式立案。

水平较低的中部地区,具有典型的乡土社会特征。当纠纷被诉诸法院时,当事人习惯于通过各种途径找关系影响法官审案,借此为己方争取利益,而不是按照法律规则应对。实践中人情案和金钱案的存在,使得法官对一些案件迟迟难以裁判,往往采取延长审限、中止诉讼等手段规避审限规定。其三,利辛法院的法官来源复杂,有些法官缺乏足够的知识和经验来处理一些复杂的案件。很多情况下,法官基于各种法外因素的考量,在审理案件时会尽量做当事人的工作,争取在当事人之间能够达成折中处理意见,这种做法无形之中拖延了案件审理时间。

(二)观念方面的原因

在观念方面,无论是法官,还是当事人,都存在一些明显的问题。相比之下,当事人更重视案件审理的公正问题,其认为只要案件处理结果符合自己的正当利益,哪怕来晚了,也是可以接受的。此外,不愿应诉的当事人存在法律认知误区,经常采取不合作态度,认为只要自己不参加诉讼,案件就无法审结,就不会对自己产生不利益,这也是导致民事案件审理周期不合理地过长的主要原因之一。① 在法官方面,既有对于民事案件审理周期重视不足的主观原因,也有对于当事人不合作态度缺乏足够应对措施的客观原因。法官在审理案件时受到案结事了观念的约束,过度考虑裁判以后的影响,特别是双方当事人是否会接受判决和案件是否能因此终结。比如一些离婚案件,虽然法官可以作出"夫妻感情确已破裂"的判断和认定,但是在法官即将作出判决时,不愿离婚的当事人会以各种方式威胁法官,导致法官迟迟不敢作出判决。为了防止当事人不理解或不接受裁判结果,法官一般只能尽力拖延案件的审结,积极主动地和当事人沟通,从思想上说服当事人。

(三)制度方面的原因

1. 鉴定程序方面

从利辛法院审理的民事案件的类型可以看出,权属、侵权纠纷占据较大的比例,不仅涉及为解除保全而提供担保的车辆价值等鉴定,也涉及当事人伤残等级和费用支出等鉴定。以 2014 年为例,仅仅机动车交通事故责任纠纷就有 430件,占据该类纠纷总数(637 件)的 67.50%。在实践中,利辛法院现有的鉴定程序很不规范,有些案件的鉴定程序占用时间明显很长,超出合理的范围。现阶段,很多案件都必须经过司法鉴定才能公正地进行审判,鉴定意见成为法官审理

---

① 例如,在[2014]利民一初字第 01861 号离婚案,被告李某经利辛法院公告传唤,无正当理由拒绝出庭参加诉讼,法院最终作出缺席判决。

案件至关重要甚至是不可或缺的裁判依据。造成司法鉴定时间过长的原因是多方面的,既有立法的原因、当事人的原因和鉴定机构的原因,也有法院的原因。具体包括法律对鉴定程序的规定不足以应对现实中的复杂情况,容易被滥用以拖延诉讼;当事人在选择鉴定机构时的不配合,或者因不熟悉而拖延鉴定程序的进行;法官及技术室工作人员因案件较多,移送鉴定不及时等。

2. 送达制度方面

送达难是一个具有普遍性的困扰法院的问题,而送达时间的长短对于民事案件审理周期的长短起着关键性的作用。利辛县大量农村富余劳动力外出务工,这一情况导致送达难问题在离婚案件中尤为突出。因外出务工的当事人较多,人员流动性大,造成大量当事人的户籍所在地和经常居住地不一致,而经常居住地也常常具有变动性,难以确定,这些原因造成法院的送达困难,最终导致大量案件需公告送达。鉴于公告送达可能造成被告难以接受法院判决的考虑,法院一般严格适用公告送达,这使得公告送达前就需要花费大量的时间。在实践中,造成难以及时送达被告的原因还有以下方面:当事人身份证地址与实际住所不相同;同一社区居民不愿告诉法院送达人员当事人的实际住所;邮局投递人员工作责任心不强、没有按要求的方式方法投递;邮件投递回执交付法院时间过长;报社不能及时刊登法院公告等。此外,利辛法院在适用留置送达等方式时不够灵活,与村委会等基层组织沟通不足,以及缺乏送达威慑力等因素,都加剧了法院送达难问题的恶化。

3. 审判管理方面

根据我们对于利辛法院民事案件审理情况的观察和分析,民事案件审理周期偏长引起的审判效率低下和较为普遍的"案多人少"现象之间的关系不大。实际上,利辛法院并不存在案件增长过快和法官人均案件负担过重这两个问题,这一论断可以从上文关于法官人均审案的数据中得到验证。民事案件审理周期偏长与法院内部机制的不健全有直接关系,它造成法官放任或故意延迟民事案件审理周期的现象。长期以来,利辛法院的内设机构审管办的作用没有得到充分的发挥。过去,审管办在统计案件审理数据和管理审判工作方面的职能定位并不清晰,缺乏有效开展部门工作所应有的完善制度,其在督促各民事审判庭和派出法庭及时审结案件上并没有发挥应有的作用。在法官审理案件的质效方面,利辛法院也缺乏科学的评价机制,尤其是奖惩机制。

三、利辛法院为缩短民事案件审理周期所作的努力

(一)改革措施

1.确立目标,落实责任。2014年,利辛法院发布文件①,明确了缩短民事案件审理周期的目标,在推动法官重视民事案件审理周期问题上起到了很大的作用。该文件提出的具体举措包括:强化法官的责任意识、快审快结意识和审限意识;树立超审限办案就是违法办案的理念;建立超审限责任追求制度,严格审限变更的审批程序,从严适用审限的中止、暂停和延长;加强审限跟踪,加大对临近审限和超限案件的预警、催办;实施节点管理,以管理促效率。措施的出发点总是好的,但是措施的落实还需要发挥人的能动作用。缩短民事案件审理周期,如果不从法官的责任意识上着手,即使是建立各项制度并提出很多举措,也很难取得实际效果,因此必须明确法官的责任。在观念上,法官必须正确看待民事案件审理周期,对于能够尽快审结的民事案件不得久拖不决。对此,利辛法院明确提出要求,法官要把思想统一到为民、公正、廉洁办案上,提高对民事案件审理周期重要性的认识。将实现目标的责任落实到每一个法官并制定相应的奖惩措施,是利辛法院的主要改革举措。

2.响应上级法院的改革活动,重视审判管理工作。针对实践中的问题,利辛法院提出具体要求,审管办应建立部门长效机制,定期公开法官审案相关信息,并印发全院各庭室阅览,促使法官重视民事案件审理周期问题。这种做法实际上是一种自上而下的响应。2011年,最高人民法院印发了《关于加强人民法院审判管理工作的若干意见》,对于审判管理提出规范化和法制化的工作要求。2013年,安徽省高级人民法院提出开展"审判管理规范化、信息化、科学化"活动,并将2014年作为提升年。2014年,亳州市中级人民法院提出:"在保证办案质量的前提下,尽量缩短案件审理周期,提升审判工作效率。"按照上述要求,利辛法院提出了自己的实施方案,开始运用案件质量评估指标体系,审判管理工作进入规范化轨道,其效果可以从2014年的各项数据中得到体现。利辛法院的审管办也借此建立和完善了各项工作制度,全面开展审判管理工作。审判管理工作取得的进步,将促使法官充分认识到审判管理工作的重要性,并更加重视民事案件审理周期。

---

① 即《关于印发县法院民二庭"贯彻院领导指示五措施全面提升审判质效"的通知》(利法〔2014〕17号)。

3.改革审判流程，注重审判公开。2014年2月19日，利辛法院印发《关于实施利辛县人民法院案件审判流程管理办法（试行）的通知》，通过改革优化立案、分案、排期和审理等审判流程。其中第26条规定："案件承办法官合理安排开庭和各项审判业务，在审限内尽快地审理、判决、执行，提高诉讼效率。"第9章对文书送达予以规定，要求以直接送达为主，委托送达、特快专递送达为辅，公告送达为补充方式，调解书原则上直接送达，审管办负责对案件质量进行评查。具体而言，利辛法院明确要求法官要随时关注法院内网信息，对立案庭移送的案件及时点击接收，签收立案庭移送的卷宗后最迟不超过2个工作日向当事人寄、送应诉法律文书，在传票中注明主审法官的联系电话。主审法官要全力提高审判效率，除非信访案件、缠诉案件、闹访案件、重大疑难复杂案件、新类型案件、适用法律不明确案件、判决结案社会效果差案件以及其他特殊类型的案件外，主审法官不应申请延长审限。此外，利辛法院注重审判公开的制度化建设，要求全院各审判庭及时将裁判文书按要求上传指定网站。裁判文书上网是贯彻审判公开的有力举措，能够对法官及时审结案件、注重案件审判的质效，形成有力的约束。

（二）优化建议

有学者指出，"司法一方面必须确保其提供的产品是高质量的，即保障当事人在诉讼过程中所享有的程序基本权，经由正当的程序形成公正的裁判；另一方面必须确保其提供的司法产品容易为民众所获得，并且以民众能够负担的相对低廉的成本而获得"[①]。法院在解决纠纷时，不仅要确保公正目标的实现，而且还要注重诉讼成本的降低，通过提高诉讼效率来增强法院解决纠纷的公信力。利辛法院在缩短民事审理周期上的努力已经取得了明显的成果，但任何改革措施都很难一开始就是完美的。从利辛法院改革之后的情况来看，主要还有以下几个需要改进的地方。

1.转变观念与增强责任意识。法官要改变旧的观念，正确处理公平与效率的关系，促进纠纷的及时解决，增强办案的责任意识，更加注重保护当事人的合法权益。法官应重视诉讼效率，提高自身的法律素质，排除来自社会各方面的干扰，依照法律规定及时审结民事案件。法官应端正工作态度，增强自我约束，既要注意法官中立性的角色定位，又要认真对待当事人的合理诉求。法院应制定完善的内部考核和监督制度以约束法官办案的随意性，明确法官对所办案件应承担的责任。此外，法院还应制定并完善法官办案的各项纪律，严格执行并进行

---

① 齐树洁、周一颜：《司法改革与接近正义——写在民事诉讼法修改之后》，载《黑龙江省政法管理干部学院学报》2013年第1期。

监督,避免出现法官办人情案和金钱案等违法现象。

2.改进鉴定程序。利辛法院现行的鉴定程序存在一些明显的问题,需要改进。在鉴定之前,法官应向当事人充分说明鉴定程序所需耗费的时间以及可能带来的后续问题,尽量促成当事人通过协商达成一致意见,减少所需鉴定的事项。在没有委托律师或者法律服务工作者的案件中,很多当事人并不了解鉴定的相关事项,法官应及时引导当事人推进鉴定程序的进程。对于确需鉴定的案件,法官应尽早明确询问当事人是否申请鉴定,通知当事人及时提交鉴定申请书及所需材料;同时,法官应及时将相关材料交给技术室,以缩短鉴定耗费的时间。技术室及时通知当事人选择鉴定机构和提交鉴定材料。对于鉴定程序中出现的一些当事人不配合的情况,法官应及时向当事人进行说明并限定期限,如仍不能得到配合,可按照证明责任对事实进行认定并及时作出判决。

3.优化法院送达制度。针对送达难问题,利辛法院应充分利用基层人民调解员和村组干部的力量提高直接送达率,减少采用公告送达和邮寄送达等既耗费时间又不确定结果的方式。在直接送达时,法院应争取得到社区干部和村组干部的支持,尽力做好当事人的思想工作,如果仍不能直接送达,可采用拍照摄像等方式进行留置送达,并请社区干部和村组干部进行见证。在邮寄送达方面,法院应和邮局签订详细的邮寄送达协议,明确邮寄人员的送达责任以促使其及时认真地向当事人送达法律文书,从而提高邮寄送达的成功率。在公告送达方面,法院应和报社建立沟通渠道,对确需公告送达的案件,及时与报社联系以尽早刊登公告。对于一些当事人故意拒收法律文书的情形,法官应灵活应对,采取留置送达等方式。

4.完善法院内部的奖惩机制。利辛法院注重案件审判质效的提升,定期对法官审判案件的质效数据进行公开,并制作文件送达法院各庭室传阅。但由于该制度建立和实施的时间不长,目前已经显现出一些问题,最为突出的问题是缺乏有效的配套奖惩机制。在法院内部公开质效数据的出发点是使法官之间相互比较,借此促使法官进行自我提升。实际上,在质效评比中,排名落后的法官主要是一种"面子上"的不好看,评比效果能否实现几乎完全取决于法官自己。遗憾的是,该制度并未取得预期的效果,其对于法官的影响或者过于无形,或者过晚。因此,法院应进行有针对性的改革,对于响应积极的法官给予名誉和物质上的奖励,对于响应消极的法官给予公开批评等惩处,进一步增强质效评比结果的影响力。只有奖惩机制更加明显,法官才能更加重视审判质效评估的结果。

关于黑山县励家人民法庭工作的调研报告

■ 杨　慈　王小单*

摘要:人民法庭在密切联系群众、及时解决民间纠纷、参与社会管理创新、保障农村经济发展等方面发挥了重要的作用。黑山县人民法院励家法庭的机构设置、队伍现状、工作情况、运行机制以及面临的主要问题,可看成是中国基层司法制度发展的一个缩影和样本。人民法庭作为人民法院"基层的基层",是深化司法体制改革的重要一环,切实发挥人民法庭职能作用具有重要的意义。

关键词:人民法庭;基层司法;审判制度

黑山县地处辽宁省西部,隶属锦州市。辖区内除汉族外,还有满、蒙、回、朝鲜等16个少数民族。全县下辖21个乡镇,总人口64万。黑山县矿产资源丰富,拥有目前亚洲第一大膨润土矿,所产膨润土质量优良,在全国位居前列。黑山县人民法院下设15个庭、室、处、队以及黑山、励家、大虎山、新立屯、八道壕5个派出人民法庭。全院现有在职干警84人,其中法官所占比例为45%;2014年受理案件数为2705件,结案2538件。

励家人民法庭(以下简称励家法庭)位于大兴乡,法庭辖区包括励家镇、姜屯镇、绕阳河镇、新兴镇、常兴镇和大兴乡6个乡镇。法庭现有在编审判人员4人,临时工作人员3人。作为化解矛盾纠纷的前沿阵地,励家法庭2014年共受理各类民商事案件452件,结案429件。

一、励家法庭审判管理机制运行现状

励家法庭2014年审判工作有以下几个特点:一是以简易程序为主,以普通程序为辅。据统计,法庭适用简易程序审理的案件数占69.76%,适用普通程序审理的案件数仅占30.24%。二是案件调解撤诉率较低,仅有50%的案件以调

---

* 杨慈:江西财经大学法学院法律硕士研究生;王小单:辽宁省黑山县人民法院助理审判员,法律硕士。

解或撤诉的方式结案。三是案件陪审率不高,仅为 30.24％。在调解制度的运行方面,由励家法庭牵头,辖区内基本形成了两级调解网络体系。首先是以各乡镇党委书记、乡长、镇长、乡镇司法所工作人员为调解员的一级调解网络,其次是以村干部和德高望重的村民为调解员的二级调解网络。对于较重大或疑难复杂的纠纷,办案法官会协助上述调解员展开调解。为提高调解员的法律水平,法庭定期组织法律知识培训,并经常邀请调解员旁听法庭审理。人民调解与诉讼调解的有效衔接,使大量基层纠纷化解在萌芽阶段。

通常情况下,在法庭受理案件后,立案庭通过法院分案系统对受理的案件逐案登记编号,随机分配给法庭承办人员。法庭书记员收到案卷后,将案件交由相应的案件承办法官决定案件适用的审判程序。合议庭的组成人员由庭长指定,其中,参加合议庭的人民陪审员须报法院备案。承办法官与书记员负责送达应诉材料、安排开庭、采取诉讼保全措施、开庭审理、制作及送达诉讼文书等全部事项。民事判决书、民事调解书和撤诉裁定书均由庭长负责签发。财产保全裁定书经庭长审核后,由主管院长签发。为提高案件的审判质量,凡是以判决形式结案的案件,一律须经法庭全体审判员集体讨论后再行宣判。法庭定期组织办案技能学习,并通过建立与执行严格的案件质量考核制度、岗位责任制度、考勤制度、廉政制度、集体讨论制度、案件审批制度、财产及车辆管理制度等,规范法庭在立案、案件分配与排期、送达、巡回办案、调解、案件研究、队伍建设、庭务管理、单项考核、监督管理等方面的工作。

针对辖区覆盖面广、少数民族种类众多的特点,励家法庭依托乡镇司法所的办公场所和设施,在所辖的 6 个乡镇均设立了巡回办案点。各办案点选聘了一批素质较高并在当地具有一定威望的人大代表、村支书、村主任等为联络员,便于法庭及时了解社情民意,把握纠纷的苗头和倾向,以提高办案效率。尤其在春耕期间,为了不耽误农时,法庭相应地增加巡回办案的次数,利用中午和夜晚的休息时间到农民家中和田间地头送达、审判、调解,从而在确保办案效果的前提下不误农时,减轻农民的负担。

为全面提升审判工作水平,励家法庭以审判管理制度的建设为突破点,从以下三个方面推行审判目标管理考核机制:首先,法庭坚持做到审判管理以制度管理为落脚点,把审判工作流程融入每个管理节点,用制度去管人、管事、管案件,把管理的效果作为法官奖惩与任免的直接依据。其次,法庭强化对个案从立案到卷宗归档每个流程节点的程序合法性考评,强调在考评中及时发现、通报与解决问题,以全面加强案件流程节点的关口管理。再次,法庭对上述考评中的 6 项公正指标实行严格管控,取得了明显的效果。如立案变更率由 2013 年的 16％降为 2014 年的 0％,案件发改率由 2013 年的 40％降为 2014 年的 26％。自 2014 年黑山县人民法院制定《人民陪审员管理办法》以来,除依法应由审判员组成合议庭审理外,案件的陪审率一跃上升至 100％,错案及有瑕疵案件大幅减少。最后,法庭对上述考评中的 7 项效率指标进行紧密跟踪,实现了所有案件均能在法定期间内立案,在审限内结案。其中,平均审理时间指数由 2013 年的 74％上升到 2014 年的 83％,结案均衡度由 2013 年的 47％上升到 2014 年的 73％。此外,2014 年以来,法庭将办案的法律效果和社会效果相统一放到突出的位置上,民事案件的服判率、调解率、撤诉率明显上升,调解案件的申请执行率和信访上访率明显下降。

二、励家法庭司法为民情况

随着国家给予农村土地的优惠政策不断推出,农民日益重视土地使用的权益,土地纠纷成为影响农村社会稳定的首要问题。励家法庭辖区内农业经济发达,农村人口众多,近年来相关涉农纠纷突出涌现。涉农民事案件的妥善处理,直接关乎农业发展、农村建设、农民利益的保护和农村社会的和谐稳定。面对部分涉农纠纷,如体制改革中出现的土地承包、征地拆迁等纠纷,有的当事人选择依靠宗族势力或通过暴力途径解决,有的当事人只能忍气吞声。多数涉案农民带有强烈的厌讼情绪,缺乏自我保护意识。为此,励家法庭联系辖区实际,将审判工作主动向"三农"问题倾斜,引导与帮助农民运用法律手段解决涉农纠纷。为深入落实最高人民法院有关司法为民的举措,励家法庭对要求立案的当事人实行预约立案、节假日立案,并推行一站式服务,节约当事人的诉讼成本。在征得当事人的同意后,法庭注重在立案前开展诉前调解或委托其他组织和个人先行调解。

(一)诉前调解

励家法庭本着以调解为主要纠纷解决方式的原则,推进诉调对接工作的开展,通过与辖区人民调解工作对接、提高法律服务行业人员参与调解的积极性,最大限度地发挥诉讼调解、人民调解、行政调解的作用,并将三者有机结合。法庭还注重发挥协同机关的工作平台效用,尤其是利用公安部门推行的社区警务人口信息平台,提高诉前调解的成功率。在绕阳河镇丈房屯村土地承包案件中,由于不满村委会对土地的分配,90 多户农民集体上访。励家法庭经过研究,认为该案如果进入诉讼程序,无论是社会效果还是法律效果都难达到理想的状态,采取诉前调解的方式解决才是最佳方案。为此,法庭庭长带领全庭工作人员,深入丈房屯村,会同村干部到田间地头召集村民开会,并到每家每户讲解国家政策和土地承包法、税法等相关法律规定。通过走访并与双方代表进行了十几次的沟通交谈,法庭工作人员广泛接触村委会成员和涉案群众,充分了解纠纷的详细情况。经过法庭工作人员数日的疏导工作,群众情绪得以稳定,该纠纷也通过调解的方式得到解决,所有涉案土地按照调解方案重新分配。①

(二)延伸服务

励家法庭牢固树立"小法庭大作为"的办案思想,充分发挥民事审判工作服务、保障和改善民生的职能,以及调判结合的优势,在参与社会管理创新的过程中主动作为。为排查、分析、化解矛盾,指导人民调解,法庭固定参加辖区党委、政府每月或每季召开的各种会议。基层法庭的工作人员不仅仅是法律工作者,更是社会工作者。励家法庭作为基层法庭,肩负着双重的工作任务。例如,在法庭2014年受理的一起离婚纠纷案件中,原告李某称被告脾气不好,经常殴打原告,要求与被告离婚,孩子随被告生活。被告刘某辩称,其与原告只是因生活琐事发生矛盾,夫妻感情并未破裂。案件承办法官多次到被告家中组织调解,并通过其亲友和单位领导开展多方面的工作。最后法庭判决不支持原告李某的离婚诉求。② 为进一步观察案件处理结果的效应,承办法官经由原、被告的单位、所在社区和当地司法所等多条渠道了解发现,原告与被告已恢复和睦的家庭关系。

(三)司法救助

2013年中共十八届三中全会通过的《中共中央关于全面深化改革若干重大问题的决定》对"完善人权司法保障制度"和"健全国家司法救助制度"提出了总体要求。作为积极回应和付诸实施,中共中央政法委、财政部、最高人民法院、最高人民检察院、公安部、司法部于2014年1月联合颁布了《关于建立完善国家司法救助制度的意见(试行)》。③ 从2013年年初开始,励家法庭积极开展司法救助工程,对合法权益受到侵害但经济确有困难的当事人适时地给予司法救助。截至2014年12月,法庭共为诉讼当事人减、免、缓交诉讼费80万余元。为使司法救助工作在立案、审判、执行各个环节成为法庭全体工作人员的自觉行动,法庭把处理好经济效益与社会效益的关系、处理好法律保障与社会保障的关系作为重要环节来抓。例如,2013年原告赵某作为被告郑某的雇员,在拉三合板的过程中三轮车侧翻,导致右大腿骨折。赵某在治疗的过程中耗光家中所有的积蓄,并欠医院部分医药费。赵某的伤残得不到应有的赔偿,于是其决定将雇主郑

---

① 《黑山县人民法院励家法庭》,http://www.heishan.gov.cn/,下载日期:2015年5月12日。
② 辽宁省黑山县人民法院(2014)黑励民初字第00548号民事判决书。
③ 赵国玲、徐然:《司法救助及其中国模式——以〈关于建立完善国家司法救助制度的意见(试行)〉展开》,载《政法论丛》2014年第5期。

某诉至法院,通过法律途径维护自身的合法权益。然而,当赵某得知起诉须交纳诉讼费时,经济极度拮据的他几近绝望。励家法庭了解情况后,及时向赵某伸出了援助之手,通过司法救助使赵某有效地"接近正义"。[①]

三、励家法庭面临的主要问题

(一)立审执分离模式与基层司法现状不相适应

基层民众不仅期盼裁决的公正,更渴望司法的便利、高效、低成本。让当事人少跑一趟法院、少见一次法官,省去不必要的重复性程序,才能使当事人感受到司法的人文关怀。我国的审判运行模式,经历了几次大规模的改革,直到 20 世纪 90 年代中期,才确立了立案、审判、执行彻底分离的模式。该模式运行至今,出现了一些与司法现状不相适应的情况,这些问题在基层尤为严重,一定程度上阻碍了司法公正与效率的实现,影响了司法公信力的提升。

笔者认为,法庭首先应该对立案、执行工作加以大幅度瘦身,瘦身的幅度可以由法庭根据实际情况和工作需要适度掌握。其次,由 60% 的办案法官排班接案,高效处理 80% 的案件(以简易案件为主)。由于大多数案件取消了办案环节的制约,立、审、执不相衔接的情形将从根本上得到消除。最后,法庭应尝试制定相关的案件类型和标准,严格实行执行准入,仅允许少量案件由执行部门执行。然而,上述改革模式的有效贯彻落实亦存在很多障碍。一方面,为达到立、审、执一体化的最佳效果,法庭既需要全才法官"撑门面",也需要精英法官"壮后院"。但是,法庭的队伍建设任重道远,人才培养周期长,办案人员流动性大,短期效果必然不太乐观。另一方面,立、审、执一体化只解决了个案的立、审、执衔接问题,因其与现有的分配体制不适应,仍可能出现"干多干少一个样"或"干得多不如干得少"的情况,基层法庭或许更为凸显。

(二)当前法庭存在的具体问题

2014 年,励家法庭法官人均受案 113 件,审理任务较为繁重。但同时,法庭办案队伍又不稳定,近年来先后有数名法官调离。开庭、合议以及送达法律文书等工作中人手匮乏的问题日益突出。法庭工作人员难以集中精力提高案件的调撤率,以致年平均调撤率仅为 50%,最高的年份也未突破 80%。在人事安排方面,法庭办案人员的职级与待遇偏低。目前,法庭庭长的职级多为副科虚职,明

---

① 辽宁省黑山县人民法院(2014)黑励民初字第 01765 号民事判决书。

显偏低。法院没有形成向一线基层法庭倾斜的持续性奖励政策,以致无法充分调动法庭工作人员的办案积极性和主观能动性。法庭办案队伍缺乏凝聚力与向心力,必然导致队伍不稳、人心不齐。此外,基层法庭工作人员职业风险高、工作压力大,其薪酬待遇与律师行业或其他部门相比存在较大的差距。

四、加强和改进基层法庭工作的建议

(一)处理好涉农非诉行政执行案件

涉农非诉行政执行案件,是指作为相对人的农民既不向法院提起诉讼,又不履行行政机关作出的具体行政行为,行政机关向法院提出执行申请,由法院依法执行的案件。在励家法庭,非诉执行案件呈逐年上升的趋势,其中涉农非诉行政执行案件占 60%。原因在于,当前部分群众对党的政策、政府安排及相关法律规定存在误解,具体表现为不配合各乡镇政府组织分配土地,不理解山间树木招标出售等。法庭既要协助行政机关开展工作,又要兼顾广大群众的情绪稳定与利益保护,稍有偏差,则极易激发矛盾,诱发集体上访事件。因此,处理好涉农非诉行政执行案件,对法庭而言尤为重要。鉴于不少农民对案件的执行持观望态度,法庭应以村干部或者在村里有影响力的村民为突破口开展执行工作,以促使其他涉案农民自觉履行。此外,农村生活水平差距较大,农民的履行能力亦有所不同,法庭应当依据具体情况,采取相应的执行措施。

(二)将促进经济发展列为法庭的考核指标

2014 年最高人民法院《关于进一步加强新形势下人民法庭工作的若干意见》第 15 条规定,人民法庭不得超越审判职能参与地方行政、经济事务,以及其他与审判职责无关的会议、接访、宣传等事务。当前,中国的经济发展已经进入新常态,经济增长速度放缓,经济结构不断调整。其中,产业结构的调整必然会引起农村劳动力的职业转变。一些传统的经济纠纷如民间借贷纠纷、承揽合同纠纷、土地流转纠纷等将随之剧增。法庭应当妥善处理辖区内基层经济转型期间所衍生的各类经济纠纷,维护正常的经济秩序,消减经济增长的阻碍,为辖区内的经济转型护航。因此,维护政府权威,促进经济发展等理应成为法庭的职责之一,并成为党委政府和上级法院考核法庭工作成绩的重要指标。[①]

---

① 高其才、周伟平:《乡土司法:社会变迁中的杨村人民法庭实证分析》,法律出版社2009 年版,第 16 页。

(三)加强法庭的人员保障

中共十八届四中全会通过的《中共中央关于全面推进依法治国若干重大问题的决定》指出:"推进法治专门队伍正规化、专业化、职业化,完善法律职业准入制度,建立从符合条件的律师、法学专家中招录立法工作者、法官、检察官制度,健全从政法专业毕业生中招录人才的规范便捷机制,完善职业保障体系。培养造就熟悉和坚持中国特色社会主义法治体系的法治人才及后备力量。"法庭建设最核心的能动要素是人员配备,其中法官是法庭最重要的办案要素。基层法庭应合理配备富有办案经验的法官以及必要的其他辅助人员。在日常工作中,法庭应注意强化对办案人员的职业化培训与业务指导。上级法院应每年组织基层法庭的办案法官进行业务培训,并开展技能考核,"倒逼"基层法庭的办案人员主动提高自身司法、执法水平;着力化解法庭工作人员的待遇保障难题,上级法院应适当提高基层法庭工作人员的职级与待遇,如比照派出所所长的职级,将人民法庭庭长的职级提升为正科级,并相应提高其他工作人员的职级。在福利待遇方面,政策应有所倾斜,上级法院可设立下乡浮动工资,建立食堂或给予中午误餐补助等,并建立相关制度,使奖励政策常态化。

基层法院民事审判工作视角下的法官助理制度构建

■ 张占甫[*]

摘要：我国现有的审判工作人员配置模式不能适应现代法治社会的要求，应当引入西方法治发达国家的法官助理制度。法官助理的职责分工应根据法院工作的专业知识需求指数来确定，法官助理与法官的人数比例应根据法院工作的劳动量消耗指数来确定，同时应根据审判工作与个案案情联系程度的不同，将法官助理区分为事务型助理与助手型助理。

关键词：法官助理；劳动量消耗指数；专业知识需求指数；个案联系程度

随着社会的不断进步发展，法院审理的案件无论是在绝对数量上还是在案件复杂程度上都有大幅度的提高，法院审判工作的职业化、专业化要求也越来越高。我国传统的审判员—书记员分工模式已经远远无法满足公正高效地解决现实法律纠纷的需要，必须根据司法实践作出必要的改变。

一、审判员—书记员的法院分工模式已经无法满足社会公众对公正的需求

2014 年全国地方各级人民法院受理案件 1565.1 万件，审结、执结 1379.7 万件，结案标的额 2.6 万亿元，同比分别上升 10.1％、6.6％和 15.7％。[①] 在案件程序更加复杂、案件数量和难度大幅增加的现实情况下，传统的审判员—书记员的法院分工模式大大降低了办案效率，不利于案件公正、快速地解决。其弊端主要有以下几个方面：

首先，不利于法院工作人员的分工合作。随着社会的进步，公众对审判程序的要求越来越严格，审判程序也变得越来越复杂，当然这也是提高案件结果公正

---

* 作者系福建省厦门市湖里区人民法院法官，法学硕士。

① 周强：《最高人民法院工作报告》，载《法制日报》2015 年 3 月 21 日第 2 版。

性的必然趋势。审判员与书记员将案件从立案受理到最终归档的所有工作都承揽下来,会造成审判员、书记员对审判程序各个环节都熟悉但又都不是特别熟练和精通,烦琐的事务性工作也会花费审判员很多的精力,不利于提高每个环节的工作效率。与此同时,审判员与书记员都要掌握每个案件的进度,花费大量的时间来理清每个案件的头绪,势必大大降低审判工作的效率。

其次,不利于案件质量的提高。在传统的审判模式下,审判员主要负责案件审理的相关工作,书记员主要负责庭审记录工作。但诉讼案件的审理程序现今已经相当繁杂,不仅仅是作出判决与记录案件这么简单。法官由于自身精力的限制,不得不将一些具有一定专业技术性的工作交给书记员来完成,而书记员受自身法律专业知识和经验的局限,在完成专业性较强的事务时容易出现疏漏,从而影响到整个案件的质量。而审判员也要花费很多精力处理案件审理的各种事务性工作,很难抽出比较多的精力来进行对案件判决的思考和判决书的撰写,也会影响到案件质量的提高。

最后,不利于法官素质的提升。在传统的审判模式下法官因忙于不需要太多法律专业知识的事务性工作,加上各种案件审判管理指标的压力,大多数情况下单纯为了结案而办案,无暇思考和学习,法院系统内部也很少组织法官进行专门的业务培训。此外,由于调撤率是对法官考核的一个重要指标,很多法官要花费大量的时间与当事人进行沟通协调促使当事人以调解的方式结案,由此造成法官很难在法律业务水平上有所提高。现在很多法院的书记员是提任法官的前期阶段,但书记员主要从事庭审记录、归档等不需要多少法律专业知识的事务性工作,一旦他们走上审判岗位,通常需要很长的一段时间来适应审判工作。

二、构建合理的法官助理制度及需考量的几个重要因素

为克服传统审判模式的不足,引进法治发达国家法官助理制度是行之有效的方法之一。1881 年,美国联邦最高法院法官格雷自费雇用了一名哈佛大学法学院的高才生作他的私人秘书。19 世纪后半叶,美国最高法院受理的案件数量剧增,为了缓解压力,最高法院大法官开始雇用助理。美国法院中的法官助理由法官从著名大学法学院最优秀的毕业生中选拔,其任务主要为法官作调查研究、草拟判决书、提供咨询等等。[①] 其他法治发达国家虽然在名称上有所区别,事实上在审判工作中都存在大量的审判辅助性人员。如德国法院系统内的司法公务

---

① 江振春:《美国联邦最高法院与法官助理制度》,载《南京大学学报(哲学·人文科学·社会科学版)》2010 年第 2 期。

员、书记官、助理法官等司法工作人员,可以分担法官的大量工作。法国则设置了准备程序法官,负责案件庭前准备程序的管理。目前我国很多法院在积极探索行之有效的法官助理制度,如早期的北京市房山区人民法院(以下简称房山法院)的"三二一"模式,即三个审判员配备两个法官助理和一个书记员;青岛市中级人民法院(以下简称青岛中院)则将主审法官、法官助理、书记员作为一个办案单位,实行双向选择。近年来,杭州市萧山区人民法院向社会招收法官助理,珠海市横琴新区人民法院(以下简称横琴法院)实行一名主审法官配备三个法官助理、一名书记员的模式,都是对法官助理制度的有益探索,已取得一定的效果。

在审判工作中增加法官助理这一角色,可以在很大程度上提高案件审判的效率和公正性。法官助理在司法审判中的积极作用主要体现在:一是法官助理可以大大减少法官的事务性工作,有助于法官专业素质的提高。法官助理很重要的一个作用就是作为法官的助手承担大量的审判辅助性事务,如拟写判决书、调查、庭前准备等事务,这样法官可以专心于思考案件如何判决,更多地关注疑难案件中的法律问题,从而提高法官的法律知识素养,使案件能更公正快速地解决。二是法官助理可以使法院工作分工更加细致、合理,在明确责任的基础上提高办案的速度和质量。在传统的审判模式中,对繁杂的审判工作没有明确的分工,法官与书记员工作职责不清,出现问题时容易相互推诿。缺少法官助理的法官身兼两职,每天都在重复着大量简单、机械和繁杂的工作,最能体现法官价值的司法裁判活动却得不到必要的时间与精力保障。[①] 此外,由审判员、书记员负责案件的整个审理过程也大大降低了工作效率,法官助理专门负责某些环节可以提高法院工作人员的专业化水平。三是法官助理可以作为后备法官,提高法官的整体素质。法官助理专门从事辅助法官的工作,脱开许多与专业知识无关的事务,可以为其日后成为正式法官积累必要的实践经验。

目前,法官助理制度在我国还是一个新生事物,正处于实验、探索阶段,受各种主、客观因素的影响,法官助理制度在具体实务操作过程中也不可避免地出现了一些问题。[②] 法官助理制度虽然有很大的优越性,但是要建立起行之有效的法官助理制度,既需要科学的理论依据,又必须结合我国审判工作的实际情况。法官助理制度的作用主要体现为减轻法官的工作量,提高法官的职业素质以及提高案件的审判效率和质量。因此,构建法官助理制度就必须考虑法院审判工作的劳动量、对专业知识的需求两个方面的因素。同时,法院的审判辅助性工作

[①] 康宝奇等:《审判资源配置新视角:"外援型"法官助理模式运行之检讨及型构》,载《法律适用》2010 年第 11 期。

[②] 黄志强:《法官助理制度若干问题探讨——以本土化为视角》,载《福建法学》2011 年第 1 期。

多种多样，为明确不同类型法官助理的工作职责，将某些可以集中处理的工作分离出来，还要考虑审判辅助性工作与案件本身的联系程度。为便于分析，本文将构建法官助理制度需要考虑的三个重要因素确定为劳动量消耗指数、专业知识需求指数和与个案联系程度指数。

第一，劳动量消耗指数。法官助理的主要功能之一便是有效减少主审法官的工作量。审判工作中各个环节所花费的劳动量是确定法官助理与法官配备比例的主要依据之一。比如，宣判、宣布法庭纪律、签发文书等工作劳动力消耗指数相对较低，而开庭审理案件、拟写法律文书、卷宗归档等工作劳动量消耗指数较高，校对法律文书、撰写裁定书等劳动力消耗指数为中等。

第二，专业知识需求指数。审判实务工作中既有需要很高法律专业知识水平的事项，如主持庭审、撰写法律文书、作出各种程序性决定等，也有一些不需要法律专业知识就能胜任的事项，如确定开庭时间、打印送达材料、复印法律文书等，当然也有一些对法律专业知识的需求介于二者之间的事项，如校对法律文书、组织质证、调解等。对法律专业知识需求越高的工作，其专业知识需求指数就越高，反之就越低。区分专业知识需求指数的意义在于，对于法律专业知识需求较高的工作，必须由法官或者具有丰富法律知识的法官助理来完成。也有学者将审判工作内容区分为核心审判工作与辅助审判工作，核心审判工作是体现审判权作为判断权、决策权性质的部分，必须由法官来负责完成。[①]

第三，与个案联系程度指数。审判工作中有些事项如拟写判决文书、录入司法审判系统信息、组织各方当事人调解等，要求必须对案情有一定的把握，这些工作与个案联系紧密程度较高。而文书送达、财产保全、开庭排期等工作，与个案联系紧密程度较低。区分个案联系程度的意义在于，与个案联系程度紧密的工作，应该由助手型的法官助理协助法官来完成。而对于与个案联系较少的工作，则交由事务型的法官助理进行集中处理，可以大大提高工作效率。

三、对基层法院民事审判工作的实证分析

全国的大部分案件都由基层法院审理，而民事案件在法院审理的案件中又占较大比例，因此本文以基层法院民事审判工作为视角，对民事审判各个阶段工作的劳动量消耗指数、专业知识需求指数及与个案联系程度指数进行实证分析。基层法院的民事审判工作主要包括立案及诉前阶段、庭前准备阶段、开庭审理阶

---

① 王静等：《如何编制法官员额——基于民事案件工作量的分类与测量》，载《法制与社会发展》2015 年第 2 期。

段、庭后结案阶段、结案后续阶段五个阶段的工作。

(一)立案及诉前阶段

如表1所示,该阶段审判工作相对较少,主要包括:审查立案材料、进行立案登记、收取诉讼费用、录入立案信息、向当事人送达立案受理材料、根据当事人的申请进行诉前保全、在各方当事人同意的情况下进行诉前调解。因为案件起诉的条件并不是很高,故本阶段除了诉前调解及诉前保全需要一定的专业知识并具有一定的劳动量消耗外,其他工作基本上都是专业技术要求相对低且花费时间较少的事务。只有诉前调解工作与个案联系程度比较高,其他工作与个案联系程度比较低。

表1　立案及诉前阶段主要工作指数分析表

工作名称	劳动量消耗指数	专业知识需求指数	与个案联系程度指数
审查立案材料并登记备案	1	2	1
收取诉讼费用	1	0	0
点击审判系统立案信息	1	1	1
向当事人送达立案材料	1	0	0
诉前调解	2	2	3
处理诉前保全申请	2	2	1

注:三种指数均针对每个案件的通常情况而言,个别特殊案件可能某个环节的指数会有所变化。劳动量消耗指数分1、2、3三个等级,1是指一般为花费时间在半小时以下,劳动量消耗比较低的工作;2是指一般为花费时间在半小时以上2个小时以下,劳动量消耗中等的工作;3是指一般为花费时间在2个小时以上,劳动量消耗较大的工作。专业需求指数分0、1、2、3四个等级,0为不需要任何法律专业知识即可完成的工作,1为需要基本法律常识即可完成的工作,2为需要一定程度的法律专业知识才能完成的工作,3为需要较为熟练的法律专业知识才能完成的工作。与个案联系程度指数也分为0、1、2、3四个等级,0为与案情没有任何联系的工作,1为与案情有较小联系的工作,2为与案件联系比较紧密的工作,3为必须了解案情才能完成的工作

(二)庭前准备阶段

王亚新教授认为庭前准备主要包括:程序种类的选择适用(尤其是督促程序的转化和先行调解)、应诉管辖、举证时限、促进和解、交换证据、明确争点、安排

日程等多种功能的庭前会议,以及诉的主观和客观合并等等问题。[①] 在基层法院民事审判中,该阶段从初次送达当事人开始,至案件开庭审理前结束,审判工作相对较多,主要包括:(1)打印送达材料,进行案件的初次送达。采用公告方式送达的,制作公告稿并向当事人送达,确定合议庭组成人员。(2)对案件进行开庭排期,收取当事人的证据材料并送达对方当事人。(3)处理当事人的财产保全申请,核对当事人的保全担保材料,制作保全裁定书送达当事人并采取保全措施。当事人提出变更保全措施或案外人提出保全异议申请的,法院工作人员应视情况决定是否予以准许并采取相关措施。(4)处理追加当事人的申请。不予追加的,书面告知;需要追加的,制作相应的追加材料并与其他案件材料一并送达被追加的当事人。(5)处理延期举证、证人出庭作证的申请,告知当事人是否准许并说明理由。(6)处理现场勘验、调查取证、鉴定的申请。不予准许的,向当事人说明理由;予以准许的,由法院工作人员进行现场勘验、调查取证及鉴定,如果当事人有代理律师的,也可以给律师出具调查令,让律师自行调查。(7)处理当事人中止案件审理的申请。不予准许的,向当事人说明理由;予以准许的,制作相应的中止裁定书。(8)处理当事人先予执行申请。不予准许的,向当事人说明理由;予以准许的,制作相应的裁定书并采取先予执行措施。(9)处理当事人的管辖异议申请,组织双方对管辖异议的证据进行质证和询问,当事人双方均同意移送其他法院的,制作案件移送函移送其他法院处理。当事人对管辖权有争议的,制作裁定书并送达当事人,如当事人不服裁定上诉的,移交上级法院处理。(10)组织庭前调解及庭前质证、调查,在案件开庭前询问当事人的调解意愿,并对双方当事人做相应的调解工作。对于案情复杂的案件,事先组织当事人进行庭前质证和调查。(11)制作庭审笔录头并整理好卷宗顺序。该阶段事务相对较多,大多数为对法律专业知识要求不高的工作,如打印送达材料、案件开庭排期等工作甚至不需要任何法律专业知识。该阶段总体劳动量消耗较大,大部分工作与案情联系不是很紧密,多为事务性工作,如送达、核对担保材料、制作笔录头等,也有少部分工作与案情联系紧密,如组织庭前询问、质证、调解等工作(见表2)。

---

① 王亚新:《新民事诉讼法关于庭前准备之若干程序规定的解释适用》,载《现代法学》2013年第6期。

表 2　庭前准备阶段主要工作指数分析表

工作名称	劳动量消耗指数	专业知识需求指数	与个案联系程度指数
打印、制作送达材料及其他程序性材料	1	1	1
安排开庭时间	1	0	0
收取并送达当事人证据	1	0	0
核对担保材料	1	1	1
制作保全裁定	2	2	1
处理保全异议申请	2	2	1
处理变更保全措施申请	2	2	1
采取保全措施	2	2	1
处理追加当事人申请	2	2	3
处理延期举证、证人出庭作证的申请	1	2	1
处理现场勘验、调查取证、鉴定的申请	3	2	1
处理中止案件审理的申请	2	2	3
处理先予执行申请	3	2	3
处理管辖异议申请	2	2	1
组织庭前调解、质证、调查	2	2	3
制作庭审笔录头、整理卷宗顺序	1	1	1

(三)开庭审理阶段

开庭审理阶段的工作主要包括:宣布法庭纪律、庭审记录和主持庭审。该阶段的工作内容较少,但要求比较严格,主持庭审必须有较丰富的专业技术知识,也必须充分了解案情,开庭时间也视案情而定,一般在半个小时到两个小时之间(见表3)。

表 3　开庭审理阶段主要工作指数分析表

工作名称	劳动量消耗指数	专业知识需求指数	与个案联系程度指数
宣布法庭纪律	1	0	0
庭审记录	2	1	2
主持庭审	2	3	3

（四）庭后及结案阶段

　　案件开庭后的主要工作包括：(1)经法院允许当事人庭后提交证据或法院认为必要而调取相关证据的，组织双方当事人进行质证。(2)庭后法院认为需要就有关问题向当事人或案外人核实的，通知当事人或案外人做询问、调查笔录。(3)当事人起诉法律关系错误、主体错误或其他原因导致原告诉求无法得到支持的，可以建议当事人撤诉，当事人同意撤诉的，制作裁定书并送达当事人。(4)当事人有调解意向的，组织双方进行调解，达成调解协议的，制作调解书并送达当事人。(5)对于普通程序案件，组织合议庭成员合议并制作合议庭笔录。(6)对于无法调解和撤诉的案件，拟写法律文书，并审核、校对、印制后送达当事人，需要宣判的，对当事人宣告判决结果。(7)登记结案信息，在司法审判系统中录入相关的结案信息。(8)下载庭审录像并刻录光盘。该阶段大部分工作专业性较强，如拟写判决书，庭后调查、询问等，也需要消耗一定的工作量，如拟写、制作法律裁判文书就需要很大的工作量，同时，该阶段的工作与案情的联系也非常紧密，很多工作需要充分了解案情才能顺利完成(见表 4)。

表 4　庭后及结案阶段主要工作指数分析表

工作名称	劳动量消耗指数	专业知识需求指数	与个案联系程度指数
组织庭后质证	2	2	3
组织对当事人询问、调查	2	2	3
处理庭后撤诉	1	3	3
组织庭后调解	2	2	3
组织合议并制作合议笔录	2	2	3
拟写裁判文书	3	3	3
审核裁判文书	2	3	3
校对裁判文书	1	1	2
制作、送达裁判文书、宣判	2	1	1
登记结案信息	1	1	2
下载庭审录像并刻录光盘	2	0	1

(五)结案后续阶段

该阶段的工作主要包括,向当事人开具法律文书生效证明,退还原告诉讼费及担保金,解除保全措施,法律文书上传互联网,卷宗归档等。如果当事人对判决不服提出上诉的,向对方当事人送达上诉状并开具预交上诉费通知,之后将卷宗移交二审法院。该阶段的工作对专业知识要求较低,具有一定的劳动量,与案情的关联度较低(见表5)。

表 5　结案后续阶段主要工作指数分析表

工作名称	劳动量消耗指数	专业知识需求指数	与个案联系程度指数
开具法律文书生效证明	1	1	1
办理退诉讼费、担保金手续	1	0	1
处理解除保全申请	2	2	1
法律文书上传互联网	1	1	0
卷宗归档	2	1	0
接收并送达上诉状、开具预交上诉费通知	1	0	0
向二审法院移交上诉材料及一审卷宗	2	1	1

从以上对民事案件一审程序中相关工作的劳动量消耗指数、专业知识需求指数及与个案联系程度指数进行的分析中不难看出,当前基层法院民事审判工作已经相对比较复杂,各种工作的性质有很大的不同,也需要不同类型的工作人员来完成。因此,在审判过程中,分工显得越来越重要,传统的审判员—书记员分工模式已经严重落后于审判实践需求。

四、法官助理制度几个核心问题的分析与设计

我国各地在基层法院法官助理改革的尝试中,都在一定程度上体现了法官助理辅助法官完成案件审判工作的作用,在法官助理来源、配备比例、职责分工等方面都积累了有益的经验,也在一定程度上提高了审判质量和审判效率,但均无法形成一套建立在科学依据之上的法官助理制度体系,制度运行的随意性较大。也有学者对法官助理制度持反对态度,认为大陆法系国家德国、日本都存在

初任法官或助理法官制度,应该保留助理审判员制度。① 建立法官助理制度,在借鉴成熟法治国家经验的同时,也应结合法院审判工作的实际。由于法官助理制度的构建是一个浩大的工程,本文仅从法官与法官助理的配备比例、法官助理的职责分工、法官助理的类型这三个核心问题来论述法官助理制度的构建。

(一)法官助理的职责分工

法官助理作为法官的辅助人员,主要协助法官完成案件审判事务。但是法院审判工作事务繁多,法官助理所完成的工作一方面要区别于法官的裁判性工作,另一方面也要区别于书记员的纯事务性工作。通过对审判各个阶段工作的分析可以看出,对于法律专业知识需求很高的裁判性工作,如庭审、审核裁判文书、是否准予当事人的各种程序性申请等直接影响当事人权利义务的工作,应该由主审法官来完成。对于法律专业知识要求较高的审判辅助性工作,如拟写判决书、组织庭前调解、庭前质证等工作,应该由法官助理来完成。而对于法律专业知识需求很低的工作,可以由书记员来完成。法官、法官助理、书记员之间的工作职责主要取决于工作的专业知识需求指数。一般专业知识需求指数为 0、1 的工作由书记员来完成,专业知识需求指数为 2、3 的审判辅助性工作由法官助理来完成,而法官则完成专业知识需求指数最高的工作。

基于上述分析,基层法院法官助理在民事审判中的主要工作职责如下:(1)审查立案材料并决定是否立案。(2)诉前调解中除签发调解书、送达及印制调解书以外的工作,即组织各方当事人到庭调解、拟写调解协议及调解书。(3)处理诉前保全、诉讼保全、解除保全、变更保全措施、保全异议、先予执行中除签发裁定书、送达及印制裁定书以外的工作,即初步审核申请、核对担保材料或保全异议及先予执行的有关证据材料、拟写裁定书、采取相应的保全、解除保全、变更保全、先予执行措施。(4)处理追加当事人、延期举证、证人出庭作证、现场勘验、调查取证、鉴定等申请过程中除决定是否准予申请以外的工作,即核对申请材料初步审定是否准予申请,将是否准予申请及处理结果告知书记员或案件当事人,根据需要进行现场勘验、调查取证、组织鉴定。(5)处理管辖异议、中止审理申请过程中除决定是否准予申请、签发裁定书、送达裁定书以外的工作,即审核当事人的申请及相关证据材料并提出是否准予申请的初步意见,拟写相关裁定书。(6)组织当事人或律师进行庭前调解及庭前质证。(7)组织庭后质证、询问、调查,庭后劝解原告撤诉,组织庭后调解及拟写裁判文书。(8)组织合议庭

---

① 刘晨:《法院改革中制度移植的反思——从"从法官助理回归助理审判员"想开去》,载《法治论坛》2009 年第 23 期。

成员进行合议并制作合议庭评议笔录。

(二)法官助理与法官的配备比例

英美法系由于法律程序复杂,一个法官通常要配备十几个辅助人员,而大陆法系如德国、法国、奥地利等国家,一般为一名法官配备两到三名审判辅助人员。从我国法官助理制度试点法院的情况看,房山法院采取"三二一"模式,即三名法官配备两名法官助理、一名书记员和一名内勤;青岛中院把一名法官、一名法官助理、一名书记员作为一个办案单位;横琴法院则采取一名法官、三名法官助理加一名书记员的模式。

法官、法官助理、书记员的配备如何才能更加合理,关键要考虑他们承担工作职责范围的工作量的问题。美国联邦法院在确定法官辅助人员的配置时就从审判事务的可分解性及分解后的工作时耗为出发点,通过十年的时间研究开发出一套人员配置公式。① 基于前文对法官助理职责分工的分析,基层民事审判法官助理在案件中应承担的工作内容较多,且拟写裁判文书、组织调解、质证等劳动量消耗指数较高,而法官承担的工作主要是开庭、拟定判决结果、案件总体审查等工作,劳动量消耗指数相对较低,因此,法官与法官助理的数量参照大陆法系法治发达国家,总体应维持在一名法官配备两到三名法官助理为宜。但如果区分事务型法官助理和助手型法官助理,情况会有所不同。事务型法官助理承担的工作相对比较固定,与案情联系少,可以根据劳动量的实际需要来安排,不需要与法官保持固定的比例。而助手型法官助理在一部分工作被事务型法官助理分担后,其与法官的配备比例在实行案件专业化审判或案件繁简分流的基层法院可以根据案件复杂程度,一名法官配备一到两名法官助理为宜。

(三)法官助理的类型

基层法院很多工作内容上可重复性较强,如送达工作中通知当事人应诉、打印送达材料,保全或解除保全工作中到车辆管理部门、房产管理部门、银行等送达裁定书及协助通知书等,这些工作本身需要的专业知识不是太高,与案件的实体情况联系也非常小,如果集中由专人来处理,可以同时处理多个不同案件的相同事务,大大节省时间,提高工作效率,与现代化大生产的流水线作业是一样的道理。对于不需要了解案情就可以处理的事务,集中由专人负责的效率更高,但对于需要在一定程度上了解案情才能完成的工作,由了解该案情的人来负责办理效果会更好。在上文的实证分析中,与个案联系程度指数可以体现工作对了

---

① 乔宪志主编:《中国法官助理制度研究》,法律出版社 2002 年版,第 221~222 页。

解案情的需要程度,区分工作与个案联系程度对于法官助理制度的意义在于,许多国家的法官助理都分为助手型助理与事务型助理,助手型助理从事与个案联系密切的工作,而事务型助理处理与个案联系较少的事务。目前,北京市房山区人民法院将法官助理分为程序性法官助理和文字性法官助理,前者负责庭前准备阶段的程序性事务,后者负责庭审、庭后的文字工作或事务性工作。深圳市罗湖区人民法院也将法官助理分为程序助理和文字助理,程序助理工作岗位统一安排在立案庭庭前准备组,分别服务于审判庭室,文字助理则以法官为中心配置到各业务庭室。① 为提高办案效率及质量,在我国审判实践中也应引入助手型助理与事务型助理的区分。事务型助理主要处理与个案联系程度指数为 0、1 的审判辅助性工作,助手型助理主要处理与个案联系程度为 2、3 的审判辅助性工作。

事务型法官助理的职责分工为:(1)审查立案材料并决定是否立案。(2)处理诉前保全、诉讼保全、解除保全、变更保全措施、保全异议中除签发裁定书、送达及印制裁定书以外的工作,即初步审核申请、核对担保材料或保全异议的有关证据材料、拟写裁定书、采取相应的保全、解除保全、变更保全措施。(3)处理追加当事人、延期举证、证人出庭作证、现场勘验、调查取证、鉴定等申请过程中除决定是否准予申请以外的工作,即核对申请材料初步审定是否准予申请,将是否准予申请及处理结果告知书记员或案件当事人,根据需要进行现场勘验、调查取证、组织鉴定。(4)处理管辖异议申请过程中除决定是否准予申请、签发裁定书、送达裁定书以外的工作,即审核当事人的申请及相关证据材料并提出是否准予申请的初步意见,拟写相关裁定书。助手型法官助理的主要工作职责为:(1)诉前调解中除签发调解书、送达及印制调解书以外的工作,即组织各方当事人到庭调解,拟写调解协议及调解书。(2)处理先予执行中除签发裁定书、送达及印制裁定书以外的工作,即初步审核申请、先予执行的有关证据材料,拟写裁定书,采取相应的先予执行措施等。(3)组织当事人或律师进行庭前调解及庭前质证。(4)组织庭后质证、询问、调查,庭后劝解原告撤诉,组织庭后调解及拟写裁判文书。(5)组织合议庭成员进行合议并制作合议庭评议笔录。

另外,基于我国的国情,以现有的法官人员配置,除了少数新招入的法官助理外,法官助理的来源主要为具有公务员资格、较为熟练的书记员及助理审判员,也可以仿照美国法院在一定范围内任用高校优秀的法学专业毕业生作为法官助理。在人员编制及考核晋升方面,在健全法律保障、改革法官遴选制度的前

---

① 宁波市中级人民法院、余姚市人民法院课题组:《法官职业化建设背景下法官助理制度的重新审视与现实进路》,载《时代法学》2013 年第 6 期。

提下,构建聘用制法官助理与编制内法官助理相结合的双重选任模式,有助于满足多层次司法事务对法院人员的需求,解决法官助理配额不足的问题。[①] 助理审判员若作为法官助理,因其具有法官资格,对于法律专业知识要求不是很高的工作,如诉前调解,签发保全裁定书、管辖异议裁定书、撤诉裁定书,审查并决定立案等工作,可以由其单独完成。处理当事人的延期举证、证人出庭、追加被告申请等工作,这些法官助理也应享有相应的决定权,可以在一定程度上减少法官的工作量。

结　语

在我国司法改革的浪潮中,法官助理制度改革是一项提高审判效率、提升司法公正的有效措施,也是符合法治发展规律的必然选择。但是法官助理制度的构建是一个系统的工程,并非一朝一夕就能完成,需要很多人的智慧和一个探索实践的过程。本文以基层法院的民事审判为视角,对法院主要审判工作的劳动量消耗指数、专业知识需求指数及与个案联系程度指数进行了简要的分析,希望能为我国司法改革中法官助理制度的构建提供一定的启示。

---

① 柯艳雪:《双重模式法官助理制度的构建》,载《内蒙古电大学刊》2013 年第 1 期。

审 判 实 务

两岸互涉司法文书协助送达模式的演进与展望

■李　桦　许荣锟*

摘要:两岸司法互助从无到有、从个案到通例、从民间到官方、从单方规定到共同规范,先后经历了"刻意回避—零互动""各自为政—间接互动""协议规范—双向互动"三个阶段,协助送达模式不断演进,法院裁判效率也随之提升。为完善两岸互涉司法文书协助送达制度,有必要回顾两岸互涉司法文书协助送达模式的演进历史,分析厦门法院现行操作模式的实际情况,探究影响司法文书协助送达效率与质量的主要问题及其缘由。

关键词:两岸协助送达;司法互助;"院对院"对口协助机制

司法文书送达,是诉讼过程中法院依照法定的程序和方式,以交付诉讼文书的形式,通知当事人及其他诉讼参与人相关事项的行为。[①] 文书的有效送达是法院裁判的前提,其合法、有效、及时,直接关系到裁判效率、诉讼权利之保障乃至司法公平正义之实现。大陆和台湾地区同属于一个中国,但目前客观上仍分处不同的法域,两岸互涉司法文书协助送达属一个主权国家下的区际司法协助,具有其特殊性与独特价值。[②] 在海峡两岸从封闭走向开放、从对立走向融合、从对峙迈入和谐的大背景下,两岸司法界充分发挥"想象力",以中华民族独有智慧不断探索互涉司法文书送达途径,从无到有、从个案到通例、从民间到官方、从单

---

* 李桦:厦门市中级人民法院涉台庭庭长;许荣锟:厦门市中级人民法院涉台庭书记员。

[①] 江必新主编:《新民事诉讼法理解适用与实务指南》,法律出版社 2014 年版,第 326 页。

[②] 任际:《国际司法研究》,法律出版社 2013 年版,第 377 页。

方规定到共同规范,协助送达模式不断演进,裁判效率也随之提升。

一、回望:两岸互涉司法文书协助送达模式之演变及其特点

"世界上只有一个中国,大陆和台湾同属一个中国,中国的主权和领土完整不容分割。"①两岸尚未统一、两岸分处不同法域、两岸分别享有独立司法权的客观现实,催生了双方请求对方代为一定诉讼行为的司法需求。在政治立场、司法需求与民众利益等各因素的微妙调配下,两岸互涉司法文书协助送达模式走出了一条充满中华民族独有智慧的演进之路。

(一)刻意回避——"零互动"阶段

在大陆改革开放以前,两岸形成政治上对立、军事上对峙的态势。此间两岸无直接的人员往来和商品交流,尚无互助送达司法文书的需求及现实条件。而以 1987 年台湾地区开放民众赴大陆探亲为标志,两岸逐步打破隔阂,互涉案件开始出现,两岸法院也随之面临互涉司法文书如何送达的问题。

大陆方面,1982 年颁布的《民事诉讼法(试行)》对涉台司法文书如何送达并没有特别的规定。最高人民法院 1984 年 8 月作出的《关于如何给在台湾的当事人送达法律文书的批复》,针对无法对在台被告人直接送达的情况,认为"可适用民事诉讼法(试行)第 75 条规定公告送达……公告期间届满,如被告仍无表示,即视为送达"。由此看出对台湾地区当事人司法文书的送达,仍是以《民事诉讼法》规定的方式进行,不作特殊规定,亦未将其视为"不在中华人民共和国领域居住"参照涉外案件适用较长的 6 个月公告期限,而直接参照普通案件公告期限。

台湾地区方面,台湾地区司法主管机构"(80)院台厅一字 05019 号"函称"大陆地区非属外国法院,其委托协助事件,无'外国法院委托事件协助法'之适用",明确该类案件不适用其"涉外"案件有关送达的特别规定。因此,在 1992 年"台湾与大陆地区人民关系条例"颁布前,台湾地区法院对于大陆当事人,亦只得适用其"民事诉讼法"的一般规定进行送达。由于直接交付送达、寄存送达、留置送达客观上难以操作,大多适用其"民事诉讼法"公示送达有关的规定。

综上所述,从大陆实行改革开放到海协会、海基会开始互动之前,虽然两岸法院事实上均面临己方司法管辖权客观上无法达于对方的难题,亦已发现文书送达成为审理互涉案件的瓶颈,但双方基于各自的政治立场,并未对互涉司法文书如何送达作出特别的规定。在此情况下,案件审理大多陷于停滞或以公告送

---

① 《中华人民共和国反分裂国家法》第 2 条。

达方式进行送达。在两岸分隔的背景下,进行公告送达仅具有完成规定程序的"形式意义",既不利于满足当事人获得公正及时判决的要求,也不符合诉讼合目的性的要求。

(二)各自为政——间接互动阶段

随着两岸之间民间相互往来的增加,特别是经贸关系的加强,两岸法院受理互涉案件的激增态势倒逼双方正视该类案件的特殊性,寻求适当的送达安排。大陆海协会与台湾地区海基会事务性协商的开展,为两岸互涉司法文书协助送达工作提供了新的视野。从20世纪90年代初到2009年正式签订司法互助协议前,两岸分别对互涉司法文书如何送达从己方角度作出单方规定,进入"各自为政——间接互动"阶段。

台湾地区于1992年通过了"台湾地区与大陆地区人民关系条例"。该"条例"第8条规定:"应于大陆送达文书或为必要调查者,司法机关得嘱托或委托第4条之机构或民间团体为之。"①在实践中,其一般做法是由各级法院函请海基会代为送达司法文书,而将副本送司法主管机构民事厅,待送达完成后,再由海基会将送达证书寄还法院,同时将副本送司法主管机构民事厅。②

大陆1991年颁布的《民事诉讼法》确定了普通民事案件6个月的审理期限,并开始通过司法解释的方式在审理期限、期日等方面作出特别安排:最高人民法院《关于严格执行案件审理期限制度的若干规定》规定:"审理涉港澳台的民事案件的期限,参照涉外审理民事案件的规定办理。"最高人民法院《如何确定涉港澳台当事人公告送达期限和答辩上诉期限的请示的复函》指出:"人民法院的司法文书目前尚无法采用与内地当事人完全相同的方式对港澳台当事人送达。因此,对港澳台当事人在内地诉讼时的公告送达期限和答辩、上诉的期限,应参照我国民事诉讼法涉外编的有关规定执行。"可见,这一时期大陆已正视涉台案件送达工作的特殊性,并在时限上首先予以宽延。关于如何解决涉台案件送达难的问题,最高人民法院在1991年首次提出:"高级人民法院经最高人民法院同意,可与台湾省有关方面通过适当途径,妥善解决相互委托代为一定的诉讼行

---

① 该条例第4条规定:"'行政院'得设立或指定机构或委托民间团体,处理台湾地区与大陆人民往来有关之事务。"同时,该机构必须符合以下条件:(1)设立时,政府捐助财产总额逾二分之一;(2)设立目的为处理台湾地区与大陆人民往来有关事务,并以"行政院大陆委员会"为"中央"主管机关或目的事业主管机关。

② 张嘉军、李彬彬:《海峡两岸民商事司法方面协作基本问题研究》,载张立勇主编:《海峡两岸民生与经贸往来中的法律问题》,法律出版社2009年版。

为、送达诉讼文书和执行等问题。"①但基于当时的政治气候,两岸在该阶段并未就此进行实质性协商。实践中,大陆法院也开始尝试通过海协会与海基会等途径,开展对台送达司法文书。② 2008 年,最高人民法院制定《关于涉台民事诉讼文书送达的若干规定》,明确规定人民法院向住所地在台湾地区的当事人送达民事诉讼文书的七种方式,并单方承诺可以接受台湾地区法院的请求协助送达司法文书。

在该阶段,两岸在缺乏共同安排的情况下,创造性地以通过海协会与海基会转交的方式开展个案协作,间接实现了两岸法院之间的司法互助。从效果上看,海协会、海基会转交模式相较于公告送达模式,就个案而言,增加了准确送达的概率。然而,以民间中介机构转交的方式向当事人送达程序烦琐、周期长、效率低,对协助方缺乏拘束力,送达效果在很大程度上处于不确定状态。据统计,截至 2008 年,大陆法院受理的涉台民事案件 80% 无法送达,台湾地区法院积压的需要向大陆当事人送达的诉讼文书也高达数千件。③ 此外,由于未建立制度性协助送达机制,这种默契性安排还严重受制于两岸政治气候的变化。如,2002年 10 月,大陆最高人民法院曾发布通知,要求对台湾海基会委托送达台湾地区有关法院诉讼文书暂不接受。④

(三)协议规范——双向互动阶段

2008 年,两岸关系迎来历史性机遇,和平发展成为两岸关系的主题。在此背景下,2009 年 4 月 26 日,海协会与海基会授权签署《海峡两岸共同打击犯罪及司法互助协议》(以下简称《协议》),从以下几个方面确立了两岸司法机关建立合作关系、相互协助送达司法文书的基本架构:(1)适用范围。《协议》第 1 条规

① 最高人民法院任建新院长在 1991 年第七届全国人民代表大会第四次会议上所作的《最高人民法院工作报告》。

② 邰中林:《两岸法院司法互助之回顾与展望》,载海峡两岸关系法学研究会编:《第二届两岸和平发展法学论坛论文集(下)》(2013 年 8 月)。

③ 相关数据参见《最高人民法院负责人就公布〈关于涉台民事诉讼文书送达的若干规定〉答记者问》(2008 年 4 月 22 日),载最高人民法院港澳台司法事务办公室编:《涉港澳台司法实务手册》,人民法院出版社 2013 年版。

④ 最高人民法院办公厅《关于人民法院对台湾海基金会委托送达台湾地区有关法院诉讼文书暂不予接受的通知》(法办[2002]302 号)。

定司法互助领域包括"民事、刑事领域"。①（2）联系主体。《协议》第 3 条规定："由各方主管部门指定之联络人联系实施。必要时经双方同意得指定其他单位进行联系。"（3）办理程序。大陆方面，对于请求台湾地区法院协助送达司法文书的案件，在案件审理法院提出请求后，由高级人民法院审查并转送台湾方面办理；对于台湾地区法院请求协助送达司法文书的案件，由高级人民法院审查后，转交中级或基层人民法院办理。台湾方面则由其法务主管部门指定联络人作为接收和转递协助申请的中介。②（4）送达方式与原则。《协议》第 7 条规定："双方同意依己方规定，尽最大努力，相互协助送达司法文书。"即双方进行送达均应"尽最大努力"，但在送达方式上得依各自规定。（5）办理期限。《协议》规定："受请求方应于收到请求书之日起 3 个月内及时协助送达。"③最高人民法院《规定》则进一步细化，要求高级人民法院在 7 个工作日内完成立案，协助法院应在收到高级人民法院转交材料后 5 个工作日内立案，2 个月内完成送达；同时考虑到文书在途时间，司法文书中指定开庭日期等类似期限的应预留不少于 6 个月时间。台湾方面没有就预留期限作出书面规定，但在实践中对于有期限的司法文书一般亦预留 6 个月期限。

《海峡两岸共同打击犯罪及司法互助协议》的签订标志着两岸司法互助工作开始走向制度化、常态化和全面化。至此，两岸协助送达司法文书完成了从无到有、从个案到通例、从民间到官方④、从单方规定到共同规范的华丽转身，正式建构了两岸互涉司法文书协助送达模式。据统计，2009 年 6 月 25 日至 2014 年 5 月 31 日，台湾地区共请求大陆协助送达司法文书 34154 件，完成送达 29354 件；大陆共请求台湾地区协助送达司法文书 6900 件，完成送达 6259 件。⑤

---

① 胡云腾等：《最高人民法院〈关于人民法院办理海峡两岸送达文书和调查取证司法互助案件的规定〉和〈人民法院办理海峡两岸司法互助案件文书样式（试行）〉的理解和适用》，载最高人民法院港澳台司法事务办公室编：《涉港澳台司法实务手册》，人民法院出版社 2013 年版。文中提及，"在协议商谈过程中，双方实际已就行政诉讼案件司法互助问题达成基本共识，而且在实践中已就此展开相互协助"。

② 实践中，对于调查取证司法互助案件，由台湾地区法务主管部门自行转递，而送达文书司法互助案件则概括授权由"海基会两岸文书送达中心"以法务主管部门的名义转递。

③ 3 个月期限单指协助法院送达的期限，而不包括双方联络人的审查时间及文件在途时间。

④ 虽然海协会、海基会均为民间组织，但是《协议》为两岸官方授权两会签订，且《协议》已经明定"双方应遵守协议"，双方业务主管部门均有"联系实施"贯彻之责。至于双方业务主管部门是否将其转换为可供司法机关直接援引的内部规定，则属于执行层面的问题，不应以此否认《协议》本身具有的"官方"性质。

⑤ 数据来源于台湾地区法务主管部门网站：http://www.moj.gov.tw，下载日期：2014 年 6 月 10 日。

二、检视:现行协助送达模式施行情况及存在的问题

现行以《协议》为基础的双向互动协助送达模式,是两岸仁人志士以追求裁判效率的提升为指向,历经艰辛不断努力的结晶,值得两岸法律人倍加珍惜。后来人更要以前贤为榜样不断检讨改进。下文以厦门法院实践为例考察现行协助送达模式的实际施行情况,思考在提高送达成功率、缩短送达期间进而提高裁判效率方面是否还有可以改进的空间。

(一)厦门法院与台湾地区法院协助送达司法文书的基本情况

厦门法院在两岸司法互助方面严格依照《协议》及最高人民法院《规定》的要求,建立了较为完备的司法互助工作机制:一是开辟两岸司法协助案件"绿色司法通道",实行快立快送。① 司法联络人在收到福建省高级人民法院(以下简称省高院)寄送的委托送达材料后应当日立案,并立即将案件材料移交承办人。二是实行"专人快送""快送快结"。专门指定一名审判员和一名书记员负责办理送达文书司法互助工作,送达期限原则上不超过 15 天。送达完成后,应当日将送达证明材料寄送省高院。三是善尽"尽力协助"义务,穷尽各种送达手段。所有协助送达案件均采用直接送达的方式,直接到受送达人住所地进行送达。直接送达未果时,主动到户籍管理部门查询受送达人身份信息,尝试再次送达。四是确立司法互助送达方式优先原则。在涉台案件中,对于在台湾的当事人,除非其指定代收人或在台湾的地址明确,否则均通过司法互助的方式请求台湾地区法院协助送达。

表1 2012 年 1 月—2014 年 5 月厦门法院与台湾地区法院送达文书司法互助情况表

		厦门协助台湾	厦门请求台湾
	总数	151 件	78 件
	完成数	151 件	58 件
	送达成功	83 件	38 件
	送达失败	68 件	20 件
送达失败原因	地址错误或不详	40 件	13 件
	查无此人	26 件	6 件
	其他	2 件(迁移外地)	1 件(已死亡)

① 自 2013 年起,厦门法院所有司法互助案件均有专门案号,且与其他普通案件相似,立案后登记于"司法管理系统",办理完毕后亦全部归档入库。

如表 1 所示,厦门法院协助台湾地区法院送达方面,共协助送达 151 件,成功送达 83 件,其余 68 件均因台方的提供送达地址错误和查无该受送达人等客观原因导致无法送达,送达成功率为 54.97%。厦门法院协助送达办理期限即从收到省高院寄送的请求送达材料到寄出送达证明材料,平均间隔时间为 7.12 天,较最高人民法院《规定》要求的"协助法院应在 2 个月内完成送达"的期限缩短了 53 天(见图 1)。

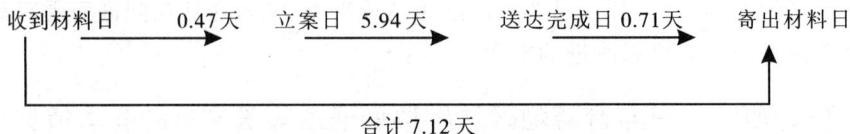

收到材料日　0.47天　立案日　5.94天　送达完成日 0.71天　寄出材料日

合计 7.12天

图 1　厦门法院协助台湾地区法院送达流程图

厦门法院请求台方协助送达方面,共请求台湾地区法院协助送达司法文书 78 件,收到函复 58 件,成功送达 38 件。委托总时长即厦门法院向省高院发出请求协助送达申请日与省高院函转台湾地区协助法院送达证明情况日平均间隔时间为 83.2 天。其中省高院函转台方联络人日与台方协助法院完成送达日间隔 40.1 天,台湾协助法院完成送达日与台方联络人向省高院寄出送达证明材料日间隔 20.9 天(见图 2)。

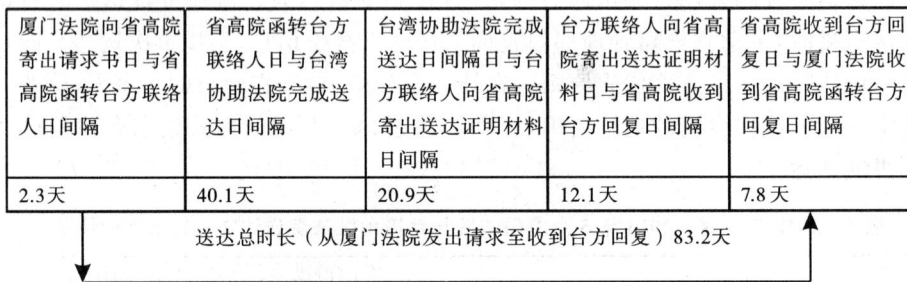

厦门法院向省高院寄出请求书日与省高院函转台方联络人日间隔	省高院函转台方联络人日与台湾协助法院完成送达日间隔	台湾协助法院完成送达日间隔日与台方联络人向省高院寄出送达证明材料日间隔	台方联络人向省高院寄出送达证明材料日与省高院收到台方回复日间隔	省高院收到台方回复日与厦门法院收到省高院函转台方回复日间隔
2.3天	40.1天	20.9天	12.1天	7.8天

送达总时长(从厦门法院发出请求至收到台方回复)83.2天

图 2　厦门法院请求台湾地区法院协助送达流转情况

(二)存在的主要问题

1.公文需层层转递,流转时间长。虽然最高人民法院已经就办理送达文书司法互助案件开通了对台联络的二级窗口,减省了最高人民法院审查转递的工作程序。但从目前来看,公文流转时间仍与实际送达时间呈现倒挂状态。据统计,从台湾地区请求法院发出请求至省高院向台方联络人寄出厦门法院送达证明材料即耗时 52.46 天(见图 3),厦门法院协助送达所占期限仅占该段期间的 13%。若再加上函件由省高院寄往台方联络人的在途时间及台方联络人收到后转递台湾地区请求法院的时间,则这一比例势必更低。① 因此,从某种意义上说,送达期限的长短取决于公文流传的快慢,而非协助法院是否积极协助。

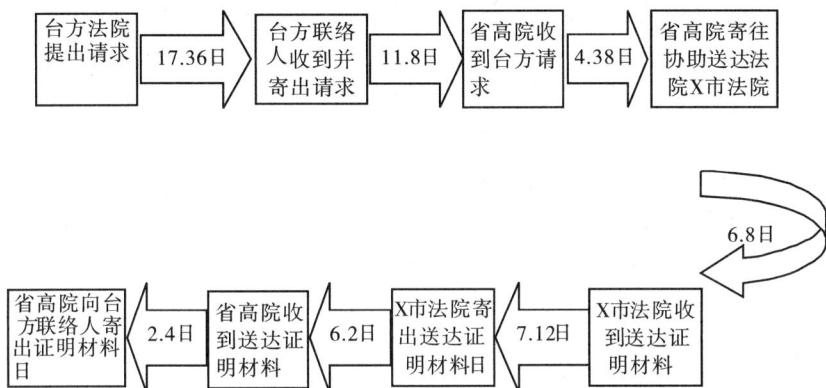

图3 台湾地区法院请求厦门法院协助送达文书流转期间表

2.缺乏共同操作规则,送达随意性大。《协议》确立了两岸协助送达司法文书的基本架构,但其具体实施还有赖于双方主管部门制定相应规范性文件予以落实。《协议》签署后,大陆方面已经制定了《规定》,就大陆法院办理司法互助案件的立案、办理、回复作出了严格的规定。而台湾地区并无法律层面的操作性规范性文件。这也导致对于如何履行《协议》,大陆与台湾地区的标准不一,台湾地区各法院间做法不一,甚至台湾地区同一法院亦呈现不同的做法。以《协议》约定的"尽力送达"为例,对于仅提供受送达人姓名和身份证件号码的案件,厦门法院均会到当地户籍管理部门调取该受送达人材料,尽力送达。而台湾地区法院有的直接以未提供详细送达地址为由退回,有的会根据证件号码调取送达地址送达。

3.预留期限过长,造成案件空转。两岸法院对请求协助送达的司法文书中有指定开庭日期等类似期限的,均预留了不少于 6 个月的时间。从前述介绍可以看出,厦门法院协助送达司法文书从接收材料、立案、送达、寄出送达结果的平均用时仅为 7.12 天,最长不超过 15 天,亦即实际上足足预留了 165 天的时间用于公文流转。厦门法院请求台湾地区法院协助送达的案件,从寄出送达请求到收到送达证明材料平均完成时限也不超过 3 个月,亦即另有 3 个月的审理期间陷于空转。这种情况不但造成了当事人的讼累,也造成了法院的积案,影响案件的审理进程和裁判效率。"效率意味着不浪费",一刀切预留 6 个月期限无疑是

---

① 因条件所限,台方联络人何时收到省高院的回复及何时将该回复送达台方请求法院,尚无法统计。

对协助法院努力送达成效的耗损。

4.存在法律差异,成功送达标准难以认定。台湾地区"民事诉讼法"规定的送达方式包括直接送达、间接送达、寄存送达、留置送达及公示送达,送达方式及标准认定上要宽于大陆。因此,在台湾地区法院协助送达时,如果送达方式超出大陆的规定,就存在如何确定送达效力的问题。以寄存送达为例,台湾地区的寄存送达是指文书不能依直接送达或间接送达方式送达时,将文书寄存于送达地之自治或警察机关;无论应受送达人实际上于何时收受文书,均应自寄存之日起,经10日发生法律效力。寄存送达是大陆民事诉讼法中所没有的制度,但在实践中,台湾地区法院在协助送达时大量使用寄存送达的方式。在台湾地区法院协助厦门法院成功送达的38件中,有20件系采用寄存送达方式(见图4)。虽然《协议》规定两岸各自依己方规定协助送达,但送达方式的差异毕竟容易引起当事人对程序正当性的质疑。

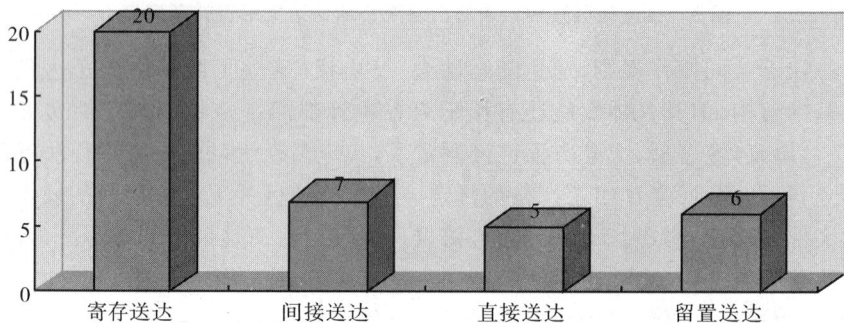

图4　台湾地区法院协助厦门法院送达方式统计

5.缺乏直接联系渠道,影响送达效率及成功率。两岸法院协助对方送达司法文书的成功率仍然较低,原因之一即在于缺乏直接沟通机制。需要请求协助送达的案件一般起因于受送达人相关信息有限,亦即请求方与协助方常有就送达线索进一步沟通的必要。而按现行模式,请求法院与协助法院原则上只能通过上级窗口查证相关信息,该间接联系方式程序烦琐且耗时良久,导致实践中一般"无沟通"而按书面材料机械送达。如,对于仅提供受送达人姓名与送达地址的案件,厦门法院在根据台湾地区法院提供的地址前往送达未果后,需要向户籍管理部门调取受送达人身份信息,再从同名同姓者中逐个进行排查。此时,如果双方有通畅的直接联系渠道,可以对受送达人背景、职业经历、交往群乃至体貌特征等未完整写入请求书的送达线索作进一步沟通,都能大幅提高送达效率。

三、建构:建立两岸司法文书"院对院"对口协助送达机制

随着两岸关系的进一步融合,两岸法院受理的互涉案件势必进一步增加,相互请求及协助送达司法文书的必要性与价值将进一步显现。从前面的分析可以看出,《协议》虽奠定了两岸法院相互协助送达司法文书的基本架构,但在实践中出现的公文需层层转递、缺乏共同操作规则、送达规定不一、预留期限过长、缺乏直接联络机制等问题已经严重影响了送达效率及成功率,实有加以检讨改进之必要。

(一)总体思路

现行协助送达模式运行中出现的问题,除法律差异问题涉及双方实体法律冲突之外,主要根源于协助送达中层级过多、请求法院与协助法院之间未能建立直接联系机制。为此,建议在《协议》奠定的司法互助框架下,通过两岸业务主管部门协商,选择司法互助业务运作较为成熟的法院,就相互协助送达司法文书工作建立直接对口协助和业务交流的常态化机制,实现"院对院"直接相互请求并开展送达文书司法互助,并根据试点情况适时推广。

(二)可行性

1. 从制度层面上讲,建立两岸"院对院"协助送达机制符合《协议》精神。《协议》第3条规定:"本协议议定事项由各方主管部门指定之联络人联系实施。必要时,经双方同意得指定其他单位进行联系。"《协议》对于"其他单位"的层级并未设限,而以双方同意及"必要"为条件。因此,两岸业务主管部门协商确定特定法院与对方试点建立直接对口协助和业务交流的常态化机制不存在制度性障碍。

2. 从操作层面上讲,建立两岸"院对院"协助送达机制具备实践土壤。两岸送达文书司法互助工作已经启动近五年,许多辖区与对岸联系较为热络或办理司法互助案件较多的法院已经积累了丰富的工作经验,建立了一整套工作机制。目前,己方联络人(即上级窗口)主要职责为"审核"与"转递"。由于协助送达司法文书政治敏感度相对较低,"审核"标准也较为明确,目前还没有出现审核不通过的情况。所以将该项职责下放,由实际办理法院建立相应的机制负责审核也是妥当的。对于个案中出现的问题,可采用逐级请示的方式处理,不应因为个案导致影响全部案件的办理效率。而"转递"则纯属于行政流程,由两岸法院间直接双向对邮亦可大大减轻己方联络人的工作压力。所以,两岸协商确定部分运作较为成熟的法院开辟与对方直接联系的窗口,操作上也是可行的。

(三)具体构建设想与实施步骤

1.业务主管部门授权。两岸业务主管部门分别指定试点法院,授权其与对方就送达文书司法互助建立直接联系渠道。试点法院之间相互请求及协助送达文书不必通过上级窗口转递,但应定期将业务办理统计情况报业务主管部门备案。

2.明晰协助范围。试点法院开展送达文书司法互助范围限定于请求法院及其辖区内法院审理的民事、刑事、行政诉讼案件中产生的司法文书,且受送达人的户籍地或经常居住地在协助法院的辖区内。同时"司法文书"范围可广义解释至包含请求法院的"送达地址确认书",协助法院在向受送达人本人送达时应一并将确认书交由受送达人填写,以免出现同一案件针对同一当事人多次请求协助送达的情况,节约司法资源。①

3.确立共同规则。试点法院之间经其业务主管部门同意后,可以以备忘录等方式确定试点法院之间在办理送达文书司法互助业务中应遵守的共识,在推动司法互助工作规范化、便利化方面先行先试:(1)合理确定预留期限。针对现行预留期限过长的问题,可根据试点法院之间的辖区大小、人口多寡、邮件往来周期,加上必要的工作周期合理确定。如大陆厦门法院与台湾地区金门法院之间,邮件最快三天即可到达,法院辖区也较小,预留一个月期限即可。双方还可以就收到请求协助送达材料后应几日内立案、立案后应几日内送达、送达完成后应几日内寄出回复函确定具体的期限。(2)实行司法互助联络专员制。针对请求法院与协助法院缺乏直接联系渠道的问题,可由双方预留固定的邮寄送达地址、联系电话、电子邮件地址,建立沟通管道。在送达过程中,发现受送达人户籍、身份信息不详或文书欠缺等情况,需要进一步补充材料的,请求法院以预留电话、电子邮件先补足信息的,协助法院可以先根据该信息送达,事后请求方再补齐书面材料,最大限度地提高送达效率。(3)灵活采取送达方式。基于互惠善意原则,双方应尽量采用符合对方要求的送达方式。具体而言,请求法院可在请求书中列出送达方式的优先顺序或特殊要求,受请求方在不违反己方规定的前提下应尽力按请求方指定的方式送达。例如,台湾地区法院在有其他送达途径时,尽量不用寄存送达及向受送达人之受雇人或无亲属关系同居人送达;大陆协助法院在台湾请求法院提出请求时,亦可将文书交由受送达人之受雇人或非近亲属同居人,及在送达证明上记录送达时刻。(4)明确"尽力协助"原则操作标

---

① 实践中经常出现应诉材料请求协助送达一次,宣判后再就判决书请求送达一次的情况。

准。双方可针对常见情况确定共同的操作准则：如，对于请求法院仅能提供受送达人姓名、证件号而无其他信息的，协助法院应到当地户籍管理部门调取户籍信息并作进一步送达；对于查明受送达人户籍地及经常居住地不在协助法院辖区的，应立即告知请求法院，将调取的户籍资料一并寄还请求方或根据请求法院指示将全案材料转递其他法院协助送达；送达中，发现司法文书中指定的开庭日期或者其他期限逾期的，应立即向请求方说明情况，请求方要求暂缓送达、重新确定开庭日期或者其他期限的，收到重新寄送的司法文书后应继续送达。

4.适时检讨推广。双方首期可分别确定若干试点法院，试点法院运作成熟后，可发挥其操作模式的样板效用及辐射效果，进行套用推广。如大陆厦门法院与台湾地区金门法院建立试点运作成熟后，可将整套模式直接套用于大陆厦门法院与台湾地区高雄法院、台中法院，台湾地区金门法院与大陆泉州法院、平潭法院……两岸"院对院"对口协助送达达到一定规模后，双方业务主管部门可适时从制度层面对两岸协助送达司法文书的联系主体、期限要求、送达方式、操作标准等进行固定，进而推动《协议》的进一步完善。此外，试点法院建立"院对院"对口协助机制，可带动两岸法院间直接往来，推动两岸法院之间在更宽领域、更大范围、更深程度上的交流协助，围绕法院审判业务相互切磋、借鉴，此亦为两岸法院共同提高裁判效率之契机。

海峡两岸投资者与政府间投资争端解决条款之解读

■ 李　婧*

摘要：海峡两岸投资协议是遵循两岸政治逻辑达成的经济协议。两岸特殊的政治经济和社会现实，不仅影响协议的法制化程度，而且还直接影响法院在处理投资争端时对法律概念的解释。法院在处理两岸投资者与政府间投资争端时，应当确保司法权的行使不干扰协议的政治套利，谦抑地维护裁判的公正性，运用目的性类比推理对法律概念作出符合情境需要的解释，使裁判结果符合两岸投资协议的目标。

关键词：政治套利；司法谦抑；法律概念解释；目的性类比推理

自 2011 年 1 月 1 日海峡两岸经济合作框架协议（Economic Cooperation Framework Agreement，ECFA）的早期收获清单正式实施以来，两岸进出口贸易总额总体呈现显著增长，大陆自台湾地区的进口总额增长尤其明显。大陆作为台湾地区最大的贸易伙伴、第一大出口目的地和进口来源地的地位愈加稳固。① ECFA 四大后续协议的重要部分——《海峡两岸投资保护和促进协议》（以下简称《两岸投资协议》），于 2012 年 8 月 9 日由海峡两岸关系协会和台湾海峡交流基金会签署。② 《两岸投资协议》既不同于大陆以往签订的双边投资保护与促进条约（Bilateral Investment Treaties，BITs），也不同于台湾地区此前同其他地区签订的投资保护协议，③ 体现了两岸关系独有的政治经济和社会特色。

---

* 作者系福建省厦门市中级人民法院研究室主任科员，法学博士。

① 据台湾地区"关税总局"统计，2014 年 1 月至 6 月，台湾地区货物进出口额为 2817.6 亿美元，两岸货物贸易进出口额为 610.8 亿美元，同比增长 3.8%。台湾地区对大陆的出口额占其出口总额的 26.2%，对大陆的进口额占其进口总额的 16.8%，均处于首位。其中，香港为台湾地区贡献了 172.5 亿美元的顺差，大陆次之，为 149.8 亿美元。数据来源：商务部网站 2014 年国别贸易报告。

② 2013 年 2 月 1 日，台湾地区"立法院"批准了《两岸投资协议》。

③ 根据联合国贸易与发展会议的统计，截至 2014 年 1 月 1 日，台湾地区与其他国家的民间机构或地区部门共签订了 23 个生效的投资保护协议。

法院在裁判两岸投资者与政府间（Person-Government，P-G）投资争端时，不仅需要从一般自由贸易协定（Free Trade Agreement）的角度解释法律文本，而且还应重视两岸政治经济社会因素对法律解释目标和方法的影响。

一、缘起：不得不解释的两岸投资者与政府间投资争端解决条款

一般情况下，政府行为导致的投资争端可通过行政途径进行救济，但投资者往往更愿意诉诸法院，请法院变更行政机关的具体行政行为。在开始本文的讨论之前，首先需要解决一些前提性问题——两岸投资争端能否提交法院处理？法院为什么不得不解释两岸投资者与政府间投资争端条款？

（一）提交法院解决争端的文本依据和途径

在《两岸投资协议》生效前，保护台胞投资的相关法律主要有1994年《中华人民共和国台湾同胞投资保护法》和1999年《中华人民共和国台湾同胞投资保护法实施细则》（以下简称《实施细则》）。《实施细则》第29条规定："台湾同胞投资者与大陆的公司、企业、其他经济组织或者个人之间发生的与投资有关的争议……当事人未在合同中订立仲裁条款，事后又未达成书面仲裁协议的，可以向人民法院提起诉讼。"该规定并未提及投资者与政府之间的争端可以诉诸法院。

《海峡两岸经济合作框架协议》改变了这一点，《两岸投资协议》专门对"投资者与投资所在地一方争端解决"作出了规定。《两岸投资协议》第13条规定："一方投资者主张另一方相关部门或机构违反本协议规定的义务，致该投资者受到损失所产生的争端（以下简称'投资争端'），可依下列方式解决：……（四）……可由投资者提交两岸投资争端解决机构通过调解方式解决……（五）依据投资所在地一方行政复议或司法程序解决。"该条为法院介入解决两岸投资者与政府间投资争端提供了两种途径：一是通过对两岸投资争端解决机构作出的调解协议进行确认与执行，二是由投资者直接向法院提起行政诉讼。前者可以根据民事诉讼法适用特别程序，后者可以适用行政诉讼程序。然而，这里的"可以"并没有法律依据。在两岸的现实条件下，以法律（这里指的是狭义的法律）的形式作出确定，尚不合时宜。因此，需要考虑的是，法院对两岸投资者与政府间投资争端条款的解释需要达到什么程度。

（二）法院的政策转变和现实需要

2010年8月，最高人民法院发布了《关于审理外商投资企业纠纷案件若干

问题的规定(一)》,体现了法院处理投资纠纷时的司法权倾向,一改 2004 年"绿谷案"时的行政权倾向,①反映了司法权与行政权的分工和制约。根据该司法解释,法院可以直接在民事诉讼中认定经批准的股权转让合同的效力,根据是否具有法律、行政法规规定的无效情形或具有法律、行政法规规定的可撤销情形,作出已审批的股权转让合同无效或可撤销的判决。② 最高人民法院态度的转变为法院解决两岸投资者与政府间投资争端提供了政策支持。在认定政府违反与投资者之间的行政合同,以及因此导致的损害赔偿时,这种态度具有重要的指导性作用。

《海峡两岸经济合作框架协议》生效以来,厦门法院受理了两起医药领域的纠纷,涉及台湾投资者对个人诊所的投资准入规则、间接投资的行政许可和相关审批手续。遗憾的是,根据《海峡两岸经济合作框架协议》附件四《服务贸易早期收获部门及开放措施》,大陆只承诺开放台湾服务提供者在大陆设立合资、合作医院,允许台湾服务提供者在上海市、江苏省、福建省、广东省、海南省设立独资医院,没有承诺台商可以投资个人诊所。2010 年《台湾服务提供者在大陆独资设立医院管理暂行办法》中也没有关于允许台资进入个人诊所的规定。在没有具体法律渊源的情况下,法院介入处理投资者投资行为的有效性显得尤为重要,法官对法律概念的解释也不可避免。

二、程序事项的概念解释:选择管辖权条款多层含义中的适当解释

贸易政策是地缘政治的附属物,自由贸易协定被视为实现经济安全双重背景下的策略性目标,《海峡两岸经济合作框架协议》也不例外。自由贸易协定普遍存在的政治套利③为两岸达成各自的策略性目标留下了大量可协商的空白,

---

① "香港绿谷投资有限公司诉加拿大绿谷(国际)投资有限公司等股权纠纷案",载《中华人民共和国最高人民法院公报》2004 年第 7 期。

② 该司法解释第 3 条规定:"人民法院在审理案件中,发现经外商投资企业审批机关批准的外商投资企业合同具有法律、行政法规规定的无效情形的,应当认定合同无效;该合同具有法律、行政法规规定的可撤销情形,当事人请求撤销的,人民法院应予支持。"第 6 条规定:"转让方和外商投资企业拒不根据人民法院生效判决确定的期限履行报批义务,受让方另行起诉,请求解除合同并赔偿损失的,人民法院应予支持。赔偿损失的范围可以包括股权的差价损失、股权收益及其他合理损失。"

③ Alfred Tovias, A Survey of the Theory of Economic Integration, *Journal of European Integration*, 1991, Vol. 15, No. 1.

同时也带来了不可忽视的后遗症:《海峡两岸经济合作框架协议》整套协议文本存在大量模糊的法律概念,将模糊的法律概念确定为具体可操作的标准,是投资所在地一方政府适用《海峡两岸经济合作框架协议》的必然要求,也是法院审查两岸投资者与政府间投资争端的前提条件——完成法律解释。但行政官员与法官在解释模糊的法律概念时将面临一个共同的难题:模糊的法律概念是否有一个"唯一正解",这是政府与法院实现法治模式必须解答的先决问题。

(一)是否存在唯一正解

《海峡两岸经济合作框架协议》项下模糊的法律概念是否可以通过法官的解释得出唯一的正解是法官在解释法律概念时遇到的第一个门槛。法律解释是在特定的语境中释放出法律的意义,即将法律视为一个开放性结构,只要解释法律就可能会产生多解的结果,呈现出多种可能的意义。法律解释结果的多样性,一方面是由文本本身的开放性、多义性造成的,另一方面也可能是由事实对文本的影响所致。

以《两岸投资协议》第13条第4款为例,该条款规定:"如投资者已选择依本条第一款第五项解决,除非符合投资所在地一方相关规定,投资者不得再就同一争端提交两岸投资争端解决机构调解。"这正是一个模糊的"岔路口"条款,至少有如下两层含义:其一,将争端提交法院进行行政诉讼或者提交政府进行行政复议后,是否就不能寻求其他救济途径,包括就投资损失补偿问题向争端解决机构请求调解?其二,即使争端解决机构作出了调解协议,双方是否仍能就投资损失补偿问题向法院提起行政诉讼?在争端双方将争端解决机构的调解协议申请司法确认后,是否还可以就同一事项继续向法院提起行政诉讼?每层含义下,都存在能与不能两种判断。

对于模糊的法律概念是否存在唯一的正解,德沃金和哈特曾有过著名的论战。本文不论二者孰是孰非,单论法律解释方法。德沃金倡导一种"整体性"的法律观,认为实证法并非法律的唯一因素,还应当注重发掘法律背后的道德等其他非实证因素的意义。这一理论立足于"法律体系完整和完美"的基础之上,强调道德、文化、法治理想等因素作为"非规则标准"也是法律的组成部分,还要保证法官具有高超的专业品质与素养。① 但这些前提在两岸目前的政治经济和人文现实下均难以成立。《海峡两岸经济合作框架协议》下的四大基础协议尚未全部达成,远称不上完善的体系;两岸特殊的历史人文环境造成了存在分歧的法治理想、多元化的价值观和道德观;行政官员、法官及其他法律适用者的职业素养均有待提高。因此,法官也无法确定管辖权条款下每层含义的唯一解释。

(二)选择适当的法律解释

司法权的行使总是以实现立法机关的意志,即法律规范为目的,而决不能受法官个人意志的丝毫影响。② 法律解释有许多种可能性,作为法院判决基础的只是其中一种,如何取舍当然取决于进行解释的人的主观价值判断。因此,审判规范不能从法律条文中靠逻辑演绎出来,而应该通过观察和分析现实的社会关系归纳之。

从总体上看,《海峡两岸经济合作框架协议》并不处于"互惠"状态,大陆的单方"让利"与台湾地区的"受惠"表现得较为突出,《两岸投资协议》也不外如是。两岸的直接投资并不对称,如 2012 年台湾对大陆的直接投资为 61.8 亿美元,而大陆对台湾的直接投资不到 2 亿美元,受到事前许可制和严格管理条款的限制,大陆企业在台湾投资的领域与产业严格受限,大陆公司员工赴台手续复杂,出入台湾十分不便。③ 有学者称,两岸任何经济协议的谈判,如果大陆方面不作出适当的"让利"就会触动台湾利益集团的神经,从而阻挠经济协议的谈判。④ 缔约者通过自由贸易协定谋取政治套利,必然使法律文本充满了"政治塑形"的特点,模糊的法律概念就是政治家为法律家留下的遗产,法律解释总是无法摆脱这些意志与政策,因为这本来就是法律应当实现的目标。

有学者认为,每个法律解释都有其时代性,法律解释意义上的"正确",不是指永恒不变的真理,而是指就此法秩序于此时的正确性。因为生活关系如此多

---

① 根据德沃金的法律解释学模型,即使在法律文本有欠缺或者不明确的场合,其背后仍然存在着具有整合性的法律秩序,司法判断只要与既存的文本整合就足够。新的问题和矛盾都可以由法官运用超人的能力统合到既存的法律秩序之中,正确的解答都可以与已经叙述出来的法律故事衔接得天衣无缝,即使在词不可达意、解释难以圆融的场合,法律依然能让好的法官心领神会,一般的法官心往神随。参见[美]德沃金:《认真对待权利》,信春鹰、吴玉章译,上海三联书店 2008 年版,第 117 页。

② Osborn v. Bank of the United States. 22U. S. (9Wheat.)738. 866(1824).

③ 根据商务部资料整理。

④ 徐崇利:《〈海峡两岸投资保护与促进协议〉之评述——一种政治塑形的"低标准"样态》,载《国际经济法学刊》2013 年第 1 期。

样,根本不能一览无遗。同时,生活关系也一直在变化之中,规范适用者必须一再面对新问题。基于上述理由,法院或法学界的解释均不可能是终局的"绝对正确"的解释。解释始终都与法秩序的整体及其基础的评价准则密切相关。① 也就是说,以上两种解释在特定语境下都可能是正确的,接下来需要分析的是,如何在两岸的政治套利下保持司法谦抑,适当地选择对投资者与政府间投资争端管辖权的解释。管辖权条款两层含义能与不能的背后代表着两岸以及不同利益集团各自不同的立场。

1. 排除"最惠国条款"在管辖权问题上的适用

关于管辖权条款的第一层含义,即诉讼终结主义,将投资补偿争端提交法院处理,终结其他可能处理投资者与政府间投资争端的可能。依此解释将损害投资者的利益,如果政府提起诉讼,将导致投资者无法就投资损失补偿事项提出其他救济途径,且容易使法院陷入困境。不仅如此,更重要的是,《两岸投资协议》第8条规定:"一方投资者在另一方的投资或收益,如因发生在该另一方的武装冲突、紧急状态或其他类似事件而遭受损失,另一方给予其恢复原状、补偿或其他解决方式的待遇,应不低于相似条件下给予该另一方投资者或任何第三方投资者的待遇中最优者。"这是"最惠国条款","最惠国条款"是否能够适用于管辖权问题,一直是国际投资仲裁争议的焦点。从国际投资仲裁的实践上,解决投资争端国际中心(International Centre for Settlement of Investment Dispute, ICSID)时常采取绕过岔路口条款的方法,若第三方的投资者将投资争端提交双边投资保护与促进条约约定之外的"更优惠"仲裁机构处理,投资者就可以凭借"最惠国条款"挑选解决争端的"最优惠"仲裁机构以及仲裁规则等。②

如果采用诉讼终结主义,当台湾地区投资者无法得到及时的救济时,很可能也通过"最惠国条款"将争端提交非协议约定的国际仲裁机构管辖。当然,这个管辖机构不会是解决投资争端国际中心,因为台湾地区并非1966年《华盛顿公约》的缔约方,但可以是其他国际仲裁院。这将不利于两岸间政治关系的发展,也与大陆方面的希望背道而驰。

---

① [德]卡尔·拉伦茨:《法学方法论》,陈爱娥译,商务印书馆2003年版,第195~196页。

② 双边投资保护与促进条约的"最惠国条款"能否适用于管辖权问题,一直为理论界与实务界所争议,包括当事人能否根据投资协定挑选管辖案件的"最优惠"仲裁庭、适用"最优惠"仲裁规则、回避东道国当地法院的特殊程序等。目前,国际仲裁庭就"最惠国条款"可以适用于程序性事项的裁决有30多个,最多的是解决投资争端国际中心。其中,被诉最多的东道国阿根廷为14个,还有墨西哥等经济转型期国家,斯德哥尔摩仲裁院曾在以俄罗斯为东道国的案件中作出了3个将"最惠国条款"适用于管辖权问题的裁决。

由于被主要区域协定（如东南亚国家联盟，Association of Southeast Asian Nations，ASEAN）所排斥，台湾地区一度迫切希望与美国达成双边自由贸易协定，同时，台湾地区的贸易伙伴更希望从美国寻求政治话语权，而非与台湾地区进行自由贸易协定谈判，导致台湾地区陷入经济上的孤立和弱化。台湾地区是维持亚太地区稳定与和平的重要角色，但政治上的边缘化和经济上的弱化将使其失去原有的地区战略地位。意识到此路不通后，台湾地区积极与大陆展开自由贸易协定的谈判。作为两岸特殊实践的投资协议，必然不能打破两岸对话的政治基础，反而应当有助于避免台湾地区当局在两岸投资问题上的立场倒退。

因此，在第一层诉讼终结主义的含义中，解释该条款时，在保留诉诸法院则不应再行提交争端解决机构调解的同时，还应当将《两岸投资协议》第8条的适用排除在管辖权事项之外。

2. 确认程序与诉讼程序分离

关于管辖权条款的第二层含义，即争端解决机构的调解和法院审判权的冲突。争端解决机构作出的调解是否需要法院的司法确认？一个有管辖权的法院可能面临同时受理争端解决机构作出的调解协议司法确认和投资争端一方提出的行政诉讼，其应如何裁判？如果合并处理，可能损害其中一方的诉权；如果分开处理，同一争端有两个解决程序，将造成管辖权冲突。

先讨论争端解决机构作出的调解协议的效力与执行力问题。大陆地区的司法确认制度是指民商事争议经人民调解委员会、行政机关、商事调解组织、行业调解组织等非诉调解组织调解后，达成调解协议，当事人共同向有管辖权的法院提出申请确认非诉调解协议效力的请求，法院对此进行审查，认为符合法律规定的条件则予以确认，决定送达双方当事人后发生法律效力。如果一方当事人拒绝履行，则另一方当事人可以依法申请人民法院予以强制执行。

关于两岸确定的投资争端解决机构，大陆为中国国际贸易促进委员会（以下简称贸促会）调解中心及其厦门、浙江、广东、福建、湖南、陕西分中心，中国国际经济贸易仲裁委员会（以下简称贸仲委）投资争端解决中心及其华南、上海、西南、山东、江苏、湖北办事处。台湾地区为"中华仲裁协会""中华工程仲裁协会""台湾营建仲裁协会"。① 从机构的性质上看，陆方的贸促会属于具有公共性质的民间组织，贸仲委属于商事仲裁组织，作出的调解协议约束双方当事人，但未经司法审查，并不具有强制执行力；台方的仲裁机构依据《两岸投资协议》项下的

---

① 2013年9月30日，台湾地区经济主管机构依据《两岸投资协议》的规定，通过海峡两岸关系协会和台湾海峡交流基金会进行了两岸投资争端解决机构及代位机构的名单换文工作。

调解程序作出的调解,也非台湾地区"仲裁法"所规定的调解,所以不能直接依照有关调解规则处理。而投资者与政府间投资争端属于行政纠纷,根据大陆的行政诉讼法,行政赔偿之诉可以调解,两岸投资争端解决机构就投资补偿进行调解未超出可以调解的行政纠纷范围。因此,向法院确认投资者与政府间调解协议并申请执行,尚需要相关立法或者由最高人民法院作出适用司法确认程序的司法解释。

至于确认程序与诉讼程序孰先孰后的问题,由于《两岸投资协议》并没有约定争端解决机构的调解程序进行时,不能同时进行诉讼,故可在进一步的解释中明确,调解双方当事人就调解协议向法院申请司法确认时,投资者一方就相关纠纷提起诉讼的,法院受理后应当中止审理。

三、实体事项的概念解释:用目的性类比推理联系"投资者想要的语境"与"法官断定的情境"

法院在解释两岸投资者与政府间投资争端案件时,首先要排除涉及"政治性争端"的投资案件。所谓"政治性争端",是指那些涉及败诉方及其他相关的重大利益,不宜由裁判机构依法律规定进行刚性裁决的争端。

《两岸投资协议》的存在和运作取决于缔约方之间的利益均衡。投资者与政府间争端的出现,意味着被诉方可能打破了与起诉方之间的基本利益平衡,法院介入的目的是恢复被打破的这种基本利益平衡。对于"政治性投资争端"的解决,如果法院的判决损及被诉方的重大利益,那只不过是使一种原不利于起诉方的利益不平衡变成了另一种现不利于被诉方的利益不平衡,《两岸投资协议》的存在和运作不可能建立在这样一种只是被颠倒了的利益不平衡的基础之上。否则,法律就"失去了其独特性,它首先汇合了道德,然后,当承认社会是道德多元时,又溶进了各派的政治,因此,法律也就完蛋了。如果将广泛的政治原则领域都归到了法律名下,那么法官就可以搞政治了,而且他还可以毫不脸红地称自己是在从事法律。'正确'和'错误'都失去了意义,都不过是法律分析家赠送给自己政治上的朋友和敌人的称号而已"①。

对于"政治性投资争端",首先应考虑采用富有弹性的外交解决方式,如"友好协商""由投资所在地或其上级的协调机制""投资争端协处机制""投资者与投资所在地一方的投资补偿争端,可由投资者提交两岸投资争端解决机构通过调解方式解决",以降低当事方利益受损的程度,提高当事方接受争端解决结果的

---

① [美]波斯纳:《法理学问题》,苏力译,中国政法大学出版社2002年版,第29页。

可能性。同时,通过非法律方式解决争端也不具有任何法律意义上的"先例效力",可以防止争端解决之影响的扩散。以下讨论的是"非政治性争端"的实体法律解释,个案创设具体的语境,在特定的语境下联系固定的情境作出解释。

(一)"目的性类比推理"的解释方法

关税及贸易总协定(General Agreement on Tariffs and Trade,GATT)争端解决机制的发展之路表明,回归到单一的政治方式之路是行不通的,世界经济秩序已经从"权力导向"迈向"规则导向"。在两岸复杂的政治经济社会形势下,法官如何保证司法在不干扰立法者原意的情况下,不脱离法律文本解释实体法律概念呢?

多数法官在运用法律分析解释成文法时,实际上都在从事以具体语境为根据的类比推理实践。这种类比推理必须由解释目的加以引导。"目的性类比推理",是以具体的语境为依据,尊重字面意思和既定理解,拒绝对概念进行再抽象,承诺在法律远处的现实政治世界的精神和词汇中寻找指引,承认具体问题上的利益和关注是可争论的。标准的语境论和司法审判的类推方法通常能够自觉符合市民社会对公正的理解。

(二)"目的性类比推理"的解释规则

在海峡两岸经济合作框架协议背景下的投资争端诉讼中,法官运用"目的性类比推理",可以成功地使投资者在经济活动中所确立下来的期望和类推判断的目的性实践产生联系。法官通过运用合理性、不合情理性、善意等开放性标准,或通过现实交易和习惯,审视和比较案件事实,进而判断规则所设定的构成要件与待决案件事实是否相同,并据此判定该规则是否适用于该案。

由此引申出,如何联系"投资者想要的语境"(即投资者的期望)和"法官断定的情境"(即法官进行类比推理的目的)呢?规划性的想象取决于对变革机会的洞察。如果法官没有这样的洞见,对当前正在出现的结构性变革(正如海峡两岸经济合作框架协议对两岸关系起到结构性变革的重大作用)缺乏可靠的观念,在处理案件时就会肤浅地认为适用法律仅仅是和现存的事物保持亲密接触。相反,要想抓住社会中的某种"语境",就得思考不同条件下可能的变化趋势。

(三)"目的性类比推理"的司法实践

以厦门法院为例,在其受理的两起医药领域的纠纷中,法官运用了"目的性类比推理",解释了台湾投资者对"个人诊所"的投资准入规则和间接投资的法律概念。

根据《海峡两岸经济合作框架协议》附件四的规定,台资进入医药服务贸易领域仅限于医院，没有投资个人诊所可以直接适用的法律。同时，《医疗机构管理条例》第 23 条禁止医疗机构执业许可证的转让、买卖。在案件中，台湾投资者在经济活动中所确立下来的期望即"投资者想要的语境"，是通过股权转让的方式投资个人诊所。此时，法官使用开放性标准判断：

1. 从合理性的角度出发，根据《个体工商户条例》第 28 条的规定，台湾地区投资者可以根据国家有关规定，申请登记为个体工商户。个人诊所亦为个体工商户，符合国家的有关规定。

2. 从不合情理性的角度出发，根据《海峡两岸经济合作框架协议》附件四的规定，台湾投资者可以投资于医疗卫生行业，并未禁止或限制台湾同胞投资于个人诊所。因此，台资设立个人诊所不与法律的强制性规定相抵触。

3. 从善意的角度出发，台湾投资者在这两个案件中并不存在恶意逃债、损害他人和公共利益的行为。

4. 从台资设立个人诊所的习惯出发，根据 2009 年广东省工商行政管理局《关于台湾居民申办个体工商户登记试行办法》第 2 条的规定，台资个体工商户的经营范围包括个人诊所。

法官至少可以从以上四个方面的比较和审视中，寻找出进行类比推理的目的即"法官断定的情境"，亦即台资进入个人诊所的规则。接下来，法官将判断该规则所设定的构成要件与待决案件事实是否相同，用目的性类比推理解释法律，进而得到裁判结论。

待决事实：台湾投资者能否通过股权转让的方式投资个人诊所。

台资进入个人诊所的规则：

1. 根据《厦门经济特区台湾同胞投资保障条例》第 13 条的规定，台湾投资者可以设立医疗机构。

2. 根据《厦门经济特区台湾同胞投资保障条例》第 3 条的规定，台湾投资者享受本市居民待遇，并依照有关法律、法规和本条例规定享受优惠待遇。

3. 根据《中华人民共和国台湾同胞投资保护法》第 7 条的规定，台胞投资，可以采用法律、行政法规规定的其他投资形式。

运用类比推理解释法律概念：

1. "医疗机构"，包括个人诊所。

2. "本市居民待遇"，大陆居民可以申请开办个人诊所，那么，台湾同胞享受居民待遇亦有此等权利。

3. "法律、行政法规规定的其他投资形式"，案件中的台湾投资者通过股权转让的方式受让了个人诊所的股份，属于间接投资，符合法律的规定。

结论：台湾投资者可以通过股权转让的方式在大陆投资设立个人诊所。

运用"目的性类比推理"，法官通过解释模糊的法律概念填补了非"政治性投资争端"的法律适用空白,清晰地洞见了两岸日益紧密的经贸往来和更加密切的关系往来这个变革中的政治经济现实,实现了裁判的"去政治化",是合理合法地解决两岸投资纠纷的成功尝试。

结　论

正如富勒所言,社会目的之法律实现需要一个或多个社会—法律程序发挥作用,这些程序及结果在很大程度上穷尽了社会中的所有法律手段。通过对它们的理解,我们能够认识到人们是否可以借助于法律实现某个既定目标。[①] 当前,就两岸的政治经济现实而言,司法解决两岸投资者与政府间投资争端不失为一种有效便捷的方式,司法的公信力更容易实现经济发展和政治稳定的效果。然而,政治因素对投资者与政府间投资争端解决的影响较大,降低了协定法制化的程度,进而影响到法院对法律概念的解释。为了实现《两岸投资协议》缔约双方政治套利的目标,法官需要尽可能地保持司法谦抑,运用"目的性类比推理"解释协议中模糊的法律概念,正确地处理投资者与投资所在地政府之间的争端。

不过,法官在个案中运用类比推理来修正法律毕竟难以完全实现政治目标。因此,司法裁判问题是第二位的,法律制度的想象和实践才是第一位的。法律方法是制度想象的工具,不仅是法官如何将法律适用于具体案件并作出裁判的方法,而且还是超出司法裁判之外,想象出实现政治目标的多种可能方式,并根据所选择的方式来决定"法律是什么"的一种方法。就此角度而言,"目的性类推解释"不仅是法官解决两岸投资者与政府间投资争端的法律方法,而且还是政府和法院解读《两岸投资协议》的重要工具。特别在司法解释中列举出不适合提交法院处理的负面清单时,"目的性类推推理"尤为重要。

[①] 　Lon L. Fuller, *The Principles of Social Order*, Duke University Press, 1981, pp. 47~64.

房屋赠与人死亡后受赠人的权利救济路径选择

■ 钟　瑛　廖如荣*

摘要:房屋赠与合同自依法成立时即生效,在赠与未被撤销的情形下,受赠人享有请求赠与人交付赠与房屋并协助过户的权利。赠与房屋被毁损或灭失,受赠人在一定条件下享有损害赔偿请求权。赠与人死亡后,受赠人的该项权利并不自动消灭。但过户前受赠人所享有的权利仅为债权,赠与房屋仍应作为赠与人的遗产处理。因继承法中遗产管理、清算制度的缺失,在现行的法律制度下,受赠人只能根据继承人的继承情形及赠与房屋的完满情形来选择相应的救济方式。

关键词:赠与合同;房屋赠与;权利救济

引　言

笔者在审判实践中曾遇到这样一起案件:王某将属于其个人所有的一套房产赠与李某并交付了房屋,但在办理过户手续前,王某突然病故。后李某要求王某的继承人配合办理过户手续。王某的继承人认可赠与事实,但认为赠与人生前未过户,其赠与行为因赠与人的死亡已自动失效,故拒绝配合过户。李某便持房产赠与合同自行到房管部门申请赠与过户登记,却被告知因王某死亡,无法办理。李某遂提起民事确权诉讼,又因于法无据被法院驳回。

这是一起有关房屋赠与人死亡后受赠人苦苦维权的疑难案件,其中涉及的赠与人死亡后房屋受赠人的权利救济问题,是司法实践中较为常见、棘手的问题。由于合同法对赠与人任意撤销权的范围规定过宽,在赠与房屋被毁损、灭失

---

* 钟瑛:南昌市东湖区人民法院院长;廖如荣:南昌市东湖区人民法院民三庭审判员,法学硕士。

时，受赠人取得的损害赔偿请求权可能因任意撤销权的滥用而落空。① 在赠与房屋完满但无人继承时，因现行继承法中遗产管理制度、遗产清算制度的缺失，受赠人往往面临"有债难寻主"的困境。在现行的法律制度下，赠与人死亡后，受赠人主要是根据继承人的继承情形及赠与房屋的完满情形来选择相应的救济之道的。本文拟以考察过户前房屋受赠人的权利为基础，根据继承人的继承情形及赠与房屋的完满情形，就现行法律制度下受赠人的权利救济问题进行类型化分析，以期对司法实践有所裨益。

一、过户前受赠人之权利考察

（一）过户前赠与合同之效力判断

过户前，赠与合同是否成立并生效？理论上主要有以下三种观点：

实践合同说认为，根据司法部 1992 年颁布的《赠与公证细则》第 7 条"办理不动产赠与公证的，经公证后，应及时到有关部门办理所有权转移登记手续，否则赠与行为无效"的规定及《最高人民法院关于贯彻执行〈中华人民共和国民法通则〉若干问题的意见》（以下简称《民通意见》）第 128 条"公民之间赠与关系的成立，以赠与物的交付为准"的规定，赠与合同为实践性合同，过户前，赠与合同未成立或虽已成立但未生效，受赠人无法为任何请求，亦无任何权利可供主张，而赠与人不必对受赠人的履行请求有任何回应。②

折中说认为，赠与合同的性质应根据合同的类型而定，一般为实践性合同，未履行的赠与合同不具有法律效力；具有救灾、扶贫等社会公益、道德义务性质的赠与合同，以及经过公证的赠与合同为诺成合同，自依法成立时生效。③

诺成合同说认为，在现代社会，民事合同以诺成为原则，以实践为例外。反映在立法上，除非法律对某合同的实践性有特别的规定，否则该合同即视为诺成合同。我国立法并未对赠与合同的实践性作出特别的规定，而任意撤销权的规定又印证了赠与合同的诺成性。故赠与合同自依法成立时即生效。④

笔者赞成诺成合同说，认为房屋赠与合同自依法成立时生效，但就形式要件

---

① 薛文成：《关于赠与合同的几个问题》，载《清华大学学报（哲学社会科学版）》1999 年第 4 期。

② 冯永川：《浅谈赠与公证的几个法律问题》，载《天津市政法管理干部学院学报》2000 年第 1 期。

③ 李盾：《我国赠与合同的实践性与诺成性探讨》，载《法学评论》1999 年第 5 期。

④ 宁红丽：《我国赠与合同制度若干问题的反思》，载《浙江社会科学》2007 年第 2 期。

而言,除当事人有特别约定外,虽不以公证为必要,但书面形式亦不可或缺。理由如下:第一,从立法体系看,就合同法而言,《合同法》并未对赠与合同的实践性作出特别的规定,赠与合同的生效时间自然应适用《合同法》总则的规定,即赠与合同自依法成立时生效。就整个法律体系而言,《赠与公证细则》属于部门规章,其不应作为认定合同无效的依据;而《民通意见》是适用《民法通则》的司法解释,在与《合同法》规定不一致时,其自然也无适用余地。第二,从立法价值看,我国《合同法》是在赋予赠与人任意撤销权的前提下确认赠与合同的诺成性的,该制度设计足以平衡赠与双方当事人的利益。赠与人的任意撤销权使其可在赠与物权利转移前,自由撤销一般的赠与合同,受赠人对赠与物的取得实际依赖于赠与人的主动履行,其结果与实践合同的效力极为相似,有准要物行为之观。① 第三,从形式要件看,《合同法》分则并未对赠与合同的形式作出特别的规定。根据《合同法》第 10 条的规定,除当事人有特别约定外,一般的赠与合同并不拘于特定形式,当然不以公证为必要。但《城市房地产管理法》第 41 条对房地产转让的形式作出了特别的规定,要求签订书面转让合同,因此,“对于包括买卖、赠与在内的以移转不动产所有权为给付的债权合同,均应采用书面形式”②。

(二)过户前受赠人之权利透视

1.受赠人之权利解析

尽管在财产权利转移之前,赠与人可凭任意撤销权撤销赠与合同,但作为一份生效合同,根据“契约必信守”的原则,在合同被依法撤销之前,房屋受赠人有权请求赠与人交付赠与房屋并协助过户。这是生效房屋赠与合同的题中应有之义。当然,对于经公证的赠与合同或具有救灾、扶贫等社会公益、道德义务性质的赠与合同,由于赠与人无任意撤销权,受赠人可依《合同法》的规定,请求赠与人交付赠与房屋并办理过户手续。

2.赠与人死亡后受赠人之权利考量

赠与人未撤销赠与但过户前死亡的,赠与人的民事权利能力已告终止,权利主体归于消灭,但这并不意味房屋受赠人的权利也随之自动消灭。其理由是,根据《合同法》第 91 条关于合同权利义务终止事由的规定,债的消灭原因主要是清偿、抵销、提存、免除、混同等,债务人的死亡并不单独构成合同权利义务的终止事由,即“人死债不一定烂”。但受赠人又不会因赠与人的死亡直接取得赠与房屋的所有权,这是因为,我国《物权法》规定的不动产物权变动模式系以债权形式

---

① 史尚宽:《债法各论》,中国政法大学出版社 2000 年版,第 122 页。

② 陈小君、易军:《论我国合同法上赠与合同的性质》,载《法商研究》2001 年第 1 期。

主义为原则的物权变动模式,①实行物权变动的原因行为和物权变动效果相区分的原则,即基于法律行为而发生的不动产物权变动,当事人间除有债权合意外,尚需履行登记的法定方式。故赠与人死亡后,因未履行所有权转移登记,即俗称的过户登记这一法定公示义务,不论赠与合同是否经过公证,赠与房屋是否交付受赠人,受赠人只享有赠与给付请求权的债权,该赠与房屋仍应作为赠与人的遗产处理。

二、受赠人权利救济之类型化分析

(一)无全部继承人放弃继承情形下之权利救济

1.权利主张对象

如前所述,未过户的赠与房屋在赠与人死亡后应作为其遗产,由其继承人继承;在继承人为数人时,由各继承人共同继承。然而,在赠与人未依法撤销赠与的情形下,房屋赠与人对受赠人负有交付赠与房屋并协助过户的义务。因此,在赠与人死亡后,赠与房屋属于附有义务负担的遗产。根据《继承法》第 33 条有关"继承遗产应清偿被继承人债务"的规定,房屋受赠人可要求未放弃继承的继承人履行赠与房屋上所附之赠与给付义务。

2.权利主张方式

(1)办理附赠与义务负担的继承公证

在赠与人的继承人对房屋赠与无异议且自愿继续履行赠与给付义务时,房屋受赠人也难以径自到房管部门完成过户登记,因为我国登记机构对继承引起的所有权转移登记实行公证前置制度,登记机构要求对房屋继承基础事实进行公证。② 故于此情形下,受赠人欲实现其房产过户目的须首先与房屋赠与人的所有继承人办理公证。在公证方式的选择上,实践中主要有如下两种观点:一种观点认为,应先办理继承公证再办理赠与公证;另一种观点则认为,应办理附有赠与给付义务的继承公证方式。③ 第一种处理方式忽略了赠与房屋实际已为被继承人赠与他人的事实,将赠与和继承割裂开来办理两个公证。如果继承人在办理继承公证后反悔而不办理赠与手续,则受赠人不得不走上漫长的维权之路。

---

① 刘守忠:《浅析我国物权变动的区分原则》,载《法制与经济》2012 年第 11 期。

② 住房和城乡建设部发布的《房地产登记技术规程》(2012 年 6 月 1 日起实施)明确规定,除人民法院的生效法律文书确认继承、受遗赠事实外,因继承、受遗赠申请房屋登记的,其继承文书、受遗赠文书应经公证。

③ 邢慧颖:《房产之上存在义务负担的继承公证之我见》,载《中国公证》2013 年第 7 期。

该方式显然不可取。第二种处理方式则是在为未放弃继承的所有继承人办理继承赠与房屋的公证时,在该公证中直接引用《继承法》第 33 条的规定,载明未放弃继承的所有继承人自愿继续履行该房屋上负担的赠与给付义务。它是在合理区分物权与债权的基础上,通过一个公证解决实际继承人继续履行房屋上所附之义务负担的问题,从而实现赠与房产过户的目的。因此,它是该情形下受赠人实现其房产过户目的的有效途径。

然而,为解决受赠人的后顾之忧,上述处理方式还应当予以优化。根据《房屋登记办法》第 12 条的规定,申请房屋登记,一般应由有关当事人双方共同申请。而上述处理方式虽在一个公证中解决了实际继承人继续履行房屋上所附之义务负担的问题,但它需要以实际继承人办理公证后会主动履行义务为前提。如果实际继承人反悔不配合,则受赠人无法单方直接实现其过户目的。为此,在办理赠与房屋附有义务负担的公证时,应根据《公证法》第 37 条及《最高人民法院、司法部关于公证机关赋予强制执行效力的债权文书执行有关问题的联合通知》第 3 条的规定,在征求债务人同意公证并愿意接受强制执行的意见后,在公证书中载明债务人愿意接受强制执行的承诺,赋予赠与房屋上所负担的赠与给付义务以强制执行效力。在这种情况下,如果办理公证后的继承人拒不履行赠与房屋上所负担的赠与给付义务,受赠人在向原公证机关申请执行证书后便可直接向人民法院申请执行,而无须再行起诉解决。

(2)提起给付之诉

在赠与人的继承人对房屋赠与有异议,或虽无异议但不愿继续履行被继承人的赠与给付义务时,上述附有义务负担的继承公证方式因缺乏具有利害关系的继承人的协助而无适用余地。而根据《房屋登记办法》第 12 条的规定,直接办理房屋赠与转移登记又需要赠与人与受赠人共同申请。赠与人死亡后,其已不具备民事主体资格,因此,受赠人无权单方申请办理赠与转移登记。此时,受赠人只能求助于"权利救济的最后一道防线"——诉讼。虽然《物权法》第 28 条规定,人民法院作出的裁判文书也是物权变动的依据之一,但是受赠人并不能通过确权之诉直接确认该房屋归其所有。因"物权确认不能背离物权变动模式"[①],受赠人未履行所有权转移登记的法定公示义务而未能取得赠与房屋所有权,其仅享有债权属性的赠与给付请求权,提起所有权确认之诉于法无据,亦于理不通。在此情形下,受赠人的正确救济方式只能是,根据《继承法》第 33 条有关"继承遗产应清偿被继承人债务"的规定,以未放弃继承的所有继承人为被告,提起

---

① 王明华:《不动产物权确认纠纷法律适用探析》,载《人民司法·应用》2012 年第 17 期。

给付之诉，要求其继承房屋后继续履行该房屋上负担的赠与给付义务。

（二）无人继承情形下之权利救济

1.无继承人或有无继承人不明情形下之权利救济

对于赠与人死亡后确定无继承人或有无继承人不明的情形，法国专门规定了无人承认之继承制度，利害关系人或检察官，得声请法院选任遗产管理人，由遗产管理人处理被继承人的债务。① 我国《继承法》第 24 条规定了遗产的临时保管制度，在赠与房屋尚未交付而无人管理时，依社会习惯，可推定赠与人生前所在单位或所在居民委员会、村民委员会或主要遗产所在地的基层组织为遗产临时保管人。但立法仅课以遗产临时保管人妥善保管遗产的义务，并未赋予其清理债权债务的职责，其无力承载遗产管理人的使命。受赠人径行要求遗产临时保管人清理被继承人的债务、协助过户无异于"到火神庙里去求雨"。为破解受赠人"有债难寻主"的困境，笔者认为，在现行的法律制度下，只能借助于《民事诉讼法》规定的财产无主案件认定的特别程序。其具体做法是，受赠人依照财产无主案件认定的特别程序向赠与房屋所在地的基层人民法院申请认定赠与房屋为附有赠与给付义务负担的无主财产。人民法院受理后，发出财产认领公告，公告满一年无人主张继承权及受遗赠权的，根据《继承法》第 32 条的规定，判决认定赠与房屋无主，收归国家所有；如果房屋赠与人生前系集体组织的成员（如五保户），则收归集体所有。嗣后，由受赠人凭其赠与合同要求接收赠与房屋的国家机关、单位或集体组织履行赠与房屋上所附之赠与给付义务。

2.全部继承人放弃继承情形下之权利救济

在赠与人死亡后有继承人但继承人书面表示放弃继承时，赠与房屋成为无人继受的遗产，应由受赠人持继承人放弃继承的书面声明依照上述无继承人的情形之救济方式，向赠与房屋所在地的基层人民法院申请认定赠与房屋为附有赠与给付义务负担的无主财产后，再要求接收赠与房屋的国家单位或集体组织履行赠与给付义务、协助过户。在此情形下，不应再以放弃继承的继承人为被告提起给付之诉，因我国立法并未规定继承并参加诉讼系继承人的法定义务。从实体法来看，《继承法》第 33 条第 2 款明确规定放弃继承的继承人对被继承人的债务不负偿还责任；从程序法来看，《最高人民法院关于贯彻执行〈中华人民共和国继承法〉若干问题的意见》（以下简称《继承法意见》）第 60 条明确规定："已明确表示放弃继承的，不再列为当事人。"但在继承人仅口头表示放弃继承而拒绝

---

① 《法国民法典》对无人承认继承的遗产作了专门的规定。其第 812 条规定："继承开始地的第一审法院得依据利害关系人或初级检察官的请求，选任财产管理人。"

作出书面表示时,由于其放弃继承之表示无旁证可兹证明,根据《继承法意见》第47条、第48条规定的精神,应视为其未放弃继承,受赠人可以其为被告提起给付之诉,要求其继承房屋后继续履行该房屋上负担的赠与给付义务。当然,在诉讼过程中,继承人又口头向人民法院表示放弃继承并同意在人民法院制作的笔录上签名或又作出书面放弃继承的声明时,应允许其放弃继承。此时,受赠人提起的给付之诉因继承人放弃继承权而失去了继续进行的意义,诉讼就此终结。鉴于系继承人不当行使继承放弃权而引起的该诉讼,本案讼费应由继承人负担。受赠人可持继承人放弃继承的证明依照上述无继承人情形之救济方式主张权利。

(三)特别情形下之权利救济

以上讨论的救济途径,是针对赠与房屋完满且房屋受赠人非继承人的常态。在房屋受赠人为继承人或赠与房屋被毁损、灭失时,受赠人的权利救济除参照上述思路外,还应视具体情形给予特别处理。

1.受赠人为继承人情形下之权利救济

在房屋受赠人为唯一继承人时,自赠与人死亡时,作为继承人,其因继承取得赠与房屋所有权的同时成为赠与给付义务人。作为受赠人,其本人又同时是赠与给付权利人。根据《合同法》第91条第6项的规定,给付之债的债务人与债权人同归于一人时,因债权债务发生混同,赠与合同的权利义务终止。继承人作为受赠人继承的该房屋便成为没有任何义务负担的财产。受赠人可直接通过办理继承公证,并根据《房屋登记办法》第12条第2款第3项之规定单方到房管部门办理房屋所有权登记手续。

在房屋受赠人为数继承人之一而其他继承人均放弃继承时,赠与房屋亦成为受赠人一人继承的遗产。根据上述法理,受赠人也可直接通过继承取得无义务负担的房屋所有权。在继承人对赠与心存异议而要求继承时,因赠与房屋成为赠与人的遗产,应由全部继承人共同继承。此时,除受赠人作为继承人因债的混同继承了无负担的份额外,其余继承人继承的份额均附有向受赠人履行赠与义务的负担。故在此情形下,受赠人只能以未放弃继承的其他继承人为被告提起给付之诉,要求未放弃继承的其他继承人协助办理赠与房屋所有权登记手续。

2.赠与房屋毁损、灭失情形下之权利救济

如果过户前赠与房屋因赠与人故意或重大过失而毁损、灭失,对于经过公证的赠与合同或具有救灾、扶贫等社会公益、道德义务性质的赠与合同,因赠与人无任意撤销权,受赠人可根据《合同法》第189条的规定直接要求赠与人承担损害赔偿责任。对于一般的赠与合同,在财产权利转移之前,赠与人虽有权行使任意撤销权,但根据《合同法》第6条的规定,赠与人行使撤销权得遵循诚实信用原则。若其在赠与财产毁损、灭失之前未行使,于损害发生之后方才行使,则可以认为是专以逃避损害赔偿责任为目的之权利滥用。① 当受赠人因此遭受实际损失时,须对《合同法》第 186 条第 1 款规定的任意撤销权作目的性限缩解释,排除其适用,令赠与人承担赔偿责任。但若受赠人没有实际损失,纵使赠与人有预期利益的损失,则基于赠与合同的无偿性以及公平原则,赠与人也不应承担赔偿责任。② 在赠与人因故意或重大过失损毁赠与房屋而身负损害赔偿之债时,其死亡后,如遗留其他遗产,受赠人自然可根据《继承法》第 33 条第 1 款的规定,要求继承遗产的继承人在继承遗产实际价值范围内承担被继承人遗留的损害赔偿之债。当然,若赠与人无其他遗产,受赠人自然无权再主张损害赔偿之债。若赠与房屋毁损、灭失非赠与人故意或重大过失所致,《合同法》基于赠与合同的无偿性并未赋予受赠人此情形下的损害赔偿请求权。故于此情形,赠与人即使遗留其他遗产,受赠人也无权要求继承遗产的继承人承担损害赔偿责任。

如果过户前赠与房屋非因赠与人的原因毁损、灭失而对他人取得损害赔偿请求权、征收补偿请求权等代位物,受赠人无权向该代位物赔偿义务人直接主张权利。理由在于,过户前受赠人享有的赠与给付请求权系债权而非物权,而"债权并不存在物上代位性"③,且根据合同的相对性原则,受赠人基于赠与合同向合同外的代位物赔偿义务人直接主张权利也名不正言不顺。例如,过户前赠与房屋被征收拆迁,受赠人不是被拆迁房屋的所有权人,自然不能要求与拆迁人签订征收补偿合同,当然也无权要求赠与人或其继承人交付拆迁安置房屋。

然而,过户前赠与房屋因毁损、灭失而取得对他人的请求权时,受赠人能否据此依合同的相对性原则直接要求赠与人承担债务不履行或不完全给付的违约责任呢？我国立法对此规定不甚明确,实践中不无争议。笔者认为,《合同法》未像我国台湾地区"民法典"那样明确规定:"赠与人因可归责于自己之事由致给付不能时,受赠人才得请求赔偿赠与物之价额;赠与人仅就其故意或重大过失,对于受赠人负给付不能之责。"但从《合同法》第 189 条的立法本意看,似乎也不难得出如下结论:赠与人仅就其故意或重大过失负责。因此,依照现行的法律规定,在赠与房屋非因赠与人的原因引起毁损、灭失时,基于赠与人无过错,纵使赠与人因赠与房屋的毁损、灭失已取得相应价值的赔偿款或补偿款或拆迁安置房屋,受赠人也无权要求赠与人承担损害赔偿责任。但从自然法层面看,赠与房

---

① 薛文成：《关于赠与合同的几个问题》,载《清华大学学报（哲学社会科学版）》1999 年第 4 期。

② 王荣珍：《论赠与人的任意撤销权与赠与人的责任》,载《社会科学家》2003 年第 9 期。

③ 王明华：《不动产物权确认纠纷法律适用探析》,载《人民司法·应用》2012 年第 17 期。

屋的毁损、灭失虽非赠与人的过错引起,且赠与人已获得或确定获得相应价值甚至略高于原价值的赔偿款、补偿款或安置房屋,令赠与人承担相应的违约责任并未增加赠与人的负担,也未打破赠与双方当事人的利益平衡,故该情形下令赠与人在其取得对他人的赔偿、补偿价值范围内,以赠与合同的履行利益为限,对受赠人承担债务不履行或不完全给付的违约责任也并无不妥。但在赠与人生前怠于取得对他人的赔偿款、补偿款或安置房屋时,可参照《德国民法典》第517条规定①之法理,不令赠与人承担损害赔偿责任为妥。

结　语

因赠与房屋未过户,受赠人并未取得赠与房屋所有权,在赠与人死亡后,该赠与房屋仍应作为赠与人的遗产处理。如果赠与未被撤销,则受赠人享有赠与给付请求权。在现行的法律制度下,由于继承法中遗产管理、清算制度的缺失,受赠人只能请求未放弃继承的继承人履行赠与房屋上所负担的义务,从而实现过户的目的;在无人继承时,则只能请求接收赠与房屋的相关部门协助过户。当受赠人为继承人或赠与房屋被毁损、灭失时,受赠人的权利救济除参照上述思路外,还应视具体情形给予特别处理。然而,这些处理方式仅是当前法律制度下的权宜之计,解决赠与人死亡后受赠人的权利救济问题的根本之道还在于尽快修改《继承法》,完善遗产管理、清算制度,同时应修改《合同法》,完善赠与合同制度。

---

① 《德国民法典》第517条规定:"为他人利益怠于取得财产或者放弃应归属于自己但未最终取得的权利,或者拒绝继承或者遗赠的,不成立赠与。"

保险人说明义务的效力认定与规则构造

■李少锋[*]

摘要:判断保险人是否已尽说明义务是保险纠纷司法实务中的焦点问题。我国保险法及最高人民法院的司法解释均未对保险人说明义务的范围、方式及其程度标准作出明确的规定,导致司法实践中对保险人是否已尽该义务的认定出现相似案件相反判决的尴尬。为了破解上述司法困境,应当在对保险人说明义务进行严格限定的同时,避免片面地强调投保方利益的倾斜性司法保护。按照利益衡平的理念,在现行立法框架下对该义务履行的对象范围和程度标准进行明确和完善。

关键词:保险合同;保险人说明义务;效力认定;裁判标准

引 言

保险人是否履行、如何履行说明义务[①]是保险交易中最为突出的问题,也是保险合同纠纷案件审理中最具争议性的问题。作为我国保险立法上的"创新之举",[②]保险人说明制度在其建立之初便面临理论界的众多质疑,有学者甚至主张废除该制度。[③] 在司法实务中,围绕保险人说明义务的边界、说明方式及认定标准等问题,亦存在大量争议。2013 年 6 月,《最高人民法院关于适用〈中华人

---

[*] 作者系福建省厦门市思明区人民法院法官,法学硕士。

[①] 本文所称"说明义务"或"保险人说明义务",如无特别说明,均采广义上的理解,即同时包含"说明、提示和明确说明"三种义务。具体而言,其外延包括《中华人民共和国保险法》第 17 条第 1 款所指的保险人对保险合同内容的说明义务、第 2 款所指的保险人对免除其责任条款的提示义务和明确说明义务。

[②] 樊启荣:《保险契约告知义务制度论》,中国政法大学出版社 2004 年版,第 309 页。

[③] 邹海林:《保险法》,人民法院出版社 1998 年版,第 115～116 页;李玉泉:《保险法》,法律出版社 1997 年版,第 131 页。

民共和国保险法〉若干问题的解释(二)》(以下简称《保险法解释二》)施行后,这些争议和分歧仍未得到有效的解决。这些争议的出现,一方面,是由于保险立法对保险人说明义务确立的标准过高,导致保险人说明义务在实践中流于形式;另一方面,不同的司法机关和司法解释对立法本意、认定标准的理解不尽一致,[①]造成司法实践中认定标准不统一,相似案件产生相反的判决。可见,明确保险人说明义务的履行方式、范围、标准以及程度,是司法在保险合同领域实现纠纷解决功能的基本前提,也是其平等保护合同双方当事人的利益,维护保险交易安全稳定的必经之途。

一、问题的提出:从相似案件不同判决说起

【案例一】中国人保财险忠县支公司与周某等机动车交通事故责任纠纷案[②]

被告周某驾驶"渝 FM0169"号自卸货车,与何某驾驶的二轮摩托车相撞,造成两车受损、何某等死亡的交通事故。经交警部门认定,周某承担事故的主要责任,何某承担事故的次要责任。肇事车辆在被告中国人保财险忠县支公司投保了交强险和商业险,本案事故发生在保险责任期间。诉讼中,原、被告双方就保险公司商业险的理赔限额存在分歧。法院经审理认为,该案机动车第三者责任保险条款第 9 条属于免除保险人责任的条款。保险人虽将该条款的文字加粗加黑以引起投保人的注意,但该提示并不足以证实保险人已将该条款的概念、内容及其法律后果以书面或者口头形式向投保人作出常人能够理解的解释说明。故该条款关于免赔率的约定对双方当事人不产生合同效力。该案二审维持原判。

【案例二】重庆市某公共交通公司诉中国太平洋财险某支公司等机动车交通事故责任纠纷案[③]

叶某驾驶的渝 BL××××号货车与原告重庆市某公共交通公司的客车相撞,造成原告客车受损,叶某承担全部责任的交通事故。叶某驾驶的渝 BL××××号货车在被告中国太平洋财险某支公司投保了机动车交强险和 100 万元的第三者责任险,未投保不计免赔率。诉讼中,原、被告各方对第三者责任险条款第 9 条(保险人不赔偿的范围)和第 20 条(绝对免赔率)产生争议。法院经审理

---

① 最高人民法院在不同时期对保险人说明义务的规范性解释存在一定程度上的差异。各高级人民法院审判指导意见对保险人说明义务的范围、标准等问题也规定不一。

② 重庆市第二中级人民法院(2013)渝二中法民终字第 00825 号民事判决书。案例来源:中国审判法律应用支持系统・中国法院裁判文书库。

③ 重庆市长寿区人民法院(2013)长法民初字第 05012 号民事判决书。案例来源:中国审判法律应用支持系统・中国法院裁判文书库。

认为，从字面上看，保险人已通过机动车第三者责任险条款第 9 条和第 20 条对免除保险人责任的概念、内容及法律后果作出常人能够理解的解释。根据《保险法解释二》第 11 条第 2 款的规定，应当认定保险人履行了明确说明义务，遂采纳被告的答辩意见。

上述两则真实案例的案由相同、案情相似，且两案均在 2013 年 6 月 8 日《保险法解释二》施行之后作出判决，但判决结果恰好相反。令人匪夷所思的是，两案的审理依据完全一致，即根据《中华人民共和国保险法》（以下简称《保险法》）第 17 条和《保险法解释二》第 11 条的规定，对保险人是否已就免责条款尽到明确说明义务进行司法认定。由此产生的问题是，法院在审理保险合同纠纷案件时，究竟应以何种标准来认定保险人的明确说明义务？

二、宽严皆失之困：保险人说明义务纠纷的裁判现状与裁判效果

为了更为直观地把握保险人说明义务纠纷的司法裁判现状，笔者对审判实践中的真实案例进行统计分析，借以总结保险人说明义务的效力认定，以期为重塑保险人说明义务的法律规则奠定基础。

（一）实证分析：保险人说明义务纠纷司法裁判现状

通过对中国审判法律应用支持系统·中国法院裁判文书库的案例进行统计获知，自 2013 年 6 月 8 日（《保险法解释二》施行之日）至 2014 年 6 月 8 日，该文书库中共有各类保险合同纠纷案件 534 件（含上诉案件），其中涉及保险合同免责条款和提示说明义务（适用《保险法》第 17 条进行裁判）的案件为 212 件，占保险合同纠纷的 39.7%。在 212 件与说明义务有关的案件中，投保人胜诉的为 205 件，保险人胜诉的仅 7 件，保险人败诉率高达 96.7%。统计结果显示，在保险合同纠纷案件中，投保人只要提出保险人未尽提示和说明义务的主张，几乎都能够得到法院的支持。

有学者曾对《保险法解释二》发布前，《保险法》第 17 条的司法适用情况进行统计分析，其结果与笔者的统计基本一致。在保险人败诉的 334 件案件中，有 87 件案件尽管保险公司证明已经履行了说明义务（见表 1）[①]，但仍未获得法院的支持。

---

① 罗璨：《保险说明义务程序化蜕变后的保险消费者保护》，载《保险研究》2013 年第 4 期。

前后数据的对比显示,《保险法解释二》虽然对保险人的提示和说明义务作出了解释,并在较大程度上明确了说明的程序、方式和标准,但是该变化在司法实务中似乎没有得到回应。与《保险法解释二》发布前相比,法院对类似案件的事实认定和法律适用几乎没有变化。

表 1　保险公司履行说明义务的方式与法院的裁判结果

保险公司履行说明义务的方式	法院裁判理由	法院裁判结果	案件数量
方式一:对免除责任条款用黑体字等加以区别标注或设计"重要提示"、"明示告知"等部分	保险公司既没有达到提示义务的要求,即使达到也没有进行解释说明	保险公司败诉	40 件
方式二:对责任免除条款单独集中印刷,或设计"投保人声明栏",投保人签字表示已知晓理解其内容	保险公司仅进行了提示,没有加以解释说明	保险公司败诉	43 件
方式三:设计"投保人声明栏",并且向投保人口头解释责任免除条款,投保人签字表示已知晓理解其内容	保险公司进行了提示和说明,但说明的范围不全面,不符合最高人民法院研究室《关于对保险法第 17 条规定的"明确说明"应如何理解的问题的答复》的要求	保险公司败诉	3 件
方式四:设计"投保人声明栏",并且按照最高人民法院研究室《关于对保险法第 17 条规定的"明确说明"应如何理解的问题的答复》向投保人口头解释责任免除条款,投保人签字表示已知晓理解其内容	投保人提出没有理解责任免除条款的含义,保险公司仍未达到说明义务的标准	保险公司败诉	1 件

(二)履行困境:保险人说明义务履行无定法可依

保险人说明义务为我国《保险法》第 17 条所确立。该条文规定,保险人在保险合同订立时应当向被保险人说明合同的内容,对合同中的免除保险人责任的条款"作出足以引起投保人注意的提示",并就该条款的内容"向投保人作出明确说明";"未作提示或者明确说明的,该条款不产生效力"。这一规定引发了理论界和实务界的热议,保险公司也因为这一规定而承受着较高的败诉风险。

从实践来看，保险人基本已依照《保险法》第 17 条的规定在保险合同中作出了不同形式的提示和说明。但凡涉及保险合同免责条款的效力判定，不论当事人是否对此提出抗辩，法院往往会主动援引《保险法》第 17 条加以审查，并认定"保险人未履行提示说明义务，免责条款无效"。这一做法在一定程度上损害了保险人的权益，也与避免国家干预契约效力的现代契约法精神相背离。

三、裁判依据评述：保险人说明义务的履行现状与司法裁判标准

解读现行《保险法》及相关司法解释、规范性法律文件对说明义务的规定，是明确相关领域司法裁判现状并构建相应规则的前提。

（一）保险人说明义务与我国《保险法》说明义务制度的立法沿革

保险对我国而言是"舶来品"，我国的保险立法难免带有较为明显的移植痕迹。纵然如此，我国的保险立法中仍然创立了一些特有的制度，[1]保险人说明义务便是其中一例。保险人说明义务起源于英国合同法中的最大诚信原则。英国 Mansfield 勋爵在 1766 年的 Carter v. Boehm 案中确认了诚信义务对保险人的约束力。[2] 我国《保险法》第 17 条规定了保险人的说明义务。从条文表述来看，保险人的说明义务具有法定性、主动性，属于先合同义务，[3]不以投保人的询问为条件，且当事人不得通过约定排除该项义务。

我国在 1995 年制定《保险法》时，便创设了保险人说明义务。现行《保险法》关于说明义务的规定与 1995 年《保险法》相比差异较大（具体条文对比见表 2）。2002 年，我国为履行加入世界贸易组织的承诺，首次对《保险法》进行修改，但保险合同法部分几乎没有改变。2009 年，我国对《保险法》进行了第二次修订并形成现行的《保险法》，在第 17 条规定保险人的"说明义务"（第 17 条第 1 款）、"提示义务"和"明确说明义务"（第 17 条第 2 款）。2009 年修订的《保险法》，对免责条款的规定更加详细，也更为严格，除了在第 17 条细化对免责条款的明确说明

---

[1] 王海波：《制度衔接与规则协调——保险人说明义务制度另一种视角的评析》，载《保险研究》2011 年第 2 期。

[2] Mansfield 勋爵在该案中指出："诚信义务对被保险人和保险人均有约束力，诚信义务禁止任何一方隐瞒其单方面所知道的信息，如果保险人隐瞒重要信息，被保险人同样可解除或撤销保险合同，请求返还保费。"

[3] 刘耀宏：《试析保险人明确说明义务的判断标准》，载《宜春学院学报》2011 年第 2 期。

义务之外,还在第 19 条对两类特定的无效格式条款作出了专门的规定。

表 2　新旧保险法关于免责条款和说明义务的规定

原保险法(1995 年《保险法》)	现行保险法(2002 年《保险法》)①	
	2009 年 2 月修订之前	2009 年 2 月修订之后
第 16 条第 1 款 订立保险合同,保险人应当向投保人说明保险合同的条款内容,并可以就保险标的或者被保险人的有关情况提出询问,投保人应当如实告知。	第 17 条第 1 款 订立保险合同,保险人应当向投保人说明保险合同的条款内容,并可以就保险标的或者被保险人的有关情况提出询问,投保人应当如实告知。	第 17 条 订立保险合同,采用保险人提供的格式条款的,保险人向投保人提供的投保单应当附格式条款,保险人应当向投保人说明合同的内容。 对保险合同中免除保险人责任的条款,保险人在订立合同时应当在投保单、保险单或者其他保险凭证上作出足以引起投保人注意的提示,并对该条款的内容以书面或者口头形式向投保人作出明确说明;未作提示或者明确说明的,该条款不产生效力。
第 17 条 保险合同中规定有关于保险人责任免除条款的,保险人在订立保险合同时应当向投保人明确说明,未明确说明的,该条款不产生效力。	第 18 条 保险合同中规定有关于保险人责任免除条款的,保险人在订立保险合同时应当向投保人明确说明,未明确说明的,该条款不产生效力。	第 19 条 采用保险人提供的格式条款订立的保险合同中的下列条款无效: (一)免除保险人依法应承担的义务或者加重投保人、被保险人责任的; (二)排除投保人、被保险人或者受益人依法享有的权利的。

---

①　我国《保险法》自 1995 年施行以来,全国人大常委会于 2002 年 10 月对其进行了第一次修改,这是为履行我国加入世贸组织的承诺而为的。通过新旧条文的对比可见,此次修法并未涉及保险合同法部分。其中,保险人说明义务制度也未有实质性的改动,只是将原条文的顺序调整至第 17 条和第 18 条。2009 年 2 月《保险法》再次修订,新法对保险人的说明义务进行了细化,规定了免除保险人责任条款的提示并明确说明的义务。

（二）司法实务对《保险法》说明义务的不同解读

1. 最高人民法院不同时期的不同解读

除《保险法》第17条之外，法院在保险人说明义务纠纷案件的裁判中援引最多的是最高人民法院研究室《关于对〈保险法〉第十七条规定的"明确说明"应如何理解的问题的答复》（以下简称《答复》）和2013年6月施行的《保险法解释二》第10条、第11条的规定，以及各高级人民法院的相关指导意见。虽然《保险法解释二》对保险人说明义务的履行予以了细化和明确，但是与解释发布前相比，法院对保险人说明义务的认定和裁判几乎没有变化。

事实上，对于现行《保险法》中的保险人说明义务，最高人民法院先后提出了几种不同的判断标准。《答复》采用实质性说明标准，被认为是关于保险人说明义务最为严格的界定。2003年《最高人民法院关于适用〈中华人民共和国保险法〉若干问题的解释（二）（征求意见稿）》则采用程序性的说明标准，实际上降低了保险人说明义务的履行标准，得到了保险实务界的高度评价和欢迎。

2013年6月施行的《保险法解释二》第11条删除了征求意见稿中宽泛的程序性说明要求的条款，并将征求意见稿中的人民法院"可以认定其履行了"说明义务，改为"应当认定其履行了"的说明义务，限缩了法官的自由裁量权，增强了司法认定和裁判的确定性，避免法官对该问题的认定从一个极端走向另一个极端。从这一个角度来看，《保险法解释二》的规定是符合当前司法实务和保险业务要求的。

2. 各高级人民法院对保险人说明义务认定标准的差异

在《保险法解释二》发布之前，各高级人民法院对保险人说明义务的认定标准存在较大的差异。2011年广东、山东和江苏三省的高级人民法院分别对保险人的说明义务作出了不同的解读。广东省高级人民法院的规定与最高人民法院研究室的解释尺度一致，均坚持实质说明标准，但未对具体的认定标准加以明确。江苏省高级人民法院的认定标准与广东省高级人民法院的实质说明标准一致，但前者采取了更为中性甚至柔性的表述方法。山东省高级人民法院的规定采用程序性说明标准，且对保险人履行说明义务提出了十分严格的程序要求。这一解释理念与《保险法解释二》的理念相近。

四、问题与争鸣：司法裁判的效果分析及争议问题梳理

梳理保险人说明义务纠纷裁判领域存在的争议问题，有助于探寻保险人说明义务规则的完善对策。

(一)裁判思维定式:司法判断的情感偏见与伦理倾向

鉴于保险格式条款"被广泛用来规避法律规则,由相对人承担一切不利风险和不利益"①的现实,保险人说明义务制度自其创设以来,一直被寄予消解投保人在先合同阶段的知识与信息劣势的厚望。② 在日常生活中,一般投保人被认为没有增加、删改保险格式条款的可能,且双方在缔约保险合同时的市场信息、专业知识及经济实力差异悬殊,因此应尽可能地倾斜保护投保人,以消除实质的不公。③ 从司法实践的情况来看,向处于弱势地位的投保人倾斜的理念已然在审判中被异化为背离法律条文的裁判偏见。大部分法官认为,保险人处于强势地位,投保方系弱者,基于保护弱者这样的"情感思维定式",法官往往会作出不利于保险人的判决。④

换言之,在保险纠纷司法实践中,法官更加注重伦理和情感判断,而忽视证据规则的客观准确适用。由于裁判者个人情感倾向的差异,司法实务中的裁判标准便更加难以控制。⑤ 这种过度倾斜的"情感裁判",使得大量本应生效的保险条款被确认为无效,大量在保险技术原理计算之外的损失,最终由危险共同体来负担。⑥ 从长远看,这种做法不利于社会保障体制的健康发展,更不利于社会保险领域内公正秩序的构建,最终将损害社会正义。

(二)区分与协调:一般说明与特别说明的模糊性

2009 年《保险法》沿袭 1995 年《保险法》所采用的一般说明与特别说明"分别机制"⑦这一立法模式,在第 17 条和第 18 条中对保险人说明义务的形式和内容予以完善。根据条文内容,保险人说明义务可以概括为格式条款的"信息提供+一般说明"规则和免除保险人责任条款的"提示注意+明确说明"规则。

保险人说明义务分别机制的立法意旨在于,按照对投保方利益的影响程度

---

① [德]罗伯特·霍恩:《德国民商法导论》,楚建译,中国大百科全书出版社 1996 年版,第 96 页。

② 罗璨:《保险人说明义务程序化蜕变后的保险消费者保护》,载《保险研究》2013 年第 4 期。

③ [英]约翰·伯茨:《现代保险法》,陈丽洁译,河南人民出版社 1987 年版,第 137 页。

④ 杨咏梅、苟文山:《保险合同免责条款无效与不生效》,载《人民司法·案例》2009 年第 10 期。

⑤ 邵泽毅、赵凤强:《保险人说明义务的界分与厘定》,载《山东审判》2012 年第 5 期。

⑥ 罗璨:《保险人说明义务程序化蜕变后的保险消费者保护》,载《保险研究》2013 年第 4 期。

⑦ 曹兴权:《保险缔约信息义务制度研究》,中国检察出版社 2004 年版,第 223 页。

或重要性的不同,将免除保险人责任的条款从其他保险格式条款中剥离出来,对其设定更加严格的说明义务和更为苛严的法律后果。① 然而,"说明"与"明确说明"在语义上相近,二者界限不明,导致分别机制的实行存在现实障碍。② 从立法本意来看,强调"明确"一词是为了从程度上对二者加以区分,但实际操作往往十分困难。

(三)形式或实质:说明义务履行的判断标准

说明义务履行的判断标准有形式说和实质说两种观点,二者的本质差异在于保险人是否已经理解条款的含义。从条文的表述来看,我国《保险法》第 17 条显然采用了实质说明标准。但是,该条文并未规定"明确说明"的判断标准,导致实践中存在多种不同的解读。如前文所述,最高人民法院在不同时期对"明确说明"的标准作出了不同的解释,各高级人民法院就相关问题也存在不同的认识。

(四)说明义务的边界:说明的范围

《保险法》第 17 条将"明确说明"的范围从"责任免除条款"修改为"免除保险人责任的条款",事实上扩大了保险人明确说明义务的范围。但是,何为"免除保险人责任的条款",在理论和实践中仍然存在较大的争议。有学者主张免除保险人责任的条款是指完全免除保险人责任的条款,而不包括只减轻保险人责任的条款。③ 有学者认为,被表述在格式条款中"投保人、被保险人义务"或"赔偿处理程序"项下的免除保险人相应责任的条款是对保险人责任的合理限制,不能被认定为免责条款,④不应随意扩大保险人的明确说明范围。亦有学者提出,该类条款应理解为保险合同条款中一切可限制(即部分免除)或免除(即全部免除)保险人责任的制度安排。⑤ 保险合同中"责任除外""责任免除"等章节中规定的"显性免责条款"和"投保人、被保险人义务"、"赔偿处理"等章节中约定的"隐性

---

① 王海波:《论保险人说明义务"分别机制"的重构》,载《云南大学学报(法学版)》2010年第 6 期。

② 有学者指出,1995 年《保险法》对保险人说明义务的履行标准和履行方式均未作出具体的规定,仅从文字表述上以"说明"和"明确说明"作区分,而从语义上来说两者并无本质差异,因为"明确"乃"说明"应有之义。参见温世扬:《保险法订约说明义务之我见》,载《法学杂志》2001 年第 2 期。

③ 周玉华:《最新保险法条文释义与案例解析》,人民法院出版社 2009 年版,第 102 页。

④ 龚贻生等:《论保险合同免责条款和保险人明确说明义务——〈保险法〉第 17 条和第 19 条的理解和适用》,载《保险研究》2011 年第 9 期。

⑤ 马宁:《论保险人说明义务的履行方式与标准——以对我国司法实务的考察为中心》,载《时代法学》2010 年第 2 期。

免责条款"均属于保险人应当明确说明的范围。① 从学者和实务界人士的争论可见,修改后的《保险法》第17条仍未明确保险人说明义务的范围。

五、司法规则构造:保险人说明义务的效力评价标准与履行规制

基于上文的论述,笔者从保险人履行说明义务的方式、司法实践中说明义务履行的认定标准、《保险法》及其司法解释的完善等方面提出如下建议,以期对保险交易、司法裁判及立法完善有所助益。

(一)保险人说明义务履行方式的法律规制

1.保单通俗化:让保险条款"不言自明"

对保险人课以说明义务旨在促使投保人能够正确理解保险条款的内容。但严厉烦冗的说明要求使保险人背负沉重的义务。换个角度来看,如果保险合同用语不那么晦涩难懂,保险人是否还需要履行较重的说明义务?保单通俗化就是在保险人说明义务制度之外,对适当限缩保险人说明范围的探索。② 在制定保险条款时,将难以理解的专业术语,特别是保险人关心的保险责任、除外责任等内容,以通俗易懂的文字进行表述,使普通投保人能够通过阅读保险条款理解其含义。此番设计一方面体现了对投保人的保护,另一方面间接缩小了保险人的说明范围,保险人只需对投保人通过阅读通俗化的保单后仍不能理解的内容进行解释说明。

2.集中列举:免除责任条款特别提示

为了便利投保方阅读及保险人作提示说明,建议在不影响合同条款行文逻辑的前提下,对保险合同中免除保险人责任的条款(包含全部免除保险人责任的"除外责任"或"责任免除"条款和部分免除保险人责任的条款,如"解除条款"和"终止条款")予以集中列举,放大字体、加黑、加粗或用不同颜色进行印制,并对上述免责条款另行印制较为详细的书面说明交投保方签收。此举还具备固定证据的功能,保险人可借此证明其确实已就免除保险人责任的条款向投保人作出提示和说明。

① 刘建勋:《新保险法经典、疑难案例判解》,法律出版社2010年版,第202页。
② 李寒劲:《保险人说明范围的再思考——兼评〈保险法司法解释(二)〉(征求意见稿)第10条》,载《湖北社会科学》2013年第10期。

3. 手抄＋签章：说明义务履行方式的完善

在司法实践中，保险人往往因未能提供其他证据而被认定为未履行说明义务。针对这一问题，笔者建议对于投保人的声明，不能仅仅设计签名栏，而应同时要求投保人将声明的文字抄写一遍，以证明投保人事实上已经阅读过并知晓声明的内容。建议具体声明内容设计如下："保险人已经就本合同中全部免除其责任的条款向我进行了说明和解释，我已经认真阅读并完全理解本合同中的全部条款的含义，并自愿签订本合同"，投保人还须在文末签字确认。

(二)司法认定标准：主观与客观相结合

1. 说明范围——全部和部分免除、减轻保险人责任的条款

《保险法》第17条将说明范围由"责任免除条款"修改为"免除保险人责任的条款"，保险人说明义务的范围随之扩大。笔者认为，保险人说明义务的范围不能仅仅限于传统的"责任免除"和"除外责任"等条款，还应当包含部分免除和实质上免除保险人责任的条款。具体条款包括如下：不负赔付责任的条款（全部免除保险人责任的条款）、限制保险人责任的条款和涉及特定效力的条款。[①] 对于这三类条款，保险人必须进行明确的说明，使保险人明了条款的含义。

2. 说明程度——理性外行人标准

《保险法》未对说明的程度作出规定，《保险法解释二》要求保险人作出"常人能够理解"的解释。由此可见，判断保险人履行说明义务的程度，不是以投保人或者保险人能否理解作为衡量的标准，而应当坚持理性外行人的标准，即保险人说明义务的履行必须达到具有一般智力水平和知识水平的普通保险外行人可以理解的程度。这一标准既保护投保人利益又兼顾保险人利益，是一种公正、客观的标准。

3. 认定标准——形式反观实质

在司法实践中，判断保险人是否已经履行说明义务，应当坚持形式与实质相结合的认定标准，即区分保险业务与司法实务两种不同的行为样态：基于保险最大诚信原则和保险人自身证明的需要，保险业务应当坚持实质与形式并重的标准；由于纠纷系事后发生，且现场不具有还原性，司法认定中应当坚持程序性标准。在保单通俗化、保险人对免除保险人责任的条款进行集中印制和特别提示后，保险人以手抄形式表明其已经知悉并理解保险合同条款并签章的，根据"签字即同意"的契约法精神，法院应当认定保险人已经恰当地履行了说明义务。

---

① 梁鹏：《新〈保险法〉下说明义务之履行》，载《保险研究》2009年第7期。

（三）立法建议：抽象提炼与具体列举相结合

现行《保险法》第 17 条在保险人说明义务方面的规定仍然比较模糊和抽象。笔者认为，在《保险法》对保险人说明义务作出抽象提炼的基础上，还应当在《保险法》相关条文和司法解释中对具体方式和操作细则进行列举和规定。为此，笔者结合司法实践中存在的问题，提出如下立法建议：

1. 对《保险法》的修改完善建议

将《保险法》第 17 条第 2 款改为："【保单通俗化】对保险合同中免除保险人责任的条款，保险人在订立合同时应当在投保单、保险单或者其他保险凭证上以通俗易懂的语言进行表述，作出足以引起投保人注意的提示，并对该条款的内容以书面或者口头形式向投保人作出明确说明。未作提示或者明确说明的，该条款不产生效力。"

增加一款作为第 3 款："【说明程度】保险人对保险合同中免除保险人责任的条款的明确说明，应当达到常人能够理解的程度。"

增加一款作为第 4 款："【说明范围】前款规定的免除保险人责任的条款，包含保险合同中约定的责任免除条款、免赔额、免赔率、比例赔付、解除合同等部分或全部免除保险人责任、减轻保险人责任的条款。"

2. 对保险法司法解释的完善建议

将《保险法解释二》第 11 条第 2 款改为："【保险人实质说明】保险人对保险合同中有关免除保险人责任条款的概念、内容及其法律后果以书面或者口头形式向投保人作出常人能够理解的解释说明，并经投保人签字确认的，人民法院应当认定保险人履行了保险法第十七条第二款规定的明确说明义务。"

增加一款作为第 3 款："【司法形式审查】投保人以手抄投保人声明、音频或视频等明确表示知晓保险合同免责条款内容并在声明书上签章的，人民法院应当认定保险人履行了保险法第十七条第二款规定的明确说明义务。"

结　语

保险格式条款是因应市场经济效率原则的需求而出现的，具有权利义务定型化、经济行为类型化、缔约与履约便捷化的特点。保险格式条款的运用促进了保险业的发展和社会风险共担机制的形成。在司法实践中出现的对格式免责条款效力认定的排斥、恐惧与偏离，实际上是对弱者保护的片面强调和对判决安全的顾虑，与立法精神和制度原意背道而驰。法律的作用和任务在于承认、确保、实现和保障利益,或者以最小限度的阻碍和浪费来尽可能地满足相互冲突的利益。① 因此,在司法实践中对于保险人说明义务的认定和免责条款效力的判定,不应一概持否定态度,而应对其加以规制,从而避免司法在追求一项正义的过程中陷入另一个不正义,最终损害被保险人的利益。

---

① 〔美〕E.博登海默:《法理学:法律哲学与法律方法》,邓正来译,中国政法大学出版社2004 年版,第 154 页。

民事再审发回重审制度反思与重构

■ 李秋英[*]

摘要：民事再审发回重审制度在我国司法实践中被广泛使用，但也存在诸多问题，如增加当事人的讼累、浪费有限的司法资源等，从而使司法的公信力和权威受到挑战。为此，有必要在立足对现状考察的基础上，通过分析民事再审发回重审率偏高的原因，从立法上取消事实原因发回重审的规定，对违反法定程序发回重审区分对待，设立发交审判制度并建立、健全民事再审发回重审的监督机制。

关键词：民事再审；发回重审；民事诉讼

对于民事再审发回重审的概念，法律界还没有明确、统一的认识。一般认为，它是指"上级人民法院对民事再审案件进行审理后，认为原审法院对案件的实体或程序存在法定发回重审的事由，而撤销原判决、裁定或调解书，发回原审人民法院重新审理的一种诉讼制度"[①]。民事再审发回重审将导致生效裁判归于无效，使案件还原至未审判时的状态。根据《民事诉讼法》的规定，民事再审发回重审只适用于按照二审程序审理的再审案件。

一、民事再审发回重审的司法实践情况

（一）民事再审发回重审率相对较高

从 2010 年至 2014 年龙岩市中级人民法院（以下简称龙岩中院）审结的民事案件来看，民事二审的结案方式主要是维持原判，而民事再审的结案方式主要有三种：维持原判、改判及发回重审（见表 1、表 2）。五年来，民事二审维持原判案

---

* 作者系福建省龙岩市中级人民法院审判员，法律硕士。
① 屠颖：《我国民事诉讼再审发回重审问题研究》，华东政法大学 2013 年硕士学位论文。

件占总结案数的 58.5％,占一半以上;改判案件占 10.1％;发回重审案件仅占 2.88％,相对维持、改判及调撤等结案方式来看,民事二审发回重审所占比率最低。而民事再审案件中维持原判案件占 36.4％,发回重审案件占 17.3％,改判案件占27.3％,民事再审案件的发改率明显高于民事二审案件的发改率。

表1　龙岩中院 2010—2014 年二审案件情况

（单位:件）

年份（年）	结案	其中											
		维持	比率 %	改判	比率 %	发回	比率 %	撤诉	比率 %	调解	比率 %	其他	比率 %
2010	841	466	55.4	86	10.2	26	3.09	110	13.1	119	14.1	34	4.0
2011	1070	603	56.4	108	10.1	30	2.80	138	12.9	148	13.8	43	4.0
2012	1150	681	59.2	128	11.1	30	2.60	181	15.7	108	9.4	22	2.0
2013	1179	705	59.8	127	10.8	33	2.80	206	17.5	85	7.2	23	2.0
2014	1278	775	60.6	109	8.5	40	3.13	193	15.1	136	10.6	25	2.0
合计	5518	3230	58.5	558	10.1	119	2.88	828	15.0	596	10.8	147	2.7

表2　龙岩中院 2010—2014 年再审案件情况

（单位:件）

年份（年）	结案	其中											
		维持	比率 %	改判	比率 %	发回	比率 %	撤诉	比率 %	调解	比率 %	其他	比率 %
2010	22	9	40.9	6	27.3	5	22.7	0	0	2	9.09	0	0
2011	19	6	31.6	6	31.6	3	15.8	1	5.26	2	10.5	1	5.26
2012	27	7	25.9	6	22.2	4	14.8	1	3.70	8	29.6	1	3.7
2013	15	3	20	6	40	3	20	1	6.67	1	6.67	1	6.67
2014	27	15	55.6	6	22.2	4	14.8	0	0	1	3.7	1	3.7
合计	110	40	36.4	30	27.3	19	17.3	3	2.73	14	12.7	4	3.63

(二)民事再审发回重审的类型:以合同纠纷为主

2010年至2014年,龙岩中院民事再审案件以发回重审方式审结的共计19件,民事再审发回重审案件类型比较集中,主要集中于合同纠纷、侵权纠纷、物权纠纷这三大类型案件,其中合同纠纷最多,占47.4%;而侵权纠纷第二,占26.3%;物权纠纷第三,占21.1%。合同纠纷、侵权纠纷及物权纠纷是民事案件最为常见的三种类型,这三种类型的案件进入再审也最多,因此民事再审发回重审也以这三种类型为主。从龙岩中院近5年民事再审发回重审案件类型来看,合同纠纷案件比率高于或等于侵权纠纷案件、物权纠纷案件的比率。(见表3)

表3　龙岩中院 2010—2014 年再审发回重审案件类型

(单位:件)

年份(年)	合同纠纷		侵权责任		物权	
	件数	比例	件数	比例	件数	比例
2010	2	40%	2	40%	1	20%
2011	2	66.7%	1	33.3%	0	0
2012	2	50%	0	0	2	50%
2013	1	33.3%	1	33.3%	1	33.3%
2014	2	66.7%	1	33.3%	0	0
合计	9	47.4%	5	26.3%	4	21.1%

(三)民事再审发回重审原因:实体多于程序

从法律规定来看,民事再审发回重审的原因主要有两种,即程序上违反法律规定和实体上不公正。通过调阅裁判文书,对龙岩中院民事再审发回重审案件的理由进行分析可知,2010年至2014年民事再审发回重审的案件共19件,其中因认定事实不清、证据不足而被发回重审的案件有8件,所占比率最高,达42.1%;而因违反法定程序而被发回重审的比率最低,只占10.5%;因当事人反映强烈、多次上访而被发回重审的案件也有5件,占26.3%(见图1)。从以上数据可以看出,因认定事实错误或认定事实不清、证据不足的实体原因被发回重审的案件数量明显多于因违反法定程序原因而发回重审的案件数量,因此,民事再审发回重审案件以实体救济为主;同时可以看出因其他(息诉息访)原因而被发回重审的案件数量是违反法定程序而被发回重审的案件数量的2.5倍。

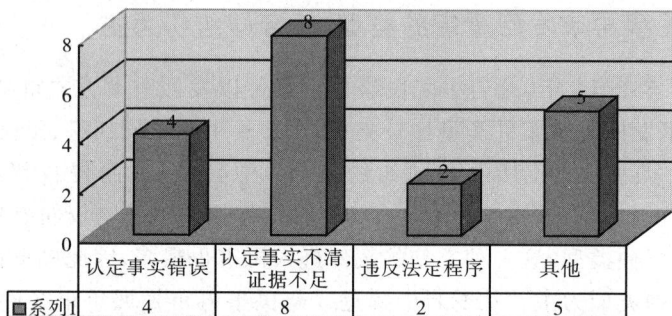

图 1　2010—2014 年龙岩中院发回重审原因

(四)民事再审发回重审后的维持率高

民事再审案件被发回重审后,原审法院一般采取两种方式结案:一种是原审法官完全不按再审法官的意见下判,对案件不作任何改动,而作出与原审结果并无出入的维持判决。另一种做法则相反,原审法官完全按照再审法官的意思来行使被发回重审案件的裁量权。实践中通常按照第一种方式处理。以龙岩两级法院的民事再审案件的审理情况为例,2010 年至 2014 年发回重审的 19 件案件中,维持原判的 10 件,高达 52.63％,改判的仅 9 件,不到 50％。也就是说52.63％的发回重审案件,原审法官认为原审裁判并没有错,再审不应发回重审,发回重审是错误的。由于发回重审的再审案件最终多为维持原判决,导致再审当事人服判息诉率较低。

二、民事再审发回重审率高的原因探析

(一)缺乏法律的明确规定

民事再审发回重审的立法规定不连续,较零散,缺乏统一性、制度性和可操作性。我国《民事诉讼法》第 170 条第 1 款第 3 项、第 4 项,最高人民法院《关于适用民事诉讼法的解释》第 325 条至第 327 条及《审判监督解释》第 38 条、第 42条,最高人民法院《关于民事审判监督程序严格依法适用指令再审和发回重审若干问题的规定》(以下简称《指令再审和发回重审规定》)第 4 条、第 5 条规定了民事再审发回重审的事由[①]。然而,在民事再审实践中,仍存在再审法官对民事再

---

① 《指令再审和发回重审规定》第 4 条规定:"人民法院按照第二审程序审理再审案件,发现原判决认定基本事实不清的,一般应当通过庭审认定事实后依法作出判决。"

审发回重审的自由裁量权过大,对于法律适用缺乏统一的标准等问题。例如,对于认定基本事实不清楚的案件,根据《民事诉讼法》第 170 条第 1 款第 3 项的规定,可以直接裁判也可以发回重审。对于是否直接改判抑或是发回重审,往往取决于法官的积案压力、案件受外界干预的程度和法官对此干预的驾驭能力以及法官自己希望掌握终审权的主观愿望等等,其结果是发回重审标准不一,说理不足,主观随意性大。①

(二)过于强调"有错必纠"理念

我国的再审制度设计具有监督、纠错功能,有错必纠原则不仅为审判监督程序的设计提供了理论支柱,也是发回重审的主要依据。有学者认为,我国现行再审程序构筑的价值基础是"实事求是,有错必纠"原则。② 在民事再审"有错必纠"指导思想的引导下,民事再审裁判是否正确不是看程序是否合法,而是看最终的裁判结果是否正确,是否符合"客观真实"。只要发现原审存在错误或者瑕疵,不考虑案件的审理次数、经历时间及发回重审后是否可以查清事实等因素,直接发回重审;有些案件程序和实体均没有错误,仅仅为了息诉息访工作,就将案件发回重审,没有考虑诉讼效益、程序安定价值。这就导致一些民事再审案件过分注重纠错或审判监督,而不断发回重审,出现本无须发回重审的案件而被发回重审,牺牲国家及当事人的利益。重现案件的"原貌"是一种理想状态,诉讼受到多方面因素的限制,如果无止境地去探求个案的"客观真实",则会破坏案件的既判力,使判决一直处于不确定的状态。因此,应将"依法纠错"取代"有错必纠"作为再审制度及再审发回重审制度的指导思想。③

(三)对发回重审的监督制约不充分

案件若错判,案件承办人要承担相应的责任,但是如果原审裁判正确,而再审承办人将案件发回重审错误,法律对此并没有规定责任由谁来承担,也就是说再审法官发回重审存在错误可以不用承担责任,而且还可以"规避"重大疑难复杂、适用法律不明确及当事人纠缠不清的案件。个别再审法官出于规避矛盾、推卸责任或照顾当事人情绪等原因将案件发回重审。由于当前信访案件处理的一般原则是"谁裁判谁负责息诉息访",因此,有些再审法官为了避免今后可能出现的麻烦,便采取发回重审的方式把皮球踢回原审法院,以此推卸责任。

---

① 奚晓明主编:《〈中华人民共和国民事诉讼法〉修改条文理解与适用》,人民法院出版社 2012 年版,第 374 页。
② 齐树洁主编:《民事司法改革研究》,厦门大学出版社 2006 年第 3 版,第 369 页。
③ 邓辉辉:《既判力理论研究》,中国政法大学出版社 2005 年版,第 295~296 页。

（四）法院管理体制及法官素质的影响

在我国的司法实践中对于错案的定性不够准确，发回重审案件被当作错案对待。错案的发生会影响一个法官的晋升及考评，这种错误界定错案的做法，使得发回重审率与错案率画等号。而如果一个法官承办的案件被发回重审，则会影响他的职务级别的晋升、评先评优、甚至会影响其庭室评先评优的资格。发回重审率作为法院"十率"考评指示之一，发回重审率及改判率往往代表着审判的质量，发回重审率及改判率高意味着审判质量低，反之则说明审判质量高。有些再审法官为了规避矛盾、推卸责任，避免今后麻烦，提高绩效考核成绩，将"烫头山芋"扔给原审法院，即将案件发回重审。

目前法院工作人员素质参差不齐，有些法官缺乏职业素养或职业道德，可能基于种种考虑滥用发回重审权。由于民事再审案件一般都是涉诉信访、疑难复杂、双方矛盾激化、社会影响力大等案件，而目前信访案件的处理原则是"谁裁判谁负责息诉息访"，因此，有些法官为了逃避审判、信访压力或完成审判指标，避免今后的麻烦，对不应发回重审的案件寻找各种理由发回重审，"回避"矛盾和压力。例如，到每月 20 日或年底结案日①时，基层法院的发回重审率明显增多，原因就是再审法院及二审法院片面追求较高的结案率，将案件直接发回重审。

三、民事再审发回重审的立法完善

（一）取消事实原因发回重审的规定

根据《民事诉讼法》第 170 条第 1 款第 3 项的规定，原判决认定基本事实不清的，可以发回原审人民法院重审也可以在查清事实后改判。《审判监督解释》第 38 条规定，对再审中的事实问题，原则上不发回重审，即一般情况下，发现原判决认定事实错误或者认定事实不清的，应当在查清事实后改判。在特殊情况下，即原审人民法院便于查清事实，化解纠纷的，才可以发回重审。《指令再审和发回重审规定》第 4 条规定，原判决认定基本事实不清的，一般应当依法作出判决。但这些规定的操作性也不强，"便于查清事实，解决纠纷"在司法实务中难以界定，再审法官有较大的自由裁量权。因发回重审说理简单，承担的责任也小，所以不可避免地有些再审法官会滥用发回重审权。笔者认为民事再审案件已经经过多次审理，时过境迁，原审法院并不比再审法院更具有查清事实的优势，原

---

① 目前，法院绩效考评的结点时间是每月的 20 日。

审法院能查清的事实在原审中基本已经查清,再审法院不能查清的事实一般原审法院也查不清楚,而且当事人对原审法院有抵触心理,认为原审法院会"官官相护",对原审法院的裁判已经失去信任,因此,原审法院已不存在便于查清事实及便于解决纠纷的情况。而且,很多案件,申请人就是因为对原审判决不满而申请再审的,申请人对原审法官甚至原审法院存在偏见,对原审法院已经失去信任,不愿再让案件发回重审。而且基层法院案件比上级院的案件多,基层法院承担了大部分的审判任务,审判工作十分繁重。就龙岩两级法院的案件数量来看,最近 4 年,每个基层法院的民事案件平均每年有 3256 件,龙岩中院民事案件平均每年只有 1497 件,而中级法院的人员却是各基层法院平均数的 2 倍之多。中级法院的工作量远小于基层法院的工作量,把查清案件事实的任务交给基层法院只会增加基层法院的工作量,降低诉讼效率,同时也会造成当事人的不满情绪,因此,笔者建议应取消因事实原因发回重审的规定。

(二)对违反法定程序发回重审区分对待

民事再审案件因程序违法应当作出明确的规定,对程序违法行为的严重程度进行区别,可分为一般性违法行为和原则性程序违法行为,对不同程度的程序违法行为规定不同的解决机制,而不是一味地将案件发回重审。

首先,一般程序违法行为主要是指虽然存在程序违法情况,但是不影响案件的公正审理与裁判,仅仅是程序上存在瑕疵,则不必发回重审。例如手续的不完整,如审判人员未在判决书或审理报告或送达回证上签字。

其次,原则性程序违法行为是指案件的审理严重违反法定程序,影响案件的公正审理及裁判,此类案件再审法院应当发回重审。这类行为包括《民诉法解释》第 325 条规定的几种情况:(1)审判组织不合法的;(2)应当回避的人员没有回避的;(3)无诉讼行为能力人未经法定代理人代为诉讼的;(4)违法剥夺当事人辩论权利的四种情形,同时还包括遗漏当事人或者缺席判决两种情形。只有在以上六种情形的前提下,才能发回重审,以依法保护当事人的辩护权利和审级利益,防止无原则无条件地发回重审,浪费司法资源。[①] 此外,笔者建议还可以对我国各地法院民事再审案件因程序违法而被发回重审的情况进行调研,从司法实践中归纳总结出因程序违法应当被发回重审的情形。

最后,对于原审虽然违反了法定程序,但是双方当事人不同意发回重审,而同意再审法院直接作出处理的,该如何处理? 对此,我国台湾地区规定了程序选

---

① 沈德咏主编:《最高人民法院民事诉讼法司法解释理解与适用》,人民法院出版社 2015 年版,第 866 页。

择权，即法院应使当事人有机会选择较有助于平衡追求实体利益与程序利益之程序制度，包括当事人一方可依不同利益衡量选择不同的纠纷解决程序。① 也就是说如果原审严重违反了程序性规定，若双方当事人并不愿意将案件发回重审，而是同意由再审法院对此案进行审理时，也可以不将案件发回重审。我们可以参照台湾地区的做法，增加当事人程序选择权的规定，充分体现当事人的处分权。很多案件被发回重审是由于法院自身疏忽或过错引起的，如果再把法院的疏忽或过错责任转嫁给当事人来承担是极不公平的。民事再审案件的当事人经过多次的诉讼，已心力交瘁，当事人总是希望尽快解决纠纷，减少讼累，通过司法途径实现实体公正。在一般情况下，到了再审阶段，当事人对于原审的程序问题，已无暇顾及，他们迫切需要解决的问题就是实现结果公正，能够尽快解决纠纷，而不是希望案件发回重审，久拖不结。如果在民事再审案件中发现原审法院有违反程序规定的情形，在只要没有侵害到国家、集体、社会及第三人合法利益的情况下，法院应征求当事人意见再决定是否将案件发回重审，还是由再审法院直接作出裁判。如果各方当事人要求再审法院不发回重审，而是要求再审法院直接作出裁判，此时，法院应当尊重当事人的选择，依法作出裁判，而不是发回重审。"一个人对选择权的拥有意味着所有结果对他而言都具有程序上的正义性。"②此时，不发回重审体现了法院尊重当事人的民事权利和诉讼权利，同时也有利于案件的公正审判和纠纷的有效解决。

（三）设立发交审判制度

民事再审发回重审的目的是让原审法院自行纠正错误并解决纠纷，但是从龙岩市两级法院的民事再审发回重审案件的上诉率来看，当事人对发回重审后的裁判并不满意，纠纷也没有得到有效的解决。其原因主要有以下几个方面：一是当事人对原审人民法院已有抵触心理，对原审法院已经失去信任，且心理上已经认为原审法院不会公正审判，同时觉得原审审级比较低，司法权威在当事人心理也受到一定影响，对原审法院的成见和矛盾较为激烈；二是发回重审的案件一般被认定为错案，会影响案件原经办人的考核及晋升，而重审法官一般也会顾及原审法官的面子，也会顾虑今后若自己的案件发回重审时有可能让同事经办，因此，重审法官就不愿对发回重审的案件作太大的改动，甚至对案件作出相同的裁判；三是发回重审后受外来因素干扰较大，发回原审后，案件过问的人较多，而且再审案件一般属重大、疑难、复杂且影响力较大的案件，法官受制于人情世故，难

---

① 齐树洁主编：《台港澳民事诉讼制度》，厦门大学出版社 2014 年第 2 版，第 31 页。
② 齐树洁：《民事上诉制度研究》，法律出版社 2006 年版，第 270 页。

以做到依法独立办案。

对于以上问题,我们可以尝试借鉴法国和我国台湾地区的发交审判制度,将案件交由其他法院重审。这一做法有以下几个优点:一是可以消除当事人的顾虑,提高服判率;二是可以防止原审法官先入为主,避免偏见对发回重审的案件造成不良影响;三是可以减少外来因素的干扰,使法官独立办案,甚至可以在一定程度上使原审法院得到超脱;①四是可以避免重审案件的法官顾忌原审法官的情面而不敢改判;五是有利于司法资源的合理利用,合理分流案件。

再审法院在决定发给其他法院审理之前,需要征求双方当事人的意见,以当事人是否同意来决定再审法院是否可以行使"发交审判权"。如果各方当事人不同意交由原审法院的其他同级法院审理,再审法院则不能行使"发交审判权";如果当事人均同意交由原审法院的其他同级院审理,再审法院则可以行使"发交审判权"。关于案件具体交由哪一个法院审理,应本着便于当事人诉讼、便于法院审理及便于司法资源的合理配置的原则进行,同时还应征求双方当事人的意见。在不违反专属管辖规定的前提下,可以根据双方当事人的意见、各地法院案件受理数、当事人的诉讼成本等因素,综合考虑并选定适当的法院。

(四)建立健全民事再审发回重审的监督机制

民事再审案件均是陈年旧案,案件疑难复杂,当事人相对比较固执,因此法官一般比较不愿意办理民事再审案件,对民事再审案件有畏惧心理,而民事再审发回重审可以不承担责任,因此再审发回重审受到有些法官的青睐。因此,笔者建议对民事再审滥用发回重审权的情况予以制裁。立法可以赋予下级法院对再审发回重审案件的异议权,作为对再审自由裁量的监督制约机制。下级法院对再审法院的发回裁定持有异议,可以在一定期限内向再审法院提出异议,由再审法院予以答复。具体做法如下:民事再审发回重审案件退卷时附一张反馈表,原审法院认为案件不应发回重审的,可以把反馈意见填入反馈表中,并交给再审法院审判管理办公室,由再审法院审判管理办公室对反馈的发回重审案件进行评查,如果发现再审法官滥用发回重审权,可追究其责任。

---

① 王旭光、满洪杰:《民事诉讼发回重审制度之重构》,载《法律适用》2006 年第 9 期。

裁判突袭之实务乱象与法律规制

■郭碧娥[*]

摘要:2012 年颁布的新《民事诉讼法》加强了当事人的程序利益保护。但对于实践中严重侵犯当事人基本程序权利的裁判突袭现象,法律的关注明显不足。为达致当事人服判息诉的目标,有必要从事前预防着手,通过搭建密集的裁判突袭防止网,充分保障裁判过程中当事人参与程序并影响裁判形成的权利,借此赢得当事人对审判过程与审判结果的双重认可。

关键词:裁判突袭;审判实务;法律规制

公正与效率是民事司法裁判的正当性依据。在民事诉讼活动中,法院权力的强化有助于司法效率的提高,但权力具有天然的侵犯性,一旦边界未能明晰,极有可能侵蚀作为诉讼主体的当事人的权利。此时,裁判突袭便会大行其道。裁判突袭犹如"司法之癌"[①],不当剥夺当事人的基本程序权利,动摇裁判的正当性基础。目前,裁判突袭在我国的司法实务中普遍存在,但遗憾的是,鲜有人关注这个问题,更遑论研制出行之有效的防止之策。据此,有必要清晰地呈现该问题的实务样态,剖析其形成机理,从而探寻其规制之道,以充分保障当事人的程序利益,提升裁判的社会认可度。

一、缘起:裁判突袭之实务乱象

(一)裁判突袭之含义界说

裁判突袭,又有谓突袭性裁判,德国学者 Waldner 将其定义为"一个内容从

---

* 作者系福建省厦门市海沧区人民法院法官,法学硕士。

① 德国斯图加特模式之父 Rolf Bender 曾称突袭性裁判是司法之癌症。参见姜世明:《法律性突袭裁判之研究》,载《万国法律》2000 年第 6 期。

迄今的诉讼过程衡平的角度看,不是当事人所能预期的终局裁判"[①];我国台湾地区邱联恭教授则提出,"若未适时赋予当事人、律师针对隐存于形成心证过程及判决之中的谬误或不完全进行攻击防御或陈述意见机会,以致经济上的浪费或错误,而径行作出裁判,则构成裁判突袭"[②]。

上述学者关于裁判突袭的不同定义,源于观察视角的不同。笔者认为,裁判突袭的特色在于法官和当事人之间互动与沟通的缺失,而二者沟通的通道即法律上所赋予法官的以释明权为代表的系列职责。如果法官在审判过程中未能恰当地履行释明、指示职责,致使当事人对相关事实及法律适用丧失充分有效的辩论或陈述意见的机会,而法官仍以当事人未受适当程序保障下所得的事实或法律见解为基础作出裁判,即构成裁判突袭。

(二)裁判突袭情景展示——以两则典型案例为样本

在大陆法系国家,针对司法权如何行使,已经形成了比较通用的"三段论"模式,即:T→R(欲适用 R 法律效果需符合 T 法律构成要件);S=T(法官所查明的要件事实与 T 构成要件相吻合);S→R(本要件事实产生 R 法律效果)。依此审判进路,我们可以看出,诉讼程序运行主要有两个基本任务,即认定案件事实和适用法律,而审判权在执行这两项任务时都有可能偏离轨道进行突袭。据此,裁判突袭可划分为事实性裁判突袭和法律性裁判突袭。事实性裁判突袭的对象主要包括诉讼请求、事实主张和证据;法律性裁判突袭则以法院在庭审过程中依当事人双方攻防的事实和证据为基础而形成的法律评价为对象,它涵盖了"法律的解释与适用、作为请求权基础的法律构成要件、证明责任分配以及证据的评价等"[③]。以下笔者将以两个典型案例分别展示在实务中泛滥的两类裁判突袭现象。

1. 诉讼标的的选择上的裁判突袭

【案例 A】[④]原告李某、龚某携儿子到被告经营的餐厅就餐,期间,因餐厅里另一个顾客所携带的酒在开瓶过程中发生爆炸,导致李某被炸残疾、其儿子死亡。李某、龚某起诉要求被告承担各类人身损害赔偿金共计 400 余万元。一审法院认为,此次爆炸事件是顾客自行携带的酒爆炸造成的,与被告提供的商品或

---

① 吴从周:《民事法学与法学方法》,台湾一品文化出版社 2007 年版,第 60 页。

② 邱联恭:《突袭性裁判》,载台湾民事诉讼法研究会编:《民事诉讼法之研讨(一)》,台湾三民书局 1986 年版,第 32 页。

③ 熊跃敏:《民事诉讼中法院的法律观点指出义务:法理、规则与判例》,载《中国法学》2008 年第 4 期。

④ 本案例援引自"中国审判法律应用支持系统"中的"最高人民法院公报案例库"。此处隐去当事人姓名、法院名称和裁判文书字号等具体信息,下同。

者服务无关,被告已尽到应尽的注意义务,无过错,不构成侵权,据此驳回原告的诉讼请求。二审法院则认为,被告在本案中虽未实施侵权行为,但原告的生存权益是在实施使被告获利的就餐行为时受到损害的,故改判酌情由被告补偿原告30 万元经济损失。

在本案中,原告主张"人身损害赔偿请求权",以"行为人过错"为要件;而二审法院的裁判对象却是"人身损害分担请求权",以"行为人与受害人均无过错"为要件。很显然,这是两种完全不同的诉讼标的。二审判决以当事人未知的诉讼标的为对象,造成了对当事人诉讼标的的选择上的突袭。"法官应当帮助当事人作出正确的决定,但不应当代替当事人作出决定。不能让法官的理智取代当事人的意志。"①此类突袭在适用公平责任判决的案件中比比皆是。

2.法律构成要件上的裁判突袭

【案例 B】②原告杨某因被告某医疗机构的医疗过失而右腿瘫痪,双方对于赔偿项目中的原告工作损失发生争议。原告主张因其右腿瘫痪而无法从事本已确定的 A 公司职员工作,并提供两位证人证明 A 公司确实提供了一个工作机会给原告。被告提出抗辩,认为该主张系捏造,原告不存在工作损失。一审认为只有两位证人的证言尚无法证明原告一定会接受这份工作,原告还须进一步证明其确实已经准备接受这份工作,但原告没有提供这方面的证据,因此判决驳回原告的诉求。原告不服一审判决而提出上诉。在二审期间,上诉人补充提供证据,证明其为了接受这份工作已提前在 A 公司附近租了房,二审据此改判支持上诉人的诉求。

在本案中,原告在一审中因法律知识缺乏或疏忽而未能知晓"已经准备接受这份工作"乃工作损失赔偿请求权的成立要件之一,故未主张该事实及提供相应的证据证明之。一审法院却径行以该要件的缺乏为由判决驳回原告此项诉求。对此,该要件当事人既未主张过也未进行实际对抗,却出现在法院的判决主文里,自然构成对当事人的突袭。

上述案例 A 的二审裁判及案例 B 的一审裁判皆因突袭而背离了当事人的正常期待,案例 B 的一审裁判内容甚至违背了客观真实。由此可见,裁判突袭将完全背离程序公正和实体公正的诉讼基本理念,严重侵蚀司法公信的基础。那么,到底怎样的审判权行使进路才能确保裁判不出现突袭的结果? 在解决这个问题之前,我们有必要深入探究一下裁判突袭的形成机理。

---

① [德]鲁道夫·瓦塞尔曼:《从辩论主义到合作主义》,载[德]米夏埃尔·施蒂尔纳编:《德国民事诉讼法学文萃》,赵秀举译,中国政法大学出版社 2005 年版。

② 本案例援引自邱联恭:《程序选择权论》,台湾三民书局 2000 年版,第 155 页。

二、解构：裁判突袭之形成机理——基于民事诉讼基本结构的另类分析

目前各国关于民事诉讼基本结构（又称民事诉讼体制）的安排主要有职权主义和当事人主义两种模式，近年来又有学者提出了协同主义模式，[①]无论哪种模式，其差异主要集中在如何配置两类权限，即法官的审判权力和当事人的诉讼权利上。不同的配置方式决定了诉讼启动和结束、诉讼进程推进、裁判对象（范围、形式及限度）的确定、诉讼资料[②]形成权归属上的不同。那么，何种配置方式是比较理想的诉讼结构？笔者以为，能够较好地保障公正与效率的诉讼结构是我们所要追求的。在此，笔者无意以传统的权力→←权利博弈分析方法探讨这种结构的构造，而是尝试以法院审判行为与当事人最主要的诉讼行为——攻击防御行为之间的关系着手，展示这种理想的诉讼结构样态。这种结构的基本特点体现为法院裁判系统与当事人攻防系统的良好"对接"。[③]

在这个对接关系中，首先应明确对接双方的地位，即审判行为乃对接主动一方，当事人的攻防系统是被对接方，而非相反，这就意味着法院的裁判对象应限定在当事人攻击防御的范围内，这是由民事纠纷乃"私的"主体之间的纠纷这一性质所决定的，是民事诉讼的本质，体现为处分权主义。[④] 一旦审判行为未对接即超出或偏离当事人的攻防范围，就会形成裁判突袭。

其次，良好的对接意味着信息的共享。共享，即要求诉讼中任何一方不得在事实和法律层面隐瞒不为另两方所知悉的信息。对当事人而言，一方的主张和证据均应摆上台面供对方充分辩论，否则将造成对对方当事人的诉讼突袭；对法院而言，应适时公开心证，让当事人能够有针对性地提供证据、陈述意见，确保据以形成裁判的诉讼资料为三方均已知悉的信息，否则即构成裁判突袭。这点恰是民事诉讼的另一基本特征——辩论主义的具体体现。[⑤]

最后，良好的对接还要求信息的畅通。畅通是效率的体现，为了确保信息在

---

① 代表性论文有田平安、刘春梅：《试论协同型民事诉讼模式的建立》，载《现代法学》2003 年第 1 期；肖建华：《构建协同主义的民事诉讼模式》，载《政法论坛》2006 年第 5 期。

② 此处的诉讼资料仅指作为裁判依据的事实主张及证据，而非诉讼中呈现的所有材料。

③ 许可：《职权干涉与裁判突袭》，载《清华法学》2008 年第 6 期。

④ 王次宝：《"原则"与"主义"之争——论处分原则与周边概念的关系》，载《内蒙古社会科学》2014 年第 2 期。

⑤ ［日］高桥宏志：《民事诉讼法——制度与理论的深层分析》，林剑锋译，法律出版社2003 年版，第 29 页。

三方之间富有效率且充分地交换，法官要主动承担起管理者①的角色，在当事人滥用诉讼技巧或客观上辩论能力不足而致攻防活动无序、低效、无效、缺失时，行使以释明权为核心的诉讼指挥权，引导当事人及时修正攻防方向或在补足诉讼资料的基础上充分开展攻防活动，法院也可借此修正自己判断的偏差，在互动中接近真实。可以说，释明等诉讼指挥制度正是在法律层面上认可了法院向当事人进行的信息传递。② 倘若法官固守僵化的处分权主义和辩论主义而不予释明、指示，并以当事人诉求不当、证据欠缺等错误、疏忽为由作出不支持当事人主张的裁判，或为追求实质正义性裁判结果而以当事人未知悉的资料作为裁判基础，则其裁判背离当事人的预期，构成裁判突袭。上述裁判突袭的形成机理可见于图1：

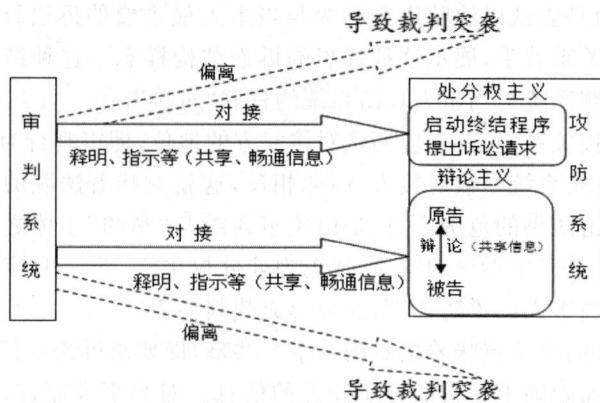

图 1　审判系统与攻防系统对接图

以此图为对照，我们重新检视前述两个案例。

案例 A 的二审裁判虽从实体上看比一审更为公平合理，但裁判法官在未征得原告同意并经被告充分抗辩的前提下依公权力擅自变更诉讼标的，偏离了处分权主义，导致突袭结果。实际上，该二审法院若能恰当地行使诉讼指挥权，向原告释明是否变更诉求，同意变更的，当事人双方围绕变更后的诉求充分对抗；不同意变更的，尊重其选择驳回诉求，则这样的裁判既符合当事人的预期，又贴合了民事纠纷"私"的本质，方可谓为正当。

在案例 B 中，一审法院发现原告遗漏证明"工作损失赔偿请求权"的构成要件之一——"已经准备接受此份工作"后，若能及时公开法律观点，行使指示职

---

① 此种管理非权威式的上对下的管理，而是一种主体之间对话式的管理，或可谓之协助。

② ［日］新堂幸司：《新民事诉讼法》，林剑锋译，法律出版社 2008 年版，第 314 页。

责,引导当事人就该要件的有无进行主张、举证、辩论,则当事人对裁判结果将有充足的预期,会从内心认可裁判。然而,一审法院怠于履行该职责,直接将当事人辩论中没有出现的要件事实作为裁判的对象,偏离了辩论主义,造成突袭,最终被二审改判。

三、困境:裁判突袭之防止缺位

(一)立法规定的缺失

大陆法系代表性国家和地区大多在法律上明文规定了裁判突袭的防止举措。如在德国,除了前述《民事诉讼法》(旧法)第 278 条关于"法律观点指出义务"的规定具有防止裁判突袭功能外,第 139 条(2002 年新法)关于法官阐明义务的全面规定成为防止裁判突袭最重要的法律依据。① 我国台湾地区"民事诉讼法"第 196 条、第 199 条、第 246 条和第 247 条等也对法官在诉讼中的释明义务作了广泛的规定。

反观我国,如果我们对以《民事诉讼法》、《最高人民法院关于适用〈中华人民共和国民事诉讼法〉的解释》(以下简称《民诉法解释》)及《最高人民法院关于民事诉讼证据若干问题的规定》(以下简称《证据规定》)为代表的含有规制法院民事司法行为条款的立法和司法解释进行详细考察就会发现,直接针对裁判突袭的条文几乎难觅踪影。虽然有部分条文歪打正着地起到了防止裁判突袭的作用,但是起草者显然志不在此。《民诉法解释》第 105 条关于法院公开证据证明力判断的理由和结果的规定及《证据规定》第 35 条关于法院对诉讼请求变更的释明规定具有某些防止裁判突袭的意味。

(二)理论研究的匮乏

在防止裁判突袭立法较完备的国家和地区,一般都有相应的比较成熟的理论研究作支撑。如日本有高桥宏志教授所著的《防止突袭性裁判的体系》、梅本吉彦教授撰写的《突袭防止的诉讼法理论》,我国台湾地区有邱联恭先生的《程序机能论》《突袭性裁判》,姜世明教授的《法律性突袭裁判之研究》等论著。这些突出成果在推动裁判突袭问题进入人们的视野,从而进一步推动诉讼突袭防止之策的法典化方面发挥了重要的作用。我国目前针对裁判突袭这一法律现象进行

---

① 姜世明:《民事程序法之发展与宪法原则》,台湾元照出版有限公司 2003 年版,第 138 页。

系统研究的理论成果仍然十分匮乏，学界对其总体印象是模糊的，具体表现如下：首先，对裁判突袭的内涵认识不清。一些论文以"诉讼突袭"为题，却将其等同于"当事人在诉讼中的突袭"，忽视了"裁判突袭"乃"诉讼突袭"的另一个重要类型。其次，对裁判突袭形成的机理缺乏思考。多数只是在论及诉讼模式、审前程序、辩论主义等时零星触及裁判突袭，少有文章对裁判突袭如何形成进行深层次的研究。最后，对防止裁判突袭的对策缺乏全面的探讨。因学界对裁判突袭的表现形式较为陌生，目前针对防止法律性突袭的研究仍是一个相对的盲区，相关著述寥寥无几。

（三）实务部门的忽视

笔者在研究前述适用公平责任原则进行判决所存在的裁判突袭问题时，曾以"公平责任"为关键词，以"生命权、健康权、身体权纠纷"为案由在最高人民法院开发的"中国审判法律应用支持系统"中的"中国法院裁判文书库"随机抽取了20个类似案例，发现出现突袭性裁判的比例高达85％。鉴于样本案由的单一性，我们不敢妄断整个民事司法中裁判突袭的发生比例，但以上数据还是在一定程度上反映了裁判突袭现象的高发性。究其原因，主要有以下几点：（1）重实体轻程序的司法实践传统使法官养成思维惯性，一味追求结果的表面正义而忽视对当事人程序参与权的保障，加上立法规制和理论研究的空白，以致形成裁判突袭也丝毫未认识到，更谈不上主动去防止。如案例A甚至被视为典型案例而入选最高法院公报案例库。（2）沉重的审判压力迫使法官多以结案为首要目标，尽量避免程序的拖沓。在这种情况下，要求他们对每个案件都能妥当释明、指示近乎空谈，裁判突袭在所难免。（3）对突袭性裁判缺乏明确的当事人救济途径，并且在以发改率指标为导向之一的审判实务中，法官往往漠视这一问题，即便主观上意识到也不会主动加以预防。

四、应对：裁判突袭之法律规制

理想的诉讼结构构造，必定能够最大限度地防止裁判突袭。我们可以此为对照，检视现行制度的不足，寻找行之有效的裁判突袭防止之策。

（一）预防之策：对话型民事司法理念的确立

从20世纪末开始，由于案多人少矛盾的日益突出和公民主体意识、权利意识的逐渐增强，一系列以弱化法院职权、强化当事人诉讼权利为目标的民事审判方式改革在我国一些法院悄然兴起并在立法中得到了体现。然而，在改革推进的过程中，有部分观点走向了另一个极端，即过于强调当事人的作用而主张法官的绝对消极裁判,从而出现了动辄以"这是当事人的义务"为借口而拒绝给予诉讼协助、漠视当事人合法权益保护的实务动向,发现客观真实这一民事诉讼永恒的旨意被不同程度地淡化。

实际上,"弱化法官的职权干预并不等于压抑法官必要的诉讼主动性"[①]。片面地追求当事人对于诉讼的主宰地位,无异于将"公力救济"异化为"私力救济"。民事司法救济的核心就在于依托公权力化解"私"的矛盾纠纷。在这里,公权力是促进纠纷解决的介质、催化剂,法官在事实关系的解明和法律的正确适用上给予当事人必要的协助有助于及时定分止争,"尽可能实现基于真实基础上的正确裁判的诉讼目的"[②]。因此,强调法官与当事人的合作应为民事司法的基本理念。当然,既是合作自然应为"对话沟通式",既是对话沟通则信息的共享畅通自不待言。按前述系统对接路径,裁判突袭的防止也就顺理成章了。不过,法官的协助应有一个"度"的制约,达不到一定的"度"是法官的失职,超过一定的"度"则异化为职权干涉。前者的"度"即诉讼指挥义务负担(以释明、指示义务为代表),后者的"度"则为处分权主义和辩论主义。

(二)黄金之盾:处分原则和辩论原则约束力的重塑

理想的诉讼结构的基本特征表现为处分权主义和辩论主义,它们是针对法院裁判突袭的最好的"防火墙"。[③] 我国现行的《民事诉讼法》虽然确立了处分原则和辩论原则,但是与此处的处分权主义和辩论主义存在着本质的区别,它们是一种非约束性的原则。[④] 如第13条第1款虽然规定了当事人有权处分自己的民事权利和诉讼权利,但是却没有规定相应的保障措施,导致当事人的处分权经常受到法院的干预。只要以"损害国家、社会、集体或他人的利益"为由,即可使干预正当化。又如第12条规定了当事人有进行辩论的权利,却未见关于当事人辩论约束法院裁判的任何规定。这种缺乏保障、空洞的口号式诉讼原则因其无任何约束力而沦为摆设,本应具备的防止裁判突袭的黄金盾功能自然也无从论及。因此,欲防止裁判突袭,还处分原则和辩论原则以约束力是当务之急。

1. 还原处分原则的原有面目

处分原则的基本含义是当事人启动或终结诉讼程序与否,何时、对何人起诉,诉求的形式、限度、范围等原则上由当事人自由决定,法院不能干预,当事人

---

① 王杏飞:《论释明的具体化》,载《中国法学》2014年第3期。

② 段文波:《德国法律适用突袭问题之对策与启示》,载《法律科学》2011年第6期。

③ 许可:《职权干涉与裁判突袭》,载《清华法学》2008年第6期。

④ 张卫平:《我国民事诉讼处分原则重述》,载《现代法学》2001年第6期。

没有提出请求的事项法院不能裁判。① 该原则的内容应当进入立法条文以约束法院的裁判行为,从源头上防止当事人处分范围外的突袭性裁判发生。同时,对于《民事诉讼法》第 100 条第 1 款关于法院自行采取财产保全措施,第 145 条关于法院对撤诉申请的干预,第 236 条第 1 款关于审判员自行将案件移送执行等有干预当事人处分权嫌疑的规定应当进行修改,以消除对当事人处分权的不当限制。

2.建立具有约束力的辩论原则

约束性辩论原则的核心在于,只有经当事人辩论过的事实和证据或双方无争议的事实才能作为裁判的依据,原则上禁止法院在当事人辩论内容之外,依职权调查收集证据和案件事实。因为法院自行收集诉讼资料,往往会导致剥夺当事人陈述意见或辩论的机会,造成裁判突袭的结果。因此,民事诉讼法应当赋予当事人在案件诉讼资料上的最终决定权,规定"未经辩论的事实和证据,不得作为法院裁判的依据",同时建立如下严格的法院依职权调查取证制度:(1)法院依职权取证程序仅在当事人提出申请并经审查确有必要时才予以启动,杜绝目前法院可依"案件审理需要"如此宽泛的理由随意启动取证程序的现象。(2)法院依职权调取的证据视为申请方所举证据,须经双方辩论方可作为裁判的依据。(3)明确法院依职权仍未能调取到相关证据时,负担举证责任的一方将承担举证不能的法律后果。

(三)终结之举:法院实体性诉讼指挥内容的充实

法院对诉讼的适当指挥,既能平衡僵化的辩论主义所导致的效率低下和实质不平等,也是法院向当事人共享信息的规范通道,是有效防止裁判突袭的隔离带。这里的适当指挥,除了促进诉讼的程序性指挥外,最核心的指挥在于裁判资料形成过程中给予当事人适当协助的"实体性诉讼指挥"。② 其中,在案件事实资料形成层面的协助可称为释明义务,而在法律适用层面的协助虽然也包含于广义的释明义务范围内,但为了与前者作适度的区分,我们称之为法律观点指出义务。③

---

① 王次平:《新解处分原则中的"处分"》,载《河北法学》2014 年第 11 期。

② 熊跃敏:《民事诉讼中法院的法律观点指出义务:法理、规则与判例》,载《中国法学》2008 年第 4 期。

③ 在民事诉讼中,事实问题与法律问题常常交织在一起。当事人所提出的事实往往不是纯粹的事实,而是受一定法律观点支配的事实,亦即法律构成要件事实。因此,法律观点指出义务与释明义务之间主要是侧重点的不同,二者并无质的差异,也可以将前者视为法律适用层面的释明。

1.完善法院事实释明规则

释明义务(又称释明权)最初是德国等大陆法系国家为了弥补辩论主义的不足,避免当事人因辩论能力的差异而未能提出恰当的主张及陈述最终招致败诉,而赋予法官就当事人的诉求、提供的事实和证据所存在的不明了、不妥当、不充分情形进行提醒、告知的一种职责。① 目前,我国各地法院对于释明制度日益重视,有些法院甚至制定了专门的规定。但遗憾的是,《民事诉讼法》及新颁布的《民诉法解释》对于这一制度依然采取噤声的态度,《证据规定》第35条第1款虽然依稀可见释明义务的影子,但是其适用范围狭窄,无法承载防止裁判突袭的实务需求。应当看到,释明义务是把双刃剑,欲使手握它的法官能够游刃有余,实现预期功效,需要建立起一套完善的释明规则:

(1)明确履行释明义务的范围。以能否促进纠纷一次性解决为考量因素,规定当事人的诉讼请求矛盾、模糊不清、明显不当或不充分,当事人提供的事实主张和证据不充分、不合法、相互矛盾、有遗漏,当事人已提供某类证据但未提出某项诉讼请求或抗辩,当事人在拟制自认情形下既不作肯定也不作否定陈述等情形下,法院应给予提示或发问或告知相应的法律后果。同时,法官在履行释明义务时,应以辩论主义为边界,不得在当事人事实陈述之外启发当事人提出新的事实关系。

(2)规定释明义务的行使方式。法院发现一方当事人诉讼能力不足而致其所提出的事实资料和辩论产生如上情形时,无论处于诉讼的哪个阶段都可以进行释明。释明的方式以双方都在场情况下的口头提示、发问为主,通过发问探明当事人的真实意思,并引导其充分举证、辩论,而非简单地以案件受理通知书和应诉通知书这种书面形式进行释明。

(3)明确释明不当或怠于释明的救济手段。释明一方面是法院的义务负担,怠于履行会影响裁判结果的妥当性;另一方面又是一种权能,如行使过度会招致当事人产生审判不公正的怀疑。因此,法律应当为因法院怠于释明或释明过度而遭受不利结果的当事人提供救济手段,将两种情形纳入程序不当的范畴,二审可撤销原判发回重审;判决已生效的,当事人可援引《民事诉讼法》第200条第9款的规定,以辩论权被剥夺为由,申请再审。

2.建立法律观点开示制度

在德国、日本等大陆法系代表性国家,为防止贯彻"法院知法"原则所带来的法律裁判突袭,均在法律上明文规定法官的"法律观点指出义务",要求法官就当事人明显忽略或认为不重要或与当事人相左的法律观点在庭上进行开示,以利

---

① 毕玉谦:《对民事诉讼中法官阐明权的基本解读》,载《法学家》2006年第6期。

于当事人及时提出对应于法官法律评价的事实和证据或及时调整攻防方向，法官也可借此修正自己不恰当或疏漏的观点。此种"相辅相成对话之场"几乎完全预防了法律适用的裁判突袭。我国民事诉讼立法没有此项义务规定，现时实务是当事人直至宣判后才知道法官所适用的法律。此时，当事人已经丧失了通过补充事实和证据、修正攻防方向以实现在同一个审级中一次性解决诉讼的机会，而须通过上诉审加以修正，有悖于提高诉讼效率的价值取向。因此，立法有必要确立"法律观点指出义务"。具体而言，该义务包含以下内容：

（1）指出的对象。所有影响裁判结论的法律观点，如作为请求权基础的法律构成要件、法律的解释与适用、证明责任分配、证据的评价等均属于指出的范围。当然，与前述事实释明义务相同，此处的法律观点指出义务也要以当事人提出的事实陈述范围为限。例如当事人未曾主张超过诉讼时效的事实，则法院不得为时效抗辩之提示。

（2）指出的要件。当事人明显忽略该法律观点，或因当事人对法律状况产生误解而致其所持法律观点与该法律观点相左（如案例 B），导致当事人懈怠主张举证，方才需要法官履行指出义务。如果当事人虽未主张该法律观点，但其已有的主张举证足以满足适用该法律观点时，则依"法院知法"原则作出的裁判结果已符合当事人期待，该义务无适用必要。

（3）指出的时间及方式。从案件立案之日起至法庭辩论终结前，只要有符合上述要件的状况出现，法官皆可开始履行义务。指出的方式可以是口头或书面，但应让双方当事人都知悉释明的内容，以确保双方拥有同等的辩论机会。

（4）违反指出义务的法律后果。同前述违反事实释明义务的法律后果，法官超出法律观点指出义务的范围或怠于履行该义务的，当事人可以以程序瑕疵为由请求二审改判或撤销原判发回重审；判决已生效的，可以以辩论权被剥夺为由，申请再审。

结　语

"法乃公器"，当事人将纠纷诉诸法律后，即成为程序主体，推进程序进程，影响裁判形成。法院诉讼指挥则如杠杆般，公平保障当事人的程序利益，确保程序的高效运作。如果说体现当事人程序主体权的处分权主义和辩论主义是推动程序向前运转的两个"车轮"，那么以释明为代表的法院诉讼指挥就是带动车轮有效行驶的"车轴"。三者若能在立法上各有其位，在实务中各司其职，相互协作，则裁判突袭这一有悖于法治精神的现象将无处遁形、无法生存。

案外人执行异议之诉的困境与出路

——以不动产案件为视角

■ 邓小飞 *

摘要：我国有关案外人执行异议之诉的法律规定过于原则，导致司法实务中法官在审查案外人异议与审理案外人执行异议之诉时适用法律观点不一。若不解决此类问题，势必影响司法的公信力。以涉不动产案件的审理与执行为视角，从法理学和经济学的角度分析《物权法》相关规定与《最高人民法院关于人民法院民事执行中查封、扣押、冻结财产的规定》第 17 条之间的冲突，有助于解决法官在具体案件审查、审理活动中法律适用之难题。

关键词：执行救济；案外人执行异议；执行程序；《查封规定》

法谚云："无救济则无权利。"《民事诉讼法》第 227 条在立法层面确立了案外人执行异议之诉制度，填补了法律规定在民事执行救济方面的空白。但该项制度目前尚处于初创阶段，理论和立法均待完善，实务中亦有诸多争议与误区。本文拟以相关案例为切入点，着重论述案外人执行异议之诉制度在审判执行实务运作中面临的困难和问题，并提出相关的完善建议，以期对平衡执行当事人与案外人的合法权益、统一审判执行过程中的法律适用有所助益。

一、问题聚焦：案外人权益救济与申请执行人债权实现之间的冲突与平衡

为实现自身权益，申请执行人之间、申请执行人与被执行人、申请执行人与案外人围绕被执行人有限的偿债资产进行激烈的角逐。下文以不动产案件为视角，说明案外人执行异议之诉制度在实际运行中存在的问题。

【案例一】债权人洪某振（申请执行人、案外人执行异议之诉被告、被上诉人）

---

* 作者系福建省厦门市翔安区人民法院法官，法律硕士。

于 2012 年 6 月 25 日申请诉前财产保全,法院于 2012 年 6 月 26 日裁定查封了债务人洪某渠及其妻陈某(债务人、被执行人、案外人执行异议之诉被告、被上诉人)名下位于湖里区某处一房产以及车位,即异议财产。2012 年 7 月 11 日案外人郭某玲(执行异议申请人、案外人执行异议之诉原告、上诉人)提出保全异议,认为异议财产系其所有,请求法院解除查封,后被法院裁定驳回。债权人洪某振遂以民间借贷起诉债务人洪某渠及其妻子陈某,请求债务人偿还借款。判决生效后,洪某振向法院申请强制执行上述保全财产。案外人郭某玲在执行期间向法院提出执行异议申请,认为其于 2012 年 6 月 3 日向洪某渠及其妻购买执行标的物,2012 年 6 月 11 日实际入住,6 月 14 日支付完全部购房款并向房管部门申请过户登记,故主张享有执行标的物的所有权。经过执行异议听证,法院执行部门以重复主张为由裁定异议不成立。郭某玲在法定期间内向执行法院提起执行异议之诉,诉求如下:(1)确认郭某玲与洪某渠、陈某签订的购买异议财产的买卖合同合法有效,确认郭某玲已按合同约定支付全部购房款并实际占有该房产;(2)被告立即协助原告将异议财产权属转移登记至原告名下;(3)对异议财产停止执行并解除查封措施。一审判决驳回郭某玲的诉讼请求。此后,郭某玲提起上诉。终审撤销原判并改判如下:对异议财产停止执行并解除查封措施,驳回郭某玲的其他诉讼请求。[①]

【案例二】债权人郭某(申请执行人、案外人执行异议之诉被告、被上诉人)于 2012 年 6 月 12 日申请诉前财产保全,法院裁定查封债务人郑某及其妻子、儿女等四人(债务人、被执行人、案外人执行异议之诉被告、被上诉人)名下位于集美区某处一房产及车位,即异议财产。债权人郭某遂以民间借贷起诉郑某等四位债务人,请求其偿还借款。判决生效后,郭某于 2012 年 9 月向法院申请强制执行上述保全财产。案外人汤某(执行异议申请人、案外人执行异议之诉原告、上诉人)在执行期间向法院提出执行异议申请,认为其于 2012 年 5 月 30 日向郑某等四人购买执行标的物,并已经向房管部门申请过户登记(于 2012 年 6 月 8 日交件),故主张享有执行标的物的所有权。经过执行异议听证,法院执行部门审查裁定异议不成立。汤某在法定期间向执行法院提起案外人执行异议之诉,一审判决驳回其诉讼请求。汤某提起上诉,终审维持原判。[②]

上述两个案例集中反映了当前司法实践在涉不动产案外人执行异议之诉中对案外人与执行当事人民事权益保护上的差异。依据《物权法》第 9 条、第 14

---

① 厦门市翔安区人民法院(2013)翔民初字第 1500 号民事判决书、厦门市中级人民法院(2013)厦民终字第 3568 号民事判决书。

② 奚晓明主编:《民事法律文件解读》(第 12 辑),人民法院出版社 2013 年版,第 70 页。

条、第 106 条与依据《最高人民法院关于人民法院民事执行中查封、扣押、冻结财产的规定》(以下简称《查封规定》)第 17 条所作出的裁判结果截然不同。一审法院与二审法院之间,甚至是二审法院的法官之间对法律依据的理解均不尽一致,导致司法裁判尺度不一。

目前,房屋在买卖交件过户过程中被查封而没能完成过户登记,不断引发案外人执行异议之诉及衍生诉讼。仅就笔者所在地区而言,据不完全统计,2012年 12 月 21 日至 2014 年 5 月 20 日,两级法院共受理涉房案外人执行异议之诉案 25 件,原告为申请执行人的 1 件,原告为案外人的 24 件。相较于普通的民事诉讼,案外人执行异议之诉在程序与实体上均有其特殊性,但相关法律规定较为笼统,导致实务中面临诸多困扰,主要表现如下:在诉讼程序方面,前置程序如何处理;诉讼主体如何确定;涉级别管辖和专属管辖时如何确定受案法院;案外人异议之诉与确权之诉或给付之诉的关系如何;在实体方面,《查封规定》第 17 条与《物权法》第 9 条、第 14 条、第 106 条之间的冲突如何解决;在适用法律的过程中如何解释《查封规定》第 17 条才符合其立法本意;如何平衡申请执行人的债权与善意案外人的合法权益;如何防范和规制案外人与被执行人恶意串通、滥用执行异议之诉;诉求如何主张及判决主文如何表述。

二、法律渊源:物权与执行权于民法场域之博弈

"为保护案外人的财产权,保障民事执行行为的实体正当性,通常允许案外人就其被执行的财产是否属于责任财产的实体法律问题,通过提起诉讼的方法,请求法院进行审判以资救济,此即民事执行中的案外人异议制度。"①确定诉讼性质是厘清诉讼主体间的关系,平衡案外人权益与申请执行人债权的关键。

(一)理论定位:案外人执行异议之诉制度的价值基础

如果说权力制约和分权理论是构建案外人执行异议之诉制度的基石,那么公正与效率则是该制度的灵魂。执行权作为一种公权力,如不加以制约则易被滥用,从而侵害执行当事人和案外人的合法权益。"任何一项诉讼制度真正永恒的生命基础在于它的公正性,公正是诉讼程序所追求的第一价值。"②然而,迟来的正义非正义,一项司法制度的构建理应在公正和效率之间达到平衡。

在案多人少、诉讼"爆炸"的背景之下,案外人执行异议之诉制度的构建应当

---

① 江必新主编:《民事执行新制度理解与适用》,人民法院出版社 2010 年版,第 323 页。
② 江平主编:《民事审判方式改革与发展》,中国法制出版社 1998 年版,第 257 页。

有利于防止前诉与后诉之间出现相互矛盾的裁判,快速彻底地解决矛盾纠纷,实现诉讼的公正与高效,达到法律效果和社会效果的有机统一。就诉讼经济的角度而言,要从根本上解决案外人、债权人、债务人三者之间复杂的三角关系,必须将案件的程序问题和实体问题一并处理,以避免案外人执行异议之诉与确权之诉或给付之诉的审理法院之间相互推诿或等待而陷入诉讼恶性循环,从根本上减轻当事人的讼累。

(二)审查范围:案外人执行异议之诉制度的结构与功能

"案外人异议之诉是案外人以执行债权人为被告(原则上)向法院提起的要求法院作出不得强制执行或撤销执行程序判决的诉讼,其目的在于阻止或撤销执行机构对执行标的的执行。"①因此,该制度区别于普通的案外人向债权人或债务人提起的涉执行标的的给付之诉或确认之诉。就执行标的而言,给付之诉是要求义务人给付执行标的物;而确认之诉旨在要求确认某种法律关系或权利义务存在或不存在,其结果为司法机关作出确认某种权利义务存在或不存在的裁决。无论是给付之诉还是确认之诉,二者均不能直接阻却执行部门对执行标的物采取相关的强制措施。案外人如果持确认判决或给付判决来对抗执行,则应当先申请法院停止执行。但停止执行并不必然撤销执行程序,实现后者须经历一定的程序,即提起案外人执行异议之诉。

在案外人执行异议之诉中,实体权利关系和执行关系均是审查对象。案外人执行异议之诉的判决不仅对执行关系具有调整作用,在异议请求成立时可排除对标的物的强制执行,而且对实体权利关系也具有既判力。厘清了制度的结构和功能,审判和执行实践中的法律适用难题便迎刃而解了。

(三)核心内涵:案外人执行异议之诉的性质界定

以德国、日本及我国台湾地区为代表的大陆法系理论界对案外人执行异议之诉的性质长期存在争论,归纳起来主要有如下三种观点:(1)"实体说"。该说主张诉讼标的应为实体法律关系,排除执行是其当然效果,故审理对象不涉及执行程序中采取的相关执行措施。(2)"程序说"。该说认为,此类案件的诉讼标的仅为是否排除执行的异议权,对实体法律关系无既判力,其审理范围不涉及执行标的物的归属。(3)"折中说"。该说主张诉讼标的同时包括实体法律关系和是否排除强制执行的异议权,具有确定当事人之间实体法律关系和阻却法院强制

---

① 张卫平:《案外人异议之诉》,载《法学研究》2009 年第 1 期。

执行的双重作用。① 学界对案外人执行异议之诉的性质理解不一,导致实践中的诉讼当事人、诉求主张、判决主文表述及裁判结果迥异。但无论如何,理论界未有定论不能成为审判执行过程中法律适用尺度不一的理由。

张卫平教授将案外人执行异议之诉的性质归纳为"命令诉讼说"与"诉讼救济说"。两种学说均认为,异议之诉是确认之诉和形成之诉的合成,不属于其中单一的某种诉,即一方面具有确认的法律效果,另一方面也具有排除执行的形成效果。这样不仅克服了单一的形成诉讼的既判力难题,也克服了单一的确认诉讼判决无执行力的问题。即异议之诉的判决除了对执行关系具有调整作用,在诉讼请求成立时排除对标的物的强制执行之外,还对实体法律关系具有既判力。"命令诉讼说"的特点在于,胜诉判决为执行机关设置了特定的法律义务,即要求执行机关必须为一定的行为,它不同于任何一种既有的诉讼类型。② 该说与前文所述的"折中说"效果一致。本文亦持此种观点。依照该观点,诉讼请求如何列明及判决主文如何表述的问题亦可得到化解。

三、司法适用:案外人执行异议之诉的具体运作

卡多佐曾指出:"法官作为现实社会中的法律和秩序的科学涵义的解释者,必须提供那些被忽略的因素,纠正那些不确定性,并通过自由决定的方法——科学的自由寻找——使审判结果与正义相互和谐。"③案外人执行异议之诉制度是一项新制度,法律规定较为笼统,实务操作中易出现分歧,亟须在程序和实体两个方面统一其法律适用。

(一)程序性法律问题

1.前置审查程序

执行听证阶段应当注意的是,在执行案件受理后终结前,如果案外人对执行标的物主张享有足以排除强制执行的权利并向执行法院提出异议,法官应严格依照《最高人民法院关于适用民事诉讼法执行程序若干问题的解释》(以下简称

---

① 成都市中级人民法院研究室:《涉房执行案件案外人异议之诉相关法律问题研讨会综述》,http://cdfy.chinacourt.org,下载日期:2014 年 6 月 2 日;奚晓明主编:《民事法律文件解读》(第 12 辑),人民法院出版社 2013 年版,第 76~77 页。

② 张卫平:《案外人异议之诉》,载《法学研究》2009 年第 1 期。

③ [美]E.博登海默:《法理学:法律哲学与法律方法》,邓正来译,中国政法大学出版社1999 年版,第 560 页。

《执行解释》)第 15 条之规定审查其理由。① 执行部门应当自收到书面异议之日起 15 日内进行审查,审查期间可以对财产采取保全措施,但不得处分,正在实施的处分措施应当停止。经审查后认为理由成立的,裁定中止对标的物的执行;理由不成立的,裁定驳回。

根据 2015 年 2 月 4 日起实施的《最高人民法院关于适用〈中华人民共和国民事诉讼法〉的解释》(以下简称《民诉法解释》)第 305 条的规定,案外人若对裁定不服,且认为与原判决、裁定无关(即执行标的物并非作为执行依据的生效裁判所确权或者确定要转让、交付的特定财产),基于其对执行标的物所享有的足以排除强制执行的实体权利(含所有权、担保物权、债权请求权、占有权),自执行异议裁定书送达之日起 15 日内即可向执行法院提起案外人执行异议之诉。②

当执行标的是生效法律文书指定交付的特定物时,经审查认为案外人异议理由成立的,应当中止执行并报请院长提起审判监督程序。如果一时难以确定异议是否成立,则应根据《执行解释》第 16 条的规定加以处理。以上均为执行异议之诉立案审查阶段应予审查的内容,不符合上述条件者不予受理;已受理的应当裁定驳回起诉。但也有观点认为,前置程序无助于矛盾纠纷的快速化解。③

2.诉讼当事人的确定

根据《执行解释》第 17 条的规定,案外人执行异议之诉的原告是执行效力所不及并认为自己对执行标的物有足以排除强制执行的权利,从而以诉的形式向执行法院主张权利的人(含权利所有人、异议财产的管理和处分权人、共有权人、权利所有人的债权人),包括案外人和代为执行的第三人。

案外人异议之诉的被告为申请执行人或其权利承继人,如果执行申请人有两人以上时,则应列为共同被告。只有当被执行人也否认案外人对执行标的物所主张的权利时,即案外人与被执行人之间产生了权益的争执,才将被执行人列为共同被告,德国、日本和我国台湾地区的民事执行制度均有类似的规定。④ "案外人对债权人和债务人的诉讼虽是两个不同的诉讼,但为了防止两个诉讼裁

---

① 《执行解释》第 15 条规定:"案外人对执行标的主张所有权或者有其他足以阻止执行标的转让、交付的实体权利的,可以依照民事诉讼法第二百零四条(即修订后的《民事诉讼法》第 227 条)的规定,向执行法院提出异议。"

② 《民诉法解释》第 305 条规定了应当具备的三个条件。

③ 罗发兴:《案外人异议之诉在实践中的操作问题——兼评新〈民事诉讼法〉第 204 条》,载《法治研究》2010 年第 12 期。

④ 我国台湾地区"强制执行法"第 15 条规定:"第三人就执行标的物有足以排除强制执行之权利者,得于强制执行程序终结前,向执行法院对债权人提起异议之诉。如债务人亦否认其权利时,并得以债务人为被告。"

判之间相互矛盾,应当共同诉讼、合一裁判,其性质应为类似必要共同诉讼。"①
被执行人在案外人异议之诉中只能作为共同被告,而不能成为单独被告。对于
如何确定当事人,《民诉法解释》第 307 条、第 308 条已经作了明确的规定,此处
不予赘述。

3. 管辖法院与审理分工

根据《民诉法解释》第 304 条的规定,案外人异议之诉由最先启动执行程序
的法院(含提级执行、指定执行、委托执行)审理和裁判。原因在于,该诉系执行
衍生的纠纷,必须经历执行异议审查裁定这一前置程序,其结果将直接影响执行
程序的进行与否。如果执行标的物涉及不动产,执行法院不能以违反专属管辖
或级别管辖等理由拒绝立案或立案后将案件移送其他法院(立案后变更执行法
院的除外)。从诉讼效率和诉讼便利的角度而言,采取上述管辖方式并不违反民
事诉讼法有关管辖的规定。更为重要的是,此举能够避免案外人执行异议之诉
的判决与其他判决相矛盾,同时也有助于执行程序的继续展开。

案外人执行异议之诉是《民事诉讼法》新增设的制度,其在案件启动、举证责
任分配、实体处理等方面均与一般民事诉讼不同。从统一审判尺度和便于协调
的角度考虑,可确定由两级法院分别指定一个民事审判庭集中审理此类案件。

4. 案外人执行异议之诉与确认之诉、给付之诉的关系

案外人向被执行人提起的确认之诉、给付之诉,并不能替代异议之诉。如果
异议不动产已经被采取诉前保全措施或在执行程序中被查封,案外人未提起异
议之诉,而是以被执行人为被告提起涉异议不动产的确认之诉或给付之诉,法院
是否应当允许? 若允许,当此案外人已经提起案外人异议之诉时,是否还应当受
理案外人就该异议不动产提起的确认之诉或给付之诉,抑或相反?

"根据诉权理论,只要认为与自己具有实体法上利害关系的人都有权自由提
起确认之诉或给付之诉。案外人提起的确认之诉或给付之诉虽涉及执行标的,
但并不涉及原判决,既不违反一事不再理的司法惯例,也不违反前诉判决的既判
力,故不能以一事不再理或违反既判力为由禁止案外人提起确认之诉或给付之
诉,即司法实务中很难避免案外人与债务人通过确认之诉或给付之诉中的调解
恶意共谋对抗执行标的物的执行。"②但笔者认为,只有审判机构对执行作出否
定的裁决,才能阻却强制执行。

在执行过程中,无论此案外人提起确认之诉还是案外人异议之诉,只要涉及
同一执行标的(或标的物),前后两诉之间就有可能出现矛盾,就会违反一事不再
理的审判原则。假设此案外人所提起的异议之诉是基于所有权主张异议房产为

① 张卫平:《民事诉讼法》,法律出版社 2005 年版,第 151 页。
② 张卫平:《案外人异议之诉》,载《法学研究》2009 年第 1 期。

自己所有而不应成为执行标的,而彼案外人提起的后诉(给付之诉)系基于买卖所得要求履行债务给付异议房产。按照传统的诉讼标的理论,前诉的诉讼标的为所有权关系,后诉的诉讼标的为买卖关系,标的虽有所不同,但是诉讼标的物却指向同一异议房产。为避免前诉与后诉之间发生矛盾,在前诉受理之后,后诉便不应当受理;已经受理的,应当中止审理(或裁定驳回起诉)。

(二)实体性法律问题

案外人执行异议之诉制度的构建仅为案外人维护合法权益提供平台,如欲实现个案正义,必须由法官根据案件的具体情况和制度设立的目的,赋予法律条文以合理的含义。本文主要探讨特殊情形之下,即案外人与被执行人已就涉诉异议房产向房管部门办理完交件手续但未完成过户登记,在等待取件过程中房产被法院查封,法官在审理此类案外人执行异议之诉过程中所面临的法律适用问题。

1.《物权法》第 9 条、第 14 条、第 106 条与《查封规定》第 17 条的关系

在司法实践中,部分法官从不动产登记程序的不完善、权利的性质及法律效力、善意取得制度、民法的公平原则等角度来论证《查封规定》第 17 条与《物权法》第 9 条、第 14 条、第 106 条之规定相兼容。[①] 笔者对此持不同观点,理由如下:

首先,两者存在法理冲突,即作为公权的执行权和作为私权利的物权之间的冲突。《查封规定》第 17 条是根据《物权法》颁布前的物权主流理论而确立的,当时的规则制定者认为,有必要引入事实物权与法律物权的概念。具体而言,在物权的变动过程中,可能会出现登记物权与实际物权不相吻合的情形。此时,只要权利人对标的物的支配构成有效的特定法律关系,且有证据表明权利人有合法的依据可以决定物的最终归属,即使对物的支配没有登记,也应当保护该权利人。换言之,房屋买受人已经取得准法律物权,《查封规定》第 17 条的规定旨在保护其对交易房产的物权期待权。然而,《物权法》颁布之后并未对此作出回应,亦未对事实物权加以任何规定。可以认为,《查封规定》第 17 条的法律基础已不复存在。

其次,案外人因满足程序法《查封规定》第 17 条规定的三要件,就获得了对不动产所享有的权利。这项权利在实体法《物权法》上本得不到承认和保护,却在法院执行权的庇护下受到类似于物权的保护,相当于《查封规定》第 17 条利用

---

① 奚晓明主编:《民事法律文件解读》(第 12 辑),人民法院出版社 2013 年版,第 75～76 页。

法院的执行权创设了一种《物权法》上本不存在的实体权利,违反了物权法定原则。笔者认为,案外人不得借此创设法律未规定的新物权。

再次,《物权法》规定了物的基本制度,目的在于调整物的归属和利用所产生的民事法律关系。执行权的价值在于当一种法律关系遭到破坏时,对其进行修复以维护法律的有效运作,而无意于改变、创制某种法律制度。因此,当执行权与物权发生冲突时,执行权应当无条件地保持谦让。

最后,从法律效果和社会效果分析,如果法院依照《查封规定》第 17 条支持案外人的诉求,则极有可能触发相应的法律风险和道德风险。例如,被执行人与案外人可能通过恶意串通,采取合同时间倒签等诸多简便可行的方式签订虚假合同。在司法实践中,此类案件占相当大的比例,严重加剧了执行难的问题。而驳回案外人的异议请求,能够维护《物权法》的权威和公信力,案外人亦不至于无救济途径可寻。

综上所述,《查封规定》第 17 条应当予以修正,以契合《物权法》有关不动产物权变动规定的精神。

2.《查封规定》第 17 条的解释

"不阐明法律的意义,即不进行解释,法律就不可能适用。"① 对于如何认定案外人是否有过错的问题,传统的观点主要围绕是否支付合理对价、有无实际支付全部购房款、是否实际占有房屋、对未办理过户登记手续是否有过错等要素进行认定。笔者认为,即便符合上述全部要件,亦不能认定其无过错。理由如下:

首先,依据亚当·斯密的理性经济人理论,任何行为主体在从事一定经济行为时,都会对其行为的投入与产出进行风险评估。房屋买卖行为也不例外,它是市场经济条件下平等主体之间的交易行为。市场经济属于法治经济,应当在法律的框架内进行才能产生行为人预期的结果。但法律并没有禁止法院对交件过户过程中的房产采取查封措施,这就要求案外人在购房时进行必要的风险评估,其应当预见所购房产可能会在过户过程中,因房主对外负有债务而被法院查封无法完成过户登记的情形。

其次,在房屋买卖过程中,案外人应当具备相应的风险意识并承担相应的风险责任。案外人应当充分考虑出卖人的瑕疵担保义务,并采取有效措施规避风险。例如,加重对方的违约责任并要求其提供相应的担保,或约定将大部分购房款交由第三方机构监管,待过户登记完成后才指示其付款等,这些措施完全可以避免办理过户手续时因房产被查封而造成"钱房两空"的被动局面。

---

① 赵秉志、曾粤兴:《刑法解释方法研究》,载赵秉志、张军主编:《中国刑法学年会文集》(2003 年度第一卷:刑法解释问题研究),中国人民公安大学出版社 2003 年版。

最后，在认定案外人是否有过错时，应当从案外人在签订购房合同过程中是否采取以上风险防范措施着手，并由其承担相应的举证责任。如果案外人未采取任何风险防范措施，即应认定其存在过错，由其承担相应的法律责任。此种安排有助于规范不动产交易行为，从根本上维护不动产物权变动的登记生效主义原则。

3.案外人权益保护、申请执行人债权实现与被执行人利益之间的平衡

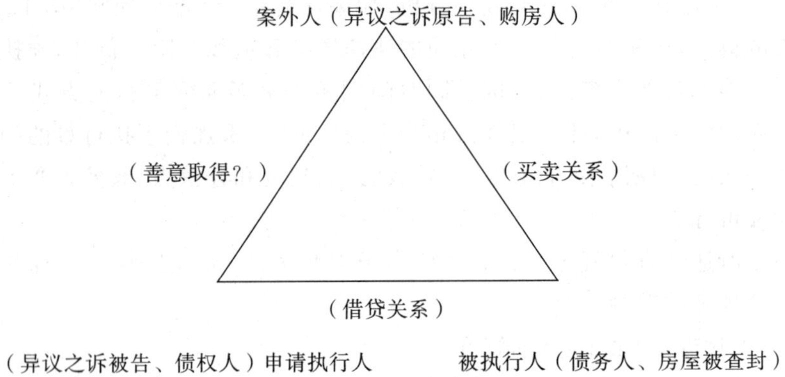

图1　申请执行人、被执行人和案外人三方关系

首先，在多数情况下，案外人并没有采取前述风险防范措施，其支付了全部购房款给被执行人且实际占有房产，而购房款已被被执行人消费殆尽。如果异议房产是被执行人唯一可供执行的财产，一旦法院裁决支持案外人异议并解除查封措施，异议房产则从被执行人名下过户至案外人名下，申请执行人的债权将无法实现。如果法院裁决驳回案外人的异议诉求，则案外人支付全部购房款后又得不到房产，面临钱财两空的遭遇。解封还是不解封？法院必须作出裁决。该保护哪方的利益或者说该如何平衡案外人与申请执行人之间的权益，其依据为何？笔者认为，不应曲解民法的公平原则，《查封规定》第 17 条并不属于《物权法》第 9 条关于法律另有规定的除外情形，不能依此规定作出解封或确权裁决。

其次，在案外人已采取相应的风险防范措施的情况下，大部分购房款在交件过程中为第三方所监管。即使交易房产被法院查封而无法过户，案外人仍可通过解除合同收回大部分购房款，亦可以出卖人违约为由诉至法院，要求出卖人承担违约责任，并待判决生效后申请执行参与分配，以尽可能地挽回全部损失。若案外人要求履行合同，在其提供担保并指示第三方将购房款交由执行法院或由执行法院对该款项予以冻结的情况下，即使法院解封完成过户，申请执行人的债权也不至于落空。

最后，当异议房产不是被执行人唯一可供执行的财产时，为了避免因违约而遭受更大的损失，被执行人完全可以履行债务，或者提供其他足额担保要求解除

查封,使房屋顺利过户。据此,申请执行人、被执行人、案外人三者的权益均可得到有效的保障,从而实现三方利益的平衡。

4.案外人与被执行人恶意串通滥用执行异议之诉的防范与规制

如果申请执行人众多而被执行人唯一可供执行的财产不足以清偿全部债权,被执行人将异议房产出售给作为债权人之一的案外人,用以抵偿其债务,则其他债权人的利益势必会受到严重侵害。即便案外人在主观上没有与被执行人进行恶意串通,买卖合同形式合法,也应认定其存在明知会损害其他债权人权益的故意,法院应据此驳回执行异议之诉,且不因案外人提供担保而解除查封措施。

5.不应以《查封规定》第17条推翻《物权法》第9条之规定

首先,不能以民法的公平原则对抗民法的守法原则。市场经济是法治经济,市场主体均应在法律的框架内从事经济行为。《物权法》第9条规定了不动产物权变动登记生效主义原则,能够从根本上维护交易的安全与便捷,保护交易各方的利益,只有"法律"另有规定的情况除外。《查封规定》第17条并不属于《物权法》第9条规定的除外情形,即使案外人没有任何过错,亦不能以此对抗《物权法》以及进入强制执行阶段且执行部门有义务采取执行措施的债权。

其次,不能用善意取得制度对抗民法的守法原则与不动产物权变动登记生效原则。《物权法》第106条规定的善意取得制度有其特定的适用情形,该条第1款第3项规定:"转让的不动产或者动产依照法律规定应当登记的已经登记";此外,其适用主体应为无处分权人,否则不构成善意取得。《查封规定》第17条的规定不能违反法律的强制性规定。在案外人执行异议之诉中,法院不能以此作为裁决案外人是否具有实体权利和是否解除查封的依据。

笔者认为,依照上位法优于下位法、新法优于旧法的原则,应当以《物权法》第9条、第14条、第106条之规定作为裁决案外人是否具有实体权利和是否解除查封措施的法律依据。

实现担保物权案件的审查规则评析

■夏　旭　冯　凡[*]

摘要：根据《民事诉讼法》以及司法解释的有关规定，人民法院对实现担保物权案件采取形式审查的方式。在司法实践中，审判机关如何正确把握审查规则，在确保实现担保物权特别程序得到快速有效运作的同时，兼顾对诉讼参与人诉讼权利的保护，是一个值得探讨的问题。

关键词：担保物权；特别程序；审查规则；异议权

引　言

　　2007 年开始实施的《物权法》首次创设了实现担保物权制度。2012 年，新修订的《民事诉讼法》（以下简称新民诉法）增加了实现担保物权特别程序制度。2015 年颁布的《最高人民法院关于适用〈中华人民共和国民事诉讼法〉的解释》（以下简称《民诉法解释》）对实现担保物权特别程序制度加以进一步的细化。实现担保物权特别程序制度一经形成，便为快速解决担保物权纠纷、化解民间金融风险、维护权利人的合法权益提供了有效的制度保障。然而，由于新法对实现担保物权非讼程序的规定过于原则，可操作性较差，加之相关司法解释规定较为粗疏，在一定程度上造成了司法适用的混乱。特别是在一些民间金融不太发达、担保物权纠纷案件不多的中西部地区，人民法院如何具体适用该特别程序审理实现担保物权案件，成为审判部门乃至代理律师需要逐步摸索和总结的重要问题。

　　本文以作者代理的湖北省某地级市第一起实现担保物权案件为例，从人民法院审查该类案件的视角，对实现担保物权程序的细化提出自己的思考和建议，以求对相关制度的进一步完善有所裨益。

---

　　* 作者均系北京仁人德赛（武汉）律师事务所律师。

一、案情简介

2012 年 6 月,笔者代理的甲公司(系建筑商)与乙公司(系房地产开发商)签订了一份借款协议,约定由乙公司向甲公司借款人民币 3000 万元,用于乙公司正在开发的某楼盘项目(该项目的基建施工部分由甲公司承建)。借款期限为 30 个月,利率为月息 3%。协议签订后,甲公司向乙公司支付了全部借款。此外,甲公司还与乙公司的两个自然股东 A 和 B 签署了股权质押协议,A、B 两人将其所持有的全部股权质押给甲公司作为债务质押担保,并到工商部门办理了股权质押登记手续。借款期间,乙公司依约偿还了部分利息。借款期满后,乙公司无法偿还借款本金及剩余利息。甲公司经多次催告无果后,委托笔者代为向人民法院提起诉讼,追回损失。

笔者在详细分析案件相关资料后发现,本案可通过实现担保物权特别程序,迅速便捷地为委托人实现担保物权。但笔者此前从未代理过类似案件,于是抱着学习的态度多次向律师同行、法学专家及外地相熟的法官请教(这里不涉及回避问题),最终为甲公司设计了如下代理方案:以乙公司股东 A 和 B 为被申请人,直接向乙公司所在地基层法院申请对 A、B 所持有的股权进行拍卖、变卖,以偿付乙公司所拖欠借款及利息。

当地法院在收到甲公司的申请后,十分慎重。法院立案庭和业务庭法官多次就该案进行内部讨论和研究,最终决定受理甲公司的申请,以新民诉法增设的实现担保物权特别程序审理此案。据了解,本案是该市法院系统受理的第一起实现担保物权案件。案件受理后,法院依法向当事人送达了法律文书。为了保障当事人的合法权益,法院还专门召开听证会,听取双方当事人的意见。

在听证过程中,被申请人的代理律师对申请人提交的借款协议、担保协议、股权质押登记文件以及财务付款凭证等证据都无异议,也认可甲公司与乙公司之间的借款事实及甲公司与 A、B 之间的股权质押事实,但提出如下答辩意见:第一,甲公司、乙公司作为企业法人之间的借款合同无效,进而导致甲公司与自然人 A、B 之间签订的股权质押协议无效;第二,借款合同中约定的利息已超过银行同期贷款利率的四倍,应认定为无效;第三,上述争议的存在,导致本案在担保物权效力以及被担保债权的范围等方面存在实质性争议,因此,人民法院应裁定驳回甲公司的申请。

结合被申请人代理律师提出的上述观点,法庭对本案的争议焦点归纳为如下三个问题。笔者作为甲公司的代理律师,针对这些问题作出了充分而有理有据的回应。

争议一:双方签订的借款合同是否有效。对方的主要理由在于企业之间的资金拆借违反了国家金融监管规定,应被认定为无效。但根据 2013 年最高人民法院副院长奚晓明在全国法院商事审判工作座谈会上的讲话(以下简称"奚晓明院长讲话"),①"对于企业间借贷,应当区别认定不同借贷行为的性质与效力。对不具备从事金融业务资质,但实际经营放贷业务、以放贷收益作为企业主要利润来源的,应当认定借款合同无效。……而对不具备从事金融业务资质的企业之间,为生产经营需要所进行的临时性资金拆借行为,如提供资金的一方并非以资金融通为常业,不属于违反国家金融管制的强制性规定的情形,不应当认定借款合同无效"。在本案中,甲公司之所以借款给乙公司,完全是为了帮助乙公司完成某楼盘项目的开发,而不是以出借资金为目的的获取利差。对方提出借款合同中约定借款期限 30 个月,并不属于"奚晓明院长讲话"中提及的"临时性资金拆借"。我方认为,30 个月的借款期限恰恰印证了借款目的是乙公司房地产项目的开发,因为该借款期间正好与楼盘的开发周期相对应。至于"临时性",并非指向借款期限的长短,而是指借款用途为"临时性"还是专门以借款牟取利差为业。此乃金融监管机构禁止企业间从事借贷业务的真正目的。因此,在本案中,甲公司借款给乙公司的主要目的是项目开发,而不是为了牟取高额放贷利差(甲公司在听证过程中自愿放弃对超过银行同期贷款利率四倍以上利息的主张),该借款合同不违反国家金融管制的强制性规定,合同应认定为有效。

争议二:双方当事人对于合同效力的争议是否属于"民事权益争议"。被告方律师认为,虽然双方对借款的相关事实不存在争议,但借款关系是否有效属于本案的实质性争议,法院应根据《民诉法解释》第 372 条第 3 项的规定驳回甲公司的申请。我方认为,人民法院对任何案件的审查,均包括事实认定和法律适用两个方面。在本案中,双方对于案件事实已无实质性争议(包括借款的事实、借款金额、利息结算、担保关系的成立等),仅仅对借款关系的法律定性有争议,而该争议属于法律适用问题。在实现担保物权特别程序中,当事人对法律适用存在争议是否构成"有实质性争议"? 我们认为,在实现担保物权案件中,这种争议不是"实质性争议",而是在事实认定无异议的情况下,对法律的适用存在偏差。根据审判制度的规定,法律适用属于人民法院行使的职权,因此,对于法律适用的异议,并不构成案件本身的实质性异议。

争议三:人民法院对借款合同效力的审查是否属于实质性审查。事实上,这个问题已在第二个问题中作出回答。理由在于,法院结合案件事实,引用法律对合同效力加以分析、判断并最终得出结论的审查过程,其本身就是审理程序的直

---

① 奚晓明:《商事审判中的几个法律适用问题》,载《人民法院报》2013 年 9 月 25 日第 7 版。

接体现,也并未超出实现担保物权案件审查程序的审理范围,因此,对方提出的几点异议理由均不成立。

在双方围绕上述几个争议的焦点问题展开辩论后,法院基本采纳了笔者一方的意见,最终审查裁定甲公司与 A、B 两人的质押合同合法有效,乙公司逾期未还款构成违约,甲公司要求拍卖、变卖 A、B 股权的申请符合法律规定,予以支持。

二、人民法院对实现担保物权案件的审查程序

上述案例所反映的人民法院对于实现担保物权案件的审查规则,笔者认为有必要对其作简要分析,以期能够为实现担保物权特别程序的完善提供可参考的意见。

(一)对于实现担保物权案件的审查原则

1.审查模式

担保物权,是与用益物权相对应的他物权,指的是为确保债务的实现而设立的,以直接取得或者支配特定财产的交换价值为内容的权利。[①] 在目前的制度体系中,人民法院对于担保物权实现案件的审查,属于"形式审查"。有观点认为,秉承合乎审查目的的内在要求、注重权利迅速实现和保护、尊重物权公示公信原则等基本理念,我国实现担保物权案件的审查标准应为"形式审查"。这是由实现担保物权案件不存在实体争议的特征所决定的,是实现担保物权程序高效快捷的立法目的所必需的,是实现担保物权非讼程序的性质所要求的,也是实现担保物权立法国际化发展趋势所必然的。[②]

笔者也认同这种观点,这里的"形式审查"正是区别于适用一般民事诉讼程序的案件审查模式。"形式审查"最大的优势在于相对于诉讼程序的"程序缩减"。在这种模式下,法官除了扮演居中裁判者的角色之外,在程序运行过程中其实发挥着更为积极的能动作用。因为审判者必须尽量防范当事人滥用"速裁程序"的风险。一方面,法官应当秉承民事诉讼程序"谦抑性"的要求,对于当事人的诉求和抗辩采取均衡的态度;另一方面也要发挥监督者的作用,按照职权主义的要求,对当事人所提交的相关证据材料进行严格审查。在具体审理过程中,

① 项海波、李程:《实现担保物权案件的理解与适用》,载《经营管理者》2014 年第24 期。

② 李林启:《形式审查抑或实质审查:实现担保物权案件审查标准探析》,载《政治与法律》2014 年第 11 期。

应不限于当事人提交的证据材料,而是应该全面、审慎地查清涉及担保关系的有关事实和证据,以达到内心的确信,避免虚假诉讼或者其他导致该程序被滥用的情形出现。

2.审查范围

根据《民诉法解释》第371条的规定,人民法院审理实现担保物权案件的审查范围主要包括主合同的效力、期限、履行情况,以及担保物权是否有效设立、担保财产的范围、被担保的债权范围、被担保的债权是否已届清偿期等担保物权实现的条件,以及是否损害他人合法权益等内容。据此,对主合同效力的审查,属于人民法院应当依法审理的内容之一。在前述案例中,对方当事人对主合同效力提出的异议,应当属于人民法院审查案件的职权范围,而不属于当事人之间的"民事权益争议"的范畴。

笔者认为,作为实现债权法益的司法确认程序,法院必须对主、从法律关系加以"全面审查"。但对于主债权的审查,不能过于苛刻,而应该在初步认定其合法有效的前提下,排除那些与实现担保物权无关的法律关系的影响,将审查的重点置于担保物权关系本身,进而最大限度地发挥实现担保物权程序的作用。

3.审查方式

担保物权实现程序采取非讼裁判的方式。非讼裁判和诉讼裁判虽然形式相同,但效力内容差异很大。不仅如此,依实体法目的的不同,不同类型的非讼案件的裁判效力也有所差异。裁判变更程序虽很好地解决了非讼案件须因应情势变化不断调整裁判的需要,但同时也影响到裁判效力的稳定性;因此裁判变更程序存在严格的条件限定,其对裁判效力的影响在具体内容上也呈现出不同的表现形式。①

关于人民法院对于实现担保物权案件的审查方式,目前法律并无明文规定。《民诉法解释》第370条规定:"人民法院审查实现担保物权案件,可以询问申请人、被申请人、利害关系人,必要时可以依职权调查相关事实。"由此可知,对于实现担保物权案件的审查,人民法院除了采取书面审查方式之外,还可采约谈、询问当事人、举行听证等方式。听证并不是必备程序,人民法院应当根据案件的具体情况作出决定。《民诉法解释》第369条规定:"实现担保物权案件可以由审判员一人独任审查。担保财产标的额超过基层人民法院管辖范围的,应当组成合议庭进行审查。"

有观点认为,实现担保物权案件的审理应以适用非讼法理为原则,并根据案件的具体情况考虑是否适用诉讼法理。如果担保物权有效成立,主债务履行期

---

① 郝振江:《非讼裁判的效力与变更》,载《国家检察官学院学报》2014年第2期。

限届满或成就担保物权实现的其他条件,且主债权数额确定,不存在在先担保物权,法官可裁定准予实现担保物权。法官可依职权对上述事实进行调查,不当面听取申请人的陈述及被申请人的抗辩即作出裁定,也可在只有申请人一方到庭的情况下进行审理。审理中如发现案件存有实质争议,则需交错适用诉讼法理,保障被申请人的程序参与权。①

笔者认为,这类案件的审查方式应以书面审查为主,并且以审判员独任审判为原则,以听证审查和组成合议庭审查为例外。这主要是该程序所追求的"速裁"的价值取向所决定的。只有当案件情况相对比较复杂,或审判者无法就书面材料形成内心确信时,才需要进一步与当事人约谈或采取公开听证的形式,全面了解案件事实。

4.审查结果及裁定

人民法院对权利人的申请进行审查后,符合法律规定的,人民法院应裁定准许拍卖、变卖担保财产。《民诉法解释》第 372 条规定了人民法院对实现担保物权案件的处理方式,主要有如下几种:(1)当事人对实现担保物权无实质性争议且实现担保物权条件成就的,裁定准许拍卖、变卖担保财产;(2)当事人对实现担保物权有部分实质性争议的,可以就无争议部分裁定准许拍卖、变卖担保财产;(3)当事人对实现担保物权有实质性争议的,裁定驳回申请,并告知申请人向人民法院提起诉讼。

上述规定的新颖之处在于,对当事人有争议和无争议的担保物权作如下区分:对于有争议的可以保留争议,人民法院不予处理;而对于双方无争议的部分,可单独裁定予以拍卖、变卖。这也体现了人民法院对于该特别程序"特事特办"的司法理念。

对于裁定结果的送达,司法解释并未明确。笔者认为,如果当事人在审查程序中签收了法院的相关文书材料,而在法院作出准予实现担保物权的裁定后,故意逃避不签收,法院可采取在法院公告栏或担保物所在地的居民委员会、村民委员会、物业小区等场所张贴公告等送达方式进行送达,②以体现法院裁定结果的严肃性,避免当事人恶意逃避债务。

(二)对当事人异议的审查规则

在上述案例中,被申请人的代理人对甲公司提出的实现担保物权申请持有

---

① 林蕾:《浅谈实现担保物权程序之非讼路径——以被申请人是否享有程序参与权为重心》,载《中文信息》2014 年第 7 期。

② 张胜霞:《关于审查实现担保物权案件的调研报告——以 Y 法院的审查实践为研究样本》,载《法制与社会》2015 年第 3 期。

异议,且提出异议的理由、角度颇为精妙。一方面,其对双方借款及担保的事实并无异议(由于申请人一方提交的证据确实很充分,对方无法否认);另一方面,其从法律关系定性的角度提出异议,否定借款关系及担保关系的有效性,进而以双方存在"实质性争议"为由请求法院驳回甲公司的申请。这一招看似漫不经心,实则"杀伤"巨大,因为对方提出了一个在实现担保物权案件中非常重要的审查规则问题,即被申请人提出异议的审查规则。立法者虽然为担保物权的实现描绘了美好蓝图,但由于法律条文过于简单,尤其是对于担保物权实现程序中被申请人提出的异议如何处理与救济未予规定,其前途难免令人担忧。①

1. 关于对异议审查的理论争议

事实上,《物权法》及新民诉法第 197 条并未对当事人异议的审查规则作出具体明确的规定,而仅仅笼统地规定,对于"符合法律规定的,裁定拍卖、变卖担保财产,当事人依据该裁定可以向人民法院申请执行";对于"不符合法律规定的,裁定驳回申请,当事人可以向人民法院提起诉讼"。这种较为抽象的规定,给基层司法审判人员的具体操作带来了困惑。《民诉法解释》第 372 条规定:"当事人对实现担保物权有实质性争议的,裁定驳回申请,并告知申请人向人民法院提起诉讼。"但是,该规定并未明确人民法院对当事人异议的审查尺度。在这一问题上,理论界主要有三种不同的观点。

第一种观点认为,人民法院对申请担保物权案件的审查应采取"非实质性"审查的原则。只要申请在形式上符合法律的规定,人民法院就应该裁定拍卖、变卖担保财产,被申请人的异议不影响法院依法裁定。如果被申请人有异议,则可在申请人提起强制执行程序后提出执行异议。该观点的核心在于,无论是《物权法》还是新民诉法,增加实现担保物权特别程序旨在为权利人实现担保物权提供方便、快捷的通道,避免因债务人恶意拖欠、阻挠权利人实现债权的非诚信行为。如果申请人的申请符合法律规定,被申请人仅仅提出似是而非的异议就可以阻却该特别程序,那么实现担保物权制度可能最终成为一纸空文,无法起到应有的作用。相应地,《物权法》为促进债权尽快实现的先进立法理念也会落空。有学者赞同此种观点,认为"实现抵押权案件适用非讼程序,经核实登记事项,即作出准予拍卖变卖的裁定,迅速保护抵押权,无疑合乎非讼程序的制度价值"。②

第二种观点认为,"就申请拍卖、变卖担保财产而言,有关担保物权存在与否

①　王明华、孙心佩:《担保物权实现程序中被申请人异议之诉的确立》,载《人民司法·应用》2014 年第 7 期。

②　肖建国、陈文涛:《论抵押权实现的非讼程序构建》,载《北京科技大学学报(社会科学版)》2011 年第 1 期。

及担保债权的范围和数额等实体问题,应尽可能在非讼裁定形成过程中一并予以解决"。① 如前所述,近几年随着民间借贷纠纷案件的急剧爆发,本已不堪重负的司法资源面临着极大的压力。为此,立法部门也在考虑通过多种渠道来化解这种供需矛盾。例如,新民诉法设立的"小额诉讼一裁终局制度"以及本文所论述的"实现担保物权特别程序制度"等,都是为了简化诉讼程序,从而降低当事人的维权成本,提高司法运行的效率。因此,在实现担保物权案件中,如果当事人对案件的实体问题产生争议,则审判机关可依据诉讼程序予以处理;对于其他非实质争议部分,法院则应适用非讼程序予以处理。也即,即使当事人在同一案件中对实体部分存在争议,人民法院也不必驳回其申请并告知申请人另行起诉,而只需变更审理程序对案件进行审理,从而迅速、有效地解决双方当事人的纠纷。②

第三种观点认为,若当事人在法定期限内提出异议,则人民法院应当立即裁定终结实现担保物权的非讼程序。其主要落脚点在于,依据诉讼/非讼二元论模式,对担保物权存在与否及担保债权范围和数额的争议属于实体争议,不能适用非讼程序予以解决,而应由当事人另行提起诉讼,依据诉讼程序予以解决。鉴于实现担保物权特别程序在审限、审理方式、审理人员构成、救济方式等方面与一般诉讼程序存在巨大差异,如果将有关担保物权实体争议置于该非讼程序中一并解决,当事人将承受制度上的"不公",反而会挫伤权利人诉诸该制度获得司法救济的积极性和信心,不利于纠纷的有效解决。因此,对于该程序来说,就案件实体争议的审查应做到"浅尝即止"。一旦认定案件确有实体争议即终止该程序,并释明当事人另行提起争讼程序,实现非讼案件向诉讼程序转化。这样才可实现对担保人程序权利的保障。③

对于上述三种观点,笔者认为都有其合理性,但也有片面之处。第一种观点主张被申请人的异议不影响法院裁定,这种观点过于强调法院审查的制度刚性,而忽视了可能存在的道德风险。例如,申请人与被申请人之间可能存在虚假诉讼,申请人可能虚构事实、伪造证据等。因此,笔者认为,审判机关在审查被申请人的异议时,如果对争议债权和担保关系的真实性存在合理怀疑,就应当裁定驳回申请,由申请人通过诉讼程序另行解决。若被申请人仅仅提出笼统的异议,并

---

① 高圣平:《物权法与担保法:对比分析与适用》,人民法院出版社 2010 年版,第106 页。

② 姜世明:《非讼事件法新论》,台湾新学林出版股份有限公司 2011 年版,第 36~37 页。

③ 鹿城法院研究室:《论实现担保物权程序审查规则构建》,http://www.wzfy.gov.cn,下载日期:2015 年 5 月 25 日。

无实质性的证据否定担保物权关系的合法效力,则应支持申请人的申请。第二种观点主张在担保物权实现的非讼程序中交错适用诉讼程序,有其合理性,但同时又忽视了非诉讼程序与诉讼程序之间存在的不可逾越的"鸿沟"。特别是在我国目前的司法环境下,如果对于担保物权采取一审到底的模式,则很可能引发程序的滥用,进而导致这一"一裁终局"的简单程序无法对存有实体争议的当事人提供充分且足够的程序权利保障。[1] 第三种观点的可操作性较强,但也有不足之处,如果按照这种模式,那么几乎所有的案件都有可能因为被申请人的异议而终止,该程序的快捷、简便优势便无从体现,新民诉法第 197 条的规定可能会成为一纸空文。

在裁定结果方面,有观点认为,从法理解释来看,许可裁定书不仅要对担保财产"是否"以及"如何"拍卖、变卖作出裁断,还应对优先受偿数额等实体问题进行确认。[2]

2.对异议审查的具体做法

笔者认为,结合相关法律规定及司法实践,人民法院应采取如下几种方式处理被申请人的异议:

第一,如果被申请人、案外人对主债权或担保物权的真实性、合法性等实质性问题提出异议,或案外人对担保财产所有权、担保合同效力等提出异议,但未能提供相关依据的,法院在审查确认申请合乎法律规定的基础上,可直接裁定拍卖、变卖担保财产,同时驳回被申请人、案外人的异议。

第二,若被申请人、案外人提出异议并提供了初步证据,导致法院在全面审查的基础上,对主合同及担保合同的成立、生效、履行、债权数额等影响担保物权实现的事实认定存有疑问,无法在该程序中形成内心确信,则法院应依法驳回申请人的申请,并在裁定书中告知当事人有权另行起诉。

第三,如果被申请人、案外人仅仅提出笼统的异议而非实质性抗辩,只是无法就担保物权实现的方式达成一致,法院应驳回异议,依法裁定准许拍卖、变卖担保物。

除此之外还有一种情形(同本文所举案例),即当事人双方对主合同及担保合同成立的事实没有异议,仅对主合同或者担保合同的性质或者法律的适用存在异议。笔者认为,人民法院对实现担保物权案件的审查,包括事实认定和法律适用两个方面。如果当事人对于形成主债权及担保物权的事实没有异议,而仅

---

[1]　杨荣馨主编:《民事诉讼原理》,法律出版社 2003 年版,第 657 页。

[2]　毋爱斌:《实现担保物权非讼许可裁定的文本分析——基于北京、重庆、广东三地法院的考察》,载《法律科学》2014 年第 5 期。

对法律的适用及定性有异议,则不属于双方的"实质性争议",人民法院不宜驳回申请。理由如下:

第一,法律适用是审判机关必然行使的职权,即便当事人不提出异议,法院对于案件的审查也必定会涉及主债权合同及担保物权是否合法有效的判断。因此,人民法院无须因为当事人之间就法律适用存在争议就终止该程序。当然,人民法院可以听取双方对于法律适用的建议和辩论意见。

第二,如果因为当事人之间就法律适用问题存在争议就终止程序,则会导致法院陷入一种"动辄得咎"的状态。如前所述,对于任何一起案件,双方的争议无非表现在事实和法律两方面。如果将有关法律适用的争议也认定为"实质性争议",则实现担保物权程序的异议规则很可能被滥用,导致该程序无法发挥实际效果。

第三,如果当事人对法律适用存在争议就终止程序,则容易诱使被申请人规避举证责任,从而损害申请人的合法权益。一般来说,当事人如果对事实部分有争议,就必须提供相应的证据加以证明。但对于法律适用的争议,仅为当事人的认识和理解问题,属于主观价值判断,无须举证证明。因此,对于这种主观上的认识争议,人民法院结合案件事实进行裁判即可,无须终止程序。

三、实现担保物权案件的权利衡平与救济

根据新民诉法第 197 条的规定,申请人的申请不符合法律规定的,人民法院裁定驳回申请。但该驳回申请的裁定并未对当事人之间的实体权利作出处理,自然也就没有法律上的既判力。申请人可就上述债权及担保物权重新向人民法院提起诉讼。

对于被申请人而言,除了可以在特别程序中行使异议权,《民诉法解释》还规定了当事人申请救济的途径。《民诉法解释》第 374 条规定:"适用特别程序作出的判决、裁定,当事人、利害关系人认为有错误的,可以向作出该判决、裁定的人民法院提出异议。人民法院经审查,异议成立或者部分成立的,作出新的判决、裁定撤销或者改变原判决、裁定;异议不成立的,裁定驳回。"据此,如果当事人就裁定结果提出的异议不被法院采纳,从而导致其担保财产被裁定拍卖、变卖,被申请人应如何寻求救济?有观点认为,实现担保物权程序实行"一审终审",民事诉讼法未赋予当事人上诉或者申请复议的权利。由于非讼程序裁定不具有既判

力,若发生争议,则应直接撤销原判,作出新的判决,而不适用审判监督程序。①但也有学者指出,该裁决有无既判力,关键在于裁定所涉事项和作出裁定所依据的审查方式。② 还有观点认为,除了被申请人可以提出异议之外,案外人也可以提出异议之诉。但《民事诉讼法》关于案外人异议之诉的规定过于简单,法官在处理与案外人异议之诉有关的问题时,常常找不到可适用的条文。案外人异议之诉与确认之诉之间在既判力方面的相互影响,是异议之诉实践操作中的难点。③

笔者认为,法院在该特别程序中仅采取"形式审查",而未涉及案件的实体部分。从制度设计的角度看,立法者似乎更侧重对担保物权人的保护,而忽略了对双方当事人救济权利的平等保护,由此可能给当事人造成重大的财产权利损害。如果当事人确有证据证明法院作出的裁定是错误的,而法院采取直接改判的方式加以纠正,则明显剥夺了当事人的诉权,不利于当事人合法权益的保护。因此,笔者认为,对于不服裁定的当事人,应启动审判监督程序。

结　语

实现担保物权特别程序旨在帮助债权人通过担保物权的行使,更加快速、便捷地获得债务清偿,因此在程序构建时应体现效率价值。但在追求效率的过程中,也要注意对诉讼参与人的尊重,从而更全面地保护诉权。④ 身处司法一线的律师应当在司法实践中积极学习和利用这些新制度,并努力研究总结这些新制度在司法实践运作过程中的利弊得失,从而为新制度的完善和发展提供可借鉴的意见和建议。

---

① 奚晓明主编:《〈中华人民共和国民事诉讼法〉修改条文理解与适用》,人民法院出版社 2012 年版,第 378 页。
② 高圣平:《担保物权实行途径之研究——兼及民事诉讼法的修改》,载《法学》2008 年第 1 期。
③ 罗发兴:《案外人异议之诉在实践中的操作问题》,载《法治研究》2010 年第 12 期。
④ 朱阁:《实现担保物权案件特别程序的适用研究》,载《法律适用》2014 年第 8 期。

论司法实践中的故意杀人"情节较轻"

■曾　执　秦　波　钟尔璞*

摘要：故意杀人是罪行最为严重的犯罪之一。我国刑事立法通过规定情节较轻的量刑幅度，实现对社会危害性相对较小的行为人的罚当其罪和罪刑均衡。但对于如何认定情节较轻这一问题，有权机关一直未予具体化的解释。我国学者的倾向性意见与司法实践的观点存在差异。从"构成要件群"理论出发，我国刑法规定的故意杀人情节较轻是减轻量刑规则与减轻的犯罪构成的杂糅。因此有必要厘清相关概念，结合相关案例，评辨学界观点，总结归纳出司法实践中认定故意杀人情节较轻的一般标准。

关键词：故意杀人罪；情节较轻；认定标准

引　言

我国先后颁行的两部刑法典均规定，"故意杀人的，处死刑、无期徒刑或者十年以上有期徒刑；情节较轻的，处三年以上十年以下有期徒刑"。《刑事诉讼法》又规定，中级人民法院管辖"可能判处无期徒刑、死刑的案件"。从两法实施36年来的历史经验看，在我国，受理故意杀人一审案件的主要是中级人民法院。

这一论断也为实证调研所证实。以常住人口超过1400万的S省C市（副省级）为例，2005年至2014年10年间，该市中级人民法院仅对48件故意杀人二审案件作出终局裁判，而该院同期受理的一审即"可能判处无期徒刑"以上的故意杀人案多达1308件，两者比例超过1：27。前述48件二审案件中，有33件在情节较轻的量刑幅度内被判处刑罚，但仅有张某某一人的故意杀人行为被认定为情节较轻，被判刑6年。① 对比案件事实和具体情节，其他32件案件有

---

* 曾执：成都市中级人民法院助理审判员；秦波：成都市中级人民法院审判员、副庭长；钟尔璞：西南财经大学法学院教授。

① S省C市中级人民法院〔2012〕C刑终字第327号刑事裁定书。

的比它更值得刑法宽宥，还有的比它处刑更轻。

同类型案件在情节认定和量刑上的巨大差异，降低了违法行为的可预测性，凸显出法官自由裁量作为一种"专断的权力"（英国学者戴西语）的内在缺陷。面对如此差异，人民法院对社会公众指摘的"案案不同""不能简单类比"所作出的惯常解释显得苍白无力，"同案不同判"的质疑也一浪高过一浪。

故意杀人虽是罪行最为严重的犯罪之一，但我国立法仍为之规定情节较轻的量刑幅度，其目的在于实现社会危害性较小个案的罚当其罪和类案的罪刑均衡。而这些目的得以实现的逻辑前提，则是明确较轻情节应如何适用。本文以典型案例为切入点，分析比较我国学者与人民法院对故意杀人情节较轻的理解与运用，找寻司法实践中据以认定故意杀人情节较轻的一般标准。

一、典型案例与问题的引出

（一）案情

舒某某、高某某、贺某（殁年 27 岁）、贺某某均系许某某（时年 66 岁）之子。因不堪忍受贺某长年索要钱财，动辄持刀恐吓、打骂，舒某某三兄弟与母亲许某某经多次预谋，决定合力杀死贺某。某日傍晚，贺某来到高某某家，睡在柴房内。高某某获悉即通知舒某某等。舒某某、贺某某兄弟邀约三名宗亲及两名乡邻前往高家。七人进入高家柴房，撒石灰迷眼后持木棒打伤贺某并将之捆绑。其后，舒某某派人将母亲许某某接到现场，并递给许某某一把锄头。许某某不顾儿子贺某受伤求饶，持锄头击打贺某身上、头上数下，并与舒某某、贺某某两兄弟上山掘土掩埋贺某。多年后，本案因村民私下议论案发。人民检察院遂以故意杀人罪于 2012 年 9 月 25 日将舒某某三兄弟与母亲许某某等人诉至人民法院。

（二）舆情

在案件侦查阶段，几乎所有证人及被告人的言词证据均多次提及被害人贺某的生前劣迹。包括报案人在内的 Y 村、S 村、W 村群众 406 人也向办案单位发出联名信，称贺某在 14 岁至 27 岁间，长期伙同他人实施敲诈、勒索、盗窃、伤害，打骂父母，威胁亲属及邻居的生命财产安全，并请求有关部门对各被告人从轻处罚。W 村负责人还亲口向办案人员介绍，贺某在当地的评价多年较差，群众不堪其扰，敢怒不敢言。

（三）因应

办案人员为核实村民反映的情况，到贺某户籍所在地和生前主要活动地派出所查找档案,但均未发现其进行违法活动的报案材料。

(四)焦点

1.贺某遇害至案发时隔多年,当地群众、镇村干部从未公开质疑贺某的去向,也从未就贺某下落不明报案。贺某的死亡并未给当地的社会关系造成实质性的破坏;相反,贺某近亲属与乡土熟人社会的紧张关系还因贺某的长年消失得以修补。若非意外案发、被告人供认不讳,贺某的下落仍将成谜。

2.一方面,因早年群众法律意识淡薄,认定贺某生前行为违法缺乏物证、书证支持。另一方面,案发后当地群众一方面纷纷指证贺某品行不端,认为各被告人的行为系"大义灭亲",对各被告人多有同情并形成一定舆论。

3.从各被告人自身角度看,他们确有摆脱受虐待痛苦状态的犯罪动机,但其作案又经过了长时间预谋。手段带有一定的计策,过程也较长,且有明显的阶段划分。

有鉴于此,人民法院应如何认定本案的犯罪情节?能否认定故意杀人情节较轻?如果认定,又该基于什么角度和理由?

二、情节较轻的性质及概念探略

我国刑法典颁行至今已有36年,但就故意杀人罪中的情节较轻,有权机关一直未予具体化。规则的高度概括,导致故意杀人情节较轻的认定表面上全然归属于法官自由裁量。实际上,世代传承的"杀人偿命"等价报应论、类案显著存在的"民愤"因素、司法之于舆论的守势地位、案件信访申诉对法官个体的压力等往往导致法官"不敢"在案件中适用这一情节,转而偏好于运用社会危害性相对较小的犯罪人所具有的法定或酌定的从宽处罚情节,来实现对他们的罚当其罪。另外,"精确的、普遍的犯罪与刑罚的阶梯"(贝卡利亚语)的缺失、故意杀人罪名的宽泛粗疏也是导致法官"不能"在案件中适用这一情节的原因。

在我国台湾地区"刑法"中,与我国刑法规定的故意杀人罪相对应的是5个罪名的集合,即普通杀人罪、杀直系尊亲属罪、义愤杀人罪、母杀婴儿罪和加功自杀罪。依照德国学者耶赛克"构成要件群"理论,我国台湾地区"刑法"中的普通杀人罪可被视作故意杀人行为的"基本犯",其余4个罪名则是"立法"通过加重或减轻"基本犯"所确定的犯罪基本构成而塑造出的"变形犯"。① 如母杀婴儿

---

① 〔德〕汉斯·海因里希·耶赛克、托马斯·魏根特:《德国刑法教科书·总论》,徐久生译,中国法制出版社2001年版,第326页。

罪,即是通过修正普通杀人罪的主体和对象,减轻犯罪基本构成而设立的罪名。我国学者多因母杀婴儿造成的社会震荡较小,一般又有若非婚生育、计划外生育、婴儿畸形等情有可原的动机,视之为情节较轻的故意杀人行为之一。由此可见,我国刑法所规定的故意杀人情节较轻实是减轻量刑规则(属刑罚论范畴)与减轻的犯罪构成(属犯罪论范畴)的杂糅。这种杂糅给情节的适用增加了不小的难度。因此,有必要通过分析为数不多的生效案例,找寻人民法院认定故意杀人情节较轻的一般标准,以情节认定的典型化为促媒,为实现罪刑均衡前提下的刑罚个别化作出探索。

20 世纪 80 年代起,林准(时任最高人民法院副院长)等人为理解故意杀人罪中的情节较轻,进行了一定研究(集中反映在其所著《中国刑法教程》一书中)。至我国刑法全面修改,肖中华等人还做过类型化尝试(集中反映在其所著《侵犯公民人身权利罪》一书中)。2008 年以来,不同学者编著的 10 本主流刑法教科书对情节较轻均有论及;统计其频数,足见学者的倾向性意见(参见表1)。

表 1   我国刑法教科书论述"故意杀人情节较轻"的频数统计[①]

	频数		频数
受嘱托杀人	8	帮助自杀	3
义愤杀人	8	溺婴	3
"大义灭亲"杀人	6	因被害人重大过错杀人	2
受被害人长期迫害而杀人	6	教唆自杀	1
防卫过当的故意杀人	5	"替天行道"杀人	1

与此同时,人民法院在司法实践中适用情节较轻判决了一些故意杀人案件。但因该情节的准确认定难度较大,司法文书公开的全面推行又较晚,中国法院裁判文书库[②]收录的案例较少(2005 年至 2014 年的生效案件,于 2013 年 6 月 8 日

---

①   统计来源:陈兴良:《规范刑法学》,中国人民大学出版社 2008 年第 2 版;赵秉志主编:《当代刑法学》,中国政法大学出版社 2009 年版;张明楷:《刑法学》,法律出版社 2011 年第 4 版;陈忠林主编:《刑法(分论)》,中国人民大学出版社 2011 年第 3 版;曲新久等:《刑法学》,中国政法大学出版社 2011 年第 5 版;黄京平主编:《刑法》,中国人民大学出版社 2011 年第 4 版;谢望原、赫兴旺主编:《刑法分论》,中国人民大学出版社 2011 年第 2 版;苏惠渔主编:《刑法学》,中国政法大学出版社 2012 年第 5 版;张天虹主编:《刑法》,法律出版社 2012 年第 2 版;高铭暄、马克昌主编:《刑法学》,北京大学出版社 2014 年第 6 版。

②   中国法院裁判文书库是中国审判法律应用支持系统的子数据库,由最高人民法院司法行政装备管理局、人民法院出版社、北京大学法制信息中心联合开发。

访得 4 件,2015 年 1 月 1 日访得 31 件,其中 2 件与前访重复)。而新闻媒体在面对此类案件时,因容易引发负面效应,亦相对审慎,鲜有深度报道(影响较大者为羊城晚报报业集团报道的 3 件)。因此,用以找寻人民法院认定故意杀人情节较轻的一般标准的案例样本不多。不过,综合分析相关案例,不难发现各地判决所认定的事实和情节具有若干共性。这种共性正是笔者欲通过剔除单一案例个别化的机会因子,甄别出的类案据以认定情节并探明认定标准的一般因子。

如前所述,故意杀人情节较轻乃是减轻量刑规则与减轻的犯罪构成的杂糅。那么,据以认定该情节的一般因子同样应是二者的集合体。但是,并非所有的减轻量刑规则都能归入认定情节较轻的一般因子,如部分学者和司法机关所认可的防卫过当等。① 其理由在于,通过认定防卫过当实现的对犯罪人的从宽处罚并不全然基于犯罪人作案时的主观意志,更多是人民法院基于案件客观情势对国家意志所作条件预设的落实。同理,犯罪未遂也不是一般因子之一:法官认定犯罪未遂,既无须考查犯罪动机等主观心态,也不必研判犯罪手段等客观行为,紧紧围绕"意志以外""未得逞"做文章即可,无涉实施犯罪的其他情节。

何况,将防卫过当、未遂等刑法总则规定的从宽事由归入一般因子,还可能导致总则与分则的关系紧张。从正面讲,若防卫过当作为认定故意杀人情节较轻的理由,在 3 年以上 10 年以下确定基准刑;之后适用我国《刑法》第 20 条第 2 款,就会存在重复评价的问题。② 而因情节较轻适用 3 年以上 10 年以下量刑档次后,以未遂犯判刑 2 年的吴某某故意杀人案③,则从反面说明了刑法总则规定的从宽事由不归入一般因子的必要性与科学性。

由此,认定故意杀人情节较轻的一般因子应是犯罪人实施犯罪时足以彰显其主观恶性较小、所犯具体罪行具有偶然性或孤立性、社会危害性不大的非法定情节,譬如社会一般公众所能认知并接受的可宽恕的杀人动机、不残忍的杀人手段等。

犯罪人是考察犯罪行为社会危害性的重要因素,在案件类型同一、罪过相近的情况下,不同犯罪人行为动机的卑劣程度能够反映其主观恶性的大小,进而展示出个案的社会危害性差异。这也意味着,主观恶性较小、可以认定故意杀人情节较轻的犯罪人的作案动机,往往在道德—法律双向评价体系中呈现一定程度

---

① 有的人民法院在判决书"本院认为"部分直接表述:"情节较轻在司法实践中一般是指防卫过当致人死亡的、出于义愤杀人的、因受被害人长期迫害而杀人的等情形。"参见黑龙江省齐齐哈尔市中级人民法院〔2010〕齐二刑初字第 14 号刑事判决书。

② 付立庆:《"情节较轻"的认定应不考虑法定从宽情节》,载《法学杂志》2014 年第 10 期。

③ S 省 C 市中级人民法院〔2013〕C 刑终字第 11 号刑事裁定书。

的单向正当性（即道德上的正当性）。

而站在犯罪人的对立面，被害人的行为和身份也能衡量犯罪的危害程度。只不过，被害人的行为所关联的认定故意杀人情节较轻的一般因子属于减轻量刑规则，被害人的特定身份所关联的则是减轻的犯罪构成。

前述概念的明晰有助于情节较轻的类型化。下文以学者的倾向性意见为抓手，结合司法实践经验，对学理言说予以辨析，并试对司法实践认定故意杀人情节较轻的一般标准作出总结。

三、司法实践中可以认定情节较轻的行为

（一）义愤杀人

笔者所言之义愤杀人，既包含我国学者所谓义愤杀人，也囊括因受被害人长期迫害而杀人的情形，属于减轻量刑规则的范畴。针对义愤杀人，我国学者普遍认为，其实施应限定于发生强烈侮辱或暴力挑拨的当场，行为人因受刺激产生激情后，未经足以冷却激情的时间即对被害人实行了致命打击。因受被害人长期迫害而杀人，则是被害人利用权势、暴力等强制行为人服从并对行为人实施迫害，由来已久，导致行为人不堪忍受而引发的。两者具有看似全然不同的内涵和外延。

《现代汉语词典》释称，义愤是人"对违反正义的事情所产生的愤怒"。[1] 我国台湾地区学者也将义愤的核心概念提炼为"因自己或亲属受莫大之侮辱"，并举妻子与人通奸作为此种莫大侮辱的典型例子。[2] 因此，在文义解释视野下，义愤并不具有时间性。换言之，行为人受被害人严重侮辱、暴力挑拨等产生的激动情绪支配"即时"杀人，和为了摆脱被害人长期虐待自己的痛苦状态、基于社会一般公众可怜悯的绝望情感经预谋"不即时"杀人，都是出于对被害人先行违反社会正义的愤怒。

因此，利用时间关系区分义愤和受长期迫害而杀人并无必要。而且，不少长期受迫害、有预谋的行为人突破心理强制、决心着手都与被害人案发前的再一次"即时"挑衅有关。比如，前述典型案例中的被害人贺某就曾在案发前磨刀下山、扬言杀人。但是，被害人的当场侮辱或长期迫害并非行为人实施故意杀人行为的充分条件，行为人从犯意的酝酿走向着手，更在于其自我控制能力的崩溃或绝

---

[1] 《现代汉语词典》，商务印书馆 2012 年第 6 版，第 1540 页。

[2] 陶百川主编：《综合最新六法全书》，台湾三民书局 1990 年版，第 752 页。

望心理的加剧。而出现此种崩溃或心理加剧的行为人,多少存在法律所不认同的各类人格缺陷。因此,对行为人受辱当场杀人及因受被害人长期迫害而杀人的,认定为情节较轻,体现了刑法之于人性弱点的谦抑。从这个意义上讲,学者的前述区分同样没有太大的必要,将两者统一认定为义愤杀人反而更有助于情节认定的类型化。

(二)受嘱托杀人

一般而言,受嘱托杀人首先应满足如下三个条件:其一,行为人不具有内发型杀人动机,实施杀人行为乃是基于被害人的主动要求;其二,被害人应具有完全的认识和判断能力,排除心神耗弱的可能;其三,被害人给行为人以明确、坚决的意思表示,排除摇摆反悔的可能。套用这三个条件,共谋自杀而杀人的行为,大体可以归入受嘱托杀人的范围。

从受嘱托杀人行为不改变故意杀人基本犯所确定的犯罪构成看,该行为应是故意杀人情节较轻中的减轻量刑规则。问题在于,受嘱托杀人是否仅受前述三个条件的约束?换言之,是不是行为人及其行为对象只要满足了前述三个条件,就必然归为故意杀人情节较轻?

对此,笔者持否定态度。笔者认为,前述三个条件是认定受嘱托杀人的一般前提。在故意杀人情节较轻的语境下,受嘱托杀人还应在行为手段等方面符合更高要求。在 2006 年轰动粤港澳三地的"猫姐割喉案"①中,欠下巨额债务、雇凶杀己的被害人周某红、林某生夫妇为博得债主同情,要求雇佣的杀手用绳子捆绑自己后以剃刀割喉,并将尸体留在二人所驾车内,造成自己于荒野中遭人伏杀的假象。就本案而言,行为人和被害人显然符合前述认定受嘱托杀人的一般前提,但本案作案手段相对残忍,在社会上造成了一定程度的恐慌,影响比较恶劣。若认定情节较轻,势必伤害一般公众的情感,继而损害法律权威。因之,作为故意杀人情节较轻类型之一的受嘱托杀人既要满足前述行为人、被害人在主观方面的三个前提,也要符合被害人求死原因可矜,行为人行为手段给被害人带来的痛苦小于被害人求死原因对其造成的痛苦的基本判断。一如为免除患有不治之症的患者的难忍痛苦,应其真挚请求施行"安乐死"。

(三)杀亲生婴儿

我国学者提及此类行为,往往使用"溺婴"一词。由于"溺"仅是杀人行为之

---

① 张文单、刘宜凯:《"猫姐"巨债缠身自导买凶惨案》,载《深圳晚报》2006 年 9 月 14 日第 A26 版。

一种,有局限理解的可能,故以"杀亲生婴儿"名之更妥。杀亲生婴儿的行为将被害人由人限缩为亲生婴儿,属减轻犯罪构成的范畴。我国台湾地区"刑法"规定,"母于生产时或甫生产后,杀其子女",构成母杀婴儿罪。笔者认为,该条对行为人的主观方面作概括性规定,失之于宽;而将行为主体限制为生母、行为对象限制为初生婴儿,又失之于严。

基于性别平等理论,男女双方均是生育权主体,生育权是双方共享的特殊民事权利。若仅对杀婴的母亲施以宽宥,却将杀婴的父亲视同常人,则必然存在法律和社会效果上的不妥。

现代医学将小于 1 周岁的人定义为婴儿。一方面,医疗技术的限制导致婴儿的部分身体机能缺陷尤其是听觉、语言和智力障碍不能在出生前乃至甫生后被发现,残障婴儿的父母往往需要通过数月的抚养才能发现异常。另一方面,由于婴儿的免疫系统发育不够成熟,功能尚欠完善,又没有接触过子宫外环境的各种病原,存在生理性免疫低下,其患感染性疾病的概率高于成人。因此,不能认为发生在婴儿出生以后一段时间的父母杀婴案(如但某故意杀人案①)的行为人主观恶性就一定大于婴儿刚出生时的类案行为人。因亲生婴儿残障或疾病导致的杀婴动机,多是怜悯、无奈和焦虑;对于杀初生婴儿的父母,其动机则以非婚或非计划生育带来的羞耻感(如"小怡""小伟"故意杀人案②)和婴儿显著畸形为主。

针对杀婴父母的犯罪主观方面,有学者在前文所述动机之外,提出母亲精神紊乱和新生儿是女婴也能成为故意杀人情节较轻语境下的杀亲生婴儿的构成要素。③ 笔者对此并不赞同,理由在于,行为人的精神状态,和防卫过当、犯罪未遂一样,是刑法总则需要解决的问题;杀女婴虽在我国农村时有发生,却源自皇权专制社会中的父权强势地位,与现代法治社会男女平等的基本原则相悖,其情可悯,其罪不可宥。

至于生身父母非因掩饰羞耻或婴儿残病,而以双方或家庭矛盾杀亲生婴儿

---

① 但某 10 个月大的儿子手术后感染,即使治愈,智力也会受影响。为寻求解脱,但某将儿子掐死,后以故意杀人情节较轻被判处有期徒刑 3 年。参见安徽省马鞍山市中级人民法院〔2008〕马刑初字第 46 号刑事判决书。
② "小怡"(19 岁)因无钱流产,加之男友"小伟"(23 岁)经济困难、家人反对,将新生女婴溺死。参见黄琼:《女孩网吧厕所产女婴 放入水箱溺死或缓刑》,载《新快报》2011 年 7 月 16 日第 A4 版。
③ 倪业群:《论故意杀人罪中"情节较轻"的情形》,载《广西师范大学学报(哲学社会科学版)》2007 年第 3 期。

的,司法实践中已有明确不认定为情节较轻的案例。① 笔者亦表示赞同。

综上,笔者结合司法实践,对故意杀人情节较轻中的杀亲生婴儿作如下定义:生身父母因非婚或计划外生育杀死初生子女,或因小于1周岁的子女残障及患有重大疾病难以治愈将其杀死,是杀亲生婴儿。

四、司法实践中不宜认定情节较轻的行为

(一)"大义灭亲"杀人

我国学者和主流法学教科书,多将"大义灭亲"杀人视为故意杀人情节较轻的情形之一。

"大义灭亲"语出《左传》,是对卫桓公之弟与石碏之子密谋篡位,石碏获悉后设计除掉二人一事的评价。可见,"大义灭亲"一词从缘起就同当代所称之危害国家安全犯罪密切相关。到了皇权专制社会末期,臣民犯有此类罪行者,更会遭受"祖父、父、子、孙、兄弟,及同居之人,不分异姓;及伯叔父、兄弟之子,不限籍之同异,年十六以上,不论笃疾、废疾,皆斩"②的严酷处罚。在这样的历史背景下,"大义灭亲"者之所以灭,更多是出于纲常大义,还是出于对夷宗灭族的极度恐惧?而在同当代"大义灭亲"杀人语义相近的范畴,尊长杀死触犯律条的卑幼亲属受到从宽处罚,是当时的刑法基于宗法制度和身份伦理给予尊长的特殊照顾。可见,"大义灭亲"杀人在我国刑法史上近乎伪命题。

现实中,人民法庭、派出所、司法所遍及城乡,全国普法历时多年,民众虽不能全然理解未经审判不得确定为有罪,至少也懂得应将犯罪嫌疑人扭送公安机关、不可动用私刑的简单道理。既然如此,"大义灭亲"者又有何权力罔顾法律,以道德之名,对并未给自己造成现实、紧迫不法侵害的近亲属痛下杀手?将"大义灭亲"杀人视作情节较轻的故意杀人罪,不啻为对法制的颠覆乃至对司法的阉割,实不可取。

(二)逼迫他人自杀和受迫杀人

有观点认为,逼迫他人(指精神正常的成年人,下同)杀人者没有实施故意杀人的身体动静,因此其手段的残忍程度不能和实行行为同日而语,逼迫他人自杀

---

① 如程某不满同居男友外出打工,将2个月大的女儿摔死,人民法院认为不能认定为情节较轻。参见安徽省宣城市中级人民法院〔2011〕宣中刑初字第16号刑事判决书。

② 《大清律例·刑律·盗贼上》"谋反大逆"条。

应归入情节较轻的故意杀人罪。①

历史上,"有可畏之威"的行为人因民事纠纷威逼他人,致他人自杀,确曾有"杖一百"亦即极宽缓于普通杀人行为的罚则。② 但那样的制度设计毕竟有其特殊的运行环境。在人民内部矛盾凸显、刑事犯罪高发的今天,如果不能植根现实而食古不化,将此类行为视作减轻量刑规则,甚至在适用上较古人更无限制,恐不利于对犯罪的打击和法治信仰的培育。

何况,逼迫他人自杀属故意杀人情节较轻的观点还因其自身过于笼统而失之偏颇。事实上,逼迫他人杀人者的行为策略充满了个体差异,有的以动作相迫,有的以恶言相逼,有的以利害相诱。行为人所受心理强制也自前而后相应降低。在主观恶性方面,受到"不杀人自己的其他犯罪行为将败露"威胁的行为人当然大于受到"不杀人即被杀"威胁的行为人。采用残忍手段杀人的行为人的主观恶性自然也大于犯罪手段一般的行为人。故受迫杀人同样不能一概认定为故意杀人情节较轻。

(三)杀精神病人

因关切人伦,公开发表的学术观点从来没有将杀精神病人作为情节较轻的故意杀人罪。基于宪法原则和对少数弱势群体的特殊保护,杀精神病人的行为人也不应区别于杀正常人的行为人。

但在司法实践中,又确有杀精神病人被从轻判处的实例,高某元、张某琼故意杀人案即是代表。该案中,高、张夫妇的女儿(殁年 23 岁)智力低下,生活不能自理,并曾外出四处乱走遭人性侵。二人对女儿不离不弃、照顾有加,因担心自己年老后无人照顾女儿,女儿再受欺凌,二人达成犯罪合意,于女儿再次吵着要外出时将其扼死。案发后,法院充分考虑二人犯罪动机产生的背景及主观恶性,认定二人犯罪情节较轻,得到了当地群众的认同。③ 而与该案原因相似、手段相当、情节相仿、量刑相近的"姐姐捂死精神病双胞胎妹妹案",④却一度引起社会舆论两造对立。探究舆论观点,父母尚在、姐妹二人未形成扶养关系、姐姐并不承担法定义务或是合理解释之一端。

由是,承担抚(扶)养精神病人义务、表现一贯良好的行为人,为结束长期以来精神和经济上的双重折磨,追求精神病人及其近亲属的解脱,而以不残忍手段

---

① 金慧:《试论情节较轻的故意杀人罪》,载《黑龙江教育学院学报》1999 年第 2 期。

② 《大清律例·刑律·人命》"威逼致人死"条。

③ 张红、陈银珠:《故意杀人罪中情节较轻的认定》,载《人民司法·案例》2010 年第 22 期。

④ S 省 C 市中级人民法院〔2008〕C 刑终字第 182 号刑事裁定书。

杀人的,可认定其动机不卑劣,并依照案件事实适用法律情节。相反,承担赡养精神病人义务的行为人,为免除自己的义务而杀人,则与普通杀人行为等同更妥。

结　　语

在我国,故意杀人是传统、常见犯罪,也是中高级人民法院刑事审判庭接触较多的案件类型,更是最高人民法院死刑复核的主要案由。通过前文分析,就故意杀人情节较轻的认定,笔者得出以下引导性结论:

在司法实践中,情节较轻的故意杀人罪主要表现为义愤杀人、受嘱托杀人和杀亲生婴儿。其中,义愤杀人包括受被害人严重侮辱、暴力挑拨等产生的激动情绪当场杀人,和受被害人长期迫害而杀人。[①] 受嘱托杀人则涵盖共谋自杀而杀人。而杀亲生婴儿的行为人可以是婴儿生母,也可以是婴儿生父,但其犯罪动机必须可矜。

上述结论同时对介于本文论及的可以和不宜认定情节较轻情形间的其他故意杀人案,具有普适的参考价值。至于学者认同的所谓"大义灭亲"杀人、逼迫他人自杀和受迫杀人等情形,虽不宜在司法实践中统一认定为情节较轻,却仍可依照其社会危害性适用相关情节。依照这样的标准,作为论述切入点的舒某某等故意杀人案能否认定情节较轻、从什么角度认定情节较轻也就不言而喻了。

需要指出的是,笔者所归纳的认定故意杀人情节较轻的一般标准,暗含其行为犯罪构成要素不大于普通杀人行为犯罪构成要素的前提。也就是说,行为人若接受多名被害人理智、坚决的嘱托,对多人实施"安乐死",行为人将因行为犯罪构成要素中的被害人人数一项大于普通杀人行为,不能认定为情节较轻。因为,情节的轻重应从解构犯罪行为的社会危害性出发,根据社会一般公众所认同的情感进行把握,同时规避对司法实践经验的颠覆性冲击。一般而言,能够认定故意杀人情节较轻的行为人,不论其行为能否类型化,都往往具有可宽恕的杀人动机及不残忍的杀人手段,其行为没有必然的可效仿性,其本人再犯的现实可能性也很小。

---

① 最高人民法院、最高人民检察院、公安部、司法部于 2015 年 3 月 2 日印发《关于依法办理家庭暴力犯罪案件的意见》,首次提出"因不堪忍受长期家庭暴力而故意杀害施暴人"可以认定为故意杀人情节较轻,但同时给予"犯罪情节不是特别恶劣""手段不是特别残忍"的限定。这一有限选择性认定的内涵和外延均比"受被害人长期迫害而杀人"狭窄。

顺辉运输公司诉厦门市公安局交警支队不履行法定职责案

胡婷婷　张　栎*

摘要：道路交通事故认定书仅用于证明当事人发生道路交通事故的事实。因此，启动道路交通事故复核程序的当事人应是与事故现场勘验、检查、调查情况有直接关联及对事故发生起一定作用，并根据过错程度承担相关事故责任的人员。在车辆所有权人与实际驾驶人员不一致的情况下，车辆所有权人无权对事故认定申请复核。

关键词：道路交通事故；复核；当事人责任；行政诉讼

一、基本案情①

原告福州市顺辉运输有限公司诉称，2013年10月1日，原告的驾驶员杨海军驾驶闽A21772重型半挂牵引车，在324国道被告管辖路段发生交通事故。厦门市公安局交通警察支队集美大队（以下简称集美大队）作出道路交通事故认定书，并送达原告。原告在法定期限内向上级主管部门即被告提出复核申请，被告以原告不是当事人为由不予受理。原告认为被告的不予受理行为没有法律依据，属于不作为行为，依法应予以纠正。理由如下：（1）《道路交通事故处理程序规定》中的"当事人"是广义的当事人，即行政行为的当事人不仅包括行政行为相对人，还包括行政行为相关人。被告以事故认定书中没有记载原告为由就认定原告不是《道路交通事故处理程序规定》中的当事人，是对法律的错误理解，从而

---

* 胡婷婷：厦门市思明区人民法院书记员，法律硕士；张栎：厦门市思明区人民法院书记员，法律硕士。

① 本案第一审判决书：厦门市思明区人民法院〔2014〕思行初字第2号（2014年3月26日）。一审法院合议庭成员：谌福荣、简振环、叶爱金。本案第二审判决书：厦门市中级人民法院〔2014〕厦行终字第41号（2014年5月28日）。二审法院合议庭成员：林琼弘、纪荣典、宋希凡。

导致其适用法律错误。(2)事故认定书直接送达原告即认可原告具有当事人主体资格。《道路交通事故处理程序规定》第48条第2款规定:"道路交通事故认定书应当由办案民警签名或者盖章,加盖公安机关交通管理部门道路交通事故处理专用章,分别送达当事人,并告知当事人向公安机关交通管理部门申请复核、调解和直接向人民法院提起民事诉讼的权利、期限。"送达对象就是当事人,集美大队将事故认定书送达给原告,原告自然就是当事人。(3)《道路交通事故处理程序规定》第52条第1款对不予受理的情形进行列举式的规定,当事人身份问题并非不予受理的理由。综上,复核行为属于具体行政行为,当事人应当包含行政行为相对人和相关人。故被告不予受理的行为存在适用法律错误。为此请求如下:第一,依法撤销被告作出的公交受字〔2013〕第0099号(1)道路交通事故认定复核不予受理通知书,并纠正其违法行为;第二,依法判令被告限期内作出事故复核决定。

被告厦门市公安局交通警察支队辩称,2013年11月15日,原告对集美大队作出的厦公交认字〔2013〕第00207号事故认定书不服,向被告申请复核。同年11月20日,被告以原告不是交通事故当事人为由,决定不予受理。理由如下:(1)道路交通事故认定复核工作,其本质是根据《中华人民共和国道路交通安全法》第84条第3款实施的上级公安机关交通管理部门对下级公安机关交通管理部门的执法监督,具体规定在《道路交通事故处理程序规定》(公安部令第104号)第6章第2节中,其他法律法规中没有相关的规定。(2)道路交通事故当事人不包括车辆所有人。从《道路交通事故处理程序规定》看,"当事人"从字面意思并联系上下文理解,绝大多数指的是发生道路交通事故的直接行为人,如车辆驾驶人、乘车人、行人等。而根据《道路交通事故信息调查》(公安部行业标准)(GA/T1082-2013)第3.2条,当事人是指与道路交通事故有直接关系的个人或单位,包括驾驶人、乘车人、行人、其他道路使用者以及管理者等。可见,交通事故复核的申请主体应当不包括发生交通事故车辆的所有人。(3)向原告送达道路交通事故法律文书不等于认可其当事人地位。本案中,当事的驾驶人杨海军发生事故后在现场等待处理,但在民警对其制作第一份询问笔录后不再配合案件调查,也不来领取相关法律文书。办案民警依照《道路交通事故处理程序规定》第86条、《公安机关办理行政案件程序规定》(公安部令第125号)第33条第2款的规定,将相关法律文书送达给原告指派的负责处理本交通事故的人员,应视为向驾驶人杨海军送达,而不是认可原告具有交通事故当事人的地位。(4)主体不适格是不予受理的正当理由。《道路交通事故处理程序规定》第51条规定了交通事故复核的申请,该规定同时也是交通事故复核的受理条件,主要包括申请主体等三个方面。本案中,原告不是交通事故当事人,属于主体不适格,不符合受理条件,故被告决定不予受理。至于《道路交通事故处理程序规定》第52条列举的几条不予受理的情形,是指在符合第51条规定的申请条件的情况下,仍然不予受理的特殊情形。(5)复核职责现已无法履行。根据《道路交通事故处理程序规定》第52条、第53条的规定,任何一方当事人向人民法院提起诉讼并经法院受理的,交通事故复核申请不予受理。复核审查期间,任何一方当事人就该事故向人民法院提起诉讼并经法院受理的,应当终止复核。本案中,2013年11月22日,厦门市集美区人民法院已经受理了本案涉及的交通事故的民事损害赔偿纠纷案件。交通事故复核的职责现已无法履行。综上所述,被告不受理原告提出的交通事故复核申请符合相关规定,原告起诉被告不履行法定职责的理由不能成立,请求法院驳回原告的诉讼请求。

法院经审理查明,2013年10月1日,案外人杨海军驾驶属原告所有的闽A21772重型半挂牵引车(牵引闽A3818挂),在国道324线281公里+700米处发生交通事故。2013年11月11日厦门市公安局交通警察支队集美大队作出公交认字〔2013〕第00207号道路交通事故认定书。原告对上述认定书不服,于2013年11月15日向被告申请对该事故进行复核。被告于11月18日收到复核申请后,于11月20日以原告不是交通事故当事人为由,作出公交受字〔2013〕第0099号(1)道路交通事故认定复核不予受理通知书,并于11月25日送达原告。原告对该不予受理通知不服,向本院提起行政诉讼。

另查明,2013年11月22日,厦门市集美区人民法院受理涉案交通事故的民事损害赔偿纠纷案件。

二、裁判结果及理由

厦门市思明区人民法院于2014年3月26日作出〔2014〕思行初字第2号行政判决,驳回原告福州市顺辉运输有限公司要求撤销被告厦门市公安局交通警察支队作出的公交受字〔2013〕第0099号(1)不予受理通知,以及判令被告限期内作出事故复核决定的诉讼请求。宣判后,原告福州市顺辉运输有限公司提出上诉。厦门市中级人民法院于2014年5月28日作出〔2014〕厦行终字第41号行政判决,驳回上诉,维持原判。

法院生效裁判认为,《道路交通事故处理程序规定》第51条第1款规定:"当事人对道路交通事故认定有异议的,可以自道路交通事故认定书送达之日起三日内,向上一级公安机关交通管理部门提出书面复核申请。"本案中,原告对集美大队作出的道路交通事故认定书不服提出复核申请,被告作为上一级公安机关交通管理部门,依法处理该复核申请是其法定职责。

《道路交通事故处理程序规定》第52条规定:"上一级公安机关交通管理部门收到当事人书面复核申请后五日内,应当作出是否受理的决定。"被告于2013

年 11 月 18 日收到原告的复核申请,同年 11 月 20 日即作出不予受理的决定并送达原告。故被告作出不予受理决定的程序合法。

本案的争议焦点在于原告能否对涉案道路交通事故认定结论申请复核。

根据《中华人民共和国道路交通安全法》第 73 条的规定,道路交通事故认定书是指公安机关交通管理部门根据道路交通事故现场勘验、检查、调查情况和有关的检验、鉴定结论等证据,对事故基本事实、发生原因和当事人责任等作出的专业性判断结论,仅用于证明当事人发生道路交通事故的事实。而此处的"当事人责任"仅是行为人的交通违法行为与事故发生之间是否存在事实因果关系以及因果关系大小的表达形式。尽管该责任对因道路交通事故所产生的法律责任可能有重大影响,但其本身并不等同于法律责任。因此,道路交通事故中的"当事人"应是与事故现场勘验、检查、调查情况有直接关联及对事故发生起一定作用,并根据过错程度承担相关事故责任的人员。本案中,原告认为道路交通事故认定对事故责任进行了划分,其作为事故车辆的所有者和管理者可能会因此承担相应的法律责任,因此有权对此申请复核。法院认为,原告正是混淆了上述分析中的事故责任和法律责任的概念,从而对"当事人"范畴的理解产生了偏差。正如前述分析,道路交通事故中的"当事人"应从狭义上予以理解,原告虽为事故车辆的所有者,但与涉案事故的发生并无直接的事实因果关系,因此原告并非道路交通事故当事人。

同时,根据《道路交通事故处理程序规定》第 51 条第 1 款的规定,道路交通事故认定复核程序是道路交通事故当事人权利救济的途径。复核工作的对象是道路交通事故认定书,是对道路交通事故认定的具体内容即交通事故事实、交通事故成因、交通事故当事人责任的正确性进行核实。因此,复核程序的启动权应当是赋予道路交通事故当事人,也即与道路交通事故有直接关系的个人或单位,包括驾驶人、乘车人、行人、其他道路使用者以及管理者等。本案中,被告以原告不是道路交通事故当事人为由不予受理其复核申请,并无不当。

三、案例评析

道路交通事故认定复核程序,是当事人对交通事故认定结论不服时申请上级公安交通管理部门进行复查核实的一项制度,是道路交通事故当事人权利救济的途径,也是保障道路交通事故认定结论公平、公正、合法的一道有力屏障。只有道路交通事故当事人才有权启动道路事故认定的复核程序。而如何明确交通事故当事人的范畴,则要追溯至道路交通事故认定书及其所划分的当事人责任的性质。

(一)道路交通事故认定书的定性

《中华人民共和国道路交通安全法》第 73 条规定:"公安机关交通管理部门应当根据交通事故现场勘验、检查、调查情况和有关检验、鉴定结论及时制作交通事故认定书,作为处理交通事故的证据。交通事故认定书应当载明交通事故的基本事实、成因和当事人的责任,并送达当事人。"该条规定已经明确道路交通事故认定书仅是对交通事故发生的时间、地点、车辆、物品、道路及环境情况,当事人的基本情况和生理精神状况,伤亡人员的伤亡原因,当事人的具体过错等基本事实所作的有关当事人事故责任的专业性结论,仅"作为处理交通事故的证据",用于证明道路交通事故的事实本身。①

(二)道路交通事故中"当事人责任"的定性

道路交通事故中的"当事人责任"是指当事人的行为是否构成交通违法,是否有过错,当事人行为对道路交通事故的发生及损害后果是否产生作用以及作用力大小,行为人的交通违法行为与事故发生之间是否存在事实因果关系以及因果关系大小的表达形式。②

道路交通事故认定书划分的当事人责任,其本身并不是法律责任,也不必然导致法律责任的产生,而仅仅是追究法律责任的事实基础的一个重要组成部分,是侵权行为成立的一个条件。作为一种事实认定,它并没有对当事人之间的权利义务进行划分,因此,不能将该种事实责任与道路交通事故所引起的民事责任、行政责任或者刑事责任相等同。同时,交通事故认定书的证据属性也决定了其仅是对交通事故基本事实、成因以及事故责任的陈述,而不是对当事人法律责任的最终判定。

(三)道路交通事故复核程序的启动权

道路交通事故复核的对象是道路交通事故认定书,是对道路交通事故认定的具体内容即交通事故事实、交通事故成因、交通事故当事人责任的正确性进行复查、核实。《道路交通事故处理程序规定》第 51 条第 1 款将复核程序的启动权赋予了道路交通事故当事人。

如上所述,道路交通事故认定仅是依据事故现场勘验、检查、调查情况和有

---

① 林孝文、冯少辉:《论交通事故认定行为的行政可诉性》,载《行政与法》2008 年第 8 期。

② 刘建军:《道路交通事故认定与复核》,http://www.docin.com,下载日期:2015 年 2 月 12 日。

关检验、鉴定结论,认定交通事故的基本事实,分析事故成因,从而依据当事人的交通违法行为与事故发生之间是否存在事实因果关系以及因果关系大小来划分当事人的责任。因此,只有与事故现场勘验、检查、调查情况有直接关联,对事故发生起一定作用,并根据过错程度承担相关事故责任的人员才是道路交通事故认定书中的"当事人",才有权申请启动道路交通事故的复核程序。

本案中,原告虽系事故车辆的所有者,但并非事故车辆的实际驾驶人员,其与涉案事故的发生并无直接的事实因果关系。不能因其可能承担交通事故引起的相应法律责任,而当然地赋予其交通事故的当事人资格。因此,在公安机关交通管理部门对道路交通事故作出事故认定后,原告无权就涉案交通事故认定申请复核。

跨域·连锁·直通

"跨域·连锁·直通"诉讼服务平台的法律经济学分析

■ 杨　巍*

摘要：当前司法改革的一项重要内容即变立案审查制为立案登记制,对法院依法应当受理的案件,做到有案必立、有诉必理,保障当事人诉权。自2015年1月12日起,在福建省泉州市两级法院的区域内,当事人可以就近到任何一个法院(法庭),享受贯穿立案、审判、执行及诉前咨询、判后答疑等全流程司法服务。这种以"跨域·连锁·直通"为特点的诉讼服务机制突破了原有各法院长期实施的起诉和立案受理模式,将信息化、标准化的司法活动贯彻到法院审判、执行的各个阶段,使人民群众获得了极大的便利。

关键词：诉讼服务；跨域立案；诉讼成本；法律经济学分析

在当今社会,人类活动的各个领域都追求尽可能地符合经济规律,在司法审判领域,法经济学家认为,所有法律活动,实际上是分配资源的一个过程,包括法的运行的全过程。因此司法活动也要求资源的合理配置和有效利用。法律制度能够引起经济学研究的高度重视,关键就在于人类经济发展的历史充分证明,对经济增长起决定作用的是制度性因素而非技术性因素。[1] 可见,法律制度在经济发展中将具有活力,而效率,即是这种活力最直接的呈现。

---

* 作者系福建省永春县人民法院助理审判员。
[1] 钱弘道：《法律经济学的理论基础》,载《法学研究》2002年第4期。

一、效率衡量:在受益增进中的多重体现

(一)法院的受益场域①

法院是我国的审判机关,国家制定的法律规范大多数通过法院对当事人发生法律效果,并随之产生社会效果。"跨域·连锁·直通"式诉讼服务平台能否及如何为法院的司法活动转化出社会财富,即在效率提升上产生帮助,是对该平台实践功能所起到积极或消极作用的一个评价标准。诉讼服务的"成本"投入如果可以增进社会财富,或者以提升效率转化为社会财富,则投入可视为具有相应价值。如果效率的产生将提升当事人对法院信任、提升法院的工作质效,则上述的"成本"投入与"回报"将呈正向指标。

1. 效率资源的信息化调配

产生效率的资源在于对决策层所制定的政策贯彻力度,过去我们大多依靠不间断的资源调配(部门协调)、人际沟通等初级方式,有一定的效果,但容易产生重复劳动。当前,资源调配的初级模式仍是主流,而信息化模式是新兴的辅助模式。通过信息化辅助配置可明显提高效率。"跨域·连锁·直通"式诉讼服务平台主要在两个方面来对司法效率进行科学配置。一是传统模式,即法官及司法工作人员的内部的人力配置。以执行力的角度考察,法院要配齐从事立案的审判人员及材料登记收转等的工作人员,尤其在基层法庭。基层法庭大多担负了立案、审判等多重司法工作职能。任何诉讼服务平台的运作都需要一支强有力的基层审判队伍。那么,配齐配强司法人员,就必然能促进基层审判力量的专业化、职业化、规范化,可以明显改善基层法庭人员配备不足、人员职责分工不明、司法工作人员任务繁重、法庭审判执行工作超负荷运转的尴尬境况,效率将得到提升。二是数字传递模式。在审判运行流程中,以数字信息化将案件信息进行采集,并分类和打包流转。实际上即利用网络这一信息交流模式来提升司法效率,并在网络上完成信息储存、流转、过滤、审核等方面的过程控制,使体验用户(当事人与司法人员)之间形成一个能够有效分享信息的数据链接。

相对于传统模式,数字信息的交流使效率得到明显提升。回到"跨域·连锁·直通"式诉讼服务平台的职能之中,现实情况下,由于各个法院的人力资源

---

① 场域指每一个行动均被行动所发生的场域所影响,而场域并非单指物理环境,它也包括他人的行为以及与此相连的许多因素。参见李全生:《布迪厄场域理论简析》,载《烟台大学学报》2002 年第 2 期。

并不平均,但直通式诉讼服务却在"网络"中平均了各个法院的司法资源。如果将全市乃至全省的法院视为一个整体网络,各法院即为拓扑端,由于有部分区域的法院人员配备较强,并能帮助其他区域法院完成部分司法业务,那么随之带来的是"端性能"的集中提升。

2.效率提升的可预见效应

在诉讼程序中,效率提升的对应指标之一即是诉讼成本的减低,广义的诉讼成本包括全社会因诉讼行为所支出的成本,包括诉讼的"运作成本"以及错判、误判给当事人造成的财富的损失①的总和。所以错误的判决在一定意义上会带来社会财富的损失。"跨域·连锁·直通"式诉讼服务平台的建立将避免部分法院法官在审理本属于自己管辖的民商事案件的同时,又必须兼顾立案任务,考虑新收案件对本庭结案任务的影响(尤其在山区法院,虽然案件增多,但增长的部分案件却是由沿海经济发达地区的法院跨域立案,其深层次的原因即为城镇化发展和人口流向的趋势)。此举一方面为当事人带来了一定便利,同时也在一定程度上减少了审判人员因精力有限而导致业务失误,出现误判、错判的情况。另一方面,"跨域·连锁·直通"式诉讼服务平台的建立更可促进审判人员认真研究法律理论及业务知识,因为在信息化网络中,审判人员不再以独立个体为存在,其司法行为代表了整个网络的司法行为,如果因其业务技能低下而导致工作失误,其"影响力场"将作用于整个网络。可见,通过"跨域·连锁·直通"式诉讼服务平台将更好地倒逼法官业务能力提升,并进一步防止因司法能力不强而导致的错判乃至社会财富的减损,实际上也起到了效率提升的效应。

"跨域·连锁·直通"式诉讼服务平台所提供的"异地立案"功能还能起到减少立案、审理受到的非正当干预和地方保护的作用。因为决定一个案件是否进入审判程序,诉讼进程将如何展开,都将以数字信息为载体在网络中传播,而这个网络是阳光和透明的,使得诉讼参加人绝对不会因程序上的非正常干预而造成成本的增加,法院的公信力及法官应有的地位也会相应提升。可以预见,以往因不服裁判、信访等产生的"维稳"成本将降低,当事人因缠访、缠诉造成的经济损失将减少,最终的结果是社会财富的增加。就如法经济学家波斯纳提出的交易的结果一般是双方均获益的结果。在交易过程中,如果双方基于信任基础,那么产生纠纷的可能性会减小,利益也会扩大。②

(二)"诉讼人"的受益场域

西方经济学中对参加经济活动的人有一种标准化的提法,即"合乎理性"的

---

① 林立:《波斯纳与法律经济分析》,上海三联书店出版社2005年版,第342页。
② [美]康芒斯:《制度经济学》(上册),于树生译,商务印书馆1962年版,第144页。

人,也称"经济人"。所谓"合乎理性"的人是一种衡量标准,一种把经济活动中的人的特征提取出的一般标准,它以人在经济活动中从事的一切事务均是对其有利为立论基础。虽然上述理论颇受争议,但考察进入诉讼程序的当事人,又在很多领域与上述概念重合。其为了实现本位利益而获得当事人地位,其为了实现本位利益而支出诉讼成本,诉讼的过程即是其利益衡量和计算的过程,其中效率和利益呈线性配比无疑是最好的结果,即效率越高,利益越大。

诉讼活动的上一级属性是社会活动,因此也应遵循理性人在社会活动中,总是想方设法实现成本投入最低,效益产出最大的规律。假定在诉讼过程中,"诉讼人"="理性人",通过"跨域·连锁·直通"式诉讼服务平台,当事人通常选择就近立案,尤其在城市市区,交通便利,部分立案窗口将成为群众办理立案业务的首选部门,这在效率层面对法院没有优势,甚至在某种程度上增加了法院的"诉讼成本"。可见实施"异地立案",会增加某些法院办理该项业务的人力消耗和财力支出。但从另一个角度来考察,诉讼平台以法为据、不被干扰的司法性质,使得当事人与管辖法院之间在起诉时并不产生关系,更多的司法信息将运行在网络中。因此,站在理性人的角度,从利益最大化进行衡量,其"跨域·连锁·直通"的特质,充分满足了受益主体的需求。作为一种制度创新,它符合创新扩散理论①的变化规律,人们从陌生到接受这种诉讼服务,并且发现其优越性而自愿地作出选择,到最后公众均采用这项机制,即是一个主体受益的过程。

(三)评价的受益场域

以法院为代表的司法主体同样扮演着"理性人"的角色,但作为司法机关,其社会职能和要求对司法行为的评价更具有社会影响力。在某一具体场域中的司法行为可能引起的链式反映不仅会引起公众的关注,同时也会吸引领导决策层的注意和分析。新型的诉讼服务平台将时间成本让渡给案件当事人,同时要求司法主体不能像过去那样站在"管理者"的地位,与诉讼参加人处在不对等的状态。"理性人"的要求使得法院的司法行为必须更多地转向服务为主,司法人员应树立"宁可自己多跑腿,让当事人少受累"的服务理念。如果诉讼服务能得到人民群众的认同,那么司法行为的正面评价也将随之增多,法院也将随之"受益"。

如前所述,从另一个层面观察,如果增加的是司法行为的"负面评价",则必

---

① 创新扩散理论作为传播效果研究的经典理论之一,是由美国学者埃弗雷特·罗杰斯(E. M. Rogers)于 20 世纪 60 年代提出的一个关于通过媒介劝服人们接受新观念、新事物、新产品的理论,侧重大众传播对社会和文化的影响。

将导致一些社会成本的产生或增长：一是维稳成本。过去，司法机关总是"不自觉"地在立案阶段对当事人的起诉要件进行实体审查，将不符合管辖原则及不规范、审理后可能有败诉风险的案件拒之门外，但这从根本上并不能化解矛盾。首先，由于影响稳定的因素依然存在，群众解决矛盾的出口没有畅通，非正常上访成为这些群体寻求救济的极端方式。二是司法信誉成本。在"立案难"成为社会各界广泛关注的热点问题的形势下，如果法院因为自身司法资源的紧缺或外部压力对当事人的合法诉权采取不当干预，必然有损司法权威。在当前司法实践中，某些法院采取人为设置"门槛"的方式减少受理案件数量，对法律的严肃、统一性产生了不好的影响。依托信息化网络建立起来的"跨域·连锁·直通"式诉讼服务平台有助于解决上述矛盾，既能实现司法效率，同时也能为司法行为提供评价，统一的、标准化的一套诉讼服务体系可减少法院的非正当干预，提升受理案件的透明度和司法信服力，增加案件审理的公正性，从而引导社会矛盾通过法律途径予以解决。

二、实证前提：从二元角度考量制度效率

(一)诉讼服务制度中的均衡

本文的实证考察以基层审判单位为起点，如基层法庭。法庭是群众与法院打交道最多的地方，是法院的窗口，是审判的最前沿。基层法庭是法院的派出部门，配备上必然弱于法院的内设机构(内设机构可以更直接地分享到法院的资源配置，如装备、警力等)。诚然，各法院都十分重视基层法庭的地位和作用，但在当前案多人少的形势下，审判力量配备全部向基层倾斜也并非最理想化的人力资源配置方案。司法工作人员积极主动性不高，缺乏外部压力的激发，使得人员整体素质很难再取得实质提升，而与此相对的就是，人民群众体验不到高质量的诉讼服务。

通过"跨域·连锁·直通"式诉讼服务平台，当事人可以选择一定范围内任何一个法院(法庭)办理立案手续，这就是保障当事人享受无差别化诉讼服务的前提。当事人不必到被告住所地办理立案业务，而且可以错开部分立案窗口的立案"高峰期"，更加迅速地办理诉讼事务。信息网络化的诉讼服务平台大大降低了当事人的诉讼成本，并相应提高了群众的满意度。以在泉州地区的立案为例，如果住所地为石狮的原告欲起诉住所地为德化的被告，以成本最小化方式，

石狮至德化的车费为 50 元,往返即 100 元,单程运行时间耗时 3 小时[1],忽略当事人从车站到目的地的成本与时间消耗,假定当事人上午 6:00 出发,达到法院也在 9:30 左右,如果能顺利地一次性办好各项业务,11:00 返程,也基本耽误了下午的工作时间。以 2014 年度的单位人员日均工资标准 148 元计算[2],则全程耗时 9 小时,产生交通、误工成本共计 248 元。若通过"跨域·连锁·直通"式诉讼服务平台则将大大降低了成本支出。当事人只需在石狮就近的法庭提交诉状及证据材料,诉讼信息均借助网络进行传递,几乎不必支出任何成本。其他的工作由法院和信息化网络完成。可见,提升效率、节约成本,也是法院诉讼服务的重要内容。

(二)法官效率的全面均衡

截至 2011 年 6 月,全国共有 3115 家基层法院,下设 9880 个人民法庭;基层法院(含人民法庭,下同)共有法官及其他工作人员 250827 人,占全国法院总人数的 76.9%。2008 年至 2011 年上半年,基层法院共审理和执行各类案件 30381840 件,占全国法院审理和执行案件总数的 89.28%。[3] 按全国 3115 个基层法院计算,平均每个法院的收案数是 9753 件(这个数据近几年呈逐年增长趋势)。但根据地方经济发展的差异,各个法院的实际受理案件数及其工作量并非稳定在平均值。以泉州地区为例,中心市辖区及沿海经济发达县市的法院年受理案件数均为 10000 件以上,山区县则为 6000 件左右。但在人员配比上,中心市辖区及沿海经济发达县市的司法工作人员(含法官、书记员、聘用的审判辅助人员)数量远高于山区基层法院。近年来城镇化趋势的发展,使得农村人口不断涌向城市和经济发达地区,部分民商事纠纷的实际发生地也在这一地区,通过"跨域·连锁·直通"式诉讼服务平台,中心市辖区及沿海经济发达县市法院甚至中级法院可以依托较强的人员配置帮助上述资源较弱的法院替代性地完成部分立案任务。在法官人数较少、审判辅助力量较弱的法院,则可以减轻立案业务的负担,减少办案人员和相应的成本投入,同时集中审判力量应对案件审理,改善"案多人少"的状况,从而化解分工结构性失衡矛盾,最大化地减少因案件的爆发式增长和审判力量的分散带来的例如"漠视程序""监督乏力""易受干扰"等诸

---

① 数据来源:泉州市汽车运输公司,http://www.mqqy.com/sale/bccx.aspx,2015 年 5 月 28 日访问。

② 福建省统计局:《福建省统计局关于发布 2014 年福建省城镇非私营单位就业人员平均工资数据的通告》。

③ 王胜俊:《关于加强人民法院基层建设工作报告》,载《人民法院报》2011 年 10 月 26 日第 1 版。

多问题。而且由诉讼服务平台提供的"电子卷宗""电子送达"等信息化办公系统辅助法官办案，也可以极大提升法官效率，带来较好的司法工作体验。

三、制度分析：由局部面向整体的延伸

（一）直接面临的问题

1. 法院工作量加大。虽然"跨域·连锁·直通"式诉讼服务平台极大地方便了当事人，有效节约了当事人参加诉讼的各项成本，但对应的司法机关的"成本"将进一步加大。尤其是基层法院和基层法庭，采取上述制度后，可能会造成法院工作量在某一个时期内增大，例如诉讼便捷性带来的受理案件数量增多，新的制度实施所需的前期设计及后期投入而支出的配套成本等，这在公民法律意识的不断提升及对法院司法审判要求的日益提高的形势下，是不可避免的。

2. 资源保障增负。制度的构建必然需要成本的投入。"跨域·连锁·直通"式诉讼服务平台的建立，就必须使新的司法管理运行模式可以和原有模式同步，使不同地区之间新制度与原有制度实现兼容。除了人员配比之外，在法院信息化建设上也必须增加资源投入。例如新运行机制下案件信息的采集、传输、确认就必须依赖新的司法管理系统；新系统的推出，就必须组织相应人员进行培训，使之熟练使用；新的系统的运行又必须和原有系统无缝对接，实现兼容。在案件的递转方面，受理法院和管辖法院之间对于案件材料的传送的媒介又必须进一步研发。比如有的方案是打包给邮政部门，邮政部门接受此项业务需要法院提供相应的费用作为运作成本，并且邮政部门也要同时保证自己的吞吐能力达到客户（法院）的要求。如果法院自己成为转递材料的主体，则要追加车辆、人员的成本。法院有限的司法资源将对应如组织学习、投入劳动、后期维护等的运行成本的集中开销，必然会增大法院资源保障的负担。

3. 业务标准局限。运作"跨域·连锁·直通"式诉讼服务机制后，当事人在任何一家法院（法庭）办理司法业务将享受无差别化待遇，但长期司法实践使得各法院对于各项司法活动均有各自的一套流程，并且司法人员在操作该流程上具有熟悉性和传递性。以立案为例，对于立案的要求民事诉讼法律规范及其司法解释的规定并不多，其目的也是为了强化立案阶段的形式审查，弱化实质审查。过去法院在立案中注重二者兼顾。一方面，标准化建设的相对薄弱和传统司法习惯的影响，可能对新制度的运行和发挥作用产生障碍；另一方面，尚未建立的详细统一的标准，也可能使得新制度被小部分虚假诉讼、恶意诉讼的当事人所利用。

(二)改良制度的方向

检视"跨域·连锁·直通"式诉讼服务平台在实践中可能出现的障碍,就能发现其实质核心就是资源消耗与成本控制、分散性运行与标准化管理之间的矛盾。目前基层法院"案多人少"的矛盾进一步加剧,同案不同标准语境下的"其他法院是其他法院,来我们院就要按我们的做法"的现象仍旧十分普遍。究其原因,即是长期以来法院在适用程序法过程中,并未形成标准统一的运行模式。我国的民事诉讼程序制度是全国统一的,虽然民事诉讼法等法律法规的适用范围是全国范围,但民事案件类型多种多样,全国范围内各地风俗人情不尽相同,使得各个法院在基本法律规定的框架内又繁衍了自己行之有效的做法。虽然原有制度在一定时空范畴内发挥了重大作用,但在信息化时代,人们则更加期待一个统一的尺度替代原有的各自分散的处理方法。可以说,从制度升格,在一定范围内提升为司法政策,全面推广;不断在实践中进行改良,使其符合国家司法政策的大方向,纳入司法改革的范畴;继续探索,在制度进路中追求效率与成本的平衡,是三个发展方向。

(三)可望实现的效果

综上所述,着眼于效率提升与社会财富的增加,在立案登记制在全国法院全面实行、各项司法改革措施和改革进程不断深入的背景下,现阶段可作如下努力:

1. 以省级为单位逐步推进。众所周知,在司法改革领域许多措施都是以省为单位,以省级行政区划为试点进行铺开的。一项制度的成长在于其适用的科学性及覆盖范围的广域性。一方面,以省级为单位试点"跨域·连锁·直通"式诉讼服务制度,可以充分利用高级法院在司法政策制定、指导,司法人力资源调配等方面的优势在较短的时间内产生良好的预期效果,在成本控制上,也符合经济学的一般规律。依托省级司法机关的优势资源,可以令新制度在执行上更具效率,例如实行全省法院统一案号,避免异地立案过程中产生案号冲突;如打造立案领域的同城化时效服务,在材料收转等模块在市情、县情相似的地域探索时效化处理,以更快的速度转递司法信息。另一反面,在规范化、统一化建设层面上,省一级有关部门的做法也可以被法院所借鉴,提升新制度运行的效率。例如公安机关的执法业务中,依靠全省统一的网络,即可实现当事人跨区域办理车辆年检、牌号登记等业务;如税务部门,可以在异地办理报税等业务。目前,泉州中级人民法院已集中力量打造"跨域·连锁·直通"诉讼服务与法官智能办案辅助系统等几个信息化集约平台,依托"跨域·连锁·直通"式诉讼服务平台对全市两级法院54个诉讼服务窗口资源进行优势整合,提供诉讼服务"升级版"。

2.完善信息化诉讼服务机制。诉讼服务信息化网络建成后，作为起点环节，即可建立 WEB 网络立案制度。在网络中，法院与法院之间，法院与当事人之间就组织为连锁网络。对案件利用电子网络进行立案审查、管理符合当前政务管理的做法，尤其是较为简单、常见的民事案件及小额案件，采取这种做法更为便捷。当事人先从法院网站下载客户端，打开后，实名注册获得用户名和密码，并获得 CA 证书（即当事人向 CA 发送申请，待确认后为其分配一个公钥，把公钥与申请者信息捆绑后形成证书返回申请者），登录成功后上传电子版诉状、证据材料等，诉状版式由软件直接生成，证据材料由当事人通过摄像或者扫描直接上传。共服务器端立案人员初查，决定立案后，在一定期限内向管辖法院邮寄相关材料，进行立案登记。立案登记后，当事人应于规定的时间内到管辖法院完成相应的确认程序。网络化服务在我国已经被多数大型央企所应用，平台日趋成熟，例如民航、铁路部门，购买相应的票证只需要通过互联网及客户的实名证件即可完成，而且在全国范围内均可提供这些服务。如果能利用 WEB 网络延伸立案服务，对于提升当事人的效率、节约成本、增加财富也非常具有意义。如笔者承办的一起民间借贷纠纷案件，在诉讼时效即将届满的最后一天，原告赶到法庭，欲起诉被告。但由于不熟悉法律流程，原告首先到自己户籍地的法庭办理立案业务，时间已为下午 3 时许。法庭经初步审查后，认为符合立案标准，并启动异地立案程序，与被告住所地法院取得联系，并生成案号及相关材料，使得原告在举证期限届满之前能够立案。在该案中，如果按过去的做法，法庭会告知其向管辖法院提起诉讼，那么原告又得赶往 70 多公里外的南安市，也可能无法在法院正常工作时间内赶到，那么当事人最终可能产生经济效益上的损失。如果该类型的案件能够建立起网络化服务，在上述案例中，当事人只需拿起手机，通过 3G 或 4G 高速网络向法院提出立案申请，并拍照上传证据材料，案件就可以得到受理。这种做法极大地提升了效率，节约了参与诉讼的当事人的时间、经济成本。

3.建立标准化的质量管理体系。诉讼服务机制的另一个核心在于无差别化标准服务。我国《民事诉讼法》规定了"原告就被告"的普通管辖原则。因此，诉讼服务的"起点"——立案就附属于被告住所地法院，成为"特定化"的做法。我们认为，只要建立无差别的立案标准，保证统一的立案业务质量，实行质量管理认证，那么当事人无论到哪一个法院、法庭起诉立案，其法律效果都是一样的。例如通过整合后对诉讼服务进行 ISO9001 质量认证，独立的、第三方的、质量体系认证诞生于 20 世纪 70 年代后期，它是从产品质量认证中演变出来的。ISO9001 质量体系认证具有覆盖范围广阔、公信度高、标准较为严格等特点，它是由全球第一个质量管理体系标准 BS 5750（BSI 撰写）转化而来的，是迄今为止世界上最成熟的质量框架，全球有 161 个国家/地区超过 75 万家组织正在使用这一框架。进入 21 世纪，信息化发展步伐日渐加速，从而为支持 ISO9001 质量管理体系的电子化提供了平台支撑。诉讼服务平台作为司法主体向公众提供的最直接的、承载"第一印象"的特点的服务业务,更需要依托标准化的服务质量体系建设。在当前全面推进司法改革的新形势下,司法权作为中央事权,更要求司法主体之间对同一种业务办理进行同一标准化管理。"跨域·连锁·直通"式诉讼服务平台如果能够有一套严整、统一的认证标准,将更为有利于制度的运行、生长及更好地提升服务效率。

"跨域·连锁·直通"式诉讼服务平台的缘起与路径
——基于司法可亲近性的审视

■ 刘志健　　周华丽 *

摘要: 从法治发展的时代背景来看,司法的人文关怀和可亲近性应当成为当前司法工作的一种理念和思路,成为司法回应现实需求的优先选择。泉州法院"跨域·连锁·直通"式诉讼服务平台的试验,重视在法治实践过程中通过各种力量、意识、手段来使法律和社会之间相互协调、回应和统一,对司法实效与社会认可度在现实层面上进行了诠释,是司法文明和司法亲近群众的生动实践。

关键词: 诉讼服务;司法的可亲近性;司法文明

近年来,"诉讼服务"是司法实践中的一个热门话题。诉讼服务不仅是司法程序的起点,更是人民群众和司法机关展开理性对话的平台,是关注民生、保障与救济权利的公共空间。[①] 很多法院根据司法客观规律,在现有法律框架内探索建立和完善诉讼服务机制,合理配置司法资源,寻找公正与便民的最佳结合点。

从法治发展的时代背景来看,司法的可亲近性应当成为当前司法工作的一种理念和思路,成为回应现实需求的优先选择。司法的可亲近性要求司法要给当事人一种可信赖感和可依靠感,诉讼及其制度的设计和运作应当充分考量当事人的利用水平和程度。强化诉讼服务职能,着力解决人民群众关注的、反映强烈的问题,正是从人民群众最关心、最直接、最现实的问题入手,通过完善诉讼服务功能和便民措施,切实方便当事人诉讼,进一步拉近人民法院和人民群众的距离,让人民群众真正感受到司法的温暖和人文关怀。

---

* 刘志健:福建省泉州市中级人民法院助理审判员;周华丽:福建省泉州市丰泽区人民法院工作人员,法学硕士。

① 最高人民法院 2014 年 11 月 14 日发布的《关于充分发挥审判职能作用推动国家新型城市化发展的意见》要求:落实司法为民便民利民措施,深化诉讼服务机制,运用信息技术,全力搭建涵盖立案、审判、执行的全方位便民服务平台。

2015 年伊始,泉州法院针对现有诉讼服务区域性、碎片化、单一性与泉州地区经济一体化、群众司法需求多元化不相适应的实际,构建以诉讼服务中心为载体的"跨域·连锁·直通"式诉讼服务平台,为群众提供涵盖导诉、诉前调解、立案审查、案件查询、材料收转、联系法官、判后答疑等功能的一体化、一站式、家门口的诉讼服务。"跨域·连锁·直通"式诉讼服务平台契合了司法可亲近性的要求,融合了法律理性与社情民意,回应了社会多元价值需求。

一、背景分析:司法实效与社会认可度的落差

现实的法律领域,法律自身所有的规范性强制力和约束力并不能确保法律的实效。通过对大量的实证事实进行调查,最后不得不指出"国法在命令上很多时候无效"这类无奈的结论。[①] 如何保证司法效力与社会认可度之间的统一是法治建设面临的重大实践和理论课题。

(一)供给无力——旧式司法资源之供不应求

由于社会经济的稳定发展以及诉讼门槛降低等因素,人们日常间的利益纷争已日益成为法律纠纷的主题,使得大量纠纷流向法院。而司法作为一种"公共产品"具有稀缺性,其服务半径受到限制,由此也导致"案多人少,法官不堪重负""审判力量严重不足"等弊端。

此外,由于矛盾纠纷解决的司法化以及现代社会网络信息的普遍适用,不同人群对法院诉讼立案提供了不同的诉求:伤病患者、残疾人、老年人由于行动不便,希望法院上门立案,降低诉讼门槛;外出人员、年轻人喜欢远程立案、网上调解等解决方式,减少来回路途奔波;上班族希望法院在假日立案,节约工作时间等等。这种立案需求越来越多样化的发展,对人民法院的诉讼服务工作提出了更高的要求。而现有的立案大厅只能接待群众到法院进行立案,而对于老年人因身体不方便、年轻人外出务工不在本地等较为普遍的问题,却不能给出合理的回应。

(二)消费不能——诉讼成本高

有一段报道清楚地描述了这一点:"目前老百姓打官司主要有三怕。一怕费时又费力,一场官司一审得半年,有的又要上诉,还要二审,甚至申诉后还要再

---

① [奥]欧根·埃利希:《法社会学原理》,舒国滢译,中国大百科全书出版社 2009 年版,第 415 页。

审,官司了结得一两年,而且还要应付开庭,弄得心力交瘁。二怕白判,虽说官司赢了,但是如果判决得不到执行,岂不是竹篮打水一场空?三怕诉讼费用高……"①在正式的司法机制的框架内,人们利用、使用和享受法律有太高的"交易成本",也正如因过高的交易成本会使市场的有效资源配置机制失灵一样,过高的诉讼成本对人们行为的影响结果就是人们对选择诉讼的退避三舍,从而使得法律的运作机制"失灵"。

有的法院辖区面积广大,异地纠纷多发,民众到本地法院距离较远,要是到异地法院更是路途遥远,交通不便,群众常为诉讼"两地跑",无形中增加了当事人诉讼的经济成本,耗费了大量时间和精力,"讼累"更重。

(三)消化不良——"六难"

在司法实践中,很多当事人第一次到法院起诉,法律规定不清楚,案件审判流程不熟悉,甚至连该找谁也不知道,存在"立案难、诉讼难、执行难、门难进、脸难看、事难办"。面对这种情况,现有的诉讼服务中心功能弱化,只是提供机械、被动、碎片化的便民举措,有的法院只是挂牌子、做样子,立案、咨询、引导、缴费看似"一站式",却处处不是"终点站"。一位基层法律工作者说道:"现在老百姓打官司难,跑了腿,还'摸不清门、办不成事',费神费时又费力。"这段话十分典型地描述了中国式的、法律的常态实施带来的社会非常态后果,并使得法律意欲跟社会实效背道而驰的情形。

法律的一般性、抽象性乃至公正性与社会对之的消化状况如何,完全有可能是两个问题,这也造就了效力和实效的悖论。从大的方面讲,就是新形势下,广大人民群众对司法的新需求、新期待与司法现状的差距。

二、理论根据:基于司法可亲近性的审视

法律的实施必须经过多次的、多方知识与力量的磨合和相融,这是一个过程性的相互回应、相互反馈的选择。正如哈耶克所说:"只有当那些引导个人以一种使社会生活成为可能。方式行事的规则是经由选择的过程而演化出来的时候,社会才可能存在。"②

---

① 少瞳:《"社会法庭":试点三月引来好评如潮》,http://www.hafxw.cn,下载日期:2015年6月1日。
② [英]费里德利希·冯·哈耶克:《法律、立法与自由》(第1卷),邓正来等译,中国大百科全书出版社2002年版,第213页。

(一)政治理念与社会原因的统一

诸如人民群众日益增长的司法需求与审判力量严重不足的矛盾、司法诉讼成本高等社会化的原因是"跨域·连锁·直通"式诉讼服务平台的基础。但有了这种基础不代表"跨域·连锁·直通"式诉讼服务平台能够完全非人为式的自生自定,它不得不寻找与国家权力密切相关的政治资源的支持。实际上在即便司法有极强独立性的美国,党派的政治意识形态和政治倾向对司法也有着极大的影响。法律愿望与政治愿望一体化是现代法治的政治特点。①

只有在通行的司法理念、公共政策与某一具体行为的司法目的和社会原因达成契合时,才有可能使制度生成的自觉与自发形成最佳结合。《中共中央关于全面推进依法治国若干重大问题的决定》要求:保障人民群众参与司法,在司法调解、司法听证、涉诉信访等司法活动中保障人民群众参与。② 这样,一方面使得"跨域·连锁·直通"式诉讼服务平台有了必要的权力资源支撑;另一方面也使得我们的政治理念和意识形态不至于流于口号与形式,而是能找到社会化的、司法性的具体实现途径。福建省高级人民法院马新岚院长对"跨域·连锁·直通"式诉讼服务平台给予了充分肯定,称赞其"成本低,效果好,真正方便了群众",要求借助该平台,把"法院的辛苦指数转化为人民群众的幸福指数"。

(二)法律价值理念与世俗目的的统一

任何方面和任何层次的法律问题总带有人的自觉目的,即便是实用主义法学家波斯纳在实践理性范畴中也有"手段/目的理性"的模式建构。③ "跨域·连锁·直通"式诉讼服务平台也有着清晰的价值目的,如保障当事人的民事权利、节约司法成本、提高司法效率等。这些带有浓厚道德哲学意味的价值话语就是一种等待社会自然需要的回应、有待具体手段来实现的目的理性。有关"跨域·

---

① [美]P. 诺内特、P. 塞尔兹尼克:《转变中的法律与社会:迈向回应型》,张志铭译,中国政法大学出版社 2004 年版,第 16 页。

② 最高人民法院 2014 年 11 月 14 日发布的《关于充分发挥审判职能作用推动国家新型城市化发展的意见》要求:落实司法为民便民利民措施,深化诉讼服务机制,运用信息技术,全力搭建涵盖立案、审判、执行的全方位便民服务平台。2015 年 3 月的全国"两会"上,最高人民法院周强院长在工作报告中指出,人民法院要完善司法便民利民信息平台,为当事人提供形式多样、方便快捷的诉讼服务。泉州法院推出的这个平台与最高人民法院的要求高度契合。

③ [美]理查德·波斯纳:《法官如何思考》,苏力译,北京大学出版社 2009 年版,第 133 页。

连锁·直通"式诉讼服务平台的好处和道德原则的评价中,我们没有听到太多的有关公平、正义原则方面的宏大叙事,只是听到了诸如"便民、便捷、便利"、"主动服务、不收费、不烦琐"等质朴而简单的世俗目的表达。

当然,这种世俗目的的话语之所以能有功效,除了它代表社会自生的自然需要外,同时也有抽象价值话语的支撑,二者是一种相互回应、相互契合的关系。当代司法需要真诚了解民需,广聚民智,择善而从。通过对民意的尊重,深度挖掘、准确把握社会公众的新需求,得到全社会的理解与认同,并由此达到法院与社会的沟通,通过互通达到互信。

(三)学理与经验的统一

在法律发达史上,系统的学理知识是不可缺少的。在西欧,11、12世纪经院式的"法律科学的方法论"的产生和运用,成了法治发展的重要一环。正因为西欧不仅经历了政治和经济的剧变,而且还经历了文化和智识聚增的过程,才造就了它特有的法治文明。[①] 到了现代,西方法治已有了深厚的智识文化基础和系统知识背景,但法律学理还是在以独立的力量对司法活动、法官的思考产生直接和间接的影响。"跨域·连锁·直通"式诉讼服务平台的司法实践也得到了一些职业学术专家的首肯、归纳和理论阐述。全国人大代表、华侨大学法学院副院长戴仲川教授认为:"泉州法院系统的这一诉讼服务创新,完全可以复制和推广,使其在更大范围内、让更多的群众受益。"[②]

"跨域·连锁·直通"式诉讼服务平台虽成长于社会实践中,由基本的社会背景和原因作主要支撑和推动力,但它也要生活在规则化正成趋势的现代性世界环境内,它要面对总体上已模式化、概念化的法律知识体系,要以体系化的知识面目被人接受,也有发展成正式司法制度的可能。

三、路径选择:司法的能动与亲民

"让人民群众在每一个案件中都能感受公平正义"是司法的神圣职责。诉讼服务的根本在于服务公众。可以说,法律是否有效,司法是否像被人所期望的那

---

① [美]哈罗德·J.伯尔曼:《法律与革命》,贺卫方等译,中国大百科全书出版社2002年版,第125页。

② 何晓慧等:《"家门口"立案 "一站式"解纷——福建泉州法院打造"跨域·连锁·直通"诉讼服务平台》,http://rmfyb.chinacourt.org,下载日期:2015年6月2日。

样有效、可亲近,这完全取决于它是否有一个旨在达到这种结果的合适手段。①

(一)力量之补强——资源整合

法院的"审判力量严重不足"对法律的社会实效来说无疑是一个软肋,所以问题的解决也必须是实在的手段。破解之道在于体制机制的创新。泉州中级人民法院按照"连锁联动、全城覆盖、标准运作、便捷优质"的思路,拓展连接法院和法庭的职能,以全市 12 个法院(包括中级法院)、42 个人民法庭为点,充分运用网络等科技手段,构建涵盖诉前、立案、审判、执行阶段的"跨域·连锁·直通"式诉讼服务平台。

诉讼服务中心最大化整合、利用有限资源提升司法服务。在硬件建设上,利用现有立案窗口进行改造扩建,在立案厅内分设接待窗口,一般各接待窗口一字排开,配以明显标志。同时,配备休息座椅、排号机、饮水机、简单的卫生医疗设施,以及纸笔、电话、传真、复印、网络、电子触摸屏等人性化服务设施。并且,选调年富力强、审判经验丰富、善做群众工作、勤勉敬业、热心服务的精干力量和优秀年轻干警充实到诉讼服务中心,将诉讼服务中心建成法院人才聚集地和展示法官才干的平台。

(二)诉讼成本之克服——"主动服务"带来的信服

泉州法院坚持问题导向,以法院多花精力多花经济成本的方式,在为民、利民、惠民上求实效,让群众切实感受到司法的人文关怀。一是区分对象、方便立案,对老弱病残的当事人实行上门立案、电话立案;二是巡回办案,就地审理;三是司法救助、人文关怀,确保困难群众能打得起官司。现在,群众除亲历性程序事项必须前往案件管辖法院外,其他诉讼程序都可以在家门口的法院或法庭办理。这不仅拉近了群众与法院的距离,也体现了泉州法院从制度机制上破解了司法便民服务长期以来"走过场""碎片化"的困局,同时展现了司法为民的深切情怀。

一位法官的一段话足以解开我们的心结,"我们多服务、多麻烦,群众就可以少辛苦"。而诉讼服务平台的受惠者则说:"主动服务、个性化服务,不另行收费,不烦琐,就地解决纠纷,我非常满意,对法院信服!"也许正是有了主动服务,人们对"主动服务"的结果才"非常满意"。在当事人"信服"的感叹声中,司法彰显了它的公信与亲民,这便是生活中的法律理性与正义逻辑。

---

① [奥]欧根·埃利希:《法社会学原理》,舒国滢译,中国大百科全书出版社 2009 年版,第 415 页。

(三)法律之"良性消费"——一站式、一体化

"跨域·连锁·直通"式诉讼服务平台以标准化服务突破人为的差别对待,避免当事人"盲目跑",推动全市法院提升服务质效。"依据同一部法律,两个法院的立案标准不同、诉讼流程的办理条件不同"是群众常有的困惑,泉州中级人民法院推行服务平台的前置性工作,就是制定全市两级法院诉讼服务的相关规章制度,组织窗口人员进行培训,统一服务内容和标准,实现服务无差别、标准化;而"跨域司法服务连锁"推行、创新、完善的过程,也将增加两级法院横向和纵向间的沟通联系、协作衔接,推进全市法院诉讼服务"一盘棋""一体化"。

诉讼服务中心提供导诉、诉前调解、立案审查、案件查询、材料收转、联系法官、判后答疑等一站式服务,使当事人在诉讼服务大厅内能以最快的速度、最简便的方式办完想办的事情,降低了当事人对诉讼不切实际的心理预期,减少了诉讼的盲目性,成功地将一部分案件化解在诉前或促使当事人息诉服判。这种服务同时提高了法院信访接待成功率,有效地遏制了涉诉信访上升的势头,最大限度地满足了人民群众多元化诉讼服务需求,树立了人民法院的全新形象。

(四)实效之源头——"软实力"才是"硬道理"

法律之"软"也许就是法律最大之"真"。古希腊大思想家柏拉图在人类首次论述法律的特质时,就提出法律应该"温顺而不粗暴",是"教育和强制的结合"。实际上,当法律需要以社会喜好的"柔软"来取得其应有的"硬实力"之时,正是司法公信与司法的可亲近性最佳结合之际。① 这固然是特殊社会结构和社会关系的性质决定的,但也是新常态社会中法律的常态体现,真正让"人民群众在每一宗司法案件中都感受到公平正义"。

在诉讼服务中心日常运行中,我们还注重将审理之"理"有机地融入管理之"理"中,寻求理性司法。通过诉讼服务中心的解纷一体化模式,理顺情绪,引导当事人理性选择解纷模式,尽可能稀释当事人之间或当事人对社会的不满对立情绪,让当事人了解裁判、接受裁判,理性参与诉讼过程,理性对待裁判结果,减弱、消弭对抗与冲突,让来访者疑惑不满而来、明白顺心而去。与此同时,注重营造司法沟通的氛围,建设法治文化长廊,让百姓在潜移默化中了解司法,接近司法,认同司法。

---

① 陈秀萍:《诉讼、人情和法治——现代法治视野中的诉讼人情化现象研究》,载《法制与社会发展》2005 年第 5 期。

四、前景展望:诉讼服务平台的完善之路

"跨域·连锁·直通"式诉讼服务平台有一个渐进发展的过程,必然会出现新的问题,这正是创新的源点。泉州市中级人民法院欧岩峰院长认为,在运作过程中,要秉承"法院多辛苦,群众少麻烦"的理念,根据群众的需求不断改进完善,最大化地派送各项司法红利,彰显司法的人文关怀和文明进步。[①]

(一)遵循的原则

1.准确把握改革创新与符合司法规律的有机统一。设立诉讼服务中心是人民法院为民服务机制的创新,但我们也应清醒地认识到,司法工作也具有自身的科学发展规律,任何一项改革创新都不能脱离司法工作的特性。为民服务也不例外,它不仅要考虑到是否符合便民、利民的要求,更要充分考虑是否符合司法工作的发展规律。

2.努力实现便民服务与追求司法权威的有机统一。法院的便民服务以实现社会的公平正义为追求,也应该服务于公正、高效和权威的目标。因此,诉讼服务要从司法公正的角度,要讲证据讲事实讲法律,为各方当事人提供法律许可范围内的服务,实现公正与为民的有机统一。

(二)提高服务手段

坚持能动司法、亲民司法,根据当事人的司法呼声和需求,不断总结提升、创新完善,不断增加新的元素,不断丰富发展服务措施与服务内涵,努力让"立案难、诉讼难、执行难、门难进、脸难看、事难办"成为过去式。在利用现有的网络资源的同时,加大信息化软、硬件的投入,开展远程立案、查询咨询、远程调解、网上证据提交、网上信访投诉等工作,并适时开展法官视频约谈、远程视频信访、监察投诉等公开化举措,使当事人足不出户即可完成基本的诉讼程序。

(三)强化沟通联系

有针对性地加强对诉讼服务中心分流纠纷、化解矛盾等职能的宣传力度,增强当事人对诉讼服务中心职能的了解,完善服务沟通方式。

1.邀请专门的心理咨询辅导教师、信访化解员等进驻诉讼服务中心,对部分

---

① 王志伟:《福建泉州法院全国首创"家门口"打异地官司》,http://legal.people.com.cn,下载日期:2015 年 6 月 1 日。

信访群众、缠诉缠访人员进行心理辅导。

2. 不定期召开诉讼服务工作听证会、意见会，邀请人大代表、政协委员、政府有关部门代表、群众代表参会提出意见和建议。

3. 积极推动构建"党委领导、政府支持、多方参与、司法推动、社会全员参与"的诉讼与非诉讼调解衔接机制等，扩大民众参与度，提升诉讼服务水平，促进社会和谐。

（四）健全制度规范

进一步建立健全诉讼服务中心规章制度，实现以制度管人、以制度管事、以制度管案，通过建章立制，努力放大规范管理的效应。

1. 健全完善诉讼服务中心的日常管理制度，规范工作人员的言行举止，树立"公正、廉洁、为民、高效、服务"的良好形象。

2. 完善工作衔接制度，明确工作节点和责任，每一项工作都有明确的责任岗位或责任人，每一项诉讼事项、每一个服务环节都有明确的考核评判标准，注重科学管理，提高工作效率。

3. 人性化管理，在制度创设过程中，注重制度的思想化和思想的制度化，力求通过润物无声的制度文化建设，将制度所体现的理念、价值和行为模式直达、贯穿诉讼服务中心的每个工作环节，做到知行合一，增强执行力。把司法服务中心建设和司法人文关怀有机结合起来，在群众面前呈现文明、高效的形象。

（五）促进执法办案

立案、审判与执行工作是法院的基础性工作。法院的创新改革不能影响集中精力抓审判的基本职责。诉讼服务中心的设立，将各部门的诉讼事务性工作进行整合和集中管理，并非仅仅为了创新，而是为民理念和服务意识的转变；它的有效衔接和持续运行需要业务能力强、服务态度好的工作人员，也需要一系列配套制度的保障和法院管理的提档升级。因此，诉讼服务中心的构建应当有"双服务"意识。对外服务于群众，无论是诉前、诉中还是诉后，均应为走进法院大门的群众提供便捷、优质、高效的司法服务。对内服务于审判执行一线，集约式管理审判辅助事务，实现司法资源的优化配置。

试论民事诉讼一审跨域立案制度的构建

■李小兴　黄金菊*

摘要: 立案审查属于管辖法院行使管辖权的一部分职权,一般情况下原告起诉只能向管辖法院提起。在泉州两级法院的协调下,为降低当事人的诉讼成本,接收法院可代管辖法院进行立案审查,实现跨域立案。跨域立案制度运行以来取得了良好效果,同时也存在立案标准不统一、受益群体有限、部分立案窗口立案人员不充足、法院间协调不足等问题。今后应针对实践中的问题完善相关措施,构建、完善民事诉讼一审跨域立案制度。

关键词: 跨域立案;立案审查;管辖权;诉讼成本

引　言

2015 年 1 月,由泉州市中级人民法院牵头,联合泉州市两级法院共同构建了一个以"法院多服务,群众少辛苦"为理念,以"家门口、一站式、一体化"为承诺的"跨域·连锁·直通"式诉讼服务平台。该平台以为群众提供跨域立案为起点,逐渐扩展到诉前调解、立案(包括民事、行政、执行案件)、审理、执行各个阶段,该平台最大的特点即"在泉州整个区域内建立了'跨域司法服务连锁',不管案件由哪个法院管辖,群众都可以在距自己家门口最近的法院(或法庭)享受到全流程、无差别、标准化的司法服务"。该项平台建设在全国系首创,没有先例可循,而作为先锋的民事诉讼一审跨域立案制度,其构建是否具有正当性、必要性,是否具备推广的可能,运行过程中出现了哪些难题以及这些难题如何克服都是亟待解决的问题。

---

* 李小兴:福建省晋江市人民法院院长;黄金菊:福建省晋江市人民法院书记员。

一、民事诉讼一审跨域立案制度概述

(一)民事诉讼一审跨域立案制度的概念

立案并非一个法律术语，而是一个内涵、外延模糊的法律俗语，其应该是原告向人民法院起诉至人民法院予以受理的整个过程。[①] 民事诉讼一审立案程序，根据《民事诉讼法》第 119 条第 4 项的规定，原告的起诉应当符合"属于人民法院受理民事诉讼的范围和受诉人民法院管辖"；若原告向没有管辖权的法院提起诉讼，根据《民事诉讼法》第 124 条第 4 项的规定，人民法院的处理方式是"告知原告向有管辖权的人民法院起诉"。而民事诉讼一审跨域立案制度打破了诉讼服务领域的行政区划限制，它是指在一定地域范围内的某一法院对原告的一审民事诉讼案件有管辖权，则原告可就该民商事纠纷向该地域范围内的任何一个法院提起诉讼，接收起诉材料的法院对原告的起诉进行审查并最终予以受理的制度。

(二)民事诉讼一审跨域立案制度的运行方式

目前，民事诉讼一审跨域立案制度仅在泉州范围内实施，只要原告起诉的一审民事诉讼案件属于泉州市两级法院中任何一个法院管辖的范围，原告均可向泉州市两级法院中任何一个法院(不限于管辖法院)提起诉讼，收到起诉材料的人民法院(以下简称"接收法院")必须代有管辖权的人民法院(以下简称"管辖法院")履行立案登记职责，接收并审查起诉材料，若起诉符合《民事诉讼法》第 119 条前三项关于起诉的规定、第 121 条关于起诉状的规定，则接收法院应向管辖法院申领案号，直接对该起诉予以受理，并向原告出具盖有"泉州法院诉讼服务中心立案登记专用章"的受理案件通知书(背面附有各法院的诉讼费银行账户)，告知原告向管辖法院缴纳诉讼费，最后将案件移交到管辖法院进行审理。

二、民事诉讼一审跨域立案制度的"二性"分析

(一)构建民事诉讼一审跨域立案制度的正当性分析

跨域立案与移送管辖最后的结果均是将案件移送有管辖权的人民法院进行

---

① 姜启波:《立案受理》，人民法院出版社 2008 年版，第 2 页；江伟主编:《民事诉讼法》，高等教育出版社 2004 年版，第 264 页。

审理,但两者又有区别:移送管辖是人民法院先受理,后发现管辖错误才移送有管辖权的人民法院,两个法院分别就该纠纷形成不同的案号;而跨域立案则是接收法院在受理案件之前已经意识到本院没有管辖权,其受理案件是代管辖法院受理的,该纠纷仅生成管辖法院系统内的一个案号。那么,接收法院代管辖法院受理一审民事诉讼案件是否违反《民事诉讼法》关于管辖的规定,即跨域立案是否具备正当性呢?诉讼管辖是指各级人民法院之间及不同地区的同级法院之间受理第一审民事案件的分工和权限。① 移送管辖的案件,有管辖权的法院在接收了案件之后再次以自己的名义出具受理通知书。无论从诉讼管辖的定义看还是从移送管辖再次出具受理通知书的立案程序来看,受理均属于管辖的范畴之一,即法院具备管辖权才有受理的权限。由此可见,跨域立案中接收法院自身是没有出具受理通知书的权限的。但我们可以这样理解,在泉州市中级人民法院的协调下,泉州两级法院达成了一个互相授权委托立案的集体协议,该协议约定泉州市两级法院内任何一个法院都有代另一个法院接收、审查起诉材料,并作出是否受理的决定,决定受理的则由接收法院代为出具受理通知书。那么这种代为立案的授权是否合理,我们可以从委托送达、委托调查、委托宣判、委托执行制度中窥见一二。最高人民法院《关于人民法院互相办理委托事项的规定》中规定了委托送达、委托调查、委托宣判、委托执行,并规定"人民法院在审理案件过程中,需要勘验现场的,一般不应委托其他人民法院代为调查",由此可以推断可以委托别的法院办理的均是与实体性审判工作关联性不大的事项。有学者认为案件属于民事案件主管和管辖范围,其意应当指法院有权对案件作出实体判决,即该法院有权对该案的实体权利义务关系作出判决,法院主管和管辖与诉讼程序开始无关,而与法院作出实体判决有关,②尽管根据《民事诉讼法》和最高人民法院关于立案工作的规定,法院在立案时既进行程序性审查,也进行实体性审查,但实体性审查一直为学界所诟病。部分学者认为应当区分"起诉条件"与"诉讼要件",③在立案审查时应只审查程序性要件,即使是现在,立案时进行的所谓实体性审查也仅限于表面性的、初步性的审查,故立案并不与实体审判直接相关,存在其他法院代为受理的可能,当然,这有待于较高层级的法院作出协调。

(二)构建民事诉讼一审跨域立案制度的必要性分析

近年来,随着经济规模的扩大及社会信任危机的出现,民商事诉讼案件呈现

---

① 江伟主编:《民事诉讼法》,北京大学出版社 2000 年版,第 73 页。
② 彭芳:《论民事立案制度》,中国政法大学 2010 年硕士学位论文,第 27～35 页。
③ 张卫平:《起诉条件与实体判决要件》,载《法学研究》2004 年第 6 期。

大幅度上升的趋势，群众打官司已经不再鲜见，他们对司法资源的需求越来越迫切，但因群众对法律规定和司法程序并不熟悉，很多人在起诉时提交的材料存在缺陷，往往在立案时就要来回奔波好几趟。民事诉讼地域管辖遵循"原告就被告"的原则，若原、被告不在同一辖区内，原告起诉时要花费的精力、交通费等成本比在离自己较近的法院起诉花费的成本要大得多；在立案登记制度确立之前，部分法院在立案审查时发现起诉材料不全而没有一次性告知当事人要补充的全部材料；在立案登记制确立之前，部分法院在立案时出现有选择性的立案，对难案、多个法院均有管辖权的案件实施限制立案。民事诉讼一审跨域立案制度诞生于立案登记制之前，预见性地化解了部分立案难的问题，并降低了原告的诉讼成本，让群众更易于接近司法。

2015 年 2 月 4 日，最高人民法院《关于适用民事诉讼法的解释》（以下简称《民诉法解释》）颁行之后，对于金钱给付纠纷，原告按照《民诉法解释》第 18 条第 2 款的规定，可在其住所地法院起诉；立案登记制规定了立案登记制度及一次性告知制度，很大程度上解决了因人为而非制度的原因导致的立案难问题，也减少了当事人因准备材料不全来回奔波的次数；"邮寄立案"制度降低了跨域立案所要解决的起诉成本的问题。实际上，诉讼成本的设置本身就是为了平衡当事人的诉讼地位，防止滥诉的出现。因此，部分立案窗口的工作人员对是否有必要构建民事诉讼一审跨域立案制度，提出了质疑。

笔者认为，邮寄立案固然有其固有的价值，但邮寄立案的过程中也出现了很多问题，很多群众不知道如何邮寄立案，有的当事人认为本人到法院窗口立案尚且出现立案难的情况，何况邮寄立案，对邮寄立案产生不信任；有的当事人邮寄起诉材料不全，虽经多次补正但仍因为远程沟通，无法当面指导立案的缺陷而未能补全，拖延了诉讼的进程。与邮寄立案相比，接收法院在跨域立案中扮演的不只是快递、中介的角色，其主要的贡献在于代管辖法院履行立案审查、立案登记的职能，保证纠纷进入诉讼程序。另外，民事诉讼成本的设置是为了防止滥诉，立案制度的设计始终在诉权保障与防止诉权滥用之间求得平衡，但立案制度的核心应当是诉权保障，若成本的设置妨碍了当事人正当性权利的行使，则应当反思我们所设计的立案制度本身的不足。

《民诉法解释》、立案登记制及邮寄立案制度的有效实施，确实减少了民事诉讼一审跨域立案制度适用的需求，我们可以将跨域立案看作民事诉讼立案制度的一个有益补充，它为当事人实现诉权提供了更全面的保障。从接收法院立案人员的心理上讲，代其他法院立案往往会比为自己所在法院立案审查时更为宽松。从实践效果来看，这种宽松恰恰符合了民事诉讼法的立法本意。司法实践中，有的法院设置了一些"土条款""土政策"，提高了立案的门槛，妨碍了当事人依法行使诉权。从法经济学的角度分析，法院内部协调、流转的成本往往比当事人自行到管辖法院立案起诉所花费的成本更低,而效率更高。从为民众节约的诉讼成本与国家花费的司法成本之比来看,跨域立案有其存在的必要。

三、民事诉讼一审跨域立案制度的运行效果分析

(一)民事诉讼一审跨域立案制度运行中取得的良好效果

泉州法院民事诉讼一审跨域立案制度自2015年1月实施以来,取得了越来越显著的效果:

1. 从跨域立案的案件数看,如表1,与2015年3月18日相比,2015年5月25日全市两级法院跨域立案数从310件上升至2498件,还不到两个月的时间,异地立案的案件数增长了705%,随着实施时间的推移、宣传的扩大,越来越多的群众、法律人知道该便民制度,越来越多的当事人体验到了该制度带来的好处,民事诉讼一审跨域立案制度发挥了越来越显著的作用,有效地减轻了群众的讼累。

2. 从跨域立案的成本分析看,如表1,从材料收转与跨法院异地立案数的比例看,异地立案数越多,材料收转与异地立案数的比例越小;而本法院内部的异地立案流转需要的成本则要低得多,如表2,立案庭对派出法庭立的案件比派出法庭为本院其他业务庭所立的案件要多得多,而立案庭按平常的立案程序立完案后通过微信群统一通知承办庭领取,承办法庭则在每天去院部办理事务时顺便领取,无论是跨法院立案还是本院内部跨域立案,随着跨域立案的案件数的增多,所花费的成本权重越小,该制度的效能也就越高。

3. 从接收案件数与移送案件数的比例来看,如表2,其他法院代晋江市人民法院(以下简称晋江法院)所立的案件数多于晋江法院代其他法院所立的案件数,立案庭为本院派出法庭所立的案件数多于派出法庭代本院其他业务庭所立的案件数;如表3,东石法庭所接收的案件数远远大于其所移送的案件数,且其接收的跨域立案案件数占同期总受理案件数的比重高达21.90%,出现这种反差在于管辖法院(或承办法庭)的地域和交通便利问题,离中心市区越远、交通越不便利的管辖法院或承办法庭,其所辖案件跨域立案的需求就越高,通过跨域立案受理的案件数占其受理案件的总数就越大,这也更充分地说明构建跨域立案制度确实契合了群众的需求,彰显了司法的人文关怀和文明进步。

表 1 2015 年 3 月 18 日—2015 年 5 月 25 日泉州市两级法院跨域诉讼服务数据

时间	异地立案数（跨法院）	材料收转	诉讼指引	判后答疑
2015.3.18	310 件	345 次	365 次	
2015.5.25	2498 件	2185 次	927 次	50 次

表 2 2015 年 1 月 12 日—2015 年 7 月 26 日晋江法院跨域立案数据

跨院立案	晋江法院为其他法院所立案件	其他法院为晋江法院所立案件
	228 件	407 件
晋江法院内部跨域立案	立案庭为派出法庭所立案件	派出法庭为本院其他业务庭所立案件
	652 件	130 件

表 3 2015 年 1 月 12 日—2015 年 7 月 26 日东石法庭跨域立案数据

接收案件	其他法院为东石庭所立案件	本院为东石庭所立案件（不含东石庭自立案件）	合计	占本庭同期受理案件数
	20 件	146 件	166	21.90%
移送案件	移送其他法院案件数	移送本院其他业务庭案件数	合计	
	10 件	15 件	25	

(二)民事诉讼一审跨域立案制度运行中发现的问题

1. 出现立案审查、管辖的双重标准

跨域立案的前提是要有一个规范化的、趋近于无差别的立案流程和立案标准,而换个角度讲,跨域立案也有利于形成一个无差别的立案流程和立案标准的形成。民事诉讼一审跨域立案制度运行之初,立案登记制还未实施,为形成统一的立案标准和立案流程,泉州市中级人民法院制定了《关于规范全市法院第一审民事案件立案受理若干问题的意见》。立案登记制实施后,规范化的、趋近于无差别的立案流程和立案标准基本形成。尽管如此,跨域立案运行中,我们仍然发现存在立案条件不统一的问题。如前所述,代其他法院立案往往会比为自己所在法院立案审查时更为宽松,但有的接收法院宽松到未严格依法进行立案审查,出现原告提供的被告身份信息不能指向明确的被告仍予以立案,诉状必填事项填写不完整、诉讼请求不明确、证据清单与证据不符等而未予引导纠正,立案案由错误等问题,导致管辖法院接到立案材料后要通知原告到庭补正,跨域立案的便民目的未能实现。

部分案件多个法院均有管辖权,或者根据不同的标准按照法院内部的分工可能归于不同的业务庭审理,接收法院自身有管辖权,但仍然将案件移送给另一个有管辖权的法院,拖延诉讼进程,也违背了原告的本意。例如原告户籍所在地在石狮,被告户籍所在地在晋江,原告到石狮法院起诉,并在起诉状上写明"此致石狮市人民法院",按照《民诉法解释》第18条第2款的规定,石狮法院对该案亦有管辖权,但起诉状出现明显的变更,改为"此致晋江市人民法院",案件被移送至晋江法院管辖。

2.受益对象存在局限性

从申请跨域立案的主体来看,由于律师普遍比一般群众更关注法院的政策动态,律师申请跨域立案的数量较多。可以说,推行跨域立案制度后,受益最多的是律师。律师具备较多的专业知识,具有诉讼实务经验,其起诉时提供的材料相对完整、齐全,一般来讲通过邮寄立案也不会影响其进入诉讼程序的进程。但有部分律师跨域立案不是因为地域和交通的问题,而是其代理的案件可能不符合起诉的条件,在管辖法院无法顺利受理,转而向其他法院申请跨域立案。由于接收法院在审查时相对不严格,受理后即移送管辖法院。此类跨域立案的案件可能存在规避立案审查的问题。

3.可能给滥诉、虚假诉讼、重复起诉提供空间

诉讼成本越低,滥诉的可能性越大。民事诉讼一审跨域立案制度节约了原告起诉的成本,再加上跨域立案审查相对不严格,审判法院与立案法院不一致,原告起诉时的心理负担较小,出现滥诉、虚假诉讼的可能性较大。此外,有的被告得知自己被起诉后,出于面子问题在别的立案窗口起诉原案件的原告,构成重复起诉。例如,晋江法院东石法庭先行受理了马某与晋江市某公司的劳动争议案。被告收到应诉材料后向晋江法院立案庭就同一标的、同一争议提起了相当于辩驳原告诉求的诉讼。此举构成重复起诉,无形中浪费了司法资源。

4.法院内部协调不足

在跨域立案运行中,因法院内部协调、沟通不足,导致案件受理移交管辖法院后,管辖法院发现存在很多需要善后的问题,如因统一的受理通知书上仅附有各法院的诉讼费账户而没有派出法庭的诉讼费账号,但部分法院派出法庭有独立的诉讼费账户,接收法院为管辖法院立案时未告知原告向派出法庭的账户缴

纳诉讼费。原告向管辖法院缴纳诉讼费,判决胜诉并生效后要退费时往往比正常退费更麻烦,要两头跑,多个领导签字才能退领。再如,部分跨域所立案件因法院之间协调不足,案件受理后未能及时移交管辖法院,管辖法院接到起诉材料后一般先录入系统,提交庭长分案,再将应诉材料、传票等做好后一并与起诉状、证据副本送达被告,但时间早已超出5日的期限,违反了《民事诉讼法》第125条的规定。

5.立案窗口人力资源与立案需求更加紧张

如前所述,原告选择在哪个法院或法庭立案窗口起诉与法院或法庭所处位置离市区的远近、交通便利与否有关,如此导致交通便利、离市区较近的法院或法庭立案窗口接待的群众更多,代为立案的案件数远远超过离市区较远的、交通不便的法院或法庭。2015年4月30日,最高人民法院上调各级地方法院管辖民商事案件一审标的限额;2015年5月1日,立案登记制开始实施。多方面的原因导致立案窗口人力资源与立案需求更加紧张,立案服务的负荷更重。

四、民事诉讼一审跨域立案制度的完善

(一)严格贯彻立案标准、统一管辖标准

1.应当避免向不同的法院起诉适用不同的立案标准的情况发生,严格按照《民事诉讼法》关于起诉的规定及最高人民法院《关于登记立案问题的若干规定》的审查起诉条件,既不能为当事人起诉设置"土政策""土规定"等障碍,也不能对不符合起诉条件的案件开绿灯;既要保障当事人的诉权,也要保证受理的案件手续、材料完备,避免接收法院受理案件后管辖法院还要通知原告到庭再次补正起诉材料的问题出现,以保证诉讼的顺利进行。

2.对于多个法院均有管辖权的案件,立案时应当做好立案释明工作,建议尊重原告的自由意志,在多个有管辖权的法院中由原告选择实际管辖的法院。对于同一法院内部不同业务庭之间管辖的确定,建议一律遵从原告就被告的原则,由被告住所地所在业务庭(前提是按照法院内部的分工,该业务庭也有审理的权限)进行审理。

(二)加强宣传,让更多的群众成为受益对象

在一定的地域范围内,律师行业内就代理费一般形成了一个行业习惯,在泉州范围内执业的律师在泉州两级法院之间立案的成本不会相差太多,但对当事人则不然,当事人对案件由哪个法院管辖、起诉需要哪些材料可能不清楚,交通上也可能没有律师那样便利,其走完立案流程需要的成本、精力都要远远高于律

师,因此民事诉讼一审跨域立案制度更需要的是惠及普通的群众,让群众感受到司法服务的红利。这需要法院面向普通群众,加强宣传,让更多群众知道这个诉讼服务平台,有机会成为"跨域·连锁·直通"式诉讼服务平台的受益者。

(三)对当事人诉权行使进行适度、合理规制

跨域立案使当事人能够以较低的诉讼成本立案,当事人利用跨域立案制度进行虚假诉讼、滥诉的可能性较大,滥用诉权的行为不仅浪费司法资源,而且造成对方当事人的讼累。立案制度的核心是诉权的保障,应当通过立案制度的设计寻求诉权保障与防止诉权滥用的平衡点。我们不能因为存在滥诉、虚假诉讼而限制当事人的诉权,而应当通过对滥诉、虚假诉讼的惩处来规制滥诉、虚假诉讼的行为,例如通过建立诉权滥用的赔偿、罚款制度,让当事人在起诉时能够预见滥用诉权的不利后果以减少该类行为的发生。当然,认定是否构成滥诉、虚假诉讼时应当有严格的标准,否则可能反过来妨碍诉权的实现。

(四)完善法院内部协调机制

"跨域·连锁·直通"式诉讼服务平台是在加强法院之间的协作和流转的基础上实现的,法院内部的协调机制是否完善涉及该平台是否能够有效运作。首先,应当加快法院之间起诉材料的移交,保证管辖法院有足够的时间准备应诉材料,以在法律规定的时间内将应诉材料发送给被告。其次,对于案由确定有疑义的案件应当在受理之前与管辖法院沟通好。该制度目前仅在泉州两级法院范围内实施,两级法院内负责跨域立案的人员已建立了一个微信群,保证沟通的有效性、及时性,实现跨域立案的当场受理或尽快受理。将来该制度若在更大的地域范围内适用,则有赖于更高的技术支持这一平台的实施。最后,对于立案审查时发现起诉不符合起诉条件,不应予以受理的,不予受理的裁定应当由谁出具的问题,笔者认为立案审查也属于法院行使管辖权的范围之一,因此接收法院应当登记原告的起诉,将起诉材料移交管辖法院,由管辖法院作出不予受理的裁定。当然,若法院内部长期的协调机制能够建立,比如跨法院电子签章的技术得以应用,在接收法院与管辖法院协调好,确定不应受理该案后,接收法院可以通过电子签章的形式代管辖法院出具以管辖法院的名义出具的受理通知书或者不予受理的裁定书。

(五)加强立案窗口的队伍建设

民事诉讼一审跨域立案制度的实施导致部分法院立案庭或派出法庭的立案窗口接待起诉人员的压力大增,总体而言离市区较近的法院大于较远法院的立案压力,院部的立案压力大于派出法庭的立案压力。为此,建议适当调整立案人

员的分配,加强立案窗口的队伍建设,保证跨域立案工作有条不紊地进行。

结　语

　　"跨域·连锁·直通"式诉讼服务平台并非一种高屋建瓴式的制度设计,而是关注司法服务对象的需求、追求诉讼服务在法律框架内能够实现尽善尽美的平台建设,民事诉讼一审跨域立案制度作为该平台的第一站,运行后取得了良好效果,但也存在部分问题需要我们克服。而"跨域·连锁·直通"式诉讼服务平台在更广的地域外是否可复制,在审判、执行程序等后续诉讼阶段是否应当延伸,是否应当推广到其他类诉讼都有待商榷。

泉州法院"跨域·连锁·直通"举措的实证分析

■蔡海榕*

摘要:泉州市法院系统自 2015 年 1 月开始推行"跨域·连锁·直通"式便民服务举措,为当事人立案、就近打官司提供便利。该举措与最高人民法院于 2015 年 4 月出台的"立案登记制"精神相契合。在肯定其便民利民的同时,也出现了"是否违反法院诉讼管辖基本原则"、"是否不利于提升司法审判效率"的质疑。为此,有必要对其正当性、合理性进行探讨,提出合理化建议,以期使其成为一项真正可复制、可推广的司法创新。

关键词:跨域立案;司法授权;诉调对接

自 2015 年 1 月泉州市两级法院"跨域·连锁·直通"式诉讼服务平台开通以来,全市两级法院已为当事人办理跨域立案 2498 件、材料收转 2185 次、诉讼指引 927 次、判后答疑 50 次。① "跨域·连锁·直通"式诉讼服务平台,为群众提供一站式、标准化、全域通司法服务,是泉州法院系统司法便民、利民、为民的一大创举。现以该便民举措推出至今的各项数据分析为支点,对各项亮点及不足作如下实证分析。

一、"跨域·连锁·直通"立案制度基本内涵及做法

根据泉州市中级人民法院(以下简称泉州中院)党组的决定,要在全市 12 个法院、42 个派出法庭全部成立"跨域·连锁·直通"式诉讼服务平台。其含义在于,这 54 个诉讼服务中心采取统一装修、统一服务标准的"连锁店式"跨地区服务,当事人随便进入一家诉讼服务中心,都能享受无差别的诉讼服务。而服务的内容,远不仅是目前人们所理解的"立案"服务。它具体包括:立案、材料收转、信

---

* 作者系泉州市丰泽区人民法院助理审判员,法律硕士。

① 何晓慧等:《"家门口"立案 "一站式"解纷——福建泉州法院打造"跨域·连锁·直通"诉讼服务平台》,载《人民法院报》2015 年 5 月 25 日第 1 版。

访接待、咨询、远程视频接访、远程视频调解或开庭、送达等。在适用范围上,目前应界定为只适用于民事诉讼和执行的案件立案上。"跨域·连锁·直通"2015年1月正式启动以来,很多功能、设备都在陆续完善之中,目前暂时的做法仍有一些局限,比如立案时一般是通过电话人工获取异地案号,立案后通过邮寄转交立案材料;远程视频开庭等功能尚未正式启用。这一切都归因于科技设备尚未跟上。今后法院工作的"大数据化、电子化"是继续推进"跨域·连锁·直通"的重点,为此已进行了大量的专门工作,相关科技设备、网络正在构建中。未来的设想是从立案开始,所有卷宗材料均要形成电子档,异地获取案号也能直接从局域网上获取,立案材料的电子档实时发送至管辖法院,调卷、阅卷均从电脑上完成。至于远程视频开庭,只要有了设备和专门的网络,就不再是难事。

二、"跨域·连锁·直通"各项举措的亮点

亮点一:零距离:立案就在"家门口",全市 12 个法院、42 个派出法庭全覆盖,标准化、统一化。过去,各个基层法院之间,甚至法院与法庭之间对立案审查材料提交、立案流程都有各自的做法和要求,导致不同地区当事人无所适从。推行"跨域·连锁·直通"举措后,各个法院及法庭,均统一立案庭标识、设置较统一的立案模本、统一立案要求,实现全市法院及法庭之间无差别化的立案待遇。

亮点二:实现法院与法院之间以及法院与下辖法庭之间的"跨域·连锁·直通"。

表 1 泉州法院系统法院之间及院部与下辖法庭之间"跨域"立案数据

法院	全市法院之间跨域立案数	法院与下辖法庭之间跨域立案数
泉州中院	134	无
丰泽法院	543	244
石狮法院	61	281
鲤城法院	121	503
泉港法院	15	62
德化法院	21	19
南安法院	95	197
晋江法院	142	409
洛江法院	39	135
永春法院	32	38
安溪法院	28	352
惠安法院	52	490
总计	1283	2730

*统计日期自 2015 年 1 月 1 日起至 5 月 20 日止

亮点三：一站式，"跨域·连锁·直通"不单立案，还是全程解纷"直通车"。笔者收集具体数据如下：立案（2498 件），材料收转（2185 次），信访接待（8 件），诉讼指引（927 次），远程视频接访、远程视频调解或开庭（最少 3 次），判后答疑（50 次）、送达及其他。

亮点四："跨域·连锁·直通"便民举措契合了最高人民法院于 2015 年 4 月份出台的立案登记制精神。

立案登记制度是指当事人向法院提起诉讼，提交了符合要求的起诉状，法院无须进行审查，法院应进行立案登记，而不得拒收当事人的诉状。

2015 年 5 月 1 日起施行的最高人民法院《关于人民法院登记立案若干问题的规定》（以下简称《登记立案规定》）第 1 条规定："人民法院对依法应该受理的一审民事起诉、行政起诉和刑事自诉，实行立案登记制。"第 3 条规定："人民法院应当提供诉状样本，为当事人书写诉状提供示范和指引。"因此，随着立案登记制的推出，法院立案审查权的淡化，"跨域立案"便民举措的推行，也契合《登记立案规定》要求法院必须为当事人立案提供便利的精神，不失为泉州法院系统的先见之明。

三、当前"跨域·连锁·直通"正当性分析

（一）"跨域立案"是否违反法院之间诉讼管辖原则？

诉讼管辖是指各级法院之间以及不同地区的同级法院之间，受理第一审民事案件、经济纠纷案件的职权范围和具体分工。立案作为法院诉讼管辖不可分割的一部分，当该法院立案庭在立案审查某一案件是否属于该法院管辖，其已经在行使其诉讼管辖权，故立案应属于法院行使管辖权的开端。2015 年 2 月 4 日公布的最高人民法院《关于适用〈中华人民共和国民事诉讼法〉的解释》第 208 条规定："人民法院接到当事人提交的民事起诉状时，对符合民事诉讼法第一百一十九条的规定，且不属于第一百二十四条规定情形的，应当登记立案；对当场不能判定是否符合起诉条件的，应当接收起诉材料，并出具注明收到日期的书面凭证。"

从上述司法解释条文规定看，立案审查还是继续存在的，审查的事项基本不变，只不过严格要求各法院不得在法定审查条件外，自行设置其他障碍。立案是法院行使诉讼管辖权的一部分，若其他法院代有管辖权法院对案件进行实质审查，则有违民事诉讼管辖原则。目前泉州法院系统的操作模式，是通过科技手段将原告的起诉状等立案材料发送给有管辖权法院审查，并提供案号，该做法虽可规避跨域立案法院对有管辖权法院行使管辖权的逾越；但在现有条件下，可能变

成了双方均进行审查,特别是收材料的法院,为避免将不符合立案条件的案件予以立案,遭受有管辖权法院的诟病,往往审查得更为严格。例如,对于原告申请诉前保全、诉讼保全的案件,如何有效受理? 又如,跨域立案法院和有管辖权法院审查后,认为不符合立案条件,不予受理,该由谁出具不予受理裁定?

综上,"跨域立案"机制始终绕不开法院诉讼管辖权的争议,应从法理、法律上进一步探析,为"跨域·连锁·直通"便民举措正当性做清晰界定和厘清。

(二)跨域立案,如何有效实现"诉调对接"?

最高人民法院在推行"诉调对接"过程中,规定民事案件起诉到法院后,在案件立案前,可以征得当事人同意后将案件委托给特邀调解组织、特邀调解员或者专职调解员组织调解,不适宜调解进入诉讼程序的,可通过繁简分流、小额速裁、督促程序等方式快速化解;如仍未解决的,再进入审判程序。上述"诉调对接"机制,可最大限度地满足当事人多元司法需求,有效及时化解矛盾纠纷、缓解人民法院案多人少压力、减轻当事人诉累,体现出法院加强与非诉程序即其他纠纷解决机制有机衔接、相互协调,更好地发挥司法机关规则之治的作用。

在"跨域·连锁·直通"式的立案情境下,中心城区法院立案都自顾不暇,且无办案权限,如何做到有效引导当事人进行诉前调解及小额速裁,实现案件的繁简合理分流呢?

(三)"跨域·连锁·直通"便民举措在提升司法效率方面仍待整合

"案多人少"是法院当前存在的客观难题,是否能有效提升办案效率是衡量一项司法新举措成功与否的重要指标。"跨域·连锁·直通"服务内容包括:立案、材料收转、信访接待、诉讼指引、远程视频接访、远程视频调解或开庭、判后答疑、送达等。下文截取部分服务措施进行实证分析:

1.跨域立案环节,流程如下:跨域立案庭收材料、审查—发有管辖权法院审查,审查结果分两种情形:其一,同意立案—立案法院材料寄送—有管辖权材料收转;其二,不同意立案—立案法院材料寄送—交有管辖权法院出具不予立案裁定。

2.材料收转环节,流程如下:当事人交材料—异地法院收取材料—登记汇总、寄送有管辖权法院—接收。

3.远程视频调解环节,流程如下:当事人申请—异地法院与有管辖权法院联系协调—有管辖权法院确定调解法官—安排科技法庭—通知当事人—两个法院工作人员(立案庭法官+计算机工作人员组合)协作配合视频调解—调解成功—异地法院寄送材料—有管辖权法院收取材料—有管辖权法院出具调解书—有管辖权法院邮寄送达。

4.送达,暂无异地送达相关流程介绍。

表 2　全市各法院立案数及立案庭窗口人员人均立案数

法院	全市各法院2015年1—5月本院立案总数	全市法院之间跨域立案数	泉州各法院立案窗口人数(一个基层法庭算一名)	立案庭工作人员人均立案数算法为:(本院立案总数+跨域立案数×2)/立案窗口人数
泉州中院	8253	134	6	1420
丰泽法院	6429	543	6	1252
石狮法院	7257	61	6	1229
鲤城法院	4458	121	6	783
泉港法院	3043	15	3	1024
德化法院	4765	21	5	961
南安法院	8227	95	10	841
晋江法院	12270	142	10	1255
洛江法院	2013	39	3	697
永春法院	4753	32	7	688
安溪法院	8039	28	10	809
惠安法院	8575	52	7	1239

　*注:因跨域立案需要付出的司法资源远多于本院立案,故在加权中,将跨域立案数×2,折算其立案工作量,每个派出法庭均需要一名前台立案接待人员,故每个法庭都计算一名立案人员

　　如上表所示,按照当前跨域立案运作的情况,中心市区法院应接不暇,而安溪、永春、德化等较偏远地区跨域立案寥寥,法院之间"忙闲不均"已成为不争事实。目前的举措造成"案多人少"矛盾更突出的法院反而更忙,"旱的旱死,涝的涝死"。

　　综上,"跨域·连锁·直通"在提升司法效率方面,亟待进一步整合有限司法资源,提升效率。

四、对"跨域·连锁·直通"薄弱环节如何完善的建议

（一）关于跨域立案诉讼管辖法律依据的补强

针对上文提及的跨域立案诉讼管辖依据不足的问题，笔者认为可以从以下三方面予以补强。

一是针对泉州法院系统当前的实践经验及做法，上报最高人民法院，获得最高人民法院的批复和司法授权。当前我国民事诉讼法以"原告就被告"为基本原则，但随着社会经济的发展，原告就被告原则也同样遭受着社会发展所提出的种种挑战。[①] 故没有任何一项管辖制度是恒定而不可变通的，诉讼管辖制度本身就是在公正与效率之间作出各种动态的选择和平衡。在当前最高人民法院大力推行立案登记制的语境下，泉州法院系统"跨域·连锁·直通"做法在保护当事人诉权方面有着积极的示范意义，可通过最高人民法院的正式确认，解决该制度可能存在的管辖权依据不足的问题。

二是放宽对当事人协议管辖的审查要求。当前，我国民事诉讼法规定的协议管辖制度存在过于强调法院的主导性，适用案件范围过窄、形式要件过于僵化、可供选择的法院过少等问题，极大地限制了协议管辖的适用。这在如今当事人意思自治观念日益加强，市场经济日益完善的前提下，显得过于保守而不合时宜，应当适当地将其适用领域予以扩展。有学者明确地提出，协议管辖在"使用范围上，应当扩大到一切财产性质的案件，同时管辖法院的选择范围要扩大到所有与争议有关的联系点，但不得违反专属地域管辖和级别管辖"[②]。

笔者认为，只要不违反级别管辖、专属管辖的规定，原则上任何一家与争议具有联系因素的法院，当事人都可以选择。在协议管辖作出的时间上，也可作出更加灵活的要求。若当事人选择跨域立案，接收材料法院可通过电话向对方当事人告知案件情况，若对方当事人同意到庭与原告签署协议管辖条款，承诺双方均同意由接收材料法院管辖，接收材料法院便拥有对该案件的管辖权，可依法对该案件进行调解、审理。

[①] 例如，随着社会人口流动性加速，一些针对外来流动人口的小额诉讼，适用现有的管辖原则，原告起诉困难，同时也给一部分当事人逃避法律责任以可乘之机。这种案件中，一方面被告的经常居住地往往难以证明，另一方面如果以户籍所在地起诉由于路途远成本大，加之争议数额小，其结果很可能是"赢了官司输了钱"。

[②] 王福华、张士利:《民事诉讼管辖基本问题研究》，载《上海交通大学学报》2005 年第 5 期。

三是在送达应诉材料时增加告知事项。在最高人民法院对"跨域·连锁·直通"跨域立案制度作出明确批复之前,若当事人无法补充签订协议管辖条款,则有管辖权法院在接收案件后,发放给被告答辩状副本及应诉通知书时,应在应诉通知书上增加一款告知事项,告知该案件系原告通过"跨域·连锁·直通"便民措施立案。若被告据此对跨域立案提出管辖权异议,应有明确事实及理由证明接收材料法院在立案过程中有违反民诉法管辖权的事项存在;若被告无明确的事实和理由佐证其主张,无须对该类案件管辖权异议作出裁定,仅可开庭时告知其不予认可理由即可。若被告对跨域立案无书面异议,则视为默示对"跨域·连锁·直通"立案及相关程序无异议。

(二)合理利用诉前调解,强化诉调对接

针对当前"跨域·连锁·直通"跨域立案制度立案调解率不高,影响案件审理周期的问题,笔者建议可通过强化诉前调解方式加以解决,让能够快速调解分流的案件,不出接收案件的法院大门口,便能够直接解决。福建法院系统近年来创造过多项司法品牌,如法官进社区、创建"无讼社区"等。这些模式都是诉讼与非诉讼的有效衔接的有益探索,值得参考借鉴。

人民调解是一项具有中国特色的、具有深厚中华民族传统文化内涵的制度,是我国人民独创的化解矛盾、消除纷争的非诉讼纠纷解决方式。司法部《人民调解工作若干规定》第 20 条规定:"人民调解委员会调解的民间纠纷,包括发生在公民与公民之间、公民与法人和其他组织之间涉及民事权利义务争议的各种纠纷。"在实践中,人民调解处理的民间纠纷,绝大部分都是发生在家庭成员、邻里、同事、村民间的婚姻纠纷、财产纠纷、损害赔偿纠纷,与仲裁的受案范围正好形成了互补。人民调解适用的范围宽泛,不必关注双方的户籍是不是本辖区内的或者暂住是否超过一年,不用考虑所签订的合同、所写的欠条是否有协议管辖。由于人民调解没有管辖的强制性规定,比较灵活自由,通过沟通和说服,能够使当事人通过法律、道德、习惯等手段,迅速地解决纠纷。

《人民调解法》第 33 条规定:"经人民调解委员会调解达成调解协议后,双方当事人认为有必要的,可以自调解协议生效之日起三十日内共同向人民法院申请司法确认,人民法院应当及时对调解协议进行审查,依法确认调解协议的效力。人民法院依法确认调解协议有效,一方当事人拒绝履行或者未全部履行的,对方当事人可以向人民法院申请强制执行。"对人民法院告知当事人向人民调解委员会申请调解的纠纷,经人民调解委员会调解达成调解协议后,当事人申请司法确认的,由告知其调解的人民法院管辖。

为此,通过人民调解,可有效规避接收案件法院无管辖权的困境,对能快速处理的案件,通过引导当事人申请人民调解及司法确认,进行快速分流,实现诉

与非诉的合理衔接，解决跨域立案调解率低的现实困境。

（三）加大科技投入，整合司法资源，利用司法技术现代化提升司法效率

通过前文分析论证，可清晰得出如下结论："跨域·连锁·直通"便民举措在给当事人提供最大便利的同时，也给法院系统带来更大的人力、物力支出，使法院系统捉襟见肘的司法资源更趋紧张。

为妥善解决上述问题，笔者认为应从以下两个方面，大力提升司法效率：

一是加大科技投入，利用科技的力量节约司法资源，提升司法效率。如上线律师服务平台，实现法院与律师的良性互动。通过律师服务平台，律师可随时将诉状、证据等相关材料电子版上传给有管辖权法院进行网上审核，审核通过后，律师可就近选择跨域立案法院，直接办理立案登记手续；在律师办理完毕立案登记手续的同时，有管辖权法院已经将文本打印，发出开庭通知，实现跨域立案与有管辖权法院案件审理的无缝对接，节约中间流转时间。对于没有聘请律师的案件当事人，也可通过电子扫描仪器，当事人一经立案，便将案件材料扫描发送给有管辖权法院，实现案件材料流转零耗时。

二是通过工作量的合理测算，实现山区与市区司法人员的合理匹配。泉州中院、丰泽法院等跨域立案受理较集中地区，立案前台窗口工作人员 1—5 月立案数已破千。为缓解人手不足的矛盾，可根据数据测算，从案件大量被其他法院异地受理的法院，调出（可根据编制的实际情况，借调或正式调动）1～2 名工作人员，充实到跨域立案较多的法院，实现人员的合理分流。

结　语

立案登记制度的施行将对民事诉讼制度产生深远的影响。泉州法院系统的"跨域·连锁·直通"做法，对有效推广立案登记制度，具有重要意义。司法权是中央事权，在立案登记制背景下，地方法院若能打破山头割据藩篱，将泉州法院系统的跨域立案制度打造成全国立案庭"样板房"，全省、全国案件都可跨域立案，省去当事人、律师出差立案费用，才是更具实质性的跨域立案制度，更能有效节省诉讼成本，让人民群众分享司法红利。

中国地方法院协作:制度考察与未来展望

■李欣洋 *

摘要:地方法院协作的生成动因在于法院竞争的需要以及法院自治性的增强。地方法院协作解决跨区域司法难题,有助于推动司法制度向良性变迁,对区域法治建设有积极价值。作为法院竞争促成的制度创新,法院协作同样摆脱不了司法"两化"的桎梏。只有以建立公正、高效、权威的司法制度为价值导向,以合意制代替命令制启动法院协作,将单一内容为主的协作机制向多元转变,同时依托信息化提供技术支撑,方能有效破解法院协作的现实困境。

关键词:法院协作;法院竞争;区域法治

当今社会已经步入全球化与本土化并行发展,全球主义和区域主义共同崛起的时代。改革开放以来,在建立统一市场经济的同时,区域经济也相应成为中国经济社会发展的重要驱力。经济发展需要区域互动与协作,而在法治模式悄然成为社会治理核心手段的今天,法院协作也逐渐在区域社会治理和法治发展中扮演着重要的角色。如果说地方政府为了经济增长而展开相互协作对于改革开放功不可没,那么,在司法领域,地方法院之间的协作对于司法改革和司法功能的发挥产生的巨大作用,也应有其显在的价值基础和逻辑机理。

---

* 作者系福建省南安市人民法院书记员,法学硕士。

一、地方法院协作的实践概况

(一)概念的提出与厘定

我国现行法律并没有"法院协作"这一概念,[①]但笔者以"法院协作"为篇名在中国"知网"检索到了40余条结果。可见"法院协作"是一个已经被司法实践高度认可并接纳的用语。

法院协作及司法协助是两个密切相关的概念。法院协作有广义、狭义之分,狭义的法院协作指一国境内地方法院之间的协作;广义的法院协作除地方法院之间的协作,还包括国与国之间的法院协作即司法协助。所以,法院协作的外延比司法协助更广,二者在外延上有所区别。司法协助是基于国与国之间缔结或参加的国际条约或互惠原则而展开,地方法院协作目前更倾向于被视为一种非正式的制度实践。另外,由于司法实践中习惯将大陆与香港、澳门、台湾地区法院之间的法院协作也视为司法协助,因此本文所研究的地方法院协作仅指我国大陆的地方法院之间的协作。

(二)实践样本

根据知网的检索结果可发现,地方法院协作最早可溯至20世纪90年代,近年来呈集中多发趋势。为增强研究的时效性,笔者以近5年为界线,从搜索结果中随机挑选了9个地方法院协作的案例,此外还专门挑选了笔者所在法院参与的法院协作案例——泉州法院"跨域·连锁·直通"式诉讼服务平台。

表1 近年全国部分地方法院协作案例

序号	时间	法院	区域	协作机制	主要内容
1	2015年4月	福建等16省、直辖市、自治区	全国	关于建立异地执行相互协助工作机制备忘录	执行

---

① 尽管现行法律中没有"法院协作"这一明确称法,但仍然可以探寻到地方法院协作的依据。例如,《民事诉讼法》第88条规定:"直接送达诉讼文书有困难的,可以委托其他人民法院代为送达,或者邮寄送达。"第131条规定:"人民法院在必要时可以委托外地人民法院调查。"第229条规定:"被执行人或被执行的财产在外地的,可以委托当地人民法院代为执行。"上述《民事诉讼法》中关于委托调查、委托送达、委托执行的规定,就属于地方法院协作。

续表

序号	时间	法院	区域	协作机制	主要内容
2	2015 年 11 月	上海、安徽、江苏、浙江	长三角	关于加强长江三角洲地区人民法院执行联动信息共享合作的协议等	执行
3	2015 年 3 月	北京、天津、河北	京津冀	执行工作联动协作协议书	执行
4	2015 年 1 月	泉州	闽南	泉州法院"跨域·连锁·直通"式诉讼服务平台	立案、审判、执行、判后答疑等,目前以跨域立案为主
5	2015 年 3 月	徐州	徐州	全市法院执行协作机制	执行
6	2010 年	徐州等市	淮海经济区	司法协作:淮海经济区法院在行动	具体不详
7	2013 年 10 月	广东肇庆怀集县等	粤桂交界区	省区交界地人民法院司法协作协议	联络制度、审判执行、跨地区涉诉信访,以执行为主
8	2012 年 8 月	广西贺州八步区等	湘粤桂交界区	湘粤桂边界少数民族地区司法协作交流机制	在司法文书送达、案件执行、调查取证等方面互相提供便利,并实现司法动态信息等资源共享
9	2014 年 10 月	广西西林县等	桂滇黔交界区	桂滇黔三省(区)接边区域六县一市刑事审判司法协作合作协议	委托送达、代为调查取证、参与社区矫正等三类,共十一项内容的刑事司法协作模式
10	2010 年 10 月	湖南花垣县等	湘黔渝交界区	具体内容不详	具体内容不详

借鉴区域划分的原理,可将上述地方法院协作分为三类:

第一类:准区域地方法院协作,即地级市行政区划范围内的法院协作。如泉州法院的"跨域·连锁·直通"式诉讼服务平台、徐州的"全市法院执行协作机制",

都是在地级市范围内展开，地域范围较小，可视为一种准区域性的地方法院协作。

第二类：区域性地方法院协作。如粤桂交界地人民法院协作、湘黔渝交界区法院协作。这类地方法院协作跨越了地级市的范围，区域之间往往具备某种地缘纽带关系。数量上，这类法院协作居多。

第三类：大区域地方法院协作，如第 1 项福建等 16 省法院异地执行协作。这类法院协作的主体一般为高级法院，协作机制辐射的地域广，影响较大。

紧密的地缘联系是上述第一、二类法院协作的共性，第三类法院协作的地缘关系则相对比较弱化。进一步分析，协作法院所在的地域在一定程度上呈现出经济社会发展的"两极化"倾向。换言之，有的协作法院位于长三角、珠三角、闽南这些我国经济最发达的地区，有的则处在相对落后的省（市或县）际交界区域。

内容方面，10 个样本中有 7 个涵盖执行，其中 4 个以执行为唯一内容，法院协作对执行的重视可见一斑。第 4 项泉州样本是唯一以立案协作为主要内容的法院协作，创新性较强。另有 4 个样本为交界地区法院的司法协作，涉及委托调查、送达、信访等，从中可以看出法院意欲实现交界区域有效司法治理的目标。

在上述基础上，本文作出如下推断：发达地区法院具备开展协作的人财物等基本资源，也有通过制度创新服务区域发展的内生动力，发达地区的法院可能更容易生产、输送协作机制。发展水平相对落后的地方的法院协作，则侧重于满足打击犯罪、便利送达、维护交界区有效治理等司法基础需求。是故，法院协作与区域经济社会的发展水平密切相关，法院协作的启动、内容等往往取决于区域经济发展和社会治理的需要。

二、地方法院协作的动因探究

随着社会治理水平的进步，行政组织之间的协作已经成为常态，并且形成了专门的协作性公共管理理论。由法院保守、中立、消极的地位和权力行使方式所决定，法院协作不可能像行政协作般频繁和多元，但也绝非偶然发生的无规律现象。在中国背景下，地方法院协作有着独特的内在生成基础，蕴含了政治、经济、社会、法治等要素交替影响的发生学原理。

（一）制度创新：法院竞争的驱动

从以上 10 个协作案例的资料来看，多数制度设计者都将法院协作视为一种司法制度上的创新。例如，泉州案例的设计者认为"该平台建设在全国系首创……力争将该项工作打造成司法品牌的'泉州模式'"；①桂滇黔三省(区)接边区域的法院协作案例认为其"创新巡回审判和联合调解模式，首创刑事审判协作新模式"。② 法律没有为地方法院设定开展协作的义务，因此无论是制度设计者的主观愿望还是客观评价，将法院协作称之为一项制度创新都并不牵强。这个意义上，法院协作的生成动因，也就等同于法院制度创新的动因。

转型期的中国，地方法院的制度创新可谓层出不穷。创新为何会成为法院工作的一个显著特征？根据新制度经济学的观点，转型的实质是制度创新。地方法院只有通过创新司法制度才能在转型时期的竞争中获得优势。③ 地方法院制度创新的目的与动因是为了满足竞争的需要。有学者将中国地方法院的竞争分为五类：发展目标的竞争、审判质效的竞争、服务地方的竞争、制度创新的竞争与司法知识的竞争。④ 后三类其实是彼此融合的，服务地方与司法知识的竞争一般都以制度创新为手段，发展目标属于难以具象的范畴，审判质效竞争已经为顶层抛弃，因此制度创新的竞争是当代中国地方法院竞争中最主要的形式。

在司法行政化和地方化交织的现实情境里，位于"条条框框"式司法管理体制中的法院自觉或不自觉地参与到了制度创新中。地方法院在某领域实现首例式创造并经实践检验上升为全国性制度设计，更被认为是法院创新能力和综合实力的体现甚至是全国一流法院的标志。地方法院依托协作进行制度创新，不易引起争议，而且可以引起社会各界的关注和重视，这是"保守而单调的审判"所不能达致之效。可见，法院创新与法院竞争之间的关系密不可分，以制度创新为表征的法院协作实质是法院竞争促成的产物。

(二)地方探索：法院自治性的增强

随着市场经济的充分发展和社会转型，国家越发重视法律在市场配置基础资源中的保障作用。司法的纠纷解决和秩序建构功能日渐凸显，民众期待法院在中立无偏的立场上作出法律裁断。在此背景下，近年来，地方法院的独立性和自治性明显得到增强。从"条"的关系来看，最高人民法院《关于规范上下级人民法院审判业务关系的若干意见》颁行后，司法改革日益强调上下级法院审判业务上的关系规范。"块"的方面，依法治国深入推进，地方治理的法治化水平提高，地方党政机关

---

① 王雄、林楷煜：《泉州法院全国首创"跨域·连锁·直通"式诉讼服务平台》，http://www.fj.xinhuanet.com，下载日期：2015年5月31日。

② 漆启玉：《滇黔桂接边区域六县一市法院建立刑事司法协作机制共同打击犯罪》，载《法制生活报》2014年11月12日第4版。

③ 徐亚文、童海超：《当代中国地方法院竞争研究》，载《法学评论》2012年第1期。

④ 高翔：《中国地方法院竞争的实践与逻辑》，载《法制与社会发展》2015年第1期。

更加尊重司法权力的运行规律和特点。

地方法院自治性的增强是地方法院进行制度创新,开展法院竞争的背景基础。20 世纪 90 年代以前,地方法院没有进行大面积改革试点的原因,恐怕不是没有制度创新的动力和需求,而是不具备创新探索的行动空间和自由。此后自治性的增强使地方法院制度创新的积极性和创造力被激发出来。① 近 5 年来,地方法院协作呈现多发趋势,协作的专业化、规范化水平明显提升,高级别、跨区域的协作也越来越多,这些都从侧面证明法院近年来获得了更宽裕的独立发展空间。我国遵循的是地方探索与顶层设计相结合的司法改革模式。顶层鼓励地方法院自主试验,再从区域成功经验中选取最优方案整体推广。地方法院不再满足于完成上级法院布置的规定动作,不仅是高级法院可以在辖区内进行符合职权和司法规律的制度探索,中级,甚至基层法院也渐渐开始拥有更多的自治权力,特别是在便民利民的机制创新方面。

三、地方法院协作的价值考察

从上述协作案例的内容来看,地方法院协作致力于解决跨区域立案、送达、执行等问题,这是单纯依靠当前主要以行政区域为依据建构的司法体制所不能实现的。所以,尽管法院协作脱离不了司法"两化"的背景,但其发挥的主要还是正向价值。具体而言:

(一)弥补司法制度供给的不足

地方法院协作与制度创新密不可分,法院协作的首要价值体现为推动司法制度的变迁。由于法院协作立足于解决异地立案难、送达难、调查难、执行难等跨区域司法的顽疾,所以法院协作指向的制度变迁基本可归为制度的良性变迁。

司法实践对地方法院协作有制度规范和指引的需求。当前,成文法涉及地方法院协作的条文主要为委托送达、委托执行等微观制度,欠缺宏观规范指导。地方法院协作满足跨区域立案、执行等需要,缓和了司法制度宏观性与地方差异性之间的抵牾,直接解决了司法制度的供给不足问题。

以泉州样本为例。我们已经习惯性地认为,现行的立案制度已经在管辖和立案程序上足够便民高效,尤其是随着立案登记制的实施,"立案难"的问题已有较大改观,我们已经在制度和实践上打通了"服务群众的最后一公里"。但细究起来,群众立案、审判、申请执行需要往返奔波异地法院的现象却被忽视了,群众的麻烦仍

---

① 郭松:《刑事诉讼制度的地方性试点改革》,载《法学研究》2014 年第 2 期。

然实际存在。当然,这与我们的管辖法律制度密切相关,也并不当然说明当前的管辖制度行之不妥。法院协作让群众可以跨区域立案确实是便民利民的一次实践深化,是对成文法确定的制度的有益补充。实证效果也证明了泉州法院的协作模式对补充立案制度的正效应,"跨域·连锁·直通"式诉讼服务平台推出 4 个月,仅笔者所在的法院就为当事人"异地立案"100 多件。因此,通过法院协作,对司法制度进行适度创新,有利于弥补司法制度供给的不足,具体是对立案、送达、调查、执行等制度可以实现增益。

(二)推进区域法治的发展

区域法治是指为顺利进行区域发展所采取的一系列契合法治精神和法律规范的法律措施。"区域法治发展是国家法治发展的有机组成部分,而国家法治发展则是区域法治发展的前提性条件和基础。"[1]我国幅员辽阔,经济、政治及文化发展不平衡,决定了各地的区域法治建设允许制度创新。[2] 反过来,区域法制创新也会直接推动区域法治以及整个中国法治建设的进步。这个意义上,地方法院协作实际上是建设区域法治的应有之义。

毋庸讳言,当前我国司法的地方化现象仍然客观存在,司法机关的地方保护意识比较浓厚。但也要看到,随着依法治国的深入推进,地方在经济建设的同时,日渐重视法治建设。在突出软实力的背景下,营造公正的司法环境成为地方新的竞争要点。公正高效的法治环境,成为地方综合实力的重要象征,对民众认同、招商引资等起到了良性的促进作用。地方各级领导已经不局限于注重经济增长,而是越来越重视法治建设,并愿意把地方法治的亮点作为地方发展的名片。与之相适应,法院也愿意为地方经济发展和社会稳定提供富有特色与成效的司法服务。

全球化和信息化时代,跨区域的社会交往和经济交易频繁,跨区域纠纷激增。受司法地方主义、法院职权地域化的掣肘,跨区域司法成为地方法院面临的难题。地方法院彼此协作,有助于把社会主体的行为纳入一定的稳定秩序之中,建构起符合区域法治要求的规则和秩序。例如,缺乏法院协作,异地执行案件的成功执行存在一定的偶然性和任意性。如果地方法院之间建立协作联系,在执行信息、手段上互相支持,异地执行就可能降低结果的不确定程度。倘若地方法院以加强协作的方式提高异地执行案件的执行率,无疑为区域内的投资者创造了良好的投资环境,不啻为对区域经济发展的一大贡献。依托法院协作机制,协作法院对解决跨区域司法难题达成合意,有助于破解司法地方主义困局,也是彰显区域法治水平的一种

---

① 公丕祥:《区域法治发展与文化传统》,载《法律科学》2014 年第 5 期。
② 文正邦:《法治中国视阈下的区域法治研究论要》,载《东方法学》2014 年第 5 期。

有效方式。

四、地方法院协作的基座与方向

在司法改革的视域下,司法的创新与地方试验有其正当逻辑。一方面,地方法院协作,作为一项制度创新对完善法律体系有积极意义。法律体系是通过人的理性建构的逻辑自洽的整体,但理性的有限性与社会生活的复杂性决定了成文法的抽象、滞后等不足,形成法律适用过程中的困难。而法院在竞争场域中积极发挥制度创新功能,通过法院协作优化司法制度,能够有效地弥补立法的不足,使法律的普适性与地方性真正协调,进而完善法律体系。另一方面,对实践中的法院协作也要辩证地对待。应然角度,司法权力属于中央事权,应超脱于地方运作。"地方政府普遍直接进入经济活动领域,促进本地经济利益和社会利益的最大化,作为地方政府政权结构中的重要一环,地方法院的角色之一是地方利益的代表者。"[①]这就决定了,在中国背景下,地方法院协作有着独特的内在生成基础,不可避免地受到司法地方化与行政化等要素的交替影响。而且,地方法院协作在一定区域内展开,在该区域内又有可能因法院彼此的联合共识产生新的更大范围的地方保护主义。所以,法院协作的地方改革试验应避免司法与行政的角色混同,克服司法地方化的加剧。这个意义上,法院协作的完善,有助于预防和解决以创新与竞争为导向的法院协作的负面效果。

(一)价值追求:司法公正、高效、权威

首先,法院协作要遏制司法行政化的加剧。具体而言,要避免过度竞争和盲目创新导向的法院协作发生。法院协作的实践指向应当且必须是解决司法实践的真问题,提升司法的公正、高效与权威,杜绝地方法院单纯为了建品牌、出亮点而搞协作。地方法院协作应在高级法院进行备案,上级法院对辖区地方法院的协作要予以指导、监督,避免过度竞争导致的协作泛化。此外,法院协作不宜用数据量化考核。司法的中立地位、既有的管辖制度决定了法院协作只是常态制度的补充,工作量上不可能成为主要工作,不具备数据考核的意义。

其次,要消解司法地方化的影响。造成跨区域司法难题的原因之一是地方保护主义驱动的司法地方化。地方法院之间建立协作机制,在司法信息、职权手段等方面实现互享,在本区域当事人和外地当事人之间平等对待,改变保护本地当事人

---

① 朱子桐、徐亚文:《论完善中国特色社会主义法律体系的司法路径选择——以地方法院竞争为视角》,载《湖北社会科学》2012 年第 8 期。

的司法消极主义做法。例如，某市 A 法院要去该市 B 法院异地执行一起案件，可能面临异地执行信息、执行手段等现实障碍；反之，B 法院到 A 法院执行面临同样的问题。如果 A、B 法院达成协作机制，给予对方在本地执行时的无条件配合帮助，异地执行定会通畅不少。司法地方化的破局需要法院脱离地方干预的制度设计。在制度设计推行之前，地方法院完全可以依托互相协作的方式，就解决跨区域司法难题达成默契。

无论是消解司法地方化，还是遏制司法行政化的加剧，都是为了彰显地方法院协作的首要价值，即促进公正、高效与权威的司法制度的建立。

(二)方式转型：从"命令"到合意

除基层法院之间的协作外，不少地方法院的协作都是高级法院或中级法院牵头，达成协作意愿后再各自向下级法院推动。这种做法的弊端在于，法院协作是自上而下行政命令式推动的，下级法院的协作动力源自上级法院的工作部署，自治性不足，而且加剧行政化。建议基层法院之间，包括基层法院与中级法院之间可单独签订协作协议，双方就立案、审判、执行等具体事务的协作形成合意，并给予协作主体一定的自治权。宏观的协作总机制与丰富的司法现实不可避免有抵牾之处，自由协定可以突出地方法院协作中的特别问题。

(三)内容延展：从单一到多元

综合法院协作的案例来看，执行方面居多，司法其他环节的协作明显不足，这与制度设计者的初衷密不可分。法院协作的内容不必千篇一律、求大求全，必须取决于区域法治的实践需求，以此为基础，可适当借鉴其他先进协作机制的内容。

总体而言，法院协作的机制应是开放、动态的，法院协作的内容应由实践需求决定。例如，如果一个地区的异地送达案件多，直接送达难度又特别大，该区域的地方法院协作应优先考虑送达问题。具体来看，执行协作是值得坚持并深化的内容。如果已经建成协作机制但无执行内容的，建议可向该方面延展。例如，泉州模式的着力点是立案协作，可在此基础上扩展执行协作等方面的内容。此外，地方法院协作要互相借鉴做法与经验。如前文所分析，地方法院协作基本呈现出发达地区的执行协作与欠发达地区的治理协作两种态势，这种分类有其现实因素，但制度设计可以作相应的主观调整。发达地区以立案、执行协作为主，同样可以在送达、刑事司法等方面加强协作；欠发达地区坚持治理协作的同时，可在协作机制内植入立案、执行协作等被证明行之有效的内容，进而提升协作的整体水平。

(四)技术保障：信息绝缘到共享

考察实践及依据经验判断，部分法院协作建立后"雷声大雨点小"，具体协作开展少之又少,一个重要原因是协作的方式不便。当前,法院的信息管理系统较少实现跨区域联网,法院协作只能依靠线下进行。例如,A法院委托B法院执行,采取线下送达相关函件后可能就杳无音讯。协作方式的不便,制约了协作的积极性与制度实效。法院协作要依靠信息化,其核心是信息共享。目前,建立大范围的法院信息共享网络可能还存在难度,但先行建立区域性的法院信息共享机制未尝不可。如果在本省范围内实现信息共享,法官能够轻松依托网络向本省异地法院发起协作请求,势必比当前依靠传统线下协作的方法更可靠。法院协作的机制完善,离不开信息化技术的同步保障与支撑。

结　语

　　地方法院协作在我国成文法中未有明确规定,顶层设计也没有相关的整体制度,因此必须将其视为一种制度创新来考察。在去除审判质效竞争后,制度创新的竞争已经成为中国地方法院竞争的主要样态,因此法院协作实质上是满足法院竞争的需要。近年来,随着依法治国的推进,法治理念得以弘扬,地方法院获得了更大的自治空间,由此构成了地方法院自主开展协作的实践推力。地方法院协作对解决跨区域立案、执行、送达等有重要现实意义,因此其推行有助于推动立案、执行等具体司法制度向良性方向转化。对司法地方保护主义的破解在一定意义上能够提升区域法治的水平。但也应注意到,地方法院协作与区域经济社会发展密切相关,因此无法摆脱司法行政化和地方化的掣肘。为此,在完善法院协作方面,首先,要以建立公正、高效、权威的司法制度为价值追求,消解司法"两化"的影响;其次,在具体制度设计中,应以合意制代替行政"命令"作为法院协作的启动方式,以此增强协作的自主性和能动性;再次,法院协作机制内容的建立应以实践需求为本,不断总结实践经验,充实机制的内容,实现复合多元发展;最后,在信息化时代,法院协作离不开信息技术的保障,信息共享网络的建立对法院协作的制度实效必将大有增益。

域 外 司 法

德国民事诉讼法百年发展述评

丁启明[*]

摘要:德国《民事诉讼法》历经一百余次修订,尽管在外形上保持了原貌,立法结构和条文数量也未发生显著变化,但诸多条文的内容已经改变,该法所体现的立法意旨也与制定之初有诸多不同。"二战"后的民事诉讼法修改,特别是 2001 年的民事司法改革,使该法呈现出新的生命力。对历次改革进行梳理,分析德国民事诉讼法的发展特点与趋势,对我国的司法改革有一定借鉴意义。

关键词:德国;民事诉讼法;司法改革

一、德国民事诉讼法的沿革

(一)法律的制定及帝国时期的修订

德意志帝国成立之前,德国领土上的各邦国适用不同的法律。最先进行诉讼改革的普鲁士于 1793 年制定《普鲁士国家通用法院规则》,汉诺威(1850 年)、奥尔登堡(1857 年)、卢卑克(1862 年)、巴登(1864 年)等邦国也先后制定了民事诉讼法。1848 年,德国各地爆发革命,普鲁士于 1867 年建立北德意志联邦,并于 1870 年公布了《北德草案》。1871 年统一的德意志帝国建立,并于 1877 年连续制定公布了《法院组织法》、《民事诉讼法》、《刑事诉讼法》和《破产法》,这四部法律连同各自的

---

* 作者系厦门大学法学院诉讼法博士研究生。

实施法被称为《帝国司法法》。其中，《民事诉讼法》于 1877 年 1 月 30 日公布，并于 1879 年 10 月 1 日起施行。这就是历经多次修订沿用至今的德意志联邦共和国民事诉讼法。

1898 年，《民事诉讼法》进行了第一次全面修订，其目的在于适应 1896 年颁布的《民法典》与次年颁布的《商法典》，以保证程序法与实体法的一致性。修订后条文由 872 条增至 1048 条，基本形成目前的规模。①

（二）"一战"后共和国时期的修订

第一次世界大战后，战败的德国于 1919 年建立魏玛共和国，到 1924 年，对民事诉讼法进行了一次规模较大的修改（史称"埃明格尔修订法"）。此次修法对一直以来实行的纯粹自由主义原则进行了根本性的改革，具体包括如下几方面：增强了法官的诉讼指导权，限制了当事人的诉讼控制权，引入了集中审理原则、附理由上诉制度，并在州法院实行独任法官程序，在初级法院实行调解程序。同时，在民事审判机构的组成方面，将州高等法院审判庭的组成人员由 5 人减为 3 人，帝国法院审判庭的审判人员由 7 人减为 5 人。②

1933 年的修订规定了当事人的真实义务及案件的集中审理，确立了证据调查的直接原则，并为遏制诉讼拖延规定了相应的措施。增设的当事人真实义务包括完整陈述的义务与真实陈述的义务。即当事人应当全面真实地陈述案件事实，不允许主张自己明知不真实或不能确信的事实；在当事人知道以及明确对方陈述是真实的情况下，不允许反驳对方的主张。

（三）"二战"后"两德"分立时期的修订

第二次世界大战后，战败的德国由美国、英国、法国、苏联四国占领，并由四国组成盟国管制委员会接管德国最高权力，柏林市被划分成四个占领区，各占领区适用不同的法律。1948 年，美、英、法三国占领区合并，翌年，合并后的西部占领区成立了德意志联邦共和国（联邦德国），东部的苏占区成立了德意志民主共和国（民主德国），德国分裂为两个主权国家，适用不同的《民事诉讼法》。

1950 年联邦德国颁布了《关于恢复法院组织、民事司法、民事程序和费用法领域法制统一的法律》（《法律统一法》），并重新公布了《民事诉讼法》的新文本，使第二次世界大战结束后，联邦德国被各盟国占领而陷入分裂的法制得到基本统一。

---

① 截至 2014 年 7 月 18 日，德国《民事诉讼法》共有 11 章，1109 条。

② 廖中洪主编：《民事诉讼立法体例及法典编纂比较研究》，中国检察出版社 2010 年版，第 103 页。

新文本对纳粹时期所制定或修改的法律进行了审查,并对诉讼制度进行了全面整理,法典的体例、结构与 1877 年《民事诉讼法》基本相同。

1955 年,联邦德国成立民事诉讼法修订委员会,委员会于 1961 年提交长篇报告,对《民事诉讼法》的全面修订提出重要意见,特别强调应当加快民事诉讼程序并实现程序的集中化。

1974 年的《审判籍修订法》旨在限制当事人对合意管辖的滥用,同年的《减轻州法院负担和简化法庭记录法》简化了法庭记录,并规定州法院在一审程序中可以引入独任法官,突破了传统的民事案件合议制原则。

"二战"后,随着经济的再次繁荣,民事法院案件负担过重、当事人拖延诉讼、法律救济耗时过多的老问题重新出现。[①] 经过广泛调研,1976 年《简化修订法》得以通过,提出以刑事诉讼的高效庭审为参照,结合"斯图加特模式"的实践成果对民事诉讼程序进行修改,内容涉及《民事诉讼法》的 150 余个条款。改革强调了审前的书面准备程序以促进言词辩论的快速与集中,引入了假执行制度和督促程序,简化了缺席审判程序和回复原状制度。改革后,民事诉讼程序通常得以在一次或两次辩论期日内即告终结,诉讼周期得到了明显改善。

1980 年的《诉讼费用救助法》与《对低收入公民提供法律咨询和代理的法律》旨在扫除公民获得司法救济的费用障碍,完善并发展了诉讼费用救助制度。

(四)两德合并后的修订

1990 年,分离四十余年的"两德"重新合并为德意志联邦共和国,原联邦德国的所有法律原则上适用于原民主德国的区域。根据过渡条款,《民事诉讼法》进行了相应的调整。

1990 年的《司法简化法》以加速诉讼程序、简化法院工作以及完善替代性纠纷解决机制为改革重心,完善了程序细节,并引入独立的证明程序,简化了督促程序。

1993 年的《司法减负法》提高了初级法院、控诉审法院、书面程序及小额程序的价额界限,并扩大了州法院独任法官的适用范围。

1997 年的《仲裁程序法重构法》参考联合国国际法委员会制定的《国际商务仲裁示范法》,对《民事诉讼法》第十编仲裁程序作出了全新修订。

2000 年的《民事诉讼法施行法》规定,各州立法机关可以在一定的案件中适用类似法院调解的强制性前置调解程序,以减轻法院负担。

---

① 〔英〕阿德里安·A. S. 朱克曼主编:《危机中的民事司法》,傅郁林等译,中国政法大学出版社 2005 年版,第 221 页。

（五）2001 年以来的修订

民事诉讼法的不断修订导致程序规则日益复杂,难以为普通人所理解。为使诉讼程序更加贴近民众并达到高效、透明裁判的政治要求,民事诉讼法以德国《民法典》中的债法改革为契机,于 2001 年经历了前所未有的重要改革。近 30 个法律修正案都涉及民事诉讼法,较为重要的有《民事诉讼改革法》《同居伴侣法》《租赁法改革法》及《改革诉讼程序中送达程序的法律》等。其中,《民事诉讼改革法》所涉及、修改的条文达 100 余条,主要涉及以下六个方面:强化一审功能;导入和解辩论,使诉讼的和解理念制度化;强化法官的指示义务和阐明义务;放宽提起上诉的价额制约;重构控诉审使其成为监督和排除错误的工具;在州法院实行固有型独任法官制度等。[1]

2003 年的《欧共体证据调查执行法》对欧盟范围内证据调查与送达方面的司法协助作出了规定,德国以此为基础对《民事诉讼法》进行了补充。2004 年新增第十一编专门规定欧盟送达条例和执行条例等司法协助内容,主要就欧盟内民事司法统一的相关举措进行规定。随着欧盟一体化的深入及相关条例的增加,该编内容不断得到调整与丰富。

2004 年的《第一次司法现代化法》对 2001 年民事诉讼改革中存在的不足加以弥补,完善了证据规则,调整了司法从业人员的职责范围,改进了法院工作流程;同年的《关于侵犯法定听审请求权之法律救济的法律》对民事诉讼中当事人法定听审请求权的救济制度进行了修正。

2005 年的《关于在司法中使用电子交流形式的法律》在法院系统内全面引入电子文档的使用,并明确了电子文件的效力。

2006 年的《第二次司法现代化法》以进一步提高诉讼效率为动因,为鉴定人提交鉴定书设定了期间,取消了法院和鉴定人进行的诉讼告知,并规定律师提出的督促程序申请一律采用机读格式。

2008 年的《家事案件和自愿诉讼管辖事务程序法》于 2009 年 9 月 1 日生效。据此,原本分别规定在《民事诉讼法》第六编和第九编的家事案件和公示催告程序适用专门法律,不再规定在《民事诉讼法》中。

2009 年的《账户扣押保护改革法》对强制执行中的扣押保护账户制度进行了修改,同年的《强制执行中的情况说明改革法》对债务人信息获取制度进行了改革,赋予执行员从特定数据库获取债务人信息的权限,力求解决强制执行程序中债务

---

① 周翠编译:《2002 年〈德国民事诉讼法〉修订理由书》,载陈刚主编:《比较民事诉讼法》（2003 年卷）,中国人民大学出版社 2004 年版。

人财产信息获取的困难。

二、德国民事诉讼法的改革特点与趋势

德国民事诉讼法以罗马教会法和日耳曼法为渊源,在产生之初和发展之中分别受法国法和奥地利法的影响,呈现复杂性及独特性。其发展历史显示了言词主义与书面主义,快速解决争端与彻底解决争端,当事人主导诉讼与法官主导诉讼积日累久的斗争。① 这种调整是与德国一百余年来社会情况、立法政策、法律思想的变化相适应的。②

1877 年德国《民事诉讼法》制定之初,民事诉讼制度与当时的自由资本主义经济制度相协调,以当事人进行主义为根本原则,强调法官应秉承消极中立的地位进行居间裁判。到 19 世纪末期,随着西方经济社会进入垄断资本主义时期,社会结构发生了巨大变化。政府对自由经济进行必要限制的同时,民事诉讼中的当事人进行主义也逐步受到限制,个人意志不再是决定诉讼程序的唯一标准,法官的诉讼指挥权逐渐得到强化。21 世纪以来,社会经济的发展以及案件数量的剧增,使民事诉讼程序的简化与加快及减轻法院负担成为民事司法改革的主要内容。

(一)当事人主义与职权主义的协调运作

1.当事人主义的诉讼传统

最初制定的德国《民事诉讼法》受当时的法国民事诉讼法的影响,实行绝对的当事人进行主义,言词辩论原则得到了彻底贯彻,法院的驳回权限受到严格界定,整个诉讼的主动权掌握在当事人手中,如证人的传唤、期日的指定及书状的送达等均属于当事人权限。这种自由主义的诉讼模式在德国产生了不良的效果,过度的言词辩论牺牲了程序效率,当事人故意拖延诉讼的情况使得合议庭负担日渐繁重,诉讼周期越来越长。人们对寻求法律保护的漫长过程多有不满,限制当事人主义,增强法官主动性的呼声日渐高涨。

2.职权主义的发展

1895 年的奥地利《民事诉讼法》摆脱了自由主义诉讼模式的桎梏,体现了社会民事诉讼思想,认为民事诉讼不仅是当事人解决私人纠纷的平台,更是国家维护社会秩序、进行社会管理的手段。在该法的影响下,德国在 19 世纪末 20 世纪初进行了一系列民事诉讼改革,对当事人主义进行了必要限制,自由主义的诉讼思维逐渐

---

① [德]罗森贝克等:《德国民事诉讼法》,李大雪译,中国法制出版社 2007 年版,第18页。
② 《德意志联邦共和国民事诉讼法》,谢怀栻译,法制出版社 2001 年版,第4页。

弱化。如 1909 年的修订赋予法院就案件事实和争议的法律关系与当事人进行讨论的权力,并规定法院有权采取一系列的准备措施,如勘验、传唤证人、补充准备书状等。改革中提出了这样一种观点:民事诉讼程序不能完全建立在当事人自由的基础上,而应当把当事人对抗作为实现诉讼目的的权宜手段加以限制。1924 年的修订进一步强化了法官的权限,并强调了程序的集中。有关法官准备义务的规定被扩展到州法院程序中,当事人指定期间与期日的权利被取消。对当事人故意延迟提出攻击和防御方法的情况,法律赋予法官不受限制地予以驳回的权力。此后历次关于传唤、送达等制度的改革,也都体现了职权主义的发展。

3.修正的辩论主义

在当事人主义的诉讼模式中,法官处于消极的中立地位,当事人对提出诉讼主张和证据资料享有主导权;而在职权主义的诉讼模式中,法官对控制诉讼程序及确定诉讼证据享有主动权,可以不受当事人主张的约束确定案件事实。一般认为,过分强调当事人的作用会导致诉讼周期延长、诉讼成本增加,进而导致实质意义上的司法不公;而过分强调法官的职权作用,则可能产生对法官中立性的质疑。因此,两大法系国家均在不断调整法官与当事人在诉讼中的权限分配。

在德国,随着自由的民事诉讼转变为社会的民事诉讼,既强调当事人基本诉权保障,又强调法官权力控制的修正的辩论主义诉讼图景得以呈现。一方面,在法官的阐明问题上,法官的询问权被修改为法官的询问义务,再进一步修改为法官的阐明义务,使法官的诉讼领导地位不断得到强化。特别是 2001 年的改革再次扩充了阐明义务的规模,规定法官应通过正确的指令将法院的意见告知讼争当事人,以使当事人更清楚地掌握诉讼进程,并针对争议重点进行攻击防御。[①] 此次改革为法院集中高效地进行法庭审理提供了基础,可以说,法官诉讼指挥义务的完善和强化,是整个德国民事审判方式改革的核心所在。[②] 另一方面,当事人的真实义务和诉讼促进义务不断得到强化。1933 年的修订首次规定了当事人的真实义务;1976 年的修订规定了当事人应当谨慎地考虑诉讼并促进诉讼程序的展开,并规定对违反一般性诉讼促进义务的当事人,法院可处以违警罚款、强迫当事人出席言词辩论等。此外,关于证据失权、缺席审判的规定也强调了当事人的合作义务。2001 年的改革修正了关于当事人在控诉审法院是否可以提出新的攻防方法的规定,强调了第一审中当事人的诉讼促进义务。

[①] 齐树洁主编:《民事司法改革研究》,厦门大学出版社 2006 年第 3 版,第 530 页。

[②] 赵秀举:《德国民事审判程序的改革和借鉴》,载《人民法院报》2015 年 6 月 19 日第 8 版。

(二)程序的简化与法院的减负

诉讼程序的简化与加快是各国民事诉讼法改革的总体趋势,德国《民事诉讼法》的历次重要修改均体现了对效率的追求。如1976年的改革引入当事人合意的书面诉讼程序,简化督促程序,扩大法官在言词辩论期日前提取证言的权力,并规定当事人不及时提出攻击防御方法的不利后果;2001年的民事诉讼法改革引入言词辩论前的强制和解辩论,强调庭外调解等替代性纠纷解决机制,将合议庭与独任法官的功能进行划分,进一步提升独任法官在民事诉讼中的作用等。

1. 独任法官制度的嬗变

德国《民事诉讼法》规定的审判组织形式为独任制与合议制,简单的民事案件由独任法官审判,复杂的案件由合议庭审判。最早的独任法官制度在1924年的修订中得以确立,但此类法官只是权力有限的"准备型独任法官",其权力仅限于将案件尽可能地充分准备以便由合议庭进行最后的审理,在当事人同意的情况下将财产纠纷案件审理完毕,以及主持双方当事人签订终止诉讼的,并适宜于强制执行的诉讼和解协议。[①] 1974年的《减轻州法院负担和简化法庭记录法》规定,州法院在一审程序中可以引入独立审判的独任法官,突破了传统的民事案件合议制原则。1993年的《司法减负法》扩大了独任法官审理的范围。此后,随着法官专业水平和道德修养的不断提高,独任法官制度的公正性越来越受到社会大众的认可,使得扩大独任法官审理的范围成为可能;与此同时,民事诉讼案件数量逐年增长以及司法资源不足带来巨大的审判压力,也使更多案件由独任法官审理成为必要。

在此背景下,2001年的《民事诉讼改革法》进一步发展了独任法官制度,其将合议庭与独任法官的功能进行划分,并将独任法官分为"固有型独任法官"和"强制型独任法官"。改革后,诉讼原则上由独任法官审理,在法定的特殊情况下方由合议庭进行裁判。同时,改革也扩展了二审法院中独任法官制度的适用范围,规定一审判决是由独任法官作出的案件或者在是事实和法律方面都没有特殊困难的案件可由独任法官进行裁判。[②] 立法者希望通过提升独任法官在民事诉讼中的作用,实现提高诉讼效率、减轻法院负担、给予当事人充分司法救济的目的。

2. 和解制度的艰难发展

和解制度的发展在德国经历了一个较为曲折的过程。早期的民事诉讼实行任意和解制度,该制度在1924年的法律修订中被取消,代之以强制和解制度。

---

① 常怡主编:《外国民事诉讼法新发展》,中国政法大学出版社2009年版,第172页。
② 刘彦辛、许英杰:《德国民事诉讼制度改革十年综述》,载齐树洁主编:《东南司法评论》(2011年卷),厦门大学出版社2011年版。

1950 年的法律改革又废除了强制和解，规定了诉讼的"友好解决"；1976 年的修订法进行了调整，但主要精神仍保持不变。传统上，德国民事诉讼中的调解文化并不发达，当事人合意解决矛盾的调解程序生长在消极的法律、政治和社会环境之中。鉴于此，2001 年的民事诉讼改革规定了法定调解，在言词辩论前增设和解辩论程序并强调庭外调解。修改后的和解辩论的一般程序如下：除法律另有规定外，通常应先进行和解辩论；当事人双方均未到场的裁定停止诉讼，一方当事人到庭的直接进入言词辩论程序；达成和解协议的，以和解终结诉讼，未达成和解协议的，进入言词辩论程序；当事人接受法院外调解建议的，裁定停止诉讼，法院外调解未达成协议的，进入言词辩论程序。

改革后的强制和解辩论程序主要有如下三个特点：一是和解辩论程序适用于所有一审民事诉讼程序，除非法律另有规定，法院不得以自由裁量拒绝适用；二是强制和解辩论程序可以在法院外的联邦司法行政所设立或承认的其他调解机构中进行；三是在和解辩论程序中，法官应当与双方当事人就争议的状态进行探讨，包括就事实情况与可能的法律适用情况进行意见交换与探讨。

2012 年，为完善调解制度，德国颁布了《促进调解及其他诉讼外冲突解决程序法》，界定了调解制度的含义及调解员的法律地位，确立了调解过程中案件信息的公开与秘密处理原则，强调以自愿作为执行调解协议的前提条件，规定了调解员的培训与反馈机制。① 本次立法强化了调解程序的适用以及调解协议的效力，旨在提升普通社会民众及司法职业人群对调解的感知与认识，以此改变德国法律文化传统中悠久、浓厚的辩争色彩。

多元化的纠纷解决机制有利于过滤争议案件，提高诉讼效率，减轻法院负担。作为有效解决社会纠纷、恢复社会秩序的一种重要手段，和解制度在德国民事诉讼中的发展值得进一步关注。

（三）各审级功能的明确与强化

德国民事诉讼中的普通法院分为初级法院、州法院、州高等法院和联邦最高法院四级。审级制度实行四级三审制，根据诉讼金额和案件性质，一个案件可能一审终审、二审终审或者三审终审。在民事诉讼法历次修订中，为不断适应新的社会需要，审级制度也随之进行了局部调整与完善。

1. 围绕纠纷解决强化第一审

德国的第一审法院为初级法院和州法院。初级法院负责争议标的额较小的案件和一些特殊程序案件，如督促程序和儿童案件等；如争议标的额超过一定界

---

① 张泽涛、肖振国：《德国〈调解法〉述评及其启示》，载《法学评论》2013 年第 1 期。

限,当事人可以向州法院提起诉讼。

同各国一审法院一样,德国一审法院负责全面审理案件,正确适用法律,尽可能一次性地解决纠纷,保障当事人权利的实现。在改革过程中,立法者通过提高控诉额,使更多案件在一审中得到解决,并辅之以强化诉讼促进义务及纠纷和解等方法,加强一审的纠纷解决功能。

2.围绕排除错误重构第二审

德国的第二审称为控诉审,控诉审法院为州法院或州高等法院,其主要任务是监督和排除一审错误。1924年和1933年的修订排除了控诉审中的新陈述,目的在于使当事人尽量在一审中完全提出诉讼资料。1976年的修订进一步强化了这种排除性规定,以提高一审程序的司法威信,阻止当事人将诉讼重心拖延至控诉审程序。1991年的改革曾试图引入许可控诉制,但未获通过。直到2001年的改革重新构建了控诉审程序,再次强化了控诉审监督和排除一审错误的核心功能。

一是修改控诉的合法性要件。控诉申请必须具备的合法性要件,包括控诉期间、控诉状、控诉理由书以及控诉利益。2001年的改革修改了控诉审的上诉利益额,将其由1500德国马克改为600欧元(约合1200德国马克),并规定了许可上诉的情形。改革通过降低控诉利益额,扩大许可当事人提起控诉的范围,使许可控诉要件与许可上告要件相同,以此强化控诉审法院的法律审职能。

二是规定第一审认定的事实原则上约束控诉审法院。改革新增第529条,规定控诉审法院原则上受第一审法院事实认定的约束。为避免在控诉审中的新主张遭遇失权后果,当事人必须在一审中提出其全部主张并举证。这种规定有助于将案件审理的重心置于第一审程序,使更多的案件可以通过一审终结,当事人只有对于一审判决的法律问题存有争议时方可控诉。当然,控诉审法院如果有具体理由认为一审法院对于案件的重要事实认定不正确或不完整,可以不受一审法院事实认定的约束,对事实进行重新认定。

三是限制新的攻击防御方法的提出。关于当事人能否在控诉审法院提出新的攻击防御方法,改革前的规定较为宽松。具体规定如下:(1)关于当事人未在第一审规定期间提出的新的攻防方法,如果依法院的自由心证,认为不致拖延诉讼的终结,或者当事人非因过失而逾期,则准其提出。(2)新的攻防方法在第一审中违反期间规定而未及时通知的,如果依法院的自由心证,认为不致拖延诉讼的终结,或者当事人非因重大过失未提出,则准其提出。即在第一审中当事人有诉讼促进义务,应当适时提出攻防方法,以避免对对方当事人造成法律突袭。然而在实践中,一方面,控诉审法院很少以拖延诉讼终结或当事人过失导致逾期为由而驳回新的攻防方法,当事人为了达到拖延诉讼的目的或者为了给对方当事人造成法律突袭,可以在诉讼策略上将案件的审理重心拖延至控诉审中。另一方面,当事人在一审中由于过失而逾期提出攻防方法,法院可能会以失权为由予以驳回,因此当事人倾向于在控诉审中才提出新的攻防方法。控诉审法官经审查认为当事人虽有过失，但依法院的自由心证认为不致拖延诉讼的，可以准许当事人提出新的攻防方法。上述两个方面的问题造成了民事案件审理重心向控诉审转移的倾向。因此，2001 年的改革作出了补充规定，即非因当事人过失，在第一审中未提出的攻防方法，当事人方可在控诉审中提出。改革后，当事人如果在第一审言词辩论终结后方发现新的攻防手段，或者因法院的原因未能在第一审中提出攻防方法，则当事人没有过失，其可在控诉审中提出主张并举证。

四是控诉理由提出的严格化。改革前，当事人提交的控诉理由书应当载明对判决不服到何种程度，分别列举声明不服的理由以及将要提出的新事实、新证据等。为了与控诉审由"第二次事实审"向法律审的转变相协调，2001 年的改革对控诉理由书的内容要求更加严格。修改后的控诉理由书必须包含对判决不服及要求变更的声明，判决违反法律的情况，判决违法与其应当被撤销之间的因果关系，怀疑此前法院在判决中事实认定的正确性或完整性并因此必须重新认定的具体根据，以及可以提出新的攻击防御方法的理由。如前文所述，2001 年控诉审的改革旨在强化其法律审的功能，且一审的事实认定原则上约束控诉审法院，因此，控诉理由书的严格化对于维持控诉审制度的协调性而言十分重要。

3.围绕保障法律统一改革第三审

德国的第三审称为上告审，联邦最高法院为三审法院，对不服州高等法院在控诉审中所作的判决进行审理与裁判。在 2001 年改革之前，上告审具有保障个体权利和维护公共利益的双重功能，既要维护当事人在个案中获得公正裁决的权利，又要保障法律发展和司法统一，并对实体法进行解释和适用，对上告的提起采取上诉利益和许可上告双轨制。这种规定在实践中造成了部分具有原则性异议的案件由于未能达到上告利益的标准而未被准许上告，较多无原则性异议的案件反而占据了联邦最高法院的司法资源。因此，2001 年的改革修订了准许上告的标准，通过第 543 条的规定建立了完全许可上告制，强化了第三审维护公共利益的功能，弱化了个案权利保护的功能。改革后，联邦最高法院仅负责解释法律、发展法律和保障司法统一。[①]

此外，第 542 条第 1 款还扩大了能够提起上告的范围，包括经初级法院一审、州法院控诉审作出第二审终局判决的案件都可能向第三审法院提起上告。[②] 改革后，如果二审法院在判决中不许可当事人提起上告，则当事人可以向联邦最高法院

---

① 李大雪：《二战后德国民事诉讼法之改革研究》，2007 年西南政法大学博士学位论文，第 40 页。

② 邵建东主编：《德国司法制度》，厦门大学出版社 2010 年版，第 179 页。

提起不许可抗告。联邦最高法院经审查许可上告的,案件直接进入上告审程序。

(四)当事人诉权的强化及诉讼环境的改善

1.诉讼费用救助制度的发展

诉讼费用救助制度是司法领域的社会救济,德国奉行的社会法治国家原则要求,贫穷的当事人也能够以一种符合武器平等原则的方式进入法院,因此对弱势群体提供诉讼费用救助的制度在德国由来已久。最初的诉讼费用救助是以"穷人法"来规范的,当事人通过社会机构颁发的凭证来证明自身的贫穷。1980年的《诉讼费用法》以"诉讼费用救助"取代了带有歧视意味的"穷人法"的表述,当事人不再需要凭借社会机构凭证来证明贫穷,而是由有资格审理案件实质问题的法官审查申请者的条件,决定是否批准诉讼费用救助。此外,改革还引入了当事人分期缴纳诉讼费用制度,并规定,被指定提供法律援助的律师可以获得较为低廉的律师费用。1994年的《修改诉讼费用救助规定的法律》简化了分期支付诉讼费用的表格,每年根据《联邦社会救助法》重新确定该标准。该法还取消了计算被抚养人人数的规定,以便与变化了的经济状况相适应。改革后,获得诉讼费用救助的案件持续增长,更多的当事人通过诉讼费用救助接近法院。另外,根据欧盟关于跨国纠纷中诉讼费用救助最低标准的指令,2004年的《民事诉讼法》修订就跨国诉讼中当事人获得诉讼费用救助的权利作出了规定。

2.引入电子信息技术改善诉讼环境

德国20世纪以来的民事司法改革受到了电子信息技术发展的重要影响。1975年实施的《减轻州法院负担和简化法庭记录的法律》规定了以录音方式进行法庭记录。1976年的《简化修订法》引入了督促程序中的电脑审查方法,规定了自动化督促程序。1992年的修订规定,以电子资料交换方式和远距离资料传输方式申请自动化督促程序的当事人,如果确定支付令的申请系经申请人同意向法院提出,则无须亲笔签名。2001年的改革规定,当事人可以电子文档的形式向法院递交文书,法院可以电子文档的形式向诉讼参与人送达;明确电子签名在民事证据中的地位,规定电子签名与私文书有同等的法律效力;规定在法庭审理中可以使用电视会议技术,使当事人、诉讼代理人、辅佐人、证人、鉴定人可以在法庭之外的地点通过图像和声音传输技术实施程序行为。2005年的修订进一步加大了现代通信技术在民事诉讼中的利用力度,对法院电子文件的适用、以电子方式进行卷宗管理以及运用电子文档作为证据手段等进行了规定,旨在使电子交流形式获得与传统书面文件相同的效力。可以预见的是,引入、扩大电子信息技术在民事诉讼程序中的使用将是永恒的发展趋势。

（五）民事诉讼法的欧洲化

欧洲一体化进程对欧盟各国的法律均产生了巨大影响，成员国必须调整本国法律以使各成员国之间的法律实现统一与协调，并有义务将共同体的指令转化为国内法。1968 年欧洲经济共同体成员国签订的《关于民商事案件的管辖和裁判执行的公约》开启了欧洲民事诉讼法统一的新领域，1997 年的《阿姆斯特丹条约》赋予了欧共体在民事诉讼法领域制定法规的原始立法权限。随着欧盟成员国之间法律合作的日益紧密，2001 年《关于成员国法院在证据调查方面合作的法规》、2003 年《欧盟证据调查执行法》、2007 年《关于送达民商事案件中诉讼和非讼文书的法规》、2004 年《欧盟诉讼费用救助指令》和《欧盟执行决定指令》、2006 年《欧盟督促程序指令》、2007 年《欧盟小额诉讼程序指令》、2008 年《欧盟调解指令》的有关规定，都对德国民事诉讼法的修订产生了直接影响。

目前，欧洲委员会制定的有关协调各成员国国内诉讼程序的远期规划包括如下：完善诉讼费用救助的规定，诉讼行为的标准化与统一化，消费者纠纷与商事纠纷方面诉讼程序的简化与加快，其他特殊纠纷诉讼程序的简化与加快等。随着欧洲一体化进程的继续推进以及欧盟内部相关法律的协调与同化，包括德国在内的欧盟成员国仍将继续调整国内立法。

三、几点评析

德国《民事诉讼法》是大陆法系各国民事诉讼法中一部极具影响力、最具代表性的法典。思维严谨、逻辑缜密的德国法学家，德国发达的法律思想与法律文化共同铸就了德国《民事诉讼法》精确的概念和细腻的规定。该法制定后的历次重要改革对大陆法系各国的民事诉讼立法都产生了巨大影响。德国民事司法改革体现的"追求妥协"与"分配正义"的指导思想，[1]及其兼收并蓄的改革经验对我国的民事司法改革具有借鉴意义。

（一）改革何以正当

接近法院并获得公正的司法救济，是衡量一国诉讼制度水准和法治程度的重要标尺。以当事人诉权保障为根本原则，是民事诉讼法改革的正当性源泉。"二战"后，随着诉权理论的研究不断深入，许多国家将接受司法裁判权确立为由宪法保障的公民基本权利，对诉权的保障呈现出显著的国际化趋势，德国的民事诉讼法

---

① 齐树洁:《德国民事司法改革及其借鉴意义》，载《中国法学》2002 年第 3 期。

改革也体现了这一特征。德国 1949 年颁布的《基本法》在一般基本权利目录之外赋予司法性基本权利的重要意义被不断强化,司法保障请求权的影响力在实践中得到扩张。① 恰如民事诉讼法对侵犯法定听审请求权的救济方式不断完善一样,关于法官阐明义务的强化也都源于宪法规定的基本司法权利。此外,随着宪法对民事诉讼法改革的辐射效应的不断增强,平等原则和公正程序请求权也通过宪法法院的判例,以多种方式影响着民事诉讼程序的完善。

在我国,2012 年 6 月,国务院新闻办公室发布的《国家人权行动计划(2012—2015 年)》将民众获得公正审判的权利作为人权的重要内容,纳入宪法保护的范畴,并提出以诉讼程序为载体切实保障当事人诉权,我国的民事诉权已经超越了单纯的诉讼法意义而实现了向宪法诉权的转型。② 根深则本固,抓住这一重要契机,顺应诉权理论的发展规律,在推动民事诉讼外部机制完善的同时,将当事人诉权保障作为改革的内化动力,方能确保我国法律制度的遐迩一体。

(二)改革何以有效

20 世纪以来,民事诉讼制度不能适应社会经济发展的需要已经成为一个全球性的问题,并由此引发了世界范围内民事司法改革的浪潮。③ 然而,相似的司法制度在改革中却产生了不同的效果。德国、日本、荷兰等国诉讼程序的公信力与满意度较高,而意大利、希腊等国的司法制度则运行效果不佳。究其根本,在于诉讼法改革能否与一国社会经济的发展情况及本国制度土壤相适应。

在德国的历史上,司法制度的修正与变革总是以司法实践的需要为前奏的。当日耳曼习惯法不能适应新领地复杂的社会关系与社会冲突时,德国法学界将大量罗马法基本原则、概念和制度引入德国法中;当社会发展需要国家加强对社会经济生活的干预时,法官的诉讼指挥权逐渐得到扩张;④当信息技术的洪流席卷司法领域时,立法者及时引入了电子信息技术并对其进行规范。这些改革作为无不体现了德国民事诉讼法着眼于不断变化的社会需要,积极调整与完善诉讼制度的敏锐性。

综观德国民事诉讼法的改革过程可以发现,德国对域外法的吸收总是深深根

---

① [德]迪特尔·莱波尔德:《德国民事诉讼法 50 年:一个亲历者的回眸》,吴泽勇译,载徐昕主编:《司法》(第 4 辑),厦门大学出版社 2009 年版。

② 齐树洁:《司法改革与诉权保障》,载张卫平主编:《民事程序法研究》(第 9 辑),厦门大学出版社 2013 年版。

③ 齐树洁、黄斌:《德国民事司法改革的新动向》,载《人民法院报》2002 年 2 月 22 日第 3 版。

④ 李大雪:《德国民事诉讼法的历史嬗变》,载《西南政法大学学报》2005 年第 2 期。

植于本国的法律传统。无论是受法国法的影响，抑或对奥地利法的借鉴，德国的司法改革仍然体现了鲜明的德意志特征。21 世纪以来，德国对债法现代化改革的争论基本围绕比较法的论据展开。① 相较于实体法，立法者在民事诉讼改革中对域外经验的借鉴更为审慎。有德国学者指出，"不加批判地接受不适当的形式将会扼杀制度的精神实质"②。正是改革前大量的实证研究与必要的现实模拟，改革中的层层推进，改革后的分段评估及不断地总结与修正，确保了德国"外法内化"的顺利展开。这种实证的调查方法，以及集"评估/纠正"于一体的改革方式值得我国借鉴。

---

① ［德］伯克哈特·汉斯·敏茨伯克：《德国民事诉讼法的修改——发展与展望》，周翠译，载陈光中、江伟主编：《诉讼法论丛》（第 8 辑），法律出版社 2003 年版。
② ［德］米夏埃尔·施蒂尔纳编：《德国民事诉讼法学文萃》，赵秀举译，中国政法大学出版社 2005 年版，第 14 页。

越南调解制度述评

■方 俊 王 喆*

摘要:《司法改革战略》是越南 2005 年至 2020 年司法改革的指导性文件。该文件要求采取一系列的改革措施,全力推行非诉讼纠纷解决机制(ADR)。在改革纲领的推动下,越南调解制度的发展取得初步成效,但诸如调解立法尚不完备、调解职业化有待提高、纠纷解决理念仍需调整等问题亟待解决。越南调解制度的现代化不可能一蹴而就,需要利益相关方持续不断的共同努力。

关键词:越南;调解现代化;调解法;司法改革

21 世纪初,"接近正义"(access to justice)浪潮席卷亚洲,司法改革成为亚洲各国的核心任务之一,越南亦是如此。越南革新开放事业的全面发展使得民事纠纷的数量不断增加、类型日趋多样。民众对越南法院的要求越来越高,期望民事司法制度能够在寻求正义、维护社会主义市场经济秩序等方面扮演更积极的角色。全球司法改革的潮流、市场经济的发展与法制国家的建设迫切要求越南进行司法改革。

越共中央政治局于 2005 年 5 月制定《2005 年至 2020 年司法改革策略决议(49-NQ / TW)》(以下简称《司法改革策略》)①,该指导性文件要求"鼓励采取 ADR(非诉讼纠纷解决机制)解决纠纷,如协商、和解、调解或仲裁等,通过确认其法律效力的方式积极促进这些纠纷解决机制的广泛适用""实现 ADR 的社会化发展,开展社会组织承担一些司法解纷任务的试点"。在解纷需求与政策因素的推动下,调解在越南呈现扩大化之势。

---

* 方俊:厦门大学法学院诉讼法硕士研究生;王喆:集美大学财经学院学生。本文系 2014 年厦门大学基础创新科研基金"家事审判专门化探索——以海沧法院的实践为样本"(批准号:201422G007)的阶段性成果。

① 关于《司法改革策略》的具体内容,参见《越南 2005 年至 2020 年的司法改革策略》,龙飞等译,载《人民法院报》2010 年 7 月 9 日第 5 版。

一、越南调解制度的发展史

从阐释人类学的角度看,法律及司法都是一种与地方性知识相关联的制度存在。[①] 越南调解制度的发展受到政治、经济、文化等地方性因素的影响。

从历史视角看,调解是越南社会常用的纠纷解决方式。多数民众认为"去法院诉讼是一种不幸"。[②] 长久以来,村规民约成为调解的最重要规则,并被用以解决同社区成员间的轻微民事纠纷。1945 年,越南遵循苏联模式建立社会主义国家,社会经济的方方面面均深受计划经济体制的影响,民商事纠纷解决等一系列重要社会问题由越共予以统筹和规划。但丰富多样的传统惯习使基层调解能在越南高度集中的计划经济社会中被广泛接受。除此之外,越南并不存在真正法律意义上的调解。1986 年,越南开始实施革新开放政策,大力推进市场经济与法治国家的构建。近 30 年来,越南已经跃居亚洲第二高速发展的国家。[③] 经济高速发展的背后是越南社会经济关系的复杂化与民众价值追求的多元化,并导致纠纷在总量上不断扩大且在类型上亦日渐复杂。为深度推进革新开放,越南努力完善社会主义法制,将司法改革作为实现国家战略的关键因素。新形势下,实践需求对法律供给提出更高的要求。为此,越南颁布施行包括纠纷解决机制在内的一系列重要的法律。越南纠纷解决机制得益于革新开放政策已经取得了很大发展,现代调解在越南初现端倪。[④]

2002 年,越共中央发布《司法改革决议(08-NQ/TW 号)》。2005 年,越共中央政治局批准两个重要决议,即《司法改革策略》和《2005 年至 2010 年发展和改进越南法律体系战略决议(48-NQ/TW 号)》。这三项重大决议表明了越南建设社会主义法制国家的决心。1989 年《经济纠纷解决程序条例》与《民事纠纷解决程序条例》、1992 年《人民法院组织法》、1994 年《省级经济仲裁中心组织与运作法令(116/CP)》、1998 年《基层调解条例》、2004 年《民事诉讼法》、2010 年《商事仲裁法》等法律法规的颁布是落实上述政策的重要举措,促进了越南多元化纠纷解决机制的发

---

① [美]克利福德·吉尔兹:《地方性知识——阐释人类学论文集》,王海龙等译,中央编译出版社 2000 年版,第 222 页。

② Ministry of Justice of Vietnam（ed.）, *International Conference "Alternative Dispute Resolution – International Experience and Ability to Manipulate in Vietnam"*（April 2008）.

③ 吴逸清、姚艳燕:《越南 2014 年经济表现及 2015 年展望》,载《东南亚纵横》2015 年第 2 期。

④ 现代调解是指 20 世纪 70 年代发端于美国,80 年代出现于澳大利亚和英国,90 年代拓展至欧洲大部分大陆法国家和南非的一场运动。参见[澳]娜嘉·亚历山大主编:《全球调解趋势》,王福华等译,中国法制出版社 2011 年版,第 2 页。

展。至今,受上述司法改革政策的驱动,调解制度的立法和实践有了很大的发展,但目前仍存在许多缺点和不足。①

二、越南调解制度的规范化

调解立法是调解规范化的核心。越南制定了大量的规范性文件,包括法典、单行法、法规、决定、指示、通知及决议。有关调解的规定已经在不少法律中有所体现。越南通过立法的方式推进调解规范化的进程,但其调解立法呈现碎片化之势。

(一)原则规定

越南调解制度的原则性规范主要有 2005 年《民法典》(第 12 条)、2005 年《商法》(第 11 条、第 317 条第 2 款)、2005 年《企业法》、2005 年《投资法》(第 12 条第 1款)、2005 年《环境保护法》和《知识产权法》、2000 年《海商法》、1993 年《石油法》(第 27 条)及《消费者权益保护法》、2000 年《婚姻家庭法》等。这些法律规定:调解是纠纷解决的一种方式,鼓励当事人使用调解方式解决纠纷。例如,《商法》第 317 条规定:"当事人之间的调解应当由当事人选定的一个机构、组织或个人来进行。"

(二)具体规定

法院附设调解已规定在《民事诉讼法》中,仲裁调解规定在《商事仲裁法》中。行政调解主要是指土地纠纷调解和劳动争议调解。劳动争议调解由《劳动法》予以调整,土地纠纷调解由《土地法》予以规范。1992 年《宪法》规定了基层调解制度:"根据法律规定,适格基层人民团体可以处理轻微违法和人民之间的纠纷。"民间调解规定在《投资法》、《商法》和其他一些法律中,但关于民间调解的具体规定尚缺乏。

三、越南调解制度的类型化

调解的类型化是调解实现解纷高效、追求实质正义、促进社会和谐的程序技术。在越南,调解制度可以类化为法院附设调解、民间调解、基层调解、行政调解、仲裁调解。兹分述之。

---

① See Le Hong Hanh & Le Thi Hoang Thanh, Mediation and Mediation Law of Vietnam in Context of Asean Integration, http://www.ssrn.com,下载日期:2015 年 5 月 30 日。

(一)法院附设调解

法院附设调解是指调解组织设立在法院的一种调解制度,催化了司法调解与民间调解的共生。① 越南《民事诉讼法》明确规定了法院附设调解。这一调解模式具有如下特点:(1)调解在一审审前准备阶段是一个强制性程序,除了调解是依法不允许或无法进行的。根据该法第10条的规定,调解解决特定案件是法官职责,即"法院有责任进行调解,并创造有利条件使有关各方根据本法的规定就民事案件或事项相互达成协议"。(2)附设调解程序是诉讼与调解的结合。越南《民事诉讼法》第180条规定:"在一审审理准备阶段,法院必须为当事人达成调解协议而进行调解。"只有在调解失败的情况下,法官才继续开庭审理此案。此外,在二审开庭阶段鼓励各方达成和解协议是法官的义务。在二审开庭时,当当事人就案件解决达成调解协议,且不违反相关法律或社会道德,二审法院应作出修改一审判决与确认调解协议的裁决。(3)附设调解达成的协议之履行由强制执行程序保障。调解协议经由司法确认,与法院判决具有同等效力。(4)调解会议须在双方出席的情况下进行。(5)附设调解的调解员是法官:原则上,审判长应指定一名法官来负责案件的调解。根据越南《民事诉讼法》第184条的规定,受指令的法官负责调解程序的全部步骤,包括调解会议。

2006年至2010年,越南法院民事受案量为881966件,民事纠纷逐年增多。法院附设调解成功率通常在40%以上,发挥了重要的解纷功能。(见表1)

表1　2006年至2010年越南法院民事受案量和附设调解数目

(单位:件)

年度	受案量	调解成功	
		数目	比例
2006	146823	60931	41.5%
2007	171681	82816	48.2%
2008	174732	76882	44%
2009	194358	87461	45%
2010	194372	99712	51.3%

然而,法院附设调解要求法官具备良好技能和深厚造诣。实践中,多数越南

---

① See Forrest S. Mosten, Institutionalization of Mediation, *Family Court Review*, 2004, Vol. 42, No. 2.

法官承认,其仍然缺乏调解技能,因为近 50% 的法官没有受过专门、系统的调解培训。[1] 在附设调解中,越南法院并没有与具有专业知识、提供纠纷解决服务等机构有效合作,导致法官必须调解解决超出其能力外的纠纷。[2]

(二)民间调解

民间调解,主要指在非司法性和非行政性的民间组织、社会团体或个人主持下进行的调解。[3]越南民间调解具有以下主要特点:(1)缺少关于民间调解的具体法律规定。(2)调解机构多自我规范,其中越南国际仲裁中心[4](the Vietnam International Arbitration Center,以下简称 VIAC)调解规则最具特色。该规则共计 20 条,包括规范调解程序的启动、调解员的人数、调解员的委任、书面陈述的提交、调解员的角色、行政协助、调解员与当事人之间的沟通、各方与调解员的合作、和解协议、调解程序的终止、调解费用等。[5] (3)民间调解达成的协议不具有强制执行力,由此越南企业总体上仍然对民间调解缺乏信心。

当前,民间调解在越南尚未普及。民间调解服务可由专家、律师事务所、团体及其他未经越南禁止的组织提供。实践中,这些组织并未专注调解服务的规范与发展。例如,他们没有对调解解决案件数目作出统计,调解服务处于自然发展的状态。但不同于其他组织的不重视,VIAC 尽最大努力推广民间调解。例如收取较低的 200 万越南盾调解申请费。[6] 2007 年,VIAC 制定调解规则,奠定越南民间调解发展的基础。然而,2007 年至 2010 年,该中心调解解决的案件仅 5 件。[7] 究其原因在于民间调解缺乏法律保障。

(三)基层调解

在越南,基层调解作为最受欢迎的法院外调解制度,具有如下特点:(1)基层调

---

① See Ministry of Justice of Vietnam, Report of Research Survey on Status of International Commercial Disputes and Dispute Resolution of Vietnam Enterprises, the Role of Judicial Institution (conducted from 2007—2009, hard-copy in the Library of Ministry of Justice of Vietnam).

② See Le Hong Hanh & Le Thi Hoang Thanh, *Mediation and Mediation Law of Vietnam in Context of Asean Integration*, http://www.ssrn.com,下载日期:2015 年 5 月 30 日。

③ 齐树洁主编:《纠纷解决与和谐社会》,厦门大学出版社 2010 年版,第 98 页。

④ 1993 年,越南国际仲裁中心在合并对外贸易仲裁委员会和海事仲裁委员会的基础上成立,是一个独立、非营利、著名的仲裁机构,其目的在于促进当事人通过仲裁解决争端。

⑤ 关于 VIAC 调解规则的具体内容,see http://www.viac.org.vn.

⑥ 200 万越南盾折合人民币 600 元。

⑦ See Ministry of Justice of Vietnam, Report of Research Survey on Status of International Commercial Disputes and Dispute Resolution of Vietnam Enterprises, the Role of Judicial Institution (conducted from 2007—2009, hard-copy in the Library of Ministry of Justice of Vietnam).

解是一种法院外调解和自愿调解,与上述法院附设调解完全不同。(2)基层调解的适用范围广,涵盖了家庭和民事等诸多轻微纠纷。(3)基层调解由公益性社会组织开展,越南对基层调解组织及调解员未予以控制。(4)因越南各地传统习俗与道德观念的多元化,基层调解受到广泛接受。(5)基层调解受《基层调解条例》的调整。

越南目前有 12 万个基层调解组织,62 万名调解员。基层调解组织辐射越南93.8%的村庄和社区。1999 年至 2008 年,基层调解组织调处了 3899745 件案件,调解成功的比例为 80.3%。[①] 这一系列数字表明基层调解在越南民众日常生活中的重要性。但一些地方的基层调解组织的运作存在形式化、行政化的弊病,导致仅专注于实现纠纷解决的数量而不是质量。

(四)行政调解

行政调解,是指行政机关或其所设立的纠纷解决机构的人员对于当事人之间的纠纷所进行的调解活动。[②] 在越南,作为一种强制性的诉前程序,行政调解主要适用于劳动争议案件和土地纠纷案件,其特点是集行政执法与纠纷解决于一体。

1.劳动争议调解

根据《劳动法》的规定,劳动争议调解由基层劳动调解委员会及劳动调解员负责。《劳动法》第 164 条规范了劳动争议调解程序:基层劳动调解委员会应自收到调解申请书之日起 7 日内启动调解程序;当事人或其代表必须出席调解会议;委员会应当提出可供争议各方考虑的和解建议;如果解决方案被各方接受,该委员会应及时记录,并必须由当事人和调解员签字;在调解不成的情况下,争议双方有权请求基层人民法院解决纠纷。类似程序可适用于集体劳动争议。不同的是,在集体劳动纠纷调解失败时,争议一方或双方有权要求省级劳动仲裁委员会解决纠纷。囿于劳动争议调解达成协议的可执行性没有明确的法律规定,相关协议往往会因一方或者双方的不履行而陷入尴尬境地。此外,调解委员会的成员包括雇主的有关人员(企业代表)。因此,调解会议的真正意义不能保证。调解委员会不是中立的第三方,因为只有争端一方出席。

2.土地纠纷调解

根据《土地法》的规定,土地纠纷调解是强制性程序。国家鼓励土地纠纷各方和解或通过基层调解解决土地纠纷。对于透过和解或基层调解不能解决的土地纠纷,争议双方应当向争议土地所在的公社或乡人民委员会提出书面申请。公社

---

① According to the statistics from the Department of Law Education and Dissemination—the Ministry of Justice.

② 范愉:《行政调解问题刍议》,载《广东社会科学》2008 年第 6 期。

或乡人民委员会须与越南祖国阵线以及其他社会团体协作对土地纠纷进行调解。土地纠纷调解期限为 30 个工作日,自收到书面申请时起算。土地纠纷调解结果必须书面记录,并有争议双方的签名和争议土地所在的公社或乡人民委员会的确认。

(五)仲裁调解

仲裁调解主要是指仲裁机构在仲裁中所进行的调解。[①] 越南的仲裁调解主要由《商事仲裁法》规范。根据《商事仲裁法》第 58 条的规定,应当事人的请求,仲裁委员会可启动调解程序以协助双方解决争议。当双方当事人达成协议,仲裁委员会应当制作调解协议,并由当事人及仲裁员签字。仲裁委员会作出确认调解成功的决定。这一决定是终局的、有执行力的,与仲裁裁决相同。

四、越南调解现代化的改革

(一)改革现状

在越南,调解制度的发展具备了基础条件,例如法院的超负荷、调解文化基因、司法改革的政策等。但越南调解现代化尚未达到令人满意的期望值和满意度。"低供给对高需求"是越南调解现代化将要面临的重要挑战之一。

当前,越南调解制度存在如下问题:(1)在立法和实践上,调解并非一个完全独立的替代性纠纷解决方式,缺乏统一的调解法予以规范性支持;(2)通过民间调解、法院衔接调解解决纠纷的有效机制尚缺失;(3)调解的低组织化:专业的调解组织并未形成,尤其是民间调解;(4)调解的低职业化:调解员不专业,其解纷技能需要全面提升;(5)调解的低制度化:关于调解的许多法律问题未明确,如调解保密、调解协议的执行以及调解服务组织的建立和运作等。现代调解运动在全球范围内发展,呈现出不可阻挡的法律化、职业化、专业化趋势。调解法律化是越南调解持续发展的关键因素。其调解法应满足下列要求:确定调解的基本特征、建立调解的一般规定、推动调解的多元化发展、提升利益激励机制。

调解制度在越南有着光明的前景。社会的变迁和转型是发展现代调解的重要机遇。纠纷解决的需求及政策的支持构成越南调解制度持续发展的内生动力。当然,调解制度的现代化并不是一件在短期内可以完成的轻松任务。

(二)改革措施

越南立法者和政策制定者需要借鉴其他国家调解现代化的成熟经验,采取一

---

① 齐树洁主编:《纠纷解决与和谐社会》,厦门大学出版社 2010 年版,第 99 页。

系列改革措施以发展越南调解制度。调解的动员是指用来鼓励利用调解来解决纠纷的机制，具体包括交付和过滤程序、费用激励机制、调解程序的教育推广、调解优势的提升等因素。[①] 立法机构、司法机构、调解组织及利益相关者等需要参与到调解动员中。越南对于调解现代化的改革措施包括制定统一的调解法、修订民诉法的相关条文、提升利益相关者的角色。

1.制定统一的调解法

越南应制定统一的调解法，以形成一个明确的调解制度框架。相较于当前碎片化的调解立法，统一调解法的诞生是比其他的改革建议更好的解决方案。新法对调解的规范应足够广，以调整所有的调解实践。未来，统一调解法的施行有助于从根本上发展越南调解制度。

统一调解法应满足下列要求：（1）承认调解的基本特征，如尊重当事人意思自治、保障调解过程的灵活性和保密要求等。（2）建构调解作为正式的纠纷解决方式的法律基础。（3）与公认的全球调解法律一致与兼容。（4）确定发展调解制度的重要任务，如有助于减轻法院的工作量、社会化司法权、落实司法改革战略。

统一调解法应包括以下主要内容：（1）一般规定。该法应当明确适用范围、适用对象、调解定义、调解活动的基本原则、调解的类型化以及发展调解的政策等。（2）具体事项。为保证调解活动的成效，立法应涵盖下述事项：确立调解过程的保密性的规定；规定调解条款的法律效力；在当事人约定选择调解方式的情况下（发生纠纷之前或之后），他们应当有义务在向法院提起诉讼或向仲裁机构提起仲裁前进行调解；规定调解达成协议的可执行性；双方于调解过程中达成的协议可以通过司法强制执行。由此，应当增设调解协议司法确认程序，建立调解活动和法院之间的密切联系，调解员的权利和义务，调解员资格和调解员培训的一般规定，调解组织的设立要件及登记程序等。

2.修订民诉法的相关条文

学者认为，越南民诉法应当以将调解从审判准备的一部分转换为诉讼开始前的一个独立程序。他们建议采取通过在法院内部直接设立调解中心，以及和由法官和调解员组成调解委员会等方式，建构法院附设调解制度。

学者还建议，应当修订《民事诉讼法》的相关规定，克服目前法院附设制度的缺点：（1）不应当对所有的民事案件实行强制调解。民事诉讼立法应将纠纷确定和划分为基于法律强制必须进行调解、基于法官命令必须进行调解、基于法官建议可以进行调解等类型。（2）法官有主持调解会议的责任。然而，在当事人没有达成一

---

① ［澳］娜嘉·亚历山大主编：《全球调解趋势》，王福华等译，中国法制出版社2011年版，第23页。

致的情况下,调解法官不应该继续开庭审理该案件,以确保案件解决的公正性。(3)调解应以更灵活的方式进行。调解员可以是司法人员和社会工作者,如律师和专家等。

《民事诉讼法》应增补相关规定,奠定法院与调解相衔接的基础。法院可以与有能力提供调解服务的其他组织合作。对简单的民商事纠纷,法官可以指定与法院合作的调解组织协助解决。法院与调解相衔接的机制是司法社会化的有效措施,有助于减少法院的工作量。

3. 提升利益相关者的角色

为了提高调解的使用率,利益相关者角色的提升是必要的,以传播调解的解纷优势,从而创造巨大的社会效益。政府应采取有效举措,促进调解发展。学术机构可以成为调解组织成立和运作的发起人。调解的管理机构(如司法部和最高法院)应修订和施行调解员培训、认证与考核机制。民众与企业要提高调解意识,转变纠纷解决的观念。

加拿大调解制度述评

肖　燕[*]

摘要:20 世纪 90 年代以来,加拿大政府大力推广调解制度,取得了很大的成效。加拿大调解制度包括法院附设调解和社会调解两大类。在联邦层面,法院附设调解比较典型的有离婚强制调解和农场债务调解;在省一级层面,安大略强制调解和魁北克司法调解的特色较为明显。调解不仅仅局限于民商事领域,在刑事和行政领域也大量被运用。加拿大政府重视调解的强制性,强制调解有效提高了调解率,节约了司法资源,减轻了法院压力。但也有少数学者认为,强制与自愿原则相违背,不符合调解的基本理念。

关键词:加拿大;法院附设调解;强制调解;司法调解

与邻国美国相比,调解在加拿大起步较晚,早期主要集中在劳动争议和农场债务纠纷中。20 世纪 90 年代,调解在其他领域崭露头角,逐渐与诉讼程序衔接,嵌入诉讼程序。[①] 由于法院案件的大量积压,加拿大议会和各省立法机关一直在寻找更为低廉和高效的纠纷解决方式。相较于诉讼的程序多、期限长和成本高等缺点,调解具有成本低、速度快和效率高等优势。因此,加拿大政府在全国范围内大力推广调解制度。

加拿大是联邦制国家,根据《1867 年宪法》(*Constitution Act* 1867)第 91 条和第 92 条的规定,立法权由联邦和各省共同享有。[②] 在各自的立法权限内,联邦与各省皆有自己的调解制度。全面了解加拿大调解制度,必须区分联邦层面的调解制度和省一级的调解制度。由于篇幅所限,本文主要介绍联邦调解制度、安大略省调解制度和魁北克省调解制度。

---

　* 作者系厦门大学法学院法律硕士研究生。

　① 　Klaus J. Hopt & Felix Steffek, *Mediation: Principles and Regulation in Comparative Perspective*, Oxford University Press, 2013, p. 912.

　② 　汪习根等:《别具一格的加拿大宪法》,载《当代法学》2004 年第 4 期。

一、社会调解

社会调解,主要是指在非司法性和非行政性的民间组织、社会团体或个人主持下进行的调解。社会调解与法院附设调解相比,程序更灵活,保密性更强,效率更高,费用更低。加拿大联邦和各省都设有社会调解机构,但是不存在统一的社会调解规则,调解机构的调解手册在实践中发挥着重要作用。

根据加拿大替代性纠纷解决机构调解手册的规定,调解之前,当事人应当达成调解协议。调解协议可以在纠纷发生之前达成,也可以在纠纷发生之后以补充协议的方式达成。学者的调查报告显示,大多数社会调解案件是在纠纷发生之后才由当事人达成调解协议。实践中,合同纠纷的当事人更愿意通过调解解决纠纷。

双方当事人有权自由选择调解员,如果当事人无法协商确定调解员,则由调解机构选任。调解员决定调解地点和时间,起草调解书。同时,调解员必须独立、平等地对待双方当事人。联邦法律没有规定社会调解调解员的培训课程和执业条件,但是,社会调解机构一般有自己的认证模式。

调解程序开始之前,调解员应当与当事人及其代理人就调解相关事项进行协商。调解员的权力仅限于协助当事人达成解决纠纷的合意,而非对纠纷作出裁决。当事人必须亲自参与调解。如果当事人愿意付费,那么调解员可以邀请专家或律师参与调解。如果一方当事人聘请了律师,其应当提前 3 日通知调解员和对方当事人。双方当事人达成协议后,调解员制作调解书。如果双方当事人不愿意继续调解,任何一方当事人都可以通过发布声明的方式终结调解程序。此外,该程序也可能因为调解员认为当事人明显无法达成合意而依职权主动终结。

调解书有无执行力,实践中的做法并不统一。多数学者认为,有拘束力的调解书才具有强制执行力。因此,只有调解书载明其具有强制执行力,当事人才能直接申请执行。但是判例法认为,社会调解机构制作的调解书与合同效力一样,不能直接作为执行依据,必须依法转化为法院的判决之后才具有强制执行力。[①] 魁北克省由于受《法国民法典》的影响,注重保护当事人意思自治,调解书可以直接作为执行依据。

二、联邦法律规定的法院附设调解

立法机关引进调解制度的原因是多方面的。首先,调解能将司法机关从高负

---

① Klaus J. Hopt & Felix Steffek, *Mediation*: *Principles and Regulation in Comparative Perspective*, Oxford University Press, 2013, p. 919.

荷的工作压力中解脱出来。法院的超负荷运转往往意味着案件的大量积压,而调解能快速解决纠纷。其次,加拿大诉讼的成本非常高,议会旨在通过调解减少诉讼案件的数量,从而削减司法的花费,实现国家财政的合理配置。① 基于以上考量,议会修改了大量制定法以引入调解制度。这些法律包括:《破产法》《广播法》《运输法》《环境评价法》《离婚法》《农场债务调解法》《劳动法》《人权保护法》《移民和难民保护法》《青少年刑事审判法》《体育运动法》等等。通过研究这些法律,可以看出,调解制度不仅被运用在民商法领域,而且被广泛运用于公法领域。②

(一)离婚案件调解

根据加拿大《1867 年宪法》的规定,联邦拥有结婚和离婚领域的立法权。加拿大议会制定《离婚法》(Divorce Act),用以规范离婚的条件、儿童的监护、婚姻的维持和离婚的程序等事项。根据《离婚法》第 8 条第 2 款的规定,只有夫妻感情确已破裂,夫妻一方才能申请离婚。夫妻感情破裂的判断标准是夫妻双方在离婚之前,因感情不和分居超过一年,《离婚法》并不过于关注因谁的过错导致夫妻感情破裂。③

加拿大法律鼓励当事人通过调解方式离婚,以达成双方都可以接受的未成年子女监护和抚养的合意。但是,最终是否选择调解程序,完全取决于当事人的意思自治。如果双方当事人同意调解,但是无法在婚姻关系解除、子女监护和共同财产分割等问题上达成一致意见,最终依然需要转入诉讼程序。

法律要求离婚案件的代理律师促成当事人和解。根据《离婚法》第 9 条的规定,离婚案件的代理律师有义务告知当事人调解的明智性以及愿意帮助他们达成合意。离婚律师呈交给法院启动诉讼程序的正式文件必须保证其已经严格按照《离婚法》的规定履行了告知义务。

根据宪法的规定,加拿大各省享有婚姻财产制度和子女的抚养、监护、收养等领域的立法权。为了与联邦离婚调解程序相衔接,各省进行了诸多配套立法。《安大略省未成年人保护改革法》(Ontario Children's Law Reform Act)授权法院在取得双方当事人的同意后启动调解程序,以达成未成年子女监护和探视等问题的合意。该法还对调解的启动条件、法律依据、调解员的职责、调解书的形式、份数、制作场合、调解的费用等事项进行了规定。《安大略省家事法》(Ontario Family Law

---

① Mitchell Sara Mclaughlin, Mediation in Interstate Disputes, *International Negotiation*, 2014, Vol. 19, No. 2.

② 朱立恒:《英美刑事和解探析——以 VOM 模式为中心的考察》,载《环球法律评论》2010 年第 2 期。

③ Richler Joel, Court-Based Mediation in Canada, *Judges' Journal*, 2011, Vol. 50, No. 3.

Act)也有类似规定,该法第 3 条规定,涉及未成年子女抚养和家庭财产分割的纠纷可以通过调解解决。魁北克省以一种略微不同的方式把调解制度引入家事程序,《魁北克民事诉讼法》(*Code de Procédure Civile du Québec*)第 814 条第 3 款规定,只有双方当事人已经在调解员的帮助下进行过调解而且无法达成合意,法院才能将子女监护、夫妻财产分割等与婚姻有关的纠纷转入诉讼程序。

(二)农场债务调解

加拿大议会于 1997 年通过《农场债务调解法》(*Farm Debt Mediation Act*)将现代调解制度引入农场债务纠纷解决领域。《农场债务调解法》规定了破产农民无力偿还借款纠纷的调解程序,构成了破产和执行制度中的特殊领域。当农民破产,无法偿还债务,农民的债权人必须通过诉讼或者个人破产程序来实现自己的诉求。一旦个人破产程序启动,为了变现土地、机器和牲畜,农民将失去农场。为了避免这种情况出现,议会试图通过《农场债务调解法》,在破产农民和债权人之间达成可行的方案,既可以让农民继续持有土地,又不损害债权人的合法权益。[①]

农场债务调解程序必须由破产农民向农业与鲜活产品部的官员申请,官员在初步审查农民的经济状况和双方当事人达成调解的可能性的基础上作出是否受理的决定。官员受理调解申请的同时,必须作出诉讼中止[②]的裁定,诉讼中止的时间为 30 日,期满后可以申请延长。法院和相关机关有义务协助破产农民和债权人达成合意。接到调解申请之后,农业与鲜活产品部的官员必须书面通知所有的债权人诉讼中止。官员在专家的帮助下,审查破产农民的经济状况,出具书面审查报告,任命调解员。《农场债务调解法》对主持农场债务调解的调解员没有资格和学历的要求,但是调解员必须公正平等地对待当事人。调解员在农民财产报告的基础上,协助当事人就还款的具体事项达成合意。根据《农场债务调解法》第 11 条的规定,调解程序终结的情形主要有以下几种:(1)调解成功,双方当事人就还款事项达成合意;(2)破产农民拒绝参加调解;(3)多数债权人拒绝参加调解;(4)调解无法达成合意。如果出现调解终结的情形,调解员必须向农业与鲜活产品部的官员报告,官员根据具体情况,作出程序终结的裁定,并通知当事人。

[①] Klaus J. Hopt & Felix Steffek, *Mediation: Principles and Regulation in Comparative Perspective*, Oxford University Press, 2013, p. 930.

[②] 不论诉讼已经进行到哪个阶段,一旦裁定作出,与该纠纷相关的诉讼或者执行行为必须中止,并等待调解的结果。

三、安大略省的法院附设调解——强制调解

（一）发展历程和目标

为推广调解制度，1999 年安大略省修改《民事诉讼规则》（*Civil Procedure Rules*），决定在较大的城市中选出若干民事法庭试行诉中强制调解制度，即在原告提起诉讼，法院立案之后，将所有的案件导入调解程序。《民事诉讼规则》以制定法的形式确立了诉前强制调解制度，以期在立案之后、开庭审理以前，运用调解解决纷争。强制调解本来是一个试点项目，原先仅在多伦多和渥太华地区法院实施。该制度实施两年后，评估委员会根据诉前强制调解制度的实施报告，认为其应该作为一项长久的制度写进安大略省《民事诉讼规则》。① 这一提案最后转化为《民事诉讼规则》第 24 条和第 76 条。

由于当事人和解或其他原因，安大略省 90% 的诉讼案件在第一次听审之前就已经终结，然而法院仍有大量未决案件积压。② 根据《民事诉讼规则》第 24 条的规定，设立强制调解制度，旨在降低诉讼成本，缓解当事人的讼累，高效公正地解决纠纷。强制调解的案件必须在被告第一次答辩后 180 日内结案，纠纷解决时间的缩短可以有效减少当事人和国家的诉讼支出，而且能使法院有更充足的时间来处理疑难案件。

一些学者认为，强制调解是一个矛盾的概念。调解最重要的原则即为当事人意思自治，而强制有悖于意思自治。调解解决纠纷的核心在于当事人达成合意，调解员只能予以协助，而不能对当事人施加任何外在压力。③ 但应当指出的是，强制调解所谓的强制只局限于当事人参加第一次调解协商，此后当事人可以自由地决定是否继续调解、纠纷解决的具体方案、是否恢复诉讼程序等事项。

（二）调解员

安大略省各郡都设有地方调解委员会，调解委员会的成员由司法部长从律师、法院工作人员和普通公民中选任。④ 高等法院的首席法官在每一调解委员会中都任命有一个法官或案件管理人员，司法部长任命调解协调人，调解协调人负责

---

① ［澳］娜嘉·亚历山大：《全球调解趋势》，王福华等译，中国法制出版社 2011 年版，第 91 页。

② 高洪宾：《加拿大法院调解制度的启示》，载《法律适用》2005 年第 2 期。

③ 王福华：《现代调解制度若干问题研究》，载《现代法学》2009 年第 6 期。

④ Richler Joel, Court-Based Mediation in Canada, *Judges' Journal*, 2011, Vol. 50, No. 3.

调解委员会的日常管理工作。调解委员会制作调解员名册,监督调解员的行为,接受当事人对调解员的投诉,增加或减少名册上的调解员。

当事人可以从调解员名册中选择调解员,也可以在名册之外选择调解员。如果当事人无法在被告答辩之日起 180 日内选出调解员,调解协调人有权指定,被指定的调解员必须在被任命之日起 90 日内安排调解事宜。调解员应当提前 20 日书面告知双方当事人调解开庭的时间、地点和出庭的义务,并及时将通知的复印件提交调解协调人。

(三)调解程序

1. 程序启动

强制调解程序包含在诉讼程序之中,当事人必须先提起诉讼,而后才有可能启动调解程序。多伦多、渥太华和埃塞克斯郡辖区内所有的民事案件在具体处理之前,必须进行调解。[1] 调解的案件类型包括:商事案件、不动产案件、信托案件等。强制调解必须在被告答辩后 180 日内结束,如果出现一方当事人人数众多或案件需要更长的时间调查取证等情形,法院有权延长期限。

2. 调解会议

为了尽速达成调解协议,当事人必须提交与案件相关的所有材料。当事人务必在调解第一次开庭前,提交 1 份书面声明。声明必须载明本人已经清楚本案所涉及的事实和法律问题,知悉自己的地位和利益所在。声明还必须载明其已经与对方当事人达成一致意见,如果因为一方当事人没有合法履行声明的义务而导致调解无法继续,调解员有权取消调解,起草一份当事人不遵守义务的书面文件提交调解协调人。当事人违反义务,可能出现如下后果:(1)在后续的诉讼程序中,法官不采纳其提供的书证;(2)如果是原告,法官驳回起诉,如果是被告,不采纳其抗辩声明;(3)法官判决其负担更多的诉讼费用。

因为调解是一种自愿、非正式的纠纷解决方式,所以法律并未规定严格的程序。当事人在调解员的斡旋和帮助下,自愿达成解纷方案,调解程序的启动和终结完全取决于当事人。[2] 但是,强制调解和其他形式的调解不同,当事人和委托代理人必须亲自参加调解会议。如果当事人在约定的调解开始时间 30 分钟内尚未到达调解地点,调解员有权取消调解会议,起草一份当事人违反义务的文件提交调解协调人。

---

① 张艳:《加拿大民事诉讼中的审前准备程序》,载《政治与法律》2002 年第 4 期。

② 齐树洁主编:《纠纷解决与和谐社会》,厦门大学出版社 2010 年版,第 98 页。

3.程序终结

调解程序终结 10 日内,调解员必须根据调解的基本情况制作一份报告,提交调解协调人。如果调解成功或者部分成功,具体的解决方案必须书面记录并且经当事人和委托代理人签名。如果调解彻底解决纠纷,被告需要在签署调解书之日起 10 日内,向法院提交一份书面文件。如果一方当事人不履行调解书,另一方当事人有两个选择:一是根据调解书的内容直接向法院提起诉讼;二是继续原来的诉讼。调解书必须以书面形式记录并经双方当事人签名,其目的是为了防止当事人反悔。一方不履行调解书所载的义务,并不影响调解的正当性,调解书可以作为起诉的证据。[①]

法律对强制调解的费用有明确的规定,调解费用以小时计算,具体包括 1 小时的调解准备时间和不超过 3 小时的调解协商时间。费用的多少还与双方当事人的数量紧密相关,2 个当事人的调解费用为 600 美元,3 个当事人的调解费用为 675 美元,4 个当事人的调解费用为 750 美元,5 个以上当事人的调解费用为 825 美元。调解费用一般由双方当事人均分,但是法官有权决定让不配合调解的当事人承担较多的调解费用。

四、魁北克省的法院附设调解——司法调解

魁北克调解制度最大的特色在于法官担任调解员,这一制度开始只适用于公司诉讼,后来逐步扩大到包括刑事和行政在内的其他领域。[②] 司法调解是指双方当事人在法官的协助之下达成纠纷解决合意,从而避免复杂的诉讼程序,私密而高效地解决纠纷。但是,必须注意到,社会调解解决民商事纠纷也是魁北克的重要习惯之一。

(一)司法调解的一般规定

1.调解的启动

原告向法院提起诉讼,被告答辩后,司法调解程序即启动。当事人可以在诉讼的任何阶段向主审法官递交调解申请书,申请书必须载明纠纷的主要争议事项。主审法官有权向当事人提出调解建议,如果双方当事人接受,主审法官将任命一位法官作为调解程序的主持人,只有法官才有资格作为魁北克司法调解的调解员。

---

① Cutolo Daniele & Shalaby Mark Alexander, *Mandatory Mediation and the Right to Court Proceedings*, *Dispute Resolution International*, 2010, Vol. 4, No. 1.

② Dollak Paul, *Myth and Reality of Party Confidentiality in Ontario's Mandatory Mediation Program*, *Advocates' Quarterly*, 2004, Vol. 29, No. 1 & 2.

法院送达法律文书后进入程序的第一阶段,此阶段当事人必须参加,法官为了加快程序的推进,可能作出各种裁决。[①]

2.调解的程序

调解是非正式的协商过程,魁北克法律并未规定严格的调解程序,具体案件的调解程序由双方当事人和调解法官本着有助于纠纷快速高效解决的原则协商确定。《魁北克民事诉讼法》只规定了部分关键程序:当事人及其委托代理人必须参加调解;获得当事人同意之后,调解法官才可以私下会见另一方当事人;获得当事人及调解法官同意之后,第三人可以参加调解程序。

与诉讼程序相比,司法调解严格保密,魁北克上诉法院以判例法的形式确立了调解法官的司法豁免权,而且法官无权放弃该豁免。这一原则保证了司法调解制度的完整性,使当事人更愿意在调解过程中表达自己的真实想法。如果调解法官可能在调解失败之后的诉讼中作为证人出庭,调解法官的公正性就面临困难。如果调解失败,案件必然回到诉讼程序,从程序正义的角度看,只有法官在审判之前尽量少地了解案件情况,才更有可能保证司法裁判的公正性,而且魁北克司法调解和诉讼是在同一法院进行,所以调解程序的保密性尤显重要。[②] 但是,调解程序保密的范围不包括调解书,换言之,调解书可以在后续的诉讼程序中作为证据。

3.调解的终结

如果双方当事人最终无法达成调解协议,则恢复诉讼程序,为了保证司法裁判的公正性,本案的调解法官在后续的诉讼程序中应当回避。魁北克法院正试图从法院管理上区分诉讼程序和调解程序。如果双方当事人同意,调解法官可以转换身份,主持庭前会议,为后续的庭审做准备。[③] 如果调解成功,一方当事人不履行,另一方当事人可以直接申请执行调解书的内容。

(二)魁北克其他形式的法院附设调解

尽管实践中司法调解是魁北克最重要、最特殊的调解制度,但是除了司法调解之外,魁北克还存在其他形式的调解制度。

1.小额诉讼调解

魁北克省小额诉讼案件的标的额不得超过 7000 美元,当事人必须是自然人或者 1 年内雇员不超过 5 人的法人。小额诉讼程序简单,当事人禁止聘请律师,一审

---

① 刘小飞等:《加拿大法院案件管理的规则、实践与启示》,载《法律适用》2008 年第11 期。

② [澳]娜嘉·亚历山大:《全球调解趋势》,王福华等译,中国法制出版社 2011 年版,第 98~100 页。

③ Jukier Rosalie, Inside the Judicial Mind: Exploring Judicial Methodology in the Mixed Legal System of Quebec, *Journal of Comparative Law*, 2011, Vol. 6, No. 1.

终审。地域管辖依据是被告住所地或者商事活动发生地,如果管辖法院距离原告住所地超过 80 千米,原告可以在自己住所地的法院起诉。

法院的登记员(greffier)收到起诉状后,必须在审前程序中告知当事人尽量通过调解解决纠纷。如果当事人接受这个建议,登记员直接把案件移送到法院调解部门。调解员必须是律师或者其他司法机构认可的公民。如果调解成功,调解员必须书面记录纠纷解决方案,同时向法庭提交复印件。调解程序终结后,调解员应当向法庭说明案件的事实问题和法律问题,并移交当事人提供的证据。

2.家事调解

家事调解是调解体系中最重要的组成部分之一,魁北克家事调解制度亦有其特殊之处。魁北克法院在收到调解员对于案件调解情况的书面报告之前,无权在家事诉讼中就当事人诉请的婚姻关系解除、未成年人抚养和夫妻财产分配等问题发表意见或作出裁判。[①] 调解程序开始之前,法院必须告知当事人调解的目的、特点和调解员的作用。当事人了解上述信息之后,自由决定是否选择调解作为纠纷的解决方式。如果当事人在该阶段无故缺席,调解法官可能要求其承担所有的费用。

当事人必须从调解员名册中选择调解员。法律对调解员的资格、职责和调解费用等事项有明确规定。调解员主要包括律师、司法工作人员、心理学家、社会工作者、家庭治疗专家、婚姻顾问和青少年保护中心的员工。他们必须完成至少 60 小时的家事调解课程训练,并且在自己的专业领域从业 3 年以上。新进的家事调解员必须在有经验的调解员的监督和帮助下完成一定数额的案件后方可单独执业。

当事人可以在调解的任何阶段终结调解程序,调解员在调解结束后需要向法庭提供一份书面报告。除非当事人自己同意,否则禁止将调解阶段当事人的言论作为证据在别的程序中使用。法庭取得双方当事人同意后,可以给予他们不超过90 天的调解时间。魁北克家事调解程序前 6 次调解庭审免费,第 7 次以及之后的庭审费用由双方当事人负担。

结　语

加拿大调解制度发展迅速,形式多样:社会调解和法院附设调解并存,各省的调解制度与联邦调解制度相互结合,调解与诉讼、执行相衔接,调解嵌入司法,由此

---

① Martin Nuria Gonzalez, International Parental Child Abduction and Mediation: An Overview, *Family Law Quarterly*, 2014, Vol. 48, No. 2.

构成了加拿大调解制度的基本框架与格局。

当事人意思自治是所有调解程序的基本原则,这一原则不仅适用于社会调解,而且适用于强制调解。① 加拿大通过各种强制机制促使当事人选择调解程序,一方面,强制调解作为一种纠纷解决方式,有效减轻了法院压力,节约了司法资源;另一方面,很多案件中的当事人迫于各种压力,不得不接受调解作为纠纷的解决方式,甚至在某一些案件中,由于法院不受理没有调解过的案件,当事人对于是否选择调解程序没有自决余地。不以意思自治为基础的调解还是调解吗? 此外,一些加拿大的学者认为,法院附设调解,特别是强制调解,可以为无法承担高额诉讼费的当事人提供一个低廉的"接近正义"的渠道。但是,如何理解调解和诉讼的关系存有不同看法。在诉讼中,当事人提交的证据由法官或陪审员按照法定标准客观公正地进行评价。与此相对,调解不存在严格的事实认定和法律适用程序,程序和结果取决于当事人合意。考虑到调解与诉讼在程序和功能上的区别,把调解作为一种接近正义的手段显然与司法正义的一些基本精神不相协调。②

---

① 齐树洁主编:《纠纷解决与和谐社会》,厦门大学出版社 2010 年版,第 95 页。

② Klaus J. Hopt & Felix Steffek, *Mediation: Principles and Regulation in Comparative Perspective*, Oxford University Press, 2013, p. 954.

马来西亚伊斯兰法官制度评析

■ 陈爱飞 *

摘要：伊斯兰法院的判决对伊斯兰法在穆斯林社会的适用具有重要意义，教育背景、专业水平等因素将在很大程度上影响法官对伊斯兰法的理解与适用。马来西亚作为伊斯兰法的代表性国家，其在伊斯兰法官的任免程序、职业规范等方面颇具特色，在一定程度上对完善我国穆斯林群众之间的纠纷解决机制具有借鉴意义。

关键词：马来西亚；伊斯兰法官制度；双语法官

马来西亚是一个典型的君主立宪制政体联邦制国家，由 13 个州和 3 个联邦直辖区组成，并由最高元首行使国家元首职权。[①] 联邦宪法为国家最高法律，联邦政府与各州政府建立在联邦宪法与其他联邦法律的基础上。宪法赋予联邦立法机关较大范围内的立法权，也赋予各州特定领域的立法权。[②]

一、马来西亚法律制度概述

19 世纪中后期至 20 世纪 60 年代，受殖民政策的影响，英国法律制度被推行到马来西亚。然而，当地经济、文化、社会等背景与英国本土存在较大差异，使得以普通法为基础的法律制度无法完全适应当地的司法实践。为了尽可能使法律制度与当地国情相适应，英国殖民当局根据马来西亚的民族构成、宗教信仰、婚姻习俗等特点，对某些具体的法律规定作了相应的调整与修改。[③] 较之于英国传统法

---

* 作者系厦门大学法学院诉讼法硕士研究生。
① 《马来西亚刑法》，杨振发译，中国政法大学出版社 2014 年版，第 7 页。
② 钮松：《东盟"伊斯兰化"与东盟 10 国对以关系的互动研究》，载《南洋问题研究》2012年第 4 期。
③ 北京市海淀区人民检察院：《泰国、马来西亚司法制度一瞥》，http://www.bjjc.gov.cn，下载日期：2015 年 4 月 21 日。

律制度,马来西亚法律制度带有浓厚的宗教色彩,且兼顾了当地三大主要民族(华人、马来人、印度人)的一些传统习俗,因而才能够为马来西亚人所尊重和接受。同时,法律制度的本土化改造也是推动当地各民族和谐共处、宗教信仰自由、社会繁荣稳定的重要因素。

依据普通法之规定,法律争议首先可诉诸全国性的"民事法院"(Civil Court)——世俗法院。此外,联邦宪法规定伊斯兰教为联邦国教,马来西亚为此专门设立与之相适应的伊斯兰司法系统,从而形成世俗法院与伊斯兰法院并存的司法双轨制。[①] 但是,仅有穆斯林教徒受伊斯兰法约束,且伊斯兰法院的受案范围仅限于家事法及宗教信仰。《联邦宪法》第 3 条规定,除联邦直辖区的伊斯兰法由联邦政府负责外,伊斯兰法属于州法律体系,而非联邦法律体系。同时,《联邦宪法》第 121 条第 1A 款(1988 年 6 月 10 日生效的《宪法修正案》)也规定:"第一款所述之法院(指世俗法院中的高等法院),对伊斯兰法院管辖范围内的任何事务,皆不享有管辖权。"自《联邦宪法》第 121 条修正后,高等法院便不再对"伊斯兰法院范围内的任何事务享有管辖权"。

二、法院组织体系

(一)联邦法院体系

马来西亚联邦法院、上诉法院、世俗高等法院与伊斯兰高等法院共同行使由联邦宪法与其他联邦法律授予的国家司法权,联邦法院首席大法官[②]为法院系统最高领导。现行的法院组织体系自上而下可分为联邦法院、上诉法院、高等法院、中等法院、治安法院以及未成年人法院。这一系统与我国四级法院体系类似,均为以基层法院为基础的金字塔式结构(如图 1 所示)。

图 1 为世俗法院层级体系,该体系属联邦管辖事宜。即使某些案件涉及州法律,依然是由世俗法院审理。

(二)伊斯兰法院体系

20 世纪中后期,马来西亚联邦直辖区与各州开始建立伊斯兰法院管辖区,逐

---

① Norbani Mohamed Nazeri,Criminal Law Codification and Reform in Malaysia:An Overview,*Singapore Journal of Legal Studies*,December 2010.

② "首席大法官"曾是马来半岛(马来亚)法院和婆罗门法院院长所使用的头衔。在 1994 年更名之前(伴随着当时的最高法院的废止),马来西亚最高法院的首要领导被称为"最高法院院长"(Lord President of the Supreme Court)。

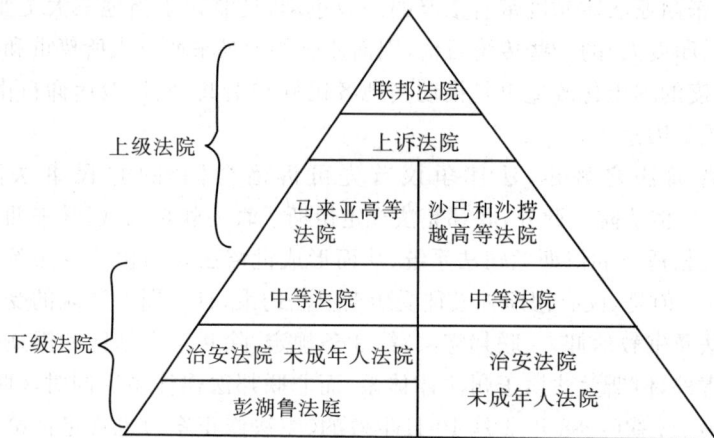

图 1　马来西亚法院组织体系

渐形成与世俗法院相对应的伊斯兰法院体系。①　依据州法律设立的伊斯兰法院，通常由伊斯兰首席法官法院(Court of the Chief Kadis)和伊斯兰法官法院(Court of the Kadis)两级法院组成，在二者之上设有一个具有上诉法院职能的上诉委员会，审理伊斯兰首席法官法院和伊斯兰法官法院的刑事和民事上诉案件。②　而联邦直辖区与雪兰莪州的伊斯兰法院系统与上述系统有所不同，它们设立了以初级法院、高等法院、上诉法院为基本结构的三级法院体系，试图给其他州的伊斯兰法院结构设置树立典范。伊斯兰初级法院位居三级法院中的最低等级，审理大多数的一审案件。各州的伊斯兰法院负责人为伊斯兰首席法官，除不被苏丹(Sultan)③支配的情形须对最高元首负责之外，其他事宜直接对苏丹负责。④

三、法 官 的 任 命

马来西亚法官任命程序的不透明性历来备受质疑，事实上很多普通法国家也是如此。不透明的法官选任程序极易产生争议。《联邦宪法》第 123 条规定了法官的任职条件，即马来西亚公民，须有 10 年以上的法律服务经历，只有符合法官资格的人才能进入法官队伍。这种资质式规定而非程序性规定在很大程度上影响了

---

①　Administration of Syariah Courts in Malaysia (1957—2009)，*Journal of Islamic Law and Culture*，2011，Vol. 13.

②　马明贤：《伊斯兰法的现代化问题》，载《阿拉伯世界研究》2012 年第 5 期。

③　苏丹指当地的伊斯兰教宗教领袖，同时亦为当地的世袭统治者。

④　Najibah M. Zin, The Training，Appointment and Supervision of Islamic Judges in Malaysia，*Pacific Rim Law & Policy Journal*，2012，Vol. 21，No. 1.

法官任命程序的透明度。随着马来西亚民众对高级官员任命公正性与透明性关注度的提高,传统的法官任命制度正面临巨大挑战。

(一)上级法院法官的任命

马来西亚的上级法院主要由联邦法院、上诉法院[①]、马来亚高等法院及沙巴和沙捞越高等法院构成。依据法律规定,最高元首应根据总理提名,经与统治者会议协商,任命联邦法院首席大法官、上诉法院院长、两所高等法院的首席法官,以及其他较高级别法院的法官。[②] 此外,针对不同级别的法官还设有形式各异的任命协商程序。例如,在向最高元首提名法官人选之前,总理须与联邦首席大法官协商;任命上诉法院法官时,总理应与上诉法院院长协商;对于高等法院法官的任命,总理则应当与高等法院首席法官协商。另外,由于沙巴和沙捞越高等法院属于两州的高等法院,在任命该院首席法官时,总理还需要与两州州长进行协商。

为减轻高等法院的周期性工作负担,马来西亚设立了司法专员制度。根据联邦法院首席大法官的提名,并依照《联邦宪法》第 122 条第 A 款的规定,最高元首有权任命全职或兼职的司法专员。司法专员应当符合法官任职的基本要求,拥有与高等法院法官相同的司法权与豁免权。最高元首曾任命部分资深律师为司法专员,协助高等法院处理积压的大量案件,其中有部分司法专员此后被任命为高等法院法官。至今,司法专员制度已成为马来西亚法官培养的一项长效机制。

(二)下级法院法官的任命

下级法院法官包括中等法院(Sessions Court)与治安法院的法官。《下级法院法》(the Subordinate Courts Act)规定了下级法院法官的人事任免,中等法院的法官由最高元首根据高等法院首席法官的推荐任命;一级治安法院法官(联邦直辖区的除外)由该法官即将任职的州权力机关任命,同时还需要高等法院首席法官的推荐;而二级治安法院法官的任命则不需要推荐。下级法院法官主要从法律职业人士中遴选,治安法官、中等法院法官、高级登记注册官、助理检察官、州法律顾问、司法部门官员、公共信托机构的法律人员等均来自于法律职业阶层。这些人士被视为不享有法官社会福利和待遇的公职人员,可在上述不同部门之间流动。总体而言,治安法院法官多半为无资深法律执业经历的新近法科毕业生。

(三)伊斯兰法官的任命

马来西亚目前大约有 140 名伊斯兰法官,其中首席法官 14 名,高等法院法官

---

① 马来西亚上诉法院和联邦法院于 1994 年成立,它们的问世替代了原来的最高法院。

② [澳]吴明安:《马来西亚司法制度》,张卫译,法律出版社 2011 年版,第 341 页。

32名,初级法院法官94名。值得注意的是,马来西亚正在某些特定地区有计划地增加伊斯兰高等法院与初级法院法官的数量,以改善穆斯林社会的司法环境。[①]

1.任职考试

马来西亚并未设立官方的伊斯兰法官资格考试,正如前文所述,伊斯兰法官的任命权由各州苏丹行使,具体的任命程序则由各州司法管辖区的法律规定。在联邦直辖区,伊斯兰初级法院法官由各州最高统治者根据伊斯兰首席法官的推荐任命,而伊斯兰高等法院法官与伊斯兰首席法官的任命则须经过伊斯兰宗教委员会与伊斯兰宗教领袖的协商。

2.培训内容

服务于非司法机构的伊斯兰公务员在被任命为法官之前需要学习不同类型的课程,如伊斯兰法的适用、伊斯兰仲裁程序、法律文书写作、强制执行程序、伊斯兰继承法、伊斯兰法律职业道德规范、阿拉伯语与英语,以及选修相应的世俗法律课程。对于联邦系统的公务员,联邦政府还将为候选法官在硕士或博士阶段的学习提供赞助,而州系统的伊斯兰公务员是无法享受这一待遇的。

3.晋升要求

伊斯兰公务员晋升为伊斯兰法官需要符合一定的要求。首先,必须通过1年至3年的晋升考察期,圆满完成考察期间的各项工作。考察期满后,还须参加伊斯兰法官上岗培训班,并通过法官职业能力考试(与前文所述的法官资格考试不同)。晋升为法官后,应当参加额外的课程培训,如伊斯兰教会法、法学研究方法、未成年人心理学、多元化纠纷解决机制、伊斯兰银行业、国际法,以及涵盖伊斯兰法律制度诸多方面的其他课程,以提升其专业水平及业务水平。同时,因马来西亚与中东国家、西方国家的伊斯兰司法部门交流频繁,所以法官还应了解中东地区的伊斯兰法体系以及英国的判例法制度。只有圆满完成以上课程才有可能成为一名合格的伊斯兰法官。

4.性别要求

在马来西亚,"女性可否担任伊斯兰法官"是法律界多年来争论的焦点问题之一。2006年4月,国家教令委员会对此作出指示,宣布允许女性担任伊斯兰法官。但这一教令在实践中的适用稍显迟滞。直至2007年,在吉兰丹州,一些女性才被任命为仲裁员,且女性仲裁员的权力受限,其只能参与离婚案件等指定案件的审理。[②] 2010年7月,经联邦最高元首同意,马来西亚最高伊斯兰法庭任命了两名女

[①] 曹庆锋:《马来西亚伊斯兰复兴运动研究》,中央民族大学2013年博士学位论文。

[②] Tamir Moustafa, Islamic Law, Women's Rights, and Popular Legal Consciousness in Malaysia, *Law & Social Inquiry*, 2013, Vol. 38.

法官,其中苏莱雅·拉姆里被任命为普特拉贾亚伊斯兰大法官，拉菲达·拉扎克担任吉隆坡伊斯兰大法官。预计未来会有更多的女性法官进入伊斯兰法院。①

四、法官任命的资格

联邦直辖区与各州伊斯兰法对伊斯兰法官的资格取得与任命程序作了规定。不同司法管辖区的规定在细节上存在些许差异,但本文暂时搁置这些差异,将讨论的重点集中于以联邦直辖区为代表的伊斯兰法的一般模式。②

一般情况下,伊斯兰法官的任命权由各州苏丹行使,但联邦直辖区却有所不同,其伊斯兰法官由马来西亚最高元首直接任命。③ 在联邦直辖区,伊斯兰首席法官、上诉法院法官和高等法院法官由最高元首根据总理的提名,经与统治者会议协商任命,伊斯兰初级法院法官由最高元首根据伊斯兰首席法官的提名任命。在雪兰莪州,苏丹根据州宗教委员会(Majlis)的意见,经与伊斯兰首席法官协商,可任命伊斯兰高等法院法官。

(一)学位要求

伊斯兰法院成立初期,伊斯兰法并未明确规定联邦直辖区内的伊斯兰法官的学历资格。然而在司法实践中,无论是任命伊斯兰法院法官,还是世俗法院法官,均要求候选法官至少具有学士学位。因为法官主要是从公务员队伍中选任,而伊斯兰公务员的基本学历要求即为学士学位。至于其学位是由国内高等教育机构授予,还是由马来西亚认可的国外高校授予则在所不论。除要求学士学位之外,伊斯兰候选法官还应当获得马来西亚国际伊斯兰大学或其他机构认可的职业资格,抑或是世俗法与伊斯兰法双学位。④

1993 年,《伊斯兰施行法》(*The Administration of Islamic Law Act*)对联邦直辖区内的伊斯兰法官任命条件作出规定。根据该法的规定,伊斯兰高等法院法官任职资格条件如下:(1)马来西亚公民;(2)从事 10 年以上的法律服务活动,包括担

① See also Simon Montlake, Islamic Court Makeover in Malaysia: Two Women Appointed to Sharia Court Bench, Christian Science Monitor July 29, 2010, http://www.csmonitor.com/,下载日期:2015 年 3 月 20 日。
② 李福泉:《穆斯林视野下的伊斯兰法研究》,载《中国穆斯林》2013 年第 5 期。
③ 刘文静:《论伊斯兰法的石刑》,载《政法论丛》2012 年第 5 期。
④ For information on the Malaysia Qualifications Agency, see the official website of Malaysian Qualifications Agency, http://www.mqa.gov.my/,下载日期:2015 年 3 月 10 日。

任伊斯兰初级法院法官、注册员、检察官等；（3）熟练掌握伊斯兰教会法。① 伊斯兰初级法院法官的资格条件则相对较低，该法仅要求被任命者应当来自于联邦法律公共服务组织。与联邦直辖区相类似的是，在雪兰莪州，伊斯兰高等法院的法官主要来自至少有 10 年以上工作经验的伊斯兰法官、律师、检察官、注册员等法律服务工作者，且必须熟练掌握伊斯兰教会法。伊斯兰初级法院法官则从一般的公共服务组织和法律服务机构选任。

（二）培养机构

20 世纪 80 年代，在艾哈迈德·易卜拉欣教授的领导下，马来西亚国际伊斯兰大学开设了法学专业，首次设置伊斯兰法学士学位。该校还开设伊斯兰法院实习必修课，力图培养出更加专业的伊斯兰法官。此后，其他大学也相继开设此类课程。这些大学包括马来西亚国立大学、马来亚大学和马拉工业大学。

大多数伊斯兰候选法官经过世俗法与伊斯兰法的双重培养，已初步具备伊斯兰法官任职资格。例如，马来西亚国际伊斯兰大学的学士学位课程既教授学生世俗法律，也教授伊斯兰教会法。此外，马来西亚伊斯兰科学大学法律系也提供五年制伊斯兰法与世俗法双学位课程，学生可同时学习伊斯兰教会法与世俗法。

迄今为止，为伊斯兰法官提供教育、培训课程的机构主要为马来西亚公立大学，私人教育机构较少涉入该领域。② 但无论是公立大学的课程设计，还是私人教育机构的培养规划，都应当经马来西亚资格审查机构审查通过。此外，马来西亚伊斯兰司法机构还将设立一定数量的必修课程，规定专业课程的最低学分要求。

（三）培养规划

马来西亚有多所大学开设伊斯兰法官培训项目，每所大学都有自己的教学规划，但各所大学在课程设计上可能会略有不同。例如，马来西亚国立大学和马来亚大学伊斯兰法学士学位的课程大部分为伊斯兰科目，而马来西亚国际伊斯兰大学则提供了三种培养计划：（1）伊斯兰法法学本科学位（the Diploma in Law and Administration of Islamic Judiciary，DAIJ）；（2）伊斯兰法法学硕士（the LL. M. in Administration of Islamic Law，LL. M.-AOIL）；（3）伊斯兰法与世俗法双学士学位（the LL. B. Syariah Double Degree Program，LL. BS）。③

---

① 耿龙玺：《论圣训的伊斯兰法功能》，载《北方民族大学学报》2014 年第 4 期。

② Malaysia Qualifications Agency, Programme Standards: Law and Syariah（2008），http:// www. mqa. gov. my，下载日期：2015 年 3 月 10 日。

③ Bachelor of Law Syariah（Hons. ）LL. B. S. Programme Description, International Islamic University Malaysia, http://www. iium. edu. my/，下载日期：2015 年 3 月 10 日。

DAIJ 项目与 LL. M. -AOIL 项目类似,均可提供全日制与在职的伊斯兰法学位文凭,全日制学士要求学生脱产进行为期一年的伊斯兰法学习,而在职学位则要求学生在 18 个月(3 个学期)内修完所有伊斯兰法课程。马来西亚国际伊斯兰大学可提供伊斯兰法与世俗法的四年制本科教育。此外,若要获得双学位还应当进行额外一年的伊斯兰法的学习。

(四)培养内容

马来西亚国际伊斯兰大学提供的三个项目的语言要求分别为马来语、阿拉伯语和英语。其中 DAIJ 项目的授课语言为马来语;LL. BS 项目第 5 年的伊斯兰法的授课语言为阿拉伯语;LL. M. -AOIL 项目既招收本国学生,也招收国外留学生,因此其为英语教学。

三个项目的最终目的是服务于广大的伊斯兰法院,所以课程大多数为伊斯兰法科目,以满足伊斯兰法专业人才的培育需求。[①] 而之所以设置这三大项目,并阐明三者之间的差异性,也是为了适应不同层次、不同教育背景的学生的需要。DAIJ 项目的课程强调伊斯兰法在马来西亚法律制度中的适用,但部分学生在最初的伊斯兰法学习中并未接触过伊斯兰程序法课程,因此,他们还必须选修伊斯兰民事诉讼法、刑事诉讼法以及伊斯兰证据法。此外,部分学生在接受 DAIJ 项目教育之前从未接触过马来西亚法律制度,所以该项目规定,应当专门设立与马来西亚法律制度相关的课程,以满足中东国家留学生的需要。DAIJ 项目还开设了一系列其他课程,如伊斯兰法律文书写作、伊斯兰法理学、伊斯兰文学、伊斯兰家庭法、伊斯兰法律格言、伊斯兰法学研究方法以及伊斯兰模拟法庭等课程。

学生在完成 4 年的法学本科教育之后,即可选择进入第 5 年的伊斯兰法学学士学位进修,第 5 年的课程安排将集中于多角度、全方位地学习伊斯兰法,一方面是阅读伊斯兰教经典法律文本,另一方面则是了解伊斯兰法在马来西亚现代司法体系中的适用。例如,两个学期的课程包括伊斯兰证据法和诉讼法、伊斯兰银行与金融法、"伊斯兰法哲学"和当代伊斯兰教法问题。[②] 其他课程诸如伊斯兰法治理学、伊斯兰法论辩学、比较伊斯兰法学、伊斯兰法理论与解释学等。

在硕士阶段,学生将接受更为深入、广泛的伊斯兰法教育,并将伊斯兰法的主题以更为清晰的方式呈现出来。同样,LL. M. -AOIL 项目也包括对当代伊斯兰法律问题的解读,如法律方法的运用、替代性纠纷解决机制、法律文书写作,以及伊斯

---

① See Ahmad Fauzi Abdul Hamid, Islamic Education in Malaysia 48 (2010), http://www. rsis. edu. sq/,下载日期:2015 年 3 月 21 日。

② Daromir Rudnyckyj, Islamic Finance and the Afterlives of Development in Malaysia, *Political and Legal Anthropology Review*,2014,Vol. 37.

兰法与世俗法之间的冲突与协调等。值得一提的是，为了拓展本国伊斯兰候选法官的国际化视野，LL. M.-AOIL 项目开设了"国际法及其对伊斯兰法的影响"课程，以便其能够更好地适用马来西亚伊斯兰法。

五、伊斯兰法官的监督与管理

（一）伊斯兰司法机构的监督与管理

伊斯兰法律体系属于州法律体系，而非联邦法律体系，伊斯兰司法机关的最终权力由苏丹行使。为促进马来西亚伊斯兰法的统一适用，目前已有七个州签署了伊斯兰法适用谅解备忘录。依据备忘录达成的协议，他们同意由联邦伊斯兰司法部门（Jabatan Kehakiman Syariah Malaysia，JKSM）对各州伊斯兰法的适用进行调整，相关的伊斯兰法行政管理事项则由各司法管辖区的代表集体表决决定。各州在 JKSM 部门的代表一般由伊斯兰首席法官担任，该部门所作出的决定可在各州得到执行。①

JKSM 部门负责招募伊斯兰公务员参与司法管辖区的法律工作。这些人员在获得录用之后，须与 JKSM 部门签署一项备忘录，以作备案之用；而在未签署谅解备忘录的其他各州，其法官由穆斯林宗教委员会进行监督与管理。自 2000 年以来，联邦伊斯兰司法部门已发布一系列由伊斯兰首席法官签署的伊斯兰法律适用指令，这些指令主要处理程序性问题，因此较少产生实体异议。另外，根据法律优先原则，在指令与法律规定相冲突的情形下，优先适用法律。

（二）法官职业道德规范

1. 马来西亚法官道德规范

1994 年，马来西亚制定了《法官道德规范》（the Judge Code of Ethics in Malaysia），并于同年 12 月 2 日生效。此后，根据 1994 年《宪法修正案》的规定，法官因"行为不端"而遭解职的规定被废除，取而代之的是根据《宪法》第 121 条第 3A 款制定的新的《法官道德规范》。《宪法》第 121 条第 3A 款规定："最高元首根据联邦法院首席大法官、上诉法院院长、高等法院首席法官的建议，经与总理磋商后，可制定法官行为规范。联邦所有法院的法官皆应遵守该规范。"新的规范中还包括一些世俗性内容，如法官在工作期间无合理理由，或者事前未经法院领导批准不得进

---

① Department of Syariah Judiciary Malaysia, JKSM Profile, http://www. esyariah. gov. my/，下载日期：2015 年 3 月 20 日。

行工作之外的活动。此外,人们还注意到一些有趣的事实,例如,以往总理扮演的是督促法院工作人员的角色,如今则被限制在"向最高元首提出解除法官的提议"。不过根据新规定,总理依然享有对制定法官规范进行"商量"的权力。

2.伊斯兰法官道德规范

2001年5月,联邦伊斯兰司法部门发布了《伊斯兰法官职业道德守则》(the Islamic Judge Code of Ethics in Malaysia 2001)。该守则从多个方面规范伊斯兰法官法庭内外行为,如伊斯兰法官处理案件的行为标准包括如下内容:(1)庭内:法官应公正、公平地对待并尊重双方当事人,鼓励各方达成友好和解,在合理的时间内解决案件。(2)庭外:法官应坚持善意的原则,维护司法公信力;避免收受报酬与接受其他机构的礼物;避免接触可能干扰司法的公众行为;不随意对外发表法庭意见;非经伊斯兰首席法官同意,应保持政治上的中立性,防止卷入政治活动。

近年来,马来西亚司法机构的基础设施发展较为迅速,无论是伊斯兰法院的建设,还是伊斯兰法官的培养、教育,都取得了长足的进步。联邦伊斯兰司法部门的建立为伊斯兰法的统一适用创造了良好条件,既有利于完善已签署谅解备忘录的7个州的伊斯兰法,也便于促进其他未签署各州伊斯兰法的统一性发展,提高伊斯兰法院的服务质量。需要说明的是,除马来西亚设有伊斯兰法院外,中东的阿拉伯国家、东南亚的印度尼西亚、新加坡、文莱等国都已成立伊斯兰法院,马来西亚正努力开展各国伊斯兰法院之间的合作,希望以伊斯兰法为桥梁,加强各国的司法沟通,发挥伊斯兰法的国际影响力,实现国内正义与国际正义。①

六、启 示 与 借 鉴

2015年4月13日,最高人民法院、国家民族事务委员会联合印发《关于进一步加强和改进民族地区民汉双语法官培养及培训工作的意见》(以下简称《意见》),以期改善少数民族地区民汉双语法官培养及培训的方式,解决民族地区人民法院双语法官短缺的问题。同时,最高人民法院印发《关于贯彻落实〈关于进一步加强和改进民族地区民汉双语法官培养及培训工作的意见〉的通知》,要求各级人民法院特别是民族地区法院深刻认识双语法官培养及培训工作的重要性和紧迫性,采取有力措施确保完成《意见》确定的各项工作任务。②

培养民汉双语法官是我国法官制度改革的一个重要方面,对解决少数民族地

---

① 刘中民:《伊斯兰的国际体系观——传统理念、当代体现及现实困境》,载《世界经济与政治》2014年第5期。

② 周昂:《最高人民法院、国家民委联合印发〈意见〉要求加强双语法官培养培训,保障民族地区群众诉讼权利》,载《人民法院报》2015年4月13日第1版。

区的司法问题有一定帮助。然而,如果只是片面地通过提升法官语言能力的方式解决少数民族地区的纠纷,势必存在很大的现实困难。民族地区的纠纷解决往往与宗教观念相联系,尤其是在我国西北地区,穆斯林教徒众多,民众受伊斯兰教思想影响甚大,语言沟通困难反而不是困扰法官的主要问题。① 笔者认为,在我国西北民族地区的法官制度改革中,有必要关注伊斯兰教思想对穆斯林群众纠纷解决的影响,探索民汉双语法官培养与伊斯兰法官培养的双重模式。

　　从马来西亚等国通过培养伊斯兰法官解决穆斯林教徒之间纠纷的经验来看,以穆斯林群众之间的纠纷解决为目标,设置专门处理此类纠纷的法院,并培养熟练掌握伊斯兰教会法的法官,有利于争议的妥适解决,达到定分止争的目的。我国可借鉴马来西亚伊斯兰法官培养的有益经验,立足于民族地区的宗教现状与司法实践,促进当地法官制度的改革,依法保障民族地区公民的基本权利和诉讼权利。

---

① 金宜久:《探讨伊斯兰教中国化问题》,载《回族研究》2012 年第 3 期。

意大利司法效率低下问题及其改革

■ 陈玉云*

摘要:提高司法效率是当今许多国家民事司法改革的重要内容之一。长期受运作缓慢的司法系统所困扰,意大利在"缓解办案压力,提高司法效率"的理念指导下,为解决司法效率低下问题采取了多种举措。这些措施可总结为两方面:一方面是完善相关司法制度;另一方面则是利用现代科技力量,优化司法办公系统。TOL 项目和"司法办公系统最佳实践推广"计划是意大利司法数字化和技术化的典范。科技的引入加快了司法改革进程,使得"接近司法"的目标不再遥不可及。

关键词:意大利;司法效率;司法改革;司法办公现代化

20 世纪 70 年代以后,全球范围内普遍出现了不同程度的案件积压和诉讼拖延现象,甚至出现了所谓的"司法危机",这一状况促使提高司法效率成为许多国家民事司法体制改革的重要内容之一。司法效率与一国的社会、经济、政治相关联。一个运作良好、独立、高效的司法系统能在合理时间内作出判决,并能在可预见的期限内有效执行,从而保护民众的合法权益。提高民事司法效率可以改善商业环境,鼓励创新机制,促进经济增长。然而,意大利的司法效率状况一直不容乐观。

---

* 作者系厦门大学法学院诉讼法硕士研究生。

一、意大利司法效率低下的现状

(一)意大利司法效率低下的具体表现[①]

尽管《欧洲人权公约》第 6 条第 1 款[②]明确提出民事诉讼以及刑事诉讼应遵循"合理期限"的要求,且如德国和意大利等国的宪法所宣称的,诉诸司法保护的权利不可能意味着一种姗姗来迟以致成为无关紧要的保护,[③]但大部分欧盟国家的法院仍面临着行政管理低效甚至无效的问题,导致法院陷入案件积压的困境之中,案件审理长期超出合理期限。意大利司法效率低下是众所周知的事实,其已成为欧盟各成员国中案件积压量最大和诉讼效率最低的国家。[④] 意大利教授 Chiarloni 指出,意大利民事诉讼程序在很大程度上对寻求正义的公民来说是没用的。意大利的民事诉讼程序机制已经被迟延司法的"一个黑暗并且往往是不规矩的仪式"所取代。[⑤]

多项指标显示,意大利司法系统的运作效率远低于欧盟国家、经济合作与发展组织(以下简称经合组织)国家的平均水平。例如,意大利法院强制执行一个合同平均需要 1185 日,超过经合组织高收入水平国家平均值的 2 倍。2013 年欧盟司法记分榜(EU Justice Scoreboard)显示,相较于欧盟其他成员国,意大利法院审理民事、商事和行政案件所用的时间得分不佳。据统计,民事案件从一审法院初审至最高法院终审,经合组织国家平均耗时 788 日,意大利则需 8 年多的时间(参见图 1)。2011 年相关数据显示,意大利民事案件一审需要 845 日,二审需要 1509日,审期合计达 7 年之久。刑事案件一、二审的审理期限合计达 1400 日。意大利法院系统内还堆积着大量未决案件。2013 年 5 月,意大利参议院制作了关于司法

---

① 本部分数据除特别注明外,主要参考 Sergi Lanau, Gianluca Esposito & Sebastiaan Pompe, *Judicial System Reform in Italy—A Key to Growth*, *IMF Working Paper*, 2014, pp. 3~8.

② 《欧洲人权公约》第 6 条第 1 款规定:"在确定任何人的民事权利和义务时,人人都有权在合理的期间内受到依法设立的、独立而公正的法院公平且公开的审理。判决应当公开宣布……"

③ [意]莫诺·卡佩莱蒂:《比较法视野中的司法程序》,徐昕、王奕译,清华大学出版社 2005 年版,第 334 页。

④ See D. Steelman & M. Fabri, Can an Italian Court Use the American Approach to Delay Reduction? *The Justice System Journal*, 2008, Vol. 29, No. 1.

⑤ Adrian A. S. Zukerman (ed.), *Civil Justice in Crisis*, Oxford University Press, 1999, p. 263.

数据的工作报告。其中指出,2011 年全国未决民事案件超过 560 万件,刑事未决案件约 330 万件。2012 年虽有所下降,但仍有 970 万件未决案件,其中民事未决案件达 500 万件。

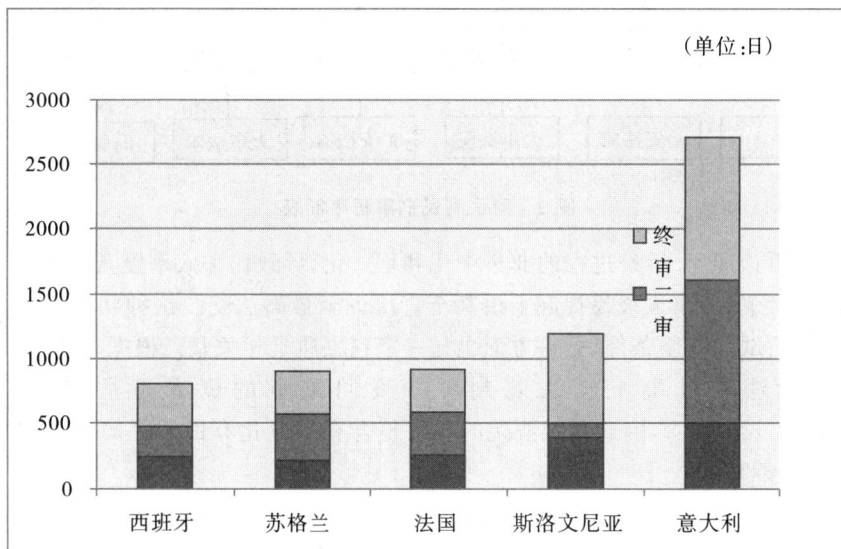

图 1 欧洲最慢的民事程序

注:图表数据源于 2013 年经合组织的统计结果

意大利因审判过度超期问题,已经多次遭到欧洲人权法院的谴责。民事审判的拖延甚至阻碍了经济的发展。意大利国家银行前任行长于 2011 年经济报告中指出,民事审判的拖延导致国家 GDP 下降一个百分点。2013 年至 2018 年意大利经济预增长 0.7%,由于缺乏更深层次的改革,目前的潜在增长率仅为0.5%。尽管影响经济增长的很多因素无关司法效率(例如人口老龄化、公共管理缺失等),但大量研究表明,运作缓慢的司法系统对经济的负面影响十分严重。

(二)意大利司法效率低下的成因

司法系统的运作过程产生司法效率,运作缓慢的司法系统是意大利司法效率低下问题的直接来源。下文将从法院、法官、律师群体等角度进行分析。

1.法院

20 世纪 90 年代,意大利为解决诉讼拖延问题已经进行了一系列的司法体制改革,其中 1998 年第 51 号法令通过重组法院结构,优化司法资源配置,使司法体制的设置更加合理,为形成意大利现今的法院体系奠定了基础。历经数次改革,意大利法院的数量在欧盟所有国家中已跃居第二位。尽管如此,法院审判仍然受制

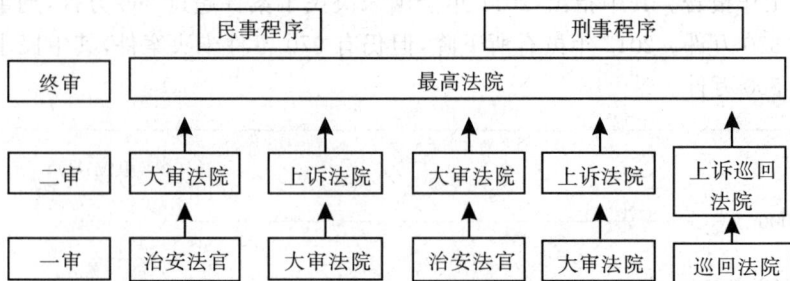

图 2　意大利民刑事程序简表

于漫长的诉讼期间、诉讼进程的非集中化和程式化，导致司法效率极其低下。①

在意大利，当事人极易提起上诉甚至直接诉至最高法院。这种状况一方面可归因于上诉缺少限制条件，另一方面也与一审判决质量相关联。根据有关数据，意大利上诉法院推翻下级法院判决并发回重审的概率是法国的两倍（34.54％∶11.74％），因此下级法院的有效整合和专业化有助于提高一审判决质量，减少上诉案件。

20 世纪 60 年代，意大利最高法院每年大约接收 3000 件上诉案件，而至 90 年代，每年收案数已超过 17000 件。② 最高法院工作量的增加导致如下两大后果：一是案件审结拖延；二是解释法律的功能弱化。其结果是，最高法院俨然成为一个司法超级市场，它无法保证所有民众都能受到平等对待，不能保证其决定的可预测性，更不能保证最高法院法官的最高特权。

2. 法官

意大利的司法官属于公务员，官僚主义色彩相当浓厚。司法过程因过于重视形式而形成法官形式主义作风，即法官勤勉程度与案件审判复杂程度成正比而不与实体的重要性成正比。③ 加之法院案件管理任务繁重，法官们在重压下表现出案件管理方面的"士气低落"。法官们宁愿书面处理案件而不愿与当事人发生个别接触。此外，为获得职业生涯的成功，他们通过制作与受理案件毫无关系的附带意见来支持其决定，展现其法学学识。

---

① 何勤华、李秀清主编：《意大利法律发达史》，法律出版社 2006 年版，第 363 页。

② ［意］塞吉奥·卡罗尼：《民事审判及其悖论：意大利的视角》，载［英］阿德里安·A. S. 朱克曼主编：《危机中的民事司法：民事诉讼程序的比较视角》，傅郁林等译，中国政法大学出版社 2005 年版。

③ ［意］罗伯特·隆波里等：《意大利法概要》，薛军译，中国法制出版社 2007 年版，第 93～94 页。

3. 律师

意大利执业律师群体十分庞大,每 10 万居民中约有 350 名律师,此比例远高于欧洲大部分国家。庞大的律师队伍造成强大的职业竞争压力。为增加收入,案源少的律师常常尽可能延长案件处理时间,以时间成本换取更多收益。律师执业形势还造成滥诉现象,低水平的律师乐于提起无益的诉讼,引发大量案件涌入法院,致使法院不堪重负。律师群体依靠冗长、复杂的诉讼程序生存,并从中获益,他们享受并安于司法系统的现状,成为低效率司法系统的强有力支持者。庞大的利益群体使得意大利司法效率的改革举步维艰。

二、意大利司法改革的实施图景

为改善司法效率低下的现状,克服司法系统运作的瓶颈,意大利当局主要采取减少案件流入量、提高案件审结效率、加强法院行政管理和设立专项补偿资金四大措施。

(一)减少案件流入量

低诉讼费用、高上诉率以及律师的执业形势等因素共同导致大量案件涌入法院。相应地,意大利通过增加诉讼费用、设置上诉限制条件以及修改律师费结构以减少法院案件流入量。

意大利的诉讼费用长期居低。经合组织 2013 年有关数据显示,在 2012 年用于支持法院开支的诉讼费用份额方面,意大利是欧盟最低的六个国家之一。尽管没有一个司法系统是完全依靠诉讼费用支撑的,但部分欧洲国家例如英国、荷兰和德国等已显著提高诉讼费用,特别是商事诉讼的费用;部分无诉讼费用的国家,例如法国,也开始收费。提高或收取诉讼费用的主要目的如下:(1)防止虚假诉讼;(2)将法院的开支负担从纳税人身上转移到当事人身上;(3)增加公共财政收入。

意大利已逐步提高诉讼费用标准,但举措相对保守,即使在标的额较高的商事案件中,诉讼费用标准的提高亦有所限制。基于财政预算和法律目的的双重考量,意大利应在促进司法可接近性的前提下,科学核定民事、商事和税收案件的诉讼费用标准,既不能使其构成民众实效性诉诸司法保护的障碍,亦不可成为"诉讼泛滥"的开口。意大利诉讼费用改革取得了良好的成效,促使小额诉讼案件的受案量减少了 43%。

(二)提高案件审结效率

为提高案件审结效率,意大利建立了强制调解制度,并鼓励当事人在无律师参与的情形下自行调解,以此分流案件。法院招录法律实习生协助法官工作,并任命 400 名司法官专职清理上诉法院的积压案件。意大利还实施了"在线审判"（Trial On-Line），简化一审程序，完善法院案件管理制度。多元化纠纷解决方式能有效地实现诉讼分流，减少法院案件积压。下文简要介绍意大利的强制调解制度。

意大利 2010 年第 28 号法令①第 5 条引入强制调解的规定。该规定于 2012 年被宣布违宪，2013 年重新恢复。曲折的历程致使强制调解在意大利并未得到长效发展。除缺乏配套措施外，②司法系统本身的效率低下问题是不可排除的关键障碍。司法低效率下，当事人无法发现前期采取调解的优势，可能更愿意选择冗长的诉讼程序。经验表明，在调解运作良好的国家，其司法系统运作也很高效。③ 强制调解已在许多国家确立下来，并成为扩大调解适用的一种趋势。④ 无论如何，2013 年意大利恢复强制调解是可喜的发展，政府相关数据表明，适用调解的案件数量已开始回升。⑤

（三）加强法院行政管理

高效的法院行政管理可通过如下措施予以实现：以管理职业化和司法职能专业化为目标，重组法院结构；简化行政程序；加快数字化进程；完善预算机制和绩效问责制度。这些措施有助于促使法院积极管理案件，缓解办案压力，减少诉讼拖延。

为促进法院系统的高效运作，意大利进行了多种努力，包括法院紧缩计划、创建和发展司法系统的内部"数据库"、实施以个人工作量评估为基础的法院工作计划等。这些措施的主要目标在于：在确保司法系统运作质量的前提下，通过高效的法院管理和问责机制实现成本效益，充分利用司法资源，实现法院结案量最大化。加强法院行政管理是意大利司法办公现代化改革的重要内容之一。可以说，意大利已经如火如荼地开展了司法办公现代化的相关改革。

（四）设立专项补偿资金

意大利政府设立专项资金补偿因诉讼过度迟延而受损的当事人。这笔专项

---

① D. LGS. No. 28 of 2010 Regulates Mediation.

② 意大利由于缺乏配套措施，反倒将调解拖入困境。参见王福华：《现代调解制度若干问题研究》，载《当代法学》2009 年第 6 期。

③ 德国、美国、澳大利亚等国家的强制调解均起到了过滤案件的作用。

④ 李德恩：《民事调解理论系统化研究——基于当事人的自治原理》，中国法制出版社 2012 年版，第 130 页。

⑤ ［意］Elena Consiglio：《意大利调解制度的新发展》，李叶丹译，载齐树洁主编：《东南司法评论》（2013 年卷），厦门大学出版社 2013 年版。

补偿资金相当可观,2011 年已有 2 亿欧元。专项资金设立的本意在于解决诉讼拖延问题,以提高司法效率。但症结在于,专项补偿资金由政府通过特殊预算分配,并非来自法院预算,因此法院无须为其拖延处理案件的行为"买单",便无动力解决此问题。有鉴于此,意大利细化了专项补偿资金的适用范围,同时赋予审计法院追究法官责任的权力。专项补偿资金的设立虽未彻底解决诉讼拖延问题,但已经大大缓解了上诉法院的案件压力。[①]

三、意大利司法办公现代化改革的典例

20 世纪 60 年代以来,在许多国家,民事司法制度不能满足社会的需求已成为一个普遍现象。在纠纷日益复杂化的背景下,西方国家为缓解诉讼爆炸与有限司法资源之间的矛盾,掀起了"接近正义/司法"(Access to Justice)的运动。民主社会的现代潮流是扩大和确认而非减少或废除司法保护,为促使司法保护能为所有人实效性地接近,当今世界许多国家的司法系统正朝着数字化和技术化的方向发展,依靠技术提高司法效率,使得"接近司法"成为可及的目标。

意大利解决司法效率低下问题的举措可总结为两方面:一是完善相关司法制度,例如通过推广 ADR 以减少民众对司法资源的需求;二是利用现代技术力量,优化司法办公系统,提高司法系统运作效率。意大利实现司法办公现代化的做法具体表现如下:

(一)"在线审判"(*Trial On-Line*,简称 *TOL*)

电子司法作为一门新兴学科,强调法律与科技的融合,力图将信息技术系统运用于司法部门,实现司法科技化的目标。司法部门信息技术系统的国际化传播提出了一个重要问题,即如何确保司法的质量和绩效。随着电子司法的发展以及信息技术的广泛应用,许多国家越来越认识到,司法的质量和绩效不仅关系到司法制度的自身设计,也与信息系统的设计和管理过程相关联。

意大利从 20 世纪 90 年代开始大规模投资信息和通信技术(Information and Communications Technology,简称 ICT)项目,[②]期冀改善"司法质量"(quality of justice)。ICT 被认为是让司法摆脱长久困境的唯一且最好的方法,由此在司法系统内掀起了"技术革命"的浪潮。TOL 是意大利政府于全国范围内自上而下推行

---

① 例如,上诉法院的新收案件量从 2012 年第二季度的 15300 件下降到 2013 年第一季度的 5700 件。

② See Davide Carnevali & Andrea Resca, The Civil Trial On-Line(TOL):A True Experience of E-Justice in Italy,http://www.irsig.cnr.it,下载日期:2015 年 1 月 17 日。

的大规模信息系统项目。

1. TOL 的定义

TOL 是民事司法程序中用户用于访问诉讼程序文件和通知，以及支付应付款项（如缴纳诉讼费用）的电子数据信息传输系统。2001 年意大利司法部基于博洛尼亚和里米尼①法院的电子司法项目的可行性研究，逐步筹划在全国范围内实施民事诉讼电子司法项目，促成司法系统内无纸化办公，实现民事诉讼"立案—审判—执行"过程的完全电子化程序。

2. TOL 的目标

TOL 系统旨在实现民事诉讼程序中所有通信和文件的数字化和电子化综合管理。具言之，其目标为：（1）民事诉讼程序（从立案至执行）所涉信息的数字化管理；（2）民事诉讼程序参与者之间（包括法官、律师、书记员、法警、其他法律顾问以及专家证人等）的通信和信息交流的电子化管理；（3）简化民事诉讼程序参与者的工作流程，便于其处理相关信息和文件，减少书面处理活动；（4）提升诉讼的透明度和及时性。

3. TOL 的功能

TOL 在经历了分析、设计、运行、测试、评价五个发展阶段后，系统运行已较为稳定成熟，并具备了如下功能：（1）诉讼文件的数字化管理以及电子备案；（2）民事诉讼程序的信息公开与交流，例如授予外部用户访问法院数据库的权限；（3）法院案件资料的电子化管理；（4）法院的电子通知、送达以及当事人的电子回复；（5）应付款项（包括诉讼费）的网上支付等。②

4. TOL 的实施

意大利在推行 TOL 之初遇到了很多困难，诸如软件开发与应用的突破，用户（法院工作人员、律师和公民等）技术操作障碍以及过度监管等问题，③这些问题增加了法院服务电子化的复杂性，由此阻碍了该系统的前期推广。在 TOL 试运行过程中，意大利加大技术研究的投入，简化 TOL 操作流程，不断进行版本更新，以适应用户的实际操作需求。TOL 系统已逐步在意大利法院推广开来。有数据显示，米兰法院 2007 年只有 11% 的诉讼费用支付在 TOL 系统上完成，而至 2010 年，该数据已达 60%。2009 年意大利全国只有 9 家法院运用 TOL 系统，而至 2013 年

---

① 二者均为意大利北部城市。

② Francesco Contini & Marco Fabri （eds.）, *Judicial Electronic Data Interchange in Europe: Applications, Policies and Trends*, Lo Scarabeo, 2003, pp. 1~26.

③ 立法者十分重视系统安全性并对诉讼高度敏感，因此对 TOL 持审慎态度。

已达 32 家法院。①

意大利 2012 年第 179 号法令规定,对所有积压的民事案件强制使用 TOL 系统,至 2014 年 6 月实现全面强制使用。此规定对于尚未使用 TOL 系统的法院而言,一方面提供了法院机构内部技术革新的契机,但另一方面也意味着挑战。因为这些法院须在短时间内完成系统的运行,而囿于用户的技术操作障碍,法院难以在期限内完成任务。②

综上所述,TOL 是意大利典型的全国性的信息系统项目,旨在实现完全的电子司法,即民事诉讼从立案到执行的全面的电子化管理。这是一场电子司法的真正试验,甚至被认为是克服意大利民事诉讼长期危机的"变革的最终来源"。然而,TOL 的应用尚未真正改变意大利司法机关及其职能(诸如组织结构、审判程序、工作实践以及思维方式等)。以科技推动司法改革绝非易事,且在一开始即需付出极高的成本与代价。

(二)"司法办公系统最佳实践推广"计划③

"意大利司法办公系统最佳实践推广"计划(Diffusion of Best Practices within the Italian Judicial Offices,以下简称"司法办公实践推广"计划)是建立在欧盟委员会、意大利司法部、劳动部、公共行政部,以及意大利 19 个地区和 2 个自治省共同签订的合作协议基础之上,多方主体共同参与实施的国家项目。"司法办公实践推广"计划由欧洲社会基金(European Social Fund,简称 ESF)④资助,ESF 向意大利提供 4000 万欧元,用于为期两年的技术支持和外部咨询帮助。

1. 前期构想

波尔扎诺⑤检察院的改革经验为"司法办公实践推广"计划的发展创造了契机。2004 年该检察院检察长决定在检察院办公系统内进行相应的组织管理变革。他着手学习组织管理的系列课程,意图通过引入先进组织管理工具和流程以改善行政办公性能,加强检察院、法院和外部用户(律师、公民等)之间的沟通。该检察

---

① Francesco Contini & Giovan Francesco Lanzara (eds.), *The Circulation of Agency in E-Justice: Interoperability and Infrastructures for European Transborder Judicial Proceedings*, Springer, 2014, pp. 161~183.

② Giampiero and Jane Bailey, Designing and Implementing E-Justice Systems: Some Lessons Learned from EU and Canadian Examples, *Laws*, 2014, No. 3.

③ 本部分资料除特别注明外,主要参考 Giancarlo Vecchi, Systemic or Incremental Path of Reform? The Modernization of the Judicial System in Italy, *International Journal for Court Administration*, February 2013.

④ 欧洲社会基金,系欧盟区域政策的结构性基金之一。

⑤ 波尔扎诺(意大利语:Bolzano),意大利北部城市,是同名的波尔扎诺自治省省会。

院最终成功获得 ESF 的资助，并于 2007 年顺利完成改革任务。波尔扎诺的实践提供了两个宝贵经验：第一，地方有能力独立完成传统上由国家主导的司法系统改革任务；第二，司法办公改革有望获得 ESF 的资助，并成为区域政策的重要内容。波尔扎诺检察院的成功经验开启了意大利司法办公系统现代化的大门。

2.适用范围

"司法办公实践推广"计划是意大利司法机关首次大规模开展的办公系统现代化的尝试，该计划面向的用户包括如下：（1）内部用户，即行政机关、检察院、法院以及其他司法机关等；（2）外部用户，包括公民、企业、法律和其他职业共同体。"司法办公实践推广"计划由部分地区司法部门率先开展，后推广至意大利 182 个司法部门。①

3.具体特点

意大利区域之间的社会和经济发展极不平衡，非强大的国家方案不能协调。受制于国家调控的有限性，"司法办公实践推广"计划主要依靠地方力量实施改革。因此，它是建立在"渐进式"逻辑的基础上，"自下而上"地实现目标。该计划通过简化司法系统组织管理流程从而降低组织成本，提高司法服务的质量、效率以及透明度。

4.预期目标

"司法办公实践推广"计划主要有四个目标：提高民事和刑事司法质量；降低司法机关组织成本；改善司法机关的通信条件和通信能力；完善外部问责机制，以促进公众利用公共资源的成效。

这些目标通过以下六个方案予以完成：（1）关键工作流程和机构重组计划的分析，旨在提高司法机关内部运作效率以及创建司法办公性能监测系统，提高用户使用服务的质量和效率，提供"一站式配齐"的解决方案。（2）司法机关信息和通信技术（ICT）的使用分析，意图充分利用电子化传输服务，推动电子化管理的发展。（3）试点司法机关起草年度社会预算报告（社会责任报告）。（4）起草公民宪章和公民法律服务指南。（5）力求达到 ISO9001 组织质量管理体系 2000 年认证标准。（6）建立并完善司法机关网站，实现内部在线沟通和文件传递。

5.实施过程

各试点地区因地制宜，实施多种项目以改善司法办公系统。部分项目着重简化程序，以便更好地服务于用户。少数项目关注司法办公监测体系的实施，以期有效督促司法机关工作人员高效工作。大部分项目集中于重组司法部门之间以及

---

① Bringing Best Practice to Judicial Offices，http://ec. europa. eu，下载日期：2015 年 1 月 17 日。

司法官和司法部门之间的工作流程,例如检察院和一审法院之间,或者一审法院和上诉法院之间的工作对接。可见,大多数司法部门将改善内部工作流程视为改革的重点,并且越来越关注整个司法系统内部的工作衔接。

米兰法院于 2010 年开始贯彻实施"司法办公实践推广"计划,并于 2013 年完成计划目标,是推行该计划最活跃的司法机构之一。① 其采取的举措主要包括如下:通过使用条形码技术对卷宗进行电子标记,实现文件电子化管理;为证人提供定向的温馨服务并简化与证人相关的诉讼程序;建立绩效评估系统,定期评估法院行政系统运作性能,督促法院及其工作人员以科学数据为基础纠正不当行为。同时,不断开发契合审判实践的新软件,服务于法官审判,通过网站提供互动服务,实现与律师无纸化的信息交流。

"司法办公实践推广"计划的实施产生了一些积极效应,随着改革的深入,越来越多的司法机构参与其中。事实上,该计划并非立法的结果,而是地方司法机构经验创造的结合。"司法办公实践推广"计划无论是内容还是结构设计都与国际上的行政改革议题十分接近。

结　语

法律的目的在于实现社会正义,而司法是社会正义的最后一道防线。公正因而成为司法的应有之义,并构成司法制度永恒的生命基础。提高诉讼效率是促进诉讼公正实现的客观要求。② 在现代化的背景下,民事诉讼作为一个解决社会和经济冲突的机制,以及财富再分配的机制,必须能够保证司法保护的充足、迅捷和有效性。③ 追求诉讼效率已经成为一种全球性趋势。意大利为解决司法效率低下问题付出诸多努力,除完善司法制度外,其司法办公现代化改革更是一大亮点。迈向现代化的意大利司法系统,以独特的实践生动地揭示了司法活动不只是国家统治和管理的手段,更应被视为顺利实现权利的"公共服务"。司法活动中技术和数据的力量不可小觑,可通过引入先进的组织管理工具和流程,简化司法办公程序,提高司法资源的利用效率,增强审判工作成效,使"接近正义"不再遥不可及。

深处全球化的时代背景之下,制度的跨文化和跨区域的流动与借鉴已蔚然成

---

① 米兰法院是意大利三大法院之一(另两家为罗马法院和那不勒斯法院)。截至 2012 年 7 月,米兰法院有 259 名普通法官,556 名司法行政人员和 71 名荣誉法官。参见 Giancarlo Vecchi, Systemic or Incremental Path of Reform? The Modernization of the Judicial System in Italy, *International Journal for Court Administration*, February 2013.

② 齐树洁主编:《民事司法改革研究》,厦门大学出版社 2006 年第 3 版,第 89 页。

③ 王春丽:《意大利民事诉讼改革之旅》,载《前沿》2012 年第 22 期。

风。各国在解决司法效率的实践与经验方面彼此借鉴，意大利的司法改革只是其中的一个缩影。解决司法效率低下问题非一日之功，各国司法改革之路任重而道远。

葡萄牙调解制度评析

■于放之*

摘要：在葡萄牙，调解制度是解决小额纠纷的重要手段之一，并已逐步向劳动、家事、刑事等领域渗透。《民事诉讼法》《欧盟关于民商事调解若干问题的指令》和《治安法院法》是调解领域的主要法律规范。这些法律规定的调解制度带有浓重的公法色彩，而对于非正式的民间调解，却缺少相应的法律支持。在司法实践中，葡萄牙调解制度面临着诸如法律规范检索困难、法律制度僵化、与实际情况不适应等亟待克服的问题。

关键词：葡萄牙；ADR；调解；纠纷解决

自 20 世纪 70 年代以来，非诉讼纠纷解决机制（ADR）在世界范围内蓬勃发展，而调解正是 ADR 制度的重要组成部分。受全球 ADR 发展趋势的影响，葡萄牙议会于 2001 年通过并颁布了《治安法院法》，开始建立调解制度，并逐渐形成了一套以小额纠纷的调解为主，涉及劳动、家事、刑事各法律部门的调解制度。[1]

一、葡萄牙调解制度概述

（一）葡萄牙的基本国情

葡萄牙位于欧洲伊比利亚半岛的西南部，东、北连西班牙，西、南濒大西洋，人口逾 1000 万（2013 年），面积 9 万多平方公里，分为 18 个行政区和 2 个自治区。[2]作为一个现代化的"工业—农业"国，葡萄牙在欧洲属于中等发达水平的国家。近

---

* 作者系厦门大学法学院法律硕士研究生。

① 龙飞：《葡萄牙非诉讼纠纷解决机制及启示》，载《人民法院报》2011 年 8 月 26 日第 6 版。

② 中华人民共和国外交部：《葡萄牙国家概况》，http://www.fmprc.gov.cn，下载日期：2015 年 4 月 15 日。

年来,在欧债危机的影响下,该国经济发展缺乏动力,失业人口增加,社会矛盾加剧。

葡萄牙是一个共和制国家,在法律传统上属于大陆法系,其普通法院体系分为最高法院、上诉法院和基层法院三级,一般实行两审终审制。① 自 2001 年颁布《治安法院法》以来,葡萄牙开始在全国设立治安法院,作为调解民事纠纷的主要机关。西方传统的治安法院发源于英国。在法国,治安法官通常由当地有名望的人士兼任,以"熟人社会"为基础,主要负责纠纷的调解。② 葡萄牙的治安法院似乎只是借用"治安法院"(Julgados de Paz)之名,实质上更接近小额诉讼法院。每家治安法院由 2 名公开招考的职业法官和若干职业调解人组成,其职责是对 5000 欧元以下的民事纠纷进行裁判和调解。

截至 2015 年,葡萄牙已设立 25 家治安法院,其管辖区域约有 340 万居民。治安法院的工作由议会咨询机构进行监督,并公布月度、年度的数据和报告。

(二)葡萄牙调解制度的发展历程

葡萄牙司法部设立了 ADR 办公室,从中央政府层面对全国 ADR 工作进行统一管理。该办公室的具体职责包括:设置和完善调解制度以确保人们得到法律救济;建立、推广和普及调解、和解和仲裁等非诉讼纠纷解决机制并提供相应支持;促进仲裁中心、治安法院法庭和调解制度的建立,并为其提供支持。③

2006 年至 2007 年,葡萄牙立法机关以《治安法院法》中规定的调解制度为范本,构建了家事调解、劳动调解以及刑事调解制度。

2009 年,葡萄牙立法机关参照《欧盟关于民商事调解若干问题的指令》(以下简称《调解指令》),修改了《民事诉讼法》《治安法院法》,改革了治安法院的调解程序,引入了调解导致诉讼时效的中断、调解协议司法确认、调解保密义务以及在普通诉讼程序中适用调解等规定。

在葡萄牙,不论是治安法院调解、家事调解、劳动调解还是刑事调解,都在不同程度上涉及国家机关:以治安法院和国家 ADR 办公室为主的国家机关掌握着调解的启动权以及监督、管理调解人的权力。葡萄牙学者将这些调解定义为公共调解。需要注意的是,关于非正式民间调解的法律规定在葡萄牙仍然处于空白状态。因此,本文讨论的重点为葡萄牙法律规定的一般调解即治安法院调解以及其他领域的专门调解。

---

① 纪敏:《葡萄牙法院概览》,http://www.chinacourt.org,下载日期:2015 年 4 月 15 日。
② 周建华:《法国现代调解的发展:传承、借鉴与创新》,载《法学家》2015 年第 2 期。
③ 龙飞:《葡萄牙非诉讼纠纷解决机制及启示》,载《人民法院报》2011 年 8 月 26 日第 6 版。

(三)葡萄牙调解的法律内涵

《治安法院法》第 35 条第 1 款规定:"调解是一种私人的、非正式的、秘密的、自愿的并且具有非诉讼性质的纠纷解决程序。在调解程序中,当事人在调解人的协助下,通过积极、直接的参与,以协商、和解的方式解决纠纷。"调解人作为中立、独立并且公正的第三方,在调解过程中无权作出对当事人具有约束力的决定。

在葡萄牙,调解(Mediação)与和解(Conciliação)是两个不同的概念,应当予以区分。其主要区别如下:(1)法律渊源不同。有关和解的规定见于《民事诉讼法》、《破产法》之中,而调解的相关规定主要见于《治安法院法》中。(2)启动的主体不同。和解可以由个人发起,而调解的启动主要由公权力机关负责。(3)第三方的地位不同。在和解中,第三方通常可以提出更加积极的建议,甚至通常拥有裁决的权力。(4)制度的目的不同。和解以解决私人具体纠纷为目标,而调解则侧重更进一步地缓和当事人之间的根本矛盾,由此使其在以后的交往中仍然能够保持良好的关系。(5)性质不同。和解通常具有私人性和职业性,而调解具有公法性。

(四)葡萄牙调解的法律渊源

《治安法院法》规定了治安法院的结构、管辖以及解决纠纷的程序,并将调解程序置于其中。然而,关于调解的规定还散见于整个法律体系的各个角落,并未集中于某一部法律,导致调解的法律规范检索较为困难。这种立法体例招致了一些批评。为了解决这一问题,葡萄牙司法部将有关调解的所有法律法规集中公布于其网站,并收入《法律汇编》。

2001 年《治安法院法》的施行标志着葡萄牙首次建立了一套法院附设调解制度。根据该法的规定,当治安法院受理案件后,治安法官会询问当事人是否愿意参与调解。若当事人表示同意,调解将会直接在治安法院进行,并由当事人选择的职业调解人主持。职业调解人经葡萄牙司法部许可,并列入治安法院公布的调解人名单后,方可从事调解工作。

2009 年,葡萄牙立法机关根据《调解指令》的规定进一步强化了调解在普通法院中的适用。根据该规定,纠纷可以在任何时候进行调解。与治安法院一样,普通法院的调解程序也应当由职业调解人(而非法官)主持。

二、调解制度的基本框架

（一）调解的样式

1. 诉前调解

目前诉前调解主要有以下三种模式：(1)立案前法官调解。在法院受理案件前，由立案法官对案件进行积极调解，避免纠纷进入法院。(2)诉前委托调解。法院在立案时将案件委托给法院外社会组织的诉前调解模式。(3)法院附设诉前调解。这是指社会力量进驻法院，在法院受理案件前，主动参与对纠纷的调处。[1] 葡萄牙的诉前调解采用法院附设诉前调解模式，即当原告在治安法院起诉时，治安法官会根据当事人的意愿，在职业调解人的主持下，直接在法院解决纠纷。

葡萄牙的诉前调解并非强制的诉讼前置程序。治安法院法官应当在正式诉讼开始前询问当事人是否愿意进行调解。此外，葡萄牙法律并未规定诉前调解的适用范围。诉前调解只有在当事人向治安法院提起诉讼时才会启动，因此，诉前调解的适用范围间接地取决于治安法院的受案范围。《治安法院法》第 2 条规定，治安法院的受案范围包括除了家庭、劳动关系外几乎所有标的额在 5000 欧元以下的民事纠纷。目前葡萄牙法学界和司法界对治安法院受案范围是否具有排他性仍未达成共识。[2]

2. 诉讼外调解程序

2009 年，依照《调解指令》修改的《民事诉讼法》扩大了调解的适用范围，使调解可以适用于普通诉讼的各个阶段以及未进入诉讼程序的纠纷，并规定前述调解程序不再受 5000 欧元诉讼案件标的额的限制。由此，调解的适用几乎扩大至所有类型的案件。然而，截至目前，这些规定仍被束之高阁，在实践中尚未真正发挥实效。《调解指令》如何进一步实施，从而改变这一现状，有待观察。

3. 协议调解

不论是《治安法院法》还是其他法律都没有关于协议调解的规定。但在治安法院正式开庭之前，当事人都会被问及是否需要进行调解，同意进行调解的，便可视为达成了同意调解的协议。如果当事人在合同中约定了通过调解解决争议，一方当事人违背该约定，直接向法院提起诉讼，法院无权根据该约定不予受理或者驳

---

[1] 唐力、毋爱斌：《法院附设诉前调解的实践与模式选择》，载《学海》2012 年第 4 期。

[2] 葡萄牙最高法院 2007 年 5 月 24 日 07B881 号判决认为，治安法院的管辖范围具有排他性；普通法院不得受理治安法院审理的案件。

回起诉,另一方当事人只能通过请求赔偿的方式予以救济。

(二)调解与诉讼时效

《治安法院法》与《民法典》都未规定调解是否具有导致诉讼时效中止、中断诉讼的效力。在以往的司法实践中,通过当事人的起诉行为,治安法院的诉前调解才间接地具有中断(suspend)诉讼时效的效果。该问题在葡萄牙立法机关参照《调解指令》修改《民事诉讼法》后得到解决,《民事诉讼法》第249条规定:"一方当事人拒绝调解的,或调解人宣布调解程序结束的,时效继续计算。"

尽管修改后的《民事诉讼法》明确规定了时效中断的情形,但是仍有批评指出:该时效的适用范围过窄,仅局限于与国家机构有关的调解程序。有学者认为,只要协商还在进行中,诉讼时效期间就不得继续计算。这一规定也不应仅仅针对调解,应成为民法领域内,针对善意行为人的一般规定。换言之,只要开始协商,不论是否属于法定的调解程序,均应当中断诉讼时效。①

(三)调解的激励

在葡萄牙,法律并未规定强制调解制度,因此调解的激励主要通过降低诉讼费用的方式实现。当事人诉至治安法院后,法院预先向两造各收取35欧元的案件受理费,若通过判决解决纠纷,败诉方将承担所有费用。如果双方通过调解解决纠纷,法院将向双方各返还10欧元。纠纷当事人无须为调解另外支付费用,调解人的报酬由财政部承担。调解人的报酬与调解时长和案件标的额无关。若调解成功,财政部将支付调解人110欧元;反之,为90欧元。每次调解准备会议的报酬为25欧元。此外,调解人的差旅费也可以由司法部报销。

上述规定存在以下问题:一旦遇到冗长的调解,这种固定的收费方式会导致调解人怠于履行职责,造成调解效率低下或结果不公平;但若改成以小时或以会议次数计费,则可能会鼓励调解人故意拖延时间,导致纠纷久调不解。此外,现行制度还可能会鼓励调解人为了获取更多的报酬而刻意追求和解,导致调解人权力的滥用。因此,有人建议采用调解人固定月薪制,大概是基于成本的考虑,这项建议最终被立法机关否决了。

---

① R. Zimmermann, *The New German Law of Obligations*: *Historical and Comparative Perspectives*, Oxford University Press. 2005, pp. 146～147.

（四）调解的结果

1. 调解成功

在葡萄牙，一份协议约定或允诺给付金钱、交付货物或者作出某种行为的义务，经义务人签字确认，法律便直接赋予该协议执行力。因此，大多数协议（不论是否经过调解），不需要司法机关确认，都可以直接申请法院执行（只能向普通法院提出强制执行申请）。然而，根据《治安法院法》第65条第1款的规定，当事人达成的协议必须以书面形式由治安法官确认。该规定实质上将调解的效力等同于法院的判决。《民事诉讼法》第279条第5款也对普通法院确认调解协议作了一般规定。

对于庭外达成的调解协议，《民事诉讼法》第249条规定，当事人可以选择是否进行司法确认。虽然未经司法确认的调解协议同样具有执行力，但仍有不少当事人请求法院进行司法确认，主要理由如下：(1)经过司法确认的协议效力上可以等同于司法裁判，相较私人协议更易于强制执行；(2)在其他欧盟国家也容易被强制执行；(3)通过法庭的确认，可以检验协议中适用法律是否正确。

2. 调解失败

调解不成功的，调解人应当及时告知法官。经法官决定，审判程序会在调解终结之日起10日以内开始。

（五）调解保密原则

《民事诉讼法》第249条确认了调解保密原则，约束调解人和当事人。该条文规定，调解人不得以证人的身份参与任何与调解有关的诉讼以及包括仲裁在内的其他纠纷程序。只有在"可能或者已经侵犯第三人利益以及违反公序良俗的情况下"，在调解中获得的信息才能作为证据在法庭上使用。有学者对上述规定给予了批评，认为这一例外规定可能会被恶意滥用，从而规避保密义务。

三、调解的程序

（一）调解的启动

原告向治安法院起诉后，除当事人明确表示拒绝调解外，法院应当举行调解准备会议。该会议确认当事人的调解意愿并告知其他注意事项。在葡萄牙，调解完全是一个自愿的过程，当事人拒绝调解并不会带来消极的影响。《调解指令》要求在普通法院中推广调解，并提出通过降低诉讼费用以鼓励调解。对此，葡萄牙国内尚缺乏相应的法律依据。另外，是否需要增加强制调解制度，葡萄牙的立法者们仍未达成共识。

调解准备会议由职业调解人主持。法律规定主持准备会议的调解人不得参加后续的调解活动。这一规定旨在排除当事人在准备会议中对调解人的影响,但却存在一个明显的弊端:后续的选任或指派的调解人必须从头开始熟悉案件。若不能立即确定第二位调解人,可能打破准备会议和调解之间的连贯性,降低调解的效率。因此,在实践中,这一规定已沦为具文。

由于《治安法院法》未规定调解和被告人答辩期间的关系,①调解人是否可以在答辩期间届满前开展调解活动尚存在争议。如果在答辩期间届满前开始调解程序,可能导致当事人通过调解获得一些额外的信息,从而在接下来的诉讼程序中占据优势。如果必须待答辩期间届满后方能进行调解,不仅会导致调解效率降低,还可能使当事人关系进一步恶化,不利于纠纷的妥善解决。从葡萄牙的法律规定来看,立法者倾向于保障调解的效率,即调解程序和诉讼程序可以同时进行,答辩期间不会因调解而中断或延长。据此,当事人即使有意愿参与调解,被告也应当在相应期间内提交答辩状,否则若调解失败,可能导致被告因在答辩期间内未及时提交答辩状而处于不利的诉讼地位。

(二)调解人的选任

当事人可以根据治安法院列出的名单选任调解人。当事人对调解人的选任未能达成一致的,由治安法院秘书处予以指派。针对案情复杂或者当事人人数众多的案件,法律允许多名调解人参与同一个案件(共同调解),但只有被选任或指派的那一位调解人可以获得报酬。此外,法律对于法官回避的规定同样适用于调解人。例如,当调解人与当事人有利害关系时,调解人应当回避。

(三)正式调解程序

治安法院中的正式调解由调解人主持,需当事人亲自参与。为了达成和解,经当事人允许,调解人可以采用"背对背"的调解模式,举行只有一方当事人参与的单独调解会议。

在调解会议中,当事人可以邀请律师、专家或其他人员进行协助,但当事人必须亲自出席。法人的代表人有权在调解中弃权、确认对方诉求以及达成合意,其法律后果由法人承担。

当事人无正当理由未出席调解准备会议或调解会议超过 5 日的,调解人应当

---

① 根据《治安法院法》第 47 条第 1 款的规定,被告答辩期间为起诉状送达之日起 10 日内。

将该案件移送至治安法院秘书处,安排日期开始诉讼程序。当事人因合理理由未能出席的,调解人将中止调解程序,在事由消除后 5 日内重新举行。当事人再次缺席的,10 日内将转入审判程序。

当事人可以在任何阶段撤回调解申请。当出现了可能影响其独立性、公正性的情形,调解人也可以中止调解并请求更换调解人。

四、调解人

调解人通过调解使当事双方达成和解,恢复社会安宁,维护社会稳定。由于调解具有自愿性和保密性,调解人应当遵守一些特定的义务。此外,根据《治安法院法》第 51 条第 2 款的规定,只有当申请人完成一些由葡萄牙司法部认证的课程,并且被列入治安法院公布的调解人名单时,才有资格进行调解工作。①

(一)职责和义务

《治安法院法》第 30 条第 2 款规定,调解人必须中立、独立、忠诚、能干、尽责、勤业。《葡萄牙调解人行为规范》和《欧洲调解人行为规范》对调解人的义务作了细致的规范。调解人违反义务,对故意或者重大过失所造成的损害负有责任,构成犯罪的,依法追究其刑事责任。值得注意的是,葡萄牙法律并未规定调解人必须参加职业责任保险。

(二)职业规范

1.教育和许可

在葡萄牙,只有列入治安法院名单的调解人才能够主持调解、获得报酬。该名单由葡萄牙司法部修订,由《法律日报》公布。获得了行政许可的调解人才能够进入该名单,而进入该名单并不意味着其能够获得报酬,只有被选任或者指派主持调解的调解人才能够获得葡萄牙司法部支付的报酬。此外,《治安法院法》第 30 条第 2 款规定,调解人不得以律师身份代理所在治安法院审理的案件。

(1)调解人选任标准

在治安法院担任调解人必须具备以下条件:年满 25 周岁,具有完全的民事行为能力,有相当的大学学历,拥有司法部颁发的职业许可,无犯罪记录,葡萄牙语流利,居住于相关的治安法院管辖区域内者优先。

---

① Portuguese Directorate-General for Justice Policy, *Mediation*, http://www.dgpj.mj.pt, 下载日期:2015 年 4 月 15 日。

何谓"相关的大学学历"？法律未作出明确规定,但可以肯定的是此表述并非将调解人的学历限于法律专业。居住在治安法院管辖区域的申请者优先,是基于掌握地方性知识有利于纠纷成功调解的考量。上述这些调解人选任标准均由职业资格申请委员会解释。

经过葡萄牙司法部的许可方能开办调解人培训课程,应当包括至少40小时的一般性ADR培训和至少140小时的治安法院纠纷调解理论和实践培训。申请人完成这些课程的时限为3个月至1年。葡萄牙最大的调解人培训机构为"葡萄牙调解人和仲裁员培训所"(IMAP),该机构提供价值1800欧元、50+140小时的课程。

(2)调解人的许可

调解人的许可由司法部调解人职业资格审查委员会负责。首先,司法部ADR办公室在其网站上公布各治安法院所需调解人的数目,并接受申请。其次,调解人职业资格审查委员首先驳回不满足基本标准的申请,再用0—20分评判其余的申请人。这个过程中教育背景和地方性经验占较大权重,只有得分超过10分的申请者才有资格成为调解人。最后,所有满足条件的申请者将会按照分数高低,依次分配到相应治安法院空缺的岗位上,获得调解人资格。其余申请者的申请将被驳回。

确定调解人的名单后,应在葡萄牙《法律日报》上公布。调解人必须于每年年末声明是否在下一年继续从事调解业务。未声明的,下一年将不再被列入调解人名单。此外,故意犯罪的调解人将丧失调解人资格。

2.调解人的监管

葡萄牙司法部部长任命一个3人委员会负责调解人的监管工作。该委员会负有以下职责:监管调解人的行为,保证调解人的独立性,监督调解人是否遵守法律和职业道德,提供关于规范治安法院调解的建议,研究、建议关于调解的最佳方案,对于调解的实践及其效果进行月度报告,查明有关调解人的犯罪问题,提交调解人名单的确定报告。

五、调解的专业化

在葡萄牙,法律对劳动、刑事、家事调解均作了相应规定。这些法律部门尽管形式上是独立的,但在调解方面的规定均借鉴了《治安法院法》,内容非常相似。

在劳动和家事领域,国家ADR办公室负责告知当事人调解的性质、指派调解人(若当事人未能就调解人的选任达成一致),支付调解人报酬以及对调解场所提出建议。在刑事领域,上述职责属于公诉人。

在这些专业领域中,当事人达成和解的,调解人将会获得120欧元的报酬。反之,报酬则为100欧元。每举行一次调解准备会议,调解人会获得20欧元的收入。

另外,在调解人的监管方面与《治安法院法》中的规定一致,唯一的不同在于相关领域的调解人应当接受专门的调解培训。

(一)家事调解

家事调解是指基于身份伦理、血缘亲情、公益社会性等家事纠纷的特殊因素,在中立第三方的参与下,通过说服、斡旋、开导等方式使当事人达成合意,以自主、妥当地解决家事纠纷为目标的纠纷解决机制。[①]

家事调解最初仅适用于里斯本地区的监护权纠纷。2007年,其适用的地域范围进一步扩大,后逐步扩大至葡萄牙全国,并且拓展到了包括监护、离婚、分居、分居伴侣的复合、赡养以及姓名权等家事法的所有领域。2008年通过的关于离婚的一部单行法对离婚案件调解的告知程序作了相应规定,登记机关或者法庭在离婚程序开始前,必须告知当事人有权进行调解。

(二)劳动调解

劳动调解是指"劳动争议的双方当事人在劳动纠纷处理机构的主持与斡旋下,依据事实、法律、法规、政策和道德规范,通过平等协商、互谅互让而达成协议,从而解决劳动争议的一种方式"。[②] 2006年5月5日,葡萄牙工会、雇主协会以及司法部签订了劳动调解议定书(PML)。在经过一年的试行期之后,该议定书已经在全国范围内施行。

劳动调解包括除劳动事故以及基本人权之外的所有劳动法律问题。葡萄牙新设立了劳动咨询委员会,在其中所有签署议定书的成员均派有代表,由该委员会对劳动调解工作进行监督和建议。

(三)刑事调解

刑事调解是一个非正式程序,是指在中立第三方的主持下,被告人和受害人以法律谈判的形式积极地达成赔偿协议,以重建社会安宁。关于刑事程序调解的法律于2007年4月通过,2008年1月起开始实施。[③] 在两年试行期中,刑事调解

[①] 林芳雅:《澳大利亚家事法院调解制度初探》,载齐树洁主编:《东南司法评论》(2013年卷),厦门大学出版社2013年版。

[②] 姜颖:《劳动争议调解仲裁法专题讲座——原理·制度·案例》,中国法制出版社2008年版,第96页。

[③] 龙飞:《葡萄牙的刑事调解制度概述》,载《人民法院报》2011年7月29日第6版。

程序运行良好。目前,试行的地域范围已经扩展至葡萄牙国内较发达的 15 个行政区域。①

1.刑事调解的适用范围

调解适用于轻微伤害案件、告诉才处理的案件或者法律规定的其他自诉案件。除了上述限制之外,刑事调解还排除了以下情形:可能处以 5 年以上有期徒刑的犯罪,性侵犯案件,贪污贿赂犯罪,被害人为 16 岁以下青少年的案件,适用简易程序的案件。

2.刑事调解程序的启动

调解程序只能在初步侦查阶段通过公诉人的决定或当事人之间的协议而启动,但调解人均由公诉人指派。

3.刑事调解的程序

调解人会根据具体情况判断案件是否可能达成和解。若当事人缺乏调解的意愿,或者有其他阻碍的,调解人会将此情况告知公诉人,由公诉人决定重新开始刑事诉讼程序。

刑事调解的期限为 3 个月。期限届满未达成协议的,调解人可以向公诉人提出延期申请,但延期不得超过 2 个月。在调解中,当事人可以聘请律师或者法律顾问协助,但仍须亲自出席。

4.刑事调解的保密原则

刑事调解参与人对在调解过程中知悉的任何信息都应当保密,在任何诉讼中都不得作为证据。调解人亦不得参与任何与调解相关的庭审。《民法典》第 249 条规定的保密原则的例外情况是否适用于此,②仍然存在争议。在刑事调解中,调解人常常会遇到可能有悖公序良俗的情况,因此即使适用该例外,也需要对“公序良俗”进行严格解释,否则可能导致保密原则名存实亡。

5.刑事调解协议

若达成和解,原、被告将签署协议,并交予公诉人。该文件经公诉人确认后,视为被害人的撤诉决定。加害人在约定时间内未履行相应义务的,受害人可以在履行期届满之日起一个月内请求公诉人继续进行诉讼程序。

葡萄牙法律对调解协议基本没有作任何限制,仅规定了调解协议中不能约定侵犯人身自由、人格尊严的内容以及义务的履行期不得超过 6 个月。

---

① 试行地域包括波尔图、布拉加、科因布拉等地区,参见葡萄牙 2009 年第 56 号法令第 2 条。

② 《民法典》第 249 条规定,已经或者可能有悖公序良俗的情况可以作为保密原则的例外。

结　语

葡萄牙立法者在大力推广调解的同时，仍不愿意实现调解程序完全的市场化。法律条文中无不体现了国家对调解的控制：以国家机关作为调解的唯一入口（治安法院、国家 ADR 办公室以及公诉人）以及国家对调解人的许可和控制。《调解指令》提出要保证调解的质量并符合相关标准，然而这些相关的规则也只局限于公共调解领域。调解与司法裁判，同样是解决纠纷、维护社会安宁和稳定的重要手段。与后者相比，调解天然地带有私权领域的色彩。因此，为充分发挥调解制度的作用，立法者便不能将其置于公权力机关的控制之下。

葡萄牙政府对市场自主规范调解的不信任还投射在调解费用的规定上，即采取统一定价的方式。这一定价方式导致公共调解制度只能适用于不复杂的小额纠纷，对商事纠纷很难适用。目前这些复杂纠纷的调解往往发生在非正式的领域，在这些调解过程中当事人会享有较大的自由，但却缺乏法律的支持——如诉讼时效等，从而导致当事人利益无法得到充分保障。依照《调解指令》对国内法进行的修改，被葡萄牙法律界视作一个进步，[①]然而其对目前碎片化的立法方式助益甚微。总的来说，葡萄牙的调解法律规范过于繁芜，法律渊源的繁多琐碎，导致法律规定之间经常发生重叠。

此外，在葡萄牙全国范围内正在逐步设立和完善的治安法院可以作为进一步改革调解制度的突破口。这就要求增加治安法院的数量，扩大治安法院的管辖范围，突破受理案件类型以及标的额的限制，让治安法院的调解能够发挥更加重要的作用。

---

① J. Cardona Ferreira, *Overview of Judicial Mediation in the World*, L'Harmattan Press, 2010, p. 44.

挪威调解制度发展简评

李　纳[*]

摘要：调解在挪威的纠纷解决机制中占有重要的地位。2008 年 1 月施行的《纠纷解决法》不仅为庭外调解初建了一个标准协议，而且为法定调解的自主性提供了法律依据。挪威对调解员的选任、培训以及轻微刑事案件调解、家事调解等作了详细的规定。考察挪威调解立法与实践，可为我国调解机制的发展提供有价值的参考素材。

关键词：挪威；调解；纠纷解决法；刑事调解；家事调解

挪威是欧洲最北部的国家，其国名的含义是"通往北方之路"，大约 1/3 的领土在北极圈内，其领土面积为 386958 平方公里（包括斯瓦尔巴群岛、扬马延岛等属地），[①]人口约为 516 万（2015 年 1 月）。[②] 随着挪威经济的稳步发展和人口的不断增加，民事纠纷数量也在持续上涨。20 世纪 70 年代后期以来，以调解为核心的诉讼外纠纷解决机制（Alternative Dispute Resolution）在世界范围内得到了普遍关注。在此背景下，为有效缓解法院的诉讼压力，解决社会纠纷，挪威政府加大了对调解机制发展的投入。

1996 年，挪威开始试点司法调解程序示范项目。随着试点项目的不断延伸和扩展，至 2006 年，所有的挪威法院均能独立提供调解服务。挪威立法部门于 2005 年 6 月 1 日颁布《纠纷解决法》（Dispute Act）。该法于 2008 年 1 月 1 日起施行。基于均衡性原则，该法增加了独立的小额诉讼程序、集体诉讼程序等内容，旨在建构成本低、效率高的纠纷解决系统。2008 年 5 月 21 日，欧盟颁布了《关于民商事调解若干问题的指令》[③]（以下简称《欧盟调解指令》），该指令的目的在于便利当事

---

* 作者系厦门大学法学院法律硕士研究生。

① 田德文：《列国志·挪威》，社会科学文献出版社 2010 年版，第 1 页。

② Statistics Norway: Population, http://www.ssb.no，下载日期：2015 年 5 月 4 日。

③ 《欧洲议会及欧盟理事会关于民商事调解若干问题的 2008 / 52 / EC 指令》，陈洪杰译，齐树洁校，载张卫平、齐树洁主编：《司法改革论评》（第 8 辑），厦门大学出版社 2008 年版。

人利用替代性纠纷解决机制,并通过鼓励使用调解以及确保与司法程序之间的平衡关系,促成纠纷的妥善解决。此外,该指令还督促各成员国在 2011 年 5 月 21 日之前遵照指令施行必要的法律、规章和行政规定,欧盟委员会将在不迟于 2016 年 5 月 21 日发布指令实施情况及欧盟范围内调解的发展情况报告。目前,挪威虽未加入欧盟,但与欧盟达成了《欧洲经济区(EEA)协定》。根据该协定,挪威执行欧盟指令。① 在此背景下,调解制度在挪威得到了进一步的发展和完善。

一、挪威调解制度概述

挪威 ADR 历史悠久。早在中世纪,纠纷首先交付由执政党任命的地方仲裁委员会解决。如果地方仲裁委员会未能达成一个双方都能接受的解决方案,此案件将被移交给当地的一般人民议会解决。

挪威是最早建立非诉讼调解制度的国家,调解制度 1715 年即已初步建立。至 1797 年,调解组织已普遍设立,调解成了民事纠纷诉讼前的必经程序。在审前使用本地非专业法官调解的传统是在调解委员会(Conciliation Boards)建立之后。在案件正式进入法院系统(最高法院、上诉法院和地区法院)之前,调解委员会主要负责纠纷的初步解决。随着调解制度的不断发展,调解委员会的权力也在不断扩大,渐渐被授予了有限的裁定权。如今,除租赁合同纠纷、监护权纠纷、劳资纠纷、公共事务纠纷等适用特有纠纷解决程序的案件外,调解已成为挪威绝大部分地区案件的诉前强制性程序。目前,挪威设有 435 个调解委员会,首都奥斯陆作为特例设有 3 个调解委员会。每一个调解委员会由 3 个调解委员组成,包括普通公民(平民法官制度),并聘请若干工作人员。

此外,各方当事人也可以选择庭外调解。20 世纪 80 年代,挪威兴起了一种民间调解组织。双方当事人在自愿的前提下可寻求民间调解机构的协助,在该组织中所达成的调解协议同样具有法律效力,当事人可申请强制执行。进入 21 世纪后,挪威还兴起了一种由律师主持的调解制度。②

随着挪威调解机构的不断发展,调解制度也在不断完善。1988 年,挪威总检察长向司法部提议,认为调解委员会应该受到法律规制。1991 年全国调解委员会颁布了《关于调解与和解的法令》。1993 年生效的新《婚姻法》和 2003 年修改的《儿童法》规定了家事调解制度。1998 年《刑事诉讼法》第 67 条、第 71 条 A 款赋予

---

① 中华人民共和国驻挪威王国大使馆经济商务参赞处:《对挪威投资合作指南(2013 年版)》,http://no. mofcom. gov. cn,下载日期:2015 年 5 月 18 日。

② 司法部研究室:《关于挪威瑞典诉讼外调解制度的考察报告》,http://www. legalinfo. gov. cn,下载日期:2014 年 12 月 21 日。

警察将案件移送调解的权力,即双方当事人经调解达成协议的,警方可不起诉。2002 年,新《刑法典》第 53 条明确规定将调解视为缓刑的特殊条件。2008 年 1 月生效的新《民事诉讼法》为庭外调解初建了标准协议,同时进一步为法定调解的自主性提供了依据。近年来,随着《欧盟调解指令》和《联合国儿童权利公约》(UNCRC)的介入,挪威调解制度得到进一步的发展和完善。

挪威法学界综合了理论和实践,将调解定义为在第三方协助下进行的,当事人自主协商性的纠纷解决活动。作为西方最早建立调解制度的国家之一,挪威将调解作为绝大部分诉讼案件的前置程序,同时强化调解结果的执行效力,以有效缓解诉讼爆炸和有限司法资源之间的矛盾。

(一)调解模式

由于历史传统以及调解实践的差异,世界各国的调解形式多样,并且仍在不断创新。[1] 在挪威,调解模式主要包括法定调解和庭外调解。

1.法定调解

挪威的法定调解是某些类型的案件进入诉讼的必经程序。根据《纠纷解决法》的规定,除婚姻家庭、监护及公民起诉政府外的所有民事纠纷在向法院起诉之前,都必须经过调解委员会的调解。一方当事人若未能出席调解会议,调解委员会可以径行作出调解决定,且书面通知缺席的一方。调解所作出的决定或达成的协议和法院判决具有同等效力。此外,特定类型的案件由特设的机构处理,如劳动法院和社会保险调解委员会等。

在挪威,调解解决的纠纷数量年均高达 17 万件,调解协议或调解决定的执行率为 90% 左右。大量的民事案件、债务案件和其他私人争议经由调解委员会处理。调解委员会的调解工作遵循双方自愿、平等、协商的基本原则,在 3 名调解员的主持下开展,调解员不能把自己的意志强加于任何一方或双方。调解协议生效后,若一方当事人拒不履行,另一方当事人可以向法院申请强制执行。如调解不成,或一方当事人对调解协议(决定)不服,各方当事人均有权向一审法院起诉,正式启动诉讼程序。

进入诉讼程序后,为确保程序快速、经济和有效地展开,挪威法院有责任评估争议是否可以通过调解解决。这意味着,在诉讼的各个阶段仍然可以选择调解。法院应在被告提出供述后与各方当事人讨论如何最好地安排诉讼程序。这包括设定适当的期限和确定是否应当进行常规的诉讼和解或诉讼调解。诉讼中的和解是在诉讼当事人之间自行进行的,是当事人行使处分权自己协商解决纠纷的一

---

① 齐树洁主编:《纠纷解决与和谐社会》,厦门大学出版社 2010 年版,第 97 页。

种私法行为。① 因此,安排一场正式的听证会就可以启动诉讼和解。诉讼调解则是在法院主持下进行的,是一种"程序导向"型纠纷解决制度,②是法院行使审判权的方式之一。为此,调解启动之前需要有一个正式的决定。法院不仅要考虑双方当事人的陈述和意愿,同时要考虑双方当事人权利的平衡。当双方当事人权利不平衡时,如只有一方当事人委托代理人,法院有权驳回调解。然而,若在权利不平衡的条件下双方当事人坚持调解,则在调解过程中,调解员有责任去保护弱势的当事人。

2. 庭外调解

在挪威,法庭外调解主要包括民间调解和律师调解。民间调解主要指在非司法性和非行政性的民间组织、团体或个人的主持下进行的调解。③ 挪威现有 20 多个民间调解组织,这些组织主要根据双方合意,调解民事纠纷和轻微刑事纠纷,如邻里纠纷、小额经济纠纷赔偿、小偷小摸、未成年人犯罪、校园骚扰等。挪威《纠纷解决法》第 7 章对庭外调解作了详细规定,包括调解员的选择、调解程序、调解协议的效力等。庭外调解员的选任比较随意,当事人认可即可。调解程序随时可以暂停或终止。需要注意的是,经庭外调解达成的调解协议同样具有法律效力,可以强制执行。律师调解是挪威近年来兴起的一种调解制度。对于一些涉及复杂的法律问题的案件,双方当事人既不愿上法庭,又认为调解委员会调解员的法律知识不够,就可以请律师协会指定律师调解。律师调解时,允许双方当事人在自己的法定代表和法律顾问的陪同下,在平等自愿的情况下达成调解协议。

挪威议会大力支持庭外调解,并将其纳入《纠纷解决法》的立法动议。这既加强了庭外调解的合法性,也提高了庭外调解的质量。具体来说,议会制定了关于调解协议签订和内容的法规,进一步完善了调解员制度,以及庭外调解所应遵循的程序等规定。

(二)调解结构

1. 调解的启动

在挪威,法定调解是由法院决定启动,即在法院召开听证会之前调解委员会必须有一个争端强制解决程序。庭外调解则是根据双方先前的协议,通常是在一方当事人认为有必要调解时启动。在庭外调解过程中,如若另一方违反调解协议和《纠纷解决法》相关章节规定的义务,试图阻止庭外争端解决和调解的进程,将会被处以一定的罚款。

---

① 邵俊武:《纠纷解决的法律机制研究》,光明日报出版社 2011 年版,第 147 页。
② 王福华:《现代调解制度若干问题研究》,载《当代法学》2009 年第 6 期。
③ 齐树洁主编:《纠纷解决与和谐社会》,厦门大学出版社 2010 年版,第 97 页。

2.调解员的任命

《纠纷解决法》第7章第4条规定法定调解中的调解员一般从法院调解小组里选择,然而在当事人的许可下,法院也可委任法院调解小组外人员为调解员或助理。在发生利益冲突的情况下,被提议的调解员和助理可以拒绝任命。庭外调解过程中的调解员通常由双方当事人协商选定,主要以律师为主;当事人也可以要求法院从法庭调解员名单中以书面形式任命调解员。法定调解员和庭外调解员必须遵守公正性原则,在调解过程中澄清事实以避免出现潜在的利益冲突。

3.调解的程序

法定调解通常由调解员在法院调解室进行。与传统的法院和解不同,法定调解员可单独与当事人见面,并要求各方当事人亲自参与调解,以便友好地解决具体的法律纠纷,尽可能更广泛地避免潜在的冲突。一方当事人如若不参加预定的调解会议,将会承担较重的违约成本。而在庭外调解过程中,当事人的代表只要持有授权委托书就可以参加调解会议,并不要求当事人亲自参加。

保密性是法定调解的重要规则之一。调解保密性的建构消除了当事人进行的陈述和披露的信息在后续诉讼对其产生损害的后顾之忧,使得当事人可以在自由、轻松和坦诚的氛围内探求双方的利益共同点。① 根据《纠纷解决法》第8章第6条的规定,调解笔录由调解员记录,主要包括法院名称、调解会议的时间和地点、各方当事人的身份信息、案卷号以及所达成的纠纷解决方案。调解笔录和调解协议等信息作为案件资料的一部分,具有保密性。及时性是挪威法定调解的另一重要规则。调解根据案件的复杂程度设定不同的时限。一般纠纷的调解时间是几个小时,复杂的纠纷往往需要几天时间。调解不成立即进入审判程序。

4.调解费用

在法定调解中,调解员(法官除外)以及助理,都有权要求当事人支付调解费用。在按法庭确定的酬金率计算调解费用的情况下,法院将承担调解费之外的额外费用。如若法庭、当事人和调解员同意了其他的酬金率,当事人有责任承担额外费用。

各方当事人必须交纳案件受理费、代理人费用以及证人、专家证人的费用。《纠纷解决法》第19条第11款第4项规定法定调解成功的,双方当事人需要确定调解费用的分配并写入调解协议。如果当事人不能达成协议,又未向法院申请自行决定,他们必须各自承担自己的费用。对于庭外调解,各方当事人必须共同承担调解员的报酬及助理的费用,另有约定的除外。如果各方当事人同意从司法调解员的列表中指定一名调解员,当事人和调解员可要求法院核定具体的调解费用。

---

① 肖建华、唐玉富:《论法院调解保密原则》,载《法律科学》2011年第4期。

5.调解的结果

一个成功的司法调解是指各方当事人达成的调解协议解决了纠纷的部分或全部。庭外调解和法定调解的效力存在差异：前者有合同协议的一般效力，而后者是一个具有强制执行效力的协议。基于此原因，大多数当事人会选择法定调解。

若法定调解不成功，案件将立即移交给立案庭，进入诉讼程序。同时，在调解中担任过调解员的法官不能参与后续的诉讼程序。若庭外调解不成功，当事人可以将纠纷呈至相关的调解委员会或立即移交给法庭。

二、调解员制度

挪威的调解员分三级，即国家调解员、地方调解员、特别调解员。目前，挪威约有 5000 名具备资格的调解员，男女各半，约有 1300 余人在调解委员会正式任职。

（一）调解员的职能和责任

调解员的职能主要规定在挪威《纠纷解决法》中。该法规定调解员应当具有相应的专家资格和个人证书，才能从事诉讼调解。调解员应当遵循独立、中立和保密的原则，并且有义务向当事人阐明所有潜在的可能影响中立性、公正性的问题，同时安排并解释调解过程中适用的办法。法院认定的调解员可以因为缺乏中立性而被申请回避。

国家调解员的职能是负责处理全国性的重大劳动纠纷和指导、监督地区调解员、特别调解员的工作。地方调解员主要负责地区性的调解事务。[1] 特别调解员由国家任命的法官兼任，主要协助国家调解员工作。[2]

（二）调解员名单

除最高法院外，法律规定所有法院都应当公开调解员的名单。法院院长选择合适的调解员进入名单，并且可根据调解员个人原因或者技术原因将不合适的调解员移除名单。两个以上的法院可以共享一份调解员名单，根据这份名单指派调解员。该名单包含多元化的调解员以满足各种不同的调解类型需求，且调解员不必拥有法律职业许可证或者律师执照。但调解员应当了解如何进行司法调解，并

---

[1] 李明祥：《从挪威调解官制度看我国劳动争议解决机制的改革》，载《法商研究》2002 年第 1 期。

[2] 刘诚：《国外劳动争议调解制度及其启示》，载《中国劳动关系学院学报》2006 年第 6 期。

拥有法律以及其他相关的知识和技巧,包括特殊的调解以及协商技巧。

但是在实践中,调解员的数量往往受到限制。目前,挪威只有 15 个法院(挪威总共 66 个地区法院以及 6 个上诉法院)拥有足够的调解员,而这 15 个法院的名单并不公开。这一现象引起了最高法院的注意,然而相关问题并没有得到彻底解决。

(三)调解员的选任和认证

调解员由政府有关部门公开登报招聘。市政委员会和警察部门代表以及调解委员会协调人正式任命的调解员任期为 4 年,可以连任,报酬按小时计算。调解员录取的主要条件是本人具有社会责任感或处事公道正派有诚信,对调解工作有兴趣,并有一定的工作经历。对于学历方面,并没有要求必须受过高等教育或是法学背景。但若是在应聘前 5 年有过犯罪经历则不予录取。在挪威,绝大部分调解人员是受过良好教育的人,如律师、社会科学家、商界人士、退职警探或法官、教师等。

挪威对于调解员的职业资格有着特殊的规定。根据《纠纷解决法》的补充规定,调解员必须在调解领域拥有足够的相关专业技能或者拥有类似的经历,并且了解各种与处理相关专业调解的法庭相关的社会和技术现象。

关于调解员需要接受的培训也有相应的法律规定。在挪威,民众要想成为调解员必须提出申请,申请通过后需要进行课程的培训。这一课程为期 4 天,共 30 个小时。培训由当地协调人以及专门受过"培训"的协调人管理。培训内容包括实践技能的培养,主要通过角色扮演和练习,以此提高对调解过程中常见情况的敏感性。调解人员受协调人的监督,每年必须参加几次会议和研讨班,就调解过程中出现的实际问题进行探讨,并相互交换经验和心得。[①]

与丹麦、芬兰等其他北欧国家相比,挪威针对法官的调解培训是最简单的。对于法官来说,在入职前只需要接受一个为期 2 天的法定课程培训。对于年轻的律师来说,当实习结束时可以选择一个为期 1 天的法定课程。这些法定课程包括调解理论的基本教育,学员们主要通过讨论和角色扮演的方式完成这些课程。在理论学习结束后,学员们可通过协助参与调解以取得进一步的实践学习。表面上这有悖于挪威《纠纷解决法》对 ADR 制度的重视程度,但实际上挪威调解的训练和学习是针对所有法官的。挪威能否在未来对调解员提供更优质的课程,仍然有待观察。

---

① [意]安娜·迈什蒂茨、西蒙娜·盖蒂主编:《欧洲青少年犯罪被害人—加害人调解——15 国概览及比较》,林乐鸣等译,李志刚校,中国人民公安大学出版社 2012 年版,第 140~143 页。

三、调解的类型化

(一)刑事调解

刑事调解是指在刑事诉讼过程中,犯罪事件的被害方与加害方(包括双方的利害关系人和代表人员)在中立的第三方的主持、协调下,经平等、自愿地对话与协商,共同就被害方的具体损害之修复达成协议后,权力机关对该案件作出非罪化或刑罚轻缓化处理的一种制度。[1] 挪威实行被害人与加害人调解(Victim-Offender Mediation)模式,这一模式通过强调恢复情感和物质损失的重要性,促进纠纷的解决。[2] 挪威的刑事调解最早可追溯到 20 世纪 80 年代针对青少年犯罪人的试验项目,并在后期得到进一步的发展。通过调解所达成的刑事和解协议取得了积极的成果,由此,刑事调解的范围扩及成年人和累犯,但不包括应当立即拘禁的案件。

挪威有专门化的刑事调解机构,即刑事调解委员会。这些委员会存在于一个或几个社区之中,其成立的目的是从受害者的角度创建一种纠纷解决机制。通过一个成功的调解,当事人有可能达成一个特别形式的赔偿协议以及改变其处境。挪威《刑事诉讼法》第 71 条 A 款规定,如果公诉人认为刑事案件适于调解,可以将此案件转交给调解委员会。即一般情况下,挪威刑事调解的案件是在警察侦查结束后,检察官确认案件适合调解的情况下才转交给调解委员会。在调解中,自愿性原则作为基础原则规范着调解委员会的工作。即使国家检察官建议进行调解,当事人也需要明确表达其同意调解的意愿,且加害人必须作出书面的同意意见。调解程序要求当事人必须亲自参与,面对面进行调解。调解协议经双方签字后生效,诉讼程序即告终止。若调解失败,司法机关继续刑事诉讼程序。[3] 目前,挪威刑事调解程序作为轻微刑事案件(主要是轻伤害案件,扒窃、盗窃案件以及邻里、家事纠纷案件)诉讼机制的补充被大量使用,已成为可以代替审判的刑事案件处理机制。

(二)家事调解

在挪威,家事纠纷主要由家庭咨询办公室(Family Counselling Offices)负责调解。2013 年,家庭咨询办公室处理了 32175 件纠纷,[4]比 2001 年增长了近 30％。

---

[1] 蔡国芹:《刑事调解制度研究》,中国人民公安大学出版社 2010 年版,第 9 页。

[2] 胡铭:《刑事司法引入 ADR 机制:理念、困境与模式》,载《政法论坛》2013 年第 3 期。

[3] 吕清:《刑事调解在欧洲的复兴与发展》,载《中国人民公安大学学报》2006 年第 5 期。

[4] Statistics Norway：Family Counselling Service, http://www.ssb.no,下载日期:2015 年 5 月 18 日。

夫妻纠纷占家事纠纷总数的一半以上。2013 年,超过 19600 件夫妻纠纷经过调解达成协议。[①] 每年有上万名儿童受父母离婚的影响。

为了缓解法院的诉讼压力,挪威新《婚姻法》和《儿童法》专门规定了家事调解制度,对涉及监护、探视纠纷以及涉及未满 16 周岁婚生子女的离婚案件等调解作出强制性的规定。譬如,新《婚姻法》第 26 条规定,涉及 16 周岁以下婚生子女的离婚案件在诉讼前必须进行强制性调解。《儿童法》第 51 条规定,凡涉及监护、探视等纠纷的案件必须经过 1 小时的法定强制调解,[②]在调解有希望达成时可以延长至 3 个小时。这些规定不仅保护了儿童的需求,同时也满足了当事人希望通过调解解决纠纷的需求。此种形式的调解通过家庭咨询办公室或者其他有特定资质的调解员(包括神职人员、公共健康事务专家、私人执业律师、精神病医师、心理学家)进行。当诉前调解协议未达成时,案件将立即进入诉讼程序。在诉讼中法庭依然有义务在每一个诉讼阶段评估达成调解的可能性,并且可采取必要手段促进调解。法庭拥有相当广泛的自由裁量权,可以在诉讼中要求增加一个新的调解程序。在新的调解程序中法庭有义务指派专家顾问与当事人、儿童进行分组讨论,调查实际情况并拟定调解协议。最后,法庭可以给予当事人一定期间验证拟定的调解协议。若当事人不同意,可在任何时候要求终止调解,继续诉讼。

近年来,挪威对监护权等纠纷的调解制度进行了更加全面的法律评估。评估报告认为家事调解制度的最大价值是可以验证初步调解协议的效果且能够更多地关注儿童的利益和需求。

结　语

放眼未来,调解仍将是一种实现社会良性发展而必须倚重的纠纷解决方式,其范围的扩大化、程序的规范化、结构的科学化以及方法的多元化已逐渐成为未来持续发展的趋势。[③] 挪威法律界认为,调解是替代性纠纷解决机制(ADR)中最为成功的一种。

挪威司法调解模范项目的综合评价报告指出:(1)至少 25% 的民事纠纷采用了司法调解,案件涉及范围宽泛,涵盖了不动产纠纷、劳动纠纷以及合同纠纷等。(2)在所有的调解案例中,达成和解的比例约占 70%～80%,从而减少了执行法律

---

①　Statistics Norway: Mediation for Parents, http://www.ssb.no,下载日期:2015 年 5 月 18 日。

②　Adrian L. James et al. , *The Voice of the Child in Family Mediation Norway and England* , Martinus Nijhoff Publishers, 2010, pp. 323～325.

③　沈志先主编:《诉讼调解》,法律出版社 2014 年第 2 版,第 54 页。

程序所用的时间和费用。(3)其余20%～30%未达成和解的调解案例中,40%参与调解的调解员和法律顾问认为尝试进行调解并不会延长案件的总体审判程序。(4)大多数参与者认为调解比法庭诉讼的压力更小。非正式的环境给对话提供了良好的基础,同时也提供了充足的机会来讨论和研究不同的和解方案。(5)在达成和解的质量方面,有一个广泛的共识,即达成的和解至少应当是平衡和公平的。①评估报告的结果为《纠纷解决法》的修订提供了依据。

挪威的法律具有很大的灵活性,这决定了《纠纷解决法》赋予了调解员很大的自由裁量权。调解员可根据案件中具体的个人情况来确定他们的职责和调解流程,这种高程度的灵活性意味着对调解员能力的高要求。因此,对调解员队伍的质量保证机制的建设尤为重要。

---

① The Model Project on Judicial Mediation Procedures in Norway,http://www. rhknoff. no,下载日期:2015年5月4日。

图书在版编目(CIP)数据

东南司法评论. 2015 年卷：总第 8 卷/齐树洁主编. —厦门：厦门大学出版社，
2015.9
ISBN 978-7-5615-5735-8

I. ①东…　Ⅱ. ①齐…　Ⅲ. ①司法-工作-中国-2015-文集　Ⅳ. ①D926－53

中国版本图书馆 CIP 数据核字(2015)第 217608 号

官方合作网络销售商：　当当 dangdang.com　亚马逊 amazon.cn　JD京东.COM

厦门大学出版社出版发行

(地址：厦门市软件园二期望海路 39 号　邮编：361008)
总 编 办 电 话：0592-2182177　传真：0592-2181406
营销中心电话：0592-2184458　传真：0592-2181365
网址：http://www.xmupress.com
邮箱：xmup @ xmupress.com
厦门市明亮彩印有限公司印刷
2015 年 9 月第 1 版　2015 年 9 月第 1 次印刷
开本：787×1092　1/16　印张：35　插页：2
字数：666 千字
定价：65.00 元
本书如有印装质量问题请直接寄承印厂调换